现代法学
试题系列

6

高校法学专业
核心课程配套测试

依商法核心课程教材
最新版本体例组编

第十一版

商法
配套测试

依据最新立法及学术动态修订升级
新增考试习题、2021～2023年考研真题

教学辅导中心 / 组编

中国法制出版社
CHINA LEGAL PUBLISHING HOUSE

第十一版出版说明

《高校法学专业核心课程配套测试丛书》是我社教学辅导中心组织编写的一套教辅丛书。该丛书专为法学院校学生掌握法律专业知识、培养法律思维能力而精心设计，分册设置涵盖法学专业核心课程，因考点全面、题量充足、解答详尽、应试性强等优点，受到广大师生的普遍欢迎，使得该丛书成为法学教辅图书中口碑相传的实力品牌。

《商法配套测试》为上述丛书中的一本，自2005年首次出版后，历经多次改版重印，很多读者还来电、来信向我们表达感谢和期待。正是基于这种信赖，为及时体现该领域法学最新研究成果，并与我国立法发展相适应，在承继该书原有优点的基础上，我们对其全面修订。特点如下：

一、配套教材

本书结构上与商法核心课程教材相配套，便于随学随练。

二、内容及时更新

1. 根据如《中华人民共和国公司法》、《中华人民共和国保险法》和《中华人民共和国证券法》等法律、司法解释及文件进行全面修订。

2. 新增考试习题、部分高校2021~2023年考研真题等，并对陈旧题目进行替换。

三、加工精细考究

1. 章节前面设置“基础知识图解”，归纳每章的知识体系和基本概念，帮助读者梳理知识点并检验学习成果。

2. 对重点题目的答案以脚注形式提醒注意要点，拓展解题思路。

3. 试题答案讲解细致，重点突出，为培养法律思维和提高应试能力提供有效指导。

4. 本书专门收录两套期末测试题，便于读者进行整体复习和预演自测。

四、附录全面实用

1. 收录全国部分法学院校商法专业历年研究生入学考试真题，为准备考研的读者提供更多帮助。

2. 收录商法学习参考书目，便于读者拓展阅读。

3. 随书赠送课程相关法律单行本一册，方便读者随时查阅我国现行法律规定。

教学辅导中心

2023年7月

第十一版出版说明

目 录

第一章 商 法

基础知识图解

- 商 法
  - 概述
    - 商法精神的时代价值
    - “商”的意义
    - 商法的概念、特征和原则
      - 公平交易原则
      - 交易迅捷原则
      - 交易安全原则
      - 强化商事组织原则
  - 商法的调整对象
  - 商法的体系和渊源
    - 体系：商主体制度；商行为制度；破产制度；公司制度；票据制度；证券制度等
    - 渊源：成文法；国际惯例；商事自治规则
  - 商法与其他部门法的关系
    - 与民法
    - 与经济法
    - 与行政法
    - 与刑法
  - 商法的产生与发展

配套测试

一、单项选择题

1. 关于商法的概念可以解释为：（　　）。

A. 调整商事交易主体在其商行为中所形成的法律关系的法律规范的总称

B. 调整商行为的法律规范的总称

C. 调整公司、企业日常商业活动的法律规范的总称

D. 调整一切微观经济活动的法律规范的总称

2. 不属于商法与经济法主要区别的是：（　　）。

A. 调整对象上，商法着重于平等主体之间的交易活动，经济法着重于国家权力干预经济活动

B. 调整方法上，商法着重于意思自治，经济法着重于国家统治原则

C. 法律属性上，商法以强行性规范为主，经济法以任意性规范为主

D. 体系构成上，商法以公司、票据、证券、海商、保险法为主，经济法以金融、税收、竞争法、贸易管制等为主

二、名词解释

1. 商法

2. 商法的渊源

3. 公平交易原则

4. 商事交易迅捷安全原则（西北政法大学2007年考研真题）①

① 编者注：本书中收录的考研题目为编者收集整理，仅供拓展参考。

三、简答题

1. 外观主义一般被视为商法的原则之一，试举若干具体制度说明外观主义之意义。（武汉大学 2010 年、华东政法大学 2013 年考点）
2. 简述交易迅捷原则在我国民商事立法中的体现。
3. 简述商事法律关系的特点。
4. 简述商法的基本原则。
5. 简述商法的特点及其意义。
6. 商法的渊源及其适用。

四、论述题

1. 试述大陆法系民商关系的立法体系。（西北政法大学 2005 年、华东政法大学 2013 年考研真题）
2. 试论经济法与商法的关系。
3. 试述主观标准的商事立法体系。（西北政法大学 2006 年考研真题）
4. 试论商法与民法的区别。（吉林大学 2013 年考研真题）
5. 论商主体法定原则的内容和价值。（中国人民大学 2008 年考研真题）

参考答案

一、单项选择题

1. **答案**：A。
2. **答案**：C。

二、名词解释

1. **答案**：商法是指调整商事交易主体在其商行为中所形成的法律关系，即商事关系的法律规范的总称。它通常可以从广义和狭义两个方面去理解。在狭义上，商法仅仅是指商法典及其附属法规，如商法典及其施行法等。在广义上，商法包括全部商事法律，它不仅包括商法典，即商人身份法和商行为法等内容，还包括与商事经济活动密切相关的各种法律，如公司、票据等。
2. **答案**：商法的渊源是指商法规范借以表现和存在的形式。它是对商事行为具有约束力的法律规范效力的重要来源，是商事经营活动的重要法律依据。在我国，商法的渊源可以分为以下几种：（一）法律；（二）行政法规；（三）地方性法规；（四）国际条约、国际惯例；（五）立法解释；（六）司法解释；（七）商事自治规则。
3. **答案**：公平交易原则是指商主体应本着公平的观念从事商行为，正当行使权利和履行义务；在商事交易中兼顾他人利益和社会公共利益。公平交易原则的内容主要体现为以下两个方面：

   其一，商事交易主体的地位平等，在交易过程中，任何一方不得享有法律上的特权。

   其二，诚实信用，即商事交易主体在从事商行为时应该讲诚实、守信用，以善意的方式互为交易、履行义务，不得规避法律和合同的约定，以维护交易之公平。
4. **答案**：商事交易迅捷安全原则，又称商行为迅捷安全原则，是指依据商事交易的特点，使商法制度特别是商行为制度建构与实施，重在为商事交易提供安全保障的规则，主要体现在交易简便、短期时效和定型化交易规则三个方面。

三、简答题

1. **答案**：作为商法的原则之一，外观主义是指以交易当事人行为的外观为标准，而确定其行为所产生的法律效果。根据这一主义，公示于外表的事实，纵与真实的情形不符时，对于依该外表事实所进行的商行为，亦需加以保护，以维持交易的安全。对此，法国学者称其为外观法理，英美法系则称其为禁反言。

   外观主义在商法中的具体体现如下：公司法规定，公司设立登记后有应登记之事项而未登记或已登记之事项有变更而不为变更登记者，不得以其事项对抗第三人；隐名合伙人如参与合伙事务的执行或为参与执行的表示，纵有相反的约定，对于第三人仍应负显名营业人的责任。票据上所载的出票地和出票日，即使和真实的出票地和出票日不符时，也不影响票据行为的效力。同样，对于有价证券，法律强调的是该证券的文义而非取得该证券的非文义的原因。另外，如各国商事法上关于不实登记的责任、表见经理人、表见代表董事、自称股东和类似股东者责任，票据的文义性和要式性、背书连续的证明力等规定，都体现了外观主义的要求，均赋予行为外观之优越效果，以确保交易之安全。

2. 答案：按照商法学者们的普遍认识，商法中的保障交易迅捷原则主要体现为交易简便性原则、短期时效主义和定型化交易规则三个方面。

商法规则不同于民法规则的一个重要特征，在于强调商事行为的简便性。按照世界各国商事法的规定，相当一部分商事法律行为采取要式行为和文义行为方式，这就使得此类法律行为中的大部分内容通过强行法或推定法预先加以确定，仅将少部分特殊内容留待交易当事人约定，由此形成法律行为文件的证券化和标准化，这对于简便交易手续、保障交易迅捷所起的作用是显而易见的。例如，现代各国商法实践中广泛采用的票据、提单、保险单、流通证券等均是此种法律行为文件标准化的典型。实际上，就是对于许多非证券化的商事契约而言，其大部分内容业已由商法中的推定条款和交易习惯所预先确定，由此形成商事契约的简便性特征。例如，各国商法中对于商事买卖、交互计算、商业租赁、商业借贷、商业承揽、商事居间等契约内容往往设有大量的强行法推定条款和任意法推定条款，并且认许商事习惯的推定效力；这与民法中对于买卖、租赁、借贷、承揽、居间等契约内容所采取的充分意思自治原则形成鲜明的对比，由此体现了商法重交易迅捷而忽略个别约定的立法宗旨。

现代商法通常采取短期时效主义。按照这一立法主义，商法对于各类商事请求权普遍采取不同于民法上时效期间的短期时效。例如，各国商法对于商事契约的违约求偿权多适用2年以内的短期消灭时效；对于票据请求权多适用6个月、4个月甚至60日的短期消灭时效；海商法上对于船舶债权人的先取特权多适用1年以内的短期消灭时效，保险法上对于保险补偿请求权通常也适用短于民事时效期限的短期时效。例如，我国《民法典》[①] 规定的合同当事人申请调解书或仲裁的时效为1年；我国《铁路货物运输合同实施细则》规定托运人请求赔偿的诉讼时效期为180日。商法上的短期时效主义旨在推动商业交易纠纷的迅速解决，它以牺牲债权人的时效利益为代价换取了交易迅捷的社会效益，由此体现了现代商事法的价值取向。

商法保障交易迅捷的另一法律体现是定型化交易规则。按照现代商法学者的认识，所谓交易定型化包括交易形态的定型化与交易客体的定型化两个方面的内容。交易形态定型化，是指商法通过强行法规则预先规定若干类型的典型交易方式，使商事交易的方式定型化。它使得任何个人或组织，无论何时从事购买，均可获得同样的法律效果。例如，销售商依法先行陈列各种定型货物并标明其价格，使买受人得以迅速决定承诺与否，由此促进了交易的迅捷。所谓交易客体的定型化则是指交易对象的商品化与证券化。例如，各国商标法通过强行法或任意法令制造商对其产品负有使用特定标识的义务，使消费者易于识别不同类型的商品，从而促进了交易之迅捷。当交易客体为无形财产或权利财产时，商法则通过权利证券化规则，极大简化了权利转让程序，形成证券的流通。例如，公司法上的股票及公司债券，票据法上的各种票据，保险法上的保险单、海商法上的载货证券均为权利证券化之典型。

---

① 编者注：《中华人民共和国民法典》于2021年1月1日起实施，《中华人民共和国婚姻法》《中华人民共和国继承法》《中华人民共和国民法通则》《中华人民共和国收养法》《中华人民共和国担保法》《中华人民共和国合同法》《中华人民共和国物权法》《中华人民共和国侵权责任法》《中华人民共和国民法总则》同时废止。最高人民法院对相关司法解释也进行了废止或修改。下文将不再对此进行特别提示。

3. 答案：商事法律关系的特征是在与民事法律关系的比较中显现出来的：

(1) 从总体上看，民事法律关系大多以自然人为基本主体；商事法律关系则以公司法人为基本主体。

(2) 从客观上看，民事法律关系的客体一般为特定物；而现代社会化的商品生产以批量和规模的极大化为基本追求，各类商品普遍采用行业、国家甚至国际标准，所以商事法律关系的客体具有明显的种类化趋势。

(3) 从目的性上看，民事法律关系一般以满足主体的自身消费需求为目的；商事法律关系则以营利为目的，具有营利性。

(4) 从对价关系上看，民事法律关系受市场波动影响较小，对价关系基本上由价值决定；而商事法律关系完全受市场的操纵，其对价关系主要由供求关系决定。

(5) 从交易链上看，民事法律关系以消费为目的，追求使用价值，交换一经完成，便进入消费过程，所以民事法律关系一般形不成交易链；而商事法律关系以营利为目的，追求交换价值，买进是为了卖出营利，一宗商品往往要几经转手，从而形成一定的交易链。

(6) 从交易形式上看，民事交易具有个别的和偶然的性质；而商事交易则表现为同种交易大量反复进行，从而具有集团交易和个性丧失的特点。

综上，商事法律关系可以描述成主体公司化、客体种类化，以营利为目的、供求决定对价、商业化和交易链拉长的商品交换关系。从以上特点可以看出，商事法律关系主要是高度发达的商品经济关系，而民事法律关系则主要是简单的商品经济关系。

4. 答案：商法的基本原则应当确立为：规范、保障、促进营利原则。

(1) 规范营利原则

商主体制度规范营利主体，商行为制度规范营利行为。无论是关于商主体的制度，还是关于商行为的制度，无一不是通过对营利的规范以维护交易秩序和保障交易相对人的利益，因此规范营利应成为商法基本原则的重要内容。它具体包括如下规则：

第一，商主体严格法定规则。商事主体严格法定规则应主要包括对商主体类型、标准、程序进行严格法定。

商主体类型法定是指商法对商事主体的类型作出明确规定，投资者只能按法定类型来设立商主体，而不能任意创设法律未规定的商主体。

商主体标准法定是指商法要对商主体的实质条件作出明确规定，投资者只能在完全具备这些实质条件时，才能成立相应商主体。商主体程序法定是指商法要对商主体设立时的程序作出明确规定，投资者欲成立商事主体必须严格按照这些法定程序和步骤来进行，否则，无法达到预期法律后果。

第二，商事交易条件严格法定规则。商事交易条件的严格法定体现在对商事交易条件采取强制主义、公示主义、外观主义及严格责任主义之统一。

强制主义又称“干预主义”“要式主义”，它是指国家通过公法手段对商事关系施以强行法规制。

公示主义是指交易当事人对涉及利害关系人利益之营业的事实，负有公示告知义务。这一规定的目的，在于保护交易相对人或不特定第三人。

外观主义是指以交易当事人行为的外观为准，而认定其行为所产生的法律效果。

严格责任主义即在商事交易中，债务人无论是否有过错，均应对债权人负责。

第三，维护交易公平规则。商事交易活动追求的是利润，因而体现的是利己主义，凡进行商事交易活动者大都凭着一己之力自由竞争，以达到其营利之目的。商法维护商事交易公平的规则，主要体现在商事交易活动中对平等交易、诚实信用等方面的要求。

(2) 保障营利原则

规范商主体和商行为的商法始终渗透着确认营利、保障营利的原则。需要强调的是，商法承认和保障的营利必须是通过合法交易、正当手段，在遵守公认的商业道德的基础上所获得的经济收益和利润。

对于采用非法交易、不正当手段、违背公认的商业道德而获得的收益和利润，商法不仅不予以承认和保护，还要予以相应的法律制裁。

(3) 促进营利原则

商事交易以营利为目的，为实现营利目的，必须力求交易迅捷。因为只有交易迅捷，从事商事交易之人才能多次反复交易从而达到其营利目的。对交易迅捷的追求，体现了商法促进营利的原则。

促进营利原则具体体现在：在商事交易之时效期间方面，采取短期消灭时效主义；在交易形态和客体方面，采取交易定型化规则，以促进和达成交易之迅捷。

商事交易的短期消灭时效主义，是指使交易行为所生之债权的时效期间得以缩短，从而迅速确定其行为之效果。

交易定型化是保障迅捷交易的前提，包括交易方式定型化和交易客体定型化两个方面。所谓交易方式定型化是指商法通过强行法规则预先规定若干类型的典型交易方式，使得任何人或组织，无论何时从事购买，均可以获得同样的法律效果。交易客体定型化，就是指交易客体的商品化和证券化。

5. 答案：商法的特征是指商法区别于其他法律部门的主要标志，是商法本质的外在表现形式。商法的特征主要有以下几种：

(1) 商法调整行为的营利性

营利性是指经济主体通过经营活动而获取经济利益的特性。营利性是商事活动的主要特性。商主体身份之确立、商行为之界定、商活动之目的及商立法和司法之原则，无不与营利有关。此外，商法所特有的一些法律原则和法律规定，如关于商法规则的灵活性、迅捷性、合同形式、利率、结算、税收等方面的特殊规定，也无不以营利之特性为出发点。

(2) 商法调整对象的特定性

商法作为一个特殊的法律部门，其调整的对象不是一般人，其法律规则的适用也不是一般和普通的，而是特定的。它或者仅适用于履行了商事登记而具有商主体资格的人，或者仅适用于商行为。多数国家法律规定，非商人和商行为者，不得适用商法。

(3) 商法规范较强的技术性和易变性

商法是一个实践性极强的法律，它对商行为中的行为方式、行为环节、行为规则都作了具体、详实的规定，具有可操作性和技术性。同时，由于商法规范本身必须及时反映现实商事交易活动之需求，而商事交易活动的内容和形式都是发展变化的，因而，商法与一般法律相比，其修改更为频繁。

(4) 商法的公法性

在大陆法系国家，法律被分为公法和私法。商法作为调整商事交易主体关系的法律，作为民法的特别法，从根本上说属于私法范畴。但是，它又是具有不同于普通私法的一种特别私法规范体系。在这样一种规范体系中，私法规范是核心，同时包含大量的公法性条款，即国家通过立法形式而干预商事交易活动的规范，如商事登记等。

(5) 商法的国际性

20世纪以来，随着资本主义的进一步发展和贸易全球化的日益发展，商法国际化呼声日益高涨。导致两种倾向：其一，国际商事立法得到加强，制定和缔结了大量的国际商事法律、国际条约和国际惯例；其二，各国不断修改本国商法规则，使其彼此之间以及与国际商事法律、惯例之间更为协调。

商法的意义，主要是通过商法规则的具体设计来实现的，这些商法规则的设计并不表现为直接指导人们如何营利，而在于以法律制度构建起一个自身营利的统一有机体或以法律制度来规范营利性的行为。各国商法规范主要从以下几个方面体现商法的价值：

(1) 确认商事主体的地位和自由的规则

商事主体是商事交易的中心，商事法律关系的内容——商事权利和商事义务，要靠商事主体来享有和履行，商事法律关系的客体——商事行为，也必须从属于特定的商事主体。故对商事主体地位的确认并给其商事自由是实现效益的前提。商法以具体的商法条文确认了商事主体的法律地位。商事主体的法律地位的确认还只是一个前提，要实现商事效益，关键还要赋予商事主体充足的商事活动自由。我国原来实行的是计划经济，商事主体的活动自由极其有限。通过多年的改革、完善，商事主体的自由空间越来越大，商事自由又为效益创造提供可能。商法所维护的商事自由包括财产自由、缔约自由、经营自由和联合自由等。当然，商事主体的这种自由也不是绝对的，在某些方面要受到必要的限制，如缔约自由的缔约人虽然可以选择缔约的对象和种类，但订立契约的内容和形式都不能违反国家的强制性规定等。

（2）促进商事交易便捷

商法的各项规则都在围绕如何促进交易便捷而努力。对商事交易技术手段的规定即交易方式的定型化是常见的方式，即商法通常将交易的方式预先规定为若干类型，使任何商事主体在任何时候都可以获得同等的效果。其包含两种方式，即对交易客体的商品化和证券化：若交易的客体是有形的物品，则使之商品化，予以划一的规格或特定的商标；若交易的客体是无形的权利，则使之证券化，如股票、公司债券、支票等。这种方式使烦琐的交易程序简捷化，极大地提高了商事交易的速度。

短期时效制度也是促进商事交易便捷的一种有效制度。在我国，商事交易中采用短期时效主义的较多。例如，我国票据法中规定了严格的票据权利期限；保险法中规定了保险金请求权的时效限制；海商法中还以专章的篇幅规定了短期时效的内容等。

（3）保障交易秩序

秩序和安全是效益持续实现的有效保障，尤其是在大力主张“可持续发展”的今天，商事效益的实现更需要交易的秩序化和安全性。商事登记、保险制度等都以此为目的。商业登记制度强制要求商事主体申报自身信息，其所坚持的公示主义有助于维护未来交易的安全，其对于各种违法行为赋予的严格的责任同样也达到了维护交易秩序和安全的目的；同时，商事登记制度还有效地维护了商事主体的信誉，使商事主体获得了一种无形的资产，为其取得商事效益打好了基础。保险法律规范作为商法中不可缺少的一部分，其制度的设计使商事主体间的信任感加强、不安全感减少，使交易秩序稳定持续，这样就使那些可能面临风险的商事主体敢于知难而进，发挥社会资源的最大可利用的效率，因为保险制度的存在使他们相信，即使遇到了风险、遭受了损失，也会得到补偿。正因如此，我国的企事业单位和其他一些商事主体在遭受财产毁灭时及时得到了补偿，从而带来整个商事领域的效益。

6. 答案：（1）商事制定法

法律渊源是法律的表现形式。各国商法的法律渊源通常表现为本国立法机关制定的商事制定法。在我国，商事制定法包括宪法中有关商法的规定、商事法律、商事行政法规与地方性法规等多个层级，这些制定法构成了我国商法最主要的渊源。

宪法是国家的根本大法，只在极少数情况下直接适用于商事活动。但宪法的规定是我国其他法律，也是商法的统帅，因此对商法也有重要影响，是商事根本法。我国的一般商事立法都不得违背宪法的规定。宪法之下是商事法律，大体又可分为两个部分。一部分是对商法基本问题进行规范的法律，如对商法的宗旨、概念、调整范围、地位和作用、商事主体制度、商事行为制度等进行的规定。关于商法的这部分规定，有些散见于单行立法中，有些则可在《民法典》等法律中找到依据。另一部分是对特定商事领域进行规范的法律，即各种商事特别法或商法的部门法。传统上认为属于商事特别法的包括《公司法》《票据法》《保险法》《海商法》《企业破产法》等法律。这些法律可能被包含在商法典中，也可能以单行法的形式存在于商法典之外，我国都是以单行立法的形式规定的。无论如何处理，商事特别法都应该受商事一般性制度的约束。

除商事法律外，我国还存在大量的商事行政法规以及地方性法规。行政法规是由国务院颁行的规范性文件。例如，国务院颁布的《市场主体登记管理条例》等等。地方性法规是由地方人大制定的规范性文件。依据宪法和商事法制定的各种商事规章等规范性文件也是商法制定法渊源的组成部分。

不论是在民商合一还是民商分立的国家，作为商法渊源的法律，一般都认为既包括商法的规定，也包括民法的规定。这是因为民法是私法的一般法，民法规定适用于商事法律没有特别规定的所有私法问题。但对这个问题，商法学理论上也存在不同看法。在我国，最高人民法院的司法解释不属于立法范围，不构成法律渊源。但最高人民法院发布的有关商事规则的解释意见或者指示对商事案件的处理有着非常重要的指导作用。

(2) 商事惯例

在大多数国家，商事惯例或商事习惯都被承认为商法的一种法律渊源。我国没有专门的商法典，但在单行的商事立法中，一般都有肯定惯例的法律渊源地位的相关条款。例如，我国《海商法》第 268 条第 2 款规定："中华人民共和国法律和中华人民共和国缔结或者参加的国际条约没有规定的，可以适用国际惯例。"我国《票据法》第 95 条规定："中华人民共和国缔结或者参加的国际条约同本法有不同规定的，适用国际条约的规定。但是，中华人民共和国声明保留的条款除外。本法和中华人民共和国缔结或者参加的国际条约没有规定的，可以适用国际惯例。"我国《民用航空法》第 184 条第 2 款也规定，中华人民共和国法律和中华人民共和国缔结或者参加的国际条约没有规定的，可以适用国际惯例。由于我国《海商法》与《票据法》，包括《民用航空法》等都只规定了"国际惯例"的法律效力，而且都规定在"涉外关系的法律适用"部分，因此一般商事关系中，惯例或习惯居于何种地位仍然缺乏规定，需要法律进一步明确。

习惯或惯例虽然是各国公认的商法渊源，但何谓"习惯"，各国规定却很不明确，也不一致。许多国家将习惯分为两种，一种是"习惯"，另一种是"习惯法"。习惯是事实上存在的，通常在某个地区的范围内流行的商事做法；习惯法则是法律确认的，通常在全国范围内通行的商事做法。习惯的权威性来自合同，通常只在当事人相约排除法律任意性规定而适用习惯时才产生拘束力，习惯法的效力来自法律规定，在当事人之间具有强制性，可以不依当事人的意思表示而适用。但对"习惯"与"习惯法"的这种划分标准并不十分准确，不同国家之间的差异性也很明显。即使承认这种划分的国家，也多半同时承认，这种刻意的区分并不容易，也并无太大的实际意义。

我国只承认"国际惯例"是商法的渊源。这种渊源的效力是补充性的，即其效力低于商事制定法。只有在制定法对某一问题没有规定时，才可以援引惯例。而且制定法可以废除一项先前的惯例，惯例却不能抵触制定法。但惯例的补充效力只是相对于商事法律而言，在对某一商事问题商事法律没有规定，却存在一项商事惯例，以及一条民法的相关规定时，应该适用惯例而非民法的规定。惯例的确认是一个困难的问题。我国法律规定了"国际惯例"的法律渊源地位，却没有规定其判断标准。

(3) 商事国际条约

商事国际条约是国家与国家之间签订的有关商事内容的国际条约。在商法领域存在大量的国际条约，但并非所有商事国际条约都是我国法律的渊源。只有我国缔结或参加的国际条约，经过我国立法机关核准后，才能对我国生效，从而成为我国法律的组成部分。我国缔结或参加的国际商事条约作为我国法律体系的一部分，与我国立法机关制定的国内商法都是商法的渊源，但二者效力并不完全相同。

商事国际条约对我国生效，并不表明必然在我国直接适用。国际条约能否在国内适用，主要是指国内公民、企业能否直接依据条约的规定在国内法院提起诉讼，以及国内法院能否直接依据条约的规定审理和裁断案件。

从我国当前适用商事国际条约的立法和司法现状分析，我国对商事国际条约的适用大致遵循两条原则：一是"内外有别"，即主要只在具有涉外因素的国际商事纠纷中直接适用国际条约。二是“公私有别”，即并非对所有条约一视同仁地对待，而是要分析具体条约的性质决定适用或不适用。

我国已经参加了大量的商事国际条约，司法实践中也已经比较频繁地在根据我国缔结或参加的国际条约审理案件。

（1）其他商法渊源

第一，商事判例。在英美法系国家，判例是法律的主要渊源。大陆法系国家一般不承认判例的法律地位，法院的判决只对本案有拘束力。但大陆法系对于判例的传统观点近年来正在发生某种转变。一些国家开始承认法院判决对于法律的修改和完善所能起到的作用，判例实际上取得了法律渊源的地位。我国从来不承认判例具有法律渊源的地位，法院不能直接援引先例裁断案件。

第二，商法学说。一般而言，学说不是法律渊源，并不具有强制性。但学说通过对商法的解释、说明、批评、建议，不仅可能影响立法者，也可能对法院起引导作用。很多判例制定的规则来自学理。长期以来，我国商法研究相对落后，商法学说没有像民法学说那样形成完整的体系，但学说仍然在商事立法、司法中起着积极活跃的作用。

第三，一般法律原则。有些国家还承认“一般法律原则”的渊源地位。例如，《美国统一商法典》第1条至第103条的题目就是“一般法律原则应作为本法的补充”。有学者主张，在我国商法实践中，由于没有独立的商法典，可以以民法中的一些基本原则作为解决商事纠纷的直接法律依据。

第四，商事自治法。有的国家，如日本，还承认“商事自治法”的法律渊源地位。所谓“商事自治法”，是指各个单位、团体为了规范其内部成员而自主制定的规则。在企业关系方面，自治规则只要为法律法规所认可，就与法律一样产生拘束力。而且，在这些团体范围内，它比任何法律都处于优先地位，是首先适用的规范。商事自治法的起源被认为可追溯到古代商人组成的基尔特的组织规则。现代生活中的公司章程，是根据公司法的相关规定制定的，一般被作为典型的商事自治法。其他像票据交易所规则、商业行会规约，也常常被视为商事自治法，但由于对其属性法律并未明确规定，因而日本商法学界没有统一的认识。此外，标准合同范本或标准合同条款等在商事交易中大量使用。例如，银行业、保险业、证券业、运输业、仓储业等行业中，相关企业大多使用格式条款或者一般交易条款与用户签约。法学界通常认为这些标准合同范本或合同条款也属于商事自治法的一部分，但内容显著不当者无效。在我国，是不承认所谓“商事自治法”的法律渊源地位的。

四、论述题

1. 答案： 大陆法系国家的商事立法体例，可分为民商分立体例和民商合一体例两类。从大陆法系国家民商法的现状来看，多数国家采取了民商分立的立法体例，在民法典之外另制定了独立的商法典。从一定意义上说，民商分立与民商合一的立法体例之别仅仅限于，是否应将规制营利性主体营业行为的基本商法规则纳入独立的商法典的问题上；而对于实质意义上的商事普通法之存在以及商事特别法之存在，大陆法理论与实践中并无争议，均采取肯定制度。也就是说，民商合一体例从来不意味着要否定实质意义上的商事普通法，离开了确认商事普通法存在这一前提，也就无所谓合分问题。

归纳起来说，大陆法系国家的商事立法主要可分为商人法立法体系、商行为立法体系、折中商法立法体系和民商合一立法体系四种。

现代商法意义上的商人法立法体系又称为“主观标准的商法体系”，这一体系由《德国商法典》所首创，并以德国法为典型，其基本特点表现在以下三个方面：第一，这一立法体系强调商主体的资格确定，并将其作为商法适用的一般前提。根据《德国商法典》所作的定义：“为本法所设定之目的而从事商业经营活动的人都是商人。”在对商主体资格确定上，商人法立法体系实际上采用双重确认标准：其一是主要依据商行为（营利性营业行为）确定，同时要求行为人负有商业登记义务；其二是主要依据商业登记标准（并辅以不同层次的商业范围）来确定，并根据外观公示原则推定其从事商行为。《德国商法典》依此原则将商主体分为五类：(1) 法定商人，是指从事商法典规定的固有商行为而属于“从事商业经营活动的人”；此类商人的身份具有公示性，故必须履行商业登记，否则将构成实质违法。）第二，这一立法体系强调对商行为内涵的一般概括，并以之作为确定商主体商法上身份的基本标准。在《德国商法典》之前，法国商法理论与实践虽然已经提出了商行为观念，但在立法中并没有概括出商行为的一般定义，并且这一观念也并不具有系统的理论化内涵。实际上，现代商法中所普遍采用的固有商行为、营业商行为、辅助商行为，乃至双方商行为与单方商行为等概念均始自德国的商法理论与实践。根据《德国商法典》的规定，一般意义上的商行为是指“具有营利性营业性质的经营活动”，即包括(1) 商事法依行为内容所直接认定的固有商行为；(2) 由商法典列举的营业商行为；(3) 虽不在列举范围之内但系由公司或商事组织从事的营业活动也属于商行为；(4) 与商人的基本商行为有牵连关系的（或当事人表示有牵连关系的）营业行为、服务行为等也视为商行为。故可知商人法立法体系中的商行为概念具有层次性，并且这一概念的结构是为了确定商主体的概念而设计的。第三，这一立法体系强调商事法中对一切商事关系具有普遍适用意义的基本规则之抽象，由此形成了商事基本法或商法总则的内容。不过学者们通常的认识是：由于德国商法体系的形成缺少像德国民法典那样充分和深入的立法理论准备，因此商法典的体系化和系统化发展始终是一个悬而未解的问题。近年来，德国学者多致力于商法赖以存在的条件和商事企业概念等问题的研究，试图构建出更具一般性的商法理论体系，以统辖各类具体的商事特别法，他们中大多数人倾向于保留商人法主义的立法体系和《德国民法典》原有的体系结构。

商行为法立法体系又称为“客观标准的商法体系”，这一立法体系由《法国民法典》所首创，但后来转向折中商法主义立场。目前仍采取这一立法体系的典型代表为《西班牙商法典》。其基本特征是：首先，这一立法体系强调商行为概念的基础作用，并试图主要以此概念来确定商主体的范围、商法的适用范围以及商法规则的体系，作出较商人法体系更为明确的界定。但由于在现代商品经济活动不断发展的条件下，商行为概念本身的范围就具有变动性和不确定性，这就决定了采取此立法体系所确定的商行为范围仅能狭于或大体趋近于现实商业活动的范围。其次，这一立法体系强调商主体资格对于商行为的依存性。但西班牙商法在公司和企业组织商主体问题上没有单纯依据商行为确定商主体资格的客观标准，从而有效避免了商主体身份的不确定性。可对于商个人的确定却留下了三个方面的含混或疑问。其一，商个人从事商业行为必须履行商业登记，这时商个人的资格何时取得，商事能力范围如何，何时须履行登记等一系列问题均处于含混状态。其二，商个人资格的不确定使其代理人代行的营业活动究竟属于代理人的商行为还是本人的商行为成为疑问。其三，由无行为能力人通过代理人从事的营利性营业活动以及由自然人从事的某些法定范围外的营利性营业行为，均被排除在商行为之外，而不受商法控制。这些疑问实际是客观商法体例下所无法避免的基本问题。

折中主义商法体系又称为“混合标准的商法体系”。这一立法以现代《法国商法典》为代表。商人的概念与商行为的概念被共同作为商法体系的基础，即以商行为概念作为商人定义的基础，而商人概念又在一定程度上决定着商行为的具体范围。这种混合特征是折中主义商法体系的基础。这种体系并没有关于商行为的一般定义，而是通过列举方式明确了商行为的基本范围，明确将某些行为排除在商行为范围之外。

民商合一立法体系的主要代表是瑞士，是基于商法中一系列概念，特别是商行为概念之陈旧性与社会商事活动扩展趋势间的矛盾，提出了民商合一的立法主张，但其本质在于主张民法普遍商化。这一体系中商法规则仍然有其独立的位置和体系；民商法典仍须确认商主体特别法上的资格，并须对商主体及其营业性商行为适用不同于民事主体的民事活动的特别法规则；而商事公法和商事特别法仍须对商事主体的营业性商行为加以特殊控制。但从理论上说，商事法为对营利性主体的营业行为实施特别法控制，必须在法律上将商主体与其他民事主体区别开来，这主要靠商业登记制度，依商行为标准所作的推定则退居次要地位。试图通过民商合一而使民事主体普遍地适用商法是不切实际的幻想。

2. 答案：由于在调整范围、立法目的上有诸多不同，因此，商事法和经济法在有关部门的法律理念、法律机能上也是明显不同的。商法以个别经济主体的利益为基础，主要调整的是经济主体之间的利益关系；经济法则以社会经济利益为基础，着眼于整体经济利益的协调和保护，即着重于所有商事主体利益的全局性调整。因此，商事法和经济法应作为两个不同的法域而存在。两者的区别主要体现在以下几个方面：

(1) 商法和经济法所调整的社会经济关系的性质不同

商法主要调整的是商人之间的以平等性为特征的社会经济关系；经济法则调整的是国家与公民、国家与企业（商人）之间的社会关系，这种关系主要体现为管理与被管理、指挥与被指挥的纵向关系。

(2) 商法和经济法所调整对象的内容不同

商法主要规定的是商人和其他经营者的法律地位、组织形式、商事交易行为规则和行为后果等，经济法主要规定了商事活动中商事主体的竞争行为规范、竞争规则以及政府如何对不正当竞争行为和垄断行为进行调整，以维护正常的经济运行环境和运行条件。

(3) 商法和经济法的作用内容和作用基点不同

商法的作用内容和作用基点是确认和保护商人的（经营者）合法地位和利益，侧重于保护作为商人的企业和自然人之间的平等利益关系，以满足商人的营利性要求。经济法的作用内容和作用基点则是平衡个体利益与社会利益之间的矛盾，其作用内容侧重于社会的整体经济生活和社会的整体经济利益。

(4) 商法和经济法的法律性质和法律理念不同

商法是属于具有公法因素的私法，其自由、平等、公平、效益、安全等法律理念被侧重于从个体方面来理解和阐释。即强调个体的自由，个体之间的平等，个体相互关系的公平以及个体行为的效益和安全。经济法是具有私法内容和公法内容的社会法，自由、平等、公平、效益、安全、秩序等一些法律的基本理念，被侧重于从社会的角度去理解和阐释，强调社会整体效益和交易安全。

3. 答案：从主观主义立法例来看，它是以商人观念为基础来构建商法体系的，以大陆法系中的《德国商法典》为代表。现行《德国商法典》采用了民商分立的立法体系，其具体内容可分为五编：第一编为商人的身份，下设商人、商业登记簿、商号、经理权和代办权、商业辅助人和商业学徒、代理商、商事居间人七章。第二编为公司和隐名合伙。第三编为商业账簿。第四编为商行为。第五编为海商。

现代商法意义上的商人法立法体系又称为“主观标准的商法体系”，这一体系由《德国商法典》所首创，并以德国法为典型。所谓主观主义，又称商人法主义，是指法律先定商人概念，然后从中导出商行为概念，依此标准，商行为就是商人所为的行为。由商行为发生的关系都是商事关系，如果行为主体不是商人，其行为就不是商行为，其发生的关系也就不是商事关系。其基本特点表现在以下三个方面：

第一，这一立法体系强调商主体的资格确定，并将其作为商法适用的一般前提。在对商主体资格的确定上，商人法立法体系实际上采用双重确认标准：其一是主要依据商行为（营利性营业行为）确定，同时要求行为人负有商业登记义务；其二是主要依据商业登记标准（并辅以不同层次的商业范围）来确定，并根据外观公示原则推定其从事商行为。但应当注意，德国新商法上所谓的商人，与商人法中的商人有所不同。商人法中的商人实际上是一个阶层或者阶级，其商人法只适用于这个阶层或者阶级。而德国商法典中所谓的商人，是指凡是经营商业的人均为商人。这种商人概念具有普遍性。

第二，这一立法体系强调对商行为内涵的一般概括，并以之作为确定商主体商法上身份的基本标准。《德国商法典》一般意义上的商行为是指“具有营利性营业性质的经营活动”，即包括：(1) 商事法依行为内容所直接认定的固有商行为；(2) 由商法典列举的营业商行为；(3) 虽不在列举范围之内但系由公司或商事组织从事的营业活动也属于商行为；(4) 与商人的基本商行为有牵连关系的（或当事人表示有牵连关系的）营业行为、服务行为等也视为商行为。故可知商人法立法体系中的商行为概念具有层次性，并且这一概念的结构是为了确定商主体的概念而设计的。

第三，这一立法体系强调商事法中对一切商事关系具有普遍适用意义的基本规则之抽象，由此形成了商事基本法或商法总则的内容。不过学者们通常的认识是：由于德国商法体系的形成缺少像德国民法那样充分和深入的立法理论准备，因此商法典的体系化和系统化发展始终是一个悬而未解的问题。近年来，德国学者大多致力于商法赖以存在的条件和商事业概念等问题的研究，试图构建出更具一般性的商法理论体系，以统辖各类具体的商事特别法，他们中大多数人倾向于保留商人法主义的立法体系和《德国民法典》原有的体系结构。

4. 答案：商法与民法的区别：

	民 法	商 法
立法价值取向不同	民法最基本的价值取向是公平，当公平与其他民法原则发生冲突时，民法的首要任务是维护公平，即公平优先兼顾效益与其他	商法最基本的价值取向是效益，其基本要求是效益优先兼顾公平与其他
调整对象不同	民法调整平等主体之间的财产关系与人身关系	商法调整的是营利性主体即商主体在市场交易过程中所发生的商事法律关系
主体范围不同	民事法具有适用主体广泛性的特点，可以适用于一切社会公众	商法则具有适用主体限定的特点，仅适用于商主体
法律责任制度不同	民法一般实行过错责任原则	商法除过错责任原则外，还大量适用无过错责任原则
性质与特征不同	民法纯属私法	商法则兼具公私法属性
法律规范基础不同	民法规范具有伦理性	商法规范侧重技术性

5. 答案：商主体法定原则即商主体资格由国家强行法予以严格控制，其内容包括商主体类型法定、内容法定、公示法定。

商主体类型法定是指可以进行经营活动的商主体的类型由法律予以明确设定，当事人不得在法定类型之外创设商主体。关于商主体的类型，法律往往从财产责任性质角度、组织形式角度或经济性质角度进行确定。按照大陆法系国家的商事法规定，商主体通常包括商事公司、非公司型企业、个体商人三类。其中商事公司又可分为股份有限公司、有限责任公司、无限责任公司和两合公司等类型。商主体类型法定原则适用的前提是商事立法对商主体类型做出合理、准确而严格的类型划分，而且立法已经对实践中行之有效的经营组织形式进行了全面的法律概括，从而为商事法实践提供了充分可供选择的主体类型。

商主体内容法定是指商法对于各种类型商主体的财产关系和组织关系加以强行法规制，禁止当事人创设或变更为非规范性财产关系和组织关系的具体商主体。同一类型的商事主体依法具有相同性质的财产归属关系、利润分配关系、财产责任关系、注册资产规模、商业税收标准以及内部组织关系，从而保障了同类型的商主体具有相同的法律性质，维护了商事法律关系主体方面的定性。商主体公示法定，是指商主体成立时以及存续期间必须按照法定程序公示重大事项，以便第三人及时知晓，作出理性的交易决策，维护交易安全。商主体公示法定原则构成了商事登记制度。遵循商主体法定原则有利于对商主体的管理，促进商主体内部组织设立以及运作的科学性，维护交易安全和秩序。

法定原则在确保商主体的统一性、独立性、稳定性与继续性方面，以及为交易相对人提供便利和保护、维护商事安全秩序等方面都具有非常重要的意义，而且对于涉及国家安全、公共利益及关乎国计民生的一些特定行业，如金融业、证券业的商主体设立还采取严格的行政审批制度。经登记并公告而公示之后，该公示事项具有对抗第三人的效力，非经法定公示者，不得用以对抗善意第三人。正是商主体公示法定原则构成了商事登记制度。法律作出这样的规定，一方面是有利于国家对商事组织的宏观控制和管理；另一方面也有利于保证商事组织自身的健康发展。

第二章　商事主体

基础知识图解

- 商事主体
  - 概述
    - 法律主体与商主体
    - 商主体的概念与特征
      - 概念：又称商事法律关系的主体，是指依法参与商事法律关系，能以自己的名义从事商行为，享受权利和承担义务的人
      - 特征
        - 为法律拟制的主体
        - 以营利为目的
        - 为商事法律关系中的当事人
    - 商主体的分类
      - 商个人、商法人、商合伙
      - 法定商人、注册商人、自由登记商人
      - 形式商人或固定商人、拟制商人、表见商人
      - 大商人和小商人
  - 商法人
    - 概念：即企业法人，是指按照法定构成要件和程序设立的，拥有法人资格，参与商事法律关系，依法独立享有权利和承担义务的组织
    - 分类：国有、集体、合资、私营、外商投资商法人
  - 商个人
    - 概念：是指按照法定构成要件和程序取得特定的商主体资格，独立从事商行为，依法享受法律上的权利和承担义务的个体
    - 分类：个体工商户、私营独资企业、农村承包经营户
  - 商合伙
  - 商中间人：代理商、居间商、行纪商等。
  - 商辅助人：经理人、代办人等。

配套测试

一、单项选择题

1. 兰艺咖啡店是罗飞、王曼设立的普通合伙企业，合伙协议约定罗飞是合伙事务执行人且承担全部亏损。为扭转经营亏损局面，王曼将兰艺咖啡店加盟某知名品牌，并以合伙企业的名义向陈阳借款20万元支付了加盟费。陈阳现在要求还款。关于本案，下列哪一说法是正确的？（　　）（司考2016.3.30）①

A. 王曼无权以合伙企业的名义向陈阳借款

B. 兰艺咖啡店应以全部财产对陈阳承担还款责任

C. 王曼不承担对陈阳的还款责任

D. 兰艺咖啡店、王曼和罗飞对陈阳的借款承担无限连带责任

2. 某普通合伙企业为内部管理与拓展市场的需要，决定聘请陈东为企业经营管理人。对

① 编者注：部分题号内标注了司法考试真题序号，以本题为例，表示本题为2016年司法考试卷三第30题。以下不再特别注明。

此，下列哪一表述是正确的？（　　）（司考2015.3.29）

A. 陈东可以同时具有合伙人身份

B. 对陈东的聘任须经全体合伙人的一致同意

C. 陈东作为经营管理人，有权以合伙企业的名义对外签订合同

D. 合伙企业对陈东对外代表合伙企业权利的限制，不得对抗第三人

3. 李军退休后于2014年3月，以20万元加入某有限合伙企业，成为有限合伙人。后该企业的另一名有限合伙人退出，李军便成为唯一的有限合伙人。2014年6月，李军不幸发生车祸，虽经抢救保住了性命，但已成为植物人。对此，下列哪一表述是正确的？（　　）（司考2015.3.30）

A. 就李军入伙前该合伙企业的债务，李军仅需以20万元为限承担责任

B. 如李军因负债累累而丧失偿债能力，该合伙企业有权要求其退伙

C. 因李军已成为植物人，故该合伙企业有权要求其退伙

D. 因唯一的有限合伙人已成为植物人，故该有限合伙企业应转为普通合伙企业

4. 逐道茶业是一家生产销售野生茶叶的普通合伙企业，合伙人分别为赵、钱、孙。合伙协议约定如下：第一，赵、钱共同担任合伙事务执行人；第二，赵、钱共同以合伙企业名义对外签约时，单笔标的额不得超过30万元。对此，下列哪一选项是正确的？（　　）

A. 赵单独以合伙企业名义，与甲茶农达成协议，以12万元的价格收购其茶园的茶叶，该协议为有效约定

B. 孙单独以合伙企业名义，与乙茶农达成协议，以10万元的价格收购其茶园的茶叶，该协议为无效约定

C. 赵、钱共同以合伙企业名义，与丙茶叶公司签订价值28万元的明前茶销售合同，该合同为有效约定

D. 赵、钱共同以合伙企业名义，与丁茶叶公司签订价值35万元的明前茶销售合同，该合同为无效约定

二、不定项选择题

1. 下列不属于民事主体与商主体区别的是：（　　）。

A. 商主体必须同时具有权利能力和行为能力，而民事主体却未必如此

B. 民事主体的权利能力和行为能力可以不同时产生，商主体则必须同时产生

C. 公法上的主体如政府部门等可以成为商主体，但不能成为民事主体

D. 商主体的构成，一般必须是行为人积极法律行为的结果

2. 有关商法人的表述错误的是：（　　）。

A. 所谓商法人，是指依照法定构成要件和程序设立、拥有法人资格而参与商事法律关系的组织

B. 商法人是一种拟制的法律主体，不是自然形成的

C. 商法人有自己的意思机关，具有财产独立性与责任的独立性特征

D. 商法人是法人的一种，但更是一个组织体，所以其成立时只要符合实体要件即可，程序上没有要求

3. 依照法律授权或法律设定的要件、程序和方式，商主体可分为：（　　）。

A. 商个人、商法人、拟制商人、表见商人

B. 商合伙、大商人、小商人、完全商人

C. 法定商人、注册商人、任意商人

D. 个体经营者、企业、商业使用人

4. 2015年6月，刘璋向顾谐借款50万元用来炒股，借期1个月，结果恰遇股市动荡，刘璋到期不能还款。经查明，刘璋为某普通合伙企业的合伙人，持有44%的合伙份额。对此，下列哪些说法是正确的？（　　）（司考2015.3.71）

A. 顾谐可主张以刘璋自该合伙企业中所分取的收益来清偿债务

B. 顾谐可主张对刘璋合伙份额进行强制执行

C. 对刘璋的合伙份额进行强制执行时，其他合伙人不享有优先购买权

D. 顾谐可直接向合伙企业要求对刘璋进行退伙处理，并以退伙结算所得来清偿债务

5. 某律师事务所是一家采取特殊普通合伙形式设立的律师事务所，曾君、郭昌是其中的两名合伙人。在一次由曾君主办、郭昌辅办的诉讼代理业务中，因二人的重大过失而泄露了客户的商业秘密，导致该所应对客户承担巨额赔偿责任。关于该客户的求偿，下列哪些说法是正确的？（　　）（司考 2015.3.72）

A. 向该所主张全部赔偿责任

B. 向曾君主张无限连带赔偿责任

C. 向郭昌主张补充赔偿责任

D. 向该所其他合伙人主张连带赔偿责任

6. 雀凰投资是有限合伙企业，从事私募股权投资活动。2017 年 3 月，三江有限公司决定入伙雀凰投资，成为其有限合伙人。对此，下列哪些选项是错误的？（　　）（司考 2017.3.72）

A. 如合伙协议无特别约定，则须经全体普通合伙人一致同意，三江公司才可成为新的有限合伙人

B. 对入伙前雀凰投资的对外负债，三江公司仅以实缴出资额为限承担责任

C. 三江公司入伙后，有权查阅雀凰投资的财务会计账簿

D. 如合伙协议无特别约定，则三江公司入伙后，原则上不得自营与雀凰投资相竞争的业务

7. 甲、乙、丙三人共同商定出资设立一家普通合伙企业，其中约定乙以其所有房屋的使用权出资，企业的财务由甲负责。2015 年 4 月，该合伙企业亏损巨大。5 月，见股市大涨，在丙不知情的情况下，甲与乙直接将企业账户中的 400 万元资金，以企业名义委托给某投资机构来进行股市投资。同时，乙自己也将上述房屋以 600 万元变卖并过户给丁，房款全部用来炒股。至 6 月下旬，投入股市资金所剩无几。丙得知情况后突发脑溢血死亡。请回答第（1）～（3）题。（司考 2015. 3. 92~4）

（1）关于甲、乙将 400 万元资金委托投资股市的行为，下列说法正确的是：（　　）。

A. 属于无权处分行为

B. 属于改变合伙企业经营范围的行为

C. 就委托投资失败，甲、乙应负连带赔偿责任

D. 就委托投资失败，该受托的投资机构须承担连带责任

（2）关于乙将房屋出卖的行为，下列选项正确的是：（　　）

A. 构成无权处分行为

B. 丁取得该房屋所有权

C. 丁无权要求合伙企业搬出该房屋

D. 乙对合伙企业应承担违约责任

（3）假设丙有继承人戊，则就戊的权利，下列说法错误的是：（　　）

A. 自丙死亡之时起，戊即取得该合伙企业的合伙人资格

B. 因合伙企业账面上已处于亏损状态，戊可要求解散合伙企业并进行清算

C. 就甲委托投资股市而失败的行为，戊可直接向甲主张赔偿

D. 就乙出卖房屋而给企业造成的损失，戊可直接向乙主张赔偿

8. 王某、张某、田某、朱某共同出资 180 万元，于 2012 年 8 月成立绿园商贸中心（普通合伙）。其中王某、张某各出资 40 万元，田某、朱某各出资 50 万元；就合伙事务的执行，合伙协议未特别约定。请回答第（1）～（3）题。（司考 2014.3.92~94）

（1）2013 年 9 月，鉴于王某、张某业务能力不足，经合伙人会议决定，王某不再享有对外签约权，而张某的对外签约权仅限于每笔交易额 3 万元以下。关于该合伙人决议，下列选项正确的是：（　　）。

A. 因违反合伙人平等原则，剥夺王某对外签约权的决议应为无效

B. 王某可以此为由向其他合伙人主张赔偿其损失

C. 张某此后对外签约的标的额超过 3 万元时，须事先征得王某、田某、朱某的同意

D. 对张某的签约权限制，不得对抗善意相对人

（2）2014 年 1 月，田某以合伙企业的名义，自京顺公司订购价值 80 万元的节日礼品，准备在春节前转销给某单位。但对这一礼品

订购合同的签订，朱某提出异议。就此，下列选项正确的是：(　　)。

A. 因对合伙企业来说，该合同标的额较大，故田某在签约前应取得朱某的同意

B. 朱某的异议不影响该合同的效力

C. 就田某的签约行为所产生的债务，王某无须承担无限连带责任

D. 就田某的签约行为所产生的债务，朱某须承担无限连带责任

(3) 2014年4月，朱某因抄底买房，向刘某借款50万元，约定借期四个月。四个月后，因房地产市场不景气，朱某亏损不能还债。关于刘某对朱某实现债权，下列选项正确的是：(　　)。

A. 可代位行使朱某在合伙企业中的权利

B. 可就朱某在合伙企业中分得的收益主张清偿

C. 可申请对朱某的合伙财产份额进行强制执行

D. 就朱某的合伙份额享有优先受偿权

三、名词解释

1. 商主体

2. 商法人

3. 个人合伙

4. 商辅助人

5. 商事主体严格法定原则（西北政法大学2006年考研真题）

四、简答题

1. 简述商事能力的含义及特征。（西北政法大学2006年考研真题）

2. 简述法人人格权。（中国人民大学2008年考研真题）

3. 简述我国的商法人制度。

五、论述题

1. 试论代理商、居间商、行纪商各自的主要特征及相关区别。

2. 试论商主体及其构成要素。

3. 试述商事能力与民事能力的区别。

参考答案

一、单项选择题

1. 答案：B。《合伙企业法》第26条第1款、第2款规定："合伙人对执行合伙事务享有同等的权利。按照合伙协议的约定或者经全体合伙人决定，可以委托一个或者数个合伙人对外代表合伙企业，执行合伙事务。"第27条第1款规定："依照本法第二十六条第二款规定委托一个或者数个合伙人执行合伙事务的，其他合伙人不再执行合伙事务。"本题中，合伙协议约定罗飞是合伙事务执行人，王曼原本不能代表合伙企业对外签约。但合伙协议关于合伙事务执行人的约定，外人通常难以知晓，第三人有理由相信王曼可以代表合伙企业签约，故A项错误。

《合伙企业法》第38条规定："合伙企业对其债务，应先以其全部财产进行清偿。"王曼以合伙企业名义向陈阳借款20万元，应当由合伙企业对外承担责任，故B项正确。

《合伙企业法》第39条规定："合伙企业不能清偿到期债务的，合伙人承担无限连带责任。"合伙协议中关于罗飞承担全部亏损的约定违反合伙企业合伙人共享利益、共担风险的原则，因而无效。罗飞、王曼对合伙企业债务都要承担无限连带责任，故C项错误。

D项表述不够准确，合伙企业债务先由合伙企业对外承担责任，无力清偿的，再由合伙人对外承担连带责任，并非合伙企业与合伙人一起承担连带责任，故D项错误。

2. 答案：B。《合伙企业法》第31条规定："除合伙协议另有约定外，合伙企业的下列事项应当经全体合伙人一致同意……（六）聘任合伙人以外的人担任合伙企业的经营管理人员。"从该条款逻辑分析，既然合伙企业有权聘任"合伙人以外的人"担任合伙企业的经营管理人员，合伙企业也有权利聘任"合伙人"担任合伙企业的经营管理人员。如果陈东是某合伙企业的合伙人，陈东也可以被聘

任为合伙企业的经营管理人员，这就如同公司股东可以被聘任为公司经理一样。所以，陈东可以是合伙企业的合伙人，同时担任合伙企业的经营管理人，就此而言，A 项是正确的。司法部认为 A 项错误，可能是基于一种误读，即认为陈东因为被聘任为合伙企业的经营管理人，于是具有了合伙企业合伙人的身份，如果这样理解，A 项是错误的。

此外，根据上述第 31 条第 6 项的规定，聘请合伙人以外的人担任合伙企业的经营管理人员才需要全体合伙人一致同意。如果陈东属于合伙人，则聘请陈东担任合伙企业的经营管理人员则不需要全体合伙人一致同意。就此而言，B 项是错误的。司法部假定陈东是合伙人之外的人，聘任陈东担任合伙企业的经营管理人，自然需要全体合伙人一致同意，就此认为 B 项正确。

《合伙企业法》第 26 条第 2 款规定，“按照合伙协议的约定或者经全体合伙人决定，可以委托一个或者数个合伙人对外代表合伙企业，执行合伙事务”。合伙企业中执行合伙事务的合伙人相当于公司中的董事长或者执行董事一类的角色，有权对外代表合伙企业。而合伙企业的经营管理人相当于公司经理，通常并无对外代表合伙企业的权限，只有经过合伙企业授权才能对外代理合伙企业。就此，《合伙企业法》第 35 条第 1 款规定：“被聘任的合伙企业的经营管理人员应当在合伙企业授权范围内履行职务。”本题中，陈东被聘为合伙企业的经营管理人，负责合伙企业的内部管理与市场开拓，当其进行市场开拓时，通常需要在合伙企业的授权范围内以合伙企业名义对外签订合同。就此而言，C 项具有正确的成分。C 项的问题在于表述过于简单，让人误以为经营管理人当然有权代表合伙企业对外签约而不需要合伙企业的特别授权，以此而论，则 C 项错误。

《合伙企业法》第 37 条规定：“合伙企业对合伙人执行合伙事务以及对外代表合伙企业权利的限制，不得对抗善意第三人。”有权“代表”合伙企业的主体只能是合伙企业执行合伙事务的合伙人，而非合伙企业的经营管理人。经营管理人只有在经过合伙企业（通过执行合伙事务的合伙人）授权之后，才有权在授权范围内对外“代理”合伙企业。因为合伙企业中执行合伙事务的合伙人通常可以对外代表合伙企业，享有一般代表权，所以内部限制不得对抗善意第三人。而合伙企业的经营管理人只有经过特别授权后才有权代理合伙企业，没有授权就没有代理权，自然不存在内部限制不得对抗善意第三人的问题。而且 D 项表述连“善意”二字都被抹去，只是“第三人”而已，可谓错上加错。

3. 答案：A。《合伙企业法》第 77 条规定：“新入伙的有限合伙人对入伙前有限合伙企业的债务，以其认缴的出资额为限承担责任。”李军以 20 万元加入某有限合伙企业，仅以 20 万元为限承担有限责任，故 A 项正确。

《合伙企业法》第 78 条规定：“有限合伙人有本法第四十八条第一款第一项、第三项至第五项所列情形之一的，当然退伙。”第 48 条第 1 款规定：“合伙人有下列情形之一的，当然退伙：（一）作为合伙人的自然人死亡或者被依法宣告死亡；（二）个人丧失偿债能力；（三）作为合伙人的法人或者其他组织依法被吊销营业执照、责令关闭、撤销，或者被宣告破产；（四）法律规定或者合伙协议约定合伙人必须具有相关资格而丧失该资格；（五）合伙人在合伙企业中的全部财产份额被人民法院强制执行。”由此可见，丧失偿债能力并非有限合伙人的退伙原因。因为有限合伙人仅以出资为限承担有限责任，在李军履行其对某合伙企业的出资义务 20 万元之后，李军仅在此 20 万元的范围内承担责任，其后李军丧失偿债能力并不会影响李军在 20 万元的范围内承担责任。所以，李军丧失偿债能力不影响其有限合伙人资格，故 B 项错误。

《合伙企业法》第 79 条规定：“作为有限合伙人的自然人在有限合伙企业存续期间丧失民事行为能力的，其他合伙人不得因此要求其退伙。”有限合伙人并不参与合伙企业经营，不需要具有行为能力，不能因为李军成为植物人而要求其退伙，故C项错误。

《合伙企业法》第75条规定："有限合伙企业仅剩有限合伙人的，应当解散；有限合伙企业仅剩普通合伙人的，转为普通合伙企业。"因为李军丧失行为能力并未影响其有限合伙人资格，不会影响有限合伙企业的存续，故D项错误。

4. **答案**：C。《合伙企业法》第26条第2款规定，"按照合伙协议的约定或者经全体合伙人决定，可以委托一个或者数个合伙人对外代表合伙企业，执行合伙事务"。《民法典》第166条规定："数人为同一代理事项的代理人的，应当共同行使代理权，但是当事人另有约定的除外。"本题中，赵、钱共同担任合伙事务执行人，应当共同执行合伙事务，故A项错误。B项，孙单独以合伙企业名义对外签约属于无权代理，其所签合同效力待定而非无效，故B项错误。C项完全符合合伙协议的约定，正确。

《合伙企业法》第37条规定："合伙企业对合伙人执行合伙事务以及对外代表合伙企业权利的限制，不得对抗善意第三人。"D项中，赵、钱违反合伙协议约定对外签约，其所签合同未必无效；如果相对人善意，则有效，故D项错误。

二、不定项选择题

1. **答案**：C。本题主要考查的是民事主体和商事主体的区别。公法上的主体既可以成为商主体，也能成为民事主体，故C错。
2. **答案**：D。本题考查的是商主体的特征。商法人是按照法定构成要件和程序设立的，拥有法人资格，参与商事法律关系，依法独立享有权利和承担义务的组织。可见商法人的设立需要同时符合法律关于实体要件和程序要件及要求。
3. **答案**：C。本题考查的是商主体的分类。法定商人、注册商人、任意商人是依照法律授权或法律设定的要件、程序和方式而作的分类，又可称为必然商人、应登记商人、自由登记商人。
4. **答案**：AB。《合伙企业法》第42条第1款规定："合伙人的自有财产不足清偿其与合伙企业无关的债务的，该合伙人可以以其从合伙企业中分取的收益用于清偿；债权人也可以依法请求人民法院强制执行该合伙人在合伙企业中的财产份额用于清偿。"据此，A、B两项都正确。

《合伙企业法》第42条第2款规定："人民法院强制执行合伙人的财产份额时，应当通知全体合伙人，其他合伙人有优先购买权；其他合伙人未购买，又不同意将该财产份额转让给他人的，依照本法第五十一条的规定为该合伙人办理退伙结算，或者办理削减该合伙人相应财产份额的结算。"据此，对刘璋的合伙份额进行强制执行时，其他合伙人享有优先购买权，故C项错误。相比合伙份额转让，合伙人退伙会给合伙企业造成更大的不良影响，根据《合伙企业法》第42条第2款规定，只有在合伙人的合伙份额无法转让给其他人时，才能办理退伙结算，故D项错误。

5. **答案**：AB。《合伙企业法》第57条第1款规定："一个合伙人或者数个合伙人在执业活动中因故意或者重大过失造成合伙企业债务的，应当承担无限责任或者无限连带责任，其他合伙人以其在合伙企业中的财产份额为限承担责任。"本题中，因为曾君、郭昌的重大过失致人损害，应当由曾君、郭昌对客户的损失承担无限连带责任，而其他合伙人仅以其在合伙企业中的财产份额为限承担责任。据此，B项正确，C、D两项错误。

《合伙企业法》第58条规定："合伙人执业活动中因故意或者重大过失造成的合伙企业债务，以合伙企业财产对外承担责任后，该合伙人应当按照合伙协议的约定对给合伙企业造成的损失承担赔偿责任。"就君平昌成律师事务所而言，其应当以律所的全部财产对合伙人给客户造成的损失承担责任，所以客户可以要求该所承担全部赔偿责任，故A项正确。

6. **答案**：ABCD。《合伙企业法》第60条规定："有限合伙企业及其合伙人适用本章规定；本章未作规定的，适用本法第二章第一节至

第五节关于普通合伙企业及其合伙人的规定。”《合伙企业法》对有限合伙人的入伙、退伙并无特别规定，适用一般规定。《合伙企业法》第43条第1款规定：“新合伙人入伙，除合伙协议另有约定外，应当经全体合伙人一致同意，并依法订立书面入伙协议。”据此，在合伙协议没有特别约定的情况下，有限合伙人的入伙需要经过其他全体合伙人的一致同意而不仅仅是普通合伙人的同意，故A项错误。

《合伙企业法》第77条规定：“新入伙的有限合伙人对入伙前有限合伙企业的债务，以其认缴的出资额为限承担责任。”据此，三江公司应当以认缴的出资额而不是以实缴的出资额为限承担责任，故B项错误。

《合伙企业法》第28条第2款规定：“合伙人为了解合伙企业的经营状况和财务状况，有权查阅合伙企业会计账簿等财务资料。”同时，根据第68条第2款第5项规定，有限合伙人“对涉及自身利益的情况，查阅有限合伙企业财务会计账簿等财务资料”不视为执行合伙企业事务。从这些规定可以看出，有限合伙人查阅合伙企业财务会计账簿的权利是受到限制的，即只有在涉及自身利益的情况下才能够查阅，而不能随意查阅合伙企业财务会计账簿，故C项错误。

《合伙企业法》第71条规定：“有限合伙人可以自营或者同他人合作经营与本有限合伙企业相竞争的业务；但是，合伙协议另有约定的除外。”据此，D项错误。

7. (1) **答案**：C。《合伙企业法》第31条规定：“除合伙协议另有约定外，合伙企业的下列事项应当经全体合伙人一致同意：(一) 改变合伙企业的名称；(二) 改变合伙企业的经营范围、主要经营场所的地点；(三) 处分合伙企业的不动产；(四) 转让或者处分合伙企业的知识产权和其他财产权利；(五) 以合伙企业名义为他人提供担保；(六) 聘任合伙人以外的人担任合伙企业的经营管理人员。”本题中，甲、乙决定将合伙企业的400万元现金用于股市投资，不属于应当由全体合伙人一致同意的情形，按照合伙企业事务执行的一般决议程序办理即可。《合伙企业法》第30条第1款规定：“合伙人对合伙企业有关事项作出决议，按照合伙协议约定的表决办法办理。合伙协议未约定或者约定不明确的，实行合伙人一人一票并经全体合伙人过半数通过的表决办法。”本题中，甲、乙决定将合伙企业的400万元现金用于股市投资，因为表决人数已经超过了全体合伙人的半数，故甲、乙有权决定将400万元现金用于股市投资，所以，甲、乙的行为属于有权处分。尽管甲、乙在丙不知情的情况下将400万元现金用于股市投资，不太符合规范的表决程序，但纵然甲、乙通知了丙，甲、乙依然有权在丙反对的情况下决议将400万元现金用于股市投资。而且，合伙企业形式灵活，《合伙企业法》对合伙人的决议程序和形式并无特别要求，甲、乙将400万元现金用于股市投资的表决纵然有程序瑕疵，也不会影响表决的效力。综上，应当认定甲、乙将400万元资金委托投资股市的行为属于有权处分，故A项错误。B项属于定性错误，甲、乙二人只是临时动用合伙企业资金炒股，并不涉及改变合伙企业经营范围的问题，故B项错误。甲、乙二人违反合伙企业表决程序，擅自动用合伙企业财产炒股，给合伙企业造成损失，就委托投资失败应当承担连带责任，故C项正确。就委托投资失败，题目中并未说明受托的投资机构存在过错或者违反委托合同约定，故该受托的投资机构不需承担责任，D项错误。

(2) **答案**：BD。《合伙企业法》第21条规定：“合伙人在合伙企业清算前，不得请求分割合伙企业的财产；但是，本法另有规定的除外。合伙人在合伙企业清算前私自转移或者处分合伙企业财产的，合伙企业不得以此对抗善意第三人。”乙以其房屋使用权作为出资，并未将房屋所有权转移给合伙企业，其对房屋仍然享有处分权，故乙将房屋卖给丁属于有权处分，A项错误。但对合伙企业而言，乙按照合伙协议约定将房屋使用权作为对合伙企业的出资，其擅自转卖房屋给丁违反了合伙协议，应当对合伙企业承担违约责任，故 D 项正确。乙将房屋出卖给丁，并且办理了过户登记，丁获得房屋所有权，有权要求合伙企业搬出该房屋，故 B 项正确，C 项错误。

(3) **答案**：ABCD。《合伙企业法》第 50 条第 1 款规定："合伙人死亡或者被依法宣告死亡的，对该合伙人在合伙企业中的财产份额享有合法继承权的继承人，按照合伙协议的约定或者经全体合伙人一致同意，从继承开始之日起，取得该合伙企业的合伙人资格。"据此，戊要成为继承人，需要符合合伙协议约定或者经全体合伙人一致同意，并不能当然取得合伙人资格，故 A 项错误。《合伙企业法》第 85 条规定："合伙企业有下列情形之一的，应当解散：(一) 合伙期限届满，合伙人决定不再经营；(二) 合伙协议约定的解散事由出现；(三) 全体合伙人决定解散；(四) 合伙人已不具备法定人数满三十天；(五) 合伙协议约定的合伙目的已经实现或者无法实现；(六) 依法被吊销营业执照、责令关闭或者被撤销；(七) 法律、行政法规规定的其他原因。"合伙企业亏损并非合伙企业解散的法定事由，而戊作为丙的继承人根本没有权利要求解散合伙企业，故 B 项错误。《合伙企业法》第 97 条规定："合伙人对本法规定或者合伙协议约定必须经全体合伙人一致同意始得执行的事务擅自处理，给合伙企业或者其他合伙人造成损失的，依法承担赔偿责任。"甲、乙擅自将合伙企业的 400 万元资金用于炒股，虽然在表决权限上属于有权处分，但这种行为显然违反了合伙人对合伙企业的忠实勤勉义务，并且给合伙企业造成损失，应当对合伙企业或者其他合伙人承担责任。但戊作为丙的继承人，并不能当然成为合伙人，所以不能直接向甲主张赔偿，故 C 项错误。《合伙企业法》第 96 条规定："合伙人执行合伙事务，或者合伙企业从业人员利用职务上的便利，将应当归合伙企业的利益据为己有的，或者采取其他手段侵占合伙企业财产的，应当将该利益和财产退还合伙企业；给合伙企业或者其他合伙人造成损失的，依法承担赔偿责任。"乙擅自转卖房屋，给合伙企业造成损失，应当对合伙企业或者其他合伙人承担责任。但戊作为丙的继承人，并不能当然成为合伙人，所以不能直接向乙主张赔偿，故 D 项错误。

8. (1) **答案**：CD。《合伙企业法》第 26 条规定，合伙人对执行合伙事务享有同等的权利。按照合伙协议的约定或者经全体合伙人决定，可以委托一个或者数个合伙人对外代表合伙企业，执行合伙事务。作为合伙人的法人、其他组织执行合伙事务的，由其委派的代表执行。第 27 条第 1 款规定，依照本法第 26 条第 2 款规定委托一个或者数个合伙人执行合伙事务的，其他合伙人不再执行合伙事务。据此，合伙人会议有权决定王某不享有对外签约的权利，而且这样的决定不会给王某造成经济损失，故 A、B 两项错误。《合伙企业法》第 37 条规定，合伙企业对合伙人执行合伙事务以及对外代表合伙企业权利的限制，不得对抗善意第三人。据此，D 项正确。同时需要注意，合伙企业对合伙人的代表权限限制在合伙企业内部具有拘束力，张某必须遵从合伙人会议决定，故 C 项正确。

(2) **答案**：BD。合伙企业对田某的对外代表权限并无特别规定，不因数额较大而需要征得朱某同意，故 A 项错误。《合伙企业法》第 29 条第 1 款规定，合伙人分别执行合伙事务的，执行事务合伙人可以对其他合伙人执行的事务提出异议。提出异议时，应当暂停该项事务的执行。如果发生争议，依照本法第 30 条规定作出决定。从合伙企业事务的执行来看，事务执行人提出异议，相关事务应当暂停执行。但田某对外签约是以合伙企业的名义，完全合法有效，故异议不影响合同的效力，B 项正确。《合伙企业法》第 38 条规定，合伙企业对其债务，应先以其全部财产进行清偿。第 39 条规定，合伙企业不能清偿到期债务的，合伙人承担无限连带责任。本题中的合伙企业属于普通合伙企业，所有的合伙人对外都要承担无限连带责任，而不论是否承担合伙企业事务，故C项错误，D项正确。

(3) **答案**：BC。《合伙企业法》第42条第1款规定，合伙人的自有财产不足清偿其与合伙企业无关的债务的，该合伙人可以以其从合伙企业中分取的收益用于清偿；债权人也可以依法请求人民法院强制执行该合伙人在合伙企业中的财产份额用于清偿。据此，B、C两项正确。只有金钱债务才能够被代位，合伙人在合伙企业中的权利不能被代位，故A项错误。《合伙企业法》第25条规定，合伙人以其在合伙企业中的财产份额出质的，须经其他合伙人一致同意；未经其他合伙人一致同意，其行为无效，由此给善意第三人造成损失的，由行为人依法承担赔偿责任。本题中，朱某并未将其在合伙企业中的财产份额依法出质给刘某，故刘某不享有优先受偿权，D项错误。

三、名词解释

1. **答案**：商主体又称商事法律关系的主体，是指依照法律规定参与商事法律关系，能够以自己的名义从事商行为，享受权利和承担义务的人，包括个人和组织。商主体具有不同于一般民事主体的法律特征。其一，从本质上说，商主体是一种法律拟制的主体，它所享有的权利能力和行为能力具有特殊性。其二，商主体是从事以营利为目的的经营性活动的主体。其三，商主体是商事法律关系中的当事人，即在商法上享有权利并承担义务的人。

2. **答案**：商法人是指按照法定构成要件和程序设立的，拥有法人资格，参与商事法律关系，依法独立享有权利和承担义务的组织。商法人是一种拟制的法律主体，是通过意思行为创立的，而不是自然形成的。商法人的成立，必须符合法律规定的条件，这种条件包括实体法和程序法两个方面的要求。商法人是法人之一种，应该具备法人的基本特征，并符合法人的一般要求。商法人是商事法律关系的主体，其行为属于商行为，受商法的调整；商法人具有独立的权利能力、行为能力和责任能力；商法人是一个组织体，具有自己的机构和意思机关。

3. **答案**：个人合伙是指两个以上的自然人，按照合伙协议，各自提供资金、实物、技术等，合伙经营、共同劳动；投入的财产属个人所有，由合伙人共同使用；合伙经营积累的财产归合伙人共有；发生亏损应由合伙人负连带清偿责任的商事组织。

4. **答案**：商辅助人又称商使用人，它是指在商事交易过程中，从属于商主体，受商主体委任或支配，辅助商主体开展商事经营活动的人。商辅助人本身不是商人，也不是独立对外的法律关系主体，在对外经济交往过程中，他以商主体的名义为法律行为，并且其行为的全部后果由商主体承担。

5. **答案**：商事主体严格法定原则又称主体市场准入原则，指的是商事主体只能按照法律的规定设置其类型和内容等，而不能任意设定。具体表现在商主体类型法定、内容法定以及商主体公示三个方面。

四、简答题

1. **答案**：它是商主体依据商业登记所核定的经营范围，独立地从事特定的商行为，享有商法上的权利并承担商法上的义务的资格和能力。包括商事权利能力和行为能力。法律对商事能力有严格规定。商事能力具有以下特点：

　　(1) 商事能力的取得须经法律授权且存续期限由法律明确规定。商事能力是商主体依法取得的从事商行为的法律资格，一般民事主体不允许从事商事经营活动。在我国，商事能力一般始于登记机关核准登记并颁发营业执照之日，终于注销登记之日。且商事主体的商事权利能力和商事行为能力同时产生、同时消灭，两者具有统一性。

　　(2) 商事能力的范围有限，由法律明确授权。商主体的商事能力应以法律授权的营业范围为准，经商事登记公示，商主体只允许在登记范围内从事商事经营活动。而且，商事主体因为经营范围不同而享有不同的商事权利能力和商事行为能力。

2. **答案**：人格一语本属自然人特有，后由法律赋予法人，使法人拥有人格。不论是自然人人格还是法人人格，都应该是指主体的一般法律地位。可是，人格权的基础在于人的“尊严”“自由”和“安全”，这些都是与有着实在生命和肉体痛苦及精神痛苦感知能力的理性的人所分不开的。可是，法人却不具有理性的人所具有的生命和肉体痛苦及精神痛苦感知能力，也就是法人的无尊严性。法人的设立目的在于使之成为财产权利、义务和责任的独立承担者，借以限制投资人风险，鼓励投资积极性，从而赋予法人这样那样的权利，无非都是为了交易便捷及交易安全的社会经济的考虑。然而，受制于有人格必有人格权这一观念，导致了法人有人格权的观点。其实，人格权在由伦理意义上的人移植向法人时，其内涵已发生了悄然改变，其中的逻辑链条也已经发生了变化。法人所享有的名称权、名誉权、荣誉权、信用权、通信秘密权等权利在实质上均不应归类于人格权，但由于这样的用语使得人们产生法人有人格权的误解，因此，在立法上可以改变用语，用商号权、商誉权等代替法人名称权、法人名誉权等。这些权利都可归为无形财产权领域，按照无形财产权的理论处理相关问题。

3. 答案：商法人是一个法理概念，是法人的一个组成部分。商法人是商法赋予一定社会组织以法律上的人格，这种人格，使商法人成为商业法律关系的主体，使它具有了主体所有的权利能力和行为能力。具体地讲，商法人与一般法人相比，具有以下特点：(1) 依照法律不同，商法人是依照商法规定而成立的社会组织。(2) 依据法定程序不同，商法人依据商业登记而成立的活动的内容不同。在中国因没有公布商法典，现实中没有对商法人与一般法人加以区别。

按照大陆法系各国的民商法，商法人须具备以下条件：(1) 有自己的名称、人员机构和场所；(2) 有独立的财产或规定数额资金，能够独立承担经营责任；(3) 以营利为目的，依法取得特定的经营行为能力；(4) 依商事登记法而成立，具有商法上的资格。

法律特征：商法人作为法人的最基本形式，应具有以下几个特征：首先，它具有独立的人格。商法人经特殊登记程序而取得拟制主体资格，它具有登记核准的特殊权利能力，能够以自己的名义从事生产经营活动和诉讼活动。其次，它具有独立的财产和财产权。最后，它具有统一的组织机构。商法人作为拟制主体，对外具有统一的法律资格；对内应具有统一的代表机构、执行机构和其他组织机构。

在我国，商法人原先通常称为企业法人，现改称为营利法人，企业法人或营利法人，除依照《公司法》设立的公司法人之外，还存在以下依照其他法律设立的营业法人：

(1) 全民所有制企业，又称国有企业，指依据《全民所有制工业企业法》，由国家投资设立、从事生产经营活动、财产归国家所有、企业享有经营管理权的企业法人。国有企业是我国现行经济生活的主体，在国民经济中发挥着主导作用。

(2) 集体企业，指根据集体企业法和其他相关法律、法规的规定，由公民或集体单位组合而成、从事生产和经营活动、财产归集体所有、以谋求集体成员的共同利益为目的的企业法人。

(3) 外商投资企业，指由外商投资者根据我国有关外商投资的法律、法规，以合资、合作或独资形式在中国境内设立的具有法人资格的商事组织 根据我国原有外商投资企业法律的规定，可以是中外合资经营企业、中外合作经营企业和外商独资企业，取得法人资格者成为我国的商法人。

五、论述题

1. 答案：(1) 在大陆法系国家，代理商是指一种独立的商事经营者，他接受委托，固定地为其他业主促成交易或以其他业主的名义缔结交易。代理商和其他商主体相比，主要有以下特征：①代理商的行为方式是促成交易或缔结交易。②代理商必须固定地从事受他人委托的、促成交易或缔结交易的活动。③代理商是一种独立的商事经营者，不依赖于被代理人而存在。

(2) 在大陆法系国家，居间商是指为获取佣金而从事契约缔结之促成活动的商人。具有以下特点：①居间商不是以自己或他人名义为他人从事契约之缔结，居间商本人并不负有义务对这类活动之成功去主动地尽自己的努力。②居间商是一种完全商人，他的活动是自由、独立的，而不像商辅助人那样受到雇佣契约的约束。③居间商所从事的居间行为不是基于契约，不负有活动及行为义务。它是基于佣金请求权才从事这种缔结之促成活动，仅仅追求行为结果之报酬。④居间商对于其所从事的商事促成活动以及这种活动所导致的结果并不负有义务。⑤居间商所从事的缔约之中介，通常被分为两种方式：一种方式是，订约委托人首先表示自己的要约，居间商只是作为传达人将订约委托人的要约转达给第三人，要约之承诺也由第三人向居间商为之；另一种方式是，通过居间商的中介，即介绍、被介绍的双方自己直接缔约，居间商仅起到提供缔约信息、帮助联系的作用。

(3) 在大陆法系国家，行纪商是指以自己的名义为他人（委托人）购买或销售货物、有价证券并以其作为职业性经营的人。其具有以下特点：①行纪商必须以自己的名义履行其行为。但是行纪商履行行纪行为而产生的交易结果不是为了行纪商本人，而是为了委托人。这是行纪商在行纪商行为中扮演的角色与其他商事中间人在商事中介中的作用的重要差异。②行纪商以自己的名义从事其行为，因此，他不仅是契约中的当事人，而且与交易活动的结果密切相连。行纪商与第三人之间发生直接的权利义务关系，而第三人与委托人之间则不存在直接的权利义务关系。③行纪商不仅以委托人的费用为其办理行纪事务，而且行纪商与第三人之间所订立契约以及因这种契约而产生的权利义务可以直接转让给委托人，并由委托人承担最后的交易结果。④行纪商必须从事职业性的行纪经营，必须以行纪交易之缔结为其正常的经营业务，因此，行纪商的身份与职业经营密切相连。

由以上分析可以看出，代理商、居间商、行纪商作为商中间人的主要类型，他们之间的差异也是非常明显的，主要体现在以上论述的三者之间不同的法律特征上。

2. 答案：商主体又称商事法律关系的主体，是指依照法律的规定参与商事法律关系，能够以自己的名义从事商行为，享受权利和承担义务的人，包括个人和组织。商主体在传统商法中又称为“商人”。现代各国商法在对商主体概念作法律概括时，往往并不注重商主体的外部特征，而强调构成商主体的实质性条件。这就是说，商主体以持续地从事某种营利性营业行为为基本条件，凡以特定的商行为作为其经常性营业的个人或组织，均可经法定程序成为“商人”。即构成商人须符合三项条件：其一，主体须从事特定的营利性行为，不从事营利性行为的个人或组织不属于商人；其二，主体须持续地从事同一性质的营利性行为，偶然从事某项营利性活动的个人或组织通常不属于商人；其三，主体须以该特定的营利性活动为其职业或营业，从事非营利性营业活动者按照不少国家的法律也不属于商人。

商人作为商特别法上的主体具有不同于一般民事主体的法律特征，而商法的基本作用首先在于通过一系列具体的规则，保障商主体的公示性和规范性。首先，商主体本质上是某种法律拟制主体，它具有与一般民事主体不同的特殊权利能力和行为能力，即所谓特定营业范围内的商事能力或商法上的资格。而一般民事主体不享有法律上的这种特权。其次，商主体是以营利性活动为营业的主体。即商主体必然是从事特定商行为的主体，是持续性从事该种商行为的主体，并且是以该种商行为为营业的主体。按照现代多数国家的规定，从事营业性商行为是构成商主体的实质性法律特征，这一规定反映了商行为法理论反对商人特权的思想和主张。然而，仅仅依据“营利性营业行为”这一特征很难确定某一行为人是否构成商主体。这就是说，某一行为人究竟是因其从事了营业性商行为而成为商主体，然后再履行商业登记，还是因其履行了商业登记而成为商主体，然后再从事营业性商行为，这其中还有实质性差别。商行为法理论只有与商业登记制度相结合，并作为后者的基础，才可能具有法律上的可操作性。最后，商主体又是商事法律关系的当事人，是商法上权利义务的承担者。他能够以自己的名义从事商事活动，独立享有权利承担义务，并以特定范围的商业资产承担财产责任。这一特征不仅将商主体与不具有独立资格的商业组织内部机构或商业辅助人区别开来，而且将商业合伙与不具备商业名称和独立名义的民事合伙区别开来。

3. **答案**：商事能力是指商人依据商业登记核定的经营范围从事商行为，享有商事权利，承担商事义务的资格。民事能力是指民事主体所具有的权利能力和行为能力的总称。商事能力和民事能力的主要区别在于：(1) 商事能力是商人依法从事营业性商行为并享受商法上权利和承担义务的能力，表明商人在商法（民法的特别法）中的特殊资格。而民事主体无须特别的法定程序，尤其是对自然人来讲。(2) 商事能力是在民事行为能力的基础上由商法特别规定的。一般来说，具有商事行为能力的人一定具有民事行为能力，但具有民事行为能力者不一定具有商事行为能力。民法与商法的关系属于普通法与特别法的关系，那么，商人就具有双重能力，既可以作为民事主体从事一般的民事法律行为，也可以依据商法的规定从事特定的商行为。(3) 商事能力就其内容来看，是一种特殊的权利能力和行为能力。不同的商人根据商业登记的营业范围而具有不同的商事能力，商人都只能在登记的范围内从事活动，而在民法中，自然人的权利能力是一致的，只有法人的权利能力根据其登记的范围而有区别。(4) 商事能力的起止时间取决于商业登记这一公法上的行为。一般的商法规定，无论是商自然人、商法人还是商合伙，其商事能力始于设立登记、止于注销登记。而民事权利能力的起止时间，对自然人来讲是始于出生，止于死亡。

第三章　商事行为

基础知识图解

- 商事行为
  - 概述
    - 概念：商主体所从事的以营利为目的的行为
    - 特征：以营利为目的；经营性的；体现商事交易特点
    - 分类：双方商行为与单方商行为；绝对商行为与相对商行为
  - 一般商行为
    - 概念：商事交易中具有共性的，受商法规则所调整的行为
    - 商法上的债权行为
    - 商法上的物权行为
    - 商事交互计算
  - 特殊商行为
    - 概念：商事交易中具有个性的，受商事特别法或特殊规则或所调整的行为
    - 商事买卖、商事代理、商事行纪、商事信托等

配套测试

一、单项选择题

1. 商行为的特征是（　　）。

A. 商主体所为的以营利为目的的经营性行为

B. 以交易为目的的一切行为

C. 商人和非商人所为的商业行为

D. 商行为是保密性的行为

2. 在以下活动中不体现商事信用的有（　　）。

A. 商品销售　　B. 提供服务

C. 提供贷款　　D. 现金支付

二、名词解释

1. 商行为

2. 商事行纪

3. 单方商行为（宁波大学 2014 年考研真题）

4. 融资租赁

5. 商事货运

6. 法定商行为与推定商行为

7. 绝对商行为与相对商行为

三、简答题

1. 简述商行为的含义及其特征。（西北政法大学 2007 年考研真题）

2. 简述商行为外观主义，试举两例说明。（华东政法大学 2007 年考研真题）

四、论述题

1. 试论商行为是体现商事交易特点的行为。

2. 试论商事交互计算。

参考答案

一、单项选择题

1. 答案：A。本题考查的是商行为的特征。商行为是指商主体所从事的以营利为目的的经营行为。商行为有以下特征：（1）商行为是以营利为目的的行为；（2）商行为是经营性行为；（3）商行为是商主体所从事的行为；（4）商行为是体现商事交易特点的行为。

2. 答案：D。本题考查的是商事信用的概念。商事信用是指在商事活动中，商品销售、提供服务、提借贷款等交易中取得商品、接受

服务或贷款的一方，同意在将来规定的日期支付贷款、服务报酬、贷款本息的承诺，故本题选D。

二、名词解释

1. 答案： 商行为是指商主体所从事的以营利为目的的经营行为。这个概念包含三个层次的含义：其一，商行为是一种行为，该行为同一定的法律规范相联系、受法律规范调整，其性质由法律所确定，它是法律行为之一种。其二，商行为是商主体所为的行为，与商主体这一特定身份相关，非商主体不得从事商行为。其三，商行为是商主体在商事经营中所为的行为，它具有商事经营这一特定的经营属性，非商事经营的行为，即使由商主体所为，也不属于商行为。

2. 答案： 商事行纪是指商主体以自己的名义为他人（委托人）购买或销售货物、有价证券，由此获取报酬，并以此作为职业性经营的行为。

3. 答案： 单方商行为是指根据交易当事人一方是商人或一方所从事的行为是商行为而认定的行为。如保险公司与投保人的行为，销售者与消费者之间的行为。对于单方商行为的法律适用，各国商法规定不一。大陆法系国家商法通常规定，单方商行为交易双方都适用商法；英美法系国家商法规定，行为人中一方为商主体，该商主体适用商法，而另一方不是商主体则不适用商法。

4. 答案： 融资租赁是指融租人和承租人双方商主体约定，融租人根据承租人的决定，向承租人选定的第三人（供货方）购买承租人选定的物件，然后将其租给承租人长期使用，以承租人支付租金的方式来收回投资的一种商行为。

5. 答案： 商事货运是以特定的标的物为运输对象的特殊运输商行为，是运输交易中的基本行为方式。这种商行为是一般运输商行为的基础，并与其他的运输商行为如客运商行为等保持着密切的联系。

6. 答案： 根据法律对商行为的不同确认方式可将商行为分为法定商行为和推定商行为。法定商行为是指依据法律规定或者法律列举可以直接认定的商行为。按照现代商法理论与实践的认识，绝对商行为以及与商人营业直接有关的商行为均属于法定商行为。推定商行为是指不能直接根据法律规定或法律列举加以认定，而必须通过事实推定或法律推定方可确认其商行为性质的行为。如上所述，两者的主要区别就在于法律对其确认方式不同。

7. 答案： 绝对商行为又称为“客观商行为”，它是指依照法律规定无条件属于商行为的行为。这就是说，此类行为无论是由商人实施还是由非商人实施，也不论行为人是否具有营利性营业目的，均应依法认定为商行为。其判断标准具有客观性和无条件性。

相对商行为又称为“主观商行为”“营业商行为”。它是指在法律所列举的范围内，仅由商人实施时以及仅基于营利性营业目的实施时方构成商行为的行为。

通常情况下绝对商行为由法律列举，不得作推定解释，而相对商行为则依商主体的主观而定，一般只要是其所为之营利行为，就可以被看成商行为。①

三、简答题

1. 答案： 商行为是相对于民事行为而言的一个概念，在商行为的概念上，学界有不同的界定。多数学者认为，商行为是指商主体所从事的以营利为目的的经营行为。

我国商法商行为的特征主要有：

（1）以营利为目的

以营利为目的对于区分商行为与非商行为具有非常重要的意义。需要注意的是，不应将营利目的理解为商行为的实施主体的终极目的，而应将其理解为某一具体行为的具体目的。

（2）商行为主要表现为营业行为但不仅限于营业行为

由于设立商主体就是要通过持续的生产经营行为获取盈利并将其最终分配于投资

---

① 编者注：绝对商行为与相对商行为是以商行为与商主体是否具有营利性为分类标准。

者，因而商主体所实施的一切商行为都具有反复性、不间断性与计划性。

(3) 商行为主要是商主体实施的行为，但一般民事主体也可成为商行为的实施主体

正如商主体明显不以营利为目的而实施的行为则不应纳入商行为范畴。不过，对于不宜从事商行为的非商主体，应当在商法上予以明确规定。

(4) 商行为是体现商事交易特点的行为

商事交易是一种充分体现经济利益和经济效益的活动，必须具有商事交易的特点。主要表现为：商行为是风险和风险防范相关的行为；是保密性与公开性并存的行为；是注意商事效率的行为。

2. 答案：外观主义又称法外观理论：所谓外观主义，它是德国私法学者在21世纪初创立的。这一理论从它诞生之日起，就为民商法学界所特别瞩目，而由于该理论固有的重要性、复杂性，时至今日，它仍然是学者们热烈讨论的焦点。它是指以交易当事人行为的外观为标准，而考察其行为所产生的法律效果。根据这一主义，公示于外表的事实与真实的情形不符时，对于依该外表事实所进行的商行为，以维持交易的安全。对此，法国学者称其为外观法理，英美法系则称其为禁止反言。在法律现象中，本质和外观不一致的情况经常出现，依外观主义，法律行为完成之后，出于对交易安全的信用关系，必须予以尊重和保护。这种做法，民法上虽然亦予以认同，如表见代理制度，但它是作为对个别问题的解决办法而存在的。而商事法则不同，商法特别注重外观主义，这与民法中强调行为人的真实意思表示有所不同。例如，公司法规定，公司设立登记后有应登记之事项而未登记或已登记之事项有变更而不为变更登记者，不得以其事项对抗第三人；隐名合伙人如参与合伙事务的执行或为参与执行的表示，纵有相反的约定，对于第三人仍应负除名营业人的责任；票据上所载的出票地和出票日，即使和真实的出票地、出票日不符时，也不影响票据行为的效力；有价证券，法律强调的是该证券的文义而非取得该证券的非文义的原因。凡此种种，均体现了商法着重维护交易安全特别是动态交易安全的价值追求。

四、论述题

1. 答案：商行为是相对于民事行为而言的一个概念，同时也是与商主体密切联系的概念。它是导致商法从一般民事法律中独立出来，形成商法独立性的根本原因。多数学者认为，商行为是指商法主体所从事的以营利为目的的经营行为。

商行为的特征之一是商行为是体现商事交易特点的行为。商行为作为以商事交易为内容的行为，必然具有商事交易的一些重要特点，主要表现在三个方面：

第一，商行为是和风险以及风险防范紧密联系的行为。商事活动是一种风险与利益并存的活动，获利越高，风险越大。商行为作为一种受法律调整的行为，从行为的自发性而言，具有高风险的特征；从法律对商行为的规范性而言，行为的有序性和受法律调整性，又充分体现了其对风险的自觉防范。

第二，商行为是保密性和公开性并存的行为。商行为作为一种具有经营性和竞争性特点的行为，它与经营手段、方法、经验等密切相关，这些要素是导致竞争失败的重要因素，构成了商主体所特有的商业秘密，因此，商行为是一种具有一定保密性的行为。另外，商事交易行为是一种以交易相对人之存在为前提的行为，交易过程和交易结果都直接影响交易相对人，甚至社会公众的利益。为了保证交易安全，交易相对人或社会公众对交易对方的情况、交易的内容有所了解则成为促成交易的先决条件，因此商行为又是一种具有公开性的行为。商行为的公开性，常常通过强制性法律规范予以实现。

第三，商行为是注重商事效率的行为。商事交易的特点之一是商事效率和商事效益紧密相连，只有高效率才能实现高效益。商行为的高效率主要体现为交易形态定型化。

2. 答案：商事交互计算是指把在一定期间内由商事交易所产生的债权债务进行一次性结算

的特殊商事合同。它实际上是一种活期账务结算。它通过双方的约定，以结算结果和结算后所产生的余额的确定来实现债务了结。在这种债务了结方式中，借助于定期结算，交易双方当事人在商事业务往来中形成的债权和债务不断得以清算，从而避免了单方面独立的债权和债务的生效。

在古代的巴比伦、埃及、希腊及罗马等国，商事交互计算就相当发达。后来随着银行的出现，商事交互计算逐渐完善起来，并在各国商法中被普遍采用，《德国商法典》第 355 条、《日本商法典》第 529 条等都对交互计算作出了明确的规定。一些国家的商法典对于商事交互计算的概念、方法、原则，交互计算关系的形成条件，交互计算的法律效力，交互计算中的担保与抵押以及交互计算关系的解除等都有明确的规定。

商事交互计算的特征在于：当事人中至少有一方是商人；交互计算合同属于诺成合同；当事人双方之间必须有经常性、持续性的交易关系。例如，运输业者之间、保险公司与其代理商之间在一定期间内存在持续性交易时，交互计算就得到承认；就一定期间内由交易产生的债权债务总额进行抵销，对余额进行支付；商事交互计算根据合同，特别是持续性合同的终了而停止。但是，当事人随时可以就在将来对交互计算合同的解约告知对方。

第四章　商事登记

基础知识图解

商事登记
- 概述
  - 概念：是指商主体或商主体的筹办人，为了设立、变更或终止其主体资格，依照商事登记法规定的内容和程序，向登记机关提出申请，经审核后，将登记事项记载于登记簿的法律行为
  - 特征：要式法律行为；公法行为；可导致商主体的设立、变更和终止
- 登记对象和登记机关：法院、行政机关及其附属机构、专门的注册中心和商会
- 种类
  - 开业登记
  - 变更登记
  - 注销登记
- 程序：申请；受理；审查；核准发照；公告
- 登记的效力和监督管理

配套测试

一、单项选择题

1. 下列各项中，一般不属于商事登记的限制内容的是（　　）。

A. 主体的限制

B. 行为符合法律规定的一般要求

C. 行为符合法律规定的特殊要求

D. 商主体住所的限制

2. 我国商事登记的主管机关是（　　）。

A. 国家税务机关

B. 国家社团管理机关

C. 市场监督管理机关

D. 各级人民政府

3. 下列各项中，不属于我国《市场主体登记管理条例》中规定的登记种类的是（　　）。

A. 开业登记

B. 变更登记

C. 注销登记

D. 分公司的设立登记

4. “李老汉私房菜”是李甲投资开设的个人独资企业。关于该企业遇到的法律问题，下列哪一选项是正确的？（　　）（司考 2017.3.30）

A. 如李甲在申请企业设立登记时，明确表示以其家庭共有财产作为出资，则该企业是以家庭成员为全体合伙人的普通合伙企业

B. 如李甲一直让其子李乙负责企业的事务管理，则应认定为以家庭共有财产作为企业的出资

C. 如李甲决定解散企业，则在解散后 5 年内，李甲对企业存续期间的债务，仍应承担偿还责任

D. 如李甲死后该企业由其子李乙与其女李丙共同继承，则该企业必须分立为两家个人独资企业

二、多项选择题

关于商事登记，下列哪些说法是正确的？（　　）（司考 2010.3.75）

A. 公司的分支机构应办理营业登记

B. 被吊销营业执照的企业即丧失主体资格
C. 企业改变经营范围应办理变更登记
D. 企业未经清算不能办理注销登记

三、名词解释

1. 商事登记
2. 开业登记
3. 变更登记
4. 商业登记（西北政法大学2006年考研真题）

四、简答题

1. 简述商业登记的性质及效力。
2. 简述我国商事登记的原则。

五、论述题

1. 试论商事登记的法律性质。
2. 试述商事登记目的、体系和我国商事登记制度的完善。

参考答案

一、单项选择题

1. **答案**：D。本题考查的是商事登记的限制。商事登记的限制可为主体之限制和行为之限制两方面把握。前者包括主体职务上的限制和主体能力上的限制；后者主要包括行为符合法律规定的一般要求和特殊要求。
2. **答案**：C。本题考查的是商事登记的主管机关。我国商事登记的主管机关为国家市场监督管理机关。
3. **答案**：D。本题考查的是商事登记的种类，我国《市场主体登记管理条例》规定的登记种类是：设立登记、变更登记、注销登记。
4. **答案**：C。《个人独资企业法》第18条规定："个人独资企业投资人在申请企业设立登记时明确以其家庭共有财产作为个人出资的，应当依法以家庭共有财产对企业债务承担无限责任。"在此，以家庭共有财产对企业债务承担无限责任，并不表明家庭成员全部成为合伙人，李甲所设立的企业依然是个人独资企业，故A项错误。

《个人独资企业法》第19条第1款规定："个人独资企业投资人可以自行管理企业事务，也可以委托或者聘用其他具有民事行为能力的人负责企业的事务管理。"据此，李甲可以委托他人（包括自己的儿子李乙）管理个人独资企业事务，不能因此认定李甲是以家庭共有财产出资，故B项错误。

《个人独资企业法》第28条规定："个人独资企业解散后，原投资人对个人独资企业存续期间的债务仍应承担偿还责任，但债权人在五年内未向债务人提出偿债请求的，该责任消灭。"据此，个人独资企业出资人对企业债务承担无限责任的期限为企业依法解散后5年内，故C项正确。

《个人独资企业法》第26条规定："个人独资企业有下列情形之一时，应当解散：（一）投资人决定解散；（二）投资人死亡或者被宣告死亡，无继承人或者继承人决定放弃继承；（三）被依法吊销营业执照；（四）法律、行政法规规定的其他情形。"据此，在投资人死亡后，如果有人继承，个人独资企业可以继续存在，故D项错误。

二、多项选择题

答案：ACD。选项A正确。《公司法》第14条第1款规定，公司可以设立分公司。设立分公司，应当向公司登记机关申请登记，领取营业执照。分公司不具有法人资格，其民事责任由公司承担。

选项B错误。企业被吊销营业执照后，并没有立即丧失主体资格，应当先进行清算，清算后要办理注销登记，注销登记之后才丧失主体资格。

选项C正确。《公司法》第12条第1款规定，公司的经营范围由公司章程规定，并依法登记。公司可以修改公司章程，改变经营范围，但是应当办理变更登记。

选项D正确。企业未经清算的，相关的债权债务关系并没有解决，不能办理注销登记。

三、名词解释

1. **答案**：商事登记是指商主体或商主体的筹办人，为了设立、变更或终止商主体资格，依照商事登记法规、商事登记法规实施细则以及其他特别法规定的内容和程序，由当事人将登记事项向营业所所在地登记机关提出，经登记机关审查核准，将登记事项记载于登记簿的法律行为。

2. **答案**：开业登记又称设立登记，是指商主体的创设人为设立商主体而向登记机关提出申请，并由登记机关办理登记的法律行为。商主体开业登记通常涉及以下内容：（1）名称登记；（2）出资人登记；（3）住所登记；（4）法定代表人登记；（5）注册资金登记；（6）章程登记；（7）企业的类型和经济性质；（8）经营范围登记。

3. **答案**：变更登记是指商事登记机关对已成立之商主体，因其自身情况发生变化，变更已登记事项的法律行为。通常商主体因合并、分立、转让、出租、联营以及因名称、住所、经营场所、法定代表人、经济性质、经营范围、经营方式、注册资金、经营期限、股东人数、非公司企业上级主管部门等发生变化，都直接导致其变更登记。

4. **答案**：商业登记是指当事人旨在设立、变更或终止商事主体资格，依照法律规定向主管机关提出申请，并被主管机关核准予以注册登记为目的的一系列法律行为的总称。

四、简答题

1. **答案**：现代商法意义上的商业登记是指商业筹办人为设立、变更或中止商主体资格，依照法律规定的内容和程序向主管机关申请登记并被主管机关核准注册登记的法律行为。商业登记就其性质而言具有三个特征，首先，商业登记是创设、变更或中止商主体资格的法律行为，其基本目的和意义在于创设、变更或中止商主体的资格和能力。其次，商业登记是一种要式法律行为，这一行为须依法定程序向法定主管机关履行，其登记注册的事项和内容往往也由商事特别法以强行性条款规定。最后，商业登记本质上是一种公法行为，现代多数国家往往将商业登记制度纳入商统治法或行政法之范畴。

　　商业登记行为的基本法律效果在于发生、变更或消灭商主体的资格和具体的商事能力。已登记事项与未登记事项对第三人各具有何种效力，各国立法不尽一致。从我国的规定来看，登记注册是企业与经营单位取得法人资格的前提条件，也是不具备法人条件的企业与经营单位从事商业经营活动的前提，严禁商业主体无照经营。商业登记及公告，一方面可以使政府对商业实施监督和保护，另一方面使社会公众得以明了商业经营状况，以期商业交易之安全，因此大多数国家都规定已登记注册事项有对抗善意第三人的效力。我国现行企业登记立法着重于企业经营资格的取得以及国家对企业经营活动的管理，关于登记注册事项对第三人的效力未有明确规定，但从对企业经营活动采取强制登记主义及对登记申请进行实质性的审查来看，已登记注册事项应具有对抗第三人的法律效力。

2. **答案**：商事登记是指商主体或商主体的筹办人，为了设立、变更或者终止其主体资格，依照商事登记法规定的内容和程序，向登记机关提出申请，经登记主管机关审查核准，并将登记事项记载于登记簿的法律行为。由于立法基点的差异，各国商事法对商事登记采取了不同的原则。目前，我国立法所采用的原则如下：

　　（1）强制登记原则

　　其含义有二：其一，商事主体的设立、变更和终止必须进行登记。非经登记者不具有商事权利能力和行为能力，不得从事任何种类的商事活动，否则构成非法商事行为。其二，商事登记应就法律规定的商事主体的全部必要事项进行登记，未经登记不发生效力。

　　（2）全面审查原则

　　即登记主管机关，对登记注册并不是简单地履行手续，而是要由国家登记主管机关全面审查登记的企业是否是一个经济实体，是否可以取得法人资格，德、法、瑞士等国和我国均实行此原则。

　　其审查内容主要是：①经营项目是否符合法律规定；②经营管理人员是否有经营管理的能力；③审查资本是否符合规定的最低限额；④审查机构是否健全；⑤审查公司的

名称是否符合有关规定等。

(3) 登记公开原则

即商人登记后，不论是开业登记、变更登记或注销登记，所有登记事项都要向社会公开，每个人都有权阅览、复制登记簿上的内容，使之做到众所周知。公开登记要通过以下渠道进行：①要在指定的报刊上由核准的法人公告；②在股东大会上公开公司的经营状况；③登记机关要向公众提供咨询服务。

五、论述题

1. 答案：商事登记的法律性质主要有以下几个方面：

(1) 商事登记是导致商主体设立、变更或终止的法律行为，其目的在于获得商主体的资格和能力发生变化的结果。

(2) 商事登记是一种要式法律行为，它必须按照法定要求将法定事项在法定主管机构办理。

(3) 商事登记从本质上说，是国家利用公权力干预商事活动的行为，是一种公法上的行为，它是作为私法的商法的公法性最为集中的体现。

(4) 由于商事登记的结果在于导致商主体资格的变化，登记行为本身是创设和确立商事法律关系的基本要素，因此它又是商法体系中不可缺少的一部分。

2. 答案：商事登记的基本目的在于为商事活动的参加人设立、变更或者终止商事主体资格谋求法律确认。商事登记的主要法律效力在于赋予商事主体取得、变更或终止其商事权利能力和商事行为能力。对生产者来说，有了商事登记，即可与商人进行商品交易，期货交易或现货交易均可，无须为其营业的合法性担忧；对商人来说，有了商事登记，即取得商法上的主体资格，可以使自己的合法经营受到法律保护。商事登记是商事主体取得合法主体资格必要和唯一的途径。

我国目前尚无统一的商事登记法，调整商事登记关系的法律散见于众多的民事、商事实体法、程序法中。如《民法典》《公司法》及《市场主体登记管理条例》等。

与其他国家的商事登记制度相比，我国目前的市场主体登记制度具有以下几个方面的特点：第一，我国的登记制度已明显表现出商事登记普遍适用于一切营利性营业主体（商主体）的统一特征。按照现行法的规定，无论是法人企业还是联营、合伙企业，抑或是独资企业、个体经营者，无论是公司企业还是非公司企业，无论是国内投资者设立的企业还是中外合资企业、外资企业，凡欲在我国境内取得经营性主体资格或商事能力的，均须履行登记手续，并且其登记内容和程序在诸多方面都有明显的相同之处。这表明我国法律已经接受了商主体和商事登记的基本法律原则，并使之区别于非企业性民事主体的设立规则。第二，我国的登记制度已经表现出对“企业”或“工商业”更趋近于现代商法对于“商业”的理解。根据现行法的规定，无论是直接从事商业贸易的主体，还是从事加工、制造、采矿、运输、金融、保险、仓储的主体，抑或是从事饮食、服务、修理、旅游、广告等“第三产业”的主体，实际上均受到登记制度的统一支配。这就是说，我国法律上的所谓企业或工商业登记本质上是指各种具有营利性质的营业行为（商行为）之总称。

第五章 商 号

基础知识图解

- 商号
  - 概述
    - 概念：商主体的商事名称
    - 与其他商事标记的区别
      - 商号与商事经营者的姓名：商号在从事商行为时使用
      - 商号与商店招牌：二者可以一致，也可以不一致
      - 商号与行号：商号是指明商主体；行号是指商事营业所的名称
      - 商号与注册商标：商标适用商标法
    - 起源与立法体系
  - 种类
    - 简单商号与组合商号
    - 独资商号与公司商号
    - 人名商号、物名商号与组合商号
    - 原始商号、派生商号与继获商号
  - 商号的取得与废除：商号的选定与限制
  - 商号的登记
  - 商号的废止
  - 商号权
  - 商号的转让与出借

配套测试

一、单项选择题

1. 不是商号的法律特征的是（ ）。

A. 商号仅仅是一个名称，其本身不是法律上权利义务的承担者，不等于承担义务的行为人

B. 商号是商主体用于代表自己的名称，它依附于商主体，是商主体相互区别的重要外在标志

C. 商主体在从事商行为时才可以使用这一名称

D. 商主体的名称起源于合伙组织的出现，最初它被作为合伙组织的标志而出现

2. 按照商号的取得方式对商号进行分类的是（ ）。

A. 简单商号与组合商号

B. 独资商号与公司商号

C. 原始商号、派生商号、继获商号

D. 人名商号、物名商号、混合商号

3. 不属于商号权特点的是（ ）。

A. 商号权具有保密性

B. 商号权具有区域限制性

C. 商号权具有可转让性

D. 商号权具有公开性

二、名词解释

1. 商号

2. 商号创设登记

三、简答题

1. 简述商事名称的特点及构成要素。（西北政法大学 2006 年考研真题）
2. 商号的转让和出借。

四、论述题

论商号权的性质。（武汉大学 2005 年考研真题）

参考答案

一、单项选择题

1. **答案**：D。本题考查的是商号的法律特征。A、B、C 项均为商号的法律特征。
2. **答案**：C。本题考查的是商号的分类。①
3. **答案**：A。本题考查的是商号权的特征。商号权是指商主体依法享有的对商号的专有使用权，商号权具有区域限制性、公开性、可转让性的特点。

二、名词解释

1. **答案**：商号，又称商事名称、商业名称，它是指商主体在从事商行为时所使用的名称，即商主体在商事交易中为法律行为时，用以署名或让他的代理人用其与他人进行商事交往的名称。
2. **答案**：商号创设登记是指商主体创立时商号的登记。它是商主体创立之必经程序。只有履行了创立登记的商号才能成为商主体的名称，才能对外产生效力，才能用以对抗善意第三人。

三、简答题

1. **答案**：商事名称，即商号，其法律特征包含以下几个方面：

（一）商事名称仅仅是一个名称，这个名称不是法律上权利义务的承担者不等于承担权利、义务人。因此商号不等于商主体。

（二）商事名称是商主体用于代表自己的名称，它依附于商主体，是商主体之间相互区别的重要外在标志。

（三）商事名称是商主体的商事名称，也就是说，只有商主体在从事商行为时才可以使用这一名称。这一特征的意义在于，在一些国家中，商主体的商事名称可以与自然人的名称相竞合。

构成要素包括“核心要素（商号）和添加（注册地或营业地、所属行业性质、组织形式）”两部分。商号应依次由字号、行业或经营特点、组织形式三部分组成。添加即商号应冠以商事主体所在的省或市或县行政区划的名称。对于核心要素，主体享有专有权和专用权；对于添加，主体仅有使用权，而不能垄断。

2. **答案**：商号转让是指商主体将其享有的商号权利全部让与受让人的行为。商号转让的效力是出让人丧失商号权，受让人成为该商号权的主体。根据《企业名称登记管理规定》第 19 条规定：“企业名称转让或者授权他人使用的，相关企业应当依法通过国家企业信用信息公示系统向社会公示。”

商号出借是指商主体将商号使用权部分或全部让与他人的行为。商号出借的效力是借用人通过出借协议依法取得对他人商号的使用权，出借人仍然保留商号的所有权，但不保留或者部分保留商号的使用权。

商号出借的现象在现实生活中普遍存在。如企业“挂靠”“连锁经营”“特许经营”等。商号出借的方式一般以合同约好，但对第三人的效力一般以履行登记手续为前提。商号出借可以是有偿的，也可以是无偿的。我国现行法律对商号出借没有作出十分明确的规定。

四、论述题

答案：商号，俗称商业名称，是商事主体在营业活动中表明自己的名称。通常情况下，商事主体在营业中为法律行为的时候，或者同意其代理人使用以便与第三人发生交易的时候，用于署名的名称，即商号。

商业名称权具有何种性质？一向有着不同的见解：

① 编者注：除了解商号的分类外，还应特别注意其分类的依据。

其一，认为商业名称权同商事主体本身紧密联系在一起，是商事主体在营业上用以表明自己的名称，商业名称权与商事主体的存在相始终；商业名称权一经取得，即在一定区域内排斥其他商事主体使用相同或类似的商业名称，与财产无关。所以，商业名称权本质上是一种人格权（人身权）。其二，认为取得商业名称权后，权利人即取得专用权，而且该权利还可以转让、继承，成为转让和继承的客体，商业名称权不因商号的登记前后而有差别，它仅具有财产权的性质。其三，认为商业名称权既有姓名权的排他效力，又有财产权的创设效力，可以转让或继承。所以，商业名称权兼具人格权和财产权的双重性质。这是对前两种观点的折中。

无疑，商业名称权是商事主体表示自己的名称所生之权，和自然人的姓名权有同样的性质。

同时，商业名称是商事主体在营业上表示自己使用物的设备，可以成为转让的对象，具有财产的性质，或者，直接将其作为知识产权。所以，上述第三种见解是有道理的。

第六章　商事账簿

基础知识图解

商事账簿
- 概述
  - 概念：商主体依法制作的表明其财产状况和经营状况的账簿
  - 特征：由商主体制作、设置多由法律规定
  - 设置的原则：强制原则；放任原则；折中原则
  - 立法：我国采独立立法模式
  - 意义
- 分类
  - 会计凭证
  - 会计账簿
  - 财务会计报告
- 法律关系及其效力与保管：核算、信息披露、管理、监督关系
- 违反商事账簿制作义务的法律后果

配套测试

一、单项选择题

1. 资产负债表是指反映公司在某一特定日期即月末、年末财务状况的会计报表。所反映的财务状况具体是指哪方面内容？（　　）

A. 公司全部资产、负债和损益

B. 公司全部资产、负债和资金变动

C. 公司全部资产、负债和收益分配

D. 公司全部资产、负债和所有者权益

2. 反映公司在一定期间的经营成果及其分配情况的会计报表是（　　）。

A. 资产负债表

B. 损益表

C. 财务状况变动表

D. 财务状况说明书

3. 商事账簿是商主体为了表明其（　　）和经营状况而依法制作的账簿。

A. 组织状况　　B. 财产状况

C. 资金状况　　D. 人事状况

4. 商事账簿设置的目的为（　　）。

A. 消耗性　　B. 交换性

C. 平等性　　D. 营利性

5.（　　）是指按照会计科目分类记载全部交易活动的账簿。

A. 日记账簿　　B. 分类账簿

C. 备查收账簿　　D. 序时账簿

二、多项选择题

公司应当依据公司法在每一会计年度终了时制作财务会计报告，并依法经审查验收。此处的财务会计报告应当包括以下哪些财务会计报告及附属明细表？（　　）

A. 资产负债表

B. 现金流量表

C. 损益表及财务状况变动表

D. 财务情况说明书及利润分配表

三、名词解释

1. 商事账簿

2. 商事账簿设置原则

四、简答题

简述商事账簿的种类及其效力。（西北政法大学2006年考研真题）

参考答案

一、单项选择题

1. **答案**：D。本题考查的是资产负债表的概念。资产负债表是反映公司一定时期的资产、负债及所有者权益的会计报表。
2. **答案**：B。资产负债表反映公司一定时期的资产、负债、所有者权益的情况。损益表反映公司在一定时期的业务经营业绩和利润分配情况。利润分配表反映公司利润分配和年末未分配利润结余情况的会计报表。
3. **答案**：B。本题考查商业账簿的内容。
4. **答案**：D。本题考查商事账簿设置的目的。
5. **答案**：B。本题考查商事账簿的种类。

二、多项选择题

答案：ACD。《公司法》第164条规定："公司应当在每一会计年度终了时编制财务会计报告，并依法经会计师事务所审计。财务会计报告应当依照法律、行政法规和国务院财政部门的规定制作。"根据《会计法》第20条第2款的规定，财务会计报告由会计报表、会计报表附注和财务情况说明书组成。会计报表又具体包括资产负债表、损益表、财务状况变动表以及其他附表。故本题的正确答案为A、C、D。

三、名词解释

1. **答案**：商事账簿是指商主体为了表明其财产状况和经营状况而依法制作的账簿。形式意义的商事账簿是指商主体依照法律的规定而制作的账簿，即法定账簿。实质意义的商事账簿是指商主体所备置的所有账簿，它不仅包括商主体按照法律规定备置的账簿，也包括商主体根据其经营需要自行备置的账簿。
2. **答案**：商事账簿设置原则是指在规范和指导商事账簿设置中体现基本精神和价值取向的原理和准则。它是商事账簿立法、司法和实际活动的指导思想和依据。

四、简答题

答案：商事账簿可以分为以下三种：

(1) 会计凭证

会计凭证是记录经济业务事项发生或完成情况的书面证明，也是登记账簿的依据。它是合法取得、正确填制和审核会计凭证，是会计核算的基本方法之一，也是会计核算工作的起点，在会计核算中具有以下重要意义：①记录经济业务，提供记账依据；②明确经济责任，强化内部控制；③监督经济活动，控制经济运行。

(2) 会计账簿

会计账簿是由一定格式、相互联系的账页组成，以会计凭证为依据，用以序时地、分类地、全面地、系统地记录、反映和监督一个单位经济业务活动情况的会计簿籍。包括总账、明细账、日记账和其他辅助性账簿。

(3) 财务会计报告

财务会计报告是指单位根据经过审核的会计账簿记录和有关资料编制并对外提供的反映单位某一特定日期财务状况和某一会计期间经营成果、现金流量的文件。单位编制财务会计报告的主要目的，就是为投资者、债权人、政府及相关机构、单位管理人员、社会公众等财务会计报告的使用者进行决策提供会计信息。

企业财务会计报告分为年度、半年度、季度和月度财务会计报告。单位编制的财务会计报告应当真实可靠、相关可比、全面完整、编报及时、便于理解，符合国家统一的会计制度的有关规定。

商事账簿的一般效力有：

①对于商事交易各方，它是进行财务清点核算的重要依据；

②对于商事主管部门，它是进行稽查审计、计算税率、资产评估等的重要依据；

③在法律诉讼中，它具有重要的证据效力。

第七章　公司与公司法概述

基础知识图解

公司的概念及特征
- 概念：公司是指一般以营利为目的，从事商业经营活动或为某些目的而成立的组织
- 特征
  - 营利性、社团性、法人性
  - 公司法的概念：是调整公司在设立、组织、活动和解散的过程中所发生的社会关系的法律
  - 公司法的调整对象：公司的全部组织关系、公司的部分经营关系
  - 公司法的性质与特征：组织法、公法化的私法、国家管理公司的行为规范

配套测试

一、单项选择题

1. 某市 7 家全民所有制企业共同发起成立了属于集体所有制性质的江城实业集团有限责任公司。该公司的管理应适用（　　）。

A.《公司法》

B.《城镇集体所有制企业条例》

C.《全民所有制工业企业法》

D.《有限责任公司规范意见》

2.《公司法》是规定（　　）。

A. 公司的设立、组织以及对内对外关系的法律

B. 公司的设立、组织和解散的法律

C. 公司的设立、组织活动和解散以及其他与公司组织有关的对内、对外关系的法律规范的总称

D. 公司的设立、组织、解散以及对内、对外关系的法律规范

3. 公司集团（　　）。

A. 具有行政管理职能

B. 具有独立法人地位

C. 不具有控制关系的特征

D. 不具有法人资格

4. 伟人集团（股份有限公司）经批准设立了一分公司，该分公司所欠债务，应（　　）。

A. 由该分公司独立承担

B. 由该分公司承担，伟人集团承担连带责任

C. 由伟人集团承担

D. 由伟人集团宣布该债务无效

5. 美国柯达公司因看好中国市场前景，遂建立一分支机构，并向该分支机构拨付了与其从事的经营活动相适应的资金。当该分支机构所签订的合同被宣告无效后，该无效责任由（　　）承担。

A. 分支机构

B. 柯达总公司

C. 先由分支机构承担，不足的可由柯达总公司承担

D. 由分支机构与柯达公司承担连带责任

6. 长城有限责任公司的下属分公司以自己的名义对外签订的合同，其法律效力（　　）。

A. 无效

B. 有效，其责任由分公司独立承担

C. 有效，其责任由长城有限责任公司承担

D. 有效，其责任由分公司承担，长城有限责任公司负连带责任

7. 有限责任公司的股东是以（　　）为限对公司承担责任，公司是以（　　）对公司债务承担责任的公司。

A. 个人全部财产；其特定财产
B. 认缴的出资额；其全部财产
C. 认缴的出资额；其经营资产
D. 其个人全部财产；其全部资产

8. 甲、乙、丙、丁成立一普通合伙企业，一年后甲转为有限合伙人。此前，合伙企业欠银行债务 30 万元，该债务直至合伙企业因严重资不抵债被宣告破产仍未偿还。对该 30 万元银行债务的偿还，下列哪一选项是正确的？（　　）（司考 2008. 3. 25）
A. 乙、丙、丁应按合伙份额对该笔债务承担清偿责任，甲无须承担责任
B. 各合伙人均应对该笔债务承担无限连带责任
C. 乙、丙、丁应对该笔债务承担无限连带责任，甲无须承担责任
D. 合伙企业已宣告破产，债务归于消灭，各合伙人无须偿还该笔债务

9. 国有独资公司（　　）。
A. 只设董事会　　B. 只设股东会
C. 只设监事会　　D. 设监事会和董事会

10. 国有独资公司的下列事项中，不须经国家授权投资的机构或者国家授权的部门同意的是（　　）。
A. 董事会成员兼任经理
B. 经理兼任其他有限责任公司、股份有限公司或者其他经营组织的负责人
C. 经理的人选
D. 公司的合并、分立、解散、增减资本和发行公司债券

11. 赵、钱、孙、李、陈五人共同投资 1000 万元人民币，设立蓝天化工股份有限公司。该公司注册资本分为 1000 万股，每股 1 元人民币。赵、钱、孙三人分别持有 300 万股，李、陈二人分别持有 50 万股。该公司运营中的债务应由（　　）。
A. 赵、钱、孙、李、陈五股东共同承担
B. 公司以注册资本为限承担
C. 公司与股东共同承担
D. 公司以其全部资产承担

12. 美国一家以生产服装为主的知名公司，为开拓国际市场，方便业务往来，现拟在我国的几个大城市各设立一个办事处。下列表述中符合我国公司法规定的一项是（　　）。
A. 该美国公司设立办事处，可经批准后，领取营业执照
B. 为方便业务往来，该美国公司在办事处名称中未标明美国国籍
C. 该美国公司在申请时提出各个办事处的活动不受该美国公司因合并、分立或破产、歇业而终止的影响
D. 该办事处因经营活动而产生的对外债务以该美国公司拨付的资金为限来承担

13. 玮平公司是一家从事家具贸易的有限责任公司，注册地在北京，股东为张某、刘某、姜某、方某四人。公司成立两年后，拟设立分公司或子公司以开拓市场。对此，下列哪一表述是正确的？（　　）（司考 2014. 3. 25）
A. 在北京市设立分公司，不必申领分公司营业执照
B. 在北京市以外设立分公司，须经登记并领取营业执照，且须独立承担民事责任
C. 在北京市以外设立分公司，其负责人只能由张某、刘某、姜某、方某中的一人担任
D. 在北京市以外设立子公司，即使是全资子公司，亦须独立承担民事责任

14. 2015 年 6 月，张某出资 100 万元设立昌治有限责任公司（自然人独资）。2017 年 1 月，张某又投资设立“皋治印刷厂”（个人独资企业）。2018 年 3 月，昌治有限责任公司欠刘某货款 80 万元，但公司账上已无现金。关于本案，说法正确的是（　　）。
A. 在设置昌治有限责任公司之后，张某不得再投资设立印刷厂
B. 刘某可以张某为昌治有限责任公司唯一股东为由，请求张某承担连带责任
C. 昌治有限责任公司可为张某个人债务提供担保
D. 昌治有限责任公司与皋治印刷厂可共同出资设立一家有限责任公司

15. 植根农业是北方省份一家从事农产品加工的公司。为拓宽市场，该公司在南方某省分别设立甲分公司与乙分公司。关于分公司的法律地位与责任，下列哪一选项是错误的？(　　)

A. 甲分公司的负责人在分公司经营范围内，当然享有以植根公司名义对外签订合同的权利

B. 植根公司的债权人在植根公司直接管理的财产不能清偿债务时，可主张强制执行各分公司的财产

C. 甲分公司的债权人在甲分公司直接管理的财产不能清偿债务时，可主张强制执行植根公司的财产

D. 乙分公司的债权人在乙分公司直接管理的财产不能清偿债务时，不得主张强制执行甲分公司直接管理的财产

16. 下列有关一人公司的哪些表述是正确的？(　　)（司考 2012.3.69）

A. 国有企业不能设立一人公司

B. 一人公司发生人格或财产混同时，股东应当对公司债务承担连带责任

C. 一人公司的注册资本必须一次足额缴纳

D. 一个法人只能设立一个一人公司

二、多项选择题

1. 张某向陈某借款 50 万元作为出资，与李某、王某成立一家普通合伙企业。二年后借款到期，张某无力还款。对此，下列哪些说法是正确的？(　　)（司考 2010.3.74）

A. 经李某和王某同意，张某可将自己的财产份额作价转让给陈某，以抵销部分债务

B. 张某可不经李某和王某同意，将其在合伙中的份额进行出质，用获得的贷款偿还债务

C. 陈某可直接要求法院强制执行张某在合伙企业中的财产以实现自己的债权

D. 陈某可要求李某和王某对张某的债务承担连带责任

2. 某外国公司驻北京办事处的以下行为中，哪些违反了我国公司法的规定？(　　)

A. 办事处未置备该外国公司的章程

B. 办事处在与它的中国雇员签订的劳动合同中约定，雇员对办事处要求支付报酬的请求，不得诉及该外国公司

C. 办事处在该外国公司被所在国法院宣告破产后，仍继续在中国从事经营活动

D. 该外国公司撤销该办事处时，先将其资金汇出中国境外，而后办理解散清算手续

3. 国有独资公司是指国家授权投资的机构或者国家授权的部门单独投资设立的公司，该类公司不可采取何种类型？(　　)

A. 无限公司

B. 有限责任公司

C. 股份有限公司

D. 两合公司

4. 下列行为违反《公司法》关于股份有限公司规定的是(　　)。

A. 无记名股票持有人出席股东大会时，将其股票于出席当天交与公司

B. 为解决增资问题而召开临时会议时，会议决定更换一不合格的董事的

C. 公司创立大会召开之日，公司向股东交付了股票

D. 某公司为提升自己股票的市场价格，在经全体股东大会作出决议，收购本公司股票的

三、不定项选择题

A 公司是一家由国家授权投资的机构单独投资设立的国有独资公司，A 公司向律师咨询关于定位以及经营管理的问题。

(1) 关于 A 公司的性质问题，(　　) 说法是正确的。

A. A 公司是有限责任公司

B. A 公司不是有限责任公司

C. A 公司是股份有限公司

D. A 公司是上市公司

(2) 关于国有独资公司的投资主体问题，(　　) 说法是正确的。

A. 可以是国家单独投资

B. 可以是国务院或地方人民政府授权本级人民政府国有资产监督管理机构履行出资人职责

C. 可以是国有企业

D. 可以是多元投资主体，但是国有投资主体要控股

（3）A公司的公司章程是由（　　）制定和批准的。

A. 国家国有资产监督管理机构

B. 公司的董事会

C. 公司的股东会

D. 公司的监事会

（4）A公司的董事会的职权主要有（　　）。

A. 行使股东会的部分职权，决定公司的一些重大事项

B. 决定公司的合并、分立

C. 决定公司的经营计划和投资方案

D. 决定公司内部管理机构的设置

（5）A公司董事会成员的有关规定，（　　）是正确的。

A. 董事会成员中应当有公司职工民主选举的职工代表

B. 董事长由国有资产监督管理机构从董事会成员中指定

C. 副董事长由国有资产监督管理机构从董事会成员中指定

D. 国有独资公司的董事，经过国有资产监督管理机构同意，可以在其他有限责任公司、股份有限公司或者其他经济组织兼职

四、名词解释

1. 公司

2. 一人公司

3. 无限责任公司

4. 股份有限公司

5. 有限责任公司

6. 上市公司（复旦大学2010年考研真题）

五、简答题

1. 简述公司的营利性特征。

2. 简述公司与合伙的区别。

3. 有限责任公司与股份有限公司的设立条件有何不同？

六、论述题

1. 试述公司法的调整对象。

2. 简述现代企业制度的特点和内容。

3. 试论公司法上的商业判断规则。

4. 论述我国公司立法的公司效益优先原则。

七、案例分析题

某实业公司与王某签订承包协议由王某承包该公司在甲市设立的分公司，该分公司独立核算，作为一个独立的经济实体，法人代表为王某。实业公司为王某提供了办公地点和经营的一些合法手续。承包后，王某以某实业公司的名义与某实业公司签订了提供铁金粉一万吨、总价款2000万元的供货合同。合同订立后，王某找到某实业公司办公室的李某搞到一张空白介绍信，私刻一枚实业公司的财务专用章，在某银行开设了账户，并通知某实业公司将预付25万元汇入该账户。王某收到25万元之后，只供给价值8万元的货物，并退款5万元，余款提取后，即携款潜逃。物资供应公司找到实业公司要求返还货款，实业公司讲，王某是实行独立核算的经济实体的承包人，王某的行为由其甲市分公司负责。据查，该分公司是一个空壳公司，无注册资金，也无任何财产可供偿还。

问：（1）甲市分公司与实业公司的关系是怎样的？

（2）实业公司认为，其对王某私立账户的行为不知道。且货款未交给公司，王某用欺诈手段订立的合同无效，与实业公司无关，问：王某与物资供应公司之间的合同是否有效？

（3）物资供应公司是否有权要求实业公司承担责任？

参考答案

一、单项选择题

1. 答案： A。根据《公司法》第2条的规定，《公司法》中所称公司是指依照本法在中国境内设立的有限责任公司和股份有限公司。

2. 答案：C。本题考查的是公司法的调整范围。

3. 答案：D。公司集团由若干个具有独立法人资格的公司组成，其本身不是法人，集团由核心公司负责控制集团成员，以实现整个公司集团利润的最大化。

4. 答案：C。根据《公司法》第14条第1款的规定，公司可以设立分公司，分公司不具有法人资格，其民事责任由公司承担。

5. 答案：B。根据《公司法》第195条的规定，外国公司在中国境内设立的分支机构不具有中国法人资格。外国公司对其分支机构在中国境内进行的经营活动承担民事责任。

6. 答案：C。分公司不是独立的法人，其不能独立享受权利和承担义务，其可以在总公司授权范围内以自己的名义进行业务活动，但责任应由总公司承担。

7. 答案：B。根据《公司法》第3条的规定，公司是企业法人，有独立的法人财产，享有法人财产权。公司以其全部财产对公司的债务承担责任。有限责任公司的股东以其认缴的出资额为限对公司承担责任；股份有限公司股东以其认购的股份为限对公司承担责任。

8. 答案：B。《合伙企业法》第39条规定，合伙企业不能清偿到期债务的，合伙人承担无限连带责任。第84条规定，普通合伙人转变为有限合伙人的，对其作为普通合伙人期间合伙企业发生的债务承担无限连带责任。所以本题中，甲虽然从普通合伙人转变为有限合伙人，但是对于其作为普通合伙人期间合伙企业发生的债务仍然承担无限连带责任，答案B是正确的。

9. 答案：D。根据《公司法》第66条、第67条、第70条规定，国有独资公司不设股东会，设立监事会和董事会。

10. 答案：C。根据《公司法》第66条第1款的规定，国有独资公司不设股东会，由国有资产监督管理机构行使股东会职权。国有资产监督管理机构可以授权公司董事会行使股东会的部分职权，决定公司的重大事项，但公司的合并、分立、解散、增加或减少资本和发行公司债券，必须由国有资产监督管理机构决定。第69条规定，国有独资公司的董事长、副董事长、董事、高级管理人员，未经国有资产监督管理机构同意，不得在其他有限责任公司、股份有限公司或者其他经济组织兼职。

11. 答案：D。股份有限公司是独立法人，以其全部财产为限对外承担债务；股东以其认购的股份为限对公司承担债务。

12. 答案：A。本题考查的是外国公司的分支机构。根据《公司法》第194条规定，外国公司的分支机构应当在其名称中标明该外国公司的国籍及责任形式。外国公司的分支机构应当在本机构中置备该外国公司章程。第195条规定，外国公司在中国境内设立的分支机构不具有中国法人资格。外国公司对其分支机构在中国境内进行经营活动承担民事责任。

依以上法条及相关规定，外国公司在我国设立分支机构，必须在分支机构的名称中标明该外国公司的国籍及责任形式；该分支机构的存在须以外国公司的存在为前提，如外国公司不存在，分支机构应予撤销；同时，该分支机构不具备法人资格，分支机构的行为，视作该外国公司的行为，分支机构的行为产生的债权债务亦归属于该外国公司。

第192条规定，外国公司在中国境内设立分支机构，必须向中国主管机关提出申请，并提交其公司章程、所属国的公司登记证书等有关文件，经批准后，向公司登记机关依法办理登记，领取营业执照。

外国公司分支机构的审批办法由国务院另行规定。依照本条及有关规定，A项是正确的。

13. 答案：D。《公司法》第14条第1款规定，公司可以设立分公司。设立分公司，应当向公司登记机关申请登记，领取营业执照。分公司不具有法人资格，其民事责任由公司承担。据此，无论是在北京还是在外地设立分公司，都必须进行登记，领取营业执照，故A项错误。分公司不具备法人资格，不能独立承担民事责任，故B项错误。

C项，关于分公司的负责人，现行法律并

无特别的规制。自事理而言，公司投资者（股东）与公司经营层可以分开，股东之外的人担任公司经理并非罕见，股东之外的人担任公司分支机构负责人更是常态。所以，无论在北京还是在外地设立分公司，其负责人均可以是股东之外的人，故C项错误。

《公司法》第14条第2款规定，公司可以设立子公司，子公司具有法人资格，依法独立承担民事责任。无论在北京还是在外地，子公司均具备独立法人资格，独立承担责任，故D项正确。

14. 答案：D。本题考查一人公司和独资企业的特别规定。A项：《公司法》第58条规定："一个自然人只能投资设立一个一人有限责任公司。该一人有限责任公司不能投资设立新的一人有限责任公司。"该条规定仅禁止一个自然人设立多家一人公司，并未禁止一个自然人同时设立一人公司和个人独资企业。因此，A项错误。B项：《公司法》第3条规定，公司是企业法人，有独立的法人财产，享有法人财产权。公司以其全部财产对公司的债务承担责任。有限责任公司的股东以其认缴的出资额为限对公司承担责任；股份有限公司的股东以其认购的股份为限对公司承担责任。按照这一规定，一般情况下，股东并不对公司债务承担连带责任。《公司法》第63条规定，一人有限责任公司的股东不能证明公司财产独立于股东自己的财产的，应当对公司债务承担连带责任。按照本条规定，只有在一人有限责任公司的股东不能证明财产独立时，才适用法人人格否认制度。因此，B项错误。C项：《公司法》第16条第2款规定，公司为公司股东或者实际控制人提供担保的，必须经股东会或者股东大会决议。第3款规定，前款规定的股东或者受前款规定的实际控制人支配的股东，不得参加前款规定事项的表决。该项表决由出席会议的其他股东所持表决权的过半数通过。按照这一规定，对股东的担保必须由股东会作出决议，且相关股东不能参与表决，由于一人公司只有一个股东，而该股东又不能参与表决，因此，一人公司不能为股东债务提供担保，C项错误。D项：《公司法》第58条规定，一个自然人只能投资设立一个一人有限责任公司。该一人有限责任公司不能投资设立新的一人有限责任公司。法律禁止自然人一人公司设立新的一人公司，并未禁止该一人公司与其他主体共同设立新的公司的行为，D项正确。

15. 答案：D。本题考查分公司民事责任承担问题，A选项当年具有理论意义，分公司的负责人在分公司经营范围内，享有以公司名义对外签订合同的权利，相当于《民法典》规定的职务代理。《公司法》第14条第1款："公司可以设立分公司。设立分公司，应当向公司登记机关申请登记，领取营业执照。分公司不具有法人资格，其民事责任由公司承担。"A、B、C选项正确，D选项错误。

16. 答案：B（原答案为BC）。根据《公司法》第57条第2款的规定，本法所称一人有限责任公司，是指只有一个自然人股东或者一个法人股东的有限责任公司。公司法并没有禁止国有企业设立一人公司，选项A错误。根据《公司法》第63条的规定，一人有限责任公司的股东不能证明公司财产独立于股东自己的财产的，应当对公司债务承担连带责任。故选项B正确。2013年修订的《公司法》第58条取消了对一人有限责任公司股东"应当一次足额缴纳公司章程规定的出资额"的限制。故选项C错误。根据《公司法》第58条规定，一个自然人只能投资设立一个一人有限责任公司。该一人有限责任公司不能投资设立新的一人有限责任公司。公司法并没有规定一个法人只能设立一个一人公司。选项D错误。综上，本题应选B。

二、多项选择题

1. 答案：AC。选项A正确。《合伙企业法》第22条第1款规定，除合伙协议另有约定外，合伙人向合伙人以外的人转让其在合伙企业中的全部或者部分财产份额时，须经其他合伙人一致同意。本题中，张某经李某和王某同意（其他合伙人一致同意），可以将自己的财产份额作价转让给陈某。

选项B错误。《合伙企业法》第25条规定，合伙人以其在合伙企业中的财产份额出质的，须经其他合伙人一致同意；未经其他合伙人一致同意，其行为无效，由此给善意第三人造成损失的，由行为人依法承担赔偿责任。据此可知，如果张某不经李某和王某同意而将自己在合伙企业中的财产份额出质的，该出质行为无效。

选项C正确。《合伙企业法》第42条第1款规定，合伙人的自有财产不足清偿其与合伙企业无关的债务的，该合伙人可以以其从合伙企业中分取的收益用于清偿；债权人也可以依法请求人民法院强制执行该合伙人在合伙企业中的财产份额用于清偿。据此可知，陈某可直接要求法院强制执行张某在合伙企业中的财产以实现自己的债权。

选项D错误。合伙人个人的债务不是合伙企业的债务，合伙人个人的债务应当由合伙人自己承担。本题中，陈某只是张某的债权人，而不是合伙企业的债权人，因此不能要求李某和王某对张某的债务承担连带责任。

2. **答案**：ABCD。A错，根据《公司法》第194条的规定，外国公司的分支机构应当在其名称中标明该外国公司的国籍及责任形式。外国公司的分支机构应当在本机构中置备该外国公司章程。B、C错，第195条规定，外国公司在中国境内设立的分支机构不具有中国法人资格。外国公司对其分支机构在中国境内进行经营活动承担民事责任。D错，第197条规定，外国公司撤销其在中国境内的分支机构时，必须依法清偿债务，按照本法有关公司清算程序的规定进行清算。未清偿债务之前，不得将其分支机构的财产移至中国境外。

3. **答案**：ACD。根据《公司法》第64条第2款的规定，本法所称国有独资公司是指国家单独出资、由国务院或地方人民政府授权本级人民政府国有资产监督管理机构履行出资人职责的有限责任公司。

4. **答案**：ABCD。A、B错，根据《公司法》第102条第4款规定，无记名股票持有人出席股东大会的，应当于会议召开5日以前至股东大会闭会时止将股票交存于公司。C错，第132条规定："股份有限公司成立后，即向股东正式交付股票。公司成立前不得向股东交付股票。"D错，第142条第1款的规定："公司不得收购本公司股份。但是，有下列情形之一的除外：（一）减少公司注册资本；（二）与持有本公司股份的其他公司合并；（三）将股份用于员工持股计划或者股权激励；（四）股东因对股东大会作出的公司合并、分立决议持异议，要求公司收购其股份。"

三、不定项选择题

答案：（1）A。国有独资公司是国家授权投资的机构或者国家授权的部门单独投资设立的有限责任公司，是有限责任公司的特殊形式。

（2）AB。参见《公司法》第64条第2款的规定。

（3）A。《公司法》第65条规定："国有独资公司章程由国有资产监督管理机构制定，或者由董事会制订报国有资产监督管理机构批准。"

（4）ACD。由于国有独资公司不设股东会，国家授权投资的机构或者国家授权的部门可以授权公司董事会行使股东会的部分职权，决定公司的重大事项，但是公司的合并、分立、解散、增减资本和发行公司债券，必须由国家授权投资的机构或者国家授权的部门决定。而有限责任公司董事会的职权当然是国有独资公司董事会的职权。

（5）ABCD。根据《公司法》第67条第2款、第3款的规定，董事会成员由国有资产监督管理机构委派；但是，董事会成员中的职工代表由公司职工代表大会选举产生。董事长、副董事长由国有资产监督管理机构从董事会成员中指定。根据该法第69条的规定，国有独资公司的董事长、副董事长、董事、高级管理人员，未经国有资产监督管理机构同意，不得在其他有限责任公司、股份有限公司或者其他经济组织兼职。

四、名词解释

1. **答案**：公司是指由股东出资组成的，从事营利性经济活动的企业法人。传统的公司具有营利性、社团性、法人性的特征。①

2. **答案**：一人公司是指股东仅为一人，全部资本由一人拥有的公司，又称形式上的一人公司。广义的一人公司也包括实质上的一人公司，即公司的真正股东只有一人，其余股东仅为持有最低股份的挂名股东，多表现为家庭式公司。

3. **答案**：简称无限公司，是指全体股东对公司债务负连带无限责任的公司。无限责任是指公司股东不仅要以其出资，而且还要以其出资以外的其他个人财产来清偿公司债务；连带责任是指公司的各个股东必须对公司的全部债务承担责任。公司的债权人既可以要求所有股东，也可以只要求其中个别股东清偿债务，若部分股东清偿了全部债务，则有权向其他股东追偿。

4. **答案**：股份有限公司简称股份公司，是指由一定人数的股东发起设立的，并可以通过发行股票筹集资本，全部资本分为均等的股份，股东以其所认购的股份为限对公司债务承担责任，公司以其全部资产对其债务承担责任的企业法人。

5. **答案**：有限责任公司简称有限公司，是指由两个或两个以上股东共同出资，或由一个股东单独出资，每个股东以其认缴的出资额为限对公司承担责任，公司以其全部资产对其债务承担责任的企业法人。

6. **答案**：上市公司是指所发行的股票经过国务院或者国务院授权的证券管理部门批准在证券交易所上市交易的股份有限公司。上市公司是股份有限公司的一种，这种公司到证券交易所上市交易，除必须经过批准外，还必须符合一定的条件。

五、简答题

1. **答案**：公司是以营利为目的的经营组织，营利性是公司的本质特征之一。公司的营利性特征有两层含义：其一，设立公司的目的是获取利润。任何投资者出资设立公司，就其目的而言，都是获取利润。尽管以营利为目的而开始，而以经营亏损乃至以破产告终的公司也不在少数，但并不因此而丧失公司设立目的上的营利性特征。我国公司法中已明确规定公司以实现资产的保值增值为目的，这在实质上已经肯定了公司的营利目的。其二，公司应连续地从事同一性质的经营活动。公司作为以营利为目的的经济组织，必须是连续不断地进行经营活动，且其从事的经营活动须有固定的内容，即有确定的经营范围。这是公司与那些临时性合伙偶尔从事的营利性行为的根本区别。

　　公司的营利性特征既使它区别于以行政管理为目的的国家机关，又使它有别于不以营利为目的的公益社团法人。强调公司的营利性特征，一方面是为了突出公司的经济属性；另一方面则是为了否定那些作为行政机关附属物的行政性公司。

2. **答案**：公司与合伙主要的不同点：

	合　伙	公　司
成立	合伙是根据合同成立的，它需要出资人之间的合意，没有当事人之间的合意就不能成立合伙	公司成立的基础是章程行为，章程行为是一种加入行为，同意公司章程者即可称为股东
法人资格	合伙不具有法人资格，也就是说，合伙自身不具有独立人格，具有独立人格的只能是每一个合伙人	公司则自公司成立时起就具有法人资格
性质	合伙中合伙人的人身信任性质就更大	公司则主要是资合性质
财产所有权	合伙既然不是法人，它的财产就不属于合伙组织独立所有，而是属于合伙人共有	而公司既然是法人，它的财产就不属于全体股东共有，而是属于公司所有，由公司独立全部支配

① 编者注：在英美法系国家，公司是指数人出于共同目的而进行的组合，常常是为了营利而经营业务，对于合伙难以胜任的联合，一般采用这种组织形式。

续表

	合　伙	公　司
意思机关	合伙既然不是法人，它就没有法人的意思机关，合伙人共同的意志就是合伙的意志	
转让	合伙的人身信任性质决定了合伙人出资份额在转让上的限制，一般情况下，合伙人的出资份额不得任意转让	公司股东既然不得退股，转让其股份（或出资额）自然就属于股东应享有的权利
规模	规模就不能大，合伙人数不能多，期限一般不很长，合同到期后可以续订	公司的存续期间没有规定，只要股东会不作出决定或无违法行为被解散，可以永远存续下去

总的来说，合伙和公司是共同出资经营的两种组织形式：合伙是共同经营的低级形式，公司是共同经营的高级形式。

3. 答案：有限责任公司设立的条件包括：(1) 股东符合法定人数，即 50 人以下。(2) 有符合公司章程规定的全体股东认缴的出资额。(3) 股东共同制定公司章程。(4) 有公司名称，建立符合有限责任公司要求的组织机构。(5) 有公司住所。

股份有限公司设立的条件包括：(1) 发起人符合法定人数。(2) 有符合公司章程规定的全体发起人认购的股本总额或募集的实收股本总额。(3) 股份发行、筹办事项符合法律规定。(4) 发起人制定公司章程，采用募集方式设立的并经创立大会通过。(5) 有公司名称，建立符合股份有限公司要求的组织机构。(6) 有公司住所。

两者的主要区别在于设立人和注册资本。第一，有限责任公司由 50 个以下股东共同设立，而股份有限公司的设立则有赖于适格的发起人的行为。发起人符合法定人数是我国设立股份有限公司的必备重要条件之一，一般应当二人以上二百人以下为发起人，其中须有半数以上的发起人在中国境内有住所。第二，股份有限公司为自身运营的需要和保护公司债权者的权益，要有相当规模的注册资本作为基础。

六、论述题

1. 答案：公司法的调整对象主要包括公司的全部组织关系和公司的部分经营关系。

(1) 就组织关系而言，公司法主要是规定公司的组织及其地位的法，因而公司法是侧重调整公司组织关系的法。公司法所调整的公司组织关系表现在以下四个方面：

①发起人相互间或股东相互间的关系。这种关系发生于公司设立、变更和解散的全过程，包括制定及变更章程中发起人或股东的相互关系，公司在设立和解散程序中发起人或股东的相互关系等。就其内容而言，既有股东相互间的财产关系，也有股东相互间的人身关系。但无论是财产关系抑或人身关系，都是在公司组织过程中发生的，因而归根结底都是有财产或人身因素的组织关系。

②股东与公司相互间的关系。在公司成立后，股东与公司虽在法律上互为独立人格，公司以其认缴的出资额为限对公司债务承担责任，但因股东基于投资对公司享有股权，在股东与公司间仍有着十分密切的联系。股东要行使股权，就必须在股东与公司间产生以自益权为内容的财产关系，以及以共益权为内容的管理关系。这些关系都要由公司法予以调整，是公司法的重要规范对象之一。

③公司内部组织机构相互间的关系。公司的常设组织机构一般有股东会、董事会、监事会和经理。这些组织机构是带动公司运营的齿轮和纽带，在公司运作的过程中，它们相互间必须产生种种关系。为保证公司组织活动的有序进行，形成高效的相互监督、相互制约的自我约束机制，公司法就必须以相应的条款规定公司内部各类组织机构的地位及权利义务，从而将公司内部组织机构相互间的关系置于公司法的调整范围。

④公司与国家经济行政机关之间所发生的社会关系。公司在设立、变更和解散等活动中，与国家经济行政机关之间不可避免地要发生种种具体的行政关系，包括公司与主管机关之间的审批和业务指导关系，以及公司与市场监督管理机关之间发生的注册登记

关系等。这些行政关系从广义上说也是一种组织关系，公司法对此也有原则规定。

（2）就经营关系而言，公司的经营活动是丰富多彩、纷繁复杂的，公司在经营活动中所发生的经济关系也是多种多样的。各国公司法虽对公司经营活动的调整范围宽窄不一，但所有的公司法都不调整公司的全部经营活动，一般只调整那些与公司组织关系有密切联系的经营关系。至于那些与公司组织关系无关的公司经营活动，如买卖合同关系等，则不由公司法调整。具体来说，与公司组织关系有联系的活动，主要有股票的发行、交易，债券的发行、转让，以及资本的增加、减少和出资的转让等。即使对公司的此类活动，各国公司法的调整范围也不尽一致，如英国、法国和德国的公司法对这些经营活动的规定就较为全面；而美国公司法则对股票的发行、交易等较少涉及，由其他法律予以规定。我国公司法虽对股票的发行作出了规定，但对股票交易问题则基本上不涉及，而由证券法来加以调整。

（3）综上可见，公司法对公司关系的调整侧重于组织关系、内部关系，而对于公司经营关系、外部关系的调整则是次要的、辅助的。因此，完全可以说公司法基本上是组织法或主体法。

2. 答案：特点：（1）产权清晰

所谓“产权清晰”，主要有两层含义：

①有具体的部门和机构代表国家对某些国有资产行使占有、使用、处置和收益等权利。

②国有资产的边界要“清晰”，也就是通常所说的“摸清家底”。首先要搞清实物形态国有资产的边界；其次要搞清国有资产的价值和权利边界，包括实物资产和金融资产的价值量，国有资产的权利形态，总资产减去债务后净资产数量等。

（2）权责明确

“权责明确”是指合理区分和确定企业所有者、经营者和劳动者各自的权利和责任。

权利：所有者按其出资额，享有资产受益、重大决策和选择管理者的权利，企业破产时则对企业债务承担相应的有限责任。企业在其存续期间，对由各个投资者投资形成的企业法人财产拥有占有、使用、处置和收益的权利，并以企业全部法人财产对其债务承担责任。经营者受所有者的委托在一定时期和范围内拥有经营企业资产及其他生产要素并获取相应收益的权利。劳动者按照与企业的合约拥有就业和获取相应收益的权利。

责任：包含通常所说的承担风险的内容。要做到“权责明确”，除明确界定所有者、经营者、劳动者及其他企业利益相关者各自的权利和责任外，还必须使权利和责任相对应或相平衡。此外，在所有者、经营者、劳动者及其他利益相关者之间，应当建立起相互依赖又相互制衡的机制，这是因为他们之间是不同的利益主体，既有共同利益的一面，也有不同乃至冲突的一面。相互制衡就要求明确彼此的权利、责任和义务，要求相互监督。

（3）政企分开

“政企分开”的基本含义是政府行政管理职能、宏观和行业管理职能与企业经营职能分开。

①政企分开要求政府将原来与政府职能合一的企业经营职能分开后还给企业，改革以来进行的“放权让利”“扩大企业自主权”等就是为了解决这个问题。

②政企分开还要求企业将原来承担的社会职能分离后交还给政府和社会。问题的关键还在于政府如何才能正确地行使而不是滥用其拥有的所有权。

（4）管理科学

“管理科学”包括企业组织合理化的含义；从较窄的意义上说，“管理科学”要求企业管理的各个方面，如质量管理、生产管理、供应管理、销售管理、研究开发管理、人事管理等方面的科学化。管理致力于调动人的积极性、创造性，其核心是激励、约束机制。

根据以上分析，在较为具体的层面，现代企业制度大体可包括以下内容：

①企业资产具有明确的实物边界和价值边界，具有确定的政府机构代表国家行使所

有者职能，切实承担起相应的出资者责任。

②企业通常实行公司制度，即有限责任公司和股份有限公司制度，按照《公司法》的要求，形成由股东代表大会、董事会、监事会和高级经理人员组成的相互依赖又相互制衡的公司治理结构，并有效运转。

③企业以生产经营为主要职能，有明确的盈利目标，各级管理人员和一般职工按经营业绩和劳动贡献获取收益，住房分配、养老、医疗及其他福利事业由市场、社会或政府机构承担。

④企业具有合理的组织结构，在生产、供销、财务、研究开发、质量控制、劳动人事等方面形成了行之有效的企业内部管理制度和机制。

⑤企业有着刚性的预算约束和合理的财务结构，可以通过收购、兼并、联合等方式谋求企业的扩展，经营不善难以为继时，可通过破产、被兼并等方式寻求资产和其他生产要素的再配置。

3. 答案：商业判断规则是域外发展出来的免除董事就合理经营失误承担责任的一项法律制度，是指董事在善意的且在充分了解相关信息的情况下，为公司的最大利益做出的商业决策，即使事后看来是失误的或给公司带来了损害，法院也对做出该决策的董事给予免责的制度。

商业判断规则十分灵活，它包含一个基本原则：董事应被授予关于公司管理的自由裁量权，对此自由裁量权的理性行使在通常情况下并不需要接受司法审查。从这个方面来看，商业判断原则有排除或抑制司法介入的效果。在股东提起诉讼后，董事可以商业判断原则予以抗辩。

商业判断规则的适用条件主要涉及以下几个方面：

（1）商业判断

商业判断是对董事在董事会权限内的具体行为和行事内容的定性。对商业判断的理解，首先强调的是董事或经理必须参与或做出判断或决定，即有所作为或经过考虑之后的不行为，否则，在缺乏任何决断的前提条件下，商业判断规则无法启动，更谈不上为董事和经理提供保护屏障。其次对商业判断的把握，必须确认董事会的权限范围。如果是董事或经理的行为越权，商业判断规则也无法保护董事和经理人员。判断董事会的职权范围，除章程或股东协议的特别规定外，案例法和成文法都有可以遵循的内容。同时，在判断董事会和董事的职权和董事的义务时，公司的规模和属性、交易或计划的规模和交易的性质等，都是在特定情形下必须考虑的因素。

（2）善意

这是美国法上一个用处极广的概念，并不只适用于公司法，在公司法中，也不只针对董事，对善意也没有统一的解释。在公司法中，针对董事履行职责的构成要素，善意一般是指，董事诚实、没有欺诈、忠实地对待自己的职责和义务。建立在善意基础上的商业判断规则涉及主客观两个方面，但在引用时，法院首先考虑其程序或客观方面，只要在过程或方式上的善意得到证实，就不再对决策的实质内容进行判断，即从行为的方式和过程推定董事的主观意图是善意的。

（3）独立性

也称为“未受控制性”，是指董事作出的决策是基于公司目标价值而对所面临的问题作出的判断，并不是基于公司外部因素的考虑或受到外部的影响。当然董事们可以协商、争论，并且通过让步以解决他们之间的分歧，或者合理地依赖他们的同事或其他适格的人员。但无论如何，最终的结果必须是，每一个董事都对所讨论的事项，从公司价值的特殊性出发，作出了自己的知情商业判断，而不是受到或屈从于某些因素的影响，这些因素将导致一个有效的商业判断变成缺乏忠诚的行为。

（4）公司浪费

公司的浪费是不受商业判断规则保护的。公司浪费的一种表现是公司的行为不具有任何合理的目的。

（5）重大过失——知悉

被起诉的董事如欲主张受商业判断规则

保护的权利，那么，董事就必须证明他是在知悉的基础上作出的决策，否则即构成重大过失。知悉强调董事让自己知情的过程和方式，而不是让自己了解的结果。

(6) 为公司的最佳利益行事

这一构成要素体现了董事在履行职责时对结果的预期。它不代表未来公司盈利的现实，而是强调在此之前，董事本着善意，就其所了解和掌握的信息和资料所形成的合理的预见。因此，在这一目标上，立法者和学术界都以“合理地相信”加以限定。

商业判断规则具有很强的现实意义，它适应了当今商业活动复杂化、风险性的特点，在保证公司根本利益免受恶意行为滋扰的前提下为董事及董事会创造了较宽松的环境，鼓励其发挥企业家精神，从而有利于对股东权利的制衡，防止股东滥诉情况的发生，有助于公司的安全有序运行；商业判断规则的侧重点在于对董事提供保护，从另一方面又加强了对股东利益的保护。也就是说加强了董事的义务，具有保护利益的两面性；有利于鼓励企业家精神，商业判断规则为董事提供了一个“安全港”，在法律的免责保护下，鼓励董事在经营中放开手脚，大胆经营，从而有机会为企业和社会创造更多的财富。

4. 答案：所谓立法价值取向主要有两层含义，其一是指各国在制定法律时希望通过立法所欲达到的目的或追求的社会效果；其二是指当法律所追求的多个价值目标出现矛盾时的最终价值目标选择。公司法的最高价值取向是效益，立法上采取的是效益优先原则。

(1) 效益与效益优先的含义

效益就其本质含义来说，是指对经济利益的追求和经济利益的实现。效益原则强调必须对个人利益进行尊重和保护，要求社会主体必须注重投入和产出、成本和效益。对个人利益的追求是推动社会进步的主要动力之一。在阶级社会，利益是联系各主体之间的主要纽带，整个人类社会表现为一个利益互动的社会。马克思指出：“人们奋斗所争取的一切，都同它们的利益有关。”市场主体同时就是经济人，对利益的追求是推动人类活动的最重要的力量。应注意的是，法律上的效益与经济学上的效益有所不同，经济学上的效益比较强调投入产出，即强调以最小的投入获得最大的产出，但法律上的效益除了要考虑整个社会的投入产出比例之外，还要强调对个人利益的尊重和保护。法律的主要作用也体现为为社会主体的逐利行为创造良好的条件，并对其逐利结果的合法性进行充分肯定。尽管公司法中不可避免地存在不少公平性的规定，但这并不能因此而否定公司法的营利性本质，与民法立法追求的公平原则相比，效益原则在公司法中所占的地位更加突出、更加重要。

(2) 效益优先的体现

公司制度的出现不但使主体范围由单纯的自然人扩展到了不具有自然思维能力的社团组织，使主体资本的筹集超出了单个自然人的能力和财力的限制，使主体人格不再依附于自然人的寿命而可以具有永久存续性，而且更为重要的是，公司是完全以营利为目的的经济组织，是地地道道的经济人。就行为来说，商事交易完全以营利为目的，为实现这一目的，必须力求交易的迅速完成。因为只有交易迅捷，从事商事交易之人才能通过多次反复交易而实现其营利目的。因此在公司法上，为了实现交易之迅捷要求，采取了很多具体制度。

公司法不但以效益作为其最高价值目标，而且为了实现效益甚至在某种程度上会牺牲公平，典型的如有限责任制度。有限责任制度的出现主要是为了鼓励社会财富的拥有者积极进行投资行为，通过对这种个人逐利行为合法性的肯定和保护，以实现个人财富增加基础上的社会财富的不断增值。但这一制度却以出资人的有限责任来对抗债权人的无限求偿权，实际上是将出资人的部分生产经营风险转嫁给了债权人。就债权人而言，在既不能参与出资人的生产经营活动甚至是不能监督其生产经营活动，自己又无任何过错的情况下，承担别人的经营风险，显然有失公平。因此这一制度虽然对投资人和社会来说不无公平成分，但对债权人而言毫无公平可言。

(3) 效益优先的保障措施

公司法不但以效益作为最终价值目标，而且还采取了许多强制性的法律规定来保障这种效益的实现。表现为以强制性规定为内容的大量公法化规定。与民法不同，为了防止私人的逐利行为危及社会的安定和秩序，公司法中的许多规范都具有相当的国家强制性，从而使当事人的自由意志受到了限制，使公司法自身具有了公法性的特征。如公司法中对公司注册与公告的规定等，均具有强烈的公法性。

七、案例分析题

答案：(1) 甲市分公司是某实业公司的分公司。理由：一是根据《公司法》第 14 条第 1 款的规定，公司可以设立分公司，分公司不具有法人资格，其民事责任由公司承担。二是《公司法》第 6 条第 1 款规定，设立公司，应当依法向公司登记机关申请设立登记。符合本法规定的设立条件的，由公司登记机关分别登记为有限责任公司或者股份有限公司；不符合本法规定的设立条件的，不得登记为有限责任公司或者股份有限公司。而在该案中，甲市分公司事实上没有自己独立的注册资本，不是独立的法人。三是王某与某实业公司签订的承包协议的实质是企业内部不同部门之间有关核算的安排，对外不生效力。

(2) 有效。理由是：开立账户、私刻公司财务章所用的公司介绍信由实业公司提供，物资公司的货款是打到因实业公司的行为而设立的账户上的，构成表见代理，应由实业公司负责。

(3) 物资供应公司有权要求实业公司承担责任。根据《公司法》第 14 条第 1 款的规定，公司可以设立分公司，分公司不具有法人资格，其民事责任由公司承担。所以某物资供应公司有权要求某实业公司承担责任，以维护自己的合法权益。

第八章　公司的设立

基础知识图解

- 公司的设立
  - 概述
    - 概念：是指发起人为组建公司，使其取得法人资格，必须采取和完成的多种连续的准备活动
    - 方式：发起设立和募集设立
    - 设立的条件：发起人、资本和设立行为
    - 设立的程序
    - 设立的效力
      - 成立时的效力
      - 不成立时的效力
  - 公司章程
    - 概念与作用
    - 记载事项
      - 绝对必要记载事项
      - 相对必要记载事项
      - 注意记载事项
  - 名称与住所
    - 名称：名称的选定及名称权的性质
    - 住所：住所的确定与法律意义

配套测试

一、单项选择题

1. 公司（　　），为公司成立日期。

A. 股款募足或缴足后

B. 营业执照签发日期

C. 创立大会召开之日

D. 创立大会结束之日

2. 依照我国公司法，公司的住所应当是（　　）。

A. 注册登记地

B. 主要股东住所地

C. 主要办事机构所在地

D. 公司设立发起地

3. 甲、乙、丙、丁、戊五人共同投资设立某股份有限公司，下列关于该公司设立的有关表述中，错误的是（　　）。

A. 甲、乙、丙、丁、戊可以选择发起设立或者募集设立

B. 若甲、乙、丙、丁、戊中有一人退出，其他人也能共同投资设立该股份有限公司

C. 若甲已经认购了公司股份总数的 5%、乙认购了公司股份总数的 10%、丙认购了公司股份总数的 7%、丁认购了公司股份总数的 3%、戊认购了公司股份总数的 9%，则余下的股份可以向社会公开募集

D. 设立时甲、乙、丙、丁、戊中至少要有三个人在中国境内有住所

4. 某股份有限公司，于 2009 年 8 月 28 日由全体发起人制定的公司章程规定：公司采取募集设立方式。待募集期满后，该公司依法按时召开了创立大会，该创立大会于 2010 年 3 月 25 日结束。随后，该公司董事会便于 4 月 15 日向公司登记机关递交设立登记申请，公司登记机关于 5 月 10 日核准了该股份有限公司的登记申请，并于 6 月 6 日通知申请人，

同时发给《企业法人营业执照》。该股份有限公司最迟应于什么时间内开业？（　　）
A. 2010年9月25日以前
B. 2010年8月10日以前
C. 2010年11月10日以前
D. 2010年12月6日以前

5. 公司的发起人、股东未交付货币、实物或未转移财产权，虚假出资，欺骗债权人和社会公众的，应处罚款的额度为（　　）。
A. 1万元以上10万元以下
B. 虚假出资金额的5%以上15%以下
C. 1万元以上20万元以下
D. 虚假出资金额的1%以上5%以下

6. 依照我国《公司法》规定，股东的出资方式不包括（　　）。
A. 劳务　　B. 工业产权
C. 土地使用权　　D. 非专利技术

7. 甲、乙、丙共同出资设立了有限责任公司，后丙与丁达成协议，准备将其在公司的股权全部转让给丁，甲、乙均不同意。下列解决方案中，不符合公司法规定的有（　　）。
A. 由甲或乙购买丙的股权
B. 由甲和乙共同购买丙的股权
C. 如果甲、乙均不愿购买，则丙无权将股权转让给丁
D. 如果甲、乙均不愿购买，则丙有权将股权转让给丁

8. 李某、张某、王某分别出资14万元、16万元和70万元成立了一家专门从事水产品加工制造的有限责任公司。其中李某和张某的出资为现金，王某的出资为房产。公司成立后，公司的经营极为红火，而原有的投资已经不能扩大再生产，于是又吸收刘某的现金出资20万元。后来由于竞争加剧，导致企业负债累累，被债权人告上法庭。法院在执行过程中查明，王某作为出资的房产价值仅有35万元。又查明，王某可供执行的个人财产有20万元。依照我国公司法的规定，对此应当如何处理？（　　）
A. 王某以其现有的20万元补足差额，不足部分（15万元）等到他有其他财产可供执行时再行补足
B. 王某以现有的20万元补足差额，不足部分由李某承担7万元，张某承担8万元
C. 王某以现有的20万元补足差额，不足部分由李某、张某和刘某承担连带责任
D. 王某以现有的20万元补足差额，不足部分由李某和张某承担连带责任

9. 以募集方式设立股份有限公司的，认股人从（　　）起不能抽回其出资。
A. 认购股份之后
B. 缴付出资之后
C. 公司创立大会召开之后
D. 公司成立之后

10. 发行股份的股款缴足后，发起人自股款缴足之日起（　　）内未召开创立大会的，认股人可以按照所缴股款并加算银行同期存款利息，要求发起人返还。
A. 10日　　B. 15日
C. 30日　　D. 60日

11. 依据《公司法》规定，某股份有限公司的创立大会在通过公司章程并选举董事会和监事会后，然后由哪一个机构或个人向公司登记机关报送设立公司的各项文件，申请登记？（　　）
A. 董事会
B. 监事会
C. 全体股东指定的代表
D. 全体股东共同委托的代理人

12. 甲股份公司成立后，董事会对公司设立期间发生的各种费用如何承担发生了分歧。下列哪一项费用应当由发起人承担？（　　）（司考2008. 3. 29）
A. 发起人蒋某因公司设立事务而发生的宴请费用
B. 发起人李某就自己出资部分所产生的验资费用
C. 发起人钟某为论证公司要开发的项目而产生的调研费用
D. 发起人缪某值班时乱扔烟头将公司筹备组租用的房屋烧毁，筹备组为此向房主支付的5万元赔偿金

13. 李某和王某正在磋商物流公司的设立之事。通大公司出卖一批大货车，李某认为物流公

司需要，便以自己的名义与通大公司签订了购买合同，通大公司交付了货车，但尚有150万元车款未收到。后物流公司未能设立。关于本案，下列哪一说法是正确的？（　）

A. 通大公司可以向王某提出付款请求

B. 通大公司只能请求李某支付车款

C. 李某、王某对通大公司的请求各承担50%的责任

D. 李某、王某按拟定的出资比例向通大公司承担责任

14. 八家企业筹划建立股份有限公司，确定其资本总额为人民币2100万元，6家发起企业认购800万元股份，其余向社会公开募股。其中发起人甲厂作为出资的厂房需要装修，于是由发起人共同协商成立股份有限公司筹建处专门定做了一批装饰材料，价值140万元。该公司筹建组经批准进行公开募股，但四个月募股期过后只筹集了1000万元，公司无法成立。此时，二七塑料公司的140万元装饰材料费应由（　　）承担。

A. 甲厂

B. 作为发起人的八家企业连带

C. 谁都不承担

D. 发起人按出资比例

15. 刘某出资12万元设立了一个一人有限责任公司。公司存续期间，刘某的下列行为中，符合公司法律制度规定的是（　　）。

A. 决定由其本人担任公司经理和法定代表人

B. 决定用公司盈利再投资设立另一个一人有限责任公司

C. 决定减少注册资本5万元

D. 决定不编制财务会计报告

16. 某股份有限公司经批准向社会公开募集股份，但超过招股说明书规定的截止日期只募集了其发行股份的80%，下列说法正确的是哪一项？（　　）

A. 可以由发起人召开创立大会决议设立公司

B. 可以由认股人召开创立大会决议设立公司

C. 认股人可以要求发行人返还所缴股款并加算银行同期利息

D. 可以向审批机关申请延长30天募股期

17. 根据规定在正式申请办理公司设立之前，应当申请名称预先核准，预先核准的公司名称保留期为（　）。

A. 1个月　　B. 3个月

C. 5个月　　D. 6个月

18. 张某与潘某欲共同设立一家有限责任公司。关于公司的设立，下列哪一说法是错误的？（　　）（司考2015. 3. 25）

A. 张某、潘某签订公司设立书面协议可代替制定公司章程

B. 公司的注册资本可约定为50元人民币

C. 公司可以张某姓名作为公司名称

D. 张某、潘某二人可约定以潘某住所作为公司住所

二、多项选择题

1. 张某为避免合作矛盾与问题，不想与人合伙或合股办企业，欲自己单干。朋友对此提出以下建议，其中哪一建议是错误的？（　　）（司考2010. 3. 27）

A. 可选择开办独资企业，也可选择开办一人有限公司

B. 如选择开办一人公司，那么注册资本不能少于10万元

C. 如选择开办独资企业，则必须自己进行经营管理

D. 可同时设立一家一人公司和一家独资企业

2. 关于股份有限公司的设立，下列哪些表述符合《公司法》规定？（　　）（司考2010. 3. 73）

A. 股份有限公司的发起人最多为200人

B. 发起人之间的关系性质属于合伙关系

C. 采取募集方式设立时，发起人不能分期缴纳出资

D. 发起人之间如发生纠纷，该纠纷的解决应当同时适用《合同法》和《公司法》

3. 甲、乙、丙、丁以合伙企业形式开了一家餐馆。就该合伙企业事务的执行，下列哪些表述是正确的？（　　）（司考2013. 3. 72）

A. 如合伙协议未约定，则甲等四人均享有对外签约权

B. 甲等四人可决定任命丙为该企业的对外签约权人

C. 不享有合伙事务执行权的合伙人，以企业名义对外签订的合同一律无效
D. 不享有合伙事务执行权的合伙人，经其他合伙人一致同意，可担任企业的经营管理人

4. 依据《公司法》的规定，下列选项中（　　）属于创立大会行使的职权。
A. 选举董事会成员和监事会成员
B. 选举董事长、副董事长
C. 根据情况作出不设立公司的决议
D. 审核发起人用于抵作股款的财产的作价

5. 在股份有限公司的设立中，发起人应当承担的责任是（　　）。
A. 公司不能设立时，发起人对设立行为所产生的债务和费用负连带责任
B. 公司成立后，发起人对公司在设立时的债务和费用承担相当的责任
C. 公司不能设立时，对认股人已缴纳的股款，负返还股款并加算银行同期存款利息的连带责任
D. 在公司设立过程中，由于发起人的过失，致使公司利益受到损害的，应当对公司承担赔偿责任

6. 甲、乙、丙等拟以募集方式设立厚亿股份公司。经过较长时间的筹备，公司设立的各项事务逐渐完成，现大股东甲准备组织召开公司创立大会。下列哪些表述是正确的？（　　）（司考 2016. 3. 70）
A. 厚亿公司的章程应在创立大会上通过
B. 甲、乙、丙等出资的验资证明应由创立大会审核
C. 厚亿公司的经营方针应在创立大会上决定
D. 设立厚亿公司的各种费用应由创立大会审核

三、不定项选择题

A 公司等 5 家发起人协议决定通过募集方式设立以高新技术产业为主要经营范围的科技股份有限公司。公司拟筹集股本总额 2 亿元人民币，并决定发起人认购的部分和向社会公开发行的部分依公司法规定的比例办理。A 公司作为发起人和第一大股东，准备以厂房、机器设备、专利技术和土地使用权作出资。请回答以下问题：

（1）为贯彻公平、公开、公正的原则，以募集方式设立的科技股份有限公司之发起人，必须依法制作招股说明书。招股说明书上必须记载的事项有哪些？（　　）
A. 募集资金的用途
B. 发起人认购的股份数
C. 每股的票面金额、发行价格及本次募股的起止期限
D. 认股人的权利、义务

（2）有关创立大会以下说法正确的是：（　　）
A. 发起人应当在发行股份的股款缴足后 30 日内主持召开创立大会
B. 发起人应当在创立大会召开 15 日前将会议日期通知各认股人或者予以公告
C. 创立大会应有代表股份总额过半数的发起人、认股人出席方可举行
D. 创立大会行使职权进行决议时，须经出席会议的认股人所持表决权的半数以上通过

四、名词解释

1. 发起设立
2. 募集设立
3. 资本

五、简答题

1. 简述公司设立与公司成立的区别。①
2. 简析我国《公司法》第 94 条第 1 项规定，股份有限公司的发起人在“公司不能成立时，对设立行为所产生的债务和费用负连带责任”。

六、论述题

论公司章程。

① 编者注：复旦大学 2008 年考研真题考查过公司设立的条件。

七、案例分析题

1. 某市三个有限公司共同投资设立有限责任公司，以批发工业品为主要业务，甲公司出资10万元，乙公司提供场地，实际估价20万元，但乙公司虚报为价值30万元，丙公司是市政府下属企业，出资10万元现金，同时利用其和市政府的特殊关系，作价为20万元，计折合股份总额30万元。并按以上出资额约定分成比例，于是新成立的有限责任公司以注册资本70万元登记，取得营业执照。问：该有限公司能否成立？丙公司能否以其和市政府之间的特殊关系作为出资？

2. 某大型国有企业A，欲转换经营机制，与省外的国有企业B、C共同筹划设立一股份有限公司，经省级人民政府批准，并经国务院证券管理部门同意后，成立募集小组，着手建立股份有限公司。

该募集小组在清产核资，清理债权债务、界定产权、评估资产后，制作了公司章程。将公司资本总额确定为6000万元，A、B、C作为发起人认购2000万元，其中A以其土地使用权和车间整体作价500万元（实际价为550万元），B、C则以其所分别持有的商标权和专利技术共同作价1500万元，作为对新设公司的投资。随后，募集小组制作招股说明书，进行公开募股；募股期间，A、B、C三家企业积极准备公司设立的各项工作，考虑到公司成立后扩大其产业的需要，经过协商，由募集小组以新设公司的名义向某机械厂订购一批生产设备，共计200万元，并向该机械厂承诺待股份有限公司一成立，立即一次付清货款。由于准备工作繁多，招股期满后的半个月后才主持召开创立大会，股东纷纷要求退股，另加算同期银行利息。该机械厂则因货款迟迟不能给付将A、B、C三企业诉至法院。请根据新公司法回答下列问题。

问题：

（1）A、B、C三企业在设立股份有限公司的过程中有哪些做法不符合法律的规定？该股份有限公司在设立过程中多次违反法律的规定，主要有哪些？

（2）募集小组在筹建过程中以股份有限公司名义签订的合同是否有效？该合同的法律后果应由谁承担？

（3）本例中，如该股份有限公司未能成立，A、B、C三企业应承担哪些责任？如何承担？

3. 几名商人新近要成立一个生产手机充电器的有限责任公司。欲起字号为“够劲电子公司”，现已领取了《企业名称预先核准通知书》。按照《公司登记管理条例》的规定，提交了公司董事长签署的设立登记申请书，全体股东指定代表或者共同委托的代理人的证明，载明公司董事、监事、经理的姓名、住所的文件以及有关委派、选举或聘用的证明，公司法定代表人任职文件和身份证明。

（1）案例中所列申请设立有限责任公司还应提交哪些文件？

（2）如果够劲电子有限责任公司在经营过程中要变更股东或修改公司章程，那么要办理什么性质的登记？在提交除公司法定代表人签署的变更登记申请书和依照《公司法》作出的变更决议或决定外，还应提交哪些文件？

（3）如果申请设立的不是有限责任公司，而是股份有限公司要提交哪些文件？

（4）如果够劲电子有限责任公司被依法宣告破产，那么应该办理什么登记？应提交哪些文件？

4. 甲公司欲作为发起人募集设立一股份有限公司，其拟定的基本构想包括以下内容：（1）7个发起人中有4个住所地在境外的发起人，这为公司的国际化打下良好的基础；（2）公司的注册资本是8000万元，其中7个发起人认购2500万元，由于公司所选项目有非常好的发展前景，其余的5500万元向社会公开募集；（3）由于是募集设立的股份有限公司，因此所有的出资必须是货币；（4）认股人在缴纳股款后，在任何情况下，都不可以要求发起人返还股款；（5）创立大会可以根据需要，结合市场情况由发起人决定召开的时间；(6) 如果公司不能设立，发起人和缴足股款的认股人会共同承担相应的法律责任。

问：甲公司拟定的基本构想中哪些不符合法律规定？

5. 甲公司签发金额为1000万元、到期日为2006年5月30日、付款人为大满公司的汇票一张，向乙公司购买A楼房。甲乙双方同时约定：汇票承兑前，A楼房不过户。

其后，甲公司以A楼房作价1000万元、丙公司以现金1000万元出资共同设立丁公司。某会计师事务所将未过户的A楼房作为甲公司对丁公司的出资予以验资。丁公司成立后占有使用A楼房。

2005年9月，丙公司欲退出丁公司。经甲公司、丙公司协商达成协议：丙公司从丁公司取得退款1000万元后退出丁公司；但顾及公司的稳定性，丙公司仍为丁公司名义上的股东，其原持有丁公司50%的股份，名义上仍由丙公司持有40%，其余10%由丁公司总经理贾某持有，贾某暂付200万元给丙公司以获得上述10%的股权。丙公司依此协议获款后退出，据此，丁公司变更登记为：甲公司、丙公司、贾某分别持有50%、40%和10%的股权；注册资本仍为2000万元。

丙公司退出后，甲公司要求丁公司为其贷款提供担保，在丙公司代表未到会、贾某反对的情况下，丁公司股东会通过了该担保议案。丁公司遂为甲公司从B银行借款500万元提供了连带责任保证担保，同时，乙公司亦将其持有的上述1000万元汇票背书转让给陈某。陈某要求丁公司提供担保，丁公司在汇票上签注："同意担保，但A楼房应过户到本公司。"陈某向大满公司提示承兑该汇票时，大满公司在汇票上批注："承兑，到期丁公司不垮则付款。"

2006年6月5日，丁公司向法院申请破产获受理并被宣告破产。债权申报期间，陈某以汇票未获兑付为由、贾某以替丁公司代垫了200万元退股款为由向清算组申报债权，B银行也以丁公司应负担保责任为由申报债权并要求对A楼房行使优先受偿权。同时乙公司就A楼房向清算组申请行使取回权。

问题：

(1) 丁公司的设立是否有效？为什么？

(2) 丙公司退出丁公司的做法是否合法？为什么？

(3) 丁公司股东会关于为甲公司提供担保的决议是否有效？为什么？

(4) 陈某和贾某所申报的债权是否构成破产债权？为什么？

(5) B银行和乙公司的请求是否应当支持？为什么？

(6) 各债权人若在破产程序中得不到完全清偿，还可以向谁追索？他们各自应承担什么责任？

参考答案

一、单项选择题

1. **答案**：B。根据《公司法》第7条第1款的规定，依法设立的公司，由公司登记机关发给公司营业执照。公司营业执照签发日期为公司成立日期。

2. **答案**：C。根据《公司法》第10条的规定，公司以其主要办事机构所在地为住所。

3. **答案**：C。本题考查的是公司的设立方式。根据《公司法》第77条第1款的规定，股份有限公司可以采取发起设立或者募集设立的方式。第78条规定，设立股份有限公司，发起人应有两人以上，若甲、乙、丙、丁、戊中有一人退出，并不影响公司的设立。根据《公司法》第84条的规定，以募集设立方式设立股份有限公司的，发起人认购的股份不得少于公司股份总数的百分之三十五。在C选项中，甲、乙、丙、丁、戊五人认购的股份只占公司股份总数的34%，不符合法律要求的35%的规定。根据《公司法》第78条规定，发起人中须半数以上在中国境内有住所。

4. **答案**：D。本题考查的是公司登记。根据《公司法》第6条第1款的规定，设立公司，应当依法向公司登记机关申请设立登记。符合本法规定的设立条件的，由公司登记机关分别登记为有限责任公司或股份有限公司；

不符合本法规定的设立条件的，不得登记为有限责任公司或者股份有限公司。

根据《公司法》第211条第1款的规定，公司成立后无正当理由超过6个月未开业的，或者开业后自行停业连续6个月以上的，可以由公司登记机关吊销营业执照。

依上述法条可以确定只有D项为正确答案。

5. **答案**：B。根据《公司法》第199条的规定，公司的发起人、股东虚假出资，未交付或未按期交付作为出资的货币或非货币财产的，由公司登记机关责令改正，处以虚假出资额百分之五以上百分之十五以下的罚款。
6. **答案**：A。根据《公司法》第27条和第82条的规定，有限责任公司和股份有限公司的股东出资方式包括：货币出资，也可以用实物、知识产权、土地使用权作价出资。
7. **答案**：C。根据《公司法》第71条的规定，股东之间可以相互转让其全部股权或者部分股权。股东向股东以外的人转让其股权时，应当经其他股东过半数同意；不同意转让的股东应当购买该转让的股权，不购买的，视为同意转让。经股东同意转让的出资，在同等条件下，其他股东对该出资有优先购买权。
8. **答案**：D。根据《公司法》第30条的规定，有限责任公司成立后，发现作为设立公司出资的非货币财产的实际价额显著低于公司章程所定价额的，应当由交付该出资的股东补交其差额，公司设立时的其他股东对其承担连带责任。
9. **答案**：C。根据《公司法》第91条的规定，发起人、认股人缴纳股款或者交付抵作股款的出资后，除未按期募足股份、发起人未按期召开创立大会或者创立大会决议不设立公司的情形外，不得抽回其股本。
10. **答案**：C。根据《公司法》第89条规定，发行股份的股款缴足后，必须经法定的验资机构验资并出具证明。发起人应当自股款缴足之日起30日内主持召开公司创立大会。创立大会由发起人、认股人组成。发行的股份超过招股说明书规定的截止期限尚未募足的，或者发行股份的股款缴足后，发起人在30日内未召开创立大会的，认股人可以按照所缴股款并加算银行同期存款利息，要求发起人返还。
11. **答案**：A。根据《公司法》第92条第1款的规定，董事会应于创立大会结束后30日内，向公司登记机关报送下列文件，申请设立登记。
12. **答案**：D。凡是为公司成立事宜而发生的费用，都是由成立后的公司承担责任。本题中，蒋某、李某和钟某为公司设立而发生的宴请费用、验资费用或者调研费用，都是为了公司的设立而承担的，因此应该由成立后的公司承担，而对于缪某扔烟头的行为，因为是他个人的行为造成的损失，跟公司无关，因此应该由其个人承担。本题正确答案是D。
13. **答案**：A。《最高人民法院关于适用〈中华人民共和国公司法〉若干问题的规定（三）》[①] 第2条规定：“发起人为设立公司以自己名义对外签订合同，合同相对人请求该发起人承担合同责任的，人民法院应予支持；公司成立后合同相对人请求公司承担合同责任的，人民法院应予支持。”据此，在发起人以自己名义对外签约的情形，由具体对外签约的发起人承担合同责任。《公司法解释（三）》第4条第1款规定：“公司因故未成立，债权人请求全体或者部分发起人对设立公司行为所产生的费用和债务承担连带清偿责任的，人民法院应予支持。”发起人李某以自己名义对外签约，其目的在于满足设立公司的需要，由此产生的债务应当由发起人李某和王某共同承担，故A项正确，B项错误。

《公司法解释（三）》第4条第2款规定：“部分发起人依照前款规定承担责任后，请求其他发起人分担的，人民法院应

① 以下简称《公司法解释（三）》。

当判令其他发起人按照约定的责任承担比例分担责任；没有约定责任承担比例的，按照约定的出资比例分担责任；没有约定出资比例的，按照均等份额分担责任。”据此，在发起人的内部责任分担上，李某、王某应当按照约定的出资比例分担，但对外责任则属于连带责任，故 C、D 两项错误。

14. 答案： B。根据《公司法》第 94 条第 1 项的规定，股份有限公司的发起人应当对公司不能成立时，对设立行为所产生的债务和费用负连带责任。

15. 答案： A。B 项错误，不得用公司盈利再投资设立另一个一人有限责任公司；C 项错误，不得随意减少注册资本；D 项错误，必须编制财务会计报告。

16. 答案： C。本题考查的是发起人的责任。根据《公司法》第 89 条的规定，发行股份的股款缴足后，必须经依法设立的验资机构验资并出具证明。发起人应当自股款缴足之日起 30 日内主持召开公司创立大会。创立大会由发起人、认股人组成。发行的股份超过招股说明书规定的截止期限尚未募足的，或者发行股份的股款缴足后，发起人在 30 日内未召开创立大会的，认股人可以按照所缴股款并加算银行同期存款利息，要求发起人返还。依此，只有 C 项是正确的。

17. 答案： D。本题考查公司名称的预先核准。根据规定，预先核准的公司名称保留期为 6 个月。

18. 答案： A。《公司法》第 23 条规定：“设立有限责任公司，应当具备下列条件：……（三）股东共同制定公司章程……”同时，第 29 条规定：“股东认足公司章程规定的出资后，由全体股东指定的代表或者共同委托的代理人向公司登记机关报送公司登记申请书、公司章程等文件，申请设立登记。”据此，公司章程是公司设立的必备条件，非公司股东投资协议所能替代，故 A 项错误。

《公司法》第 26 条规定：“有限责任公司的注册资本为在公司登记机关登记的全体股东认缴的出资额。法律、行政法规以及国务院决定对有限责任公司注册资本实缴、注册资本最低限额另有规定的，从其规定。”2013 年公司法修改之后，取消了一般公司的最低注册资本限额，故张某和潘某可以将公司注册资本数额约定为 50 元人民币，B 项正确。

关于公司名称，《公司法》并无特别要求。本题中，张某与潘某拟设立的有限公司为私营企业，可以使用作为投资人之一的张某的姓名作为公司名称。同时，使用张某的姓名也不存在违反法律、法规的强制性规定或者公序良俗的情形，故而公司可以张某姓名作为公司名称，C 项正确。

《公司法》对公司住所并无特别要求。只要公司对潘某的住所享有使用权，就可以将潘某的住所作为公司住所，故 D 项正确。

二、多项选择题

1. 答案： BC（原答案为 C）。个人独资企业与一人公司都只能有一个投资人，但根据《公司法》第 57 条以及《个人独资企业法》第 2 条的规定，一人公司的投资人可以是一个自然人或者一个法人，而个人独资企业只能由一个自然人投资设立。本题中的投资主体是自然人张某，故可选择设立独资企业或一人公司，选项 A 正确。2013 年修订的《公司法》取消了对公司（包括一人有限责任公司）注册资本最低限额的规定，选项 B 错误。根据《个人独资企业法》第 19 条第 1 款的规定，个人独资企业投资人可以自行管理企业事务，也可以委托或者聘用其他具有民事行为能力的人负责企业的事务管理。选项 C 是错误的。张某有权决定是否同时设立一家一人公司和一家独资企业，法律上的限制仅限于《公司法》第 58 条的规定，一个自然人只能投资设立一个一人有限责任公司。故选项 D 正确。本题正确答案为 B、C。

2. 答案： ABCD。选项 A 正确。《公司法》第

78条规定，设立股份有限公司，应当有2人以上200人以下为发起人，其中须有半数以上的发起人在中国境内有住所。据此可知，股份有限公司的发起人最多为200人。

选项B正确。《公司法》第94条第1项规定，公司不能成立时，股份有限公司的发起人对设立行为所产生的债务和费用负连带责任。据此可知，发起人在公司设立过程中的相互关系属于合伙性质的关系，其权利、义务、责任可以适用合伙的有关规定。

选项C正确。《公司法》第80条第2款规定，股份有限公司采取募集方式设立的，注册资本为在公司登记机关登记的实收股本总额。据此可知，股份有限公司采取募集方式设立的，发起人不能分期缴纳出资。

选项D正确。《公司法》第83条第2款规定，发起人不依照发起人协议约定缴纳出资的，应当按照发起人协议承担违约责任。据此可知，发起人承担公司筹备事务，必须签订发起人协议，发起人协议具有合同约束力，某一发起人违反该协议的，应当对其他发起人承担违约责任，该违约责任纠纷需要适用《合同法》的规定来解决。同时，发起人还应当遵守《公司法》的相关规定。

3. 答案：ABD。《合伙企业法》第26条规定："合伙人对执行合伙事务享有同等的权利。按照合伙协议的约定或者经全体合伙人决定，可以委托一个或者数个合伙人对外代表合伙企业，执行合伙事务。作为合伙人的法人、其他组织执行合伙事务的，由其委派的代表执行。"因此，A、B、D正确。《合伙企业法》第37条规定："合伙企业对合伙人执行合伙事务以及对外代表合伙企业权利的限制，不得对抗善意第三人。"因此，当合同相对人为善意的时候，合同有效，C错误。

4. 答案：ACD。根据《公司法》第90条第2款的规定，创立大会行使下列职权：（一）审议发起人关于公司筹办情况的报告；（二）通过公司章程；（三）选举董事会成员；（四）选举监事会成员；（五）对公司的设立费用进行审核；（六）对发起人用于抵作股款的财产的作价进行审核；（七）发生不可抗力或者经营条件发生重大变化直接影响公司设立的，可以作出不设立公司的决议。

5. 答案：ACD。《公司法》第94条规定："股份有限公司的发起人应当承担下列责任：（一）公司不能成立时，对设立行为所产生的债务和费用负连带责任；（二）公司不能成立时，对认股人已缴纳的股款，负返还股款并加算银行同期存款利息的连带责任；（三）在公司设立过程中，由于发起人的过失致使公司利益受到损害的，应当对公司承担赔偿责任。"

6. 答案：AD。《公司法》第90条第2款规定："创立大会行使下列职权：（一）审议发起人关于公司筹办情况的报告；（二）通过公司章程；（三）选举董事会成员；（四）选举监事会成员；（五）对公司的设立费用进行审核；（六）对发起人用于抵作股款的财产的作价进行审核；（七）发生不可抗力或者经营条件发生重大变化直接影响公司设立的，可以作出不设立公司的决议。"据此，厚亿公司的章程应当在创立大会上通过，A项正确；设立厚亿公司的各种费用应由创立大会审核，D项正确。B项，发起人非货币出资的评估作价应当由创立大会审核，但发起人出资的验资证明不需要由创立大会审核，故B项错误。C项，《公司法》并未要求公司的经营方针在创立大会上决定，故C项错误。

三、不定项选择题

答案：(1) ABCD。《公司法》第86条规定："招股说明书应当附有发起人制订的公司章程，并载明下列事项：（一）发起人认购的股份数；（二）每股的票面金额和发行价格；（三）无记名股票的发行总数；（四）募集资金的用途；（五）认股人的权利、义务；（六）本次募股的起止期限及逾期未募足时认股人可撤回所认股份的说明。"

(2) ABCD。A对，《公司法》第89条第1款规定："发行股份的股款缴足后，必须经依法设立的验资机构验资并出具证明。发起人应当自股款缴足之日起三十日内主持召开公司创立大会。创立大会由发起人、认股人组成。”B、C、D对，第90条：“发起人应当在创立大会召开十五日前将会议日期通知各认股人或者予以公告。创立大会应有代表股份总数过半数的发起人、认股人出席，方可举行。……创立大会对前款所列事项作出决议，必须经出席会议的认股人所持表决权过半数通过。”

四、名词解释

1. **答案**：发起设立亦称共同设立、单纯设立，是指公司的资本由发起人全部认购，不向发起人之外的任何人募集而设立公司。
2. **答案**：募集设立亦称渐次设立、复杂设立，是指发起人不能认足公司的资本总额，其余部分向外公开募足而设立公司。在各类公司中，只有股份有限公司在设立阶段可对外募集股份，需要指出的是，募集设立行为仅发生在公司设立阶段，公司成立后虽仍可对外发行股份，但已不属设立行为。
3. **答案**：亦称股本，是指由全体发起人或股东认缴的股金总额。在我国，公司资本应为登记的实收股本总额。公司资本一般由现金、实物和无形财产构成，无限公司的股东还可以以信用和劳务出资。

五、简答题

1. **答案**：公司的成立，是指公司经过设立程序，具备了法律规定的条件，经主管机关核准登记，发给营业执照，取得法人资格的一种法律事实。

公司设立与成立的主要区别在于：

	设　立	成　立
发生阶段不同	设立行为发生于公司成立之前	成立则发生于公司被依法核准登记之时，成立是设立行为被法律认可后，依法存在的一种法律后果
行为性质不同	设立行为发生于发起人之间，是一种私法行为	成立行为发生在发起人与登记机关之间，是一种行政行为，具有公法的性质

续表

	设　立	成　立
法律地位不同	公司在被核准登记前，被称为设立中的公司，此时的公司尚无法人资格，其内外部关系一般被视为合伙，如公司最终未被核准登记，因设立公司所发生的债权债务关系，类推适用有关合伙的规定；如公司被核准登记，发起人为设立公司所实施的法律行为，其后果归属于公司	公司一经获准成立，即取得法律资格，其债权债务则由公司承担

2. **答案**：这是关于股份有限公司发起人的责任的规定。在设立公司过程中，发起人的行为往往直接关系到认股人、债权人以及即将成立公司的利益，关系到交易的安全和社会经济秩序的稳定。所以，各国对股份有限公司发起人的责任都作了较为严格的规定。我国公司法对发起人的民事责任有如下的规定：公司不能成立时，发起人对设立行为所产生的债务和费用负连带责任；公司不能成立时，对认股人已缴纳的股款，负返还股款并加算银行同期存款利息的连带责任；在公司设立过程中，由于发起人的过失致使公司利益受到损害的，应当对公司承担赔偿责任。除此以外，情形严重的，发起人还应根据有关法律负刑事责任或行政责任。

六、论述题

答案：公司章程是规范公司的组织和活动的基本规则。公司章程在公司的经营中有着重要的意义。其主要特征为：(1) 公司章程是公司的根本准则。公司从事经营活动应当遵守一定的行为规范。这里的行为规范，首先是指法律、法规，当然也包括公司章程在内的法律以外的行为规范。公司章程是公司最基本的规范性文件，它规定公司组织与经营的最根本的事端，如经营范围、注册资本、组织机构、股东的权利和义务、利润分配、解散事由以及清算办法等。只要公司经营不超过章程确定的经营范围，其合法经营就会受到国家法律的保护。(2) 公司章程是公司的自治规范。公司章程具有自治规范的特征。其一，公司章程是由公司依法自行制定的。每个公司依照公司法制定的公司章程，则能反映本公司的个性，为本公司提供了行为规范。其二，公司章程是一种法律以外的行为规范，无须国家强制力来保证实施。其三，公司章程作为公司内部规章，不具有普遍的约束力。

公司章程是由股份有限公司的发起人或有限责任公司的设立人全体共同制定的。公司章程应当采用书面形式。制定人应当在公司章程上签名、盖章。公司章程的内容因公司种类的不同而不同，即使是在同一种类的公司之间，也会因其具体情况不同，而致公司章程内容有所区别。一般来说，公司章程的内容，即公司章程所记载的事项，可以分为以下三类：一是绝对记载事项，一般为涉及公司根本问题的重大事项，包括公司名称和住所、公司经营范围、公司设立方式、公司股份情况、发起人的姓名或者名称、认购的股份数、股东的权利和义务、董事会和监事会的组成和职权等、公司利润分配办法、公司的解散事由与清算办法以及公司的通知和公告办法等。二是相对记载事项，又称为相对必要记载事项，这些事项虽由法律列举，但是否记载于公司章程，由公司章程制定人抉择。相对记载事项，非经载于公司章程，不生效力。三是任意记载事项，指法律并无规定，而与公司经营有关，又不违反公共秩序、善良风俗，公司章程制定人认为需要规定的事项。

公司章程随着公司的成立发生效力，即在公司进行设立登记取得营业执照之日起生效。当公司进行注销登记，被登记机关核准时，即其章程效力终止。公司章程对公司的效力主要表现在两个方面：第一，公司的组织机构即公司的权力机关、业务执行和经营意思决定机关、监督机关都应按照公司章程规定的办法产生，在其规定的权限范围内行使职权。第二，公司应当使用公司章程上规定的名称，在公司章程确定的经营范围内从事经营活动。公司章程对股东的效力是指股东依照公司章程的规定享有权利和承担义务，主要有：股东享有出席股东会、行使表决权；依照规定转让出资；查阅公司章程和财务会计报告；获得股息和红利以及公司终止后依法取得剩余财产等项权利。同时，负有缴纳所认缴的出资及公司章程规定的其他义务。公司的董事、监事和高级管理人员亦应当遵守公司章程，依照法律和公司章程的规定行使职权。

七、案例分析题

1. 答案：2013 年修订后的《公司法》已取消最低资本限额的规定，该公司可以成立。《公司法》规定，股东可以用货币出资，也可以用实物、工业产权、非专利技术、土地使用权作价出资。甲以货币，乙以实物即房产作出资，都是符合法律规定的，而丙公司以与市政府的特殊关系作为出资于法无据。故而丙公司实际出资只能按 10 万元计算。乙公司的出资是不足额出资，应当补缴。

2. 答案：(1) 该股份有限公司在设立过程中多次违反法律的规定，主要有：

①作为发起人，仅认购 2000 万元的股份，少于股份总额 6000 万元的 35%；

②将国有资产低价折股：实价为 550 万元，折股 500 万元。

(2) 有效。如果该公司成立，则合同的法律效果由成立后的公司承担，如果公司不能成立，则该合同的法律效果由发起人承担。

(3) 股份有限公司不能成立的，发起人应对设立行为所产生的债权和费用承担连带责任；对认股人已缴纳的股款，应负返还股款并加算银行同期存款利息的连带责任。

3. 答案：(1) 还应向市场监督管理局提交以下文件：①公司章程；②具有法定资格的验资机构出具的验资证明；③股东的法人资格证明或者自然人的身份证明；④企业名称预先核准通知书；⑤公司住所证明。

(2) 要办理变更登记手续。还应提交修改后的公司章程或者公司章程修正案，以及提交新股东的法人资格证明或自然人的身份证明。

(3) ①公司董事长签署的设立登记申请书；②国务院授权部门或省、自治区、直辖市人民政府的批准文件，募集设立的股份有限公司还应提交国务院证券管理部门的批准文件；③创立大会的会议记录；④公司章程；⑤筹办公司的财务审计报告；⑥具有法定资格的验资机构出具的验资证明；⑦发起人的法人资格证明或者自然人的身份证明；⑧载明公司董事、监事、经理姓名、住所的文件以及有关委派、选举或者聘用的证明；⑨公司法定代表人的任职文件和身份证明；⑩公司住所证明。

(4) 办理注销登记手续。应提交公司清算组负责人签署的注销登记的申请书；法院破产裁定，公司依照《公司法》作出的决议或决定，行政机关责令关闭的文件；股东会或有关机关确认的清算报告；《企业法人营业执照》法律法规要求的其他文件。

4. 答案：(1)《公司法》第78条规定："设立股份有限公司，应当有二人以上二百人以下为发起人，其中须有半数以上的发起人在中国境内有住所。"而本题设立中的公司7个发起人中只有3个在中国境内有住所，没有超过半数。

(2) 在募集设立的情况下，发起人认购的股份不得少于公司股份总数的35%，即发起人至少需认购8000万元×35%＝2800万元，向社会公众发行至多8000万元－2800万元＝5200万元。题中发起人认购2500万元，向社会公众募集5500万元是错误的。

(3) 所有的出资必须是货币是不符合法律规定的。发起人除可以用货币出资外，也可以用实物、工业产权、非专利技术、土地使用权等作价出资。

(4) 认股人在缴纳股款后，在任何情况下，都不可以要求发起人返还股款。认股人缴纳股款后，如有未按期募足股份，发起人、认股人未按期召开创立大会或创立大会决议不设立公司的情形之一，有权要求发起人返还所缴股款并加算银行同期存款利息。

5. 答案：(1) 有效。甲公司以未取得所有权之楼房出资仅导致甲公司承担出资不实的法律责任，不影响公司设立的效力。

(2) 不合法。丙公司的行为实为抽逃公司资金。《公司法》第35条明确规定，公司成立后，股东不得抽逃出资。本案中，丙公司从丁公司取得退款1000万元后退出丁公司。违反了上述规定。所以，丙公司的做法是不合法的。

(3) 无效。该担保事项应由无关联关系的股东表决决定。

根据我国《公司法》第16条的规定，丁公司为本公司的股东甲公司提供担保，须经股东会决议，并且甲公司不得参与该事项的表决，该表决由出席会议的其他股东所持表决权的过半数通过。丁公司股东会关于为甲公司提供担保的决议不符合法律规定，因而是无效的。

(4) 陈某的申报构成破产债权。丁公司对汇票的保证有效；大满公司实为拒绝承兑，陈某对丁公司享有票据追索权。贾某的申报不构成破产债权。贾某的200万元是对丁公司的出资，公司股东不得以出资款向公司主张债权。破产债权，是指于破产宣告前成立的，只能通过破产程序才能得以公平清偿的债权。

我国《票据法》第48条规定，保证不得附有条件；附有条件的，不影响对汇票的保证责任。陈某要求丁公司提供担保，丁公司在汇票上签注："同意担保，但A楼房应过户到本公司。"根据上述规定，虽然丁公司在为该汇票提供保证时附有条件，但这并不影响对汇票的保证责任。所以，丁公司要对汇票承担保证责任。陈某在丁公司破产时，申报的债权构成破产债权。

《最高人民法院关于审理企业破产案件若干问题的规定》第61条第1款第5项规定，破产企业的股权、股票持有人在股权、股票上的权利不属于破产债权。在本案中，丁公司经过变更后，贾某成为公司股东，并向其出资200万元。这200万元作为股东的出资，不能申报破产债权。

(5) B银行申报破产债权的申请应当支持，但无权优先受偿。丁公司与B银行签订的担保合同有效，故B银行破产债权成立；但该担保是保证担保，B银行不享有担保物权，无权优先受偿。乙公司的请求应当支持。乙公司仍是A楼房的产权人，故其可依法收回该楼房。

(6) 债权人可以向甲公司、丙公司和某会计师事务所追索。甲公司虚假出资，丙公司非法抽逃资金，应对债权人承担连带责任；某会计师事务所明知丁公司设立时甲公司出资不实，仍予验资，应在其虚假验资的范围内承担责任。虚假出资责任；抽逃出资责任；验资责任。《公司法》第28条第1款规定："股东应当按期足额缴纳公司章程中规定的各自所认缴的出资额。股东以货币出资的，应当将货币出资足额存入有限责任公司在银行开设的账户；以非货币财产出资的，应当依法办理其财产权的转移手续。"甲公司以其不享有所有权的楼房作为出资，且一直未向丁公司转移楼房的所有权，构成虚假出资。《公司法》第35条规定："公司成立后，股东不得抽逃出资。"丙公司的行为实际上是抽逃出资的行为。甲公司的虚假出资行为和丙公司的抽逃出资行为实际上使丁公司2000万元的注册资本只是纸面上的数字而已，甲公司和丙公司滥用公司的独立人格和股东的有限责任，严重损害了公司债权人的利益。《公司法》第20条第3款规定："公司股东滥用公司法人独立地位和股东有限责任，逃避债务，严重损害公司债权人利益的，应当对公司债务承担连带责任。"所以甲公司和丙公司应该对公司债权人承担连带责任。《公司法》第207条第3款规定，承担资产评估、验资或者验证的机构因其出具的评估结果、验资或者验证证明不实，给公司债权人造成损失的，除能够证明自己没有过错的外，在其评估或者证明不实的金额范围内承担赔偿责任。据此，该会计师事务所应在其虚假验资的范围内承担责任。

第九章　公司的人格与能力

基础知识图解

公司的人格与能力
- 公司的人格独立：独立财产、独立名称、独立意思、独立责任
- 公司的人格否认：是指在具体的法律关系中，基于特定事由，否认公司的独立法人人格、使股东对公司债务承担无限责任
- 公司的权利能力与行为能力
  - 权利能力：因性质、法律规定、公司目的范围而受到限制
  - 行为能力
  - 侵权行为能力

配套测试

一、单项选择题

1. 植根农业是北方省份一家从事农产品加工的公司。为拓宽市场，该公司在南方某省分别设立甲分公司与乙分公司。关于分公司的法律地位与责任，下列哪一选项是错误的？（　　）

A. 甲分公司的负责人在分公司经营范围内，当然享有以植根公司名义对外签订合同的权利

B. 植根公司的债权人在植根公司直接管理的财产不能清偿债务时，可主张强制执行各分公司的财产

C. 甲分公司的债权人在甲分公司直接管理的财产不能清偿债务时，可主张强制执行植根公司的财产

D. 乙分公司的债权人在乙分公司直接管理的财产不能清偿债务时，不得主张强制执行甲分公司直接管理的财产

2. 公司在经营活动中可以以自己的财产为他人提供担保。关于担保的表述中，下列哪一选项是正确的？（　　）（司考 2008. 3. 30）

A. 公司经理可以决定为本公司的客户提供担保

B. 公司董事长可以决定为本公司的客户提供担保

C. 公司董事会可以决定为本公司的股东提供担保

D. 公司股东会可以决定为本公司的股东提供担保

3. 零盛公司的两个股东是甲公司和乙公司。甲公司持股 70%并派员担任董事长，乙公司持股 30%。后甲公司将零盛公司的资产全部用于甲公司的一个大型投资项目，待债权人丙公司要求零盛公司偿还货款时，发现零盛公司的资产不足以清偿。关于本案，下列哪一选项是正确的？（　　）（司考 2016. 3. 27）

A. 甲公司对丙公司应承担清偿责任

B. 甲公司和乙公司按出资比例对丙公司承担清偿责任

C. 甲公司和乙公司对丙公司承担连带清偿责任

D. 丙公司只能通过零盛公司的破产程序来受偿

二、名词解释

公司债

三、论述题

1. 简述法人人格权。（中国人民大学 2008 年考

研真题)

2. 试述公司权利能力所受到的限制。

参考答案

一、单项选择题

1. **答案**：D。《公司法》第14条第1款规定："公司可以设立分公司。设立分公司，应当向公司登记机关申请登记，领取营业执照。分公司不具有法人资格，其民事责任由公司承担。"据此，分公司是公司的一个组成部分，可以以公司名义从事民事活动，其法律责任由公司承担。

　　《民法典》第170条第1款规定："执行法人或者非法人组织工作任务的人员，就其职权范围内的事项，以法人或者非法人组织的名义实施民事法律行为，对法人或者非法人组织发生效力。"据此，分公司的负责人有权以公司名义对外签约，如果事事都需要公司授权，分公司事实上无法运转，故A项正确。

　　《公司法》第3条第1款规定："公司是企业法人，有独立的法人财产，享有法人财产权。公司以其全部财产对公司的债务承担责任。"分公司是公司的组成部分，分公司的债务就是公司的债务，应当以（总）公司及其所有分公司的财产清偿。据此，B、C两项正确，D项错误。

2. **答案**：D。《公司法》第16条第2款规定，公司为公司股东或者实际控制人提供担保的，必须经股东会或者股东大会决议。即只有股东会有权决定是否可以由公司为本公司的股东提供担保，公司的董事长、董事会、经理没有这项职权。本题正确答案是D。

3. **答案**：A。《公司法》第20条第3款规定："公司股东滥用公司法人独立地位和股东有限责任，逃避债务，严重损害公司债权人利益的，应当对公司债务承担连带责任。"本题中，零盛公司控股股东甲公司将零盛公司的资产全部用于甲公司的其他项目，事实上掏空了零盛公司的资产，使零盛公司空壳化，构成否定零盛公司法人资格的理由，甲公司应当对零盛公司的债务承担连带责任，故A项正确，D项错误。

　　本题中，零盛公司的股东乙公司并不存在滥用公司法人资格以损害债权人利益的行为，故对零盛公司的债务不承担责任，B、C两项错误。

二、名词解释

答案：公司债为公司以公开募集方式向大众借入金钱而发生的债务，系与不特定多数人发生的消费借贷关系。为使公司债得以在市面上流通，公司可发行公司债券。公司债券为表示公司债权的有价证券。发行公司债需要符合：(1) 具备健全且运行良好的组织机构；(2) 最近三年平均可分配利润足以支付公司债券一年的利息；(3) 国务院规定的其他条件。公开发行公司债券筹集的资金，必须按照公司债券募集办法所列资金用途使用；改变资金用途，必须经债券持有人会议作出决议。公开发行公司债券筹集的资金，不得用于弥补亏损和非生产性支出。

　　上市公司发行可转换为股票的公司债券，除应当符合《证券法》第12条第1款规定的条件外，还应当遵守第2款的规定，即上市公司发行新股，应当符合经国务院批准的国务院证券监督管理机构规定的条件，具体管理办法由国务院证券监督管理机构规定。但是，按照公司债券募集办法，上市公司通过收购本公司股份的方式进行公司债券转换的除外。

三、论述题

1. **答案**：法人是一种具有民事权利能力和民事行为能力，并且能独立承担民事责任的社会组织。作为一种民事主体，法人是否具有人格权，以及人格权之法律定性问题，依据对法人本质的理解不同，主要有以下几种理论：

　　(1) 法人拟制说

　　该学说起源于罗马法，认为法人不具备人格，其承担权利义务只不过是对自然人的一种拟制。法人拟制说在很大程度上是受罗马法中的个人主义观念的法律思想的影响所致。依据该学说，一家公司法人毕竟不是一个自然人，它不能思想，它的思想只不过是控制公司的人的思想而已。

(2) 法人否认说

其核心内容是不承认法人为独立的存在，法人只不过是个人或财产的集合而已。具体又分为以下三类：其一，目的财产说，认为法人的财产只属于特定个人，服从于特定目的，法人财产是为一定目的而存在的无主财产，为德国学者布林兹所提倡。其二，受益者主体说，该理论从财产主体及其利益的归属之基本观点出发，认为享有财产利益之支配权的主体，才是法人的真正主体。其三，管理者主体说，认为法人的财产，属于管理其财产的自然人，为德国学者霍达所提出。

(3) 法人实在说

该说认为法人并非一种空虚体，而是社会中实存的民事主体，其中，又分为有机体说与组织体说两种。有机体说认为自然人为自然之有机体，有个人意志，法人则为社会之有机体，有团体的意志。该学说为德国日耳曼法学家基尔克所提倡。组织体说认为，法人是作为一种社会团体而林立于人类社会生活中。它认为团体的意志应与个人的意志区别开来，法人有自己表达团体意志的机关。同时，团体所享有的利益与团体中个人所享有的利益也相区别，团体人格与团体中个人人格相对独立，使法人作为一种团体组织而存在。

法人作为一种组织体，由于其不是基于自然而产生，因此其不具有自然人的属性以及与这种属性相联系的人格性利益，但是，这并不意味着不能通过法律上的拟制使法人成为这种利益的形式上的承载者和有效的保护者。一般来说，法人都是自然人的组织体(即使是财团性法人，其活动也需要自然人来完成)，因此自然人以其作为法人的一个成员这样的特殊资格进行活动时所涉及的某些人格利益，就必然要以法人的团体性人格利益的形式表现出来。当这种人格利益遭到侵害时，也是作为团体的法人受到侵害，而不是作为个体的自然人。因此，在这样的情况下，这种法人的团体性人格利益必须要求法人以自己的名义来承载和进行保护，而不是自然人以其个人名义来进行保护。这就要求法人能够享有人格权。

(1) 法人拥有独立的财产，并以此来享有权利能力和行为能力，承担民事义务与责任。法人拥有独立的财产，这为法人进行民事活动，参与市场交易提供了一种可能性。同时，法人正是基于能独立承担责任，才使法人具有人格，也使法人与其成员区别开来。

(2) 有限责任作为法人成员的责任承担方式，它是法人区别于其投资者和其他民事主体的重要方式。首先，法人的有限责任，是指法人的发起人或股东所承担的有限责任，出资人或股东以其出资额为限对法人承担的责任，对法人的债务人只承担间接责任。其次，法人成员的有限责任是法人区别于合伙的重要因素。合伙人对合伙企业之债务承担无限责任。而法人则是依自己的财产承担责任，与股东或发起人是两个不同的法律人格。同时，公司法人股东的有限责任与法人的财产独立，也与个人独资企业区别开来，投资个人对投资企业承担的是无限责任，个人独资企业的行为，往往是投资者的个人意志。因此，个人独资企业不具备法律人格，个人独资企业之债务亦由独资企业投资者所承担。同合伙与个人独资企业相比较，正是因为法人成员承担有限责任，才使得法人有其自己的行为能力，法人与法人成员个人行为相区别，法人的责任与其成员责任相区别，才使得法人作为一种独立的法律人格而存在。

(3) 法人的名称权，是人格权中的要素，法人名称是法人在社会生活中用以确定和代表身份，并区别于他人的文字或符号。在我国，法人名称权不应属于工业产权。然而笔者认为，法人名称权应作为一种人格权。首先，法人名称权的目的主要是使法人具有标志性特征，使法人作为一种独立的人格主体区别于其他组织和个人；其次，法人名称权也使不同法人组织之间的法人人格相互区别。而且，法人的名称权使具有同一种属性的法人相互区别。至于法人名称权中的财产权主要是法人名称中的财产性利益。侵害法人名称权主要是侵害法人名称权中所蕴含的财产利益；对名称权之转让，也是转让法人名称权中的一种预期财产价值。法人名称权本身同姓名权一样，只不过是一种文字代码，并不具有财产性权利。通过对现实社会中法人的独立财产制、有限责任与名称要素的考察，我们可以看出，正是法人独立的财产为法人承担责任奠定了基础，这是关系到法人能否成为一个法律人格最核心的因素；法人成员的有限责任使法人的责任与其他民事主体的责任相区别，保障了法人的人格独立；法人名称权使法人的人格与其他类型的人格主体相区别，并使同一属性的法人相互区别。

法人作为一类民事主体，由于其本身不具有自然人所固有的生物属性，因此，其在性质上受到一些限制，即某些类型的人格权（如以自然人的生理和心理特性的存在为基础的生命权、健康权等）由于其特殊属性与法人的属性不相容，因而不能为法人所享有。作为形态丰富的人格权的客体的人格利益是多种多样的，法人除不能享有具有自然属性的人身性人格权外，其他的人格权可以通过不同的方式为法人所享有。如姓名、名誉等方面，法人享有自然人相类似的权利。

2. 答案：公司法人作为民事或商事主体，和自然人一样，都具有民事权利能力。但是，由于公司法人与自然人在性质上的差异，以及公司法对公司的特殊要求，决定了公司的权利能力在性质上、法律上和目的上受限制，具体表现如下：

第一，公司权利能力因性质受到的限制。公司是法律所拟制的人，因此，其人格与自然人的人格迥然不同。这主要表现在专属于自然人基于性别、年龄、生命、身体、亲属关系而产生的权利与义务，公司不能承受。例如，公司法人不能享有属于自然人人身的生命权和身体自由权，公司法人不能享有属于自然人亲属关系的继承权、监护权和受扶养权等，也不能承担与上述权利相对应的义务。

第二，公司权利能力因法律规定受到的限制。公司作为法人，其权利能力不仅要受到一般法律的限制，还要受到公司法的特别限制。公司法对公司权利能力的限制主要表现在：

（1）公司不得成为其他营利性组织的无限责任股东。公司法明文禁止公司成为其他公司的无限责任股东或合伙企业合伙人，这是因为无限责任股东或合伙人，对于公司或合伙的债务，应负无限的连带清偿责任。如公司成为其他公司的无限责任股东或合伙企业的合伙人，一旦其他公司或合伙企业破产倒闭，则公司势必受其牵连，加重公司债务责任，故各国公司法对此普遍加以限制。

（2）公司作为其他营利性组织的有限责任股东时，对其他组织的投资总额，不得超过本公司资本的一定比例。当公司作为其他公司的有限责任股东时，为保证公司资本的充实与确定，许多国家的公司法就公司对其他公司的投资总额所占公司资本的比例，都作出了限制性规定。

（3）设立中的公司不得享有法人的权利能力，解散后的公司，只能在清算范围内享有权利和承担义务。从发起设立到正式成立期间的公司，被称为设立中的公司或未完成的公司，是一种没有权利能力的社团，只能以非法人团体的身份进行民事活动，其内部、外部关系应适用有关合伙的法律规定。解散后的公司，在依法进行清算的阶段，其权利能力虽仍然存在，但仅限于清算范围内的活动，不得从事清算范围外的活动。自清算完毕之日起，公司的权利能力归于消灭。

第三，公司权利能力因目的受到的限制。对于公司的权利能力应否受目的范围的限制，各国立法有不同的规定，学理上也有不同的解释。19世纪的民商法严格要求法人必须在目的范围内活动，至今，仍有一些大陆法系国家的民商法规定法人的权利能力须受目的的限制。在英美法上也有越权原则，认为法人从事章程所规定的目的以外的行为无效。公司的权利能力因章程中的目的（宗旨）条款而受到了严格的限制。然而，自20世纪以来，特别是近几十年来，在一些大陆法系国家，对公司权利能力因目的所受的限制已有所松动；在英美法系国家，对“越权”原则已呈现废弃的趋势。

在我国，公司的权利能力受到章程中的目的条款所确定的经营范围的严格限制，任何公司在设立时，都必须在章程中载明其经营范围，经营范围是公司章程的法定绝对必要记载事项。在实践中，凡公司超出登记机关核准登记的经营范围从事经营的，一般都被确认为无效行为。这是由于我国的各类企业法人都是按照一定的社会职能成立的，每个法人成立的目的不同，其经营范围和业务活动范围也不相同，因此它们都享有不同的民事权利能力。尽管近些年来对企业确定经营范围有所放宽，允许一业为主、兼营他业，特别是鼓励企业为获取更大的经济效益，根据市场预测和自身条件，可以主动实行转产，但经营范围仍需核定，转产亦需履行变更登记程序。因此，我国公司的权利能力仍受目的条款的限制。

第十章　公司的资本制度

基础知识图解

- 公司的资本制度
  - 概述
    - 公司资本的概念：是指在公司成立时由章程所确定的由股东出资构成的公司财产总额
    - 资本制度的类型
      - 法定资本制
      - 授权资本制
      - 折中资本制
    - 资本原则
      - 资本确定原则
      - 资本维持原则
      - 资本不变原则
  - 公司资本的构成：货币出资；实物出资；无形财产出资
  - 出资与转让
  - 增资与减资
  - 股份与股票

配套测试

一、单项选择题

1. 股份有限公司经股东大会决议将公积金转为资本时，按股东原有股份比例派送新股或者增加每股面值。但法定公积金转为资本时，所留存的该项公积金不得少于注册资本的多少比例？(　　)

A. 25%　　B. 20%

C. 30%　　D. 50%

2. 甲、乙、丙、丁四个投资者对资本确定原则有以下不同看法。其中，最能体现资本确定原则的是（　　）。

A. 由公司章程规定的资本总额必须由发起人和认股人全部认足或募足

B. 发起人对货币之外的出资价值负保证责任

C. 公司不得收购本公司的股票

D. 增加或者减少资本须经股东会（股东大会）决议通过

3. A有限责任公司系一物流公司，有总资产2000万元，总负债为500万元。为扩展业务，经董事会决定，即日起实施下列方案，请问哪一项方案是合法的？(　　)

A. 以A公司的名义投资500万元，与B公司组成合伙企业

B. 以A公司的名义向C食品有限责任公司投资500万元

C. 董事会决议表决，实行一股一票

D. 规定公司章程经2/3董事会成员同意可以修改

4. 有限责任公司列入公司法定公积金的比例是税后利润的（　　）。

A. 5%　　B. 7%

C. 10%　　D. 15%

5. 泰昌有限公司共有6个股东，公司成立两年后，决定增加注册资本500万元。下列哪一表述是正确的？(　　)（司考2013.3.26）

A. 股东会关于新增注册资本的决议，须经2/3以上股东同意
B. 股东认缴的新增出资额可分期缴纳
C. 股东有权要求按照认缴出资比例来认缴新增注册资本的出资
D. 一股东未履行其新增注册资本出资义务时，公司董事长须承担连带责任

6. 股份有限公司对增加注册资本作出决议，应（　　）。
A. 经出席会议的股东所持表决权的半数以上通过
B. 经全体股东的半数以上通过
C. 经出席会议的股东所持表决权的2/3以上通过
D. 经全体股东所持表决权的2/3以上通过

7. 某股份有限公司向社会发行了股票，并已上市。依据法律规定，该公司不可以收购本公司股票的情形是（　　）。
A. 为提高本公司股票市场价格而收购本公司股票
B. 为减少公司注册资本而收购本公司股票
C. 为奖励公司有突出贡献的人员而收购本公司股票并向其派发
D. 与持有本公司股份的其他公司合并

8. 某股份有限公司计划再次发行公司债券，该公司下列（　　）情形将构成国务院证券监督管理部门不予批准再次发行公司债券的原因。
A. 公司的总资产2亿元，净资产额4000万元
B. 公司前两年连续亏损，可是近3年连续盈利，其可分配利润足以支付公司债券1年利息
C. 由于公司突发事件，尽管公司的资金充足，但已发行的公司债券利息暂缓支付
D. 前一次已发行完毕的公司债券1000万元，此次申请发行500万元

9. 某有限责任公司申请其首次发行的公司债券上市交易，下列选项哪一项不符合公司债券上市的法定条件？（　　）
A. 该债券的期限为1年
B. 该债券的实际发行额为人民币8000万元，净资产额为人民币1.5亿元
C. 债券的利率没有超过国务院限定的利率水平
D. 该公司最近3年平均可分配利润不足以支付公司债券12个月的利息

10. 甲公司出资20万元、乙公司出资10万元共同设立丙公司。丁公司系甲公司的子公司。在丙公司经营过程中，甲公司多次利用其股东地位通过公司决议让丙公司以高于市场同等水平的价格从丁公司进货，致使丙公司产品因成本过高而严重滞销，造成公司亏损。下列哪一选项是正确的？（　　）（司考2008.3.31）
A. 丁公司应当对丙公司承担赔偿责任
B. 甲公司应当对乙公司承担赔偿责任
C. 甲公司应当对丙公司承担赔偿责任
D. 丁公司、甲公司共同对丙公司承担赔偿责任

11. 当公司的法定公积金不足以弥补上一年度公司亏损的，在依法提取法定公积金、法定公益金之前，应当先用（　　）弥补亏损。
A. 利润　　B. 任意公积金
C. 交税前的利润　　D. 法定公益金

12. 某股份有限公司注册资本为2000万元。公司现有法定公积金800万元，任意公积金400万元。现该公司拟以公积金700万元转为公司资本，进行增资派股。为此，公司的股东提出了下列几种建议，其中哪一种是符合《公司法》规定的？（　　）
A. 将法定公积金600万元，任意公积金100万元转为公司资本
B. 将法定公积金200万元，任意公积金200万元转为公司资本
C. 将法定公积金300万元，任意公积金400万元转为公司资本
D. 将法定公积金400万元，任意公积金300万元转为公司资本

13. 明华食品有限公司依我国《公司法》规定，从当年税后利润中提取10%作为公积金。董事会认为，该公积金的性质应认定为（　　）。
A. 盈余公积金　　B. 资本公积金
C. 住房公积金　　D. 风险基金

14. 股份有限公司发行新股募足股款后，必须向公司登记机关办理（ ）。
A. 设立登记 B. 变更登记
C. 重新登记 D. 资本确认登记

15. 某股份有限公司成立三年来效益较好，为扩大生产规模，公司召开股东大会，作出决议向社会发行新股，并拟采取下列行为，（ ）不符合法律的规定。
A. 以溢价发行方式发行部分股票
B. 报国务院证券委批准，以低于股票票面价值的价格向公司发起人发行部分股票
C. 溢价发行的发行价格由发行人与承销的证券公司协商确定
D. 向法人发行的股票采取记名股票的形式，并记载该法人名称

16. 股票是一种（ ）。
A. 设权证券 B. 有价证券
C. 非要式证券 D. 非转让证券

17. 某股份有限公司拟发行无记名股票，根据《公司法》的规定，可以认购无记名股票的为（ ）。
A. 公司发起人 B. 某股份有限公司
C. 某有限责任公司 D. 社会公众

18. 发行可转换为股票的公司债券，应当报请国务院证券监督管理机构核准。按照法律规定，发行可转换为股票的公司债券的主体是（ ）。
A. 股份有限公司
B. 上市公司
C. 国有企业转换的股份有限公司
D. 有限责任公司转换的股份有限公司

19. 某公司注册资本为 500 万元，该公司年终召开董事会研究公司财务问题。在该董事会的决议内容中，下列哪一项是不合法的？（ ）（司考四川 . 2008. 3. 27）
A. 鉴于公司历年的法定公积金已达 300 万元，决定本年度不再提取法定公积金
B. 鉴于公司连年赢利，决定本年度税后利润依公司章程全部由股东按持股比例分配
C. 为扩大生产，将该公司历年的法定公积金全部用于转增股本
D. 公司合法转增部分的股本由各股东按原持股比例无偿取得

20. 甲、乙、丙成立一家科贸有限公司，约定公司注册资本 100 万元，甲、乙、丙各按 20%、30%、50%的比例出资。甲、乙缴足了出资，丙仅实缴 30 万元。公司章程对于红利分配没有特别约定。当年年底公司进行分红。下列哪一说法是正确的？（ ）（司考 2012. 3. 25）
A. 丙只能按 30%的比例分红
B. 应按实缴注册资本 80 万元，由甲、乙、丙按各自的实际出资比例分红
C. 由于丙违反出资义务，其他股东可通过决议取消其当年分红资格
D. 丙有权按 50%的比例分红，但应当承担未足额出资的违约责任

21. 甲公司成立于 2014 年 4 月，注册资本为 1000 万元，文某是股东之一，持有 40%的股权。文某已实缴其出资的 30%，剩余出资按公司的章程规定，应在 2017 年 5 月缴足。2015 年 12 月，文某以其所持甲公司股权的 60%作为出资，评估作价为 200 万元，与唐某共同设立乙公司。对此，下列哪一选项是正确的？（ ）（司考 2017. 3. 27）
A. 因实际出资尚未缴纳完毕，故文某对乙公司的股权出资存在权利瑕疵
B. 如甲公司经营不善，使文某用来出资的股权在 1 年后仅值 100 万元，则文某应补足差额
C. 如至 2017 年 5 月文某不缴纳其对甲公司的剩余出资，则甲公司有权要求其履行
D. 如至 2017 年 5 月文某不缴纳其对甲公司的剩余出资，则乙公司有权要求其履行

二、多项选择题

1. 湘星公司成立于 2012 年，甲、乙、丙三人是其股东，出资比例为 7 : 2 : 1，公司经营状况良好。2017 年年初，为拓展业务，甲提议公司注册资本增资 1000 万元。关于该增资程序的有效完成，下列哪些说法是正确的？（ ）
A. 三位股东不必按原出资比例增资

B. 三位股东不必实际缴足增资
C. 公司不必修改公司章程
D. 公司不必办理变更登记

2. 发行公司债券和股份是公司筹措资金的两种主要手段，依据《公司法》的规定，两者相比，有以下哪些区别？（　　）
A. 公司债券持有人不论公司是否有盈余，均可请求约定利率的利息，但其所请求的利息仅限于这一约定利率，并且不能参加盈余的分配；股东则只有在公司有盈余时，才能请求股息和红利，并且除某些优先股外，所请求的股息和红利没有固定的比率
B. 公司债券持有人在公司债券清偿期届满时，即可请求清偿本金，而股东原则上不可能在公司存续期内请求清偿股款，只有在公司解散时，才能请求分配剩余财产
C. 公司债券持有人不参与公司经营管理；而股东是公司的成员，依法享有经营公司的权利；公司债券由公司债权人持有，因而不能自由流通转让、抵押和继承，而股份则可以自由流通转让、抵押、继承
D. 当公司解散时，公司债券持有人有权比任何公司股东优先得到债务清偿，而公司股东只有在优先清偿了公司债权人之后，才能请求清偿股本。并且，股东有依法请求分配公司剩余财产的权利，而债券持有人没有分享公司剩余财产的权利

3. 下列关于有限责任公司注册资本的说法，正确的是（　　）。
A. 属于在公司登记机关登记的全体股东认缴的出资额
B. 不同类型的有限责任公司，《公司法》规定了不同的最低限额
C. 在公司经营期间，不得减少
D. 在公司经营期间按法定的程序可对注册资本减少

4. 甲、乙出资设立注册资本为400万元的丙公司，章程规定：甲以现金出资280万元，乙以现金出资40万元，专利作价40万元，机器设备作为实物出资作价40万元。公司成立后，甲按期足额缴纳现金280万元，乙只缴纳了20万元现金，其专利的实际市场价额为20万元，机器设备虽然已实际移交给公司，但该设备属于丁所有，系丁委托乙保管。下列哪些选项是正确的？（　　）（司考四川．2008.3.70）
A. 乙应当履行其余20万元现金出资的义务，并应当向甲承担违约责任
B. 乙应当补足其专利权出资的实际价额与作价金额之间的差额，甲对此承担连带责任
C. 丙公司应根据丁的请求向其返还机器设备
D. 甲、乙达成协议，可以通过减少资本程序免除乙对差额部分的出资责任

5. 根据《公司法》的规定，发起人、认股人缴纳股款或交付抵作股款的出资后，在下列哪些情形下，可以抽回其股本？（　　）
A. 超过招股说明书规定的截止期限尚未募足股份的
B. 发起人在发行股份的股款缴足后，在15天内未召开创立大会的
C. 创立大会决议不设立公司的
D. 发起人在发行股份的股款筹足后，在30天内未召开创立大会的

6. 以下属于公司法规定的对股份转让的限制的有哪些？（　　）
A. 发起人持有的本公司股份，自公司成立之日起1年内不得转让
B. 公司董事、监事以及高级管理人员持有的本公司的股份在任职期间每年转让的股份不得超过其所持有本公司股份总数的百分之二十五
C. 公司持有本公司股票最长时间不得超过10日
D. 公司为减少注册资本而注销股份或者与持有本公司股票的公司合并时可以持有本公司股票

7. 某股份有限公司股本总额为1.2亿元，经营业绩向来不错。但该公司因一次投资失败导致亏损5000万元。则该情形构成以下哪些事件的法定原因？（　　）
A. 公司应当用法定公积金来弥补亏损
B. 国务院证监会决定暂停其股票上市

C. 公司应当在 2 个月内召开临时股东大会
D. 其已经获准但还没有发行的 3500 万元债券应当立即停止发行

8. 下列有关股份有限公司股份转让行为中，哪些符合公司法的规定？(　　)
A. 公司在股票市场上收购本公司股票一批，作为给公司中高层管理者的奖励
B. 公司在证券市场上购得本公司股票一批，随后卖给非本公司董事的股民乙
C. 公司成立 1 年零 3 个月后，某发起人丙将其持有的本公司股份全部转让
D. 国家授权投资的机构将其持有的某公司股份全部转让给一家非国有企业

9.《公司法》规定，公司成立后，发起人一般不得退股、不得抽回股本。但在下列哪些情况下，发起人可以抽回股本？(　　)
A. 募股期限届满时，发起人已缴足股款，但其社会公众股只募足公司股份总额的 65%
B. 发起人在发行的股款全部缴足后，因事务繁忙，共同决议将创立大会的召开推迟 2 个月
C. 由于受国家政策变化的影响，发起人决定召开创立大会时宣布不设立公司
D. 发起人在缴足股款后，得知由某证券经营机构包销的社会公众股只募足应募股份的 50%

10. 甲公司 2009 年的税后利润是 500 万元，注册资本为 3000 万元。则以下关于公积金提取说法正确的有：(　　)
A. 应当提取 50 万元作为公司法定公积金
B. 甲公司的公积金不足以弥补以前年度亏损，则先用当年利润弥补亏损，再提取公积金
C. 假如甲公司在提取法定公积金时发现 2009 年及以前累计提取的公积金已经为 1550 万元，则可以不再提取 2010 年度的公积金
D. 在提取法定公积金后，经董事会决议可以提取任意公积金

11. 关于公司的财务行为，下列哪些选项是正确的？(　　)（司考 2014. 3. 71）
A. 在会计年度终了时，公司须编制财务会计报告，并自行审计
B. 公司的法定公积金不足以弥补以前年度亏损时，则在提取本年度法定公积金之前，应先用当年利润弥补亏损
C. 公司可用其资本公积金来弥补公司的亏损
D. 公司可将法定公积金转为公司资本，但所留存的该项公积金不得少于转增前公司注册资本的百分之二十五

12. 甲、乙、丙共同出资设立了一有限责任公司，一年后，甲拟将其在公司的全部出资转让给丁，乙、丙不同意，下列解决方案中，符合《公司法》规定的有（　　）。
A. 由乙或丙购买甲拟转让给丁的出资
B. 乙和丙共同购买甲拟转让给丁的出资
C. 乙和丙均不愿意购买，甲无权将出资转让给丁
D. 乙和丙均不愿意购买，甲有权将出资转让给丁

13. 某股份有限公司系上市公司，由于近期公司内部发生一些重大变化与事故，证券交易所决定暂停其股票上市。该公司发生的重大变化与事故可能是：(　　)
A. 公司因偷税漏税被税务机关发现处以罚款
B. 持有公司股本总额为人民币 2000 万元
C. 公司已连续 3 年不仅未能提取法定公积金，并且再三支取法定公积金
D. 公司在财务会计报告中虚假作账，隐瞒亏损真相，致使股民遭受严重损失

14. 甲、乙、丙于 2009 年 2 月分别出资 50 万元、30 万元、20 万元设立一家有限责任公司，2010 年 6 月查实甲的机器设备 50 万元在出资时仅值 20 万元，下列说法正确的是（　　）。
A. 甲的行为属于出资不实
B. 甲应补交其差额 30 万元
C. 如果甲的财产不足以补交差额的，必须退出有限责任公司
D. 如果甲的财产不足以补交差额的，由乙和丙承担连带责任

15. 下列股票转让行为，因违反《公司法》规定而归于无效的是（　　）。

A. 发起人在公司成立后将股份转让给他人的
B. 公司监事离职后半年内，转让其所持公司股票
C. 法人仅以背书方式，将其持有的记名股票转让
D. 在依法设立的证券交易所转让不记名股票的

16. 下列股份有限公司的股份转让行为中，(　　) 不违反公司法的规定。
A. 在股东大会召开前5日内进行的记名股票转让
B. 公司的一发起人因家人急需现金，在公司成立1年时，将持有的本公司股票转让
C. 公司一董事辞去董事职务1年后，将其持有的股份转让
D. 公司监事在任职期间每年转让其所持有本公司股份总数的20%

17. 某律师事务所在向客户介绍股份有限公司募集设立的程序时，提出了相关的法律意见。其中哪些是正确的？(　　)
A. 以募集设立方式设立股份有限公司的，发起人认股的股份不得少于公司股份总额的百分之三十五
B. 向社会公开募集前，必须签订两个协议：一是同证券经营机构签订承销协议，二是同银行签订代收股款协议
C. 发行股份完成后，应当持验资证明和其他文件办理公司设立登记，登记完成，取得营业执照后，应当召开公司创立大会
D. 公司创立大会召开时，如果持有公司股份的出席人员不足全部出资股东数的1/2，则会议不得举行

18. 关于公司发行股票采取的形式说法正确的是（　　）。
A. 公司向发起人发行的股票应当为记名股票
B. 公司向法人发行的股票应当为记载该法人名称的记名股票
C. 公司向社会公众可以发行记名股票
D. 公司向社会公众只能发行不记名股票

19. 股份公司向社会公众公开发行的股票应载明下列哪些事项方为有效？(　　)
A. 股票种类、票面金额及代表的股份数
B. 股票的编号及法定代表人的签名、公司的印章
C. 公司注册登记的名称
D. 公司成立的日期

20. 甲、乙、丙、丁计划设立一家从事技术开发的天际有限责任公司，按照公司设立协议，甲以其持有的君则房地产开发有限公司20%的股权作为其出资。下列哪些情形会导致甲无法全面履行其出资义务？(　　)（司考2011.3.69）
A. 君则房地产开发有限公司章程中对该公司股权是否可用作对其他公司的出资形式没有明确规定
B. 甲对君则公司尚未履行完毕其出资义务
C. 甲已将其股权出质给其债权人戊
D. 甲以其股权作为出资转让给天际有限责任公司时，君则公司的另一股东已主张行使优先购买权

21. 张三、李四、王五成立天问投资咨询有限公司，张三、李四各以现金50万元出资，王五以价值20万元的办公设备出资。张三任公司董事长，李四任公司总经理。公司成立后，股东的下列哪些行为可构成股东抽逃出资？(　　)（司考2011.3.70）
A. 张三与自己所代表的公司签订一份虚假购货合同，以支付货款的名义，由天问投资咨询有限公司支付给自己50万元
B. 李四以公司总经理身份，与自己所控制的另一公司签订设备购置合同，将15万元的设备款虚报成65万元，并已由天问公司实际转账支付
C. 王五擅自将天问公司若干贵重设备拿回家
D. 3人决议制作虚假财务会计报表虚增利润，并进行分配

22. 榴风公司章程规定：股东夏某应于2016年6月1日前缴清货币出资100万元。夏某认为公司刚成立，业务尚未展开，不需要这么多现金，便在出资后通过银行的熟人马某将这笔钱转入其妻的理财账户，用于购

买基金。对此，下列哪些说法是正确的？（　　）（司考 2017. 3. 70）

A. 榴风公司可要求夏某补足出资

B. 榴风公司可要求马某承担连带责任

C. 榴风公司的其他股东可要求夏某补足出资

D. 榴风公司的债权人得知此事后可要求夏某补足出资

23. 顺昌有限公司等五家公司作为发起人，拟以募集方式设立一家股份有限公司。关于公开募集程序，下列哪些表述是正确的？（　　）（司考 2014. 3. 72）

A. 发起人应与依法设立的证券公司签订承销协议，由其承销公开募集的股份

B. 证券公司应与银行签订协议，由该银行代收所发行股份的股款

C. 发行股份的股款缴足后，须经依法设立的验资机构验资并出具证明

D. 由发起人主持召开公司创立大会，选举董事会成员、监事会成员与公司总经理

三、不定项选择题

1. 朝歌服装有限责任公司注册资本为 300 万元，总负债为 100 万元，为扩大业务规模，该公司股东作出了一系列决议。请回答下列问题：

（1）与宏达销售有限公司共同组建一合伙企业，最多可投资（　　）。

A. 50 万元

B. 100 万元

C. 150 万元

D. 朝歌服装有限责任公司不能投资组建合伙企业

（2）股东会决议与本公司经理张某订立一合同，购买其提供的一批服装，下述说法正确的是（　　）。

A. 该合同无效

B. 该合同有效

C. 只有章程规定，该合同才能有效

D. 该合同有效，因为是股东会决定

（3）向有关机关申请发行债券，下述说法正确的是（　　）。

A. 朝歌公司有申请权

B. 朝歌公司应先经董事会制订具体方案

C. 朝歌公司无权申请

D. 朝歌公司先向国务院证券管理部门申请

2. 某有限责任公司注册资本是 3000 万元，向法律顾问咨询财务方面的问题。请根据上述情况和下列各问中设定的条件回答问题：

（1）关于公司的财务会计报告问题，公司的工作人员有如下的认识，（　　）是正确的。

A. 公司的财务会计报告很重要，因此由股东会负责制作

B. 公司的财务会计报告是由一系列公司的财务会计报表及附属明细表组成的，其中包括资产负债表、损益表、财务状况变动表、财务状况说明书等

C. 公司的资产负债表是根据资产负债+所有者权益编制而成的，其中所有者权益是公司的未分配利润

D. 该公司应按公司章程规定的期限将财务会计报表送交各股东

（2）公司在对公司的利润和其他收益进行分配时，有许多意见，其中（　　）是符合法律规定的。

A. 公司在收益分配时应注意如果公司出现亏损时，必须用企业所得税的税后利润弥补，而不允许用税前利润进行弥补

B. 如果股东会同意，公司可以不提取法定公积金而进行股东的利润分配

C. 无论股东会是否同意，公司都不允许在不提取法定公积金的情况下进行股东的利润分配

D. 公司的法定公积金累计额达到公司注册资本的 50%时，可不再提取

（3）关于公积金的说法，（　　）是错误的。

A. 公司的公积金的用途主要是增加公司资本，弥补公司亏损

B. 公司将法定公积金转为资本时，计划留存公积金 300 万元，其他均转为资本

C. 公司因连续盈利，当法定公积金累计到 2000 万元时，可不再提取公积金

D. 法定公积金只包括盈余公积金、不包括资本公积金

（4）资本公积金的来源包括（　　）。

A. 公司的税后利润

B. 法定财产重估增值

C. 接受捐赠的价值

D. 公司的税前利润

（5）公司今年的税后利润为 1000 万元，则（　　）。

A. 提取的公积金不得超过 100 万元

B. 公司在从税后利润中提取法定公积金后，经董事会决议，可以提取任意公积金

C. 提取的公益金是 50 万元

D. 股东会或者董事会违反规定，在公司弥补亏损和提取法定公积金、法定公益金之前向股东分配利润的，不一定将违反规定分配的利润退还公司，但会被处 1 万元以上 10 万元以下的罚款

四、名词解释

1. 法定资本制（复旦大学 2010 年考研真题）

2. 授权资本制

3. 资本维持原则

4. 出资平等制

5. 普通股

6. 优先股

7. 记名股

8. 债券

9. 资本公积金（华东政法大学 2007 年考研真题）

五、简答题

1. 股份有限公司股份转让及其限制。

2. 试评析授权资本制是现代公司资本制度的发展方向。（武汉大学 2006 年考研真题）

3. 简述股份的概念和特征。

4. 简述股票的概念和特点。

5. 根据我国公司法规定，简述允许公司回购股票的具体特殊情况以及公司持有自己股份不得享受哪些股东权利。（对外经贸大学 2009 年考研真题）

6. 公司交叉持股的危害与立法限制。（中国人民大学 2007 年考研真题）

7. 简述资本充实原则。（西南政法大学 2007 年考研真题）

8. 试述股票与公司债券的异同点。

9. 论述有限责任公司出资的转让。（吉林大学 2013 年考研真题）

六、论述题

1. 试论公司债（应当但不限于从定义、《公司法》规定的发行要件及发行程序等方面加以论述）。

2. 试述资本维持原则在我国《公司法》中的体现。

3. 简述我国公司公积金法律制度（说明概念、种类、范围和用途等）。（北京大学 2007 年考研真题）

4. 论述我国公司法关于注册资本制度的改革及相关配套措施。

5. 论述公司法关于资本制度的历次修改的主要内容。

6. 论述股东会决议的瑕疵及其救济。（清华大学 2015 年考研真题）

七、案例分析题

1. 海容文化用品公司系由甲、乙、丙、丁四位自然人和丰利印刷有限责任公司（以下简称丰利公司）共同发起设立，于 2005 年组建的股份有限公司（以下简称海容公司）。该公司注册资本为 5000 万元，总股本 5000 万股，其中甲、乙、丙、丁各持有 500 万股，丰利公司持有 3000 万股。海容公司 2006 年、2007 年均为保本经营，2008 年盈利 500 万元（税后利润）。2009 年年初，公司董事会为 2009 年年度股东大会拟定了以下两项议案：（1）决定以上年的 500 万元利润，按每 10 股送 1 股的比例向全体股东发放股票股利；（2）为海容公司取得银行贷款，拟以海容公

司全体股东所持股份质押给银行。股东大会的表决结果是，全体股东一致同意第1项议案；对于第2项议案，只有丰利公司赞成，甲、乙、丙、丁均投票反对。试分析上述两项议案是否可以实施，并说明理由。

2. 某国有独资公司为募集资金，拟申请发行公司债券。该公司净资产额为1亿元人民币，3年前发行1年期公司债券1000万元，2年前发行3年期公司债券1200万元，本次拟发行公司债券3000万元。本次发行的公司债券的利息为25%，公司准备用发行公司债券募集的资金的20%来弥补上一年度亏损。为发行公司债券，公司专门成立了公司债券发行委员会，负责本次公司债券的具体销售工作。

根据这些情况和下列各问题中设定的条件，该公司向自己的法律顾问提出了一些问题：

（1）为了迅速筹集资金，该公司准备吸收资金雄厚的自然人为股东。吸收新股东进入是否会影响公司发行公司债券？

（2）本次发行公司债券的最高限额是多少？

（3）若同期银行存款利率是8%，本公司债券的利率是否合法？

（4）为了保证募集资金的充足，公司债券可不可以溢价发行？

（5）公司本次发行公司债券是否存在不合法之处？

3. 某公司增资扩股，甲股东以三辆重型自卸车作价90万元增资，车辆按时交付公司，公司也使用该车辆运营，但是因种种原因，始终未办理产权过户手续。公司因不能清偿到期债务，被债权人申请诉前财产保全，法院依法扣押了该公司的三辆自卸车，但是甲股东出面称这三辆车并没有过户，是自己的财产，不属于公司，不能被扣押。法院见甲股东有产权证书，只得解除保全。债权人继续追索，但是该公司没有足够的财产可以用于清偿，称有限公司只承担有限责任，现在公司的资产不足以清偿债务，债权人无权主张更多的清偿金额，债权人对此辩解不服。

试分析：

（1）甲股东以三辆重型自卸车出资是否符合公司法的规定？

（2）债权人能否申请将该公司运营的三辆自卸车作诉前保全？

（3）公司股东的辩解有无法律依据？

（4）债权人若不服，有何救济方法？

4. 甲公司为上市公司，为一项工业投资项目筹集资金而发行新股。新股上市后，有股东发现，公司将所募集资金用于自建办公大楼，而招股说明书中载明其募集资金的用途是购买生产线设备，遂将此情况反映到董事会。董事会认为，所募资金用途变更已由董事会做出决议，且已经监事会和上级主管部门批准，是合法有效的。

问：

（1）你认为甲公司行为是否违法？为什么？

（2）该行为对公司发行新股的计划将会有何影响？

（3）公司股东如何维护自己的权益？

5. 某大型国有企业A，欲转换经营机制，与省外的国有企业B、C共同筹划设立一股份有限公司，经省级人民政府批准，并经国务院证券管理部门同意后，成立募集小组，着手建立股份有限公司。

该募集小组在清产核资，清理债权债务、界定产权、评估资产后，制作了公司章程。将公司资本总额确定为6000万元，A、B、C作为发起人认购2000万元，其中A以其土地使用权和车间整体作价500万元（实际价为550万元），B、C则以其所分别持有的商标权和专利技术共同作价1500万元，作为对新设公司的投资。随后，募集小组制作招股说明书，进行公开募股；募股期间，A、B、C三家企业积极准备公司设立的各项工作，考虑到公司成立后扩大其产业的需要，经过协商，由募集小组以新设公司的名义向某机械厂订购一批生产设备，共计200万元，并向该机械厂承诺待股份有限公司一成立立即一次性付清货款。由于准备工作繁多，招股期满半个月后才主持召开创立大会，股东纷纷要求退股，另加算同期银行利息。该机械厂则因货款迟迟不能给付将A、B、C三企业诉至法院。请根据新公司法回答下列问题。

问题：

（1）A、B、C三企业在设立股份有限公司的过程中有哪些做法不符合法律的规定？该股份有限公司在设立过程中多次违反法律的规定，主要有哪些？

（2）募集小组在筹建过程中以股份有限公司名义签订的合同是否有效？该合同的法律后果应由谁承担？

（3）本例中，如该股份有限公司未能成立，A、B、C三企业应承担哪些责任？如何承担？

参考答案

一、单项选择题

1. **答案**：A。本题考查的是股份有限公司公积金的使用。根据《公司法》第168条第2款的规定，法定公积金转为资本时，所留存的该项公积金不得少于转增前公司注册资本的25%。依此，A项正确。

2. **答案**：A。资本确定原则——公司设立时必须在章程中对公司的资本总额作出明确的规定，并须由股东全部认足，否则公司不能成立。C、D两项体现了资本不变原则——公司资本额一经确定，不得随意改变，如需增减，必须严格按照法定程序进行。

3. **答案**：B。《公司法》第15条规定："公司可以向其他企业投资；但是，除法律另有规定外，不得成为对所投资企业的债务承担连带责任的出资人。"故A错，B对。《公司法》第48条规定："董事会的议事方式和表决程序，除本法有规定的外，由公司章程规定。董事会应当对所议事项的决定作成会议记录，出席会议的董事应当在会议记录上签名。董事会决议的表决，实行一人一票。"故C错。依第43条的规定，故D错。

4. **答案**：C。根据《公司法》第166条第1款规定："公司分配当年税后利润时，应当提取利润的百分之十列入公司法定公积金。公司法定公积金累计额为公司注册资本的百分之五十以上的，可以不再提取。"

5. **答案**：B。《公司法》第43条第2款规定："股东会会议作出修改公司章程、增加或者减少注册资本的决议，以及公司合并、分立、解散或者变更公司形式的决议，必须经代表三分之二以上表决权的股东通过。"股东会关于新增注册资本的决议，须经2/3以上表决权的股东同意而不是2/3以上股东同意，因此，A选项错。《公司法》第34条规定，股东按照实缴的出资比例分取红利；公司新增资本时，股东有权优先按照实缴的出资比例认缴出资。但是，全体股东约定不按照出资比例分取红利或者不按照出资比例优先认缴出资的除外。因此，股东有权要求按照"实缴"出资比例来认缴新增注册资本的出资而不是按照"认缴"出资比例来认缴新增注册资本的出资，所以，C选项错误。《公司法》第178条第1款规定，有限责任公司增加注册资本时，股东认缴新增资本的出资，依照本法设立有限责任公司缴纳出资的有关规定执行。2013年修订的《公司法》第26条取消了对股东出资额的缴付比例和期限的限制，对于是否分期缴纳出资法律不作强制性规定，B选项正确。根据《公司法》第30条规定，有限责任公司成立后，发现作为设立公司出资的非货币财产的实际价额显著低于公司章程所定价额的，应当由交付该出资的股东补足其差额；公司设立时的其他股东承担连带责任。所以，应当是公司股东都承担连带责任而非董事长，D选项错误。

6. **答案**：C。根据《公司法》第103条的规定，股东出席股东大会会议，所持每一股份有一表决权。但是，公司持有的本公司股份没有表决权。

股东大会作出决议，必须经出席会议的股东所持表决权过半数通过。但是，股东大会作出修改公司章程、增加或者减少注册资本的决议，以及公司合并、分立、解散或者变更公司形式的决议，必须经出席会议的股东所持表决权的2/3以上通过。

7. **答案**：A。根据《公司法》第142条第1款、第2款和第3款的规定，公司不得收购本公司股份。但是，有下列情形之一的除外：（一）减少公司注册资本；（二）与持有本公司股份的其他公司合并；（三）将股份用于员工持股计划或者股权激励；（四）股东因对股东大会作出的公司合并、分立决议持异议，要求公司收购其股份；（五）将股份用于转换上市公司发行的可转换为股票的公司债券；（六）上市公司为维护公司价值及股东权益所必需。公司因前款第（一）项、第（二）项规定的情形收购本公司股份的，应当经股东大会决议；公司因前款第（三）项、第（五）项、第（六）项规定的情形收购本公司股份的，可以依照公司章程的规定或者股东大会的授权，经三分之二以上董事出席的董事会会议决议。公司依照本条第一款规定收购本公司股份后，属于第（一）项情形的，应当自收购之日起十日内注销；属于第（二）项、第（四）项情形的，应当在六个月内转让或者注销；属于第（三）项、第（五）项、第（六）项情形的，公司合计持有的本公司股份数不得超过本公司已发行股份总额的百分之十，并应当在三年内转让或者注销。

8. **答案**：C。根据《证券法》第17条规定，有下列情形之一的，不得再次公开发行公司债券：（一）对已公开发行的公司债券或者其他债务有违约或者延迟支付本息的事实，仍处于继续状态；（二）违反本法规定，改变公开发行公司债券所募资金的用途。

9. **答案**：D。《证券法》第15条规定："公开发行公司债券，应当符合下列条件：（一）具备健全且运行良好的组织机构；（二）最近三年平均可分配利润足以支付公司债券一年的利息；（三）国务院规定的其他条件。公开发行公司债券筹集的资金，必须按照公司债券募集办法所列资金用途使用；改变资金用途，必须经债券持有人会议作出决议。公开发行公司债券筹集的资金，不得用于弥补亏损和非生产性支出。上市公司发行可转换为股票的公司债券，除应当符合第一款规定的条件外，还应当遵守本法第十二条第二款的规定。但是，按照公司债券募集办法，上市公司通过收购本公司股份的方式进行公司债券转换的除外。

10. **答案**：C。《公司法》第20条第2款规定，公司股东滥用股东权利给公司或者其他股东造成损失的，应当依法承担赔偿责任。本题中，甲公司作为丙公司的股东，滥用股东权利给丙公司造成损失，其应当对丙公司承担赔偿责任，答案C是正确的。

11. **答案**：A。根据《公司法》第166条第2款的规定，公司的法定公积金不足以弥补以前公司亏损的，在依照法律规定提取法定公积金和法定公益金之前，应当先用当年利润弥补亏损。

12. **答案**：A。根据《公司法》第168条第2款的规定，法定公积金转为资本时，所留存的该项公积金不得少于转增前公司注册资本的25%。因公司注册资本为2000万元，故法定公积金留存不得少于500万元。A对。

13. **答案**：A。《公司法》第166条第1款规定，公司分配当年税后利润时提取利润的10%列入公司法定公积金。这里的法定公积金为法定盈余公积金。法定公积金分为法定盈余公积金和法定资本公积金。法定资本公积金是指由公司资本或资产以及其他原因形成的公积金，来源有：股票溢价发行的净溢价额，每一营业年度内固定资产评估增值额处分资产或出售资产的溢价收入、吸收合并其他公司所承受的资本额，接受赠予财产的所得额等。

14. **答案**：B。《公司法》第136条规定："公司发行新股募足股款后，必须向公司登记机关办理变更登记，并公告。"

15. **答案**：B。《公司法》第127条规定："股票发行价格可以按票面金额，也可以超过票面金额，但不得低于票面金额。"第129条规定："公司发行的股票，可以为记名股票，也可以为无记名股票。公司向发起人、法人发行的股票，应当为记名股票，并应当记载该发起人、法人的名称或者姓名，不得另立户名或者以代表人姓名记名。”故本题答案为B。

16. 答案：B。股票的特征有三点：是证权证券，证明股东权的存在；是有价证券，代表一定的财产权利；是要式证券，即股票的制作及记载事项必须严格按照法律规定进行，否则将导致证券无效。另外股票是可以转让流通的。设权证券是指因证券的制作而设定一定的权利，票据法上的票据即是。

17. 答案：D。《公司法》第129条规定：“公司发行的股票，可以为记名股票，也可以为无记名股票。公司向发起人、法人发行的股票，应当为记名股票，并应当记载该发起人、法人的名称或者姓名，不得另立户名或者以代表人姓名记名。”

18. 答案：B。《公司法》第161条规定：“上市公司经股东大会决议可以发行可转换为股票的公司债券，并在公司债券募集办法中规定具体的转换办法。上市公司发行可转换为股票的公司债券，应当报国务院证券监督管理机构核准。发行可转换为股票的公司债券，应当在债券上标明可转换公司债券字样，并在公司债券存根簿上载明可转换公司债券的数额。”

19. 答案：C。《公司法》第166条第1款规定，公司分配当年税后利润时，应当提取利润的百分之十列入公司法定公积金。公司法定公积金累计额为公司注册资本的百分之五十以上的，可以不再提取。故A项说法正确。

《公司法》第166条第4款规定，公司弥补亏损和提取公积金后所余税后利润，有限责任公司依照本法第34条的规定分配；股份有限公司按照股东持有的股份比例分配，但股份有限公司章程规定不按持股比例分配的除外。由此，B项说法正确。

《公司法》第168条第2款规定，法定公积金转为资本时，所留存的该项公积金不得少于转增前公司注册资本的百分之二十五。故C项说法错误。

D项不是法律禁止的，因此根据民法意思自治的原则，该项决议是可以的。

20. 答案：B。《公司法》第34条规定：“股东按照实缴的出资比例分取红利；公司新增资本时，股东有权优先按照实缴的出资比例认缴出资。但是，全体股东约定不按照出资比例分取红利或者不按照出资比例优先认缴出资的除外。”本题中，因为公司章程对红利分配没有特别约定，所以适用《公司法》第34条的补充规定，按照实缴的出资比例，即20万元∶30万元∶30万元进行分红，故B项正确。A项，按照实缴出资比例分红，丙可以按照37.5%的比例分红，故A项错误。D项不符合法律规定，错误。

需要特别分析的是C项。《公司法解释（三）》第16条规定：“股东未履行或者未全面履行出资义务或者抽逃出资，公司根据公司章程或者股东会决议对其利润分配请求权、新股优先认购权、剩余财产分配请求权等股东权利作出相应的合理限制，该股东请求认定该限制无效的，人民法院不予支持。”据此规定，因为丙未全面履行出资义务，公司可以通过股东会决议对丙的分红权利进行合理限制。关于有限责任公司的股东会决议表决程序，《公司法》第43条规定：“股东会的议事方式和表决程序，除本法有规定的外，由公司章程规定。股东会会议作出修改公司章程、增加或者减少注册资本的决议，以及公司合并、分立、解散或者变更公司形式的决议，必须经代表三分之二以上表决权的股东通过。”题目中并未说明公司章程对于股东会决议的表决比例如何规定，按照一般情形，按超过半数通过即可。问题在于，《公司法》第42条规定：“股东会会议由股东按照出资比例行使表决权；但是，公司章程另有规定的除外。”该出资比例究竟是按认缴资本的出资比例还是按实缴资本的出资比例，法律和司法解释都没有规定，实践中比较流行的做法是公司股东的表决权按照认缴出资的比例而不是实缴出资的比例确定。如此一来，因为丙拥有50%的表决权，通常而言，公司无法作出不利于丙的股东会决议。所以，其他股东无法通过决议取消丙当年分红资格。退一步讲，即便可以作出股东会决议，该决议完全取消而不是合理限制丙的分红权利，该决议是否合理合法，都需要进一步研究。综合考虑下来，C项表述存在严重问题，不是正确选项。

21. 答案：C。《公司法解释（三）》第11条第1款规定："出资人以其他公司股权出资，符合下列条件的，人民法院应当认定出资人已履行出资义务：（一）出资的股权由出资人合法持有并依法可以转让；（二）出资的股权无权利瑕疵或者权利负担；（三）出资人已履行关于股权转让的法定手续；（四）出资的股权已依法进行了价值评估。"本题中，虽然文某对甲公司的出资义务尚未实际缴纳完毕，但其出资义务按照甲公司章程规定在2017年5月缴足即可。因而在2015年12月，文某以其对甲公司享有的股权对乙公司出资完全合法，并不存在权利瑕疵，故A项错误。

《公司法解释（三）》第15条规定："出资人以符合法定条件的非货币财产出资后，因市场变化或者其他客观因素导致出资财产贬值，公司、其他股东或者公司债权人请求该出资人承担补足出资责任的，人民法院不予支持。但是，当事人另有约定的除外。"本题中，文某以其对甲公司享有的合法股权对乙公司出资，其出资因为客观因素而发生贬值，文某不承担补足出资的责任，故B项错误。

《公司法解释（三）》第13条第1款、第2款规定："股东未履行或者未全面履行出资义务，公司或者其他股东请求其向公司依法全面履行出资义务的，人民法院应予支持。公司债权人请求未履行或者未全面履行出资义务的股东在未出资本息范围内对公司债务不能清偿的部分承担补充赔偿责任的，人民法院应予支持；未履行或者未全面履行出资义务的股东已经承担上述责任，其他债权人提出相同请求的，人民法院不予支持。"据此，如果文某不履行其对甲公司的出资义务，甲公司有权要求其履行，故C项正确。乙公司既不是甲公司的股东，也不是甲公司的债权人，无权要求文某履行其对甲公司的出资义务，故D项错误。

二、多项选择题

1. 答案：AB。《公司法》第34条规定："股东按照实缴的出资比例分取红利；公司新增资本时，股东有权优先按照实缴的出资比例认缴出资。但是，全体股东约定不按照出资比例分取红利或者不按照出资比例优先认缴出资的除外。"据此，公司的三位股东可以决定股东不按照出资比例认缴出资，A项正确。

《公司法》第26条第1款规定："有限责任公司的注册资本为在公司登记机关登记的全体股东认缴的出资额。"2013年年底公司法修订后，公司资本制度普遍采取认缴制，无论是公司设立出资还是公司增资，都可以采取认缴制，故三位股东在实际缴足增资之前即可完成增资程序，B项正确。

根据《公司法》第25条第1款第3项规定，公司章程中应当载明"公司注册资本"，公司增值会引发公司注册资本变化，当然需要修订公司章程，故C项错误。

《公司法》第179条第2款规定："公司增加或者减少注册资本，应当依法向公司登记机关办理变更登记。"只有完成了增资的变更登记，才会真正产生增资的法律效果，故D项错误。

2. 答案：ABD。本题考查的是公司债券与股份之不同。B、D项关于二者区别的叙述正确。公司债券也可能自由流通、抵押和继承，故C项错误。

3. 答案：AD。根据《公司法》第26条第1款的规定，有限责任公司的注册资本为在公司登记机关登记的全体股东认缴的出资额。2013年修订后的《公司法》已取消最低资本限额的规定。故A对，B错。根据第37条第1款第7项的规定，股东会对公司增加或者减少注册资本作出决议。故D对。

4. 答案：ABCD。《公司法》第28条规定，股东应当按期足额缴纳公司章程中规定的各自所认缴的出资额。股东以货币出资的，应当将货币出资足额存入有限责任公司在银行开设的账户；以非货币财产出资的，应当依法办理其财产权的转移手续。股东不按照前款规定缴纳出资的，除应当向公司足额缴纳外，还应当向已按期足额缴纳出资的股东承担违约责任。第30条规定，有限责任公司成立后，发现作为设立公司出资的非货币财产的实际价额显著低于公司章程所定价额的，应当由交付该出资的股东补足其差额；公司设立时的其他股东承担连带责任。故A项和B项的说法正确。丁作为机器设备的所有权人，其有权基于物上请求权要求丙公司返还财产，所以C项说法正确。该法第43条第2款规定，股东会会议作出修改公司章程、增加或者减少注册资本的决议，以及公司合并、分立、解散或者变更公司形式的决议，必须经代表三分之二以上表决权的股东通过。因此D项的做法也是可以的。本题正确答案是A、B、C、D。

5. **答案**：ACD。根据《公司法》第91条的规定，发起人、认股人缴纳股款或者交付抵作股款的出资后，除未按期募足股份、发起人未按期召开创立大会或者创立大会决议不设立公司的情形外，不得抽回其股本。

6. **答案**：ABCD。《公司法》第141条规定："发起人持有的本公司股份，自公司成立之日起一年内不得转让。公司公开发行股份前已发行的股份，自公司股票在证券交易所上市交易之日起一年内不得转让。公司董事、监事、高级管理人员应当向公司申报所持有的本公司的股份及其变动情况，在任职期间每年转让的股份不得超过其所持有本公司股份总数的百分之二十五；所持本公司股份自公司股票上市交易之日起一年内不得转让。上述人员离职后半年内，不得转让其所持有的本公司股份。公司章程可以对公司董事、监事、高级管理人员转让其所持有的本公司股份作出其他限制性规定。"根据其第142条第1款的规定，公司不得收购本公司股份。但是，有下列情形之一的除外：（一）减少公司注册资本；（二）与持有本公司股份的其他公司合并；（三）将股份用于员工持股计划或者股权激励；（四）股东因对股东大会作出的公司合并、分立决议持异议，要求公司收购其股份……因此，本题全选。

7. **答案**：ACD。《公司法》第166条第2款规定："公司的法定公积金不足以弥补以前年度亏损的，在依照前款规定提取法定公积金之前，应当先用当年利润弥补亏损。"故A对。而公司亏损5000万元并未达到暂停上市的条件，故B错。根据《公司法》第100条第2项规定，公司未弥补的亏损达实收股本额的1/3时，应当在2个月内召开临时股东会。故C正确。根据《证券法》第16条的规定，公司发行公司债券，累计债券余额不超过公司净资产的百分之四十，故D对。

8. **答案**：ACD。根据《公司法》第142条第1款的规定，公司不得收购本公司股份。但是，有下列情形之一的除外：（一）减少公司注册资本；（二）与持有本公司股份的其他公司合并；（三）将股份用于员工持股计划或者股权激励；（四）股东因对股东大会作出的公司合并、分立决议持异议，要求公司收购其股份；（五）将股份用于转换上市公司发行的可转换为股票的公司债券；（六）上市公司为维护公司价值及股东权益所必需。第2款规定，公司因前款第（一）项、第（二）项规定的情形收购本公司股份的，应当经股东大会决议；公司因前款第（三）项、第（五）项、第（六）项规定的情形收购本公司股份的，可以依照公司章程的规定或者股东大会的授权，经三分之二以上董事出席的董事会会议决议。第3款规定，公司依照本条第一款规定收购本公司股份后，属于第（一）项情形的，应当自收购之日起十日内注销；属于第（二）项、第（四）项情形的，应当在六个月内转让或者注销；属于第（三）项、第（五）项、第（六）项情形的，公司合计持有的本公司股份数不得超过本公司已发行股份总额的百分之十，并应当在三年内转让或者注销。故A对，B错。

根据第141条第1款的规定，发起人持有的本公司股份，自公司成立之日起一年内不得转让。公司公开发行股份前已发行的股份，自公司股票在证券交易所上市交易之日起一年内不得转让。故C正确。国有股份可以转让，故D正确。

9. **答案**：BC。本题考查的是发起人不得抽回股本的例外。《公司法》规定，在三种情形下，发起人可以抽回股本：一是募股期届满，而股份尚未募足的；二是股款缴足后30天内未召开创立大会的；三是创立大会决定不设立公司的。本例中，只有选项B、C符合上述情形。选项A中，因发起人认购的股本数额不得少于公司拟发行股本总额的35%，其向社会公众募集的股份数额最多只能占公司股本总额的65%。选项D中，因包销的证券经营机构在募股期满后，会将未售出股票全部买下，因而选项A、D两种情形，募股期届满时，股份是募足的，因而发起人在这种状况下不得抽回股本。

10. **答案**：ABC。《公司法》第168条规定："公司的公积金用于弥补公司的亏损、扩大公司生产经营或者转为增加公司资本。但是，资本公积金不得用于弥补公司的亏损。法定公积金转为资本时，所留存的该项公积金不得少于转增前公司注册资本的百分之二十五。"

    《公司法》第166条规定："公司分配当年税后利润时，应当提取利润的百分之十列入公司法定公积金。公司法定公积金累计额为公司注册资本的百分之五十以上的，可以不再提取。公司的法定公积金不足以弥补以前年度亏损的，在依照前款规定提取法定公积金之前，应当先用当年利润弥补亏损。公司从税后利润中提取法定公积金后，经股东会或股东大会决议，还可以从税后利润中提取任意公积金……"因此，D选项有误。

11. **答案**：BD。《公司法》第164条第1款规定，公司应当在每一会计年度终了时编制财务会计报告，并依法经会计师事务所审计。据此，公司对自身的年度财务会计报告不能自我审计而必须聘请会计师事务所进行外审，以保证审计的客观、真实，故A项错误。

    《公司法》第166条第2款规定，公司的法定公积金不足以弥补以前年度亏损的，在依照前款规定提取法定公积金之前，应当先用当年利润弥补亏损。公司资本维持是公司资本制度的核心要求，只有弥补亏损之后，才能提取法定公积金；只有提取法定公积金之后，才能向股东分配利润。据此，B项正确。

    关于资本公积金的范围，《公司法》第167条规定，股份有限公司以超过股票票面金额的发行价格发行股份所得的溢价款以及国务院财政部门规定列入资本公积金的其他收入，应当列为公司资本公积金。关于其用途，《公司法》第168条第1款规定，公司的公积金用于弥补公司的亏损、扩大公司生产经营或者转为增加公司资本。但是，资本公积金不得用于弥补公司的亏损。据此，资本公积金可以用于转增资本，但不能用于弥补亏损，C项错误。

    《公司法》第168条第2款规定，法定公积金转为资本时，所留存的该项公积金不得少于转增前公司注册资本的25%。据此，D项正确。

12. **答案**：ABD。本题考核有限责任公司股东出资的转让。有限责任公司的股东向股东以外的人转让出资时，必须经其他股东过半数同意，不同意转让的股东应当购买该转让的出资，如果不购买该转让的出资，视为同意转让。

13. **答案**：ABCD。本题考查的是股票上市的暂停。上市公司有下列情形的，其股票暂停上市：(1) 公司有重大违法行为，选项A属之；(2) 公司的股本总额发生变化，不再具备上市条件，选项B属之；(3) 公司最近3年连续亏损，选项C属之；(4) 因公司对财务会计报告作虚假记载，可能误导投资者，选项D属之。参见《证券法》第50条、第55条的规定。

14. **答案**：ABD。本题考核股东出资的规定。根据规定，有限责任公司成立后，发现作为出资的实物、工业产权、土地使用权的实际价额显著低于公司章程所定价额的，应当由交付该出资的股东补交其差额，公司设立时的其他股东对其承担连带责任。本题应由乙和丙对其承担连带责任。

15. **答案**：ABC。A、B 无效，《公司法》第 141 条规定：“发起人持有的本公司股份，自公司成立之日起一年内不得转让。公司公开发行股份前已发行的股份，自公司股票在证券交易所上市交易之日起一年内不得转让。公司董事、监事、高级管理人员应当向公司申报所持有的本公司的股份及其变动情况，在任职期间每年转让的股份不得超过其所持有本公司股份总数的百分之二十五；所持本公司股份自公司股票上市交易之日起一年内不得转让。上述人员离职后半年内，不得转让其所持有的本公司股份。公司章程可以对公司董事、监事、高级管理人员转让其所持有的本公司股份作出其他限制性规定。”C 无效，《公司法》第 139 条规定：“记名股票，由股东以背书方式或者法律、行政法规规定的其他方式转让；转让后由公司将受让人的姓名或者名称及住所记载于股东名册。股东大会召开前二十日内或者公司决定分配股利的基准日前五日内，不得进行前款规定的股东名册的变更登记。但是，法律对上市公司股东名册变更登记另有规定的，从其规定。”D 有效，第 138 条规定：“股东转让其股份，应当在依法设立的证券交易场所进行或者按照国务院规定的其他方式进行。”

16. **答案**：CD。A 错，《公司法》第 139 条：“记名股票，由股东以背书方式或者法律、行政法规规定的其他方式转让；转让后由公司将受让人的姓名或者名称及住所记载于股东名册。股东大会召开前二十日内或者公司决定分配股利的基准日前五日内，不得进行前款规定的股东名册的变更登记。但是，法律对上市公司股东名册变更登记另有规定的，从其规定。”B 错，C、D 对，第 141 条第 2 款规定：“公司董事、监事、高级管理人员应当向公司申报所持有的本公司的股份及其变动情况，在任职期间每年转让的股份不得超过其所持有本公司股份总数的百分之二十五；所持本公司股份自公司股票上市交易之日起一年内不得转让。上述人员离职后半年内，不得转让其所持有的本公司股份。公司章程可以对公司董事、监事、高级管理人员转让其所持有的本公司股份作出其他限制性规定。”

17. **答案**：AB。《公司法》第 84 条规定：“以募集设立方式设立股份有限公司的，发起人认购的股份不得少于公司股份总数的百分之三十五；但是，法律、行政法规另有规定的，从其规定。”A 对。第 87 条规定：“发起人向社会公开募集股份，应当由依法设立的证券公司承销，签订承销协议。”第 88 条规定：“发起人向社会公开募集股份，应当同银行签订代收股款协议……”B 对。第 92 条规定：“董事会应于创立大会结束后三十日内，向公司登记机关报送下列文件，申请设立登记……”C 错。第 90 条规定：“……创立大会应有代表股份总数过半数的发起人、认股人出席，方可举行……”即股份总数过半数，不是股东人数超过半数，D 错。

18. **答案**：ABC。《公司法》第 129 条规定：“公司发行的股票，可以为记名股票，也可以为无记名股票。公司向发起人、法人发行的股票，应当为记名股票，并应当记载该发起人、法人的名称或者姓名，不得另立户名或者以代表人姓名记名。”

19. **答案**：ABCD。《公司法》第 128 条规定：“股票采用纸面形式或者国务院证券监督管理机构规定的其他形式。股票应当载明下列主要事项：（一）公司名称；（二）公司成立日期；（三）股票种类、票面金额及代表的股份数；（四）股票的编号。股票由法定代表人签名，公司盖章。发起人的股票，应当标明发起人股票字样。”

20. **答案**：BCD。《公司法》第 27 条第 1 款规定：“股东可以用货币出资，也可以用实物、知识产权、土地使用权等可以用货币估价并可以依法转让的非货币财产作价出资；但是，法律、行政法规规定不得作为出资的财产除外。”股权可以用货币估价并且可以依法转让，可以用来出资，不需要公司章程特别规定，故A项错误。

《公司法解释（三）》第11条第1款规定：“出资人以其他公司股权出资，符合下列条件的，人民法院应当认定出资人已履行出资义务：（一）出资的股权由出资人合法持有并依法可以转让；（二）出资的股权无权利瑕疵或者权利负担；（三）出资人已履行关于股权转让的法定手续；（四）出资的股权已依法进行了价值评估。”B项中，甲对君则公司尚未履行完毕其出资义务，说明甲对君则的股权存在瑕疵，如果甲以对君则公司的股权对天际公司出资，则天际公司可能需要对君则公司承担补缴出资的义务，故B项出资有瑕疵。C项，甲用作出资的股权已经设质，存在权利负担，所以出资有瑕疵。D项，甲用作出资的股权被君则公司的另外一家股东行使优先购买权，则甲不能将该股权转让给天际公司作为出资，故D项出资有瑕疵。

可见B、C、D选项说法符合题意，当选。

21. 答案：ABD。根据《公司法解释（三）》第12条规定：“公司成立后，公司、股东或者公司债权人以相关股东的行为符合下列情形之一且损害公司权益为由，请求认定该股东抽逃出资的，人民法院应予支持：（一）制作虚假财务会计报表虚增利润进行分配；（二）通过虚构债权债务关系将其出资转出；（三）利用关联交易将出资转出；（四）其他未经法定程序将出资抽回的行为。”本题中，选项A属于通过虚构债权债务关系将其出资转出的行为，选项B属于利用关联交易将出资转出的行为，选项D属于制作虚假财务会计报表虚增利润进行分配的行为，都可以被认定为抽逃出资。选项C中，王五擅自将天问公司若干贵重设备拿回家，这属于侵犯公司财产权的行为，不是抽逃出资。综上，本题正确选项为A、B、D。

22. 答案：AC（司法部公布答案ABC）。《公司法解释（三）》第12条规定：“公司成立后，公司、股东或者公司债权人以相关股东的行为符合下列情形之一且损害公司权益为由，请求认定该股东抽逃出资的，人民法院应予支持：（一）制作虚假财务会计报表虚增利润进行分配；（二）通过虚构债权债务关系将其出资转出；（三）利用关联交易将出资转出；（四）其他未经法定程序将出资抽回的行为。”本题中，夏某将出资设法转出，已经构成抽逃出资的行为。

《公司法解释（三）》第14条第1款规定：“股东抽逃出资，公司或者其他股东请求其向公司返还出资本息、协助抽逃出资的其他股东、董事、高级管理人员或者实际控制人对此承担连带责任的，人民法院应予支持。”本题中，夏某抽逃出资，公司及公司其他股东可以要求夏某补足出资，故A、C两项正确。

关于B项，司法部答案认为B项正确，其理由是：马某帮助夏某实施抽逃出资的行为，需要对夏某补足出资承担连带责任，故B项正确。问题在于马某并非《公司法解释（三）》第14条第1款所规定的公司股东、实际控制人或者高管，其行为无法实际适用《公司法解释（三）》第14条第1款，司法部认为B项正确，乃是类推适用《公司法解释（三）》第14条第1款，实际上认为一切帮助股东抽逃出资的人都要对股东补足出资承担连带责任，此种见解是否妥当，还有待研究。

《公司法解释（三）》第14条第2款规定：“公司债权人请求抽逃出资的股东在抽逃出资本息范围内对公司债务不能清偿的部分承担补充赔偿责任、协助抽逃出资的其他股东、董事、高级管理人员或者实际控制人对此承担连带责任的，人民法院应予支持；抽逃出资的股东已经承担上述责任，其他债权人提出相同请求的，人民法院不予支持。”据此，榴风公司的债权人可以要求夏某在抽逃出资的范围内对其债权不能获得公司清偿的部分承担补充责任，但债权人无权要求夏某补足出资，故D项错误。

23. 答案：AC。本题考查股份有限公司的公开募集程序。《公司法》第87条规定，发起人向社会公开募集股份，应当由依法设立的证券公司承销，签订承销协议。据此，A项正确。《公司法》第88条第1款规定，发起人向社会公开募集股份，应当同银行签订代收股款协议。据此，应当由发起人而不是证券公司与银行签订股款代收协议，故B项错误。《公司法》第89条第1款规定，发行股份的股款缴足后，必须经依法设立的验资机构验资并出具证明。发起人应当自股款缴足之日起30日内主持召开公司创立大会。创立大会由发起人、认股人组成。据此，C项正确。《公司法》第90条第2款规定，创立大会行使下列职权：(1) 审议发起人关于公司筹办情况的报告；(2) 通过公司章程；(3) 选举董事会成员；(4) 选举监事会成员；(5) 对公司的设立费用进行审核；(6) 对发起人用于抵作股款的财产的作价进行审核；(7) 发生不可抗力或者经营条件发生重大变化直接影响公司设立的，可以作出不设立公司的决议。据此，公司创立大会可以选举董事会成员与监事会成员，但公司总经理并非由选举产生。《公司法》第113条第1款规定，股份有限公司设经理，由董事会决定聘任或者解聘。据此，D项错误。

三、不定项选择题

1. 答案：(1) D。根据《公司法》第15条规定，公司不得成为对所投资企业的债务承担连带责任的出资人。合伙企业要求投资者对合伙债务承担无限连带责任，而这对于公司是不允许的。

(2) BD。本题考查的是董事、高级管理人员自我交易的禁止。根据《公司法》第148条第1款第4项的规定，董事、高级管理人员除公司章程的规定或股东会、股东大会同意，不得同本公司订立合同或者进行交易；高级管理人员自我交易的除外条件就是章程规定或股东会、股东大会同意，因而B、D项正确。

(3) C。本题考查的是公司债券的发行。根据《证券法》第15条规定，公开发行公司债券，应当符合下列条件：(一) 具备健全且运行良好的组织机构；(二) 最近三年平均可分配利润足以支付公司债券一年的利息；(三) 国务院规定的其他条件。公开发行公司债券筹集的资金，必须用于核准的用途，不得用于弥补亏损和非生产性支出。上市公司发行可转换为股票的公司债券，除应当符合第1款规定的条件外，还应当符合本法关于公开发行股票的条件，并报国务院证券监督管理机构核准。

发行公司债券筹集的资金，必须用于审批机关批准的用途，不得用于弥补亏损和非生产性支出。

2. 答案：(1) BD。有限责任公司的财务会计报告是由董事会负责制作，资产负债表中的所有者权益包括股东投入公司的资本以及所形成的资本公积金、盈余公积金和未分配利润。故A、C不选。

(2) CD。《企业所得税法》第18条："企业纳税年度发生的亏损，准予向以后年度结转，用以后年度的所得弥补，但结转年限最长不得超过五年。"可见，亏损企业享有长达5年的税前利润弥补亏损的权利，5年后仍有亏损，要用税后利润弥补。故A错。根据《公司法》第166条第1款的规定，公司分配当年税后利润时，应当提取利润的10%列入公司法定公积金。公司法定公积金累计额为公司注册资本的50%以上的，可不再提取。公司弥补亏损和提取公积金后所余利润，有限责任公司按照股东的出资比例分取红利。故B错，C、D对。

(3) BD。《公司法》第168条规定："公司的公积金用于弥补公司的亏损、扩大公司生产经营或者转为增加公司资本……法定公积金转为资本时，所留存的该项公积金不得少于转增前公司注册资本的百分之二十五。"故A对。必须留存3000万元×25%=750万元。故B错。法定公积金累计额为公司注册资本的50%以上的，可不再提取。故C对。法定公积金按提取的来源不同，可分为盈余公积金和资本公积金。故D错。

(4) BC。公司资本公积金的来源是股票溢价发行的溢价净额、资产评估增值的增值额、处分资产或出售资产的溢价收入、吸收合并其他公司所承受的资产余额、接受赠与财产的所得额等。

(5) C。公司的公积金包括法定公积金和任意公积金，所以，提取的公积金不必受10%比例的限制，可以超过100万元，但是公司提取任意公积金，必须由股东会决议。如果公司违反规定，在公司弥补亏损和提取法定公积金之前向股东分配利润的，应将违反规定分配的利润退还公司。

四、名词解释

1. **答案**：法定资本制又称确定资本制，是指公司在设立时，必须在公司章程中明确记载公司的资本总额，并须由股东全部认足的一种公司资本制度。它具有以下特征：

(1) 公司的资本总额须公示。

(2) 公司章程确定的资本总额在公司设立的过程中必须全部发行完毕。

(3) 股东认足股份后，需要实际缴纳股款。

(4) 公司成立后如需增加资本，必须履行变更章程、发行新股等程序。①

2. **答案**：授权资本制是指公司在设立时将公司资本总额记载于公司章程，但并不要求股东全部认足，未认购部分，由董事会在公司成立后根据业务需要随时发行新股进行募集的一种公司资本制度。它具有以下特征：

(1) 公司的资本总额须公示。

(2) 公司章程确定的资本总额在公司设立时不需要全部发行完毕。

(3) 股东认足股份后，需要实际缴纳股款。

(4) 公司成立后如需增加资本，不需要变更章程。

3. **答案**：资本维持原则是指公司在其存续过程中，应当维持与其资本额相当的实有财产。在公司成立后的存续过程中，公司的财产会因盈余、亏损、无形损耗等在价值上发生变动，使公司的资产成为一个变量，为了使公司的资本具有实际的意义，使公司资本与公司资产基本相当，切实维护交易安全和保护债权人的利益，防止公司经营中的欺诈行为，主要体现为资本维持原则。

4. **答案**：出资平等制即将公司资本划分为均等的份额，每个股东可以认购一份，也可以认购数份，各股东拥有与其出资股数相对应的份额。出资平等制下股东的出资份额，与股份有限公司的股份在形式上是相同的。它们最大的区别是，有限责任公司股东的出资证明书，即股单，不可以作为流通的标的；股份有限公司股东的出资证明书，即股票，却是一种可以流通的有价证券。

5. **答案**：普通股是指股东权一律平等，无任何差别待遇的股份。普通股是股份有限公司发行的最重要和最基本的股份。普通股的股息一般是不固定的，视公司的盈利情况而定。而且，普通股的股利分配和剩余财产分配都是在优先股之后。②

6. **答案**：优先股是指股东享有优先权的股份。优先股的内容包括股利分配的优先、剩余财产分配的优先、表决权的优先等。优先股的股息一般是固定的，不受公司经营状况的影响，具有债权的性质。③

7. **答案**：记名股是指将股东的姓名或名称记载于股东名册和股票的股份。

8. **答案**：债券是指政府、金融机构或公司依法向投资者出具的，在一定时期内按约定的条件履行还本付息义务的一种有价证券。其特点是：

(1) 债券的发行人可以是中央或地方政府，也可以是金融机构或企业；

(2) 债券是债权凭证；

(3) 债券是有期限的投资证券。

---

① 编者注：该资本制度为法国、德国公司法首创，并为许多大陆法系国家所效仿，为一种典型的公司资本制度。

② 编者注：普通股与优先股是依股东享有权益和承担风险的大小为标准对股份所进行的分类。

③ 编者注：优先股具有三个特点以区别于普通股，即优先获得股息；优先分配公司财产；一般无表决权。

9. 答案：资本公积金，是指由公司资本或资产以及其他原因所形成的公积金。其主要来源有：股票超额发行所得的净溢价额；每一营业年度内，因资产评估增值所得估价溢额，处分资产或出售资产的溢价收入；吸收合并其他公司承受的资产余额；接受赠与财产的所得额等。

五、简答题

1. 答案：股份转让是指通过转移股票所有权而转移股东权利的法律行为。股票是公司签发的证明股东持有股份的凭证，股份随股票而转让。股份转让自由是股东权的重要内容和股份公司的本质属性，对于股份公司和潜在的投资者具有重要的意义。

股份转让的方式因股票记名或不记名而有所差别。记名股票由股东以背书方式或者法律、行政法规规定的其他方式转让。若记名股票为无形股票，在我国通常是先由证券登记公司托管，然后，由证券登记公司将股票交证券交易所进行第二次托管。每一股东的持股数表现为储存于证券交易所中央电脑内的电子信息，股东本人仅持有“股东账户卡”，记载持有某种股份的总数和增减情况。记名股票转让后，由公司将受让人的姓名或者名称及住所记载于股东名册。有形记名股票的转让，受让人有义务到发行公司，申请变更股东名册，否则不得向公司主张参与股东会、分配利润等股东权。无记名股票为不要因证券，持有证券即可行使证券所有权和证券权利。因此，随股票交付而发生转让效力，转让效力脱离转让人、受让人之间的基础法律关系而存在；占有股票即为公司股东，股东权利的行使与股票的占有具有不可分之联系。

股份转让的限制包括以下几个方面：第一，发起人持有的本公司股份，自公司成立之日起一年内不得转让。第二，公司公开发行股份前已发行的股份，自公司股票在证券交易所上市交易之日起一年内不得转让。第三，公司董事、监事、高级管理人员在任职期间每年转让的股份不得超过所持有本公司股份总数的25%；所持本公司股份自股票上市交易之日起一年内不得转让。第四，公司董事、监事、高级管理人员在离职后半年内不得转让其所持有的本公司股份。第五，国家授权投资的机构转让其持有的股份，得遵守相应法律、法规规定的程序和条件。

2. 答案：授权资本制是指在公司设立时，公司资本总额虽亦应记载于公司章程，但并不要求发起人全部发行，只认足并缴付资本总额中的一部分，公司即可成立；未发行及认足部分，授权董事会根据需要，在公司成立后随时募集之公司资本制度。在授权资本制下，公司的实收资本可能微乎其微，加之资本内容复杂，显然更可能被欺诈行为所利用，削弱了对公司债权人利益的保护，因而其不足也是显而易见的。

法定资本制也因其过于严格和缺乏灵活性而在一定程度上制约着公司的发展。由于法律文化和司法制度的巨大差异，大陆法系国家在对公司资本制度进行修正时，并非对英美法系国家授权资本制予以简单复制，而是视其国情作出了不同的技术处理，实际上走的是一种折中的道路，其现行的公司资本制度在法理上被统称为折中的授权资本制，简称折中资本制。

折中资本制是介于法定资本制和授权资本制之间的一种公司资本制度，它吸收了两大资本制度的优点，既顺应了与小农经济相适应的安定观念向与生产基金相适应的效率观念、信息观念的转变，又克服了单纯的授权资本制使相对人面临过大风险的弊端，因而具有较强的生命力，代表着现代公司资本制度的发展趋势。

3. 答案：股份具有两种含义：第一，股份是股份有限公司资本的构成单位，即公司的全部资本划分为等额股份，全部股份金额的总和即为公司资本的总额；第二，股份是股东权的基础和计量单位，即股东权的享有以持有一定数额的股份为前提，股东权的大小与持有的股份数额成正比，股份是股东在公司中的法律地位的象征。股份有限公司的股份具有以下特点：

（1）股份一律平等

股份是股份有限公司资本构成的基本单位，每一股份所代表的资本都是等额的。不仅如此，每一股份所代表的股东的权利义务也是相等的，即持有同一种类相同数额股份的股东，具有同样的权利义务。

（2）股份不可再分

股份有限公司的资本划分为等额股份，因此股份是公司资本的最小计算单位，不可以对其再进行分割。股份可以为数人共有，即一个股东权的主体可以为复数。但是，共有人应推定一人行使股东权，既不可以分别行使整个股东权，也不可以将股份再次分割成若干份由各共有人分别行使。

（3）股份可以转让

股份有限公司的股份原则上可以自由转让，除非法律有特别规定。股份的自由转让权是公司法赋予股份有限公司股东的一项固有权利，除法律的特别限制外，公司不得以章程或股东会决议予以限制。股份的自由转让使股东可以随时调整自己的投资方向，这是股份有限公司与有限责任公司的主要区别之一。

（4）股份表现为股票

公司成立后，即向股东交付股票，作为股东出资的证明。与有限责任公司股东的出资证明书不同的是，股票作为一种有价证券，具有流通性，股份的持有与转让都是通过股票的持有与转让进行的。所以，股份是股票的价值内容，股票是股份的存在形式。

4. 答案：股票是股份有限公司签发的证明股东所持股份的凭证，是股份的表现形式。股票具有以下特点：

（1）股票是一种证权证券

所谓证权证券，是指证券所代表的权利已经存在，证券只是起到一种权利证书的作用。股份有限公司登记成立后，根据股东投资的股份数额发给其相应的股票，以证明其投资的事实和投资的数额。股票代表的是股东权，而股东权的产生是基于股东向公司投资而持有公司的股份，并非基于股票的制作，所以，股票仅是股东权存在的证明，是一种证权证券。同时，股票也是股东行使股东权的凭证。股东从公司分得股利、参加股东大会并行使表决权等，均要以股票的持有为依据，而且持有股票的多少，还决定着股东权利的大小。

（2）股票是一种有价证券

所谓有价证券，是指证券代表的权利是一种财产性权利，而且行使这种权利须以持有证券为前提。股票是股份的表现形式，而股份的数额表明股东的投资数额，所以，股票代表着股东投入的财产的价值，代表着股东的权利。这种价值和权利恰恰是通过股票来实现的。股东可以依其持有的股票证明并行使股东权，从公司获得收益，也可以通过股票的有偿转让使股票所代表的财产性权利货币化。

（3）股票是一种流通证券

正因为股票代表着一定的财产价值，所以股票可以作为买卖的标的在证券市场上流通。而且，股东对公司的投资具有永久性，只要公司存在，它发行的股票就会存在。股票的流通性使投资者可以随时调整投资方向，也能使社会资源得到优化配置。

（4）股票是一种要式证券

所谓要式证券，是指证券的制作及记载事项必须严格按照法律规定进行，否则，将导致证券无效。我国《公司法》对股票的形式及记载事项作出了明确规定，同时股票的制作还必须经国家证券管理部门的批准，任何个人和团体不得擅自印发股票。

（5）股票是一种风险证券

股票投资的风险是各种投资方式中最大的。其主要原因在于企业有经营风险，股票还有市场风险。股票的期限与公司的存续期限是一致的。股东购买了公司的股票后，即不得要求公司返还本金，而只能通过将股票转让给第三者收回投资。股东的投资收益与公司的经营状况密切相关。公司经营业绩好，利润多，股利就多，股票价格就高，股东就能实现投资收益；反之，公司经营业绩差，盈利少，甚至亏损，则股利就少或没有，股票价格就会下跌，股东将不能实现收益。如果公司破产，则股东可能连本金都收不回来。另外，股票价格还受经济、政治、社会等多种因素的影响，股票价格经常处于大起大落的状态，投资者一旦选择错误，则可能血本无归。

5. **答案**：《公司法》第142条规定，公司不得收购本公司股份。但是，有下列情形之一的除外：(一) 减少公司注册资本；(二) 与持有本公司股份的其他公司合并；(三) 将股份用于员工持股计划或者股权激励；(四) 股东因对股东大会作出的公司合并、分立决议持异议，要求公司收购其股份；(五) 将股份用于转换上市公司发行的可转换为股票的公司债券；(六) 上市公司为维护公司价值及股东权益所必需。公司因前款第（一）项、第（二）项规定的情形收购本公司股份的，应当经股东大会决议；公司因前款第（三）项、第（五）项、第（六）项规定的情形收购本公司股份的，可以依照公司章程的规定或者股东大会的授权，经三分之二以上董事出席的董事会会议决议。公司依照本条第一款规定收购本公司股份后，属于第（一）项情形的，应当自收购之日起十日内注销；属于第（二）项、第（四）项情形的，应当在六个月内转让或者注销；属于第（三）项、第（五）项、第（六）项情形的，公司合计持有的本公司股份数不得超过本公司已发行股份总额的百分之十，并应当在三年内转让或者注销。上市公司收购本公司股份的，应当依照《中华人民共和国证券法》的规定履行信息披露义务。上市公司因本条第一款第（三）项、第（五）项、第（六）项规定的情形收购本公司股份的，应当通过公开的集中交易方式进行。公司不得接受本公司的股票作为质押权的标的。

6. **答案**：所谓交叉持股，又称交互持股，是指企业法人互相进行投资，互相成为对方的投资人而持有对方的股权。交叉持股的具体形态可分为简单型、直线型、放射型、环形等几种基本形式。

交叉持股大致有以下负面影响：

(1) 危害资本充实，虚增资本

当企业间进行交叉持股时，虽然实质上只有同一资金在企业间辗转流通，但每经过一手，形式上各该企业的资本额就有同类的增加。结果不言而喻，当然导致各该公司资本额虚增及实质资本空洞化的结果。

(2) 损害股东权益的公平理念

由于公司持有他公司股份，其表决权系由公司经营者代表行使，在纵向之放射型或其变型的交叉持股架构下，子公司经营者受控于母公司；另外，在横向的环状型或网状型之交叉持股架构下，各企业经营者最合理的行动模式，乃是不干预他公司之经营权，以换取他公司亦不干预自己公司经营权之承诺，从而在共同默契下，各该公司经营者乃将自己持有他公司股份的表决权，委托他公司经营者代理行使，结果造成各个经营者对于交叉持股体系下之自己公司股份，享有完全的自主控制权。

(3) 妨碍证券市场正常交易秩序

首先，以交叉持股方式介入股市，若遭不当利用，就成为不法操纵股价之工具；其次，在交叉持股结构中，各企业相对于他企业几乎都居于一种“内部人”的地位，结果，交叉持股制度存在本身，似乎就有成为内线交易温床的疑虑；再次，于稳定经营支配权目定下，所为之交叉持股，经常是长时间持有而不于市场上买卖，严重者将造成市场上的筹码不足，影响市场正常供需秩序，导致少数股份买卖，亦有可能对市场股价带来大幅震荡；最后，由于交叉持股制度促使企业吸收他企业增资时发行之新股，令企业得以较无后顾之忧地发行新股，但若过分肆无忌惮地增资，将导致市场筹码超乎正常水准，而有崩盘的可能。则交叉持股实际上隐藏着引发泡沫经济的危险性。

(4) 引发企业间反竞争行为

若企业间有相互竞争关系，但却彼此交叉持股，则在获致最大利润的共同目标下，此等企业有极大的可能性会实施联合行为，操纵市场价格或产量等。同时，垂直的上中下游厂商间因交叉持股而形成一个封闭系统时，就有产生排外的可能性。

从上面的分析可以看出，交叉持有现象

对于整个经济体有许多的负面影响，因此，无论从效力、公平，还是从交易安全的角度，都应对其进行法律规制。我国《公司法》对交叉持股没有任何特别规定（只是规定公司可以向其他公司投资）。鉴于交叉持股的诸多不利因素，再加上中国特殊的证券市场环境，交叉持股的限制应先区分纵向交叉持股和横向交叉持股的不同特点，分别进行不同的法律规制。

首先，对于纵向交叉持股，应当严禁子公司取得母公司股份，若因特殊情形导致子公司不得不取得母公司的股份时，也应要求子公司必须在短时间内处理该股份。在此期间，子公司持有母公司的股份无表决权。其次，对于横向交叉持股，应当限制其持有的最高比例及表决权。

在具体做法上，有人提出以下建议：（一）限定子公司逆向其母公司投资性质为公积金；（二）限定公司向其他有限责任公司、股份有限公司的投资总额；（三）规定持股公司的通知报告及公告义务；（四）禁止有限责任公司、股份有限公司各自之间以及相互之间同时取得对方10%以上的股份。

7. **答案**：资本充实原则又称资本维持原则，是指公司在其存续过程中，应当经常保持与其资本额相当的财产。该原则不仅是大陆法系国家普遍适用的资本原则，也在英美法系国家的公司立法中得到体现。从我国的立法来看，该原则主要表现在：不得抽回出资；亏损先行弥补；无利润不得分配股利；提取法定公积金；股票的发行价格不得低于股票的面值；公司原则上不得收购本公司的股票；公司不得接受本公司的股票作为质物等。

8. **答案**：股票是股份有限公司发行的证明股东持有公司股份的要式证券。公司债券是指公司依照法定程序发行的，约定在一定期限内还本付息的有价证券。公司债券与股票同属有价证券，都是公司筹措资金的一种有效形式，但二者有如下不同：

	债　券	股　票
持有人的法律地位不同	债券的持有人为公司的债权人	股票的持有人为公司的股东
体现的法律关系不同	公司债券体现的是借贷关系，为公司的债权人	股票持有人为投资人，与公司之间属于股东与公司的关系
风险不同	债券持有人在债券到期时可以得到本金和利息，一般不受市场行情和公司经营业绩的影响	股票的价值受市场行情和公司经营业绩的影响，波动较大
发行程度不同	公司债券的发行实行审批制	根据公司法和证券法的有关规定，股票的发行实行核准制
代表的财产的性质不同	债券所代表的财产是公司的临时性财产，为了保证债权人的利益，公司在发行债券时，应当提供相应的担保或者制定一定的偿债措施	股票代表的是公司的永久性的财产，发行股票无须提供担保

9. **答案**：转让出资是指公司的股东把自己所持有的出资份额转让与他人，使他人成为公司股东的行为。

有限责任公司股东转让出资受到公司性质的限制。根据我国《公司法》的规定，股东之间可以相互转让其全部或者部分出资。如果向股东以外的人转让出资，必须经全体股东过半数同意。不同意转让的股东应购买该转让的出资，如果不购买该转让的出资，视为同意转让。经股东同意转让的出资，在同等条件下，其他股东对该出资有优先受让权。股东依法转让其出资，应办理转让手续。

有限责任公司转让出资的条件：(1) 有限责任公司股东之间可以相互转让其全部出资或者部分出资。(2) 股东向股东以外的人转让其出资时，必须经全体股东过半数同意；不同意转让的股东应当购买该转让的出资，如果不购买该转让的出资视为同意转让。这里要明确两点：一是在公司股东之间转让出资是完全自由的；二是如果股东向股东以外的人转让，则要经过其他股东同意，但也不是要经过每一个股东的同意，而只要全体股东过半数同意就行，不同意转让的股东不仅有否决权，他们还有购买该转让出资的义务，如果不购买的，就要被视为同意转让，这里是既加以限制，又使股东转让出资在一定条件下有路可走，这也是从根本上肯定了转让出资的权利。(3) 经股东同意转让的出资，在同等条件下，其他股东对该出资有优先购买权。也就是说本公司股东有优先受让权，它的作用是有利于维护公司的人合因素，有益于公司稳定。实现这项权利的前提为同等条件才能先买，而并非绝对的优先受让。

六、论述题

1. 答案：公司债又称公司债券，是指公司为筹措长期资金，就其所需资金总额分割为多数单位金额，依照法定程序向社会公众集团发行的、大量的负担金钱债务，并约定在一定期限还本付息的有价证券。我国的公司债券具有以下特征：(1) 发行公司债券的主体包括股份有限公司和有限责任公司。(2) 公司债券是公司就所需资金总数分割为多数单位金额而负担债务之证券。(3) 公司债券是一种要式证券。公司债券的制作和记载必须按照公司法规定的方式进行。(4) 公司债券是一种有价证券。公司债券是公司债的表现形式，它所表示的是，债券持有人作为公司的债权人享有债权，即债券持有人享有按照约定期限取得利息、收回本金的权利；发行债券的公司作为向社会公众借债的债务人，负有按照约定期限向债券所有人还本付息的义务。作为一种有价证券，公司债券可以自由流通转让、抵押和继承。(5) 公司债券持有人具有广泛性。由于公司债券是公司向社会公众公开募集的，因此公司债券持有人具有广泛性，包括特定人和不特定人。前者如记名公司债券持有人，后者如不记名公司债券持有人。

公司发行公司债券关系到公众投资者的利益。为了保护公司债权人的权利，《证券法》第15条第1款规定："公开发行公司债券，应当符合下列条件：(一) 具备健全且运行良好的组织机构；(二) 最近三年平均可分配利润足以支付公司债券一年的利息；(三) 国务院规定的其他条件。"第3款规定：上市公司发行可转换为股票的公司债券，除应当符合第一款规定的条件外，还应当遵守本法第十二条第二款的规定。但是，按照公司债券募集办法，上市公司通过收购本公司股份的方式进行公司债券转换的除外。此外，按照本条第2款的规定，公司发行债券募集的资金，必须用于审批机关批准的用途，不得用于弥补亏损和非生产性支出。如不得用于房地产买卖、股票买卖和期货交易等与本公司生产经营无关的风险性投资。

依照我国公司法的规定，公司发行债券应按以下程序进行：第一，股份有限公司和有限责任公司发行债券，应由董事会制订发行公司债券的方案，提交股东会审议作出决议。国有独资公司发行公司债券，由国有资产监督管理机构作出决定。第二，公司应当向国务院授权部门或国务院证券监督管理机构提出发行公司债券的申请，并提交包括公司营业执照、公司章程、公司债券募集办法和资产评估报告和验资报告在内的有关文件。第三，国务院证券管理部门对公司提交的发行公司债券的申请进行审查，对符合公司法规定的，予以批准；对不符合规定的不予批准。第四，按照签订承销协议、公告公司债券募集办法、认购公司债券、置备存根簿的程序募集公司债券。

我国《证券法》第17条还对公司再次发行公司债券作了限制性规定，即具备法定条件和按照法定程序经批准已发行过公司债券的公司，有下列两种情形之一的，不得再次发行公司债券：(1) 对已公开发行的公司债券或者其他债务有违约或者延迟支付本息的事实，仍处于继续状态；(2) 违反本法规定，改变公开发行公司债券所募资金的用途。

如果公司发行的是可转换为股票的公司债券，那么，债券持有人可以按照公司债券募集办法中规定的转换条件、转换期间和转换程序等选择将公司债券转换为股票或选择不转换为股票。

公司债券还可以转让。按照我国公司法的规定，公司债券的转让应当在依法设立的证券交易场所进行，公司债券的转让价格，由转让人与受让人约定。记名公司债券，由债券持有人以背书方式或者法律、行政法规规定的其他方式转让，公司还须将受让人的姓名或者名称及住所记载于公司债券存根簿。无记名公司债券，由债券持有人在依法设立的证券交易场所将该债券交付给受让人后即发生转让的效力。

发行公司债券的公司，应当按照公司债券上所记载的偿还期限和还本付息的方式，按期向公司债券持有人还本付息。

由于公司债是一种集团性、长期性的债务，能够如期偿还对广大投资者的利益关系重大，对社会经济秩序的稳定也非常重要，因此建立有效的公司债监管制度是很有必要的。我国公司法目前还没有全面设计这一制度，应在借鉴他国相关制度的基础上认真考察我国的实际情况，从而切实保障我国广大投资者的利益，保护我国证券市场稳步发展。

2. 答案：我国《公司法》中资本维持原则主要体现在以下几个方面：

（1）不得抽回出资。股东向公司投资后，便将其对投资财产的所有权让渡给公司以换取股权，不得随意撤资。我国《公司法》第35条规定："公司成立后，股东不得抽逃出资。"第91条规定："发起人、认股人缴纳股款或者交付抵作股款的出资后，除未按期募足股份、发起人未按期召开创立大会或者创立大会决议不设立公司的情形外，不得抽回其股本。"

（2）亏损先行弥补。亏损意味着公司资产的减少，若不及时弥补，必将导致公司的实有财产价值低于公司资本的价值。因此，我国《公司法》第166条第2款规定："公司的法定公积金不足以弥补以前年度亏损的，在依照前款规定提取法定公积金之前，应当先用当年利润弥补亏损。"

（3）无利润不得分配股利。在公司没有利润的情况下，向股东分配股利无异于公司的减资。因此，我国公司法规定公司进行分配的是税后利润，即要求不仅无利润不能进行分配，而且在缴纳所得税之前也不能进行分配。

（4）提取法定公积金。根据《公司法》第166条第1款的规定，公司分配当年税后利润时，应当提取利润的百分之十列入公司法定公积金。公积金的用途在于弥补公司的亏损，扩大公司生产经营或者转为增加公司资本。这一规定也是为了防止公司滥分股利，以保证公司有较高的偿债能力和充足的发展后劲。

（5）股票的发行价格不得低于股票的面值。股票是股份有限公司股份的外在表现形式，股票面值的总和即为公司的资本总额。为维持公司的资本与实有资产相当，《公司法》第127条规定："股票发行价格可以按票面金额，也可以超过票面金额，但不得低于票面金额。"

（6）公司原则上不得收购本公司的股票。股份有限公司通过发行股份的方式筹集资本，股票是股东的出资证明。如果公司在股票交易市场上收购自己发行的股票，就会成为自己的股东，实际上造成公司资本的减少。因此，《公司法》第142条第1款规定："公司不得收购本公司股份。但是，有下列情形之一的除外：（一）减少公司注册资本；（二）与持有本公司股份的其他公司合并；（三）将股份用于员工持股计划或者股权激励；（四）股东因对股东大会作出的公司合并、分立决议持异议，要求公司收购其股份；（五）将股份用于转换上市公司发行的可转换为股票的公司债券；（六）上市公司为维护公司价值及股东权益所必需。"

（7）公司不得接受本公司的股票作为质物。公司在对外经济活动中，可以要求债务人提供担保。如果公司接受本公司发行的股票作为担保，一旦债务人到期不能清偿债务，则公司将有权行使该股票所代表的股权。而这样的结果，与公司收购本公司发行的股票是一样的。因此，我国《公司法》第

142 条第 5 款规定："公司不得接受本公司的股票作为质押权的标的。"

3. 答案：公积金，是指公司为了弥补公司的亏损，扩大公司生产经营或者转为增加公司资本，依照法律或者公司章程的规定，从公司盈余或资本中提取的积累资金。从形成公积金的来源来看，公积金可以分为盈余公积金和资本公积金。不同的公积金，其提取方式和使用范围不同。

（1）盈余公积金

盈余公积金是指从公司盈余中提取的累积资金。根据盈余公积金提取的方式的不同，可将盈余公积金分为法定公积金和任意公积金。

法定公积金是指基于法律的规定而强行提取的公积金。《公司法》第 166 条第 1 款规定，公司分配当年税后利润时，应当提取利润的百分之十列入公司法定公积金。公司法定公积金累计额为公司注册资本的百分之五十以上的，可以不再提取。第 2 款规定，公司的法定公积金不足以弥补以前年度亏损的，在依照前款规定提取法定公积金之前，应当先用当年利润弥补亏损。第 3 款规定，公司从税后利润中提取法定公积金后，经股东会或者股东大会决议，还可以从税后利润中提取任意公积金。

（2）资本公积金

资本公积金是指依照法律规定，将特定的公司资本或者特定的项目列入资本公积金账户的积累资金。由于资本公积金主要表现为公司以超过股票票面价值发行股份所获得的股票溢价，或者出资人缴纳出资的溢价，因此，在早期的资产负债表中，资本公积金账户又被直接称为"股本溢价"账户。然而，随着现代企业经营和业务的日趋复杂化，在资本公积账户上不仅包括所有人的出资以及经营积累，还包括给予特定会计处理程序引起的项目。

我国《公司法》第 167 条规定，股份有限公司以超过股票票面金额的发行价格发行股份所得的溢价款以及国务院财政部门规定列入资本公积金的其他收入，应当列为公司资本公积金。从我国公司法的规定来看，资本公积金的构成包括两个方面：一是股份有限公司以超过股票票面金额的发行价格发行股份所得的溢价款；二是国务院财政主管部门规定列入资本公积金的其他收入。

对于公积金的使用范围，我国《公司法》第 168 条规定，公司的公积金用于弥补公司的亏损、扩大公司生产经营或者转为增加公司资本。但是，资本公积金不得用于弥补公司的亏损。法定公积金转为资本时，所留存的该项公积金不得少于转增前公司注册资本的百分之二十五。

4. 答案：2013 年、2018 年对《公司法》的修改集中围绕资本制度的改革，主要涉及三个方面：

（1）注册资本登记条件放宽。除法律、行政法规以及国务院决定对特定行业注册资本最低限额另有规定的外，取消注册资本最低限额规定。一般情况下，设立有限责任公司（包括一人有限责任公司）、股份有限公司均不再有最低注册资本限制。同时，不再限制全体股东（发起人）的首次出资比例，不再限制货币出资金额占注册资本的比例，不再限制股东（发起人）缴足出资的期限。法定最低资本额的大幅降低，一方面，拆除了中小投资者进入市场参与竞争的障碍，有利于保持必要的市场竞争繁荣经济，同时也与我国现有的经济状况和发展水平相适应。另一方面，适度的最低限额规定，有效避免了因滥设公司可能衍生的维持社会经济秩序的高成本，同时公司拥有最基本的物质条件，可保障成立后的正常生产经营之需，避免了空壳公司的产生。

（2）实行注册资本认缴登记制。除法律、行政法规以及国务院决定对特定行业或特定类型的公司实行注册资本实缴制度外，其他公司以及非公司制企业法人都实行认缴制。公司实收资本不再作为登记事项，公司登记时也无须提交验资报告。

目前，暂不实行注册资本认缴登记制而仍实行实缴制的行业或企业类型，主要是采取募集方式设立的股份有限公司、商业银行、汽车金融公司、证券公司、保险公司、农村信用合作联社、小额贷款公司、直销企业等。

(3) 股东出资额、出资时间和方式，不再作为公司登记事项。股东对其认缴出资额、出资方式、出资期限等自主约定，并记载于公司章程。发生变化的，应当修改公司章程并向公司登记机关依法申请办理公司章程或者公司章程修正案备案。

5. 答案：针对各国公司法律的规定，公司法学者将公司资本制度大概归纳为三种：法定资本制度（实缴资本制度）、授权资本制度（认缴资本制度）及折中资本制度。

我国1993年《公司法》采取的是法定资本制度，2005年修正的《公司法》在保持法定资本制度的同时对设立公司的门槛略微有些降低，将强势的法定资本制度修改为法定资本分期认缴的资本制度。

2013年10月25日，国务院常务会议作出决定，推进公司注册资本登记制度改革，放宽注册资本登记条件，除法律、法规另有规定外，取消公司最低注册资本限制条件，公司实收资本不再作为登记事项等。2018年《公司法》修改仍然保持了2013年版的修改内容，修改的条文均涉及公司资本制度，将实缴登记制改为认缴登记制，取消了注册资本的最低限额、分期认缴期限、首付出资比例及出资财产形式的限制等规定，实行由公司股东（发起人）在公司章程中约定认缴出资额、出资方式、出资期限等。

(1) 取消对公司注册资本最低限额的限制。除法律、行政法规以及国务院决定对有限责任公司或者股份有限公司的注册资本最低限额另有规定外，取消有限责任公司最低注册资本3万元、一人有限责任公司最低注册资本10万元、股份有限公司最低注册资本500万元的限制。这意味着，公司设立向所有的市场主体放开，注册资本不因公司形式的不同而有不同的要求，公司股东（发起人）可以不受注册资本多少的影响自主决定设立有限责任公司或者股份有限公司。

(2) 取消对公司注册资本实缴的限制。除法律、行政法规以及国务院决定对有限责任公司或者股份有限公司的注册资本实缴另有规定外，取消有限责任公司股东或者发起设立的股份有限公司的发起人的首次出资比例和最长缴足期限。

(3) 取消对公司货币出资的比例限制。这意味着，有限责任公司股东或者股份有限公司的发起人可以用货币、实物、知识产权、土地使用权等可用货币估价并可依法转让的非货币财产的一种或者几种出资，出资方式不再作任何限制，公司注册资本可以不用货币出资。

(4) 取消公司登记提交验资证明的要求，公司营业执照不再记载“实收资本”事项。这意味着，自2014年3月1日起，股东缴纳出资后，不再要求必须经依法设立的验资机构验资并出具证明，公司登记机关也不再要求提供验资证明，不再登记公司股东的实缴出资情况，公司营业执照不再记载实收资本事项。

6. 答案：股东会决议瑕疵包括：(1) 股东会决议内容瑕疵。对于内容上的瑕疵，是股东会决议内容违反法律实体性规范及维持公司组织体的基本原则的情形，决议无效则决议自始无效，即股东会决议从形成之日起就不具有法律效力。对于决议有效性出现争议时，应交由法院进行审理确定。对股东会决议无效的类型，在司法实务界，济南中院将其概括为以下三类：一是内容违反法律原则，如违反公序良俗原则；二是决议内容违反有限责任公司本质，如违反股东平等原则、违反股东有限责任原则；三是决议内容违反强行法的规定，如违反盈余分配原则、违反股权转让规定等。(2) 股东会决议程序瑕疵。股东会程序上的瑕疵则主要表现为召集程序瑕疵和表决方式瑕疵。

股东会决议瑕疵的法律救济：(1) 股东会决议瑕疵之诉的适格原告。我国股东会决议瑕疵诉讼的适格原告为公司股东，即被记载于公司名册并经登记的自然人、法人或其他组织。但是，如果股东已经出席股东会并未在当场对股东会召集程序和决议方式提出异议，可视为该股东认可了上述方式，那么在决议形成后，该股东就不能对决议提起程序瑕疵的撤销之诉讼；如果经过有效通知，股东未出席也未委托他人代为出席股东会，在股东会决议形成后，该股东原则上也不应享有股东会决议瑕疵诉讼原告的资格。(2) 股东会决议瑕疵之诉的适格被告。股东会作为公司的权力机关和决策机关，如股东会的内容或程序或表决方式存在瑕疵，股东提起股东会决议程序瑕疵之诉将导致决议被撤销。股东会决议以少数服从多数的原则通过公司的股东会决议，如出现瑕疵，其解除的结果也应当由公司承受，故此公司为股东会决议程序瑕疵之诉的适格被告。

七、案例分析题

1. 答案：（1）两项议案均属违法，不得实施。(2) 根据我国《公司法》关于利润分配的规定，税后利润必须首先提取 10% 的法定公积金才能分红。(3) 股东持有的公司已发行的股份，其处置权归属于每个股东，股东大会决议无权作出质押决定。(4) 董事会不应将产生违法后果的议案提交股东大会讨论。

2. 答案：(1) 根据修订后《公司法》和《证券法》的相关规定，公司债券的发行主体包括股份有限公司。该公司是国有独资公司具有发行公司债券的资格。吸收自然人股东的进入只要不改变有限责任公司的性质的，公司就不丧失发行债券的资格。

(2) 公司累计发行债券总额不能超过公司净资产额的 40%，即 1 亿元×40% = 4000 万元，3 年前发行 1 年期公司债券 1000 万元，由于此次债券已过清偿期限 2 年，已偿还的公司债券不会影响累计发行债券总额；2 年前发行 3 年期公司债券 1200 万元，由于此次债券的清偿期未到，因此，应从发行总额中扣除，即 4000 万元－1200 万元＝2800 万元。该公司本次拟发行公司债券 3000 万元是不符合法律规定的。

(3) 法律规定公司债券的利率不得超过国务院限定的利率水平，若同期银行存款利率是 8%，本公司债券 25% 的利率是不合法的。

(4) 公司债券的发行价格可以高于或低于债券票面金额，既可以溢价发行也可以折价发行。

(5) 不合法之处：①发行公司债券募集的资金的 20% 来弥补上一年度亏损就违反了法律规定，发行公司债券募集的资金必须用于审批机关批准的用途，不得用于弥补亏损和非生产性支出；②该公司为发行公司债券，专门成立了公司债券发行委员会，负责本次公司债券的具体销售工作也是不符合法律规定的。因为公司在向国务院证券监督管理部门报批时，要求提交的公司债券募集办法中规定必须载明公司债券的承销机构，因此，承销发行是我国公司债券的法定发行方式。

3. 答案：(1) 甲股东以三辆重型自卸车出资符合公司法的规定，但是根据《公司法》第 27 条的规定，应当经过资产评估才能生效。

(2) 债权人不能申请将该公司运营的三辆自卸车作诉前保全，因为该三辆自卸车不属于债务人。

(3) 公司股东的辩解没有法律依据，因为甲股东的车辆没有过户，所以视为出资未缴付，股东应当在此范围内承担清偿责任。

(4) 债权人若不服，可以根据公司法的规定，诉请甲股东在未缴付出资 90 万元的范围内承担清偿责任。

4. 答案：（1）甲公司行为违法。根据《证券法》第 14 条的规定，上市公司对发行股票所募集的资金，必须按照招股说明书所列的资金用途使用。改变招股说明书所列资金用途，必须经股东大会批准。因此，甲公司未经股东大会批准而改变招股说明书所列资金的用途，属于违法行为。

(2) 证券法规定，上市公司擅自改变用途而未经纠正的或者未经股东大会许可的，不得发行新股。故本案中甲公司发行新股的计划将落空。

(3) 股东可依法对董事会违反法律、行政法规且侵犯股东合法权益的决议，向人民法院起诉，要求停止该违法行为。

5. **答案**：(1) 该股份有限公司在设立过程中多次违反法律的规定，主要有：

①作为发起人，仅认购2000万元的股份，少于股份总额6000万元的35%；

②将国有资产低价折股：实价为550万元，折股500万元。

(2) 有效。如果该公司成立，则合同的法律效果由成立后的公司承担，如果公司不能成立，则该合同的法律效果由发起人承担。

(3) 股份有限公司不能成立的，发起人应对设立行为所产生的债权和费用承担连带责任；对认股人已缴纳的股款，应负返还股款并加算银行同期存款利息的连带责任。

第十一章　股东与股权

基础知识图解

- 股东与股权
  - 股东
    - 股东概述
    - 股东的法律地位：享有股东权、股东平等原则
    - 股东的权利与义务
  - 股权
    - 概念和种类：自益权与共益权；固有权与非固有权
    - 股权的性质：股权所有权说、股权债权说
    - 股权的行使

配套测试

一、单项选择题

1. 汪某为兴荣有限责任公司的股东，持股34%。2017年5月，汪某因不能偿还永平公司的货款，永平公司向法院申请强制执行汪某在兴荣公司的股权。关于本案，下列哪一选项是正确的？(　　)（司考2017.3.28）

A. 永平公司在申请强制执行汪某的股权时，应通知兴荣公司的其他股东

B. 兴荣公司的其他股东自通知之日起1个月内，可主张行使优先购买权

C. 如汪某所持股权的50%在价值上即可清偿债务，则永平公司不得强制执行其全部股权

D. 如在股权强制拍卖中由丁某拍定，则丁某取得汪某股权的时间为变更登记办理完毕时

2. 甲、乙、丙三人拟成立一家小规模商贸有限责任公司，注册资本为8万元，甲以一辆面包车出资，乙以货币出资，丙以实用新型专利出资。对此，下列哪一表述是正确的？(　　)

A. 甲出资的面包车无须移转所有权，但须交公司管理和使用

B. 乙的货币出资不能少于2万元

C. 丙的专利出资作价可达到4万元

D. 公司首期出资不得低于注册资本的30%

3. 以下关于公司财务会计报告公布的说法正确的是(　　)。

A. 股份有限公司的财务会计报告应当按照公司章程规定的期限内送交各股东

B. 以发起设立方式成立的股份有限公司必须公告其财务会计报告

C. 有限责任公司的财务会计报告应当在召开股东会前的20日置备于该公司供股东查询

D. 以募集方式成立的股份有限公司必须公告其财务会计报告

4. 公司法中关于保护债权人利益有一系列规定，在下列的规范中，哪一个目的主要不是在于保护债权人的利益？(　　)

A. 有限责任公司在公司登记成立后，不得抽回出资

B. 在公司弥补亏损和提取法定公积金前，不得向股东分配利润

C. 公司应当自作出减资决议之日起10日内通知债权人，并于30日内在报纸上公告

D. 股份公司应该将财务会计报告置备于本公司

5. 上市公司必须按照法律、行政法规的规定，公开其财务状况，在每会计年度内（　）。
A. 半年公布一次财务会计报告
B. 1年公布一次财务会计报告
C. 1个季度公布一次财务会计报告
D. 1个月公布一次财务会计报告

6. 关于股东的表述，下列哪一选项是正确的？（　）
A. 股东应当具有完全民事行为能力
B. 股东资格可以作为遗产继承
C. 非法人组织不能成为公司的股东
D. 外国自然人不能成为我国公司的股东

7. 甲与乙为一有限责任公司股东，甲为董事长。2014年4月，一次出差途中遭遇车祸，甲与乙同时遇难。关于甲、乙股东资格的继承，下列哪一表述是错误的？（　）（司考2014.3.26）
A. 在公司章程未特别规定时，甲、乙的继承人均可主张股东资格继承
B. 在公司章程未特别规定时，甲的继承人可以主张继承股东资格与董事长职位
C. 公司章程可以规定甲、乙的继承人继承股东资格的条件
D. 公司章程可以规定甲、乙的继承人不得继承股东资格

8. 甲、乙、丙是某有限公司的股东，各占52%、22%、26%的股份。乙欲对外转让其所拥有的股份，丙表示同意，甲表示反对，但又不愿意购买该股份。乙便与丁签订了一份股份转让协议，约定丁一次性将股权转让款支付给乙。此时甲表示愿以同等价格购买，只是要求分期付款。对此各方发生了争议。下列哪一选项是错误的？（　）（司考2007.3.30）
A. 甲最初表示不愿意购买即应视为同意转让
B. 甲后来表示愿意购买，则乙只能将股份转让给甲，因为甲享有优先购买权
C. 乙与丁之间的股份转让协议有效
D. 如果甲、丙都行使优先购买权，就购买比例而言，如双方协商不成，则双方应按照2∶1的比例行使优先购买权

9. 甲、乙、丙拟共同出资50万元设立一有限公司。公司成立后，在其设置的股东名册中记载了甲、乙、丙3人的姓名与出资额等事项，但在办理公司登记时遗漏了丙，使得公司登记的文件中股东只有甲、乙2人。下列哪一说法是正确的？（　）（司考2012.3.26）
A. 丙不能取得股东资格
B. 丙取得股东资格，但不能参与当年的分红
C. 丙取得股东资格，但不能对抗第三人
D. 丙不能取得股东资格，但可以参与当年的分红

10. 严某为鑫佳有限责任公司股东。关于公司对严某签发出资证明书，下列哪一选项是正确的？（　）（司考2014.3.27）
A. 在严某认缴公司章程所规定的出资后，公司即需签发出资证明书
B. 若严某遗失出资证明书，其股东资格并不因此丧失
C. 出资证明书须载明严某以及其他股东的姓名、各自所缴纳的出资额
D. 出资证明书在法律性质上属于有价证券

11. 某市房地产主管部门领导张大伟退休后，与其友张三、李四共同出资设立一家房地产中介公司。张大伟不想让自己的名字出现在公司股东名册上，在未告知其弟张小伟的情况下，直接持张小伟的身份证等证件，将张小伟登记为公司股东。下列哪一表述是正确的？（　）
A. 公司股东应是张大伟
B. 公司股东应是张小伟
C. 张大伟和张小伟均为公司股东
D. 公司债权人有权请求张小伟对公司债务承担相应的责任

12. 2014年5月，甲、乙、丙三人共同出资设立一家有限责任公司。甲的下列哪一行为不属于抽逃出资的行为？（　）（司考2014.3.29）
A. 将出资款项转入公司账户验资后又转出去
B. 虚构债权债务关系将其出资转出去
C. 利用关联交易将其出资转出去
D. 制作虚假财务会计报表虚增利润进行分配

13. 张某是红叶有限公司的小股东，持股5%；同时，张某还在枫林有限公司担任董事，而红叶公司与枫林公司均从事保险经纪业务。红叶公司多年没有给张某分红，张某一直对其会计账簿存有疑惑。关于本案，下列哪一选项是正确的？（　　）（司考2016.3.26）

A. 张某可以用口头或书面形式提出查账请求

B. 张某可以提议召开临时股东会表决查账事宜

C. 红叶公司有权要求张某先向监事会提出查账请求

D. 红叶公司有权以张某的查账目的不具正当性为由拒绝其查账请求

14. 李某是沃运股份有限公司的发起人和董事之一，持有公司15%的股份。因公司未能上市，唐宁对沃运公司的发展前景担忧，欲将所持股份转让。关于此事，下列哪一说法是正确的？（　　）（司考2016.3.29）

A. 李某可要求沃运公司收购其股权

B. 李某可以不经其他股东同意对外转让其股份

C. 若章程禁止发起人转让股份，则李某的股份不得转让

D. 若李某出让其股份，其他发起人可依法主张优先购买权

15. 李桃是某股份公司发起人之一，持有14%的股份。在公司成立后的两年多时间里，各董事之间矛盾不断，不仅使公司原定上市计划难以实现，更导致公司经营管理出现严重困难。关于李桃可采取的法律措施，下列哪一说法是正确的？（　　）

A. 可起诉各董事履行对公司的忠实义务和勤勉义务

B. 可同时提起解散公司的诉讼和对公司进行清算的诉讼

C. 在提起解散公司诉讼时，可直接要求法院采取财产保全措施

D. 在提起解散公司诉讼时，应以公司为被告

16. 2017年12月8日，张三、李四、王五共同出资成立英华装饰有限公司。2018年6月8日，李四不幸因病去世，李四之妻华晓文欲继承李四名下的股权，张三、王五主张优先购买该股权。关于继承问题，该公司章程没有规定，下列哪一选项是错误的？（　　）

A. 李四之妻华晓文能够依法继承李四的股东资格

B. 李四之妻华晓文继承李四的股东资格需要张三、王五一致同意

C. 张三、王五不能主张优先购买权

D. 如公司章程规定继承时有优先购买权，则张三、王五能主张优先购买权

17. 马丁等六人等份投资入股经营一家芯动有限公司，并在白云街租赁一商铺主要经营名贵包包等奢侈品买卖。由于奢侈品消费市场低迷，经营效益低下，在公司章程规定的三年经营期限到期之后，马丁不同意公司继续经营，但其他股东却一致通过公司继续经营的决议。关于本案，下列哪一项表述是正确的？（　　）

A. 其他股东一致通过的决议使得原处于自动解散状态的公司又自动恢复主体资格

B. 投反对票的马丁可以章程规定的经营期限届满为由向法院提起解散公司之诉

C. 因马丁反对公司继续经营，其有权要求芯动公司按市值收购自己的股权

D. 因马丁反对公司继续经营，其有权要求其他股东按市值收购自己的股权

二、多项选择题

1. 国有独资公司股东权由（　　）。

A. 国有独资公司股东会行使

B. 国有资产监督管理机构亲自行使

C. 国有独资公司董事会经过授权也可以行使部分股东的职权

D. 国有独资公司监事会行使

2. 关于有限责任公司股东名册制度，下列哪些表述是正确的？（　　）（司考2014.3.69）

A. 公司负有置备股东名册的法定义务

B. 股东名册须提交于公司登记机关

C. 股东可依据股东名册的记载，向公司主张行使股东权利

D. 就股东事项，股东名册记载与公司登记之间不一致时，以公司登记为准

3. 甲为某有限公司股东，持有该公司15%的表决权股。甲与公司的另外两个股东长期意见不合，已两年未开成公司股东会，公司经营管理出现困难，甲与其他股东多次协商未果。在此情况下，甲可以采取下列哪些措施解决问题？(　　)

A. 请求法院解散公司

B. 请求公司以合理的价格收购其股权

C. 将股权转让给另外两个股东退出公司

D. 经另外两个股东同意撤回出资以退出公司

4. 甲持有硕昌有限公司69%的股权，任该公司董事长；乙、丙为公司另外两个股东。因打算移居海外，甲拟出让其全部股权。对此，下列哪些说法是错误的？(　　)　（司考2015. 3. 70）

A. 因甲的持股比例已超过2/3，故不必征得乙、丙的同意，甲即可对外转让自己的股权

B. 若公司章程限制甲转让其股权，则甲可直接修改章程中的限制性规定，以使其股权转让行为合法

C. 甲可将其股权分割为两部分，分别转让给乙、丙

D. 甲对外转让其全部股权时，乙或丙均可就甲所转让股权的一部分主张优先购买权

5. 胡铭是从事进出口贸易的茂福公司的总经理，姚顺曾短期任职于该公司，2016年年初离职。2016年12月，姚顺发现自己被登记为贝达公司的股东。经查，贝达公司实际上是胡铭与其友张莉、王威共同设立的，也从事进出口贸易。胡铭为防止茂福公司发现自己的行为，用姚顺留存的身份信息等材料，将自己的股权登记在姚顺名下。就本案，下列哪些选项是错误的？(　　)　（司考2017. 3. 69）

A. 姚顺可向贝达公司主张利润分配请求权

B. 姚顺有权参与贝达公司股东会并进行表决

C. 在姚顺名下股权的出资尚未缴纳时，贝达公司的债权人可向姚顺主张补充赔偿责任

D. 在姚顺名下股权的出资尚未缴纳时，张莉、王威只能要求胡铭履行出资义务

三、不定项选择题

1. A公司与几家公司于2002年10月采用发起设立的方式成立了B有限责任公司。其中A公司投资500万元，占全部股份的25%。2003年5月，B公司股东会经研究决定，与C有限责任公司组成一个普通合伙企业，双方对该企业的债务承担连带责任。决议作出之后，A公司认为，如果与C公司成立合伙企业，将导致A公司承担无限责任，而且由于多方关系无法理顺，该合伙企业的经营前景并不看好。于是A公司向法院起诉，要求撤销与C公司进行合伙的股东会决议。

（1）下列关于B有限责任公司对外投资权的说法哪项是最正确的？(　　)

A. 公司股东会有权决定公司的投资计划

B. 公司董事会有权决定公司的投资方案

C. 公司总经理有权组织实施公司投资方案

D. 上述说法均正确

（2）B有限责任公司股东会作出的上述合伙决议效力如何？(　　)

A. 该合伙的决议合法有效

B. 该合伙的决议无效

C. 该合伙的决议需履行必要的手续后方为有效

D. 上述说法都不正确

2. 高才、李一、曾平（均为化名）各出资40万元，拟设立“鄂汉食品有限公司”。高才手头只有30万元的现金，就让朋友艾瑟为其垫付10万元，并许诺一旦公司成立，就将该10万元从公司中抽回偿还给艾瑟。而李一与其妻闻菲正在闹离婚，为避免可能的纠纷，遂与其弟李三商定，由李三出面与高才、曾平设立公司，但出资与相应的投资权益均归李一。公司于2012年5月成立，在公司登记机关登记的股东为高才、李三、曾

平，高才为董事长兼法定代表人，曾平为总经理。

（1）公司成立后，高才以公司名义，与艾瑟签订一份买卖合同，约定公司向艾瑟购买10万元的食材。合同订立后第2天，高才就指示公司财务转账付款，而实际上艾瑟从未经营过食材，也未打算履行该合同。对此，下列表述正确的是（　　）。

A. 高才与艾瑟间垫付出资的约定，属于抽逃出资行为，应为无效

B. 该食材买卖合同属于恶意串通行为，应为无效

C. 高才通过该食材买卖合同而转移10万元的行为构成抽逃出资行为

D. 在公司不能偿还债务时，公司债权人可以在10万元的本息范围内，要求高才承担补充赔偿责任

（2）关于李一与李三的约定以及股东资格，下列表述正确的是（　　）。

A. 二人间的约定有效

B. 对公司来说，李三具有股东资格

C. 在与李一的离婚诉讼中，闻菲可以要求分割李一实际享有的股权

D. 李一可以实际履行出资义务为由，要求公司变更自己为股东

（3）2012年7月，李三买房缺钱，遂在征得其他股东同意后将其名下的公司股权以42万元的价格，出卖给王二，并在公司登记机关办理了变更登记等手续。下列表述正确的是（　　）。

A. 李三的股权转让行为属于无权处分行为

B. 李三与王二之间的股权买卖合同为有效合同

C. 王二可以取得该股权

D. 就因股权转让所导致的李一投资权益损失，李一可以要求李三承担赔偿责任

3. 紫霞股份有限公司是一家从事游戏开发的非上市公司，注册资本5000万元，已发行股份总额为1000万股。公司成立后经营状况一直不佳，至2015年年底公司账面亏损3000万元。2016年年初，公司开发出一款游戏，备受玩家追捧，市场异常火爆，年底即扭亏为盈，税后利润达7000万元。（司考2017.3.92~94）

（1）2016年年底，为回馈股东多年的付出，紫霞公司决定分配利润。此时公司的法定公积金余额仅为5万元。就此次利润分配行为，下列选项正确的是：（　　）

A. 公司应提取的法定公积金数额为400万元

B. 公司可提取法定公积金的上限为税后利润的一半，即3500万元

C. 经股东会决议，公司可提取任意公积金1000万元

D. 公司向股东可分配利润的上限为3605万元

（2）如紫霞公司在2016年年底的分配利润中，最后所提取的各项公积金数额总计为2800万元，关于该公积金的用途，下列选项正确的是（　　）。

A. 可用于弥补公司2016年度的实际亏损

B. 可将其中的1500万元用于新款游戏软件的研发

C. 可将其中1000万元的任意公积金全部用于公司资本的增加

D. 可将其中1000万元的法定公积金用于公司资本的增加

（3）进入2017年，紫霞公司保持良好的发展势头。为进一步激励员工，公司于8月决定收购本公司的部分股份，用于职工奖励。关于此问题，下列选项正确的是（　　）。

A. 公司此次可收购的本公司股份的上限为100万股

B. 公司可动用任意公积金作为此次股份收购的资金

C. 收购本公司股份后，公司可在两年内完成实施对职工的股份奖励

D. 如在2017年年底公司仍持有所收购的股份，则在利润分配时不得对该股份进行利润分配

4. 源圣公司有甲、乙、丙三位股东。2015 年 10 月，源圣公司考察发现某环保项目发展前景可观，为解决资金不足问题，经人推荐，霓美公司出资 1 亿元现金入股源圣公司，并办理了股权登记。增资后，霓美公司持股 60%，甲持股 25%，乙持股 8%，丙持股 7%，霓美公司总经理陈某兼任源圣公司董事长。2015 年 12 月，霓美公司在陈某授意下将当时出资的 1 亿元现金全部转入霓美旗下的天富公司账户用于投资房地产。后因源圣公司现金不足，最终未能获得该环保项目，前期投入的 500 万元也无法收回。陈某忙于天富公司的房地产投资事宜，对此事并不关心。请回答第（1）~（3）题。（司考 2016. 3. 92~94）

（1）针对公司现状，甲、乙、丙认为应当召开源圣公司股东会，但陈某拒绝召开，而公司监事会对此事保持沉默。下列说法正确的是：（　　）

A. 甲可召集和主持股东会
B. 乙可召集和主持股东会
C. 丙可召集和主持股东会
D. 甲、乙、丙可共同召集和主持股东会

（2）若源圣公司的股东会得以召开，该次股东会就霓美公司将资金转入天富公司之事进行决议。关于该次股东会决议的内容，根据有关规定，下列选项正确的是：（　　）

A. 陈某连带承担返还 1 亿元的出资义务
B. 霓美公司承担 1 亿元的利息损失
C. 限制霓美公司的利润分配请求权
D. 解除霓美公司的股东资格

（3）就源圣公司前期投入到环保项目 500 万元的损失问题，甲、乙、丙认为应当向霓美公司索赔，多次书面请求监事会无果。下列说法正确的是：（　　）

A. 甲可以起诉霓美公司
B. 乙、丙不能起诉霓美公司
C. 若甲起诉并胜诉获赔，则赔偿款归甲
D. 若甲起诉并胜诉获赔，则赔偿款归源圣公司

四、名词解释

1. 股东
2. 股份
3. 股东直接诉讼与股东派生诉讼（西南政法大学 2005 年考研真题）
4. 少数股东权（宁波大学 2014 年考研真题）

五、简答题

1. 简述股东权利和义务的内容。
2. 简述什么是股东代表诉讼？（武汉大学 2007 年考研真题）
3. 股份有限公司的法律含义和特征。（中南财经政法大学 2006 年考研真题）
4. 股份派生诉讼制度的相关规定。（宁波大学 2014 年考研真题）
5. 异议股东股权回购请求权的相关规定。

六、案例分析题

1. 案情： 昌顺有限公司成立于 2012 年 4 月，注册资本 5000 万元，股东为刘昌、钱顺、潘平与程舵，持股比例依次为 40%、28%、26%与 6%。章程规定设立时各股东须缴纳 30%的出资款，其余在两年内缴足；公司不设董事会与监事会，刘昌担任董事长，钱顺担任总经理并兼任监事。各股东均已按章程实际缴纳首批出资款。公司业务主要是从事某商厦内商铺的出租与管理。因该商厦商业地理位置优越，承租商户资源充足，租金收入颇为稳定，公司一直处于盈利状态。

2014 年 4 月，公司通过股东会决议，将注册资本减少至 3000 万元，各股东的出资额等比例减少，同时其剩余出资的缴纳期限延展至 2030 年 12 月。公司随后依法在登记机关办理了注册资本的变更登记。

公司盈利状况不错，但 2014 年 6 月，就公司关于承租商户的筛选、租金的调整幅度、使用管理等问题的决策，刘昌与钱顺爆发严重冲突。后又发生了刘昌解聘钱顺的总经理职务，而钱顺又以监事身份来罢免刘昌董事长的情况，虽经潘平与程舵调和却也无济于事。受此影响，公司此后竟未再召开过股东会。好在商户比较稳定，公司营收未出现下滑。

2016 年 5 月，钱顺已厌倦于争斗，要求

刘昌或者公司买下自己的股权，自己退出公司，但遭到刘昌的坚决拒绝，其他股东既无购买意愿也无购买能力。钱顺遂起诉公司与刘昌，要求公司回购自己的股权，若公司不回购，则要求刘昌来购买。一个月后，法院判决钱顺败诉。后钱顺再以解散公司为由起诉公司。虽然刘昌以公司一直盈利且运行正常等为理由坚决反对，法院仍于2017年2月作出解散公司的判决。

判决作出后，各方既未提出上诉，也未按规定成立清算组，更未进行实际的清算。在公司登记机关，该昌顺公司仍登记至今，而各承租商户也继续依约向公司交付租金。(司考2017.4.五)

问：

(1) 昌顺公司的治理结构，是否存在不规范的地方？为什么？

(2) 昌顺公司减少注册资本依法应包括哪些步骤？

(3) 刘昌解聘钱顺的总经理职务，以及钱顺以监事身份来罢免刘昌董事长职位是否合法？为什么？

(4) 法院判决不支持“钱顺要求公司与刘昌回购自己股权的诉求”是否合理？为什么？

(5) 法院作出解散公司的判决是否合理？为什么？

(6) 解散公司的判决生效后，就昌顺公司的后续行为及其状态，在法律上应如何评价？为什么？

2. 张某等兄弟五人为某食品有限公司全体股东，该公司为兄弟五人所共同出资建立。公司股东会由兄弟五人组成，张某为公司法定代表人。公司成立并经营若干年时间之后，兄弟五人析产，于是协议减少公司资本。该公司登记的公司资本为170万元。公司的实际资产则有：①现金9.3万元；②存料91万元；③制成品盘存86万元；④厂房机器设备82万元；⑤运输设备65万元；⑥盈利19.7万元，加上其他财产，共计550万元。此外，公司还拥有商标专用权，价值70万元。按张某兄弟五人的协议，从上述公司资产中剥离出280万元，由5位股东平均分配，并将公司注册资本变更为70万元。但是，该公司经理及监事认为股东此项减资协议违法，因为这样做实际上是已将公司的资产分配殆尽。但是，张某兄弟五人认为，上述行为是经公司全体股东协议同意的，也就是公司股东会的决议，公司必须执行。并且，将280万元资产分配给股东之后，公司仍有近70万元，超过了公司资本的法定最低限额，因此该项减资行为，符合《公司法》规定减资的条件，是合法有效的。

问：

(1) 张某等股东的行为是否合法？为什么？

(2) 公司的经理和监事的不同意见有无法律依据？

(3) 公司如果要分配财产应当按照什么法律程序？

3. 甲与乙分别出资60万元和240万元共同设立新雨开发有限公司（以下简称新雨公司），由乙任执行董事并负责公司经营管理，甲任监事。乙同时为其个人投资的东风有限责任公司（以下简称东风公司）的总经理，该公司欠白云公司货款50万元未还。乙与白云公司达成协议约定：若3个月后仍不能还款，乙将其在新雨公司的股权转让20%给白云公司，并表示愿就此设质。届期，东风公司未还款，白云公司请求乙履行协议，乙以“此事尚未与股东甲商量”为由搪塞，白云公司遂拟通过诉讼来解决问题。

东风公司需要租用仓库，乙擅自决定将新雨公司的一处房屋以低廉的价格出租给东风公司。

乙的好友丙因向某银行借款需要担保，找到乙。乙以新雨公司的名义向该银行出具了一份保函，允诺若到期丙不能还款则由新雨公司负责清偿，该银行接受了保函且未提出异议。

甲知悉上述情况后，向乙提议召开一次股东会以解决问题，乙以业务太忙为由迟迟未答应开会。

公司成立三年，一次红利也未分过，目

前亏损严重。甲向乙提出解散公司，但乙不同意。甲决定转让股权，退出公司，但一时未找到受让人。

问：

（1）白云公司如想通过诉讼解决与东风公司之间的纠纷，应如何提出诉讼请求？

（2）白云公司如想实现股权质权，需要证明哪些事实？

（3）针对乙将新雨公司的房屋低价出租给东风公司的行为，甲可以采取什么法律措施？

（4）乙以新雨公司的名义单方向某银行出具的保函的性质和效力如何？为什么？

（5）针对乙不同意解散公司和甲退出公司又找不到受让人的情况，甲可采取什么法律对策？

4. 2009年1月，甲、乙、丙、丁、戊共同投资设立鑫荣公司，从事保温隔热高新建材的研发与生产。该公司注册资本2000万元，各股东认缴的出资比例分别为44%、32%、13%、6%、5%。其中，丙将其对大都房地产开发有限公司所持股权折价成260万元作为出资方式，经验资后办理了股权转让手续。甲任鑫荣公司董事长与法定代表人，乙任公司总经理。

鑫荣公司成立后业绩不佳，股东之间的分歧日益加剧。当年12月18日，该公司召开股东会，在乙的策动下，乙、丙、丁、戊一致同意，限制甲对外签约合同金额在100万元以下，如超出100万元，甲须事先取得股东会同意。甲拒绝在决议上签字。此后公司再也没有召开过股东会。

2010年12月，甲认为产品研发要想取得实质进展，必须引进隆泰公司的一项新技术。甲未与其他股东商量，即以鑫荣公司法定代表人的身份，与隆泰公司签订了金额为200万元的技术转让合同。

2011年5月，乙为资助其女赴美留学，向朋友张三借款50万元，以其对鑫荣公司的股权作为担保，并办理了股权质权登记手续。

2011年9月，大都房地产公司资金链断裂，难以继续支撑，不得不向法院提出破产申请。经审查，该公司尚有资产3000万元，但负债已高达3亿元，各股东包括丙的股权价值几乎为零。

2012年1月，鉴于鑫荣公司经营状况不佳及大股东与管理层间的矛盾，小股东丁与戊欲退出公司，以避免更大损失。

问：

（1）2009年12月18日股东大会决议的效力如何？为什么？

（2）甲以鑫荣公司名义与隆泰公司签订的技术转让合同效力如何？为什么？

（3）乙为张三设定的股权质押效力如何？为什么？

（4）大都房地产公司陷入破产，丙是否仍然对鑫荣公司享有股权？为什么？

（5）丁与戊可以通过何种途径保护自己的权益？

5. 案情： 2012年5月，兴平公司与甲、乙、丙、丁四个自然人，共同出资设立大昌公司。在大昌公司筹建阶段，兴平公司董事长马玮被指定为设立负责人，全面负责设立事务，马玮又委托甲协助处理公司设立事务。

2012年5月25日，甲以设立中公司的名义与戊签订房屋租赁合同，以戊的房屋作为大昌公司将来的登记住所。

2012年6月5日，大昌公司登记成立，马玮为公司董事长，甲任公司总经理。公司注册资本1000万元，其中，兴平公司以一栋厂房出资；甲的出资是一套设备（未经评估验资，甲申报其价值为150万元）与现金100万元。

2013年2月，在马玮知情的情况下，甲伪造丙、丁的签名，将丙、丁的全部股权转让至乙的名下，并办理了登记变更手续。乙随后于2013年5月，在马玮、甲均无异议的情况下，将登记在其名下的全部股权作价300万元，转让给不知情的吴耕，也办理了登记变更等手续。

现查明：第一，兴平公司所出资的厂房，其所有权原属于马玮父亲；2011年5月，马玮在其父去世后，以伪造遗嘱的方式取得所有权，并于同年8月，以该厂房投资设立兴平公司，马玮占股80%。而马父遗产的真正继承人，是马玮的弟弟马屹。第二，甲的100万元现金出资，系由其朋友满钺代垫，且在2012年6月10日，甲将该100万元自公司账户转到自己账户，随即按约还给满钺。第三，甲出资的设备，在2012年6月初，时值130万元；在2013年1月，时值80万元。(司考2013.4. 五)

问：

(1) 甲以设立中公司的名义与戊签订的房屋租赁合同，其效力如何？为什么？

(2) 在2013年1月，丙、丁能否主张甲设备出资的实际出资额仅为80万元，进而要求甲承担相应的补足出资责任？为什么？

(3) 在甲不能补足其100万元现金出资时，满钺是否要承担相应的责任？为什么？

(4) 马屹能否要求大昌公司返还厂房？为什么？

(5) 乙能否取得丙、丁的股权？为什么？

(6) 吴耕能否取得乙转让的全部股权？为什么？

参考答案

一、单项选择题

1. **答案**：C。《公司法》第72条规定："人民法院依照法律规定的强制执行程序转让股东的股权时，应当通知公司及全体股东，其他股东在同等条件下有优先购买权。其他股东自人民法院通知之日起满二十日不行使优先购买权的，视为放弃优先购买权。"据此，在强制执行公司股权时，应当由法院通知其他股东而不是由债权人通知其他股东，故A项错误。B项，其他股东行使优先购买权的时间是20天而不是1个月，故B项错误。

   C项表述正确，公司股权在数额上可以分割，如果汪某所持股权的50%在价值上即可清偿债务，则永平公司不得强制执行其全部股权。

   《公司法》第32条第3款规定："公司应当将股东的姓名或者名称向公司登记机关登记；登记事项发生变更的，应当办理变更登记。未经登记或者变更登记的，不得对抗第三人。"据此，变更登记仅仅是股权变动的对抗要件而不是生效要件。在股权强制拍卖的情况下，因为人民法院事先已经通知了公司及其他股东，只要法院作出股权拍卖的裁定，即发生股权变动的效果，故D项错误。

2. **答案**：C。根据《公司法》第28条第1款的规定，股东应当按期足额缴纳公司章程中规定的各自所认缴的出资额。股东以货币出资的，应当将货币出资足额存入有限责任公司在银行开设的账户；以非货币财产出资的，应当依法办理其财产权的转移手续。本题中甲以一辆面包车出资，应当转移面包车的所有权于公司，而并非仅交公司管理和使用，故选项A错误。根据2018年修订的《公司法》，公司实收资本不再作为登记事项，实行由公司股东（发起人）自主约定认缴出资额、出资方式、出资期限等，并对缴纳出资情况真实性、合法性负责的制度。相应地，《公司法》第26条、第27条取消了对公司注册资本最低限额、股东首次出资比例、货币出资比例等的限制。其中，第26条修改为："有限责任公司的注册资本为在公司登记机关登记的全体股东认缴的出资额。法律、行政法规以及国务院决定对有限责任公司注册资本实缴、注册资本最低限额另有规定的，从其规定。"第27条删除了原第3款："全体股东的货币出资金额不得低于有限责任公司注册资本的百分之三十。"据此，本题选项BD是错误的。《公司法》对货币外出资比例没有限制，因此丙的专利出资作价可以达到4万元。故选项C正确。

3. **答案**：D。《公司法》第165条规定："有限责任公司应当依照公司章程规定的期限将财务会计报告送交各股东。股份有限公司的财务会计报告应当在召开股东大会年会的二十日前置备于本公司，供股东查阅；公开发行股票的股份有限公司必须公告其财务会计报告。"

4. 答案：D。将公司财务会计报表置备于公司备查，主要目的在于维持信息公开化，保护股东的利益。D 项错误。

5. 答案：A。根据《公司法》第 145 条的规定，上市公司必须按照法律、行政法规的规定，公开其财务状况、经营情况及重大诉讼，在每会计年度内半年公布一次财务会计报告。

6. 答案：B。法律对股东并无行为能力的要求，所以理论上股东可以是限制行为能力人或无行为能力人。当限制行为能力人或无行为能力人作为股东时，由其法定代理人代理其行使股东权利。因此，A 项错误。

《公司法》第 75 条规定，自然人股东死亡后，其合法继承人可以继承股东资格；但是，公司章程另有规定的除外。因此，B 项正确。

股东可以是自然人，可以是法人，可以是非法人组织，还可以是国家，当国家作为股东时需明确代表国家行使股东权的具体组织，如国有资产监督管理机构。因此，法律没有对股东的形式和国籍进行限制，C、D 项错误。

7. 答案：B。《公司法》第 75 条规定，自然人股东死亡后，其合法继承人可以继承股东资格；但是，公司章程另有规定的除外。据此，公司章程可以对股东资格的继承作出特别规定，若无特别规定，则由已故股东的继承人继承股东资格。据此，A、C、D 三项正确。需要说明的是，股东资格的继承不是普通的继承法问题，而是公司法问题，而且属于公司自治的范畴，可以由公司章程对此进行特别的规范。因为股权不仅包含财产权内容，还包含非财产权内容如表决权等，事关公司治理，股东资格的变动对股东人数不多的有限责任公司影响尤其重大，所以《公司法》特别对有限责任公司的股权转让作出特别规范，并授权公司章程对股东资格的继承进行规范。鉴于有限责任公司的人合性质，公司章程可以规定在自然人股东死亡之后，公司其他股东可以出资购买已故股东的股权份额或者通过减资程序返还已故股东的出资现值。即便公司章程认可股东资格的继承，已故股东的继承人也不能当然取得股东资格，还需要公司重新签发出资证明书、修改公司章程与股东名册，并且要变更登记。所以，股权的继承与一般财产权的继承不同，而类似于合伙企业份额的继承。

《公司法》第 44 条第 3 款规定，董事会设董事长一人，可以设副董事长。董事长、副董事长的产生办法由公司章程规定。因为董事长是公司机关中的重要职位，并非财产权，不产生继承问题，故 B 项错误，当选。

8. 答案：B。本题考查的是有限公司的股权转让。《公司法》第 71 条第 2 款、第 3 款规定："股东向股东以外的人转让股权，应当经其他股东过半数同意。股东应就其股权转让事项书面通知其他股东征求同意，其他股东自接到书面通知之日起满三十日未答复的，视为同意转让。其他股东半数以上不同意转让的，不同意的股东应当购买该转让的股权；不购买的，视为同意转让。经股东同意转让的股权，在同等条件下，其他股东有优先购买权。两个以上股东主张行使优先购买权的，协商确定各自的购买比例；协商不成的，按照转让时各自的出资比例行使优先购买权。"据此，甲最初表示不愿意购买，依法应当视为同意转让，因此 A 项正确；由此，乙与丁之间的股份转让协议符合其他股东过半数同意的要件，是合法有效的，C 项也正确；D 项对甲和丙同时行使优先购买权情形的处理也是符合法律规定的。但是本题中甲提出购买并未达到丁的同等购买条件（丁为一次性付清价款，而甲提出分期付款），因此其优先购买权不发生效力，B 项错误。本题为选非题，故选 B 项。

9. 答案：C。《公司法》第 32 条第 3 款规定："公司应当将股东的姓名或者名称向公司登记机关登记；登记事项发生变更的，应当办理变更登记。未经登记或者变更登记的，不得对抗第三人。"据此，登记仅仅是股东资格的对抗要件而不是取得要件，没有登记不影响股东资格的认定和股东权的行使，故 C 项正确，A、B、D 三项错误。

10. 答案：B。《公司法》第 29 条规定，股东认足公司章程规定的出资后，由全体股东指定的代表或者共同委托的代理人向公司登记机关报送公司登记申请书、公司章程等文件，申请设立登记。第31条第1款规定，有限责任公司成立后，应当向股东签发出资证明书。可见，公司在成立之后才能向股东签发出资证明书，不可能在个别股东认缴出资之后当即向其签发出资证明书，故A项错误。

《公司法》第32条第2款规定，记载于股东名册的股东，可以依股东名册主张行使股东权利。据此，公司股东名册是股东资格的法定证明文件。相比之下，出资证明书只是认定股东资格的证明文件之一，并非法定证明文件，更非唯一文件，所以出资证明书遗失通常不影响股东资格的认定，更不会导致股东资格丧失，故B项正确。

《公司法》第31条第2款规定，出资证明书应当载明下列事项：(1) 公司名称；(2) 公司成立日期；(3) 公司注册资本；(4) 股东的姓名或者名称、缴纳的出资额和出资日期；(5) 出资证明书的编号和核发日期。据此，严某的出资证明书上只需要记载严某的姓名与出资额，不需要记载其他股东的姓名与出资额，股东名册上才需要记载所有股东的姓名与出资额，故C项错误。

关于有价证券，我国现行法律并未给出法律上的定义，通说认为有价证券包括票据、股票、债券、证券投资基金券，其中并不包括有限责任公司的股东出资证明书。有价证券自身代表着一定的财产权利，可以自由流通。而有限责任公司的股东出资证明书仅仅是证明股东资格的众多文件之一，自身并无财产价值，也无法通过转让出资证明书来转让相应的股权。就此，《公司法》第73条规定，依照本法第71条、第72条转让股权后，公司应当注销原股东的出资证明书，向新股东签发出资证明书，并相应修改公司章程和股东名册中有关股东及其出资额的记载。对公司章程的该项修改不需再由股东会表决。可见，股东的出资证明书并无有价证券表彰权利、交易流通的功能，因而并非有价证券，故D项错误。

11. 答案：A。本题考查股东资格的取得和认定，涉及委托持股和冒名入股。首先需要辨明的是，本题不属于委托持股的情形。《公司法解释（三）》第24条第1款规定："有限责任公司的实际出资人与名义出资人订立合同，约定由实际出资人出资并享有投资权益，以名义出资人为名义股东，实际出资人与名义股东对该合同效力发生争议的，如无法律规定的无效情形，人民法院应当认定该合同有效。"该款明确规定委托持股合同有效，应当按照合同约定处理相关纠纷。第24条第2款规定："前款规定的实际出资人与名义股东因投资权益的归属发生争议，实际出资人以其实际履行了出资义务为由向名义股东主张权利的，人民法院应予支持。名义股东以公司股东名册记载、公司登记机关登记为由否认实际出资人权利的，人民法院不予支持。"该款规定明确了委托持股时的股权归属，即实际股东享有股权，名义股东不享有股权。《公司法解释（三）》第24条第1款和第2款有关实际股东与名义股东的规定为解决出资人与名义股东不一致的纠纷提供了指南。

《公司法解释（三）》第28条规定："冒用他人名义出资并将该他人作为股东在公司登记机关登记的，冒名登记行为人应当承担相应责任；公司、其他股东或者公司债权人以未履行出资义务为由，请求被冒名登记为股东的承担补足出资责任或者对公司债务不能清偿部分的赔偿责任的，人民法院不予支持。"该条规定冒名入股时，被冒名的人并不是股东，不承担股东的出资义务，从侧面肯定冒名入股时的股权归属冒名者，即实际出资人或者认缴出资人。

依据《公司法解释（三）》第28条，参照《公司法解释（三）》第24条关于实际股东与名义股东的认定规则，并结合民法中冒名行为的处理规则，应当认为冒名者是投资入股的行为人，而被冒名者并不是出资人，被冒名者既不承担出资义务，也不能主张股东权。故张大伟是股东，而张小伟不是股东。A项正确，B、C、D三项错误。

12. 答案：A。关于抽逃出资的认定，修改前的《公司法解释（三）》第12条规定，公司成立后，公司、股东或者公司债权人以相关股东的行为符合下列情形之一且损害公司权益为由，请求认定该股东抽逃出资的，人民法院应予支持：（1）将出资款项转入公司账户验资后又转出；（2）通过虚构债权债务关系将其出资转出；（3）制作虚假财务会计报表虚增利润进行分配；（4）利用关联交易将出资转出；（5）其他未经法定程序将出资抽回的行为。2014年2月《公司法解释（三）》修改后删去原第12条第1项，并将该条修改为：公司成立后，公司、股东或者公司债权人以相关股东的行为符合下列情形之一且损害公司权益为由，请求认定该股东抽逃出资的，人民法院应予支持：（1）制作虚假财务会计报表虚增利润进行分配；（2）通过虚构债权债务关系将其出资转出；（3）利用关联交易将出资转出；（4）其他未经法定程序将出资抽回的行为。据此，将出资款项转入公司账户验资后又转出不再属于抽逃出资的行为，故A项当选。

13. 答案：D。《公司法》第33条第2款规定："股东可以要求查阅公司会计账簿。股东要求查阅公司会计账簿的，应当向公司提出书面请求，说明目的。公司有合理根据认为股东查阅会计账簿有不正当目的，可能损害公司合法利益的，可以拒绝提供查阅，并应当自股东提出书面请求之日起十五日内书面答复股东并说明理由。公司拒绝提供查阅的，股东可以请求人民法院要求公司提供查阅。"据此，张某要求查阅公司会计账簿时，应当以书面方式提出请求，故A项错误。股东要求查阅公司会计账簿，通常是向公司经营层提出，C项没有法律依据，错误。

根据《公司法》第33条第2款规定，股东是否有权查阅公司会计账簿的关键在于股东查阅会计账簿是否有"正当目的"。一方面，股东对公司的财务状况享有知情权；另一方面，公司享有保护自身商业秘密（其中包括公司财务信息）的权利，公司法需要在两者之间进行平衡。就本题而言，一方面，红叶公司多年未分红，张某对红叶公司会计账簿存有疑惑，其查阅公司会计账簿具有正当目的；另一方面，张某又是红叶公司竞争对手枫林公司的董事，其查阅红叶公司会计账簿可能具有获取红叶公司商业秘密的不正当目的。根据《公司法》第33条第2款规定，只要公司有合理根据认为股东查阅公司会计账簿可能存在不正当目的，即可以拒绝其查阅公司会计账簿，故D项正确。

《公司法》第39条规定："股东会会议分为定期会议和临时会议。定期会议应当依照公司章程的规定按时召开。代表十分之一以上表决权的股东，三分之一以上的董事，监事会或者不设监事会的公司的监事提议召开临时会议的，应当召开临时会议。"本题中，股东张某持有红叶公司5%的股权，没有权利提议召开临时股东会会议，故B项错误。

14. 答案：B。《公司法》第142条第1款规定："公司不得收购本公司股份。但是，有下列情形之一的除外：（一）减少公司注册资本；（二）与持有本公司股份的其他公司合并；（三）将股份用于员工持股计划或者股权激励；（四）股东因对股东大会作出的公司合并、分立决议持异议，要求公司收购其股份；（五）将股份用于转换上市公司发行的可转换为股票的公司债券；（六）上市公司为维护公司价值及股东权益所必需。"本题中并不存在股东要求公司回购股份的情形，故李某不得要求沃运公司收购其股权，A项错误。

《公司法》第71条第2款规定："股东向股东以外的人转让股权，应当经其他股东过半数同意。股东应就其股权转让事项书面通知其他股东征求同意，其他股东自接到书面通知之日起满三十日未答复的，视为同意转让。其他股东半数以上不同意转让的，不同意的股东应当购买该转让的股权；不购买的，视为同意转让。”这是《公司法》对有限公司股东转让股权的特别限制，类似规定在股份公司中并不存在。《公司法》第137条规定：“股东持有的股份可以依法转让。”其中并未规定股份公司股东转让股权需要经过其他股东同意，故B项正确。

针对股份公司的股权转让，《公司法》第141条规定：“发起人持有的本公司股份，自公司成立之日起一年内不得转让。公司公开发行股份前已发行的股份，自公司股票在证券交易所上市交易之日起一年内不得转让。公司董事、监事、高级管理人员应当向公司申报所持有的本公司的股份及其变动情况，在任职期间每年转让的股份不得超过其所持有本公司股份总数的百分之二十五；所持本公司股份自公司股票上市交易之日起一年内不得转让。上述人员离职后半年内，不得转让其所持有的本公司股份。公司章程可以对公司董事、监事、高级管理人员转让其所持有的本公司股份作出其他限制性规定。”据此，股份公司发起人的股权转让、公司高管的股权转让受到《公司法》的法律限制，至于发起人的股权转让是否受到公司章程的限制，学界存在争议。鉴于转让股权属于公司发起人的基本权利，《公司法》第137条对此有明文确认，即便认为公司章程可以“限制”发起人转让股权，公司章程也不能“禁止”发起人转让股权。如果存在章程条款禁止发起人转让股权，这样的章程条款也会因为违反法律规定而无效，李某可以转让其股权，故C项错误。

根据《公司法》第71条第3款规定，有限责任公司股东向股东以外的人转让股权时，其他股东享有优先购买权。在股份公司股东转让股权时，《公司法》中并无类似规定，故在李某转让股权时，其他发起人不享有优先购买权，D项错误。

15. 答案：D。股东派生诉讼有严格的前提条件与程序要求。《公司法》第148条第1款规定：“董事、高级管理人员不得有下列行为：（一）挪用公司资金；（二）将公司资金以其个人名义或者以其他个人名义开立账户存储；（三）违反公司章程的规定，未经股东会、股东大会或者董事会同意，将公司资金借贷给他人或者以公司财产为他人提供担保；（四）违反公司章程的规定或者未经股东会、股东大会同意，与本公司订立合同或者进行交易；（五）未经股东会或者股东大会同意，利用职务便利为自己或者他人谋取属于公司的商业机会，自营或者为他人经营与所任职公司同类的业务；（六）接受他人与公司交易的佣金归为己有；（七）擅自披露公司秘密；（八）违反对公司忠实义务的其他行为。”第149条规定：“董事、监事、高级管理人员执行公司职务时违反法律、行政法规或者公司章程的规定，给公司造成损失的，应当承担赔偿责任。”根据《公司法》第151条第1款规定，在公司高管存在《公司法》第149条规定的情形时，公司股东才有权提起股东派生诉讼。本题中，公司董事之间矛盾不断，可能是对公司的发展方向或者经营策略存在争执，未必违反对公司的忠实义务，公司股东不一定有权提起股东派生诉讼。即便股东有权提起股东派生诉讼，也应当按照《公司法》第151条规定的程序进行，先要求公司的监事会或者监事采取行动，在公司监事会或者监事不作为时，公司股东才有权提起股东派生诉讼，故A项错误。

《公司法》第182条规定：“公司经营管理发生严重困难，继续存续会使股东利益受到重大损失，通过其他途径不能解决的，持有公司全部股东表决权百分之十以上的股东，可以请求人民法院解散公司。”《最高人民法院关于适用〈中华人民共和国公司法〉若干问题的规定（二）》① 第1条第1款规定："单独或者合计持有公司全部股东表决权百分之十以上的股东，以下列事由之一提起解散公司诉讼，并符合公司法第一百八十二条规定的，人民法院应予受理：……（三）公司董事长期冲突，且无法通过股东会或者股东大会解决，公司经营管理发生严重困难的……"本题中，公司董事之间矛盾不断，且连续两年多无法解决，导致公司经营严重困难，李桃持有公司14%的股份，有权提起解散公司之诉。

《公司法解释（二）》第2条规定："股东提起解散公司诉讼，同时又申请人民法院对公司进行清算的，人民法院对其提出的清算申请不予受理。人民法院可以告知原告，在人民法院判决解散公司后，依据民法典第七十条、公司法第一百八十三条和本规定第七条的规定，自行组织清算或者另行申请人民法院对公司进行清算。"据此，B项错误。

《公司法解释（二）》第3条规定："股东提起解散公司诉讼时，向人民法院申请财产保全或者证据保全的，在股东提供担保且不影响公司正常经营的情形下，人民法院可予以保全。"据此，股东如果要求财产保全，必须向法院提供担保且不影响公司正常经营，而不能"直接"要求法院采取保全措施，故C项错误。

《公司法解释（二）》第4条第1款规定："股东提起解散公司诉讼应当以公司为被告。"据此，D项正确。

16. **答案**：B。本题考核股东资格继承。根据《公司法》第75条："自然人股东死亡后，其合法继承人可以继承股东资格；但是，公司章程另有规定的除外。"A选项正确，B选项错误。根据《公司法解释（四）》第16条："有限责任公司的自然人股东因继承发生变化时，其他股东主张依据公司法第七十一条第三款规定行使优先购买权的，人民法院不予支持，但公司章程另有规定或者全体股东另有约定的除外。"C、D选项正确。

17. **答案**：C。根据《公司法》第74条第1款："有下列情形之一的，对股东会该项决议投反对票的股东可以请求公司按照合理的价格收购其股权：（一）公司连续五年不向股东分配利润，而公司该五年连续盈利，并且符合本法规定的分配利润条件的；（二）公司合并、分立、转让主要财产的；（三）公司章程规定的营业期限届满或者章程规定的其他解散事由出现，股东会会议通过决议修改章程使公司存续的。"C选项正确。

二、多项选择题

1. **答案**：BC。根据《公司法》第66条第1款的规定，国有独资公司不设股东会，由国家资产监督管理机构行使股东会职权，也可授权公司董事会行使股东会的部分职权。

2. **答案**：AC。《公司法》第32条第1款规定，有限责任公司应当置备股东名册，记载下列事项：(1) 股东的姓名或者名称及住所；(2) 股东的出资额；(3) 出资证明书编号。据此，置备股东名册属于公司的法定义务，故A项正确。

《公司法》第32条第2款规定，记载于股东名册的股东，可以依股东名册主张行使股东权利。据此，C项正确。

《公司法》第32条第3款规定，公司应当将股东的姓名或者名称向公司登记机关登记；登记事项发生变更的，应当办理变更登记。未经登记或者变更登记的，不得对抗第三人。本条规定仅要求公司向公司登记机关提交股东的姓名或者名称，并未要求提交股东名册，故B项错误。

D项，关于股东名册与公司登记的效力问题，应当区分情况考虑。就股东事项，如果股东与公司、其他股东之外的第三人发生纠纷，为了维护交易安全，应当以公司登记为准；如果股东与公司或者其他股东发生纠纷，则应当以股东名册为准，毕竟股东名册

① 以下简称《公司法解释（二）》。

属于股东资格的法定证明文件。故 D 项错误。

3. **答案**：AC。《公司法》第 182 条规定，公司经营管理发生严重困难，继续存续会使股东利益受到重大损失，通过其他途径不能解决的，持有公司全部股东表决权百分之十以上的股东，可以请求人民法院解散公司。本题中，公司经营管理出现了困难，且股东之间无法达成一致意见来解决，这样继续下去会给股东的利益造成重大损失。另外，股东甲已经持有公司 15%的表决权，超过了法定的 10%的标准，可以请求法院解散公司。因此，A 项正确。

《公司法》第 74 条规定，有下列情形之一的，对股东会该项决议投反对票的股东可以请求公司按照合理的价格收购其股权：

(1) 公司连续五年不向股东分配利润，而公司该五年连续盈利，并且符合本法规定的分配利润条件的；

(2) 公司合并、分立、转让主要财产的；

(3) 公司章程规定的营业期限届满或者章程规定的其他解散事由出现，股东会会议通过决议修改章程使公司存续的。

自股东会会议决议通过之日起六十日内，股东与公司不能达成股权收购协议的，股东可以自股东会会议决议通过之日起九十日内向人民法院提起诉讼。

第 142 条第 1 款规定，公司不得收购本公司股份。但是，有下列情形之一的除外：(1) 减少公司注册资本；(2) 与持有本公司股份的其他公司合并；(3) 将股份用于员工持股计划或者股权激励；(4) 股东因对股东大会作出的公司合并、分立决议持异议，要求公司收购其股份；(5) 将股份用于转换上市公司发行的可转换为股票的公司债券；(6) 上市公司为维护公司价值及股东权益所必需。

根据上述规定可知，本题中给出的情况不满足法定的可以请求公司以合理的价格收购其股权的条件。因此，B 项错误。

《公司法》第 71 条第 1 款规定，有限责任公司的股东之间可以相互转让其全部或者部分股权。因此，C 项正确。

《公司法》第 91 条规定，发起人、认股人缴纳股款或者交付抵作股款的出资后，除未按期募足股份、发起人未按期召开创立大会或者创立大会决议不设立公司的情形外，不得抽回其股本。因此，D 项错误。

4. **答案**：ABD。股东"对外转让"股权分为两种情形，可能是转让给其他股东，也可能是转让给股东之外的人。《公司法》第 71 条第 1 款规定："有限责任公司的股东之间可以相互转让其全部或者部分股权。"如果甲将股权转让给某个股东，则完全可以自行决定，并不需要其他股东同意。《公司法》第 71 条第 2 款规定："股东向股东以外的人转让股权，应当经其他股东过半数同意。股东应就其股权转让事项书面通知其他股东征求同意，其他股东自接到书面通知之日起满三十日未答复的，视为同意转让。其他股东半数以上不同意转让的，不同意的股东应当购买该转让的股权；不购买的，视为同意转让。"据此，股东向股东以外的人转让股权时，需要经过"其他"股东过半数同意。所以，如果甲将股权转让给股东之外的人，必须征得乙、丙的同意方可，故 A 项错误。

《公司法》第 71 条第 4 款规定："公司章程对股权转让另有规定的，从其规定。"第 37 条规定："股东会行使下列职权：……(十) 修改公司章程……"据此，修改公司章程的主体是股东会而非个别股东，甲无权直接修改公司章程，而应当召开股东会修改公司章程。根据《公司法》第 43 条第 2 款规定，"股东会会议作出修改公司章程、增加或者减少注册资本的决议，以及公司合并、分立、解散或者变更公司形式的决议，必须经代表三分之二以上表决权的股东通过"。因为甲持股达到 69%，其可以通过召开股东会修改公司章程，但无权直接修改公司章程，故 B 项错误。

《公司法》第 71 条第 1 款规定："有限责任公司的股东之间可以相互转让其全部或者部分股权。"据此，在股东之间转让股权时，转让股权的股东受到的限制很少，甲可以自由决定将股权分别转让给乙、丙，故C项正确。

如前所述，股东“对外转让”股权分为两种情形，可能是转让给其他股东，也可能是转让给股东之外的人。如果股东将股权转让给某个股东，则其他股东并不享有优先购买权。比如，甲将股权转让给乙，则丙并无优先购买权。在股东将股权转让给股东以外的人时，根据《公司法》第71条第3款规定：“经股东同意转让的股权，在同等条件下，其他股东有优先购买权。两个以上股东主张行使优先购买权的，协商确定各自的购买比例；协商不成的，按照转让时各自的出资比例行使优先购买权。”注意，其他股东行使优先购买权的前提是“在同等条件下”。如果甲要转让其“全部”股份，乙、丙不能对甲所转让的“一部分”股权行使优先购买权，故D项错误。

5. **答案**：ABC。《公司法解释（三）》第28条规定：“冒用他人名义出资并将该他人作为股东在公司登记机关登记的，冒名登记行为人应当承担相应责任；公司、其他股东或者公司债权人以未履行出资义务为由，请求被冒名登记为股东的承担补足出资责任或者对公司债务不能清偿部分的赔偿责任的，人民法院不予支持。”据此，其他股东可以要求冒名出资的胡铭履行出资义务，D项正确。

冒名股东与股份代持不同，在冒用他人名义出资的情形下，冒名者是负有出资义务的股东，而被冒名者与公司没有任何关系。因为姚顺并非股东，不享有股东的任何权利，既不能向贝达公司主张分配利润，也不能参与贝达公司股东会，故A、B两项错误。因为姚顺并非公司股东，所以不负有出资义务，贝达公司的债权人不能向其主张任何权利，故C项错误。

三、不定项选择题

1. **答案**：（1）D。A对，《公司法》第37条规定：“股东会行使下列职权：（一）决定公司的经营方针和投资计划……”B对，《公司法》第46条规定：“董事会对股东会负责，行使下列职权：……（三）决定公司的经营计划和投资方案……”C对，《公司法》第49条规定：“有限责任公司可以设经理，由董事会决定聘任或者解聘。经理对董事会负责，行使下列职权：……（二）组织实施公司年度经营计划和投资方案……”故D项最符合，应选。

（2）B。《公司法》第15条规定，公司可以向其他企业投资；但是，除法律另有规定外，不得成为对所投资企业的债务承担连带责任的出资人。普通合伙企业的合伙人须对公司债务承担无限连带责任，故本题中的合作协议无效。

2. **答案**：（1）BCD。垫付出资的本质在于股东向第三人借款用作出资，本身并无违法之处。本题中，高才让艾瑟垫付出资时，许诺一旦公司成立，就将该10万元从公司中抽回偿还给艾瑟。其中，有关抽回出资偿还垫付款的许诺无疑具有违法性，问题在于该许诺是否影响垫付出资的约定。高才与艾瑟之间的约定包括两部分内容：一为有关垫付出资的约定；二为有关抽回出资偿还垫付款的约定。如果将有关垫付出资的约定与抽回出资偿还垫付款的约定视为不可分割的整体，垫付出资以日后抽回出资为前提，垫付出资的约定完全是为了欺骗其他股东、公司未来的债权人以及公司登记机关，可以认为高才与艾瑟之间的约定属于恶意串通损害第三人利益的行为，则该约定无效。如果认为垫付出资的约定与日后抽回出资的许诺是可分的，高才许诺日后从公司抽回出资偿还垫付款仅仅是对一种可能的还款方式的说明，则许诺抽回出资的违法性并不影响垫付出资的合法性。考虑到垫付出资本身具有合法性，而许诺抽回出资偿还垫付款本身并不构成垫付出资的对价，应当认为垫付出资的约定与许诺抽回出资是可分的，高才有义务以合法的方式偿还艾瑟为其垫付的出资。无论如何，高才与艾瑟间垫付出资的约定本身并非抽逃出资行为，垫付出资的约定有效，故A项错误。

高才以公司名义与艾瑟签订虚假的食材

买卖合同，完全以抽逃出资损害第三人利益为目的，属于恶意串通的行为。《民法典》第154条规定："行为人与相对人恶意串通，损害他人合法权益的民事法律行为无效。"据此，该食材买卖合同无效，B项正确。

《公司法解释（三）》第12条规定："公司成立后，公司、股东或者公司债权人以相关股东的行为符合下列情形之一且损害公司权益为由，请求认定该股东抽逃出资的，人民法院应予支持：（一）制作虚假财务会计报表虚增利润进行分配；（二）通过虚构债权债务关系将其出资转出；（三）利用关联交易将出资转出；（四）其他未经法定程序将出资抽回的行为。"据此，高才通过该食材买卖合同而转移10万元的行为属于虚构债权债务关系而抽逃出资，故C项正确。《公司法解释（三）》第13条第2款规定："公司债权人请求未履行或者未全面履行出资义务的股东在未出资本息范围内对公司债务不能清偿的部分承担补充赔偿责任的，人民法院应予支持；未履行或者未全面履行出资义务的股东已经承担上述责任，其他债权人提出相同请求的，人民法院不予支持。"本题中，高才抽逃出资，属于未全面履行出资义务的情形，应当在10万元的本息范围内对公司债权人承担补充赔偿责任，故D项正确。

（2）AB。《公司法解释（三）》第24条第1款规定："有限责任公司的实际出资人与名义出资人订立合同，约定由实际出资人出资并享有投资权益，以名义出资人为名义股东，实际出资人与名义股东对该合同效力发生争议的，如无法律规定的无效情形，人民法院应当认定该合同有效。"本题中，李一与李三之间的委托持股协议并无违法之处，合同有效，故A项正确。

《公司法》第32条规定："有限责任公司应当置备股东名册，记载下列事项：（一）股东的姓名或者名称及住所；（二）股东的出资额；（三）出资证明书编号。记载于股东名册的股东，可以依股东名册主张行使股东权利。公司应当将股东的姓名或者名称向公司登记机关登记；登记事项发生变更的，应当办理变更登记。未经登记或者变更登记的，不得对抗第三人。"对公司而言，股东资格以出资证明书、股东名册和在市场监督管理机关的登记为准，李三以自己的名义完成出资并被登记为股东，自然被公司视为股东。故，B项正确。

C项存在一定的合理之处，但在表述上存在重大问题。题目中并未交代李一与其妻闻菲之间是法定财产制还是约定财产制，即便是法定财产制，也无法判断李一用来投资入股的财产是夫妻共同财产还是个人财产，从而难以判断李一实际享有的股权是否属于夫妻共同财产。即便李一实际享有的股权属于夫妻共同财产，闻菲要求分割该股权也存在重大困难。首先，李一仅仅是实际出资人而不是名义股东，只有当李一将自己变更为股东后，闻菲才有可能分割李一实际享有的股权。其次，《最高人民法院关于适用〈中华人民共和国民法典〉婚姻家庭编的解释（一）》第73条规定：人民法院审理离婚案件，涉及分割夫妻共同财产中以一方名义在有限责任公司的出资额，另一方不是该公司股东的，按以下情形分别处理：（一）夫妻双方协商一致将出资额部分或者全部转让给该股东的配偶，过半数股东同意、其他股东明确表示放弃优先购买权的，该股东的配偶可以成为该公司股东；（二）夫妻双方就出资额转让份额和转让价格等事项协商一致后，过半数股东不同意转让，但愿意以同等价格购买该出资额的，人民法院可以对转让出资所得财产进行分割。过半数股东不同意转让，也不愿意以同等价格购买该出资额的，视为其同意转让，该股东的配偶可以成为该公司股东。据此，闻菲要求分割李一实际享有的股权，需要夫妻双方协商一致，还需要过半数股东同意、其他股东明确表示放弃优先购买权。所以，不能笼统地说闻菲可以要求分割李一实际享有的股权，故C项错误。

D项，李一将自己变更为股东存在重大困难。《公司法解释（三）》第24条第2款规定："前款规定的实际出资人与名义股东因投资权益的归属发生争议，实际出资人以其实际履行了出资义务为由向名义股东主张权利的，人民法院应予支持。名义股东以公司股东名册记载、公司登记机关登记为由否认实际出资人权利的，人民法院不予支持。"据此，在实际出资人与名义股东之间，法律特别保护了实际出资人。但是，《公司法解释（三）》第24条第3款规定："实际出资人未经公司其他股东半数以上同意，请求公司变更股东、签发出资证明书、记载于股东名册、记载于公司章程并办理公司登记机关登记的，人民法院不予支持。"据此，在实际出资人与公司之间，法律特别保护了公司的利益。只有当经过其他股东半数以上同意的，李一才能将自己变更为股东，D项简单地声称"李一可以实际履行出资义务为由，要求公司变更自己为股东"，表述欠妥，故D项错误。

（3）ABCD。《公司法解释（三）》第25条第1款规定："名义股东将登记于其名下的股权转让、质押或者以其他方式处分，实际出资人以其对于股权享有实际权利为由，请求认定处分股权行为无效的，人民法院可以参照物权法第一百零六条的规定处理。"据此，名义股东转让股权是无权处分行为，A项应当是正确选项，当选。但需要说明的是：名义股东仍然是股东，对于公司而言就是法律上的股东，根据股东名册和登记享有股东权，因此很难说名义股东转让股权是无权处分。关于名义股东转让股权，向来存在实质主义和形式主义之争，实质主义认为名义股东仅仅是名义上的股东，股权属于实际出资人，名义股东转让股权是无权处分；而形式主义则认为名义股东就是股东，享有股权，其处分股权行为属于有权处分。实质主义和形式主义之间的争议持续多年，但《公司法解释（三）》第25条第1款明确采纳了实质主义，将名义股东转让股权界定为无权处分行为，故A项正确。

B项涉及股权买卖合同的效力问题。如果将名义股东转让股权理解为有权处分，则李三与王二之间的买卖合同自然不会因为无权处分不获追认而无效。如果认为名义股东转让股权属于无权处分，则需要慎重考虑股权买卖合同的效力问题。《民法典》第597条规定："因出卖人未取得处分权致使标的物所有权不能转移的，买受人可以解除合同并请求出卖人承担违约责任。法律、行政法规禁止或者限制转让的标的物，依照其规定。"

《民法典》第597条第1款规定的内容，是对原来的《合同法》第51条、第132条第1款以及之前的《最高人民法院关于审理买卖合同纠纷案件适用法律问题的解释》第3条的修改、整合及完善。该条明确了无权处分合同不因未取得处分权而无效。同时，该条在物权区分原则的指导下进一步对因未取得处分权而影响合同履行问题的违约责任进行了规定，即买受人可以解除合同并请求无权处分人承担违约责任。所以，无论李三转让股权是有权处分还是无权处分，李三与王二之间的股权买卖合同确定有效，故B项正确。

C项考查股东变动。如果认为李三转让股权是有权处分，王二自然可以获得股权。如果认为李三转让股权是无权处分，题目中没有说明王二知情，王二同样可以基于善意取得而获得股权。故无论如何理解，C项都是正确的。

《公司法解释（三）》第25条第2款规定："名义股东处分股权造成实际出资人损失，实际出资人请求名义股东承担赔偿责任的，人民法院应予支持。"据此，D项正确。

3. 答案：（1）ACD。《公司法》第166条第1款规定："公司分配当年税后利润时，应当提取利润的百分之十列入公司法定公积金。公司法定公积金累计额为公司注册资本的百分之五十以上的，可以不再提取。"同时，第2款规定："公司的法定公积金不足以弥补以前年度亏损的，在依照前款规定提取法定公积金之前，应当先用当年利润弥补亏损。"根据上述规定，结合会计规则与实务，在公司存在往年亏损的情况下，公司应当是先用当年利润弥补亏损，然后再按照弥补往年亏损之后的剩余利润计提法定公积金，而不是按照当年税后利润计提法定公积金。如此，公司2016年税后利润7000万元，减去弥补往年亏损的3000万元，还有剩余利润4000万元，计提10%的法定公积金，即400万元。故公司应提取的法定公积金数额为400万元，A项正确。

《公司法》第166条第3款规定："公司从税后利润中提取法定公积金后，经股东会或者股东大会决议，还可以从税后利润中提取任意公积金。"法定公积金即公司法强制要求公司提取的公积金数额为税后利润的10%，超过该数额之外的公积金为任意公积金而非法定公积金，所以不存在一次性提取法定公积金超过当年税后利润10%的做法或者说法。至于累计提取的法定公积金数额，如果超过公司注册资本的50%（2500万元）以上，可以不再提取法定公积金，但是不存在提取法定公积金的数额不超过税后利润的50%这样的规定，故B项错误。因为公司法对任意公积金的提取数额没有要求或者限制，公司可以提取任意公积金1000万元，C项正确。

根据《公司法》第166条第4款规定："公司弥补亏损和提取公积金后所余税后利润，有限责任公司依照本法第三十四条的规定分配；股份有限公司按照股东持有的股份比例分配，但股份有限公司章程规定不按持股比例分配的除外。"据此，公司在分配2016年税后利润7000万元之前，应当先弥补往年亏损3000万元，再计提400万元的法定公积金，如此还剩下3600万元利润可供分配。同时，根据《公司法》第168条第1款规定："公司的公积金用于弥补公司的亏损、扩大公司生产经营或者转为增加公司资本。但是，资本公积金不得用于弥补公司的亏损。"公司2016年年底的公积金余额为5万元，如果以该5万元公积金弥补往年亏损，则公司2016年税后利润中用来弥补亏损2995万元即可，如此弥补亏损加上计提法定公积金之后的剩余利润为3605万元。所以，公司向股东可分配利润的上限为3605万元，D项正确。

（2）BC。《公司法》第168条第1款规定："公司的公积金用于弥补公司的亏损、扩大公司生产经营或者转为增加公司资本。但是，资本公积金不得用于弥补公司的亏损。"据此，公司公积金可以用于弥补公司日后经营中的亏损，但是不可能用于弥补公司当年的亏损，因为只有在弥补了2016年当年的亏损之后，才有公司利润可言，才可能提取公积金，不可能再用公积金去弥补当年的亏损，故A项错误。公积金可以用于扩大生产，故B项正确。公积金可以用于转增资本，故C项正确。

《公司法》第168条第2款规定："法定公积金转为资本时，所留存的该项公积金不得少于转增前公司注册资本的百分之二十五。"本题中，转增前公司注册资本为5000万元，公司转增注册资本后其法定公积金留存不得少于1250万元。因为公司2016年的法定公积金数额只有405万元，少于转增前公司注册资本的25%，故不能用于转增注册资本，D项错误。

（3）AD。《公司法》第142条第1款规定："公司不得收购本公司股份。但是，有下列情形之一的除外：（一）减少公司注册资本；（二）与持有本公司股份的其他公司合并；（三）将股份用于员工持股计划或者股权激励；（四）股东因对股东大会作出的公司合并、分立决议持异议，要求公司收购其股份……"据此，公司为了实施股权激励，可以回购本公司的股份。

《公司法》第142条第3款规定："公司依照本条第一款规定收购本公司股份后，属于第（一）项情形的，应当自收购之日起十日内注销；属于第（二）项、第（四）项情形的，应当在六个月内转让或者注销；属于第（三）项、第（五）项、第（六）项情形的，公司合计持有的本公司股份数不得超过本公司已发行股份总额的百分之十，并应当在三年内转让或者注销。"据此，公司为实施股权激励而回购股份的上限为1000

万股的10%，即100万股，故A项正确。公司用于回购股份的资金来源是税后利润而不能是公积金，故B项错误。同时，公司回购的股份应当在一年内转给职工，故C项错误。

《公司法》第166条第6款规定："公司持有的本公司股份不得分配利润。"据此，紫霞公司所持有的本公司股票不得分配利润，故D项正确。

4. (1) **答案**：AD。本题考查临时股东会的召集。《公司法》第40条第3款规定："董事会或者执行董事不能履行或者不履行召集股东会会议职责的，由监事会或者不设监事会的公司的监事召集和主持；监事会或者监事不召集和主持的，代表十分之一以上表决权的股东可以自行召集和主持。"本题中，甲持有源圣公司25%的股权，有权自行召集和主持股东会，故A项正确。而乙、丙所持股份都不足10%，不能召集和主持股东会，故B、C两项错误。D项，既然甲单方即可召开临时股东会，甲联合乙、丙更可以召开临时股东会，故D项正确。

(2) **答案**：ABC。本题考查股东抽逃出资的法律后果。《公司法》第35条规定："公司成立后，股东不得抽逃出资。"《公司法解释（三）》第12条规定："公司成立后，公司、股东或者公司债权人以相关股东的行为符合下列情形之一且损害公司权益为由，请求认定该股东抽逃出资的，人民法院应予支持：(一) 制作虚假财务会计报表虚增利润进行分配；(二) 通过虚构债权债务关系将其出资转出；(三) 利用关联交易将出资转出；(四) 其他未经法定程序将出资抽回的行为。"本题中，源圣公司董事长陈某利用关联交易将出资转出，属于抽逃出资的行为。根据《公司法解释（三）》第14条第1款规定："股东抽逃出资，公司或者其他股东请求其向公司返还出资本息、协助抽逃出资的其他股东、董事、高级管理人员或者实际控制人对此承担连带责任的，人民法院应予支持。"本题中，源圣公司董事长陈某帮助股东霓美公司抽逃出资，应当对返还出资承担连带责任，故A项正确。同时，股东霓美公司需要向源圣公司返还出资的相应利息，故B项正确。《公司法解释（三）》第16条规定："股东未履行或者未全面履行出资义务或者抽逃出资，公司根据公司章程或者股东会决议对其利润分配请求权、新股优先认购权、剩余财产分配请求权等股东权利作出相应的合理限制，该股东请求认定该限制无效的，人民法院不予支持。"本题中，股东霓美公司抽逃出资，源圣公司可以通过股东会决议限制霓美公司的利润分配请求权，故C项正确。《公司法解释（三）》第17条第1款规定："有限责任公司的股东未履行出资义务或者抽逃全部出资，经公司催告缴纳或者返还，其在合理期间内仍未缴纳或者返还出资，公司以股东会决议解除该股东的股东资格，该股东请求确认该解除行为无效的，人民法院不予支持。"据此，公司在解除抽逃出资股东的股东资格之前，需要先催告其返还出资，而不能直接解除其股东资格，故D项错误。

(3) **答案**：AD。本题考查股东派生诉讼。《公司法》第151条规定："董事、高级管理人员有本法第一百四十九条规定的情形的，有限责任公司的股东、股份有限公司连续一百八十日以上单独或者合计持有公司百分之一以上股份的股东，可以书面请求监事会或者不设监事会的有限责任公司的监事向人民法院提起诉讼；监事有本法第一百四十九条规定的情形的，前述股东可以书面请求董事会或者不设董事会的有限责任公司的执行董事向人民法院提起诉讼。监事会、不设监事会的有限责任公司的监事，或者董事会、执行董事收到前款规定的股东书面请求后拒绝提起诉讼，或者自收到请求之日起三十日内未提起诉讼，或者情况紧急、不立即提起诉讼将会使公司利益受到难以弥补的损害的，前款规定的股东有权为了公司的利益以自己的名义直接向人民法院提起诉讼。他人侵犯公司合法权益，给公司造成损失的，本条第一款规定的股东可以依照前两款的规定向人民法院提起诉讼。"第21条规定：

"公司的控股股东、实际控制人、董事、监事、高级管理人员不得利用其关联关系损害公司利益。违反前款规定，给公司造成损失的，应当承担赔偿责任。"本题中，源圣公司控股股东霓美公司损害了公司利益，甲、乙、丙作为持股1%以上的股东，有权提起股东派生诉讼，故A项正确，B项错误。股东派生诉讼是股东为了维护公司利益而起诉，所得赔偿应当归属公司而不是起诉的股东，故C项错误，D项正确。

四、名词解释

1. 答案：股东是指向公司出资并对公司享有权利和承担义务的人。有限责任公司的股东是指在公司成立时向公司投入资金或在公司存续期间依法继受取得股权而享有权利和承担义务的人；股份有限公司的股东就是在公司成立时或在公司成立后合法取得公司股份并对公司享有权利和承担义务的人。

2. 答案：股份有着丰富的内涵，对股份的理解应当从股份有限公司的制度框架中去把握。其最基本的含义是指股份有限公司股东所持有的公司资本的基本单位。从股东与公司之间的关系角度去理解，股份是股东权存在的基础和股东权的计量单位；从股份与股票的关系来看，股份则是股票的价值内涵，股票是股份的存在形式。准确地说，股份是指以股票这种有价证券的形式表现的、股份有限公司的最基本的资本构成单位，也是股东权的最小计量单位。

3. 答案：公司诉讼一般可以分为直接诉讼和派生诉讼两种类型。股东直接诉讼是指股东基于股权，对公司的受信托人对其个人范围内造成的损害提起的诉讼。股东派生诉讼，指的是当公司的利益受到侵害而公司却怠于起诉，或者说公司的控制者，包括控股股东、董事、经理等高级管理人员，拒绝公司以自己的名义起诉时，股东则以自己的名义起诉，所得赔偿归于公司的一种诉讼形态。

两种诉讼的区别在于：（1）两种诉讼制度设计的理念不同；（2）提起诉讼的原因不同；（3）诉讼中的当事人的地位不同；（4）诉讼的形式不同；（5）诉讼继续进行附加条件不同；（6）对撤诉和进行诉讼和解的要求不同；（7）诉讼终止后的结果不同；（8）诉讼所得补偿或赔偿的享有者不同。

4. 答案：少数股东权是指持有已发行股份的一定比例以上的股东才能行使的权利。行使少数股东权的股东既可是自己持股数达到一定比例的股东，也可是其所持股份合并达到一定比例的数名股东。

五、简答题

1. 答案：就各国公司法的规定来说，股东一般具有以下权利：（1）出席或委托代理人出席股东会并行使表决权，但无表决权股除外。（2）按照公司法及公司章程的规定转让出资或股份。（3）查阅公司章程、股东会会议纪要、会议记录和会计报告，监督公司的经营，提出建议或质询。（4）按其出资或所持股份取得股利，即公司盈余分配的请求权。（5）公司终止后依法取得公司的剩余财产，即剩余财产的分配请求权。（6）公司章程规定的其他权利。为切实保障股东的合法权利，某些大陆法系国家和英美法系国家的公司法，还赋予股东个人诉权，即当董事、监事或职员对公司应负责任而公司未予追究时，可由股东为公司提起追究其责任的诉讼。此外，当股东会的召集程序及其决议内容或方法违法或违反章程时，股东亦可就此提起诉讼。

各国公司法对股东义务的规定大同小异，基本上共同确认了股东应承担以下义务：（1）向公司缴纳股款的义务。该义务又称出资义务，即股东应按其所承诺的出资额或所认购的股份金额，向公司缴纳股款。这一义务的履行，是认股人取得股东资格的前提条件。在不允许分期缴纳股款的情况下，该义务事实上只是认股人的义务，而非股东义务；在允许分期缴纳股款的情况下，认股人只要缴纳了首期出资，即取得了股东资格，他此后所负的出资义务，则为股东义务。（2）对公司所负债务的义务。无限公司的股东及两合公司中的无限责任股东，对公司所负的债务承担无限责任，即不以股东的出资为限。有限责任公司及股份有限公司的股东对公司的债务则仅以其出资额或认缴的股款为限，此外不负其他财产责任。股东除应履行上述义务外，还要承担遵守公司章程的义务，在公司登记后不得抽回出资的义务等。

2. 答案：股东代表诉讼又称派生诉讼、代位诉讼，是指当公司怠于通过诉讼手段追究有关侵权人员的民事责任及实现其他权利时，具有法定资格的股东为了公司的利益而依据法定程序代公司提起的诉讼。其特征是：

(1) 股东代表诉讼是基于股东所在公司的法律救济请求权产生的，这种权利不是股东传统意义上的因其出资而享有的股权，而是由公司本身的权利传来的，由股东行使的。

(2) 股东代表诉讼的原告须是公司的股东，一人或多人联合提起诉讼均可，但是并非只要公司的股东就可以提出诉讼，不同的国家对此均有限制，以防某些恶意的股东进行滥诉。

(3) 作为名义上的诉讼方，股东没有任何权利、资格或权益。也就是说，原告股东并不能取得任何权益，法院的判决结果直接归于公司承担。

(4) 股东代表诉讼发生在公司怠于行使其合法权利的情况下，也就是说，若公司不通过诉讼手段行使其权利时，则可以发生公司权益遭受损失之情形。只有这种条件下，才可发生股东代表诉讼。

3. 答案：股份有限公司是指将公司的全部资本划分为等额股份，股东以其所持股份为限对公司承担责任，公司以其全部资产对公司债务承担责任的企业法人。其法律特征如下：

(1) 公司组织的资合性。其表现为公司对外信用的基础为公司资本以及公司股份可自由转让方面。

(2) 资本募集的公开性。这也是设立股份公司的重要原因之一，即面向社会，广泛集资。

(3) 公司资本的股份性。股份有限公司的资本分为股份，股份则不可以再分。它是资本构成的最小单位。但股份的不可分性并不是排除某一股份可以为数人“合手共有”。当股份为数人共有时，股权一般应由共有人推选一人行使。共有人对股份利益的分享，不是对股份本身的分割。

(4) 股东责任的有限性。其股东仅以其所认购的股份为限对公司负责。

(5) 公司经营的独立性。

4. 答案：股东派生诉讼是指当公司的合法权益受到他人侵害，特别是受到有控制权的股东、母公司、董事和管理人员等的侵害而公司怠于行使诉权时，符合法定条件的股东以自己名义为公司的利益对侵害人提起诉讼，追究其法律责任的诉讼制度。

我国《公司法》第151条规定了股东派生诉讼制度，赋予股东提起派生诉讼的权利。股东派生诉讼的规定，将对提高我国公司治理水平、保护中小股东利益起到重要作用。《公司法》第151条规定：“董事、高级管理人员有本法第一百四十九条规定的情形的，有限责任公司的股东、股份有限公司连续一百八十日以上单独或者合计持有公司百分之一以上股份的股东，可以书面请求监事会或者不设监事会的有限责任公司的监事向人民法院提起诉讼；监事有本法第一百四十九条规定的情形的，前述股东可以书面请求董事会或者不设董事会的有限责任公司的执行董事向人民法院提起诉讼。监事会、不设监事会的有限责任公司的监事，或者董事会、执行董事收到前款规定的股东书面请求后拒绝提起诉讼，或者自收到请求之日起三十日内未提起诉讼，或者情况紧急、不立即提起诉讼将会使公司利益受到难以弥补的损害的，前款规定的股东有权为了公司的利益以自己的名义直接向人民法院提起诉讼。他人侵犯公司合法权益，给公司造成损失的，本条第一款规定的股东可以依照前两款的规定向人民法院提起诉讼。”

股东派生诉讼包括以下主要内容：(1) 股东派生诉讼的原告必须是股东，即原告在提起和维护派生诉讼时必须始终具有股东身份。(2) 诉讼的被告为有《公司法》第149条规定情形的董事、监事、高级管理人员。(3) 我国新《公司法》对该种诉讼的前置条件亦规定了对公司提出正式请求或通知的原则：监事会、不设监事会的有限责任公司的监事，或者董事会、执行董事收到请求之日起30日内未提起诉讼，或者情况紧急、不立即提起诉讼将会使公司利益受到难以弥补的损害的，适格股东有权为了公司的利益以自己的名义直接向人民法院提起诉讼。

5. **答案**：我国《公司法》中对异议股东股权回购请求权适用于有限责任公司、股份有限公司的情形均有规定。根据《公司法》第74条与第142条之规定，可以看出：异议股东股权回购请求权适用于股份有限公司的情形，比适用于有限责任公司的情形更严格。股份有限公司在合并、分立情形下异议股东才享有股份回购请求权。而有限责任公司中异议股东股权享有回购请求权的情形，除了公司合并、分立之外，还有在公司连续五年盈利而且不分配红利、公司届满后的存续，以及转让主要财产。

《公司法》第74条规定："有下列情形之一的，对股东会该项决议投反对票的股东可以请求公司按照合理的价格收购其股权：（一）公司连续五年不向股东分配利润，而公司该五年连续盈利，并且符合本法规定的分配利润条件的；（二）公司合并、分立、转让主要财产的；（三）公司章程规定的营业期限届满或者章程规定的其他解散事由出现，股东会会议通过决议修改章程使公司存续的。自股东会会议决议通过之日起六十日内，股东与公司不能达成股权收购协议的，股东可以自股东会会议决议通过之日起九十日内向人民法院提起诉讼。"

《公司法》第142条第1款规定："公司不得收购本公司股份。但是，有下列情形之一的除外：……（四）股东因对股东大会作出的公司合并、分立决议持异议，要求公司收购其股份……"

六、案例分析题

1. **答案**：（1）存在。①昌顺公司股东人数较少不设董事会的做法符合《公司法》第50条之规定，但此时刘昌的职位不应是董事长，而应是执行董事。②昌顺公司股东人数较少不设监事会符合《公司法》第51条第1款规定。但是按该条第4款规定，董事、高级管理人员不得兼任监事，而钱顺不得兼任监事。

（2）①要形成2/3多数议决的关于减资的股东会决议，即符合《公司法》第43条第2款要求，形成有效的股东会决议。②编制资产负债表及财产清单。③按照《公司法》第177条第2款的规定，减资决议之日起10日内通知债权人，并于30日内在报纸上公告。④应向公司登记机关提交相关文件，办理变更登记。登记后才发生注册资本减少的效力。⑤还应修改公司章程。

（3）①钱顺罢免刘昌不合法。钱顺兼任公司监事不符合公司法规定，即使在假定钱顺监事身份合法，根据《公司法》第53条，监事对公司高管，只有罢免建议权，而无决定权。因此，刘昌的执行董事地位不受影响。

②答案一：刘昌解聘钱顺是符合公司法规定。在不设董事会的治理结构中，执行董事即相当于董事会。而按照《公司法》第49条第1款，由董事会决定聘任或解聘经理，从而刘昌解聘钱顺总经理职务的行为，符合公司法规定。

答案二：刘昌行为不合法。因本案中存在两个事实情节，第一，钱顺任职总经理已规定于公司章程中，从而对钱顺的解聘会涉及是否符合公司章程修改程序的判断；第二，刘昌解聘行为，是二人间矛盾激化的结果，而在不设董事会的背景下，刘昌的这一行为确实存在职权滥用的嫌疑。

（4）合理。依《公司法》第74条第1款，股东回购请求权仅限于该款所列明的三种情形下对股东会决议的异议股东（即公司连续5年不分红决议、公司合并分立或转让主要财产决议、公司存续上的续期决议），钱顺的情形显然不符合该规定。而就针对其他股东的强制性的股权购买请求权，现行公司法并无明文规定。即在现行公司法中，股东彼此之间并不负有在特定情况下收购对方股权的强制性义务；即使按照《公司法解释（二）》第5条，法院在审理解散公司的案件时，应尽量调解，并给出由其他股东收购股权的调解备选方案，也不能因此成立其他股东的收购义务。故钱顺对股东刘昌的诉求，也没有实体法依据。

（5）判决合理。依《公司法》第182条及《公司法解释（二）》第1条第1款第1项，本案符合“公司持续两年以上无法召开股东会或者股东大会，公司经营管理发生严重困难的”情形。昌顺公司自2014年6月至解散诉讼时，已超过两年时间未再召开过股东会，这表明昌顺公司已实质性构成所谓的“公司僵局”，即构成法院判决公司解散的根据。

（6）法院作出的解散公司的判决，在性质上为形成判决，据此，公司应进入清算阶段。对此，《公司法》所规定的程序如下：①依第183条及时成立清算组；②清算组按照法律规定的期限，按《公司法》第184条至第187条进行各项清算工作；③清算结束后，根据第188条，清算组应当制作清算报告，报股东会确认，并报送公司登记机关，申请注销公司登记，公告公司终止。概括来说，按照我国公司法的规范逻辑，解散判决生效后，公司就必须经过清算程序走向终止。

本案昌顺公司被司法解散后仍然继续存在的事实，显然是与这一规范层面的逻辑不相符的，这说明我国立法关于司法解散的相关程序与制度，在衔接上尚有不足之处，有待将来立法的完善。

2. 答案：（1）不符合法律的规定，因为公司的财产属于公司所有，在公司清算前，任何股东都不能分割公司的财产。

（2）公司的经理和监事的不同意见有公司法的依据，因为股东会无权改变公司法的规定，股东会无权将公司的财产分配给股东，否则就会造成公司注册资本的减少。

（3）公司如果要分配财产应当按照公司法规定的法律程序进行，即

①先由股东会作出决议；

②发布减少注册资本的公告，通知债权人主张债权；

③对负债进行清偿或提供担保；

④减少注册资本，将减少下来的注册资本分配给股东；

⑤进行公司资产变更登记。

3. 答案：（1）《民法典》第577条规定：“当事人一方不履行合同义务或者履行合同义务不符合约定的，应当承担继续履行、采取补救措施或者赔偿损失等违约责任。”本案中债权人白云公司与债务人东风公司属于一般的债权债务纠纷，在债务人东风公司拒不履行支付货款义务的情况下，债权人白云公司可以向人民法院起诉要求东风公司清偿货款本金、利息及其他违约责任。

另外，由于债务人东风公司以其在新雨公司20%的股权进行了质押，根据《民法典》第440条的规定，债权人（质权人）白云公司可以行使其股权质权并就所得款项优先受偿。

（2）《民法典》第443条规定：“以基金份额、股权出质的，质权自办理出质登记时设立。基金份额、股权出质后，不得转让，但是出质人与质权人协商同意的除外。出质人转让基金份额、股权所得的价款，应当向质权人提前清偿债务或者提存。”根据该条规定，债权人（质权人）如要行使其质权，必须证明其质权有效成立。即必须订立书面质押合同并办理登记手续。

（3）本案中，股东甲可以为公司利益直接向法院提起股东派生（代表）诉讼。

（4）该保函具有保证合同的性质，保证合同有效。乙虽然未经股东会同意为银行担保，侵犯了公司利益，但其行为构成表见代理。表见代理一般是指因本人的行为造成了足以令人相信某人具有代理权的外观，本人必须对此负担被代理人责任的法律制度。《民法典》第172条规定：“行为人没有代理权、超越代理权或者代理权终止后，仍然实施代理行为，相对人有理由相信行为人有代理权的，该代理行为有效。”本案中乙以新雨公司名义出具保函，乙本身是新雨公司的执行董事，具备了表见代理的特征，因而保证合同有效。

(5) 甲持有公司20%的股权，可以请求法院解散公司。《公司法》第182条规定：“公司经营管理发生严重困难，继续存续会使股东利益受到重大损失，通过其他途径不能解决的，持有公司全部股东表决权百分之十以上的股东，可以请求人民法院解散公司。”本案中新雨公司严重亏损，且公司经营管理发生僵局，股东甲拥有公司20%的股份，可以请求法院解散公司。

4. **答案**：(1) 关于股东会决议的效力，《公司法》从内容和程序两方面作出了规定。关于决议内容，《公司法》第22条第1款规定：“公司股东会或者股东大会、董事会的决议内容违反法律、行政法规的无效。”关于决议程序，《公司法》第22条第2款规定：“股东会或者股东大会、董事会的会议召集程序、表决方式违反法律、行政法规或者公司章程，或者决议内容违反公司章程的，股东可以自决议作出之日起六十日内，请求人民法院撤销。”

从决议内容上看，公司股东会有权对董事长及公司法定代表人的权限进行限制。从决议程序上看，《公司法》第43条规定：“股东会的议事方式和表决程序，除本法有规定的外，由公司章程规定。股东会会议作出修改公司章程、增加或者减少注册资本的决议，以及公司合并、分立、解散或者变更公司形式的决议，必须经代表三分之二以上表决权的股东通过。”本题中，股东会决议对董事长的权限进行限制，只需要拥有过半数表决权的股东同意即可，乙、丙、丁、戊四人合计持有股权达到56%，自然可以通过限制董事长权限的股东会决议。

(2)《民法典》第504条规定，法人或者其他组织的法定代表人、负责人超越权限订立的合同，除相对人知道或者应当知道其超越权限的以外，该代表行为有效。本题中，尽管公司股东会决议对公司法定代表人甲的权限进行了限制，甲所签订的技术转让合同超越权限，但相对人并不知情，所以合同有效。

(3)《民法典》第443条第1款规定：“以基金份额、股权出质的，质权自办理出质登记时设立。”本题中，乙为张三办理了股权质权登记手续，质权已经产生，张三享有质权。

(4)《公司法解释（三）》第15条规定：“出资人以符合法定条件的非货币财产出资后，因市场变化或者其他客观因素导致出资财产贬值，公司、其他股东或者公司债权人请求该出资人承担补足出资责任的，人民法院不予支持。但是，当事人另有约定的除外。”本题中，丙以其对大都房地产开发有限公司所持股权出资，经验资后办理了股权转让手续，出资程序完全合法，不存在虚假出资或者抽逃出资的情形，丙用作出资的股权日后贬值属于公司经营的正常风险，不影响丙对鑫荣公司的股权。

(5)《公司法》第71条规定：“有限责任公司的股东之间可以相互转让其全部或者部分股权。股东向股东以外的人转让股权，应当经其他股东过半数同意。股东应就其股权转让事项书面通知其他股东征求同意，其他股东自接到书面通知之日起满三十日未答复的，视为同意转让。其他股东半数以上不同意转让的，不同意的股东应当购买该转让的股权；不购买的，视为同意转让。经股东同意转让的股权，在同等条件下，其他股东有优先购买权。两个以上股东主张行使优先购买权的，协商确定各自的购买比例；协商不成的，按照转让时各自的出资比例行使优先购买权。公司章程对股权转让另有规定的，从其规定。”据此，丁、戊可以将其股权转让给其他股东或者第三人。《公司法》第182条规定：“公司经营管理发生严重困难，继续存续会使股东利益受到重大损失，通过其他途径不能解决的，持有公司全部股东表决权百分之十以上的股东，可以请求人民法院解散公司。”本题中，因为鑫荣公司经营状况不佳，且大股东与管理层间矛盾重重，合计持有股份11%的丁、戊可以申请司法解散公司。

5. **答案**：(1) 有效，设立中的公司可以实施法律行为。

(2) 不可以。确定甲是否已履行出资义务，应以设备交付并移转所有权至公司时为准，故应以2012年6月初之130万元，作为确定甲承担相应的补足出资责任的标准，对此可以参照《公司法解释（三）》第9条、第15条。

(3) 根据2014年修订前的《公司法解释（三）》第15条，满钱应承担相应的连带责任。

(4) 可以。首先，因继承无效，马玮不能因继承取得厂房所有权，而其将厂房投资设立兴平公司，因马玮是兴平公司的董事长，其主观恶意视为所代表公司的恶意，因此也不能使兴平公司取得厂房所有权；其次，兴平公司将该厂房再投资于大昌公司时，马玮又是大昌公司的设立负责人与成立后的公司董事长，同样不能使大昌公司取得所有权。因此所有权仍应归属于马屺，可以向大昌公司请求返还。

(5) 不能。乙与丙、丁间根本就不存在股权转让行为，丙、丁的签字系由甲伪造，且乙在主观上不可能是善意，故不存在善意取得的构成。

(6) 可以。乙自己原持有的股权，为合法有效，故可以有效地转让给吴耕。至于乙所受让的丙、丁的股权，虽然无效，但乙已登记于公司登记之中，且吴耕为善意，并已记入公司登记中，因此参照《公司法解释（三）》第25条、第27条的原理，吴耕可以主张股权的善意取得。

第十二章　公司的治理结构

基础知识图解

- 公司的治理结构
  - 概述
    - 公司治理结构的含义
    - 确立公司治理结构的原则：资本支配与资本平等、权力分立与制衡、效率优先与兼顾公平
    - 公司治理结构的基本模式
  - 股东会
    - 概念与职权：是指在各类公司中由全体股东组成的公司权力机构
    - 股东会会议
      - 会议种类：普通会议、特别会议
      - 会议召集
    - 股东会表决权的行使：亲自行使、代理行使、书面行使
    - 股东会决议
  - 董事会
    - 董事会的概念和职权：对内经营管理权、对外代表权
    - 董事会的产生与结构
    - 董事会会议：种类；召集；法定人数；决议
    - 董事对公司的义务：不得利用职权收受贿赂或其他非法收入、不得侵占公司的财产、不得擅自处分公司财产、禁止反向交易与竞业禁止行为、不得擅自披露公司秘密
  - 监事会
    - 监事会的概念和职权
    - 监事会的产生：监事的选任、资格与任期
    - 监事会的规模：原则上不少于3人，但人数较少和规模较小的有限责任公司可仅设1名至2名监事
  - 经理
    - 概念和地位
    - 经理的职权
    - 经理的义务与责任
  - 股东诉讼：概念与种类；作用；依据与条件；结果归属

配套测试

一、单项选择题

1. 2018年5月，甲有限公司成立，张某持有公司80%的股权，并担任公司董事长；李某持有公司7%的股权。公司章程规定，公司召开股东会应当提前十天以书面形式通知全体股东。为了扩大公司规模，张某认为甲公司应当与乙公司合并，遂提议召开公司股东会会议，但因准备匆忙，在会议召开前五天才通知李某。股东会会议中持有公司90%表决权的股东同意合并，3%表决权的股东反对，最终通过了与乙公司合并的决议，李某拒绝在决议上签字。关于本案，下列哪一说法是正确的？（　　）

A. 该次股东会会议的召集程序违反法律规定，李某可以主张该决议无效

B. 李某有权要求公司以合理价款回购其所持有的甲公司股权

C. 该次股东会会议的召集程序违反法律规定，李某可以要求撤销该决议

D. 如果李某针对股东会决议效力提起相关诉讼，应当以公司为被告，其他股东列为第三人

2. 甲、乙、丙、丁、戊五人是联信有限公司股东，其中甲持有公司股权比例为1%，乙持有公司股权比例为2%，丙持有公司股权比例为17%，赵某与丙签订了股权代持协议，约定由赵某实际出资，享受投资收益；丁持有公司股权比例为30%，戊持有公司股权比例为50%，且担任公司董事长。公司章程规定，持股比例低于5%的股东不得查阅公司会计账簿。关于本案，下列哪一说法是正确的？（　）

A. 甲无权查阅公司会计账簿

B. 丙无权查阅公司会计账簿

C. 赵某无权查阅公司会计账簿

D. 丁有权查阅并复制公司会计账簿

3. 彭兵是一家（非上市）股份有限公司的董事长，依公司章程规定，其任期于2017年3月届满。由于股东间的矛盾，公司未能按期改选出新一届董事会。此后对于公司内部管理，董事间彼此推诿，彭兵也无心公司事务，使得公司随后的一项投资失败，损失100万元。对此，下列哪一选项是正确的？（　）（司考2017.3.26）

A. 因已届期，彭兵已不再是公司的董事长

B. 虽已届期，董事会成员仍须履行董事职务

C. 就公司100万元损失，彭兵应承担全部赔偿责任

D. 对彭兵的行为，公司股东有权提起股东代表诉讼

4. 公司可以在章程中订明营业期限，需延长时（　）。

A. 应由董事会作出决议

B. 应由监事会作出决议

C. 应由股东会作出决议

D. 应由总经理决定

5. 在我国《公司法》中，对公司监事的任期是怎样规定的？（　）

A. 可以由公司章程确定，但不得超过3年，且不能连选连任

B. 可以由公司章程确定，但不得超过3年，且可连选连任

C. 任期为法定的3年，不得由公司章程更改，但不得连选连任

D. 任期为法定的3年，不得由公司章程更改，但可以连选连任

6. 有限责任公司的董事长因特殊原因不能履行职务时由董事长指定（　）召集和主持。

A. 副董事长

B. 其他董事

C. 副董事长或其他董事

D. 由股东大会讨论并依法定程序作出决议

7. 下列有关国有独资公司监事会的表述中正确的是（　）。

A. 除有公司内部职工代表外，必须有国有资产监督管理机构或委派的人员

B. 除有公司内部职工代表外，必须有国务院或国务院授权的机构、部门委派的人员

C. 监事会的成员不得少于3人

D. 监事会的职权与一般有限责任公司监事会的职权完全相同

8. 有限责任公司的董事的任期由（　）。

A. 全体董事2/3以上多数选举产生

B. 全体董事1/2以上多数选举产生

C. 公司章程规定

D. 由出资最多的股东指定

9. A公司是一家国家授权投资的机构出资设立的国有独资公司，以下关于其董事会的职责权限的几个表述，正确的是（　）。

A. A公司的章程只能由其股东国家授权投资的机构制定，董事会无权

B. 经授权，该公司的董事会可行使股东会的部分职权，决定公司的重大事项

C. 经授权，该公司的董事会可行使股东会的部分职权，决定公司的合并

D. 经授权，该公司的董事会可行使股东会的部分职权，决定公司债券的发行

10. 国有独资公司的董事长依照以下哪种方法产生？（　）

A. 公司章程
B. 股东选举
C. 国有资产监督管理机构从董事会成员中指定
D. 职工大会从董事会成员中选举产生并由国家授权投资的机构批准

11. 按照我国《公司法》的规定，以下表述错误的一项是哪个？(　　)
A. 有限责任公司董事会成员为3人至9人，股东人数较少和规模较小的有限责任公司不设董事会，可以设一名执行董事，该执行董事可以兼任公司经理
B. 国有独资公司不设股东会，但必须设立董事会，由3名至9名董事组成，其监事会成员不得少于3人
C. 股份有限公司的董事会成员为5人至19人
D. 国有独资公司的监事会主要由国有资产监督管理机构委派，股份有限公司主要由股东代表组成，两者的监事会中都必须有职工代表参加

12. 有关有限责任公司的监事会，表述不符合法律规定的是(　　)。
A. 有限责任公司经营规模较大的，应当设立监事会，其成员不得少于3人
B. 有限责任公司的监事会应当由股东代表和适当比例的公司职工代表组成，两者之间的比例由公司章程予以规定
C. 监事的任期每届为4年，任期届满，连选可以连任
D. 公司的董事、高级管理人员不得兼任公司的监事

13. 甲公司出资20万元、乙公司出资10万元共同设立丙有限责任公司。丁公司系甲公司的子公司。在丙有限责任公司经营过程中，甲公司多次利用其股东地位通过公司决议让丙公司以高于市场同等水平的价格从丁公司进货，致使丙公司产品因成本过高而严重滞销，造成公司亏损。下列哪一选项是正确的？(　　)(司考2008.3.31)
A. 丁公司应当对丙公司承担赔偿责任
B. 甲公司应当对乙公司承担赔偿责任
C. 甲公司应当对丙公司承担赔偿责任
D. 丁公司、甲公司共同对丙公司承担赔偿责任

14. 某公司董事会作出了一项违反公司章程的决议，致使公司遭受3亿元的重大损失。经查明，该公司董事会共有5名成员。在董事会作出决议时，张、王、李三位董事表示赞成，赵、陈二位董事表示反对，意见均记载于会议记录。公司的损失应由(　　)。
A. 公司承担
B. 董事与公司连带承担
C. 张、王、李三位董事负责赔偿
D. 全体董事共同赔偿

15. 甲、乙、丙三人共同出资10万元设立“蓝星科技开发有限责任公司”，其中甲、乙各出资3万元，丙出资4万元。公司成立后召开了第一次股东会。有关这次股东会的情况，符合我国《公司法》规定的是(　　)。
A. 会议由甲召集和主持
B. 会议决定公司不设董事会，由甲担任执行董事，任期3年
C. 会议决定公司设监事一名，由丙担任，任期6年
D. 董事会应当包括股东代表和适当比例的公司职工代表

16. 某有限责任公司董事会由三名董事组成。董事甲因车祸死亡，董事人数低于法律规定的要求。根据我国《公司法》，有权提议召开临时股东会议的人是(　　)。
A. 半数董事　　B. 总经理
C. 1/4以上股东　　D. 监事会或监事

17. 根据我国《公司法》，下述工作中属于公司董事会职权的是(　　)。
A. 拟订公司内部管理机构设置方案
B. 组织实施公司年度经营计划和投资方案
C. 制定公司的基本管理制度
D. 主持公司的生产经营管理工作

18. 某有限责任公司于2009年6月15日召开股东会，选举公司监事。下列人员中可以担任公司监事的是(　　)。

A. 曾担任某有限责任公司的法定代理人，该公司于2008年被吊销营业执照至今，并对其负个人责任
B. 曾因挪用公款罪被判处有期徒刑，2008年4月10日刑满释放的李某
C. 该公司工会主席张某
D. 曾担任某公司的法定代表人，该公司于2007年9月被宣告破产，对公司破产负有个人责任的赵某

19. 经股份有限公司董事会决定，（　　）可兼任经理。
A. 董事长
B. 董事会成员
C. 执行董事
D. 股东代表

20. 根据《公司法》，下列表述错误的是（　　）。
A. 对有限责任公司股东会职权范围内的事项股东以书面形式一致表示同意的，可以不召开股东会会议，直接作出决定，并由全体股东在决定文件上签名、盖章
B. 有限责任公司股东会会议由股东按照出资比例行使表决权；但是，公司章程另有规定的除外
C. 一个自然人可以投资设立两个以上的一人有限责任公司
D. 董事任期届满未及时改选，或者董事在任期内辞职导致董事会成员低于法定人数的，在改选出的董事就任前，原董事仍应当依照法律、行政法规和公司章程的规定，履行董事职务

21. 下列有关股份有限公司的股东大会的表述，正确的是（　　）。
A. 股东大会应当每年召开一次年会。董事会认为有必要或监事会提议召开时应当在两个月内召开临时股东大会
B. 股东大会应当每年召开二次大会，上下半年各一次
C. 持有公司股份5%以上的股东请求时，应当自提出请求之日起2个月内召开临时股东大会
D. 公司未弥补的亏损达股本总额的1/4时，应当在2个月内召开临时股东大会

22. 股份有限公司的股东大会进行决议时，对公司修改章程、公司合并或分立、公司解散等特别事项表决时，应采用何种决议规定？（　　）
A. 经出席股东大会的股东2/3以上表决同意
B. 经出席股东大会的股东所持表决权的2/3以上通过
C. 经全体股东所持表决权的2/3以上通过
D. 经全体股东的2/3以上通过

23. 2009年5月10日，某上市公司股东大会选举产生的第二届董事会由7名董事组成，任期3年。2010年4月16日董事王某提出辞呈，同年6月10日，该公司股东大会年会表决通过王某辞去董事职务，同时选举李某担任公司董事。李某担任公司董事的任期应当是（　　）。
A. 2009年5月10日至2012年5月10日
B. 2010年4月10日至2012年5月10日
C. 2010年6月10日至2013年5月10日
D. 2010年6月10日至2013年6月10日

24. 股份有限公司设经理、副经理，由（　　）
A. 股东大会选举产生
B. 监事会主席任免
C. 董事会任免
D. 董事长任免

25. 某股份有限公司董事会有成员17人，经全体董事投票表决，叶某以9票当选董事长，陈某以8票当选副董事长。根据《公司法》的有关规定，这次选举（　　）。
A. 叶某当选有效，陈某当选无效
B. 叶某当选无效，陈某当选有效
C. 叶某、陈某当选均为有效
D. 叶某、陈某当选均为无效

26. 下列有关股份有限公司股东大会议事规则的表述正确的是（　　）。
A. 根据持有公司股份10%以上股东请求，应当在1个月内召开临时股东大会
B. 股东大会会议由董事长负责召集并主持
C. 股东可以委托代理人出席股东大会，代理人应当向公司提交股东授权委托书，并在授权范围内行使表决权

D. 召开股东大会，应当将会议审议的事项于会议召开30日以前通知各股东，股东大会不得对通知中未列明的事项作出决议

27. 我国《公司法》规定，公司可以提取任意公积金，但要（　　）。

A. 经股东会（股东大会）作出决议

B. 经董事会作出决议

C. 经监事会作出决议

D. 经职工代表大会作出决议

28. 某运输有限责任公司股东大会决定依照公司法的规定解散，随即打算成立清算组。则有关清算组的组成说法正确的是（　　）。

A. 由全体股东组成

B. 由股东大会确定人选

C. 由人民法院指定

D. 由有关主管部门组织股东和有关专业人员及债权人组成

29. 王某向银行申请贷款，需要他人担保。陈某系甲公司的控股股东和董事长，是王某多年好友。王某求助于陈某，希望得到甲公司的担保。甲公司章程规定，公司对外担保须经股东会决议。下列哪一选项是正确的？（　　）（司考四川 2008.3.28）

A. 甲公司不能为王某提供担保，因为陈某不能向甲公司提供反担保

B. 甲公司不得为王某提供担保，因为公司法禁止公司为个人担保

C. 甲公司可以为王某提供担保，但须经股东会决议通过

D. 甲公司可以为王某提供担保，但陈某不得参加股东会表决

30. 烽源有限公司的章程规定，金额超过10万元的合同由董事会批准。蔡某是烽源有限公司的总经理。因公司业务需要车辆，蔡某便将自己的轿车租给烽源公司，并约定年租金15万元。后蔡某要求公司支付租金，股东们获知此事，一致认为租金太高，不同意支付。关于本案，下列哪一选项是正确的？（　　）

A. 该租赁合同无效

B. 股东会可以解聘蔡某

C. 该章程规定对蔡某没有约束力

D. 烽源公司有权拒绝支付租金

31. 荣吉有限公司是一家商贸公司，刘壮任董事长，马姝任公司总经理。关于马姝所担任的总经理职位，下列哪一选项是正确的？（　　）（司考 2015.3.26）

A. 担任公司总经理须经刘壮的聘任

B. 享有以公司名义对外签订合同的法定代理权

C. 有权制定公司的劳动纪律制度

D. 有权聘任公司的财务经理

32. 甲公司是一家上市公司。关于该公司的独立董事制度，下列哪一表述是正确的？（　　）（司考 2015.3.28）

A. 甲公司董事会成员中应当至少包括1/3的独立董事

B. 任职独立董事的，至少包括一名会计专业人士和一名法律专业人士

C. 除在甲公司外，各独立董事在其他上市公司同时兼任独立董事的，不得超过5家

D. 各独立董事不得直接或间接持有甲公司已发行的股份

33. 申和股份公司是一家上市公司，现该公司董事会秘书依法律规定，准备向证监会与证券交易所报送公司年度报告。关于年度报告所应记载的内容，下列哪一选项是错误的？（　　）

A. 公司财务会计报告和经营情况

B. 董事、监事、高级管理人员简介及其持股情况

C. 已发行股票情况，含持有股份最多的前二十名股东的名单和持股数额

D. 公司的实际控制人

34. 华昌有限公司有8个股东，麻某为董事长。2013年5月，公司经股东会决议，决定变更为股份公司，由公司全体股东作为发起人，发起设立华昌股份公司。下列哪些选项是正确的？（　　）（司考 2013.3.69）

A. 该股东会决议应由全体股东一致同意

B. 发起人所认购的股份，应在股份公司成立后两年内缴足

C. 变更后股份公司的董事长，当然由麻某担任

D. 变更后的股份公司在其企业名称中，可继续使用“华昌”字号

二、多项选择题

1. 茂森股份公司效益一直不错，为提升公司治理现代化，增强市场竞争力并顺利上市，公司决定重金聘请知名职业经理人王某担任总经理。对此，下列哪些选项是正确的？（　　）（司考 2017. 3. 71）

A. 对王某的聘任以及具体的薪酬，由茂森股份公司董事会决定

B. 王某受聘总经理后，就其职权范围的事项，有权以茂森公司名义对外签订合同

C. 王某受聘总经理后，有权决定聘请其好友田某担任茂森公司的财务总监

D. 王某受聘总经理后，公司一旦发现其不称职，可通过股东会决议将其解聘

2. 国有独资公司的（　　），未经国有资产监督管理机构同意，不得兼任其他经营组织的负责人。

A. 董事长　　B. 副董事长

C. 高级管理人员　　D. 执行董事

3. 下列事项中，必须经有限责任公司股东大会决议并经代表 2/3 以上表决权的股东通过的是（　　）。

A. 增加公司注册资本

B. 向股东以外的人转让出资

C. 公司利润分配方案

D. 修改公司章程

4. 下列选项中（　　）属于有限责任公司经理的职权范围。

A. 决定公司内部管理机构的设置

B. 组织实施公司年度经营计划与投资方案

C. 主持公司的生产经营管理工作

D. 制定公司的基本管理制度

5. 某有限责任公司是由三个国有企业投资设立，关于该有限责任公司董事会几种构成符合法律规定的是（　　）。

A. 该公司的董事会成员可以只有 3 个

B. 该董事会的成员分别是 3 个国有企业的总经理

C. 董事会的成员为 4 人，其中 1 人为公司的职工代表

D. 该董事会除 1 人担任董事长外，设置两名副董事长

6. 李某是某化学药物制品有限公司的董事，他的下列行为中，合法的有（　）。

A. 李某自己还经营一家减肥茶生产企业

B. 李某向甲银行借款 50 万元，用以开发化学药物制品有限公司的新产品，并以公司的资产作为担保

C. 乙公司是该化学药物制品有限公司过去的联盟单位，李某将 50 万元暂借给乙公司作周转资金用，乙公司 1 个月后归还了该款

D. 未经股东会同意，李某将减肥茶生产企业的一批紧缺药品以较低的价格出售给该化学药物制品有限公司

7. 有限责任公司的股东会是公司的权力机构。其在行使职权时应当依照公司章程和公司法的规定。对于以下事项的决议必须经过代表 2/3 以上表决权股东同意的是（　　）。

A. 选举公司董事长

B. 公司的分立合并

C. 公司增加注册资本

D. 公司对外进行转投资

8. 以下关于有限责任公司与股份有限公司的监事的区别表述正确的是（　　）。

A. 前者并非都应当设立监事会，后者都应当设立监事会

B. 前者的董事或者经理可以兼任监事，后者则不可

C. 前者的监事任期由公司章程规定，不得超过 3 年，后者的监事任期都为 3 年

D. 前者的监事可以只有 1 名或 2 名，后者的监事不得少于 3 人

9. 刘某是甲有限责任公司的董事长兼总经理。任职期间，他多次利用职务之便，指示公司会计将资金借贷给一家主要由刘某的儿子投资设立的乙公司。对此，持有公司股权 0.5% 的股东王某认为甲公司应该起诉乙公司还款，但公司不可能起诉，王某便自行直接向法院

对乙公司提起股东代表诉讼。下列哪些选项是正确的？(　　)(司考2008.3.75)

A. 王某持有公司股权不足1%，不具有提起股东代表诉讼的资格

B. 王某不能直接提起诉讼，必须先向董事会或监事会提出请求

C. 王某应以甲公司的名义起诉，但无须甲有限责任公司盖章或刘某签字

D. 王某应以自己的名义起诉，但诉讼请求应是将借款返还给甲公司

10. 股份有限公司的董事会由11人组成，其中董事长1人，副董事长2人。该董事会某次会议发生的下列行为不符合公司法规定的有（　）。

A. 因董事长不能出席会议，董事长指定一名副董事长甲主持会议

B. 通过了增加公司注册资本的决议

C. 通过了解聘公司现任经理，由副董事长甲兼任经理的决定

D. 会议所有决议事项均载入会议记录后，由主持会议的副董事长甲和记录员签名存档

11. 某股份有限公司拟成立监事会。根据《公司法》的规定，下列哪些人员不能担任该公司的监事？(　　)

A. 公司董事长李某

B. 公司聘任的临时工张某

C. 副董事长朱某

D. 副总经理陈某

12. 注册资本为2000万元的某股份有限公司的董事会有董事15名。下列表述是有关该董事会若干次会议的一些情况，其中哪些违反了《公司法》的有关规定？(　　)

A. 2006年1月3日召开董事会，到会的董事有7人，会议如期举行

B. 2006年1月3日召开董事会，经出席该会的董事一致同意，决议减少公司注册资本50万元

C. 2006年6月3日召开董事会，出席该会的11名董事一致同意解聘现任总经理，并作出由一位副董事长兼任公司总经理的决议

D. 2006年6月3日召开董事会，两名董事因故不能到会，委托其他董事代为出席，并提交了载明授权范围的委托书

13. 方圆公司与富春机械厂均为国有企业，合资设立富圆公司，出资比例为30%与70%。关于富圆公司董事会的组成，下列哪些说法是正确的？(　　)(司考2012.3.68)

A. 董事会成员中应当有公司职工代表

B. 董事张某任期内辞职，在新选出董事就任前，张某仍应履行董事职责

C. 富圆公司董事长可由小股东方圆公司派人担任

D. 方圆公司和富春机械厂可通过公司章程约定不按出资比例分红

14. 星煌公司是一家上市公司。现董事长吴某就星煌公司向坤诚公司的投资之事准备召开董事会。因公司资金比较紧张，且其中一名董事梁某的妻子又在坤诚公司任副董事长，有部分董事对此投资事宜表示异议。关于本案，下列哪些选项是正确的？(　　)(司考2016.3.71)

A. 梁某不应参加董事会表决

B. 吴某可代梁某在董事会上表决

C. 若参加董事会人数不足，则应提交股东大会审议

D. 星煌公司不能投资于坤诚公司

15. 紫云有限公司设有股东会、董事会和监事会。近期公司的几次投标均失败，董事会对此的解释是市场竞争激烈，对手强大。但监事会认为是因为董事狄某将紫云公司的标底暗中透露给其好友的公司。对此，监事会有权采取下列哪些处理措施？(　　)(司考2016.3.69)

A. 提议召开董事会

B. 提议召开股东会

C. 提议罢免狄某

D. 聘请律师协助调查

16. 甲、乙、丙设立一有限公司，制定了公司章程。下列哪些约定是合法的？(　　)(司考2013.3.68)

A. 甲、乙、丙不按照出资比例分配红利

B. 由董事会直接决定公司的对外投资事宜

C. 甲、乙、丙不按照出资比例行使表决权
D. 由董事会直接决定其他人经投资而成为公司股东

17. 郑贺为甲有限公司的经理，利用职务之便为其妻吴悠经营的乙公司谋取本来属于甲公司的商业机会，致甲有限公司损失50万元。甲公司小股东付冰欲通过诉讼维护公司利益。关于付冰的做法，下列哪一选项是正确的？(　　)（司考2012. 3. 27）
A. 必须先书面请求甲公司董事会对郑贺提起诉讼
B. 必须先书面请求甲公司监事会对郑贺提起诉讼
C. 只有在董事会拒绝起诉情况下，才能请求监事会对郑贺提起诉讼
D. 只有在其股权达到1%时，才能请求甲公司有关部门对郑贺提起诉讼

18. 科鼎有限公司设立时，股东们围绕公司章程的制定进行讨论，并按公司的实际需求拟定条款规则。关于该章程条款，下列哪些说法是正确的？(　　)（司考2016. 3. 68）
A. 股东会会议召开7日前通知全体股东
B. 公司解散需全体股东同意
C. 董事表决权按所代表股东的出资比例行使
D. 全体监事均由不担任董事的股东出任

19. 钱某为益扬有限公司的董事，赵某为公司的职工代表监事。公司为钱某、赵某支出的下列哪些费用须经公司股东会批准？(　　)（司考2015. 3. 68）
A. 钱某的年薪
B. 钱某的董事责任保险费
C. 赵某的差旅费
D. 赵某的社会保险费

20. 甲、乙是某有限责任公司股东，甲、乙分别持有公司51%和49%的股权，2018年10月甲想把持有的公司51%的股权转让给外部的第三人丙，但乙不同意，于是，甲提出只转让0. 1%的股权给丙，乙便同意了甲的请求。在丙成为公司的股东后，甲于2018年12月把自己持有的剩下50. 9%的公司股权也转给了丙，并且办理了股权登记证明，这时候乙出来反对，但未主张优先购买。关于两次股权转让是否有效，下列说法正确的是：(　　)。
A. 甲的第一次股权转让有效
B. 甲的第一次股权转让无效
C. 甲的第二次股权转让有效
D. 甲的第二次股权转让无效

三、不定项选择题

1. 甲公司于2008年7月依法成立，现有数名推荐的董事人选，依照《公司法》规定，下列哪些人员不能担任公司董事？(　　)（司考2008. 3. 76）
A. 王某，因担任企业负责人犯重大责任事故罪于2001年6月被判处三年有期徒刑，2004年刑满释放
B. 张某，与他人共同投资设立一家有限责任公司，持股70%，该公司长期经营不善，负债累累，于2006年被宣告破产
C. 徐某，2003年向他人借款100万元，为期2年，但因资金被股市套住至今未清偿
D. 赵某，曾任某音像公司董事长，该公司因未经著作权人许可大量复制音像制品于2006年5月被吊销营业执照，赵某负有个人责任

2. 某电器股份有限公司于2009年8月20日召开董事会临时会议，讨论召开股东临时会议及解决公司债务等事项。公司董事会共有9名董事，出席此次会议的有赵董事长和董事钱某、孙某、李某、周某、吴某共6人。这次会议由赵某主持，除中途退席的周某外，其他五位董事同意决定于2009年10月6日召开股东临时会议。公司于当日通知了公司各位股东关于召开临时股东会的决定。公司临时股东会的通知上所列议案是讨论处分公司闲置财产偿还债务。在公司2009年10月6日召开的临时股东会上，出席及委托代理人出席的股东共86人，持有表决权股数120000股，占公司全部股份200000股的60%。会上经出席股东30人（持有表决权股数65000股）同意，作出三项决定：(1) 公司对外所欠债务原则上予以承认；(2) 决定

将公司对外的债券转为公司资本；（3）处分公司部分财产偿还公司债务。对于此次公司临时股东会的决议，董事周某持有异议，认为决议违法而无效，诉请法院请求撤销。其理由是：（1）公司董事会决议召开股东临时会议时，他未在场，致使该董事会议不足法定人数，因而董事会关于召开股东临时会议之决议违法；（2）2009 年 10 月 6 日召开的公司临时股东会议，其决议处分财产偿还债务与议程不符；（3）临时股东会上的提请承认事项事先未经董事会决议通过。根据以上情况，回答下列问题：

（1）下列关于股份有限公司董事会临时会议的说法中，哪些是正确的？（　　）

A. 应当有过半数的董事出席方能召开

B. 应当有 2/3 以上的董事出席方能召开

C. 董事会临时会议作出决议，必须经全体董事过半数同意

D. 董事会临时会议作出决议，必须经出席会议的董事过半数同意

（2）下列关于股份有限公司股东会临时会议的说法中，哪些是正确的？（　　）

A. 股份有限公司修改公司章程、合并、分立、解散事项必须经出席股东大会的股东所持表决权的 2/3 以上通过

B. 股份有限公司修改公司章程、合并、分立、解散事项必须经全体股东所持表决权的 2/3 以上通过

C. 股份有限公司除修改公司章程、合并、分立、解散事项外，股东大会作出决议，必须经出席股东大会的股东所持表决权的过半数通过

D. 股份有限公司除修改公司章程、合并、分立、解散事项外，股东大会作出决议，必须经全体股东所持表决权的半数以上通过

（3）临时董事会会议决议、临时股东会会议决议是否有效？（　　）

A. 临时董事会会议决议有效

B. 临时董事会会议决议无效

C. 临时股东会会议决议有效

D. 临时股东会会议决议无效

3. 华胜股份有限公司于 2006 年召开董事会临时会议，董事长甲及乙、丙、丁、戊共五位董事出席，董事会中其余 4 名成员未出席。董事会表决之前，丁因意见与众人不合，中途退席，但董事会经与会董事一致通过，最后仍作出决议。下列哪些选项是错误的？（　　）（司考 2008. 3. 77）

A. 该决议有效，因其已由出席会议董事的过半数通过

B. 该决议无效，因丁退席使董事的同意票不足全体董事表决票的二分之一

C. 该决议是否有效取决于公司股东会的最终意见

D. 该决议是否有效取决于公司监事会的审查意见

四、名词解释

1. 公司的治理结构

2. 股东会会议

3. 董事的竞业禁止义务

4. 股东代表诉讼（中国人民大学 2007 年考研真题）

5. 公司章程（复旦大学 2009 年考研真题）

五、简答题

1. 某股份有限公司董事甲未提前通知就召开临时股东大会，并且经 1/2 的股东表决同意修改了公司章程。请问上述有哪些不合法的行为？公司法上规定股东有权采取什么措施来保护他们的利益？如果是内容的不合法，跟上述行为有什么不同？（武汉大学 2006 年考研真题）

2. 简述公司股东会的职能。

六、论述题

1. 论现代公司机关权力的构架。（注：可围绕股东会、董事会、监事会、经理人等权力分配机制论述）

2. 试述我国应如何完善股东表决权的代理行使。

3. 试述董事的忠实义务。

七、案例分析题

1. 甲、乙国有企业与另外7家国有企业拟联合组建设立“如意有限责任公司”（以下简称如意公司），公司章程的部分内容是：公司股东会除召开定期会议外，还可以召开临时会议，临时会议须经代表1/2以上表决权的股东，1/2以上的董事或1/2以上的监事提议召开。在申请公司设立登记时，市场监督管理机关①指出了公司章程中规定的关于召开临时股东会议方面的不合法之处。经全体股东协商后，予以纠正。

2014年3月，如意公司依法登记设立，注册资本为1亿元，其中甲以工业产权出资，协议作价金额1200万元；乙出资1400万元，是出资最多的股东。公司成立后，由甲召集和主持首次股东会会议，设立了董事会。2014年5月，如意公司董事会发现，甲作为出资的工业产权的实际价额显著低于公司章程所定的价额，为了使公司股东出资总额仍达到1亿元，董事会提出了解决方案，即由甲补足差额；如果甲不能补足差额，则由其他股东按出资比例分担该差额。

2015年5月，公司经过一段时间的运作后，经济效益较好，董事会拟订了一个增加注册资本的方案，方案提出将公司现有的注册资本由1亿元增加到1.5亿元。增资方案提交到股东会讨论表决时，有7家股东赞成增资。7家股东出资总和为5830万元，占表决权总数的58.3%；有2家股东不赞成增资，2家股东出资总和为4170万元，占表决权总数的41.7%。股东会通过增资决议，并授权董事会执行。

2015年3月，如意公司因业务发展需要，依法成立了上海分公司。上海分公司在生产经营过程中，因违约被诉至法院，对方以如意公司是上海分公司的总公司为由，要求如意公司承担违约责任。

根据上述事实及有关法律规定，回答下列问题：

（1）如意公司设立过程中订立的公司章程中关于召开临时股东会议的规定有哪些不合法之处？说明理由。

（2）如意公司的首次股东会议由甲召集和主持是否合法？为什么？

（3）如意公司董事会作出的关于甲出资不足的解决方案的内容是否合法？说明理由。

（4）如意公司股东会作出的增资决议是否合法？说明理由。

（5）如意公司是否应替上海分公司承担违约责任？说明理由。

2. A食品股份有限公司的董事张某和另外两人合伙开办了一个食品厂，生产的饼干与A食品股份有限公司饼干的包装、口味、生产方法等都相差无几。张某另办食品厂一事被A公司董事会觉察，董事会经研究决定罢免张某的职务，向法院申请没收其经营食品厂的收入所得。

问：（1）张某另办厂的行为是否合法？

（2）公司的行为是否合理？如若不合理，正当程序如何？

3. A股份有限公司董事会决定在2014年10月10日召开临时股东大会。董事长发出了《关于召开2014年临时股东大会会议的通知》。通知如下：

“兹定于2014年10月10日召开临时股东大会会议，现将有关事项通知如下：

1. 凡是持股量在30万股（含30万股）的股东可以径自参加股东大会会议，凡是持股量在10万股以上（含10万股）、30万股以下的股东可以按照本通知所列会议议程填写表决票于10月10日前寄送本公司董事会。

2. 会议议程

（1）讨论解决公司经营方向的转型问题；

（2）补选董事一人。

3. 会议地点：某市某宾馆会议室

---

① 编者注：2018年3月，根据第十三届全国人民代表大会第一次会议批准的国务院机构改革方案，将国家工商行政管理总局的职责整合，组建中华人民共和国国家市场监督管理总局；将国家工商行政管理总局的商标管理职责整合，重新组建中华人民共和国国家知识产权局；不再保留国家工商行政管理总局。

4. 附件

关于公司所遇经营困难以及经营转型的方向的报告；

董事候选人简介；

表决票一张；

A股份有限公司

董事长　王某

2014年9月15日

（公司公章）”

2014年10月10日，120名股东出席了临时股东大会，经过认真的讨论，认为公司经营所遇困难无法解决，经大会表决，90名股东同意作出解散公司的决议。董事长王某认为，赞成决议者超过出席人数的2/3，决议有效。会后，小股东李某认为公司仅仅让其通信表决，以董事会侵害其股东的合法权益为由向人民法院提起诉讼。

回答下列问题：

（1）该股东大会的召开有哪些违法之处？

（2）作为小股东的李某，其有哪些权益受到了侵害？

（3）召开临时股东大会的法定情形有哪些？

4. 至诚科技开发股份有限公司的董事会，共有9名成员。一次，董事长召集董事会会议，讨论将公司闲置资金1亿元投资于期货问题。该次董事会议共有6名董事出席。3名董事因故未能出席，其中董事张某虽未出席但书面委托其助理王某（非董事）代理出席并表决。会上董事长介绍了期货投资的巨大营利性，并表示赞成此项投资。而董事李某对此项投资表示疑虑，认为此项投资不属于本公司章程规定的公司的经营范围。董事赵某坚决反对。经记名式书面表决，结果为：4位董事赞成，1名董事和董事张某的代理人王某反对，董事李某弃权。董事长认为本议案已为多数通过，决议有效。该公司因投资期货亏损1000万元。公司股东以公司董事会决议违法并造成损失为由，向人民法院提起诉讼，请求损害赔偿。试析本案存在哪些违法事实，你认为法院应当如何判决本案并说明理由。

5. 某股份有限公司成立于2012年3月1日，股东甲占股份60%，股东乙、丙、丁、戊各占10%，并且甲被选为公司的董事长，法定代表人。后来股东甲于2013年11月6日把股份转让给了刘某，甲于2014年11月18日擅自以公司名义投资，致使公司亏损5000万元。刘某就向监事会提出起诉甲的请求，过了一个多月，监事会没有采取任何措施。刘某就直接到法院起诉甲。请问：

（1）刘某是否有权起诉甲？为什么？

（2）假如刘某有权起诉，最后所获得的赔偿受益人是谁？

（3）假如刘某的利益受到甲的损害，他所提起的诉讼跟上面的诉讼有什么区别？

参考答案

一、单项选择题

1. 答案：D。本题考查撤销决议问题。根据《公司法》第22条第2款，股东会召集程序违反法律、行政法规或者公司章程，股东可以自决议作出之日起60日内，请求人民法院撤销，A项错误。

根据《公司法》第74条第1款规定，对股东会合并决议投反对票的股东可以请求公司按照合理的价格收购其股权，但本案中李某并未对该决议投反对票，B项错误。

根据《公司法解释（四）》第4条，股东请求撤销股东会决议，但会议召集程序仅有轻微瑕疵，且对决议未产生实质影响的，人民法院不予支持，C项错误。

根据《公司法解释（四）》第3条，原告请求撤销股东会决议的案件，应当列公司为被告。对决议涉及的其他利害关系人，可以依法列为第三人，D项正确。

2. 答案：C。本题考查查账权问题。根据《公司法解释（四）》第9条，公司章程实质性剥夺股东查阅或者复制公司文件材料的权利，公司以此为由拒绝股东查阅或者复制的，人民法院不予支持，A、B项错误，股东甲、丙有权查阅公司会计账簿。

赵某作为实际出资人，并不是公司的股

东，不享有查账权，C 项正确。

根据《公司法》第 33 条第 2 款，股东可以要求查阅公司会计账簿，D 项错误。

3. **答案**：B。《公司法》第 108 条第 3 款规定："本法第四十五条关于有限责任公司董事任期的规定，适用于股份有限公司董事。"第 45 条第 2 款规定："董事任期届满未及时改选，或者董事在任期内辞职导致董事会成员低于法定人数的，在改选出的董事就任前，原董事仍应当依照法律、行政法规和公司章程的规定，履行董事职务。"虽然任期届满，但在董事会改选出新的董事长之前，彭兵仍然是公司的董事长，故 A 项错误。B 项，因为新的董事会成员尚未产生，原董事会成员仍须履行董事职责，故 B 项正确。

《公司法》第 149 条规定："董事、监事、高级管理人员执行公司职务时违反法律、行政法规或者公司章程的规定，给公司造成损失的，应当承担赔偿责任。"本题中，公司董事长彭兵消极怠工，给公司造成损失，应当承担赔偿责任，但投资失败并非彭兵一个人的问题，不能由彭兵承担全部赔偿责任，故 C 项错误。

根据《公司法》第 151 条规定，当公司高管有违反公司忠实义务的行为时，公司股东可以请求公司监事会提起诉讼，在监事会消极不作为时才能提起股东代表诉讼，故 D 项错误。

4. **答案**：C。根据《公司法》第 37 条和第 99 条的规定，股东会（股东大会）行使修改公司章程和对公司解散、清算等事项作出决议的职权。

5. **答案**：D。根据《公司法》第 52 条的规定，监事的任期每届为 3 年。监事任期届满，连选可以连任。

6. **答案**：C。《公司法》第 47 条规定："董事会会议由董事长召集和主持；董事长不能履行职务或者不履行职务的，由副董事长召集和主持；副董事长不能履行职务或者不履行职务的，由半数以上董事共同推举一名董事召集和主持。"

7. **答案**：A。本题考查的是国有独资公司监事会。根据《公司法》第 70 条的规定，国有独资公司监事会成员不得少于五人，其中职工代表的比例不得低于三分之一，具体比例由公司章程规定。

监事会成员由国有资产监督管理机构委派；但是，监事会成员中的职工代表由公司职工代表大会选举产生。监事会主席由国有资产监督管理机构从监事会成员中指定。

监事会行使本法第 53 条第 1 项至第 3 项规定的职权和国务院规定的其他职权。据此，只有 B 项为正确答案。

8. **答案**：C。有限责任公司董事的任期和董事长、副董事长的产生办法由公司章程规定，董事每届任期不得超过 3 年。

9. **答案**：B。根据《公司法》第 65 条的规定，国有独资公司的公司章程由国有资产监督管理机构制定，或者由董事会制订报国有资产监督管理机构批准。因此国有独资公司的章程可以由董事会制定。

根据《公司法》第 66 条第 1 款的规定，国有独资公司不设股东会，由国有资产监督管理机构行使股东会职权，授权公司董事会行使股东会的部分职权，决定公司的重大事项，但公司的合并、分立、解散、增减资本和发行公司债券，必须由国家授权投资的机构或者国家授权的部门决定。因此 B 选项正确，公司合并和发行公司债券只能由股东决定。

10. **答案**：C。《公司法》第 67 条规定："国有独资公司设董事会……董事会设董事长一人，可以设副董事长。董事长、副董事长由国有资产监督管理机构从董事会成员中指定。"

11. **答案**：B。根据《公司法》第 70 条的规定，国有独资公司监事会成员不得少于五人，其中职工代表的比例不得低于三分之一，具体比例由公司章程规定。

监事会成员由国有资产监督管理机构委派；但是，监事会成员中的职工代表由公司职工代表大会选举产生。监事会主席由国有资产监督管理机构从监事会成员中指定。

监事会行使本法第 53 条第 1 项至第 3 项规定的职权和国务院规定的其他职权。

12. **答案**：C。根据《公司法》第 52 条第 1 款的规定，监事的任期每届为 3 年。监事任期届满，连选可以连任。

13. **答案**：C。《公司法》第 20 条第 2 款规定，公司股东滥用股东权利给公司或者其他股东造成损失的，应当依法承担赔偿责任。本题中，甲公司作为丙公司的股东，滥用股东权利给丙公司造成损失，其应当对丙公司承担赔偿责任，选项 C 是正确的。

14. **答案**：C。《公司法》第 149 条规定："董事、监事、高级管理人员执行公司职务时违反法律、行政法规或者公司章程的规定，给公司造成损失的，应当承担赔偿责任。"第 112 条规定："……董事会应当对会议所议事项的决定作成会议记录，出席会议的董事应当在会议记录上签名。董事应当对董事会的决议承担责任。董事会的决议违反法律、行政法规或者公司章程、股东大会决议，致使公司遭受严重损失的，参与决议的董事对公司负赔偿责任。但经证明在表决时曾表明异议并记载于会议记录的，该董事可以免除责任。"

15. **答案**：B。根据《公司法》第 38 条的规定，首次股东会会议由出资最多的股东召集和主持，依照本法规定行使职权。第 50 条规定了不设董事会的情况。

16. **答案**：D。《公司法》第 47 条规定："董事会会议由董事长召集和主持；董事长不能履行职务或者不履行职务的，由副董事长召集和主持；副董事长不能履行职务或者不履行职务的，由半数以上董事共同推举一名董事召集和主持。"根据该法第 53 条规定，监事会或者监事有权提议召开临时股东会。

17. **答案**：C。有限责任公司和股份有限公司的董事会职责均是：（一）负责召集股东会，并向股东会报告工作；（二）执行股东会的决议；（三）决定公司的经营计划和投资方案；（四）制订公司的年度财务预算方案、决算方案；（五）制订公司的利润分配方案和弥补亏损方案；（六）制订公司增加或者减少注册资本以及发行公司债券的方案；（七）制订公司合并、分立、变更公司形式、解散的方案；（八）决定公司内部管理机构的设置；（九）聘任或者解聘公司经理，根据经理的提名，聘任或者解聘公司副经理、财务负责人，决定其报酬事项；（十）制定公司的基本管理制度；（十一）公司章程规定的其他职权。

18. **答案**：C。参见《公司法》第 146 条的规定。

19. **答案**：B。《公司法》第 114 条规定："公司董事会可以决定由董事会成员兼任经理。"

20. **答案**：C。参见《公司法》第 58 条的规定。

21. **答案**：A。《公司法》第 100 条规定："股东大会应当每年召开一次年会。有下列情形之一的，应当在两个月内召开临时股东大会：（一）董事人数不足本法规定的人数或者公司章程所定人数的三分之二时；（二）公司未弥补的亏损达实收股本总额三分之一时；（三）单独或者合计持有公司百分之十以上股份的股东请求时；（四）董事会认为必要时；（五）监事会提议召开时；（六）公司章程规定的其他情形。"

22. **答案**：B。根据《公司法》第 103 条的规定，（股份有限公司）股东出席股东大会会议，所持每一股份有一表决权。股东大会作出决议，必须经出席会议的股东所持表决权的半数以上通过。股东大会对修改公司章程、公司合并、分立或者解散公司、增减注册资本、变更公司形式作出决议，必须经出席会议的股东所持表决权的 2/3 以上通过。

23. **答案**：C。参见《公司法》第 108 条第 3 款的规定。根据《公司法》第 45 条第 1 款规定，董事任期由公司章程规定，但每届不得超过三年。三年任期得减去王某已经担任董事的期间，为继任者李某任董事的期间。

24. **答案**：C。《公司法》第 113 条："股份有限公司设经理，由董事会决定聘任或者解聘……"

25. **答案**：A。根据《公司法》第 109 条第 1 款的规定，董事会设董事长一人，可以设副董事长。董事长和副董事长由董事会以全体董事的过半数选举产生。

26. 答案：C。A 错，《公司法》第 100 条规定："股东大会应当每年召开一次年会。有下列情形之一的，应当在两个月内召开临时股东大会：……（三）单独或者合计持有公司百分之十以上股份的股东请求时……" B、D 错，第 101 条第 1 款规定，"股东大会会议由董事会召集，董事长主持"。C 对，第 106 条规定："股东可以委托代理人出席股东大会会议，代理人应当向公司提交股东授权委托书，并在授权范围内行使表决权。"第 102 条第 1 款规定，"临时股东大会应当于会议召开十五日前通知各股东"。

27. 答案：A。《公司法》第 166 条："……公司从税后利润中提取法定公积金后，经股东会或者股东大会决议，还可以从税后利润中提取任意公积金……"

28. 答案：A。《公司法》第 183 条规定公司股东会决议解散，应当在解散事由出现之日起 15 日内成立清算组，有限责任公司的清算组由股东组成，进行清算。

29. 答案：C。《公司法》第 16 条第 1 款规定，公司向其他企业投资或者为他人提供担保，依照公司章程的规定，由董事会或者股东会、股东大会决议；公司章程对投资或者担保的总额及单项投资或者担保的数额有限额规定的，不得超过规定的限额。故选项 C 说法正确，A、B 两项说法错误。《公司法》第 16 条第 2 款、第 3 款规定，公司为公司股东或者实际控制人提供担保的，必须经股东会或者股东大会决议。前款规定的股东或者受前款规定的实际控制人支配的股东，不得参加前款规定事项的表决。该项表决由出席会议的其他股东所持表决权的过半数通过。甲公司可以为王某提供担保，但是须经股东会决议通过。根据题意，王某并不是甲公司的股东，甲公司也并不是为其股东陈某提供担保，故陈某不需要回避表决，故 D 项说法错误。本题的正确答案为 C。

30. 答案：D。《民法典》第 504 条规定，法人的法定代表人或者非法人组织的负责人超越权限订立的合同，除相对人知道或者应当知道其超越权限外，该代表行为有效，订立的合同对法人或者非法人组织发生效力。本题中，根据烽源公司的章程规定，金额超过 10 万元的合同由董事会批准，蔡某与公司之间的租赁合同金额达到 15 万元，需要经过董事会的批准程序。但题目并未说明该租赁合同是否经过董事会批准，从题目中"蔡某要求公司支付租金"的表述来看，蔡某与公司之间的租赁合同应该经过了董事会批准，故该租赁合同有效，A 项错误。

《公司法》第 146 条第 3 款规定："董事、监事、高级管理人员在任职期间出现本条第一款所列情形的，公司应当解除其职务。"第 146 条第 1 款规定："有下列情形之一的，不得担任公司的董事、监事、高级管理人员：（一）无民事行为能力或者限制民事行为能力；（二）因贪污、贿赂、侵占财产、挪用财产或者破坏社会主义市场经济秩序，被判处刑罚，执行期满未逾五年，或者因犯罪被剥夺政治权利，执行期满未逾五年；（三）担任破产清算的公司、企业的董事或者厂长、经理，对该公司、企业的破产负有个人责任的，自该公司、企业破产清算完结之日起未逾三年；（四）担任因违法被吊销营业执照、责令关闭的公司、企业的法定代表人，并负有个人责任的，自该公司、企业被吊销营业执照之日起未逾三年；（五）个人所负数额较大的债务到期未清偿。"本题中，公司总经理蔡某只是从事自我交易，并不存在《公司法》第 146 条第 1 款规定的情形，除非烽源公司特别规定公司高管自我交易构成解聘高管的事由，否则烽源公司股东会不能解聘蔡某，故 B 项错误。

《公司法》第 11 条规定："设立公司必须依法制定公司章程。公司章程对公司、股东、董事、监事、高级管理人员具有约束力。"第 216 条第 1 项规定："高级管理人员，是指公司的经理、副经理、财务负责人，上市公司董事会秘书和公司章程规定的其他人员。”本题中，蔡某为烽源公司的总经理，属于公司高管，公司章程对蔡某具有约束力，故C项错误。

《公司法》第148条第1款规定：“董事、高级管理人员不得有下列行为：（一）挪用公司资金；（二）将公司资金以其个人名义或者以其他个人名义开立账户存储；（三）违反公司章程的规定，未经股东会、股东大会或者董事会同意，将公司资金借贷给他人或者以公司财产为他人提供担保；（四）违反公司章程的规定或者未经股东会、股东大会同意，与本公司订立合同或者进行交易；（五）未经股东会或者股东大会同意，利用职务便利为自己或者他人谋取属于公司的商业机会，自营或者为他人经营与所任职公司同类的业务；（六）接受他人与公司交易的佣金归为己有；（七）擅自披露公司秘密；（八）违反对公司忠实义务的其他行为。”第2款规定：“董事、高级管理人员违反前款规定所得的收入应当归公司所有。”据此，在公司高管与公司之间存在自我交易行为时，公司对于高管所得的收入享有归入权，故公司不必向蔡某支付租金，D项正确。

31. 答案：C。《公司法》第49条第1款第1句规定：“有限责任公司可以设经理，由董事会决定聘任或者解聘。”据此，是董事会而非董事长有权聘任公司总经理，故A项错误。

对于公司而言，享有代表公司对外签订合同的法定代理权的主体只能是公司的法定代表人。关于法定代表人，《公司法》第13条规定：“公司法定代表人依照公司章程的规定，由董事长、执行董事或者经理担任，并依法登记。公司法定代表人变更，应当办理变更登记。”据此，公司法定代表人由公司章程确定，可以是董事长、执行董事或者经理，而不一定是经理。公司总经理若未被公司章程确定为公司法定代表人，则不享有对公司的法定代理权，故B项错误。

根据《公司法》第49条第1款规定：有限责任公司的“经理对董事会负责，行使下列职权：……（四）拟订公司的基本管理制度；（五）制定公司的具体规章……”公司的基本管理制度是公司在主要事务领域如财务、人事、业务、办公等方面的基本架构、基本原则与核心制度，公司的具体规章则是对公司基本管理制度的某一方面的具体落实，如财务报销制度、劳动纪律制度。因为公司劳动纪律制度属于公司的具体规章而非基本管理制度，故公司的总经理有权制定，而不仅仅是拟定，故C项正确。

根据《公司法》第49条第1款规定：有限责任公司的“经理对董事会负责，行使下列职权：……（六）提请聘任或者解聘公司副经理、财务负责人……”第46条规定：“董事会对股东会负责，行使下列职权：……（九）决定聘任或者解聘公司经理及其报酬事项，并根据经理的提名决定聘任或者解聘公司副经理、财务负责人及其报酬事项……”据此，聘任公司财务负责人是公司董事会的权限，公司总经理只是有权提请董事会聘任而已，故D项错误。

32. 答案：A。《公司法》第122条规定：“上市公司设独立董事，具体办法由国务院规定。”

根据证监会《上市公司独立董事规则》第4条第1款的规定，上市公司董事会成员中应当至少包括三分之一独立董事，故A项正确。

根据证监会《上市公司独立董事规则》第10条的规定，上市公司应当在公司章程中明确，聘任适当人员担任独立董事，其中至少包括一名会计专业人士。据此，在独立董事中，会计专业人士必不可少，法律专业人士则可有可无，故B项错误。

根据证监会《上市公司独立董事规则》第6条第3款规定，“独立董事原则上最多在5家上市公司兼任独立董事，并确保有足够的时间和精力有效地履行独立董事的职责”。据此，某个独立董事不能在超过5家上市公司担任独立董事，这里的5家当然包括甲公司在内，故C项错误。

证监会《上市公司独立董事规则》第7条第2项规定：“下列人员不得担任独立董事：……（二）直接或间接持有上市公司已发行股份百分之一以上或者是上市公司前十名股东中的自然人股东及其直系亲属……”据此，现有规定并未绝对禁止上市公司独立董事持有本公司股份，只是进行了数额限制，故D项错误。

33. 答案：C。《证券法》第79条规定：“上市公司、公司债券上市交易的公司、股票在国务院批准的其他全国性证券交易场所交易的公司，应当按照国务院证券监督管理机构和证券交易场所规定的内容和格式编制定期报告，并按照以下规定报送和公告：（一）在每一会计年度结束之日起四个月内，报送并公告年度报告，其中的年度财务会计报告应当经符合本法规定的会计师事务所审计；（二）在每一会计年度的上半年结束之日起二个月内，报送并公告中期报告。”但并未规定年度报告的具体内容。根据《公开发行证券的公司信息披露内容与格式准则第2号——年度报告的内容与格式（2017年修订）》第48条可知C项错误。据此，A、B、D三项正确，分别属于上述条文的第2项、第3项、第5项三项内容。根据上述条文第4项，上市公司只需要披露持有股份最多的前10名股东名单即可，而非前20名，故C项错误。

34. 答案：D（原答案为BD）。《公司法》第43条第2款规定，股东会会议作出修改公司章程、增加或者减少注册资本的决议，以及公司合并、分立、解散或者变更公司形式的决议，必须经代表三分之二以上表决权的股东通过，所以A错误。2013年修订的《公司法》第80条取消了对公司发起人出资额的缴付比例及缴付期限的强制性规定。该条第1款规定，股份有限公司采取发起设立方式设立的，注册资本为在公司登记机关登记的全体发起人认购的股本总额。在发起人认购的股份缴足前，不得向他人募集股份。所以B错误。《公司法》第109条第1款规定，董事长由董事会以全体董事的过半数选举产生。所以，新设立的股份公司董事长应由选举产生，麻某不当然成为董事长，C错误。D说法正确，公司名称可以“继承”。

二、多项选择题

1. 答案：AB。《公司法》第113条第1款规定：“股份有限公司设经理，由董事会决定聘任或者解聘。”第108条第4款规定：“本法第四十六条关于有限责任公司董事会职权的规定，适用于股份有限公司董事会。”第46条第9项之规定，董事会的职责之一是“决定聘任或者解聘公司经理及其报酬事项，并根据经理的提名决定聘任或者解聘公司副经理、财务负责人及其报酬事项”。据此，公司董事会可以决定总经理的聘任及其薪酬，故A项正确。

《公司法》第99条规定：“本法第三十七条第一款关于有限责任公司股东会职权的规定，适用于股份有限公司股东大会。”第37条第1款规定，有限公司股东会或者股份公司股东大会并无聘任或者解聘总经理的职权，故D项错误。

《民法典》第170条第1款规定：“执行法人或者非法人组织工作任务的人员，就其职权范围内的事项，以法人或者非法人组织的名义实施民事法律行为，对法人或者非法人组织发生效力。”据此，王某作为公司总经理，有权以茂森公司名义对外签订合同，B项正确。

《公司法》第113条第2款规定：“本法第四十九条关于有限责任公司经理职权的规定，适用于股份有限公司经理。”根据《公司法》第49条第1款第6项规定，公司经理的职权之一在于“提请聘任或者解聘公司副经理、财务负责人”；而根据《公司法》第46条第9项之规定，公司董事会的职责之一在于根据经理的提名决定聘任或者解聘公司副经理、财务负责人及其报酬事项。据此，王某受聘为总经理后，无权决定财务总监的人选，只能提请公司董事会任命其提名的人选，故C项错误。

2. 答案：ABC。根据《公司法》第69条的规定，国有独资公司的董事长、副董事长、董事、高级管理人员，未经国有资产监督管理机构同意，不得在其他有限责任公司、股份有限公司或者其他经济组织兼职。

3. 答案：AD。参见《公司法》第43条规定。

4. 答案：BC。《公司法》第49条："……经理对董事会负责，行使下列职权：(一) 主持公司的生产经营管理工作，组织实施董事会决议；(二) 组织实施公司年度经营计划和投资方案；(三) 拟订公司内部管理机构设置方案；(四) 拟订公司的基本管理制度；(五) 制定公司的具体规章；(六) 提请聘任或者解聘公司副经理、财务负责人；(七) 决定聘任或者解聘除应由董事会决定聘任或者解聘以外的负责管理人员；(八) 董事会授予的其他职权……"

5. 答案：ACD。根据《公司法》第44条规定，有限责任公司设董事会，其成员为3人至13人。两个以上的国有企业或者其他两个以上的国有投资主体投资设立的有限责任公司，其董事会成员中应当有公司职工代表。董事会中的职工代表由公司职工民主选举产生。董事会设董事长1人，可以设副董事长。

6. 答案：AB。《公司法》第148条规定："董事、高级管理人员不得有下列行为：

(一) 挪用公司资金；

(二) 将公司资金以其个人名义或者以其他个人名义开立账户存储；

(三) 违反公司章程的规定，未经股东会、股东大会或者董事会同意，将公司资金借贷给他人或者以公司财产为他人提供担保；

(四) 违反公司章程的规定或者未经股东会、股东大会同意，与本公司订立合同或者进行交易；

(五) 未经股东会或者股东大会同意，利用职务便利为自己或者他人谋取属于公司的商业机会，自营或者为他人经营与所任职公司同类的业务；

(六) 接受他人与公司交易的佣金归为己有；

(七) 擅自披露公司秘密；

(八) 违反对公司忠实义务的其他行为。

董事、高级管理人员违反前款规定所得的收入应当归公司所有。" C项中李某将50万元暂借给乙公司作周转资金用是不合法的。B项中李某向甲银行借款50万元用以开发化学药物制品有限公司的新产品，并以公司的资产作为担保并不是为个人债务提供担保，因此该行为是合法的。A项中李某自己经营的减肥茶生产企业，并不是与其任职的公司同类的营业，因此是合法的。D项中未经股东会同意，李某将减肥茶生产企业的一批紧缺药品卖给该化学药物制品有限公司，该行为不合法。

7. 答案：BC。根据《公司法》第43条第2款的规定，股东会会议作出修改公司章程、增加或者减少注册资本的决议，以及公司合并、分立、解散或者变更公司形式的决议，必须经代表三分之二以上表决权的股东通过。

8. 答案：AD。依《公司法》第51条、第52条、第127条规定，有限责任公司股东人数较少和规模较小的，可不设监事会，但要设1名至2名监事；股份有限公司都要设监事会。二者的董事、高级管理人员不得兼任监事，监事任期均为3年。

9. 答案：BD。《公司法》第149条规定，董事、监事、高级管理人员执行公司职务时违反法律、行政法规或者公司章程的规定，给公司造成损失的，应当承担赔偿责任。第151条规定，董事、高级管理人员有本法第149条规定的情形的，有限责任公司的股东、股份有限公司连续180日以上单独或者合计持有公司1%以上股份的股东，可以书面请求监事会或者不设监事会的有限责任公司的监事向人民法院提起诉讼；监事有本法第149条规定的情形的，前述股东可以书面请求董事会或者不设董事会的有限责任公司的执行董事向人民法院提起诉讼。监事会、不设监事会的有限责任公司的监事，或者董事会、执行董事收到前款规定的股东书面请求后拒绝提起诉讼，或者自收到请求之日起三十日内未提起诉讼，或者情况紧急、不立即提起诉讼将会使公司利益受到难以弥补的损害的，前款规定的股东有权为了公司的利益以自己的名义直接向人民法院提起诉讼。他人侵犯公司合法权益，给公司造成损失的，本条第1款规定的股东可以依照前两款的规定向人民法院提起诉讼。根据上述规定可知，本题的正确答案是B、D。

10. 答案：BD。根据《公司法》第109条第2款的规定，董事长不能履行职务或者不履行职务的，由副董事长履行职务。第108条第3款规定，关于有限责任公司董事会职权的规定，适用于股份有限公司董事会。故B错。根据《公司法》第39条的规定，对公司增加或者减少注册资本作出决议属于股东大会的职权。C正确。根据第108条和第114条的规定，聘任或解聘公司经理是董事会的职权，董事会可以决定由董事会成员兼任经理。D错，本法第50条关于有限责任公司经理职权的规定，适用于股份有限公司经理。根据第112条第2款的规定，董事会应当对会议所议事项的决定作成会议记录，出席会议的董事应当在会议记录上签名。

11. 答案：ACD。根据《公司法》第117条第4款的规定，公司的董事、高级管理人员不得兼任监事。

12. 答案：AB。本题考点是股份有限公司董事会的运作程序。根据《公司法》第39条的规定，股东大会的职权之一是对公司增加或者减少注册资本作出决议。因此，减少注册资本的决议应当由股东大会作出，而不是董事会的职权。《公司法》第111条第1款规定，“董事会会议应有过半数的董事出席方可举行”。因此2006年1月3日召开的董事会的到会董事只有7人，未过半数，该项会议不能举行。《公司法》第111条第1款规定，董事会作出决议，必须经全体董事的过半数通过。根据《公司法》第113条第1款的规定，股份有限公司的董事会有权聘任或者解聘公司经理。《公司法》第114条：“公司董事会可以决定由董事会成员兼任经理。”因此在2006年6月3日召开的董事会上，经11名董事表决同意，解聘现任总经理，并由副董事长兼任公司总经理的决议有效。《公司法》第112条第1款规定：“董事会会议，应由董事本人出席；董事因故不能出席，可以书面委托其他董事代为出席；委托书中应载明授权范围。”因此在2006年6月3日召开的董事会上，两名董事的安排符合法律规定。

13. 答案：ACD。《公司法》第44条规定：“有限责任公司设董事会，其成员为三人至十三人；但是，本法第五十条另有规定的除外。两个以上的国有企业或者两个以上的其他国有投资主体投资设立的有限责任公司，其董事会成员中应当有公司职工代表；其他有限责任公司董事会成员中可以有公司职工代表。董事会中的职工代表由公司职工通过职工代表大会、职工大会或者其他形式民主选举产生。董事会设董事长一人，可以设副董事长。董事长、副董事长的产生办法由公司章程规定。”本题中，富圆公司是由两个国有企业共同投资设立的有限责任公司，董事会成员中应当有职工代表，故A项正确。

《公司法》第45条规定：“董事任期由公司章程规定，但每届任期不得超过三年。董事任期届满，连选可以连任。董事任期届满未及时改选，或者董事在任期内辞职导致董事会成员低于法定人数的，在改选出的董事就任前，原董事仍应当依照法律、行政法规和公司章程的规定，履行董事职务。”据此，只有当董事在任期内辞职导致董事会成员低于法定人数的，原董事才需要继续履行董事职务。本题中并未说明因为董事张某辞职产生了董事人数低于法定人数的情形，所以张某不需要继续履行董事职务，故B项错误。

根据《公司法》第44条第3款规定，“董事长、副董事长的产生办法由公司章程规定”。根据公司章程自治的原则，富圆公司章程可以规定董事长可由小股东方圆公司派人担任，故C项正确。

《公司法》第34条规定："股东按照实缴的出资比例分取红利；公司新增资本时，股东有权优先按照实缴的出资比例认缴出资。但是，全体股东约定不按照出资比例分取红利或者不按照出资比例优先认缴出资的除外。"据此，D项正确。

14. 答案：AC。《公司法》第124条规定："上市公司董事与董事会会议决议事项所涉及的企业有关联关系的，不得对该项决议行使表决权，也不得代理其他董事行使表决权。该董事会会议由过半数的无关联关系董事出席即可举行，董事会会议所作决议须经无关联关系董事过半数通过。出席董事会的无关联关系董事人数不足三人的，应将该事项提交上市公司股东大会审议。"关于"关联关系"的界定，《公司法》第216条第4项规定："关联关系，是指公司控股股东、实际控制人、董事、监事、高级管理人员与其直接或者间接控制的企业之间的关系，以及可能导致公司利益转移的其他关系。但是，国家控股的企业之间不仅因为同受国家控股而具有关联关系。"本题中，董事梁某的妻子在坤诚公司任副董事长，应当认为董事梁某与坤诚公司之间存在关联关系，所以针对星煌公司向坤诚公司的投资之事，梁某需要回避表决，故A项正确。既然梁某需要回避表决，其他人自然不能代理梁某进行表决，故B项错误。

根据《公司法》第124条规定，出席董事会的无关联关系董事人数不足三人的，应将该事项提交上市公司股东大会审议。C项，"参加董事会人数不足"的含义不是很清晰，可以将其理解为"出席董事会的无关联关系董事人数不足三人"，倘如此，则应提交股东大会审议，故C项正确。

D项，星煌公司能否投资于坤诚公司，应当由星煌公司董事会或股东大会决定，不能一概而论，故D项错误。

15. 答案：BCD。《公司法》第53条规定："监事会、不设监事会的公司的监事行使下列职权：(一)检查公司财务；(二)对董事、高级管理人员执行公司职务的行为进行监督，对违反法律、行政法规、公司章程或者股东会决议的董事、高级管理人员提出罢免的建议；(三)当董事、高级管理人员的行为损害公司的利益时，要求董事、高级管理人员予以纠正；(四)提议召开临时股东会会议，在董事会不履行本法规定的召集和主持股东会会议职责时召集和主持股东会会议；(五)向股东会会议提出提案；(六)依照本法第一百五十一条的规定，对董事、高级管理人员提起诉讼；(七)公司章程规定的其他职权。"据此，监事会有权提议召开股东会会议，B项正确；监事会有权提议罢免董事狄某，C项正确。根据上述规定，监事会并无提议召开董事会的职权，故A项错误。

《公司法》第54条第2款规定："监事会、不设监事会的公司的监事发现公司经营情况异常，可以进行调查；必要时，可以聘请会计师事务所等协助其工作，费用由公司承担。"据此，监事会可以聘请"会计师事务所等"协助调查，其中应该包括聘请律师事务所协助调查，故D项正确。

16. 答案：ABC。《公司法》第34条规定："股东按照实缴的出资比例分取红利；公司新增资本时，股东有权优先按照实缴的出资比例认缴出资。但是，全体股东约定不按照出资比例分取红利或者不按照出资比例优先认缴出资的除外。"所以甲、乙、丙可以在公司章程约定不按照出资比例分配红利，A选项正确。《公司法》第46条第1款第3项规定，董事会行使决定公司的经营计划和投资方案的职权，所以B选项正确。《公司法》第42条规定，股东会会议由股东按照出资比例行使表决权；但是，公司章程另有规定的除外。可知，章程可以约定股东不按出资比例行使表决权，因此C选项正确。其他人投资成为股东，属于增加公司资本的事项，根据《公司法》第37条的规定，只能由股东会决定，董事会只能制定增资方案，不能直接决定增资，则也不能直接决定他人经投资成为股东。所以D选项不正确。本题的B、C实际上都考了股东会和董事会的职权范围，理解的一个基本原则是，股东会决定做还是不做，董事会决定怎么做。

17. 答案：B。《公司法》第148条第1款规定："董事、高级管理人员不得有下列行为：……（五）未经股东会或者股东大会同意，利用职务便利为自己或者他人谋取属于公司的商业机会，自营或者为他人经营与所任职公司同类的业务……"第149条规定："董事、监事、高级管理人员执行公司职务时违反法律、行政法规或者公司章程的规定，给公司造成损失的，应当承担赔偿责任。"本题中，郑贺作为甲公司的经理，利用职务之便为其妻吴悠经营的乙公司谋取本来属于甲公司的商业机会，显然违反了《公司法》规定，应当对公司承担赔偿责任。

关于对郑贺追究责任的法律程序，《公司法》第151条规定："董事、高级管理人员有本法第一百四十九条规定的情形的，有限责任公司的股东、股份有限公司连续一百八十日以上单独或者合计持有公司百分之一以上股份的股东，可以书面请求监事会或者不设监事会的有限责任公司的监事向人民法院提起诉讼；监事有本法第一百四十九条规定的情形的，前述股东可以书面请求董事会或者不设董事会的有限责任公司的执行董事向人民法院提起诉讼。监事会、不设监事会的有限责任公司的监事，或者董事会、执行董事收到前款规定的股东书面请求后拒绝提起诉讼，或者自收到请求之日起三十日内未提起诉讼，或者情况紧急、不立即提起诉讼将会使公司利益受到难以弥补的损害的，前款规定的股东有权为了公司的利益以自己的名义直接向人民法院提起诉讼。他人侵犯公司合法权益，给公司造成损失的，本条第一款规定的股东可以依照前两款的规定向人民法院提起诉讼。"因为郑贺是公司经理，属于高级管理人员，付冰应当首先书面请求甲公司监事会对郑贺提起诉讼，故B项正确，A、C两项错误。

关于D项，《公司法》第151条第1款规定了能够提起股东派生诉讼的股东的资格，其中股份有限公司的股东要求单独或者合计持股1%以上，而对有限责任公司股东则没有持股比例的要求。据此，任何一个有限责任公司的股东都可以请求甲公司有关部门对郑贺提起诉讼，所以D项错误。

18. 答案：AB。《公司法》第41条第1款规定："召开股东会会议，应当于会议召开十五日前通知全体股东；但是，公司章程另有规定或者全体股东另有约定的除外。"据此，公司章程可以对股东会会议召开的通知时间另外作出规定，故A项正确。

《公司法》第43条第2款规定："股东会会议作出修改公司章程、增加或者减少注册资本的决议，以及公司合并、分立、解散或者变更公司形式的决议，必须经代表三分之二以上表决权的股东通过。"据此规定，公司重大事项应当坚持资本多数决，防止大股东压榨小股东，问题是：资本多数决可以达到何种程度？"必须经代表三分之二以上表决权"该如何理解？三分之二究竟是可以超越的最低标准还是不能改动的绝对标准？从字面意思来看，可以认为三分之二是最低标准，公司章程可以约定公司解散需要全体股东一致同意。尽管，全体股东一致同意的约定容易造成公司治理僵局，但也可以充分彰显股东自治与章程自治，并不违反法律规定，故B项正确。

《公司法》第48条第1款规定："董事会的议事方式和表决程序，除本法有规定的外，由公司章程规定。"第48条第3款规定："董事会决议的表决，实行一人一票。"在此，《公司法》特别将董事的表决机制确立为一人一票，属于强制性法律规定，不容许公司章程规定董事表决权按所代表股东的出资比例行使，故C项错误。

《公司法》第51条第1款、第2款规定："有限责任公司设监事会，其成员不得少于三人。股东人数较少或者规模较小的有限责任公司，可以设一至二名监事，不设监事会。监事会应当包括股东代表和适当比例的公司职工代表，其中职工代表的比例不得低于三分之一，具体比例由公司章程规定。监事会中的职工代表由公司职工通过职工代表大会、职工大会或者其他形式民主选举产生。”据此，如果科鼎有限公司设监事会，则监事会应当包括适当比例的公司职工代表，而不能全由公司股东代表组成，就此而言，D 项错误。但是，如果科鼎有限公司股东较少，公司决定不设监事会，则公司监事可以都由公司股东组成，D 项又属于正确选项。总体而言，因为 D 项表述存在错误的可能，故 D 项不能选。

19. 答案：AB。本题是具有浓厚实务性与可操作性的一道题目。《公司法》第 37 条规定：“股东会行使下列职权：……（二）选举和更换非由职工代表担任的董事、监事，决定有关董事、监事的报酬事项……”何谓“董事、监事的报酬事项”，并无相关的法律、法规或者司法解释进行规定，财务准则上也无统一的做法，不同公司往往自行其是。综合国际经验、实务做法以及学界非常有限的研究来看，所谓报酬事项通常包括年薪、津贴、奖金、商业保险等事项，有时也将在职消费（如差旅费、旅游福利列入其中），但很少涉及社会保险的问题。

从公司的薪酬体系来看，公司董事、监事的报酬由公司股东会决定，而公司经理的报酬由公司董事会决定，公司员工的报酬由公司经理层决定。股东会决定公司董事、监事报酬的目的在于对董事、监事进行监督与约束，防止董事、监事为自己设定过高的报酬从而损害公司利益。由此立意出发，需要由公司股东会决定的报酬事项应当属于比较重大的事项，如董事年薪、商业保险之类，故 A、B 两项正确。至于一般的差旅费，按照公司财务制度办理即可，如果事事都由股东会决定，也不具有现实的可行性，故 C 项不当选。D 项，董事、监事的社会保险通常由公司人力资源部门按照员工社会保险的一般流程办理，并不需要由公司股东会特别决议，故 D 项也不选。

20. 答案：AC。本题考查股权变动效力与优先购买权问题。根据《公司法解释（四）》第 21 条，有限责任公司的股东向股东以外的人转让股权，以欺诈、恶意串通等手段，损害其他股东优先购买权，其他股东主张按照同等条件购买该转让股权的，人民法院应当予以支持，但其他股东仅提出确认股权转让合同及股权变动效力等请求，未同时主张按照同等条件购买转让股权的，人民法院不予支持。A、C 项正确，B、D 项错误。

三、不定项选择题

1. 答案：CD。《公司法》第 146 条第 1 款规定，有下列情形之一的，不得担任公司的董事、监事、高级管理人员：（一）无民事行为能力或者限制民事行为能力；（二）因贪污、贿赂、侵占财产、挪用财产或者破坏社会主义市场经济秩序，被判处刑罚，执行期满未逾五年，或者因犯罪被剥夺政治权利，执行期满未逾五年；（三）担任破产清算的公司、企业的董事或者厂长、经理，对该公司、企业的破产负有个人责任的，自该公司、企业破产清算完结之日起未逾三年；（四）担任因违法被吊销营业执照、责令关闭的公司、企业的法定代表人，并负有个人责任的，自该公司、企业被吊销营业执照之日起未逾三年；（五）个人所负数额较大的债务到期未清偿。本题 A 选项中王某犯的是重大责任事故罪，不是贪污、贿赂、侵占财产、挪用财产或者破坏社会主义市场经济秩序方面的犯罪，所以可以担任公司董事，A 不能选；B 选项中，张某是宣告破产的公司的股东，而不是其董事、厂长或者经理，所以也是可以担任甲公司董事的，B 不能选；C 选项中，徐某因个人大额债务到期无法清偿，所以不得担任甲公司的董事；D 项中，赵某是被吊销营业执照公司的董事长，即法定代表人，且自公司被吊销营业执照之日起未逾三年，所以其也不能再担任甲公司的董事，本题正确答案是C、D。

2. 答案：（1）AC。《公司法》第111条规定："董事会会议应有过半数的董事出席方可举行。董事会作出决议，必须经全体董事的过半数通过……"

（2）AC。《公司法》第103条第2款规定，股东大会作出决议，必须经出席会议的股东所持表决权过半数通过。但是，股东大会作出修改公司章程、增加或者减少注册资本的决议，以及公司合并、分立、解散或者变更公司形式的决议，必须经出席会议的股东所持表决权的三分之二以上通过。

（3）AC。A对，董事会9名成员，6名参加会议，5名通过决议，符合《公司法》第111条要求。公司董事会临时会议合法有效。C对，出席会议股东所持表决权数占公司全部股份的60%，共120000股，并经过其中的半数以上（65000股）同意作出的决议，符合《公司法》第105条规定。《公司法》第102条第3款规定，临时股东大会不得对通知中未列明的事项作出决议。本案公司临时股东会议的通知上所列议案，是讨论处分公司闲置财产偿还债务；而临时股东会议作出的三项决定，均属于处分公司财产以偿还债务。故股东会的决议也是合法有效的。

3. 答案：ACD。《公司法》第111条第1款规定，董事会会议应有过半数的董事出席方可举行。董事会作出决议，必须经全体董事的过半数通过。本题中，出席会议的董事有5位，符合举行董事会会议关于出席人数的规定，可以举行董事会会议；但是因为董事会表决之前，丁因意见与众人不合，中途退席，导致董事会的决议实际上只有4名董事通过，不足全体董事的过半数，该决议无效，A、C、D的说法错误，B的说法正确。

四、名词解释

1. 答案：公司的治理结构是指适应公司的产权结构，以出资者（股东）与经营者分离、分立和整合为基础，连接并规范股东会、董事会、监事会、经理相互之间权利、利益、责任关系的制度安排。它包括公司的组织结构及其运行机制两方面。①

2. 答案：股东会会议是指股东会的工作方式，是股东为行使股东会的职权，就股东会职权范围内的公司待决事项作出决议，而依照法律或公司章程召开的定期或临时会议。

股东会会议通常分为普通年会和特别会议两种。普通年会在性质上属于例会，又称股东常会、普通会议或定期股东会议，是指公司按照法律或章程规定必须定期召集的全体股东会议。通常是一年一次。

特别会议又称临时股东会或特别股东会，是指遇有特定情形，在两次普通年会之间不定期召开的全体股东会议。

3. 答案：董事的竞业禁止义务是指董事不得实施与其任职公司的营业有竞争的行为。我国《公司法》规定，董事、高级管理人员未经股东会或股东大会同意，利用职务便利为自己或他人谋取属于公司的商业机会、自营或者为他人经营与所任职公司同类的业务。

4. 答案：股东代表诉讼，又称派生诉讼、股东代位诉讼，是指当公司的合法权益受到不法侵害而公司却怠于起诉时，公司的股东即以自己的名义起诉，而所获赔偿归于公司的一种诉讼形态。英美法系国家以及大陆法系国家对股东的此项诉讼权利均有规定，均赋予股东提起代表诉讼的权利。

5. 答案：公司章程，是指公司依法制定的，规定公司名称、住所、经营范围、经营管理制度重大事项的基本文件。或是指公司必备的规定公司组织及活动的基本规则的书面文件，是以书面形式固定下来的股东共同一致的意思表示。公司章程是公司组织和活动的基本准则。公司章程的基本特征是要具备法定性、真实性、自治性和公开性。作为公司组织与行为的基本准则，公司章程对公司的成立及运营具有十分重要的意义，它既是公司成立的基础，也是公司赖以生存的灵魂。

① 编者注：公司治理结构不同于公司组织机构，注意二者分析的视角以及重心的差异。

五、简答题

1. 答案：不合法的行为有：(1) 董事甲未经提前通知就召开临时股东大会。因为《公司法》第102条第1款规定，临时股东大会应当于会议召开十五日前通知各股东。(2) 经1/2的股东表决同意修改了公司章程。因为《公司法》第103条第2款规定，股东大会作出修改公司章程、增加或者减少注册资本的决议，以及公司合并、分立、解散或者变更公司形式的决议，必须经出席会议的股东所持表决权的三分之二以上通过。

股东可以采取的措施：根据《公司法》第22条第2款，股东大会的会议召集程序、表决方式违反法律、行政法规或者公司章程，或者决议内容违反公司章程的，股东可以自决议作出之日起六十日内，请求人民法院撤销。

如果是内容不合法，则根据《公司法》第22条第1款，公司股东大会、董事会的决议内容违反法律、行政法规的无效。则股东可以直接请求法院确认决议无效。

2. 答案：公司股东会的职能有：

(1) 决定公司的经营方针和投资计划。

(2) 选举和更换董事，决定董事的报酬事项。

(3) 选举和更换由股东代表出任的监事，由股东出任的监事代表股东的利益对公司及其高层管理人员的行为进行监督。

(4) 审议批准董事会的报告。

(5) 审议批准监事会或者监事的报告。

(6) 审议批准公司的年度财务预算方案、决算方案。财务预算方案和财务决算方案主要是指公司日常行政性支出，以及相关的费用。

(7) 审议批准公司的利润分配方案和弥补亏损方案。

(8) 对公司增加或者减少注册资本做出决议。

(9) 对发行公司债券做出决议。

(10) 对股东向股东以外的人转让出资做出决议。

(11) 股份有限公司的股份转让。

(12) 对公司的合并、分立、变更公司形式、解散和清算等事项做出决议。

(13) 修改公司章程。

六、论述题

1. 答案：现以股份有限公司为例阐述现代公司机关权力的构架。股份有限公司的组织机构为：股东大会、董事会、监事会和经理。在公司运营中，由各机构分别行使不同的权力，同时又对其他机构有一定的牵制，从而保证公司正常运作和合理分配利益。

股东大会是股份有限公司必设的非常设权力机关。股东大会会议由董事会负责召集，董事长主持会议。股东大会依据《公司法》规定的职权，可就公司运营的重大事项作出决议。依照公司法的规定，应由股东大会决议的事项可分为两类，一是审议批准董事会的报告、监事会的报告、公司的年度财务预算方案、决算方案、公司的利润分配方案和弥补亏损方案；二是决定公司的经营方针和投资计划，选举和更换董事、决定有关董事的报酬事项，选举和更换由股东代表出任的监事、决定有关监事的报酬事项，对公司增加或减少注册资本作出决议，修改公司章程。

董事会是股份有限公司必设而又常设的业务执行和经营意思决定机构，应执行股东大会的决议，并向股东大会报告工作。同时，董事会对公司的日常经营和行政事务有管理、决定的权利。对照股东大会的职权可知，公司成立后，董事由股东大会选举产生，由出席会议的股东所持表决权的半数以上通过，股东大会有更换董事的职权，因此，股东大会可作出将董事解任的决议。董事会的决议，应不违反法律、行政法规和公司章程的规定。

经理是对股份有限公司日常经营管理负有全责的高级管理人员。经理由董事会聘任或解聘，向董事会负责。经理应当按照公司法的规定履行义务和承担法律责任，其职权包括：主持公司的生产经营管理工作，组织实施董事会决议；组织实施公司年度经营计划和投资方案；拟定公司内部管理机构设置方案；拟定公司的基本管理制度；制定公司的具体规章；提请聘任或者解聘公司副经理、财务负责人；聘任或者解聘除应由董事会聘任或者解聘外的负责管理人员；公司章程和董事会授予的其他职权。

监事会是股份有限公司必设而又常设的监察机构，对公司的财务及业务执行情况进行监督；当董事和经理的行为损害公司利益时，监事会有权代表公司，要求董事和经理予以纠正。监事的人选由股东代表和适当比例的公司职工代表构成，其中，监事会中的股东代表由股东大会选举产生。监事会的职权包括：检查公司的财务；对董事、经理执行公司职务时违反法律、法规或者公司章程的行为进行监督，对违反法律、行政法规、公司章程或股东会决议的董事、高级管理人员提出罢免的建议。当董事和经理的行为损害公司的利益时，要求董事和经理予以纠正；提议召开临时股东大会，在董事会不履行本法规定的召集和主持股东会会议职责时召集和主持股东会会议；向股东会会议提出提案；依照法律规定，对董事、高级管理人员提起诉讼；行使公司章程规定的其他职权。

公司机关权力构架是关于公司内部治理结构的重大课题，是围绕公正与效率的原则来设计的，目的在于保护与公司有利害关系的当事人的合法权益，亦防止其滥用权利侵吞公司财产，损害他方当事人利益。

2. 答案：我国《公司法》虽确认了股东表决权的代理行使机制，但囿于未发育的公司实践，对代理的条件、程序等均没有明文规定。对照西方国家公司法律和实践，结合我国国情有必要从以下方面完善股东表决权的代理行使制度。

(1) 关于代理人的资格。就此问题，存在两种基本模式。其一为英美法系模式，即股东委托公司的经营者或其他股东为代理人。实践中，多以公司的董事会等“内部人”为受托代理人。这种模式的实际效果不是便利股东对公司的控制，而是成为经营层专权的工具。其二为大陆法系模式，即股东将表决权委托给有组织的中间人行使。成为受托代理人的中间人通常是银行。这种模式的前提是银行、证券、企业融合，银行与公司的关系密切，如银行可为公司的借款人，甚至实行股本参与，直接控制。这样加之自身资金和人才优势，银行就可有效控制公司，稳定的银企关系有利于公司的长远发展。其缺陷为银行无投资、无风险，却拥有公司的控制权，或并非公司的无利害关系人，其利益可能与其他股东的利益发生冲突，进而损及委托人的利益。由于我国实行银行业与证券业分业经营，不适宜采用这种模式。

在我国，比较可行的做法是扩大代理人的主体范围。规定凡具有完全民事行为能力者，均可接受委托成为代理人。不突出强调董事会的代理权限和代理地位，也不选定一个中间组织专任代理人。此种选择既方便了股东表决权的行使，又不至于使代理权过于集中，从而操纵股东会会议决议。

(2) 关于代理行使表决权的控制。股东表决权的代理行使制度旨在便利股东表决权的行使，使股东的权利得到更有效的实现。但代理人与委托人的利益并不完全一致，为保证代理人忠实履行义务，避免诱发代理人的道德风险，即在代理行使表决权时自行其是，置委托人的利益和意愿于不顾，甚至为谋求私利而不惜损害委托人的利益，应在立法上对股东表决权的代理行使加以控制。

实践中，各国一般从两方面控制表决权代理行使制度的异化。其一为对委托的效力期限实施限制。即要求股东委托代理人行使表决权，必须在每次股东会会议召开之前单独进行，概括地委托代理人行使表决权无效。由此，可以有效防止股东对代理人疏于控制的问题。其二为对代理人代理的表决权总量实施限制。一个代理人可以接受两个以上股东的委托，代理其行使表决权。如果不对代理人代理的表决权总量作任何限制，就会产生股东的表决权过分地集中于小部分代理人的情形，导致股东会会议可能为代理人所操纵，其决议更多地体现代理人的意愿，而股东的意愿得不到应有的尊重。有些国家和地区的公司立法对受委托的表决权占股份总数表决权的比例加以限制，对于超过规定比例的表决权表决时不予计算。这两项制度对于保护股东利益都具有较大的实际意义，值得借鉴。

(3) 关于代理权的招揽。代理权的招揽专指股东有偿取得其他股东的委托，以代理其他股东行使表决权的行为。实践中，代理权的招揽往往被小股东用以取得对公司的实际控制。如果任其无限制地发展，可能导致分散的小股东的表决权事实上为一人行使，甚至为投机专营者取巧利用。由于招揽者代理权的支出必然要通过代理行使表决权得到补偿，其无法专为股东或公司利益而行使表决权，因此，无限制招揽代理权既可能在私益上损害股东或公司利益，又可能在公益上危害社会。多数国家和地区都对代理权招揽予以严格限制，因为与其让有偿取得其他股东委托的小股东决定公司前途和命运，还不如让持有公司绝大多数股份的股东握有公司的实权。基于风险与利益一致的原则，后者至少比前者更关注公司的发展前途。有鉴于此，我国应进一步规范股东表决权代理行使制度，禁止代理权的招揽。

3. **答案**：董事忠实义务是指董事在执行公司业务时所承担的以公司利益作为自己行为和行动的最高准则，不得追求自己和他人利益的义务。对于董事忠实义务之理论基础，两大法系国家的公司法均作出了规定。在英美公司法中，董事忠实义务源于董事的代理人和受信托人的地位，这是由英美判例法确认的。在大陆法系国家，董事之忠实义务源于董事之受任人地位。

表现为以下几点：

(1) 董事不得因自己的身份而受益

董事享有公司事务管理权和公司业务执行权，如果该种权力被滥用就会损害公司利益而使董事获利。因此，严禁董事获得任何由于他作为董事而取得的利益。如果他们从自己的公司所发行的股票中获利，即便此种获利是善意的，他们亦应就其利益对公司承担说明的义务。

董事不得收受贿赂、某种秘密利益或所允诺的其他好处。董事作为公司的代理人，在对外代表公司进行活动时，不得收受第三人的贿赂、某种利益或所允诺的其他好处。《公司法》第147条亦规定：董事不得利用在公司的地位和职权为自己谋取利益，不得利用职权收受贿赂或其他非法收入。董事如果违反此种义务，为自己谋取利益，不管该利益的表现形式如何，是手续费、资格股、现金还是回报，介绍费或物品，均应将其所得返还给公司。甚至，如果基于某种秘密利益的允诺，董事促使公司为某些财产支付了比其本来价值更多的价款，公司在这种情况下可以对卖主提起诉讼，要求卖主返还由于秘密安排而多付的款项，即便此种秘密利益尚未付给董事。当然，公司基于自愿，亦可撤销上种合同，因为，合同一方当事人贿赂对方当事人之代理人或者合同一方当事人与另一方当事人之代理人从事秘密交易的，后者一经发现，就可以拒绝承认该合同。

(2) 董事不得同公司开展非法竞争

董事不得为自己或第三人的利益而同公司开展非法竞争，在大陆法系国家和中国公司法中，亦称之为竞业禁止义务，即不得为自己或第三人为属于公司营业范围内的事业或为损害公司利益的活动。否则，公司可以在一定的期限内行使归入权，将董事所得视为公司所有。

(3) 董事不得与公司从事自我交易

董事作为公司的代理人，不得同作为本人的公司缔结合同，转让或受让公司的财产，将自己的财产转让给公司，由公司对董事提供贷款或就第三人对董事的贷款或准贷款提供担保。

自我交易有三种表现形式：

①自我契约。主要是指董事与公司间订立合同，转让或受让公司或董事的财产。

②自我贷款或准贷款。主要是指公司对董事提供贷款或准贷款或为董事之贷款或准贷款提供担保。

③自我雇用。主要是指公司雇用董事为公司提供劳务服务，诸如雇用公司董事为公

司的法律顾问、会计师、拍卖师、经纪人等。原则上讲，公司法对自我交易持严厉的禁止性态度，主要是担心董事在从事自我交易时利用自己的权力损害公司利益而使自己获取不当利益。

(4) 董事不得泄露公司秘密

公司秘密关系到公司的生存和发展，董事对他们自己掌握的有关公司的秘密，不得泄露给他人，否则，应对公司造成的损害承担法律责任。

(5) 董事不得利用公司的财产、信息和商事机会

董事作为公司的受信托人，不得基于个人目的而使用公司财产、信息和商事机会，否则造成公司损害的，应对公司承担法律责任。

七、案例分析题

1. 答案：(1) 如意公司设立过程中订立的公司章程中关于召开临时股东会会议的提议权的规定不合法。《公司法》第39条："股东会会议分为定期会议和临时会议……代表十分之一以上表决权的股东，三分之一以上的董事，监事会或者不设监事会的公司的监事提议召开临时会议的，应当召开临时会议。"如意公司的章程规定代表1/2以上表决权的股东，1/2以上的董事或1/2以上的监事可以提议召开临时股东会会议，不符合法律规定。

(2) 如意公司的首次股东会会议由甲召集和主持不合法。《公司法》第38条："首次股东会会议由出资最多的股东召集和主持，依照本法规定行使职权。"因此，首次股东会会议应由乙召集和主持。

(3) 如意公司董事会作出的关于甲出资不足的解决方案的内容不合法。《公司法》第30条："有限责任公司成立后，发现作为设立公司出资的非货币财产的实际价额显著低于公司章程所定价额的，应当由交付该出资的股东补足其差额，公司设立时的其他股东承担连带责任。"而并非由其他股东按出资比例分担该差额。

(4) 如意公司股东会作出的增资决议不合法。《公司法》第43条第2款，股东会会议作出修改公司章程、增加或者减少注册资本的决议，以及公司合并、分立、解散或者变更公司形式的决议，必须经代表三分之二以上表决权的股东通过。而如意公司讨论表决时，同意的股东的出资额占表决权总数的58.3%，未超过2/3的比例。因此，增资决议不能通过。

(5) 如意公司应替上海分公司承担违约责任。《公司法》第14条规定："公司可以设立分公司……分公司不具有法人资格，其民事责任由公司承担……"

2. 答案：(1) 不合法。根据《公司法》第148条第1款第5项的规定，董事、高级管理人员不得有未经股东会或者股东大会同意，利用职务便利为自己或者他人谋取属于公司的商业机会，自营或者为他人经营与所任职公司同类的业务的行为。

(2) 不合理。正当的程序应是：由董事会提出召开临时股东大会，通过股东大会更换董事。《公司法》第37条第2项规定，"选举和更换非由职工代表担任的董事，决定有关董事的报酬事项"是股东大会的职权，而非董事会职权。

3. 答案：(1) 该临时股东大会的违法之处：①发出通知的时间违法，根据《公司法》第102条第1款的规定，召开股东大会会议，应当将会议审议的事项于会议召开20日前通知各股东。②该通知应该由董事会发出。③该通知的第1条规定违反了股东平等的原则。④《公司法》规定，临时股东大会不得讨论通知所载事项以外的事项（如本案中的公司解散）。⑤计算表决权应该按照持有的股份数，而不是按照出席的人数。

(2) 该小股东受到侵害的权益主要有：①平等的股东权。董事会不能硬性地要求小股东用通信的方式来表决，应该让股东选择行使权利的方式。②侵害了股东对董事会的质询权，未提供质询的机会和时间。

(3) 根据《公司法》第100条的规定，临时股东大会召开的法定事由有：董事人数不足公司法规定的人数或者公司章程规定人

数的2/3时；公司未弥补的亏损达股本总额的1/3时；单独或者合计持有公司股份10%以上的股东请求时；董事会认为必要时；监事会提议召开时；公司章程规定的其他情形。

4. 答案：（1）本案违法事实包括：王某代理出席董事会议、期货投资违反公司章程、议案未得到董事会成员法定多数（即5名以上）通过、董事违背《公司法》第147条的勤勉义务。（2）本案董事违反法定义务，给公司造成损失，依据《公司法》第149条规定，违反义务人应当对公司承担赔偿责任。（3）承担共同连带赔偿责任的具体责任人包括对议案投赞成票和弃权票的董事。

5. 答案：（1）刘某有权起诉甲。其请求权基础是《公司法》第151条关于股东派生诉讼的规定。股东派生诉讼，又称股东代表诉讼，是指当公司由于某种原因没有就其所遭受的某种行为的侵害提起诉讼时，公司股东可以代表公司以使公司获得赔偿等救济为目的而针对这种行为所提起的诉讼。

《公司法》第151条规定，董事、高级管理人员有本法第149条规定的情形的，有限责任公司的股东、股份有限公司连续180日以上单独或者合计持有公司百分之一以上股份的股东，可以书面请求监事会或者不设监事会的有限责任公司的监事向人民法院提起诉讼；监事有本法第149条规定的情形的，前述股东可以书面请求董事会或者不设董事会的有限责任公司的执行董事向人民法院提起诉讼。

监事会、不设监事会的有限责任公司的监事，或者董事会、执行董事收到前款规定的股东书面请求后拒绝提起诉讼，或者自收到请求之日起三十日内未提起诉讼，或者情况紧急、不立即提起诉讼将会使公司利益受到难以弥补的损害的，前款规定的股东有权为了公司的利益以自己的名义直接向人民法院提起诉讼。

他人侵犯公司合法权益，给公司造成损失的，本条第1款规定的股东可以依照前两款的规定向人民法院提起诉讼。

《公司法》第149条规定，董事、监事、高级管理人员执行公司职务时违反法律、行政法规或者公司章程的规定，给公司造成损失的，应当承担赔偿责任。

（2）受益人是公司。因为派生诉讼就是为公司利益而提起的诉讼。

（3）此种诉讼属于股东直接诉讼，《公司法》第152条规定，董事、高级管理人员违反法律、行政法规或者公司章程的规定，损害股东利益的，股东可以向人民法院提起诉讼。股东直接诉讼，是指基于对股东的直接侵害而由股东提起的诉讼。两者的区别如下：

第一，派生诉讼的诉权属于公司。直接诉讼的诉权属于股东。

第二，在派生诉讼中，原告股东不是为了自己的利益提起诉讼，而是为了公司的利益而代表公司提起诉讼。在这种诉讼中，真正的利益当事人是公司，不是股东。

第三，在派生诉讼中，所发生的侵权行为侵害的是公司的利益，而在直接诉讼中，所发生的侵权行为侵害的是股东的利益。

第四，正是因为提起派生诉讼的目的是公司的利益，就决定了在派生诉讼中，诉讼结果归于公司，而在直接诉讼中，诉讼结果归于原告股东。

第五，派生诉讼面临着不同于直接诉讼的一系列特别程序障碍，这些程序障碍的设计主要是用来保护董事会的地位，因为董事会是公司资产的主要监护人。如果不符合这些要求或者不满足程序法上的规定，该派生诉讼可能被驳回或者终止。

第十三章　公司的合并与解散

基础知识图解

- 公司的合并与解散
  - 公司的合并与分立
    - 公司的合并
      - 概念：由两个或两个以上的公司依法达成合意，归并为一个公司或创设一个新公司的行为
      - 程序
      - 效力：公司的变化、权利义务的概括承受
    - 公司的分立
  - 公司的解散与清算
    - 公司的解散
      - 概念
      - 原因
        - 自愿解散
          - 公司存续期间届满或章程规定的解散事由发生
          - 公司权力机关决定解散
          - 公司合并、分立而解散
        - 被迫解散
          - 法院判决解散
          - 主管机关命令解散
          - 公司破产解散
      - 法律效果
    - 公司的清算
      - 概念和种类：破产清算和非破产清算；任意清算和法定清算；普通清算和特别清算
      - 清算人的产生与职责
      - 清算的程序

配套测试

一、单项选择题

1. 依照《公司法》的规定，对公司的合并或分立等事项表决时，股份有限公司与有限责任公司采取的决议规则是（　　）。

A. 二者均须出席股东（大）会的股东 2/3 以上表决同意

B. 二者均须全体股东的 2/3 以上表决同意

C. 股份有限公司须全体股东所持表决权的 2/3 以上表决通过，有限责任公司则须出席股东会的股东所持表决权的 2/3 以上表决通过

D. 有限责任公司须全体股东所持表决权的 2/3 以上表决通过，而股份有限公司则须出席股东会的股东所持表决权的 2/3 以上表决通过

2. 大华纺织有限公司于 2011 年 5 月向工商银行借款 500 万元，在借款未还的情况下，该公司于 2014 年变更为大华纺织股份有限公司。依《公司法》规定，该借款应由大华纺织股份有限公司偿还，理由是（　　）。

A. 有限公司财产已全部转入了股份有限公司

B. 公司法人资格延续

C. 两种公司的股东都仅负有限责任

D. 公司的股东未变化

3. 因公司解散而清算，清算组在清理公司资产、编制资产负债表和财产清单后，发现公

司财产不足以清偿债务的，应当（　　）。

A. 中止清算工作

B. 终止清算工作

C. 向公司登记机关申请注销登记，公告公司终止

D. 向人民法院申请宣告破产

4. 望角公司是一注册资本为100万元的有限责任公司，该公司现有总资产500万元，同时负债250万元。现公司决定解散，在清算公司财产时，清算小组的下列哪一清算方案是正确的？（　　）

A. 以100万元用于偿还债务，其余400万元由各股东按出资比例分配

B. 全部资产由各股东按出资比例分配，然后由各股东按出资比例偿还债务

C. 以250万元偿还债务，其余资产由各股东按出资比例分配

D. 各股东按出资比例凑够250万元偿还债务，然后平均分配公司资产

5. 某公司因从事非法活动构成犯罪行为被依法责令关闭，处罚金1000万元，同时因该非法活动导致债权人及社会公众遭受损失2000万元。该公司经清算并支付清算费用及职工工资税款后，只剩余2400万元。则关于该剩余财产的处置说法正确的是（　　）。

A. 应当支付罚金800万元，支付债权人及社会公众的损失1600万元

B. 应当优先支付罚金1000元，剩余的支付给债权人等的损失

C. 应当优先支付债权人等的损失2000万元

D. 以上说法都不正确

6. 伟仁乳品有限公司与文生牛奶有限公司合并，为此，两公司组建了由双方指定的人员组成的筹备组。该合并的当事人是（　　）。

A. 参加合并的公司

B. 参加合并的公司的股东

C. 参加合并的公司的董事会

D. 为公司合并组建的筹备组

7. 公司解散须进行清算，清算中的公司（　　）。

A. 法人资格受限制

B. 法人资格尚存

C. 已不具有法人资格

D. 法人资格冻结

8. 在特别清算中，法院（　　）。

A. 指导清算组进行清算

B. 和股东共同指定清算组成员，由清算组清算

C. 直接加入清算并监督特别清算程序

D. 与债权人共同进行清算

9. 在下列几种公司解散事由中，不需要进行清算的是（　　）。

A. 公司因合并、分立而解散

B. 公司章程规定的解散事由出现

C. 公司被依法宣告破产

D. 公司因违法被责令关闭

10. 某公司被人民法院宣告破产，其破产财产的分配方案应当（　　）。

A. 由管理人提出，经债权人会议讨论通过，报请人民法院裁定后由管理人执行

B. 由管理人提出，经债权人会议讨论通过后执行

C. 由债权人会议提出，报请人民法院裁定后执行

D. 由清算组提出，报请人民法院裁定后执行

11. 甲公司因经营难以为继，决定处置资产后歇业。乙公司得知后经与甲公司协商，以承担甲公司的银行债务和安置甲公司职工为条件，取得了甲公司的全部资产。甲公司未经清算即注销，但甲公司的债权人周某尚有20万元未获清偿。关于该笔债务的承担，下列哪一选项是正确的？（　　）

A. 乙公司合并了甲公司，该债务应由乙公司承担

B. 甲公司未经清算即注销，该债务应由甲公司股东承担

C. 公司登记机关允许甲公司不经清算注销，应对周某承担赔偿责任

D. 该债务应由甲公司股东和乙公司承担连带责任

12. 白阳公司分立为阳春公司与白雪有限公司时，在对原债权人甲的关系上，下列哪一说法是错误的？（　　）（司考2011.3.25）

A. 白阳公司应在作出分立决议之日起10日

内通知甲

B. 甲在接到分立通知书后 30 日内，可要求白阳公司清偿债务或提供相应的担保

C. 甲可向分立后的阳春公司与白雪公司主张连带清偿责任

D. 白阳公司在分立前可与甲就债务偿还问题签订书面协议

13. 2012 年 5 月，东湖有限公司股东申请法院对公司进行司法清算，法院为其指定相关人员组成清算组。关于该清算组成员，下列哪一选项是错误的？（　　）（司考 2012. 3. 28）

A. 公司债权人唐某

B. 公司董事长程某

C. 公司财务总监钱某

D. 公司聘请的某律师事务所

14. 2009 年，甲、乙、丙、丁共同设立 A 有限责任公司。丙以下列哪一理由提起解散公司的诉讼法院应予受理？（　　）

A. 以公司董事长甲严重侵害其股东知情权，其无法与甲合作为由

B. 以公司管理层严重侵害其利润分配请求权，其股东利益受重大损失为由

C. 以公司被吊销企业法人营业执照而未进行清算为由

D. 以公司经营管理发生严重困难，继续存续会使股东利益受到重大损失为由

15. 某经营高档餐饮的有限责任公司，成立于 2004 年。最近四年来，因受市场影响，公司业绩逐年下滑，各董事间又长期不和，公司经营管理几近瘫痪。股东张某提起解散公司诉讼。对此，下列哪一表述是正确的？（　　）

A. 可同时提起清算公司财产的诉讼

B. 可向法院申请财产保全

C. 可将其他股东列为共同被告

D. 如法院就解散公司诉讼作出判决，仅对公司具有法律拘束力

二、多项选择题

1. 《公司法》为保护公司的债权人，设立了一系列强制性的规则。以下各项中，哪些属于这样的规则？（　　）

A. 有限责任公司依法变更为股份有限公司的，变更前公司的债权由变更后的公司继承

B. 公司合并的，应当自作出合并决议之日起 30 日内在报纸上公告

C. 公司弥补亏损和提法定公积金前不得向股东分配利润

D. 上市公司须公开其财务状况、经营情况及重大诉讼，在每个会计年度内半年公布一次财务会计报告

2. 以下公司将可能被公司登记机关吊销其营业执照的有（　　）。

A. 甲公司成立后没有正当理由连续 6 个月没有开业

B. 乙公司开业后自行停业连续达 6 个月

C. 丙公司在依法向有关主管部门提供的财务会计报告等材料上作虚假记载或隐瞒重要事项

D. 丁公司在法定的会计账簿以外另立会计账簿

3. 2014 年 6 月 30 日，A 有限公司董事会将拟定的与另一家有限公司的合并协议提交股东会讨论作出特别决议，同意合并。合并决议通过后，公司于 2014 年 10 月在报上做出了两次公告。11 月，A 有限公司的债权人之一 B 有限公司得知消息遂要求 A 有限公司在合并前偿还欠款 100 万元。A 公司以该欠款将由合并后的公司偿还为由而拒绝偿还。对于本案，下列说法正确的有哪些？（　　）

A. A 公司与另一家有限公司的合并，应该由股东会的代表 2/3 以上表决权的股东同意

B. A 公司应该在作出合并决议起 10 日内通知债权人，并于 30 日内在报上公告

C. B 公司有权要求 A 公司清偿债务或者提供相应的担保

D. A 公司如果不清偿对 B 公司的债务或者提供相应的担保，则与另一公司不得合并

4. 因公司章程所规定的营业期限届满，蒙玛有限公司进入清算程序。关于该公司的清算，下列哪些选项是错误的？（　　）（司考 2014. 3. 70）

A. 在公司逾期不成立清算组时，公司股东

可直接申请法院指定组成清算组

B. 公司在清算期间，由清算组代表公司参加诉讼

C. 债权人未在规定期限内申报债权的，则不得补充申报

D. 法院组织清算的，清算方案报法院备案后，清算组即可执行

5. 甲公司欠乙公司货款100万元、丙公司货款50万元。2009年9月，甲公司与丁公司达成意向，拟由丁公司兼并甲公司。乙公司原欠丁公司租金80万元。下列哪些表述是正确的？（　　）（司考2009.3.72）

A. 甲公司与丁公司合并后，两个公司的法人主体资格同时归于消灭

B. 甲公司与丁公司合并后，丁公司可以向乙公司主张债务抵销

C. 甲公司与丁公司合并时，丙公司可以要求甲公司或丁公司提供履行债务的担保

D. 甲公司与丁公司合并时，应当分别由甲公司和丁公司的董事会作出合并决议

6. 张某、李某为甲公司的股东，分别持股65%与35%，张某为公司董事长。为谋求更大的市场空间，张某提出吸收合并乙公司的发展战略。关于甲公司的合并行为，下列哪些表述是正确的？（　　）（司考2015.3.69）

A. 只有取得李某的同意，甲公司内部的合并决议才能有效

B. 在合并决议作出之日起15日内，甲公司须通知其债权人

C. 债权人自接到通知之日起30日内，有权对甲公司的合并行为提出异议

D. 合并乙公司后，甲公司须对原乙公司的债权人负责

三、不定项选择题

张某、方某共同出资，分别设立甲公司和丙公司。2013年3月1日，甲公司与乙公司签订了开发某房地产项目的《合作协议一》，约定如下："甲公司将丙公司10%的股权转让给乙公司，乙公司在协议签订之日起三日内向甲公司支付首付款4000万元，尾款1000万元在次年3月1日之前付清。首付款用于支付丙公司从某国土部门购买A地块土地使用权。如协议签订之日起三个月内丙公司未能获得A地块土地使用权致双方合作失败，乙公司有权终止协议。"

《合作协议一》签订后，乙公司经甲公司指示向张某、方某支付了4000万元首付款。张某、方某配合甲公司将丙公司的10%的股权过户给了乙公司。

2013年5月1日，因张某、方某未将前述4000万元支付给丙公司致其未能向某国土部门及时付款，A地块土地使用权被收回并挂牌卖掉。

2013年6月4日，乙公司向甲公司发函："鉴于土地使用权已被国土部门收回，故我公司终止协议，请贵公司返还4000万元。"甲公司当即回函："我公司已把股权过户到贵公司名下，贵公司无权终止协议，请贵公司依约支付1000万元尾款。"

2013年6月8日，张某、方某与乙公司签订了《合作协议二》，对继续合作开发房地产项目做了新的安排，并约定："本协议签订之日，《合作协议一》自动作废。"丁公司经甲公司指示，向乙公司送达了《承诺函》："本公司代替甲公司承担4000万元的返还义务。"乙公司对此不置可否。

请回答（1）~（6）题：

（1）关于《合作协议一》，下列表述正确的是：（　　）

A. 是无名合同

B. 对股权转让的约定构成无权处分

C. 效力待定

D. 有效

（2）关于2013年6月4日乙公司向甲公司发函，下列表述正确的是：（　　）

A. 行使的是约定解除权

B. 行使的是法定解除权

C. 有权要求返还4000万元

D. 无权要求返还4000万元

（3）关于2013年5月1日张某、方某未将4000万元支付给丙公司，应承担的责任，下列表述错误的是：（　　）

A. 向乙公司承担违约责任

B. 与甲公司一起向乙公司承担连带责任
C. 向丙公司承担违约责任
D. 向某国土部门承担违约责任

（4）关于甲公司的回函，下列表述正确的是：（　　）
A. 甲公司对乙公司解除合同提出了异议
B. 甲公司对乙公司提出的异议理由成立
C. 乙公司不向甲公司支付尾款构成违约
D. 乙公司可向甲公司主张不安抗辩权拒不向甲公司支付尾款

（5）关于张某、方某与乙公司签订的《合作协议二》，下列表述正确的是：（　　）
A. 有效
B. 无效
C. 可变更
D.《合作协议一》被《合作协议二》取代

（6）关于丁公司的《承诺函》，下列表述正确的是：（　　）
A. 构成单方允诺
B. 构成保证
C. 构成并存的债务承担
D. 构成免责的债务承担

四、名词解释

1. 公司的合并
2. 公司的分立
3. 公司解散

五、简答题

1. 简述公司解散的法律后果。
2. 简述公司合并的形式。
3. 公司分立程序的相关规定。
4. 公司合并的法律后果。

六、论述题

试述我国公司合并的程序。

七、案例分析题

1. 某有限责任公司董事长郑某、监事宋某滥用职权，以明显高于市场的价格引进生产材料，使公司蒙受损失45万元，而二人私拿回扣各5万元。从此以后，两人设立私人小金库，利用职权所得的各种好处费都纳入小金库。二人滥用职权谋取私利的行为被股东会察觉，责令其停职反省，查清事实，按公司章程处理。

问：（1）有限责任公司董事及监事的任期为几年？对其资格有哪些限制？

（2）董事、监事等人不得从事哪些违法活动？题中行为有何法律后果？

2. 东方商贸有限责任公司是一家经营药材批发的企业，宏伟医药有限责任公司是一家从事药品生产、销售的企业，双方在严酷的市场竞争面前，决定合二为一，增强企业的竞争能力。东方商贸有限责任公司与宏伟医药有限责任公司的董事会经多次磋商，签订了合并协议，编制了资产负债表及财产清单。双方为提高效率，节约时间，于是在作出合并协议10天内通知了部分债权人，同时双方决定，部分偏远省市的债权人就不必通知了。过了30天后东方公司与宏伟公司去公司登记机关办理了注销登记，成立了东宏有限责任公司。公司成立不久，东方公司的原债权人李某来要账，东宏有限责任公司的工作人员对其说："东方公司已经不存在了，你的债务我们也管不着。"

（1）公司合并有几种方式？上述公司合并属于什么方式？

（2）东方公司与宏伟公司的合并协议合法吗？

（3）东方公司与宏伟公司是否切实履行了债权人保护程序？

（4）东宏公司工作人员对李某所说的话有法律依据吗？

3. A公司与B公司共同发起设立C公司。2006年1月至2007年9月，A公司承包经营C公司，约定C公司在承包经营期间的债权债务由承包人A公司负责承担。2007年9月15日，C公司召开董事会，同意A公司提出的终止承包合同的申请；同时，对经营期间的债权债务做出决定，会议纪要涉及债权债务的内容为："A 公司在经营期间所欠王某债务 51 万元，由 A 公司负责偿还。" A 公司同意支付该欠款。2007 年 10 月，C 公司出具一张证明给王某，内容为："王某：截至 2007 年 10 月我公司欠你材料货款 51 万元，请核实。" 2009 年 9 月，C 公司被宣告破产，王某向清算组申报了债权。2009 年 10 月破产还清程序终结，王某的债权未获清偿。故现在王某起诉 A 公司，要求其偿还所欠货款 51 万元。

问：

（1）A 公司承包经营 C 公司是否合法？为什么？

（2）在该案中，C 公司所欠王某的 51 万元债务由 C 公司承担，还是由 A 公司承担，说明理由。

（3）假如王某之债务应由 C 公司承担，在 C 公司破产后，C 公司没有足够资产偿付王某债务，王某债务如何处理？为什么？

（4）假如王某之债务应由 C 公司承担，如果在破产程序终结后，发现破产人隐匿价值 100 万元的资产，王某的债务能够得到清偿吗？他应当通过什么程序获得救济？

参考答案

一、单项选择题

1. 答案：D。本题考查的是合并决议规则。根据《公司法》第 43 条第 2 款规定，（有限责任公司）股东会会议对修改公司章程、公司增加或者减少注册资本、分立、合并、解散或者变更公司形式作出决议，必须经代表 2/3 以上表决权的股东通过。

根据第 103 条第 2 款规定，（股份有限公司）股东大会作出决议，必须经出席会议的股东所持表决权的过半数通过。股东大会对公司合并、分立或者解散公司作出决议，修改公司章程、增加或减少注册资本的决议，必须经出席会议的股东所持表决权的 2/3 以上通过。依此，应选 D 项。①

2. 答案：B。根据《公司法》第 9 条第 2 款的规定，有限责任公司依法变更为股份有限公司的，公司变更前的债权、债务由变更后的股份有限公司承继。

3. 答案：D。根据《公司法》第 187 条第 1 款的规定，清算组在清理公司财产、编制资产负债表和财产清单后，发现公司财产不足清偿债务的，应当立即向人民法院申请宣告破产。

4. 答案：C。因公司经股东会决议解散，故制订如下清算方案：

（1）股东会决议解散之日起 15 日内成立清算组。

（2）清算组在清算期间行使下列职权：

①清理公司财产，分别编制资产负债表和财产清单；

②通知、公告债权人；

③处理与清算本公司未了结的业务；

④清缴所欠税款以及清算过程中产生的税款；

⑤清理债权、债务；

⑥处理公司清偿债务后的剩余财产；

⑦代表公司参与民事诉讼活动；

⑧发现公司财产不足以清偿债务时，依法向人民法院申请宣告破产。

5. 答案：C。根据《公司法》第 214 条的规定，公司违反本法规定，应当承担民事赔偿责任和缴纳罚款、罚金的，其财产不足以支付时，先承担民事赔偿责任。

6. 答案：A。因为公司具有独立法人资格，因此公司合并的当事人为参加合并的公司。

7. 答案：A。公司在清算阶段，其法人主体资格仍然存在，但只可从事与清算有关的业务。因此，此阶段的法人不同于一般情况下的法人，其法人资格受限制。

8. 答案：C。公司清算分普通清算、特别清算和破产清算。特别清算是指公司在普通清算过程中出现了显著的障碍或发现清算公司的债务有超过实有资产的可能时，依法由法院和债权人直接干预和监管的清算。普通清算

① 编者注：本题应当注意有限公司与股份公司的决议规则虽都需绝对多数票通过，但二者的基数要求是不一样的。

和特别清算的区别在于特别清算程序中债权人和法院直接干预、监督清算。破产清算是指公司因不能清偿到期债务被宣告破产后，法院组织清算组对破产公司进行清算并最终消灭公司法人资格，在破产清算中法院和公司债权人也直接参与。

9. 答案：A。根据《公司法》第 183 条规定，公司因本法第 180 条第 1 项、第 2 项、第 4 项、第 5 项规定而解散的，应当在解散事由出现之日起十五日内成立清算组，开始清算。即因公司合并或者分立需要解散的，不需清算。

10. 答案：A。《公司法》第 190 条规定："公司被依法宣告破产的，依照有关企业破产的法律实施破产清算。"根据《企业破产法》第 115 条第 1 款和第 3 款的规定，管理人应当及时拟订破产财产分配方案，提交债权人会议讨论。债权人会议通过破产财产分配方案后，由管理人将该方案提请人民法院认可后，由管理人执行。

11. 答案：A。公司合并是指两个或两个以上的公司，订立合并协议，依照《公司法》的规定，不经过清算程序，直接结合为一个公司的法律行为。公司合并分为两种形式，包括吸收合并与新设合并。本题属于吸收合并，即指一个公司吸收其他公司后存续，被吸收的公司解散。《公司法》第 174 条规定，公司合并时，合并各方的债权、债务，应当由合并后存续的公司或者新设的公司承继。本题中，甲公司被乙公司合并，那么甲的债务也应由乙公司来承担。由此，本题的正确答案为 A。

12. 答案：B。《公司法》第 175 条规定："公司分立，其财产作相应的分割。公司分立，应当编制资产负债表及财产清单。公司应当自作出分立决议之日起十日内通知债权人，并于三十日内在报纸上公告。"故 A 项正确。

《公司法》第 173 条规定："公司合并，应当由合并各方签订合并协议，并编制资产负债表及财产清单。公司应当自作出合并决议之日起十日内通知债权人，并于三十日内在报纸上公告。债权人自接到通知书之日起三十日内，未接到通知书的自公告之日起四十五日内，可以要求公司清偿债务或者提供相应的担保。"值得注意的是，这是在公司合并时对债权人利益的特别保护，而在公司分立时，并无这样的规定，故 B 项错误。

《公司法》第 176 条规定："公司分立前的债务由分立后的公司承担连带责任。但是，公司在分立前与债权人就债务清偿达成的书面协议另有约定的除外。"据此，债权人可以要求分立后的阳春公司与白雪公司承担连带清偿责任，当然也可以在白阳公司分立之前与之签订关于债务清偿的书面协议，故 C、D 两项正确。

13. 答案：A。《公司法解释（二）》第 8 条规定："人民法院受理公司清算案件，应当及时指定有关人员组成清算组。清算组成员可以从下列人员或者机构中产生：（一）公司股东、董事、监事、高级管理人员；（二）依法设立的律师事务所、会计师事务所、破产清算事务所等社会中介机构；（三）依法设立的律师事务所、会计师事务所、破产清算事务所等社会中介机构中具备相关专业知识并取得执业资格的人员。"据此，公司董事长程某、公司财务总监钱某作为公司高管，可以成为清算组成员，故 B、C 两项正确。D 项中，某律师事务所是依法成立的社会中介机构，可以成为清算组成员。只有 A 项中的债权人唐某不能成为清算组成员，故 A 项当选。

14. 答案：D。《公司法》第 182 条规定："公司经营管理发生严重困难，继续存续会使股东利益受到重大损失，通过其他途径不能解决的，持有公司全部股东表决权百分之十以上的股东，可以请求人民法院解散公司。"《公司法解释（二）》第 1 条第 1 款进一步规定："单独或者合计持有公司全部股东表决权百分之十以上的股东，以下列事由之一提起解散公司诉讼，并符合公司法第一百八十二条规定的，人民法院应予受理：（一）公司持续两年以上无法召开股东会或者股东大会，公司经营管理发生严重困难的；（二）股东表决时无法达到法定或者公司章程规定的比例，持续两年以上不能做出有效的股东会或者股东大会决议，公司经营管理发生严重困难的；（三）公司董事长期冲突，且无法通过股东会或者股东大会解决，公司经营管理发生严重困难的；（四）经营管理发生其他严重困难，公司继续存续会使股东利益受到重大损失的情形。”该款规定明确了公司股东可以申请强制司法解散的四种具体情形，D 项属于其中第 4 项情形，故 D 项正确。

《公司法解释（二）》第 1 条第 2 款规定：“股东以知情权、利润分配请求权等权益受到损害，或者公司亏损、财产不足以偿还全部债务，以及公司被吊销企业法人营业执照未进行清算等为由，提起解散公司诉讼的，人民法院不予受理。”A 项属于知情权受到侵害的情形，B 项属于利润分配请求权受到侵害的情形，C 项属于企业法人执照被吊销的情形，都不能提起解散公司诉讼，故 A、B、C 三项错误。

15. 答案：B。本题考查公司的司法解散。关于申请公司强制司法解散的条件，《公司法》第 182 条规定，公司经营管理发生严重困难，继续存续会使股东利益受到重大损失，通过其他途径不能解决的，持有公司全部股东表决权 10% 以上的股东，可以请求人民法院解散公司。《公司法解释（二）》第 1 条第 1 款进一步规定，单独或者合计持有公司全部股东表决权 10% 以上的股东，以下列事由之一提起解散公司诉讼，并符合公司法第 182 条规定的，人民法院应予受理：（1）公司持续两年以上无法召开股东会或者股东大会，公司经营管理发生严重困难的；（2）股东表决时无法达到法定或者公司章程规定的比例，持续两年以上不能做出有效的股东会或者股东大会决议，公司经营管理发生严重困难的；（3）公司董事长期冲突，且无法通过股东会或者股东大会解决，公司经营管理发生严重困难的；（4）经营管理发生其他严重困难，公司继续存续会使股东利益受到重大损失的情形。本题情形符合上述第 3 项情形，故股东张某可以提起解散公司诉讼。《公司法解释（二）》第 2 条规定，股东提起解散公司诉讼，同时又申请人民法院对公司进行清算的，人民法院对其提出的清算申请不予受理。人民法院可以告知原告，在人民法院判决解散公司后，依据《民法典》第 70 条、《公司法》第 183 条和本规定第 7 条的规定，自行组织清算或者另行申请人民法院对公司进行清算。据此，A 项错误。《公司法解释（二）》第 3 条规定，股东提起解散公司诉讼时，向人民法院申请财产保全或者证据保全的，在股东提供担保且不影响公司正常经营的情形下，人民法院可予以保全。据此，B 项正确。《公司法解释（二）》第 4 条第 1 款规定，股东提起解散公司诉讼应当以公司为被告。第 2 款规定，原告以其他股东为被告一并提起诉讼的，人民法院应当告知原告将其他股东变更为第三人；原告坚持不予变更的，人民法院应当驳回原告对其他股东的起诉。据此，C 项错误。《公司法解释（二）》第 6 条第 1 款规定，人民法院关于解散公司诉讼作出的判决，对公司全体股东具有法律约束力。据此，D 项错误。

二、多项选择题

1. 答案：ABCD。A 对，根据《公司法》第 9 条第 2 款的规定，有限责任公司依法变更为股份有限公司的，公司变更前的债权、债务由变更后的公司承继。B 对，第 177 条第 2 款规定，公司应当自作出合并决议之日起 10 日内通知债权人，并于 30 日内在报纸上公告。C 对，依第 166 条第 5 款规定，股东会、股东大会或者董事会违反前款规定，在公司弥补亏损和提取法定公积金之前向股东分配利润的，股东必须将违反规定分配的利润归还公司。D 对，第 145 条规定：“上市公司必须依照法律、行政法规的规定，公开其财务状况、经营情况及重大诉讼，在每会计年度内半年公布一次财务会计报告。”

2. 答案：AB。A、B 对，《公司法》第 211 条

规定："公司成立后无正当理由超过六个月未开业的，或者开业后自行停业连续六个月以上的，可以由公司登记机关吊销营业执照。公司登记事项发生变更时，未依照本法规定办理有关变更登记的，由公司登记机关责令限期登记；逾期不登记的，处以一万元以上十万元以下的罚款。"C 错，第 202 条规定："公司在依法向有关主管部门提供的财务会计报告等材料上作虚假记载或者隐瞒重要事实的，由有关主管部门对直接负责的主管人员和其他直接责任人员处以三万元以上三十万元以下的罚款。"D 错，第 201 条规定："公司违反本法规定，在法定的会计账簿以外另立会计账簿的，由县级以上人民政府财政部门责令改正，处以五万元以上五十万元以下的罚款。"

3. **答案**：ABC。A 对，见《公司法》第 43 条第 2 款的规定，股东会对公司分立、合并作出决议，必须经代表 2/3 以上表决权的股东通过。B、C 对，D 错，第 173 条规定："……公司应当自作出合并决议之日起十日内通知债权人，并于三十日内在报纸上公告。债权人自接到通知书之日起三十日内，未接到通知书的自公告之日起四十五日内，可以要求公司清偿债务或提供相应的担保。"

4. **答案**：ABCD。《公司法》第 183 条规定，公司因本法第 180 条第 1 项、第 2 项、第 4 项、第 5 项规定而解散的，应当在解散事由出现之日起 15 日内成立清算组，开始清算。有限责任公司的清算组由股东组成，股份有限公司的清算组由董事或者股东大会确定的人员组成。逾期不成立清算组进行清算的，债权人可以申请人民法院指定有关人员组成清算组进行清算。人民法院应当受理该申请，并及时组织清算组进行清算。据此，在公司逾期不成立清算组时，债权人可以申请法院指定有关人员组成清算组进行清算，公司股东无此权利，故 A 项错误，当选。

《公司法》第 183 条规定，清算组在清算期间行使下列职权：……（7）代表公司参与民事诉讼活动。但清算组本身是一个多人组成的组合，不太方便代表公司，所以《公司法解释（二）》第 10 条第 2 款进一步规定，公司成立清算组的，由清算组负责人代表公司参加诉讼；尚未成立清算组的，由原法定代表人代表公司参加诉讼。据此，应当由清算组负责人而不是由清算组代表公司参加诉讼，故 B 项错误。

《公司法》第 185 条第 1 款规定，清算组应当自成立之日起 10 日内通知债权人，并于 60 日内在报纸上公告。债权人应当自接到通知书之日起 30 日内，未接到通知书的自公告之日起 45 日内，向清算组申报其债权。《公司法解释（二）》第 13 条规定，债权人在规定的期限内未申报债权，在公司清算程序终结前补充申报的，清算组应予登记。公司清算程序终结，是指清算报告经股东会、股东大会或者人民法院确认完毕。据此，债权人可以在公司清算程序终结前补充申报，故 C 项错误，当选。

《公司法》第 186 条第 1 款规定，清算组在清理公司财产、编制资产负债表和财产清单后，应当制定清算方案，并报股东会、股东大会或者人民法院确认。《公司法解释（二）》第 15 条第 1 款规定，公司自行清算的，清算方案应当报股东会或者股东大会决议确认；人民法院组织清算的，清算方案应当报人民法院确认。未经确认的清算方案，清算组不得执行。据此，法院组织清算时，清算方案应当报法院确认而不是备案，故 D 项错误，当选。

5. **答案**：BC。《公司法》第 172 条规定，公司合并可以采取吸收合并或者新设合并。

一个公司吸收其他公司为吸收合并，被吸收的公司解散。两个以上公司合并设立一个新的公司为新设合并，合并各方解散。

本题中"丁公司兼并甲公司"采用的是吸收合并的方式，被吸收的甲公司解散，而吸收者即丁公司依然存在。因此，A 项说法错误。

《公司法》第 174 条规定，公司合并时，合并各方的债权、债务，应当由合并后存续的公司或者新设的公司承继。本题中，原来甲公司的债务由丁公司继承，乙公司可以向丁公司主张原来对甲公司的债权 100 万元，因丁公司欠乙公司租金 80 万元，丁公司可以向乙公司主张债务抵销。因此，B 项正确。

《公司法》第 173 条规定，公司合并，应当由合并各方签订合并协议，并编制资产负债表及财产清单。公司应当自作出合并决议之日起十日内通知债权人，并于三十日内在报纸上公告。债权人自接到通知书之日起三十日内，未接到通知书的自公告之日起四十五日内，可以要求公司清偿债务或者提供相应的担保。本案中，丙公司是甲公司的债权人，甲、丁公司合并时，丙公司有权要求甲公司或丁公司提供履行债务的担保。因此，C 项正确。

根据《公司法》的规定，公司的合并、分立决议是股东会的职权，董事会无权作出。因此，D 项错误。

6. **答案**：AD。《公司法》第 43 条第 2 款规定："股东会会议作出修改公司章程、增加或者减少注册资本的决议，以及公司合并、分立、解散或者变更公司形式的决议，必须经代表三分之二以上表决权的股东通过。"张某只持有甲公司 65% 的股权，未达到 2/3 以上的多数，故甲公司作出公司合并的决议时，必须有李某的同意方可，故 A 项正确。

根据《公司法》第 173 条之规定，公司应当自作出合并决议之日起十日内通知债权人，并于三十日内在报纸上公告。据此，甲公司应当在合并决议作出之日起 10 日内通知其债权人，故 B 项错误。

根据《公司法》第 173 条之规定，债权人自接到通知书之日起三十日内，未接到通知书的自公告之日起四十五日内，可以要求公司清偿债务或者提供相应的担保。据此，债权人有权要求甲公司清偿债务或者提供担保，但无权对甲公司的合并行为提出异议，故 C 项错误。

《公司法》第 174 条规定："公司合并时，合并各方的债权、债务，应当由合并后存续的公司或者新设的公司承继。"在甲公司吸收合并乙公司的情形，甲公司继续存在，而乙公司解散，故原乙公司的债务应当由合并后的甲公司承担，故 D 项正确。

三、不定项选择题

答案：(1) ABD。无名合同，是指我国法律没有规定其类型和内容的合同。本题中所述合同我国法律中没有规定，因此是无名合同，A 项正确。丙公司的股权属于张某和方某，因此甲公司处分丙公司 10% 的股权当属无权处分无疑，B 项正确。《民法典》第 597 条规定："因出卖人未取得处分权致使标的物所有权不能转移的，买受人可以解除合同并请求出卖人承担违约责任。法律、行政法规禁止或者限制转让的标的物，依照其规定。"《民法典》第 597 条第 1 款规定的内容，是对原来的《合同法》第 51 条、第 132 条第 1 款以及之前的《最高人民法院关于审理买卖合同纠纷案件适用法律问题的解释》第 3 条的修改、整合及完善。该条明确了无权处分合同不因未取得处分权而无效。同时，该条在物权区分原则的指导下进一步对因未取得处分权而影响合同履行问题的违约责任进行了规定，即买受人可以解除合同并请求无权处分人承担违约责任。因此选项 C 错误，D 项正确。

(2) AC。《民法典》第 562 条规定："当事人协商一致，可以解除合同。当事人可以约定一方解除合同的事由。解除合同的事由发生时，解除权人可以解除合同。"因此 A 项正确，B 项错误。《民法典》第 566 条第 1 款规定："合同解除后，尚未履行的，终止履行；已经履行的，根据履行情况和合同性质，当事人可以请求恢复原状或者采取其他补救措施，并有权请求赔偿损失。"本题中的合同是可以恢复原状的，因此 C 项正确，D 项错误。

(3) ABCD。本题中，2013 年 5 月 1 日张某、方某与乙公司并无合同关系，因此 A 项表述错误。选项 B 无法律依据，因此表述错误。张某、方某与丙公司亦无合同关系，因此选项 C 表述错误。向国土部门购买土地使用权的是丙公司，并非张某、方某，故 D 项表述也不正确。

（4）A。A项显然正确。甲公司对乙公司提出的异议理由有两点：一是认为已经转让了股权，因此对方不能终止合同；二是要求支付1000万元尾款。这两点均不成立，因为4000万元对应的甲公司的义务是取得土地使用权，而非股权。对应股权的是1000万元，但是甲公司提出异议时履行期限尚未届至。因此B项错误，C项错误。乙公司支付尾款的义务是在甲公司转让股权之后，是后履行义务的一方，而不安抗辩权是先履行义务的一方行使的权利，因此D项错误。

（5）A。《合作协议二》是双方的真实意思表示，也没有违反法律、行政法规的效力性强制性规定，因此是有效的，A正确，B、C错误。《合作协议一》是甲公司与乙公司之间签订的，而《合作协议二》是张某、方某与乙公司签订的，由于合同当事人不同，因此《合作协议一》不能被《合作协议二》取代，D项错误。

（6）AC。单方允诺是指表意人向相对人作出的为自己设定某种义务，使相对人取得某种权利的意思表示，本题中丁公司的《承诺函》符合单方允诺的构成，因此A项正确。保证，是一种合同关系，它需要当事人双方的要约和承诺来形成保证合同。本题中乙公司未作出任何意思表示，因此不可能产生合同关系，B项错误。债务承担是指在不改变合同的前提下，债权人、债务人通过与第三人订立转让债务的协议，将债务全部或者部分转移给第三人承担的法律现象。债务承担，以承担后债务人是否免责为标准，可分为免责的债务承担和并存的债务承担。其中免责的债务承担是指第三人取代原债务人的地位而承担全部合同债务，使债务人脱离合同关系的债务承担方式。并存的债务承担是指债务人并不脱离合同关系，而由第三人加入合同关系当中，与债务人共同承担合同义务的债务承担方式。并存的债务承担我国法律并没有规定，理论上认为，由于第三人参与到现在的法律关系当中，对债权人只会有利不会有害，因此原则上并存的债务承担不需要债权人同意即可构成。因此，C项正确，D项错误。

四、名词解释

1. 答案： 公司的合并是指两个或两个以上的公司依法达成合意，归并为一个公司或创设一个新的公司的法律行为。公司合并的形式有两种，即吸收合并和新设合并。所谓吸收合并，是指两个或两个以上的公司合并后，其中有一个公司（吸收方）存续，而其他公司（被吸收方）解散。所谓新设合并，又称创设合并，是指两个或两个以上的公司合并后，在合并各方均归于消灭的同时，另外创设出一个新的公司。

2. 答案： 公司的分立是指一个公司又设立另一个公司或一个公司分解为两个以上公司的法律行为。公司分立有新设分立和派生分立两种形式。所谓新设分立，是指一个公司将其全部资产分割设立两个或两个以上公司的行为。所谓派生分立，是指一个公司以其部分资产设立另一个公司的法律行为。

3. 答案： 公司解散是指已成立的公司，因发生法律或章程规定的解散事由而停止其积极的业务活动，并开始处理未了结事务的法律行为。

五、简答题

1. 答案： 在我国，公司解散的法律后果主要体现在以下几个方面：

（1）进入清算程序，成立清算组。公司解散必须依法成立清算组，公司原来的代表及业务执行机关即丧失权利，由清算组取而代之，清算组代表公司为一切行为。但是，公司的股东会及监事会依然存在。根据我国《公司法》第183条的规定，公司解散应当在15日内成立清算组。自此，即进入清算程序，公司便成为清算中的公司。

（2）限制权利能力，停止营业活动。公司宣告解散后，其权利能力即受到法律的特别限制，即仅局限于清算范围内，除为实现清算目的，由清算组代表公司处理未了结业务外，公司不得开展新的经营活动。但是，由于股份有限公司属资合公司，股份的转让对于解散后的公司并不产生重大的利害关系，原则上股份有限公司的股份仍可自由转让。

2. 答案：公司合并是指两个或两个以上的公司依照公司法规定的条件和程序，通过订立合并协议，共同组成一个公司的法律行为。它是指通过将一个或一个以上的公司并入另一个公司的方式而进行公司合并的一种法律行为。公司合并可以采取吸收合并和新设合并两种形式。在吸收合并中，参加合并的公司吸收其他公司，被吸收的公司解散，丧失独立的法人地位。在新设合并中，参加合并的两个公司合并为一个新的公司，参加合并的公司全部丧失独立的民事主体地位。在公司的合并中，因合并而消失的公司的财产、债权债务，由合并后存续的公司或者新设的公司承担。

3. 答案：公司分立是指一个公司依照公司法有关规定，通过股东会决议分成两个或两个以上独立公司的法律行为。公司分立时，其财产应作相应的分割。有两种分立方式：存续分立和解散分立。存续分立是指一个公司分离成两个以上公司，本公司继续存在并设立一个以上新的公司。解散分立是指一个公司分散为两个以上公司，本公司解散并设立两个以上新的公司。

公司分立程序是：(1) 公司董事会拟订公司分立方案。此与公司合并类似。但在公司分立方案中，除应当对分立原因、目的、分立后各公司的地位、分立后公司章程及其他相关问题作出安排外，特别应妥善处理财产及债务分割问题。

(2) 公司股东会关于分立方案的决议。公司分立属于《公司法》上所称重大事项，应当由股东会以特别会议决议方式决定。股东会决议通过方案时，特别要通过公司债务的分担协议，即由未来两家或多家公司分担原公司债务的协议。为了保证分立方案的顺利执行，应当同时授权董事会具体实施分立方案。该授权包括向国家主管机关提出分立申请、编制其他相关文件等事项。

(3) 董事会编制公司财务及财产文件。根据《公司法》第175条的规定，公司分立时应当进行财产分割。为妥善处理财产分割，应当编制资产负债表及财产清单。经股东会授权后，应当由董事会负责实施。

(4) 政府主管机关的批准。此与公司合并须经政府主管机关批准的规则在本质上相同，即公司分立应以政府批准为前提。公司应当自作出分立决议之日起十日内通知债权人，并于三十日内在报纸上公告。

(5) 履行债权人保护程序。根据《公司法》第177条规定，债权人保护程序主要涉及分立通知及公告及程序：公司分立，应当编制资产负债表及财产清单。公司应当自作出分立决议之日起十日内通知债权人，并于三十日内在报纸上公告。

4. 答案：公司合并是指两个或两个以上的公司依照公司法规定的条件和程序，通过订立合并协议，共同组成一个公司的法律行为。公司的合并可分为吸收合并和新设合并两种形式。吸收合并又称存续合并，它是指通过将一个或一个以上的公司并入另一个公司的方式而进行公司合并的一种法律行为。并入的公司解散，其法人资格消失。接受合并的公司继续存在，并办理变更登记手续。新设合并是指两个或两个以上的公司以消灭各自的法人资格为前提而合并组成一个公司的法律行为。其合并结果，原有公司的法人资格均告消灭。新组建公司办理设立登记手续取得法人资格。公司合并将产生如下法律后果：

(1) 公司合并可以采取吸收合并或者新设合并。一个公司吸收其他公司为吸收合并，被吸收的公司解散。两个以上公司合并设立一个新的公司为新设合并，合并各方解散。

(2) 公司合并，应当由合并各方签订合并协议，并编制资产负债表及财产清单。当自作出合并决议之日起十日内通知债权人，并于三十日内在报纸上公告。债权人自接到通知书之日起三十日内，未接到通知书的自公告之日起四十五日内，可以要求公司清偿债务或者提供相应的担保。

(3) 公司合并时，合并各方的债权、债务，应当由合并后存续的公司或者新设的公司承继。

六、论述题

答案：所谓公司合并是指两个或两个以上的公司依照公司法规定的条件和程序，通过订立合并协议，共同组成一个公司的法律行为。

按照我国《公司法》的规定，公司合并应当履行以下程序：

(1) 召开股东（大）会形成公司合并决议。一般由公司董事会拟订合并方案，由公司股东（大）会决议。公司的分立和合并属于公司的重大事项，应以特别决议为之，应取得全体股东的绝对多数通过，即应由代表2/3以上的表决权的股东通过才能有效。如为国有独资公司，则必须由国有资产监督管理机构决定才能进行。(2) 签订合并协议。合并协议则是指合并各方就合并的有关事项达成的一致意见。合并协议的内容主要应包括：合并前和合并后的公司的名称与住所；存续或者新设公司因合并而发行的股份总数、种类和数量，公司的总投资额及每一出资人所占的出资比例；合并各方现有的资本及对现有资本的处理方法；合并各方现有债权债务的处理方法；存续公司的章程是否需要变更；公司章程的变更内容；新设公司的章程如何订立及其主要内容；与合并有关的其他应载明事项。合并协议必须以书面形式为之。一般由董事会负责签订。(3) 编制合并公司的资产负债表和财产清单。在公司合并之前，必须对公司进行清产核资。对拟合并或分立的公司编制资产负债表和财产清单，是对其资产状况的静态反映。公司合并后，需要编制合并资产负债表和财产清单。(4) 通知和公告债权人。我国《公司法》规定，公司合并，公司应当自作出合并决议之日起十日内通知债权人，并于三十日内在报纸上公告。债权人自接到通知书之日起三十日内，未接到通知书的自公告之日起四十五日内，可以要求公司清偿债务或者提供相应的担保。(5) 进行合并登记。合并登记分为解散登记和变更登记。公司合并后，解散的公司应当到登记机关办理注销登记手续；存续公司应当到登记机关办理变更登记手续；新成立的公司应当到登记机关办理设立登记手续。

七、案例分析题

1. 答案：(1) 董事和监事的任期可以由公司章程规定，但法定每届任期不得超过3年。任期届满，可以连选连任。公司法规定下列人员不得担任董事、监事及经理：①无民事或限制民事行为能力的人；②因犯有贪污、贿赂、侵占财产、挪用财产或破坏社会经济秩序罪，被判处刑罚，执行期满未过五年，或因犯罪被剥夺政治权利，执行期满未过五年；③担任破产清算的公司、企业的董事或者厂长、经理，对公司、企业负有个人责任的，自该企业破产清算完结之日起未过3年；④担任因违法被吊销营业执照、责令关闭的公司、企业的法定代表人，并负有个人责任的，该公司、企业被吊销营业执照之日起未逾三年；⑤个人所负数额较大的债务到期未清偿。

(2) 董事、监事等不得从事下列违法活动：①不得利用职权收受贿赂或其他非法收入，也不得侵占公司财产；②不得挪用公司资金；③不得将公司资产以其个人名义或以他人个人名义开立账户存储；④违反公司章程的规定，未证股东会、股东大会或者董事会同意，将公司资金借贷给他人或者以公司财产为他人提供担保；⑤违反公司章程的规定或未经股东会、股东大会同意，与本公司订立合同或者进行交易；⑥未经股东会或股东大会同意，利用职务便利为自己或他人谋取属于公司的商业机会，自营或为他人经营与所任职公司同类的业务；⑦接受他人与公司交易的佣金归为己有；⑧擅自披露公司秘密；⑨违反对公司忠实义务的其他行为。郑某、宋某二人违反了上述禁止活动中的①项。除公司本身需要承担行政责任、具体责任人员构成犯罪承担刑事责任外，公司可以对具体的违法人员（董事、监事、经理）进行处分，没收二人的非法收入归公司所有，对于因其违法行为对公司造成损害的，公司还可以要求这些违法的董事等人员赔偿。并可由股东会决定罢免渎职的董事、监事职务。

2. 答案：(1) 公司合并有吸收合并和新设合并两种方式，上述合并属于新设合并。

(2) 我国《公司法》规定，公司合并或分立应当由公司的股东会作出决议。本案中，东方公司与宏伟公司的董事会签订了合并协议而未经过公司股东会的通过，因此是无效的。

(3) 公司合并后，主体资格发生变更，当事公司的财产成为一个整体，对原有公司的债权人产生重大影响。为保护公司债权人利益，我国《公司法》规定，公司应当自作出合并决议之日起10日内通知债权人，并于30日内在报纸上公告。本案中，东方公司与宏伟公司并未履行通知全部债权人的义务，同时未给予被通知的债权人提出异议的合理时间。公告债权人的程序未履行，在此情况下，如果债权人以公司未履行保护债权人程序义务为由对公司合并提出异议的话，公司合并将会被宣告无效。

(4) 我国《公司法》规定，公司合并时，合并各方的债权债务应当由合并后存续的公司或新设公司承接。因此在本案中，新设成立的东宏有限责任公司应当承接东方商贸有限责任公司的债务，清偿李某的债务，东宏公司工作人员的说法没有法律依据。

3. 答案：(1) 不合法。C公司是独立法人，而企业承包经营合同的承包方只能是全民所有制的工业企业，发包方是国家。所以A公司承包经营C公司不合法。

(2) A公司在经营C公司期间欠王某的债权应由A公司和C公司共同承担，两公司内部的债务承担协议对不知情的第三人王某不发生效力。所以王某由于C公司破产而不能得到清偿的债权得由A公司承担。

(3) 王某的债权转化为破产债权，在破产债权申报后，就C公司的全部财产按照其破产债权在全部破产债权中的比例受偿。

(4) 王某能得到清偿。根据《企业破产法》第123条第1款第1项的规定，自破产程序终结之日起两年内，发现有应当追回的财产的，债权人可以请求人民法院按照破产财产分配方案进行追加分配。

第十四章　证券法的基本问题

基础知识图解

- 证券法的基本问题
  - 证券概述
    - 证券的概念与法律特征
    - 证券的分类：股票、债券
    - 证券市场及其结构
      - 证券市场与金融市场
      - 证券市场的法律待征
      - 证券市场的内部结构
      - 最新发展
    - 证券市场的功能与法律控制：财政法律控制、货币法律控制、信贷法律控制、投资法律控制
  - 证券法概述
    - 证券法的概念与调整对象：包括一切有关资本证券的法律规范
    - 证券法的原则：公开、公平、公正
    - 证券法的体系与结构
    - 我国证券立法的历史与现状
  - 证券监督管理机构
    - 性质：专业性、行政性、执法性
    - 管理体制：自律性管理体制和集中型管理体制
    - 职责范围
    - 工作人员的行为准则
    - 证券监管的国际合作

配套测试

一、单项选择题

1. 国务院证券监督管理机构或国务院授权的部门对已作出的核准或审批证券发行的决定，发现不符合法律、行政法规规定的，若采取下列哪种行为，则属于采取措施不当，不符合有关法律规定？(　　)

A. 应当责令其暂行停止发行证券行为

B. 尚未发行的，应当予以撤销

C. 停止发行

D. 已发行的，证券持有人可按发行价加算银行同期存款利息，要求发行人返还

2. 下列证券中哪一种证券的发行和交易不适用我国证券法？(　　)

A. 股票　　B. 公司债券

C. A 种股票　　D. 国库券

3. 我国对证券发行、交易采用的监管体制是(　　)。

A. 以政府管理为主，以证券业自律为辅的管理制度

B. 政府管理制度

C. 以证券业自律为主，以政府管理为辅的管理制度

D. 自律管理制度

4. 国务院证券监督管理机构设发行审核委员会，依法审核股票发行申请，该委员会如何组成？(　　)

A. 由国务院证券监管机构的专业人员组成
B. 由国务院证券监管机构的专业人员、有关专家和中国人民银行的代表组成
C. 由国务院证券监管机构的专业人员和所聘请的该机构外的有关专家组成
D. 国务院证券监管机构的专业人员、有关专家和政府有关部门的代表组成

5. 关于股票与债券的比较，下列哪一表述是正确的？（　　）（司考 2011. 3. 33）
A. 有限责任公司和股份有限公司都可以成为股票和债券的发行主体
B. 股票和债券具有相同的风险性
C. 债券的流通性强于股票的流通性
D. 股票代表股权，债券代表债权

6. 华艺姐妹影视股份公司申请首次公开发行新股，关于公司首次公开发行新股应当符合的条件，下列哪一选项是错误的？（　　）。
A. 具备健全且运行良好的组织机构
B. 具有持续经营能力
C. 最近二年财务会计报告被出具无保留意见审计报告
D. 发行人及其控股股东、实际控制人最近三年不存在贪污、贿赂、侵占财产、挪用财产或者破坏社会主义市场经济秩序的刑事犯罪

二、多项选择题

1. 下列机构中，应接受国家审计机关依法进行审计监督的是（　　）。
A. 证券监督管理机构
B. 证券登记结算机构
C. 证券交易所
D. 证券公司

2. 国务院证券监督管理机构在对证券市场实施监督管理时，要履行哪些职责？（　　）
A. 制定从事证券业务人员的资格标准和行为准则
B. 审批证券交易所的设立和解散
C. 制定有关证券市场监督管理的规章、规则
D. 对证券交易所的证券业务活动进行监督管理

3. 国务院证券监督管理机构依法履行职责时，可以采取下列哪些措施？（　　）
A. 进入涉嫌违法行为发生场所调查取证
B. 查询当事人和与被调查事件有关的单位和个人，要求其对与被调查事件有关的事项作出说明
C. 查阅、复制当事人和与被调查事件有关的单位和个人的证券交易记录、登记过户记录、财务会计资本料及其他相关文件和资料
D. 查询、冻结当事人和被调查事件有关的单位和个人的资金账户、证券账户

4. 花花乳业公司为扩大生产经营规模增发新股，下列董事会所拟订的发行新股的方案哪一项符合法律规定？（　　）
A. 花花乳业公司的股东有优先购买权
B. 为吸引更多的投资，拟按股票票面价值的八八折发行
C. 所发行的新股全部为无记名股票
D. 所发行的新股全部由一家证券公司包销

三、名词解释

1. 信息公开制度
2. 信息披露制度（福州大学 2015 年考研真题）

四、简答题

1. 简述证券的法律特征。
2. 简述我国证券法的基本原则。

五、论述题

论述证券法的三公原则。

参考答案

一、单项选择题

1. 答案：A。本题考查的是证券不符合发行条件的相关措施。《证券法》第 24 条第 1 款规定："国务院证券监督管理机构或者国务院授权的部门对已作出的核准证券发行的决定，发现不符合法定条件或者法定程序，尚未发行证券的，应当予以撤销，停止发行。已经发行尚未上市的，撤销发行核准决定，

发行人应当按照发行价并加算银行同期存款利息返还证券持有人；发行人的控股股东、实际控制人以及保荐人，应当与发行人承担连带责任，但是能够证明自己没有过错的除外。”

2. 答案：D。本题考查的是证券法的适用对象。《证券法》第2条规定：“在中华人民共和国境内，股票、公司债券、存托凭证和国务院依法认定的其他证券的发行和交易，适用本法；本法未规定的，适用《中华人民共和国公司法》和其他法律、行政法规的规定。政府债券、证券投资基金份额的上市交易，适用本法；其他法律、行政法规另有规定的，适用其规定。资产支持证券、资产管理产品发行、交易的管理办法，由国务院依照本法的原则规定……”

3. 答案：A。本题考查的是证券的监管体制。《证券法》第7条第1款规定：“国务院证券监督管理机构依法对全国证券市场实行集中统一监督管理。”第164条规定：“证券业协会是证券业的自律性组织，是社会团体法人。证券公司应当加入证券业协会。证券业协会的权力机构为全体会员组成的会员大会。”

4. 答案：C。本题考查的是发行审核委员会的相关规定。《中国证券监督管理委员会发行审核委员会办法》（2017修正）第2条以及第2章“发审委的组成”规定，国务院证券监督管理机构设发行审核委员会，依法审核股票发行申请。

发行审核委员会由国务院证券监督管理机构的专业人员和所聘请的该机构外的有关专家组成，以投票方式对股票发行申请进行表决，提出审核意见。发行审核委员会的具体组成办法、组成人员任期、工作程序，由国务院证券监督管理机构规定。

5. 答案：D。股票是股份有限公司股份证券化的形式，是股份有限公司签发的证明股东所持股份的凭证，有限责任公司的出资份额并不划分成等额的股份，也不用股票来表示。公司债券是由股份有限公司或有限责任公司发行的债券。所以，A项错误。

股票和债券同属投资证券，都具有风险，但二者的风险不同。通常认为，一般情况下股票的风险要大于债券的风险，故B项错误。

股票与债券都具有流通性，不同的股票与债券，其流通性不同。就《证券法》所规定的发行上市的股票和债券而言，两者的流通性相当，故C项错误。

股票代表股权，债券代表债权，属于法律常识，D项正确。

6. 答案：C。本题考核首次公开发行新股。根据《证券法》第12条第1款：“公司首次公开发行新股，应当符合下列条件：（一）具备健全且运行良好的组织机构；（二）具有持续经营能力；（三）最近三年财务会计报告被出具无保留意见审计报告；（四）发行人及其控股股东、实际控制人最近三年不存在贪污、贿赂、侵占财产、挪用财产或者破坏社会主义市场经济秩序的刑事犯罪；（五）经国务院批准的国务院证券监督管理机构规定的其他条件。”C选项错误。

二、多项选择题

1. 答案：ABCD。本题考查的是审计监督的对象。《证券法》第8条规定：“国家审计机关依法对证券交易场所、证券公司、证券登记结算机构、证券监督管理机构进行审计监督。”

2. 答案：ACD。本题考查的是证券监督管理机构的职责。《证券法》第169条规定：“国务院证券监督管理机构在对证券市场实施监督管理中履行下列职责：

（一）依法制定有关证券市场监督管理的规章、规则，并依法进行审批、核准、注册，办理备案；

（二）依法对证券的发行、上市、交易、登记、存管、结算等行为，进行监督管理；

（三）依法对证券发行人、证券公司、证券服务机构、证券交易场所、证券登记结算机构的证券业务活动，进行监督管理；

（四）依法制定从事证券业务人员的行为准则，并监督实施；

（五）依法监督检查证券发行、上市、

交易的信息披露；

（六）依法对证券业协会的自律管理活动进行指导和监督；

（七）依法监测并防范、处置证券市场风险；

（八）依法开展投资者教育；

（九）依法对证券违法行为进行查处；

（十）法律、行政法规规定的其他职责。”

3. 答案：ABC。本题考查的是证券监督管理机构的职权。《证券法》第170条规定：“国务院证券监督管理机构依法履行职责，有权采取下列措施：

（1）对证券发行人、证券公司、证券服务机构、证券交易场所、证券登记结算机构进行现场检查；

（2）进入涉嫌违法行为发生场所调查取证；

（3）询问当事人和与被调查事件有关的单位和个人，要求其对与被调查事件有关的事项作出说明；或者要求其按照指定的方式报送与被调查事件有关的文件和资料；

（4）查阅、复制与被调查事件有关的财产权登记、通讯记录等文件和资料；

（5）查阅、复制当事人和与被调查事件有关的单位和个人的证券交易记录、登记过户记录、财务会计资料及其他相关文件和资料；对可能被转移、隐匿或者毁损的文件和资料，可以予以封存、扣押；

（6）查询当事人和与被调查事件有关的单位和个人的资金账户、证券账户、银行账户以及其他具有支付、托管、结算等功能的账户信息，可以对有关文件和资料进行复制；对有证据证明已经或者可能转移或者隐匿违法资金、证券等涉案财产或者隐匿、伪造、毁损重要证据的，经国务院证券监督管理机构主要负责人或者其授权的其他负责人批准，可以冻结或者查封，期限为六个月；因特殊原因需要延长的，每次延长期限不得超过三个月，冻结、查封期限最长不得超过二年；

（7）在调查操纵证券市场、内幕交易等重大证券违法行为时，经国务院证券监督管理机构主要负责人或者其授权的其他负责人批准，可以限制被调查的当事人的证券买卖，但限制的期限不得超过三个月；案情复杂的，可以延长三个月；

（8）通知出境入境管理机关依法阻止涉嫌违法人员、涉嫌违法单位的主管人员和其他直接责任人员出境。

为防范证券市场风险，维护市场秩序，国务院证券监督管理机构可以采取责令改正、监管谈话、出具警示函等措施。”

4. 答案：ACD。关于股东对新股的优先购买权，公司法在有限责任公司中有明确规定，即第34条规定：股东按照出资比例分取红利，公司新增资本时，股东可以优先认缴出资。而在股份有限公司中没有规定。既然如此，《公司法》并没有禁止股份有限公司股东的优先购买权。因此，A项合法。

根据《公司法》第127条，股票发行价格可以按票面金额，也可以超过票面金额，但不得低于票面金额。以超过票面金额为股票发行价格的，须经国务院证券管理部门批准。以超过票面金额发行股票所得溢价款列入公司资本公积金。股票溢价发行的具体管理办法由国务院另行规定。C项是关于记名股票和无记名股票。根据《公司法》第129条第2款之规定，公司向发起人、法人发行的股票，应当为记名股票，并应当记载该发起人、机构或者法人的名称，不得另立户名或者以代表人姓名记名。对社会公众发行的股票，可以为记名股票，也可以为无记名股票。据此C项可选。

D项是关于股份的承销。《公司法》第134条第1款规定：公司经国务院证券监督管理机构核准公开发行新股时，必须公告新股招股说明书和财务会计报告，并制作认股书。《证券法》第26条规定：发行人向不特定对象发行的证券，法律、行政法规规定应当由证券公司承销的，发行人应当同证券公司签订承销协议。证券承销业务采取代销或者包销方式。

证券代销是指证券公司代发行人发售证

券，在承销期结束时，将未售出的证券全部退还给发行人的承销方式。

证券包销是指证券公司将发行人的证券按照协议全部购入或者在承销期结束时将售后剩余证券全部自行购入的承销方式。因此，D项合法。

三、名词解释

1. **答案**：信息公开制度是指证券发行者在证券发行前或发行后根据法定的要求和程序向证券监督管理机构和证券投资者提供规定的有关能够影响证券价格的信息资料。

2. **答案**：信息披露制度，也称公示制度、公开披露制度，是上市公司为保障投资者利益、接受社会公众的监督而依照法律规定必须将其自身的财务变化、经营状况等信息和资料向证券管理部门和证券交易所报告，并向社会公开或公告，以便使投资者充分了解情况的制度。它既包括发行前的披露，也包括上市后的持续信息公开，它主要由招股说明书制度、定期报告制度和临时报告制度组成。

四、简答题

1. **答案**：证券是指资金需求者为了筹措长期资金而向社会公众发行由社会公众购买且能对一定的收入拥有请求权的投资凭证。证券具有以下几个法律特征：

(1) 证券是一种投资权利证书。

(2) 证券是一种可转让的权利证书。

(3) 证券是一种面值均等的权利证书。

(4) 证券是一种含有风险的权利证书。

2. **答案**：我国证券法的规范对象主要是证券发行和交易行为，因此证券法的基本原则可分解为证券发行的原则和证券交易的原则。

证券发行是指证券发行人按照法定条件和程序发售证券并由投资者认购的一种法律行为。证券发行原则是证券发行活动应遵循的基本准则和指导思想，主要包括以下几项内容：(1)“三公”原则，即公开、公平、公正的原则。(2) 合法性原则。根据这一原则，证券发行人和投资者在证券发行和认购活动中，应当遵守法律和行政法规。(3) 实质管理原则。由于我国证券市场的发展仍处于初级阶段，为了保证证券市场的安全性和稳定性，我国采用严格的制度管理证券发行市场，一方面规定了发行证券须具备法律和行政法规规定的条件，遵循法定程序；另一方面规定了证券发行的审批制度，只有具备证券发行条件且取得证券管理机构批准的证券发行人，才具有发行证券的合法资格。(4) 国家干预原则。为了防止证券市场的盲目发展，我国在证券发行中实行必要的国家干预政策，除证券发行审批制度外，还由国家对证券发行规模实行“总量控制”，以寻求对证券市场规模和结构的合理调节。

证券交易，即证券买卖，是指证券持有人将其持有的证券转让给受让人并由受让人向转让人支付价款的一种转让形式。证券交易的基本原则包括：(1)“三公”原则，即前已述及的公开、公平和公正原则。(2) 合法性原则，即证券交易的条件和程序应符合法律、行政法规的规定，不得进行法律、行政法规禁止的交易活动。(3) 平等、自愿、有偿、诚实信用原则，即在证券交易活动中，证券交易当事人具有平等的法律地位；证券交易当事人有权自主地决定是否从事证券交易，不得采用欺诈、胁迫等违反证券交易当事人的真实意思表示的手段进行证券交易；证券交易是一项营利性的商事行为，证券交易当事人可以在证券交易中获取交易收入；证券交易应是诚实的交易，当事人不得损害国家利益和社会公共利益。

五、论述题

答案：证券法的原则是指为了实现证券法的任务，要求证券市场的参与者和监督管理者必须遵守的最基本的活动准则。不同的学者会有不同的论述，但公开、公平、公正原则（即“三公原则”）无疑是公认的最重要的原则。

公开原则亦称为信息公开制度。信息公开通常是对发行证券的企业而言的。政府机构发行的证券，收益低、风险低、安全度高，人们一般不用担心还本付息。要求政府机构公开财务信息是没有意义的。公开原则要求企业所公开的信息做到：(1) 真实。公开的企业财务等内容必须准确、真实，不得有虚假不实记载。(2) 全面。所有与证券价格有关的信息资料应尽可能详细地公开，不得故意隐瞒、遗漏。(3) 及时。企业的有关信息应以最快的速度传达到接受者，不得故意拖延迟缓。(4) 易得。信息资料应以广大投资者最易获得的形式加以公开。发行者应设法通过各种宣传媒体进行传播。(5) 易解。信息内容的表述应通俗简明，易被大众理解。不得使用深奥、容易引起误解的字句。

公平原则是指证券商事关系主体在证券募集、发行、交易、服务活动中应公平合理，照顾各方的权利和利益。其具体含义包括：(1) 证券商事关系主体参加证券市场活动的机会均等；(2) 证券商事关系主体在商事权利的享有和义务的承担上对等；(3) 证券商事关系主体在承担商事责任上要合理；(4) 在仲裁、司法工作中，仲裁人员、司法人员应实事求是、秉公办案，合情合理地处理商事纠纷。公平原则要求证券商事关系主体做到：(1) 平等。当事人无论其身份、经济实力等存在何种差异，在商事活动中的地位平等。证券商事关系主体应相互尊重，平等协商。(2) 自愿。当事人可依法行使自己的商事权利，按照自己的意愿参与商事活动。证券商事关系主体在商事活动中要真实表达自己的意志，切忌一方当事人将自己的意志强加于另一方当事人。(3) 等价有偿。证券商事关系主体在从事商事活动中要按照价值规律的要求进行等价交换，除法律另有规定或合同另有约定者外，已得他人财产利益或得到他人的劳动服务必须向对方支付相应的价款或酬金。当事人一方不得无偿占有、剥夺他方的财产，损害他人利益。(4) 诚实守信。证券商事关系主体在从事商事活动时，应讲诚实、守信用，以善意的方式履行其义务，不得规避法律和合同。

公正原则是指证券监督管理机构及其他组织和人员应充分运用法律，采取有效措施，对证券市场的违法犯罪活动进行制止和查处，以确保投资者得到公正的对待。公正原则要求证券监督管理机构及其他组织和人员做到：(1) 反欺诈。证券监督管理机构不仅要求信息得到充分公开，而且要求这些公开的信息是真实的，严禁发行者或出售者制造或散布虚假的或使人迷误的信息，并严禁某些不正当的证券销售技术。(2) 反操纵。法律禁止一切使用直接或间接方法操纵市场、扰乱市场的行为，如连续抬价买入或压价卖出同一种证券、联手买卖证券等。(3) 反内幕交易。公司的董事、高级职员、对公司有控制权的股东，利用未公开的情报进行证券买卖以图获利或避免损失，或将秘密情报透露给他人，和他人据此进行证券买卖，就构成内幕交易。证券法应对“内幕人士”从事证券买卖施以严格的限制。我国《证券法》总则从第3条至第8条规定了证券市场活动须遵守的七项基本原则。这七项原则是：(1) “三公原则”；(2) 自愿、有偿、诚实信用原则；(3) “三禁原则”，即“禁止欺诈、内幕交易和操纵证券市场的行为”的原则；(4) 证券业和银行业、信托业、保险业实行分业经营、分业管理的原则；(5) 集中统一监督管理原则；(6) 自律原则；(7) 国家审计监督原则。理解证券法，首先必须从理解这些原则着手。

第十五章　证券市场主体法律制度

基础知识图解

- 证券市场主体法律制度
  - 证券交易所
    - 概念及法律特征：依据国家有关法律设立的，为证券集中交易提供场所和设施，组织和监督证券交易，实行自律管理的法人
    - 功能
    - 设立与解散
    - 职责范围与法定义务
    - 组织机构：会员大会、理事会、总经理、专门委员会
  - 证券公司
    - 概念及法律地位：是指依照公司法规定，经证券监督管理机构批准设立的从事证券经营业务的有限责任公司或股份有限公司
    - 种类和业务范围
    - 设立条件和程序
    - 业务管理和风险控制：证券公司的负债管理、风险管理、账户管理以及禁止的业务行为
  - 证券登记结算机构
    - 概念和职能：是指为证券交易提供集中的登记、存管与结算服务的不以营利为目的的法人
    - 设立条件和程序
    - 风险防范及业务管理
  - 证券交易服务机构
    - 概述
    - 证券投资咨询机构
    - 证券资信评估机构
    - 其他证券交易服务机构：会计师事务所、律师事务所
  - 证券业协会
    - 性质和职责
    - 会员及内部管理

配套测试

一、单项选择题

1. 证券交易所的设立和解散，由（　　）决定。

A. 国务院证券监管部门

B. 国务院

C. 证券业协会

D. 证券交易所理事会决定，国务院证券监管部门备案

2. 设立证券公司，必经（　　）审查批准。

A. 国务院

B. 证券业协会

C. 国务院证券监管机构

D. 由证券业协会决定，由国务院审批

3. 关于证券业协会的说法不正确的是（　　）。

A. 是自律性组织

B. 属于社会团体法人

C. 其权力机构成员由国务院证券监督管理

部门任免

D. 不以营利为目的

4. 下列关于证券登记结算机构的说法中，不正确的是（　　）。

A. 属于企业法人

B. 为证券交易提供集中的登记、托管与结算服务，不以营利为目的

C. 其设立必须由国务院证券监督管理部门审查批准

D. 设立证券登记结算机构的条件之一是，自有资金不少于人民币 2 亿元

5. 我国证券法规定，证券登记结算机构应当妥善保存登记、托管和结算的原始凭证。重要的原始凭证的保存期不少于（　　）年。

A. 5　B. 10　C. 15　D. 20

6. 为股票发行出具法律意见书的律师事务所律师，应遵守以下哪一项规定？（　　）

A. 不得持有股票

B. 在该股票承销期满后 6 个月内，不得持有该种股票

C. 不得买卖股票

D. 在该股票承销期满后 6 个月内，不得买卖该种股票

7. 证券公司每年应从业务收入中提取（　　），用于弥补证券交易的损失。

A. 交易风险基金　B. 交易风险准备金

C. 公积金　D. 交易保证金

8. 证券公司的自营业务可以采取下列哪种方式进行？（　　）

A. 以客户的名义

B. 以其他证券公司的名义

C. 以自己的名义

D. 以个人的名义

9. 证券业协会的常设机构为（　　）。

A. 董事会　B. 理事会

C. 会员大会　D. 股东大会

10. 证券公司经营证券经纪业务的，注册资本的最低限额是人民币多少元？（　　）

A. 3000 万元　B. 5000 万元

C. 3 亿元　D. 5 亿元

11. 证券登记结算采取以下何种运营方式？（　　）

A. 分别登记结算　B. 全国集中统一

C. 强制登记结算　D. 自愿登记结算

12. 下列机构中哪一家不是证券交易服务机构？（　　）

A. 证券资信评估机构

B. 证券登记结算机构

C. 证券投资咨询机构

D. 为证券上市出具法律意见书的律师事务所

13. 证券业协会的章程由（　　）。

A. 国务院证券监督管理机构制定，并报国务院批准

B. 国务院证券监督管理机构制定，并报国务院备案

C. 会员大会制定，并报国务院证券监督管理机构批准

D. 会员大会制定，并报国务院证券监督管理机构备案

14. 我国成立证券公司采取（　　）。

A. 登记制　B. 核准制

C. 特许制　D. 许可制

15. 为证券的发行、上市或者证券交易活动出具审计报告、资产评估报告或者法律意见书等文件的专业机构和人员，应对其所出具报告的真实性、准确性和完全性进行核查和验证，并就其负有责任的部分承担（　　）。

A. 连带责任　B. 有限责任

C. 法律责任　D. 赔偿责任

16. 下列做法正确的是（　　）。

A. 为股票发行出具审计报告的专业机构，在自开始承销该股票之日起的六个月内，买卖该种股票

B. 为上市公司出具资产评估报告文件的人员，自资产评估报告完成并公布后第 14 日，买卖该种股票

C. 证券公司可以为客户买卖提供融资融券服务

D. 李某原为一私营企业主，后因经验丰富，管理企业有方，被聘为上海证券交易所负责人后，仍持有在上证上市的长虹集团的股票

17. 某上市公司因披露虚假年度财务报告，导致

投资者在证券交易中蒙受重大损失。关于对此承担民事赔偿责任的主体，下列哪一选项是错误的？（　　）（司考 2010.3.30）

A. 该上市公司的监事

B. 该上市公司的实际控制人

C. 该上市公司财务报告的刊登媒体

D. 该上市公司的证券承销商

二、多项选择题

1. 下列人员中，在任期或者法定限期内，不得直接或者以化名、借他人名义持有、买卖股票的有（　　）。

A. 证券交易所从业人员

B. 证券公司从业人员

C. 证券监督管理机构工作人员

D. 证券发行公司从业人员

2. 依据《证券法》的规定，证券公司可以采用的组织形式是（　　）。

A. 国有独资公司　　B. 个人独资公司

C. 有限责任公司　　D. 股份有限公司

3. 下列何人不能担任海天证券公司的董事？（　　）

A. 张某，获得证券从业资格的名牌大学毕业生

B. 曾某，3 年前任证券登记结算机构的负责人，因违法行为而被解除职务

C. 王某，原某会计事务所注册会计师，3 年前因违法行为而被撤销资格

D. 李某，退休干部，年近 80 岁

4. 下列关于证券公司的表述中，哪些是正确的？（　　）

A. 进入证券交易所参与集中竞价交易的，必须是具有证券交易所会员资格的会员

B. 证券公司应当加入证券业协会

C. 证券公司的董事、监事、经理和业务人员不得在其他证券公司中兼任职务

D. 证券公司的从业人员在证券交易活动中，利用职务违反交易规则的，由所属的证券公司承担全部责任

5. 根据《证券法》的规定，证券公司可以经营下列哪些业务？（　　）

A. 向其客户办理以证券作质押的贷款

B. 为自身的利益到证券交易所买卖证券

C. 为发行人代销证券

D. 受客户的委托到证券交易所买卖证券

6. 下列关于证券交易所的表述中哪些是正确的？（　　）

A. 证券交易所本身不参与证券的交易

B. 证券交易所对在交易所进行的证券实行实时监控，并按照证券监管机构的要求，对异常的交易情况提出报告

C. 证券交易所应当对上市公司信息披露进行监督，发现披露内容有重大遗漏，可采取停牌的措施

D. 证券交易所有权对违反交易所交易规则的人员给予纪律处分

7. 以下所列各项中，哪些是证券业协会的职责？（　　）

A. 制定会员应遵守的规则

B. 对会员之间、会员与客户之间发生的纠纷进行调解、仲裁

C. 组织会员拟定证券交易的规则

D. 组织会员就证券业的发展，协作及有关内容进行研究

8. 所列选项哪些是证券登记结算机构应当履行的职能？（　　）

A. 接受投资者的委托代为买卖证券

B. 证券的托管

C. 向投资者提供证券的投资咨询服务

D. 受发行人的委托派发证券权益

9. 依据《证券法》，下列哪些人员不得招聘为证券交易所的从业人员？（　　）

A. 赵某，原为某商业银行的行长，曾因受贿被判处有期徒刑 3 年，现已刑满释放

B. 黄某，原为某税务局的干部，因违纪被开除

C. 曾某，原为证券公司的职员，因合同期满被解雇

D. 刘某，原为证券登记结算机构的从业人员，因严重违反单位内部的规章制度给单位造成了巨额损失被除名

10. 证券公司从业人员任职消极资格为（　　）。

A. 被开除的证券交易所从业人员

B. 被开除的证券登记结算机构从业人员

C. 被开除的证券公司从业人员
D. 被开除的国家机关工作人员

11. 证券公司出现以下法定事由，必须经国务院证券监督管理机构批准。(　　)
A. 设立或撤销分支机构
B. 变更业务范围或注册资本
C. 变更公司章程
D. 合并、分立、变更公司形式或解散

三、名词解释

1. 证券交易所
2. 证券登记结算机构
3. 证券业协会

四、简答题

1. 简述我国证券投资咨询机构的法律含义和从业资格。
2. 我国上市公司持续信息披露的主要方式。(复旦大学 2014 年考研真题)

五、论述题

1. 试述证券交易所的法律特征。
2. 试述我国公司法、证券法对投资者权益保护的基本制度及其完善。(华东政法大学 2006 年考研真题)

参考答案

一、单项选择题

1. **答案**：B。《证券法》第 96 条第 1 款规定："证券交易所、国务院批准的其他全国性证券交易场所为证券集中交易提供场所和设施，组织和监督证券交易，实行自律管理，依法登记，取得法人资格。"

第 2 款规定："证券交易所、国务院批准的其他全国性证券交易场所的设立、变更和解散由国务院决定。"

2. **答案**：C。《证券法》第 118 条规定："设立证券公司，应当具备下列条件，并经国务院证券监督管理机构批准：(一) 有符合法律、行政法规规定的公司章程……"

3. **答案**：C。《证券法》第 164 条规定："证券业协会是证券业的自律性组织，是社会团体法人。证券公司应当加入证券业协会。证券业协会的权力机构为全体会员组成的会员大会。"

4. **答案**：A。《证券法》第 145 条规定："证券登记结算机构为证券交易提供集中登记、存管与结算服务，不以营利为目的，依法登记，取得法人资格。设立证券登记结算机构必须经国务院证券监督管理机构批准。"

第 146 条规定："设立证券登记结算机构，应当具备下列条件：(一) 自有资金不少于人民币二亿元；(二) 具有证券登记、存管和结算服务所必须的场所和设施；(三) 国务院证券监督管理机构规定的其他条件。证券登记结算机构的名称中应当标明证券登记结算字样。"

5. **答案**：D。《证券法》第 153 条规定："证券登记结算机构应当妥善保存登记、托管和结算的原始凭证及有关文件和资料。其保存期限不得少于二十年。"

6. **答案**：D。《证券法》第 42 条规定："为证券发行出具审计报告或者法律意见书等文件的证券服务机构和人员，在该证券承销期内和期满后六个月内，不得买卖该证券。

除前款规定外，为发行人及其控股股东、实际控制人，或者收购人、重大资产交易方出具审计报告或者法律意见书等文件的证券服务机构和人员，自接受委托之日起至上述文件公开后五日内，不得买卖该证券。实际开展上述有关工作之日早于接受委托之日的，自实际开展上述有关工作之日起至上述文件公开后五日内，不得买卖该证券。"

7. **答案**：B。《证券法》第 127 条规定："证券公司从每年的业务收入中提取交易风险准备金，用于弥补证券经营的损失，其提取的具体比例由国务院证券监督管理机构会同国务院财政部门规定。"

8. **答案**：C。《证券法》第 129 条第 1 款规定："证券公司的自营业务必须以自己的名义进行，不得假借他人名义或者以个人名义进行。"

9. **答案**：B。《证券法》第 167 条规定："证券业协会设理事会。理事会成员依章程的规定由选举产生。”

10. 答案：B。根据《证券法》第120条、第121条的规定，经纪类证券公司的最低注册资本额为五千万元。

11. 答案：B。《证券法》第148条规定：“在证券交易所和国务院批准的其他全国性证券交易场所交易的证券的登记结算，应当采取全国集中统一的运营方式。

前款规定以外的证券，其登记、结算可以委托证券登记结算机构或者其他依法从事证券登记、结算业务的机构办理。”

12. 答案：B。依据《证券法》第163条的规定，证券服务机构是为证券的发行、上市、交易等证券业务活动制作、出具审计报告、资产评估报告、财务顾问报告、资信评级报告或法律意见书等文件的机构，因此，证券登记结算机构不是证券交易服务机构，本题选B。

13. 答案：D。《证券法》第165条规定：“证券业协会章程由会员大会制定，并报国务院证券监督管理机构备案。”

14. 答案：C。《证券法》第118条规定：“设立证券公司，应当具备下列条件，并经国务院证券监督管理机构批准：（一）有符合法律、行政法规规定的公司章程……”

15. 答案：A。根据《证券法》第163条规定，证券服务机构为证券的发行、上市、交易等证券业务活动制作、出具审计报告及其他鉴证报告、资产评估报告、财务顾问报告、资信评级报告或者法律意见书等文件，应当勤勉尽责，对所依据的文件资料内容的真实性、准确性、完整性进行核查和验证。其制作、出具的文件有虚假记载、误导性陈述或者重大遗漏，给他人造成损失的，应当与委托人承担连带赔偿责任，但是能够证明自己没有过错的除外。

16. 答案：B。《证券法》第42条规定：“为证券发行出具审计报告或者法律意见书等文件的证券服务机构和人员，在该证券承销期内和期满后六个月内，不得买卖该证券。

除前款规定外，为发行人及其控股股东、实际控制人，或者收购人、重大资产交易方出具审计报告或者法律意见书等文件的证券服务机构和人员，自接受委托之日起至上述文件公开后五日内，不得买卖该证券。实际开展上述有关工作之日早于接受委托之日的，自实际开展上述有关工作之日起至上述文件公开后五日内，不得买卖该证券。”A错，B对。第40条规定：“证券交易场所、证券公司和证券登记结算机构的从业人员，证券监督管理机构的工作人员以及法律、行政法规规定禁止参与股票交易的其他人员，在任期或者法定限期内，不得直接或者以化名、借他人名义持有、买卖股票或者其他具有股权性质的证券，也不得收受他人赠送的股票或者其他具有股权性质的证券。

任何人在成为前款所列人员时，其原已持有的股票或者其他具有股权性质的证券，必须依法转让……”故D错。第120条规定：“经国务院证券监督管理机构核准，取得经营证券业务许可证，证券公司可以经营下列部分或者全部证券业务：……（五）证券融资融券；……”向客户提供融资融券服务需经国务院证券监督管理机构批准。因此。C错误。

17. 答案：C。《证券法》第85条规定：“信息披露义务人未按照规定披露信息，或者公告的证券发行文件、定期报告、临时报告及其他信息披露资料存在虚假记载、误导性陈述或者重大遗漏，致使投资者在证券交易中遭受损失的，信息披露义务人应当承担赔偿责任；发行人的控股股东、实际控制人、董事、监事、高级管理人员和其他直接责任人员以及保荐人、承销的证券公司及其直接责任人员，应当与发行人承担连带赔偿责任，但是能够证明自己没有过错的除外。”据此可知，上市公司披露虚假信息的责任主体包括：第一，上市公司的董事、监事、高级管理人员和其他直接责任人员；第二，保荐人、承销的证券公司及其直接负责人员；第三，上市公司的控股股东、实际控制人。因此，上市公司财务报告的刊登媒体并不包括在内。

二、多项选择题

1. **答案**：ABC。《证券法》第40条规定："证券交易场所、证券公司和证券登记结算机构的从业人员，证券监督管理机构的工作人员以及法律、行政法规规定禁止参与股票交易的其他人员，在任期或者法定限期内，不得直接或者以化名、借他人名义持有、买卖股票或者其他具有股权性质的证券，也不得收受他人赠送的股票或者其他具有股权性质的证券。

任何人在成为前款所列人员时，其原已持有的股票或者其他具有股权性质的证券，必须依法转让……"

2. **答案**：CD。《证券法》第118条对证券公司成立条件作出的规定将其组织形式默认为有限责任公司及股份有限公司。

3. **答案**：BC。《证券法》第124条规定：证券公司的董事、监事、高级管理人员，应当正直诚实，品行良好，熟悉证券法律、行政法规，具有履行职责所需的经营管理能力……有《中华人民共和国公司法》第一百四十六条规定的情形或者下列情形之一的，不得担任证券公司的董事、监事、高级管理人员：(一) 因违法行为或者违纪行为被解除职务的证券交易所、证券登记结算机构的负责人或者证券公司的董事、监事、高级管理人员，自被解除职务之日起未逾五年；(二) 因违法行为或者违纪行为被吊销执业证书或者被取消资格的律师、注册会计师或者其他证券服务机构的专业人员，自被吊销执业证书或者被取消资格之日起未逾五年。

4. **答案**：ABCD。《证券法》第105条规定："进入实行会员制的证券交易所参与集中交易的，必须是证券交易所的会员。证券交易所不得允许非会员直接参与股票的集中交易。"故A对。第164条规定："证券业协会是证券业的自律性组织，是社会团体法人。证券公司应当加入证券业协会。证券业协会的权力机构为全体会员组成的会员大会。"故B对。第136条第1款规定："证券公司的从业人员在证券交易活动中，执行所属的证券公司的指令或者利用职务违反交易规则的，由所属的证券公司承担全部责任。"故D亦正确。

5. **答案**：BCD。《证券法》第120条第1款规定："经国务院证券监督管理机构核准，取得经营证券业务许可证，证券公司可以经营下列部分或者全部证券业务：(一) 证券经纪；(二) 证券投资咨询；(三) 与证券交易、证券投资活动有关的财务顾问；(四) 证券承销与保荐；(五) 证券融资融券；(六) 证券做市交易；(七) 证券自营；(八) 其他证券业务。"

6. **答案**：ABC。《证券法》第96条规定："证券交易所、国务院批准的其他全国性证券交易场所为证券集中交易提供场所和设施，组织和监督证券交易，实行自律管理，依法登记，取得法人资格。证券交易所、国务院批准的其他全国性证券交易场所的设立、变更和解散由国务院决定……"故A对。第112条第1款规定："证券交易所对证券交易实行实时监控，并按照国务院证券监督管理机构的要求，对异常的交易情况提出报告。"故B对。第115条第2款规定："在证券交易所从事证券交易，应当遵守证券交易所依法制定的业务规则。违反业务规则的，由证券交易所给予纪律处分或者采取其他自律管理措施。"故D对，C错。

7. **答案**：AD。《证券法》第166条规定："证券业协会履行下列职责：(一) 教育和组织会员及其从业人员遵守证券法律、行政法规，组织开展证券行业诚信建设，督促证券行业履行社会责任；(二) 依法维护会员的合法权益，向证券监督管理机构反映会员的建议和要求；(三) 督促会员开展投资者教育和保护活动，维护投资者合法权益；(四) 制定和实施证券行业自律规则，监督、检查会员及其从业人员行为，对违反法律、行政法规、自律规则或者协会章程的，按照规定给予纪律处分或者实施其他自律管理措施；(五) 制定证券行业业务规范，组织从业人员的业务培训；(六) 组织会员就证券行业的发展、运作及有关内容进行研究，收集整理、发布证券相关信息，提供会员服务，组织行业交流，引导行业创新发展；（七）对会员之间、会员与客户之间发生的证券业务纠纷进行调解；（八）证券业协会章程规定的其他职责。”

8. 答案：BD。见《证券法》第 147 条规定：“证券登记结算机构履行下列职能：（一）证券账户、结算账户的设立；（二）证券的存管和过户；（三）证券持有人名册登记；（四）证券交易的清算和交收；（五）受发行人的委托派发证券权益；（六）办理与上述业务有关的查询、信息服务；（七）国务院证券监督管理机构批准的其他业务。”

9. 答案：BD。《证券法》第 104 条规定：“因违法行为或者违纪行为被开除的证券交易场所、证券公司、证券登记结算机构、证券服务机构的从业人员和被开除的国家机关工作人员，不得招聘为证券交易所的从业人员。”

10. 答案：ABCD。《证券法》第 125 条第 2 款规定：“因违法行为或者违纪行为被开除的证券交易场所、证券公司、证券登记结算机构、证券服务机构的从业人员和被开除的国家机关工作人员，不得招聘为证券公司的从业人员。”

11. 答案：ABCD。《证券公司监督管理条例》第 13 条第 1 款规定：“证券公司增加注册资本且股权结构发生重大调整，减少注册资本，变更业务范围或者公司章程中的重要条款，合并、分立，设立、收购或者撤销境内分支机构，在境外设立、收购、参股证券经营机构，应当经国务院证券监督管理机构批准。”第 14 条第 1 款规定：“任何单位或者个人有下列情形之一的，应当事先告知证券公司，由证券公司报国务院证券监督管理机构批准：（一）认购或者受让证券公司的股权后，其持股比例达到证券公司注册资本的 5%；（二）以持有证券公司股东的股权或者其他方式，实际控制证券公司 5%以上的股权。”

三、名词解释

1. 答案：证券交易所是依据国家有关法律设立的，为证券的集中竞价和有组织的交易提供场所、设施和规则的特殊法人。证券交易所既不直接买卖证券，也不决定证券价格，而只为买卖证券的当事人提供场所和各种必要的条件及服务。证券交易所具有以下特征：

（1）证券交易所一般都是依法设立的法人组织。

（2）证券交易所是集中竞价交易的场所。

（3）证券交易所是证券交易的组织者。

（4）证券交易所是特殊法人。

2. 答案：证券登记结算机构是指为证券交易提供集中的登记、托管与结算服务的，不以营利为目的的法人。证券登记结算机构一般具有登记、托管和结算三项职能。登记职能，是指证券登记结算机构具有记录并确定当事人证券账户、证券持有情况及相关权益的职责与功能；托管职能，是指证券登记结算机构具有接受证券商或投资者委托，代为保管证券并提供相应服务的职责与功能；结算职能，是指证券登记结算机构具有协助证券交易的双方相互交付证券与价款的职责与功能。

3. 答案：也称“证券业同业公会”，是指依法设立的旨在对证券业进行自律性管理的具有法人资格的社会团体组织。作为社会团体法人，证券业协会是由证券公司和其他证券经营、服务机构及其人员自愿组织成立的。

四、简答题

1. 答案：证券投资咨询机构，也称“证券投资顾问机构”，是指依法成立的，为证券投资人或者客户提供证券投资分析、预测或者建议，以营利为目的的经济组织。我国的证券投资咨询公司主要有两类：一类是专门从事证券咨询业务的专营咨询机构，另一类是兼作证券投资咨询业务的兼营咨询机构。

在我国，申请证券投资咨询从业资格的机构，应当具备以下条件：（1）自有资金不少于人民币 2 亿元；（2）具有证券登记、存管和结算服务所必需的场所和设施；（3）主要管理人员和从业人员必须具有证券从业资格；（4）国务院证券监督管理机构规定的其他条件。证券登记结算机构的名称中应当标明证券登记结算字样。

2. 答案：(1) 发行、上市信息披露

经国务院证券监督管理机构核准依法公开发行股票，或者经国务院授权的部门核准依法公开发行公司债券，应当公告招投说明书、公司债券募集办法。依法公开发行新股或者公司债券的，还应当公告财务会计报告。

证券上市交易申请经证券交易所审核同意后，签订上市协议的公司应当在规定的期限内公告证券上市的有关文件，并将该文件置备于指定场所供公众查阅。

(2) 持续信息披露

①定期报告。举报与中报，上市公司和公司债券上市交易的公司，应当在每一会计年度的上半年结束之日起2个月内，向国务院证券监督管理机构和证券交易所报送记载以下内容的中期报告，并予公告。年度报告。上市公司和公司债券上市交易的公司，应当在每一会计年度结束之日起4个月内，向国务院证券监督管理机构和证券交易所报送记载以下内容的年度报告，并予公告。

②临时报告。发生可能对上市公司股票交易价格产生较大影响的重大事件，投资者尚未得知时，上市公司应当立即将有关该重大事件的情况向国务院证券监督管理机构和证券交易所报送临时报告，并予公告，说明事件的起因、目前的状态和可能产生的法律后果。

五、论述题

1. 答案：证券交易所具有以下法律特征：

(1) 证券交易所一般都是依法设立的法人组织。关于交易所的设立，国际上通行三种制度：一是以美国为代表的注册制；二是以英国为代表的承认制；三是以日本为代表的特许制。前两种制度的采用有其特殊的背景，因为英美证券市场是自然产生的，交易所成立在先，有关监管的立法在后。新兴市场国家一般均采用特许制。不论采取何种设立制度，一国的证券法总要对证券交易所的设立及运作作出明确的规定。根据我国证券法的规定，证券交易所的设立和解散，由国务院决定。由此可见，我国证券交易所的设立也是采取特许制。

(2) 证券交易所是集中竞价交易的场所。所谓集中竞价交易是指所有证券经纪商、自营商主要集中在这个场所通过竞争的方式，从事证券的代理或自营买卖活动。我国还未完全开放证券交易所以外场所的交易。为了保证证券交易的公平，充分反映当事人双方的意愿，交易所实行价格优先和时间优先的成交原则。“价格优先”是指较高买进申报优先于较低买进申报，较低卖出申报优先于较高卖出申报；“时间优先”是指同价位申报，先申报者优先满足。

(3) 证券交易所是证券交易的组织者。交易所不仅提供有形的交易场所、现代化设施，而且要根据国家的法律法规成立自律性的机构，制定交易的制度与规则，处理交易过程中出现的各种问题等，以维护交易的正常秩序。

(4) 证券交易所是特殊法人。交易所在法律上具有独立的地位，但它自身不参与交易，除了提供服务充当交易组织者的角色之外，还需执行法律法规赋予它的一些监管职能。我国现行法律规定，证券交易所是会员制非营利事业单位法人。

2. 答案：我国的《公司法》《证券法》以及有关行政法规、部门规章和市场业务规则构成了我国证券市场的基石，这些法治规则对维护我国证券市场秩序以及切实保护投资者的利益具有基础性作用。保护证券投资者利益应首先从法制完善和基本制度建设着眼。制度缺失或制度存在根本缺陷，稳定的市场秩序就难以建立，也就无从实现对投资者的有效保护。

(1) 公司法中对投资者权益的保护

《公司法》针对股东权特别是中小股东权益容易受侵害的实际情况，健全了对股东尤其是中小股东利益的保护机制，不仅在股东的实体权利上进行了大刀阔斧的改进，而且在程序上保证股东权的真正落实。

一是扩大了股东知情权行使的范围和手段；二是规定了异议股东的股份回购请求权；三是赋予股东解散公司请求权；四是正

式引进了累积投票制度；五是规定了股东代表诉讼制度；六是增设了股东直接起诉董事、高级管理人员的条款；七是规定了股份有限公司股东享有提案权；八是增设了对股东会、董事会决议的请求撤销权。

(2) 证券法对投资者的保护

①证券发行制度。证券应以其内在价值作为依托。证券发行应按照法定的程序和条件进行。

②信息披露制度。证券市场的信息披露包含证券所依托的资产信息，如上市公司自身资产和经营状况等事项变动的披露，也包括证券购买者购买和持有证券相关事项的披露。

③投资者资产第三方托管制度。

④证券市场相关参与主体的治理及控制制度。

⑤交易行为规范和处罚、赔偿制度。

(3) 进一步完善

第一，建立能够实现投资者保护基金自我循环的长效机制。

第二，完善以股东知情权、表决权、分红权为中心的股东权保护制度。

第三，完善投资者资金和证券安全的相关保护制度。

第四，细化公司高管的诚信义务和民事责任制度。

第五，以民事赔偿责任为核心，尽快构建股东代表诉讼等一整套证券民事司法赔偿制度。

第十六章　证券发行与承销法律制度

基础知识图解

- 证券发行与承销法律制度
  - 证券发行
    - 证券发行的概念与法律意义：是指证券的发行者为筹集资金依法向投资者以同一条件招募和出售股票、公司债券以及其他证券的活动
    - 发行的分类与审核
    - 证券发行信息公开
    - 保荐人制度
  - 证券承销
    - 概述
    - 承销资格
    - 承销方式：证券代销、证券助销、证券包销、承销团承销
    - 承销合同

配套测试

一、单项选择题

1. 上市公司对发行股票所募资金，必须按招股说明书所列资金用途使用。改变招股说明书所列资金用途的，必须经（　　）。

A. 国务院授权的部门审批

B. 国务院证券监管机构核准

C. 股东大会批准

D. 董事会成员一致同意

2. 股票发行采取溢价发行的，其发行价格如何确定？（　　）

A. 由国务院证券监督管理机构确定

B. 由股东大会确定，报国务院证券监督管理机构核准

C. 由发行人和承销的证券公司协商确定

D. 由董事会决定，股东大会批准，再报国务院证券监督管理机构核准

3. 证券公司因包销购入售后剩余股票而持有5%以上股份的，其持有的该部分股票若需卖出，应遵守下列哪一项规定？（　　）

A. 卖出时每减少5%应向国务院证券监督管理机构、证券交易所作出书面报告，通知上市公司，并予公告

B. 卖出时不受6个月时间限制

C. 在6个月内不得卖出

D. 卖出时所得收益归发行股票的公司所有

4. 下列有关证券发行的表述中，正确的一项是（　　）。

A. 上市公司对发行股票所募资金，擅自改变招股说明书所列资金用途使用的，证券持有人可以按照发行价加算银行同期存款利息，要求上市公司返还

B. 公开发行证券的发行人有权依法自主选择承销的证券公司，但应当报国务院证券监督管理机构批准

C. 向社会公开发行的证券票面总值超过人民币5000万元的，可以由承销团承销

D. 证券的代销、包销期最长不得超过90日

5. 证券包销是指（　　）。

A. 证券公司将发行人的证券按照协议全部购入

B. 证券公司代发行人发售证券，在承销期结束时，将未销出的证券全部退还给发行人的承销方式

C. 证券公司在承销期结束时将销后剩余证券全部自行购入的承销方式

D. A 或 C

6. 一家公司经批准发行股票，后与某证券公司签订包销发行协议，因市场认购异常踊跃，该公司后悔包销费用过高，（　）。

A. 可以降低包销费

B. 无权降低包销费

C. 可以更换包销公司

D. 有权重谈包销费

7. 以超过票面金额为股票发行价格的，其发行价格由（　）。

A. 股东大会决定

B. 发行人与承销的证券公司协商确定

C. 证券交易场所有关部门决定

D. 国务院证券管理部门决定

8. 为扩大生产规模，筹集公司发展所需资金，鄂神股份有限公司拟发行总值为 1 亿元的股票。下列哪一说法符合《证券法》的规定？（　）

A. 根据需要可向特定对象公开发行股票

B. 董事会决定后即可径自发行

C. 可采取溢价发行方式

D. 不必将股票发行情况上报证券监管机构备案

9. 依据我国《证券法》的相关规定，关于证券发行的表述，下列哪一选项是正确的？（　）（司考 2013. 3. 32）

A. 所有证券必须公开发行，而不得采用非公开发行的方式

B. 发行人可通过证券承销方式发行，也可由发行人直接向投资者发行

C. 只有依法正式成立的股份公司才可发行股票

D. 国有独资公司均可申请发行公司债券

二、多项选择题

1. 某有限责任公司申请其公司债券上市交易应当符合（　）条件。

A. 累计债券余额不超过公司净资产的 40%

B. 最近三年平均可分配利润足以支付公司债券一年的利息

C. 债券的利率不超过国务院限定的利率水平

D. 公司的净资产不低于人民币 6000 万元

2. 六木食品股份有限公司欲发行公司债向社会公开筹集资金，下列哪些情形符合我国公司法对其发行公司债的主要条件要求？（　）

A. 六木公司的净资产额为 3000 万元人民币

B. 六木公司所筹集的资金投向不符合国家产业政策，但符合本公司章程

C. 六木公司累积债券总额已达公司净资产额的 30%

D. 六木公司最近 3 年平均可分配利润足以支付公司债券 1 年的利息

三、名词解释

1. 证券承销（中国人民大学 2008 年、2010 年考研题）

2. 证券代销

3. 证券包销

四、简答题

1. 简述证券发行的概念和法律意义。

2. 简述证券承销（间接发行）与直接发行的区别。

3. 什么是资产证券化？我国银行拟证券化的资产有哪些？（复旦大学 2008 年考研真题）

五、论述题

试述证券发行信息公开。

六、案例分析题

某上市公司决定通过发行新股募集资金，用以扩大生产规模。在董事会草拟的方案中有以下主要内容：本次发行面值为人民币 7000 万元的新股，全部向社会募集；委托某证券公司独家代销，代销期为 96 天；为保证发行工作能够得以顺利开展，准备向证券管理机构、证券交易所的有关人员每人送 1000 股；同时公司考虑到受股本扩张的影响，因此预期股票利润率比同期银行利率低 0. 2 个百分点。请指出该方案的错误之处。

参考答案

一、单项选择题

1. **答案**：C。《证券法》第 14 条规定："公司对公开发行股票所募集资金，必须按照招股说明书或者其他公开发行募集文件所列资金用途使用；改变资金用途，必须经股东大会作出决议。擅自改变用途，未作纠正的，或者未经股东大会认可的，不得公开发行新股。"
2. **答案**：C。《证券法》第 32 条规定：股票发行采取溢价发行的，其发行价格由发行人与承销的证券公司协商确定。
3. **答案**：B。《证券法》第 44 条规定："上市公司、股票在国务院批准的其他全国性证券交易场所交易的公司持有百分之五以上股份的股东、董事、监事、高级管理人员，将其持有的该公司的股票或者其他具有股权性质的证券在买入后六个月内卖出，或者在卖出后六个月内又买入，由此所得收益归该公司所有，公司董事会应当收回其所得收益。但是，证券公司因购入包销售后剩余股票而持有百分之五以上股份，以及有国务院证券监督管理机构规定的其他情形的除外。前款所称董事、监事、高级管理人员、自然人股东持有的股票或者其他具有股权性质的证券，包括其配偶、父母、子女持有的及利用他人账户持有的股票或者其他具有股权性质的证券。公司董事会不按照第一款规定执行的，股东有权要求董事会在三十日内执行。公司董事会未在上述期限内执行的，股东有权为了公司的利益以自己的名义直接向人民法院提起诉讼。公司董事会不按照第一款的规定执行的，负有责任的董事依法承担连带责任。"故 A 项错误。《证券法》第 63 条规定："通过证券交易所的证券交易，投资者持有或者通过协议、其他安排与他人共同持有一个上市公司已发行的有表决权股份达到百分之五时，应当在该事实发生之日起三日内，向国务院证券监督管理机构、证券交易所作出书面报告，通知该上市公司，并予公告，在上述期限内不得再行买卖该上市公司的股票，但国务院证券监督管理机构规定的情形除外。投资者持有或者通过协议、其他安排与他人共同持有一个上市公司已发行的有表决权股份达到百分之五后，其所持该上市公司已发行的有表决权股份比例每增加或者减少百分之五，应当依照前款规定进行报告和公告，在该事实发生之日起至公告后三日内，不得再行买卖该上市公司的股票，但国务院证券监督管理机构规定的情形除外。投资者持有或者通过协议、其他安排与他人共同持有一个上市公司已发行的有表决权股份达到百分之五后，其所持该上市公司已发行的有表决权股份比例每增加或者减少百分之一，应当在该事实发生的次日通知该上市公司，并予公告。违反第一款、第二款规定买入上市公司有表决权的股份的，在买入后的三十六个月内，对该超过规定比例部分的股份不得行使表决权。"
4. **答案**：D。《证券法》第 14 条规定："公司对公开发行股票所募集资金，必须按照招股说明书或者其他公开发行募集文件所列资金用途使用；改变资金用途，必须经股东大会作出决议。擅自改变用途，未作纠正的，或者未经股东大会认可的，不得公开发行新股。"由此，擅自改变招股说明书所列资金用途而未作纠正的，其法律后果是不得发行新股，故 A 项错误。第 27 条规定："公开发行证券的发行人有权依法自主选择承销的证券公司。"第 34 条规定："公开发行股票，代销、包销期限届满，发行人应当在规定的期限内将股票发行情况报国务院证券监督管理机构备案。"由此，B 项情形下报国务院证券监督管理机构备案即可，无须经其批准，故 B 项错误。《证券法》第 30 条规定："向不特定对象发行证券聘请承销团承销的，承销团应当由主承销和参与承销的证券公司组成。"《上市公司证券发行注册管理办法》第 65 条规定："上市公司发行证券，应当由证券公司承销……"C 项情形下若该公司为上市公司，则为应当而非可以，故 C 项错误。《证券法》第 31 条第 1 款规定："证券的代销、包销期限最长不得超过九十日。"D 项符合第1款之规定。

5. 答案：D。证券包销是指证券公司将发行人的证券按照协议全部购入或者在承销期结束时将售后剩余证券全部自行购入的承销方式。

6. 答案：B。证券包销合同签订后，证券的所有权从发行人转到承销人。因此，发行公司无权降低包销费用。

7. 答案：B。《证券法》第32条规定："股票发行采取溢价发行的，其发行价格由发行人与承销的证券公司协商确定。"

8. 答案：C。《证券法》第9条规定："公开发行证券，必须符合法律、行政法规规定的条件，并依法报经国务院证券监督管理机构或者国务院授权的部门注册。未经依法注册，任何单位和个人不得公开发行证券。证券发行注册制的具体范围、实施步骤，由国务院规定。有下列情形之一的，为公开发行：（一）向不特定对象发行证券；（二）向特定对象发行证券累计超过二百人，但依法实施员工持股计划的员工人数不计算在内；（三）法律、行政法规规定的其他发行行为。非公开发行证券，不得采用广告、公开劝诱和变相公开方式。"据此，证券发行方式分为公开发行与非公开发行，其中公开发行又可分为向不特定对象公开发行和向特定对象公开发行。从理论上讲，选择何种发行方式，由发行人在法律允许的范围内自主决定。但客观上，我国证券发行的实践还受到诸多限制，目前公开发行基本上都是向不特定对象公开发行，向特定对象公开发行目前还难以实现，命题人恐怕正是基于此种考虑才认为A项错误。单纯就法条而言，A项是正确的。

公司发行股份需要董事会通过发行方案，还需要股东大会批准发行方案，并按照《证券法》及相关行政法规、部门规章的条件程序严格进行。《公司法》第108条第4款规定："本法第四十六条关于有限责任公司董事会职权的规定，适用于股份有限公司董事会。"《公司法》第46条规定："董事会对股东会负责，行使下列职权：……（六）制订公司增加或者减少注册资本以及发行公司债券的方案；……"可见，董事会通常只有制订公司发行股份的方案的权利。《公司法》第99条规定："本法第三十七条第一款关于有限责任公司股东会职权的规定，适用于股份有限公司股东大会。"《公司法》第37条第1款规定："股东会行使下列职权：……（七）对公司增加或者减少注册资本作出决议；……"发行新股属于增加公司注册资本的行为，自然需要股份有限公司的股东大会作出决议，而不是董事会作出决议。即便在股东大会作出发行新股的决议后，公司也不能随意发行股份，无论是公开发行还是非公开发行股份，都受到法律的严格限制，故B项错误。

《公司法》第127条规定："股票发行价格可以按票面金额，也可以超过票面金额，但不得低于票面金额。"《证券法》第32条规定："股票发行采取溢价发行的，其发行价格由发行人与承销的证券公司协商确定。"这些规定都肯定了公司可以溢价发行股份，故C项正确。

《证券法》第34条规定："公开发行股票，代销、包销期限届满，发行人应当在规定的期限内将股票发行情况报国务院证券监督管理机构备案。"据此，D项错误。

9. 答案：D。根据《证券法》第9条规定，公开发行证券，必须符合法律、行政法规规定的条件，非公开发行证券，不得采用广告、公开劝诱和变相公开方式。由此可知，证券可公开发行，也可非公开发行。故A错误。《证券法》第26条第1款规定："发行人向不特定对象发行的证券，法律、行政法规规定应当由证券公司承销的，发行人应当同证券公司签订承销协议。证券承销业务采取代销或者包销方式。"所以尽管发行人可以选择承销方式发行，也可以选择自己发行，但是在法律规定必须承销发行的场合下，必须采取承销发行，因此B错误。《公司法》规定由公开募集设立的股份有限公司，亦可发行股票，因此C错误。国有独资公司作为有限责任公司的一种特殊类型，按照《证券法》第15条的规定，具备申请发行公司债券的主体资格，因此，D正确。

应当指出，国有独资公司发行债券亦应当符合《证券法》第15条规定的法定条件，这是发行公司债券的审批条件。选项D考查的角度是就公司债券发行的主体资格条件而言，但严格来讲不是所有的国有独资公司都能发行债券，本题选项设置不够严密。

二、多项选择题

1. **答案**：ABD。《证券法》第15条第1款规定："公开发行公司债券，应当符合下列条件：(一) 具备健全且运行良好的组织机构；(二) 最近三年平均可分配利润足以支付公司债券一年的利息；(三) 国务院规定的其他条件。"第3款规定："上市公司发行可转换为股票的公司债券，除应当符合第一款规定的条件外，还应当遵守本法第十二条第二款的规定。但是，按照公司债券募集办法，上市公司通过收购本公司股份的方式进行公司债券转换的除外。"B项正确。根据《公司债券发行核准》相关规定，A、D正确。
2. **答案**：ACD。根据《证券法》第15条第1款规定："公开发行公司债券，应当符合下列条件：(一) 具备健全且运行良好的组织机构；(二) 最近三年平均可分配利润足以支付公司债券一年的利息；(三) 国务院规定的其他条件。"第3款规定："上市公司发行可转换为股票的公司债券，除应当符合第一款规定的条件外，还应当遵守本法第十二条第二款的规定。但是，按照公司债券募集办法，上市公司通过收购本公司股份的方式进行公司债券转换的除外。"根据《公司债券发行核准》相关规定，题目中为股份有限公司，所以A正确，C符合第2项中的条件，D符合第3项中的条件。

三、名词解释

1. **答案**：证券承销是指发行人委托证券公司(亦称承销商) 向证券市场上不特定的投资人公开销售股票、债券及其他投资证券的活动。
2. **答案**：证券代销是指承销商代理发售证券，并于发售期结束后，将未销售部分证券退还发行人的承销方式。证券代销的特点是：(1) 发行人与承销商之间建立的是一种委托代理关系。(2) 承销商作为发行人的推销者，不垫资金，对不能售完的证券不负任何责任。
3. **答案**：证券包销是指在证券发行时，承销商以自己的资金购买计划发行的全部或部分证券，然后再向公众出售，承销期满时未出售部分仍由承销商自己持有的一种承销方式。

四、简答题

1. **答案**：证券发行是指证券的发行者为筹集资金依法向投资者以同一条件招募和出售股票、公司债券以及其他证券的活动。证券发行不同于证券募集，前者强调发行人向投资者交付出资凭证，后者是证券投资者向发行人认购证券和交纳投资款项的行为。证券募集与证券发行在时间上是连续的，在概念上是并列的。就行为的法律性质而言，证券募集是证券募集人与投资者订立的向投资者出售股份或者债的合同行为。募集是发行的前提，发行只能在募集的基础上进行。

   证券发行有宣示权利的法律意义。所谓宣示是指把权利表彰于证券之上，使无形的权利有形于纸上。公司债券宣示的权利为以金钱请求权为内容的债权请求权。股票宣示的权利为股东权。由于这种债权请求权与股东权先于证券发行存在，故发行证券只是宣示权利的存在。
2. **答案**：依发行是否借助证券发行中介机构的不同，证券发行可分为直接发行和间接发行。直接发行是证券发行人不通过证券承销机构，由自己承担发行风险，办理发行事宜。这种方式发行费用低廉，但要求发行者经营业绩优良并有较高知名度。间接发行是发行人委托证券承销机构发行证券。

   证券承销又称间接发行，它与直接发行有着明显的区别：

直接发行	证券承销
直接发行由发行人自销，也可由信托投资等机构帮助其选择投资者，促成交易，但不代理发行	证券承销则由证券公司承办发行事宜
直接发行往往只适用于对少数特定投资人的私募证券	证券承销适用于所有证券，尤其适用于那些资金数额大的或准备上市的证券
直接发行虽省时省力，但所筹资金有限，证券持有人也过于集中	证券承销发行成本增加，但由证券公司以其丰富的证券推销经验和较广泛的销售网点推销，可在较短的时间内筹集较多的资金。同时，可扩大发行人的社会影响，证券公司还分担了发行人的发行风险

在我国，凡向社会公开发行的证券一般均需证券公司承销。发行证券数量较大者，还需多家证券公司组成承销团共同承销。

3. **答案**：资产证券化是指将缺乏流动性的资产，转换为在金融市场上可以自由买卖的证券的行为，使其具有流动性。银行可用于证券化的债权分为两类：一是以住房抵押贷款为代表的个人消费信贷；二是银行一般性的商业抵押贷款如应收账款、汽车贷款和信用卡贷款，尽管这类资产并不符合资产约束条件，但因其数量庞大，即使这类贷款部分证券化，也能形成一个很大的资本市场。银行资产中适合于证券化的有：(1) 住房抵押贷款；(2) 风险较低的中长期项目贷款；(3) 信誉良好企业或信用评级较高的流动资金贷款；(4) 针对我国银行体系的特征，不良资产已被列为资产证券化的重要内容，但对不良资产的处理必须尊重市场特征，一般应折价处理，在此基础上再进行集中，充分考虑可能的风险和损失进行估价和证券化，折价风险的考虑可参照贷款五级分类的标准进行。

五、论述题

答案：(1) 证券发行信息公开的意义

证券发行信息公开，是指证券发行人按照法律、行政法规的规定，在证券公开发行前，公告公开发行募集文件，并将该文件置备于指定场所供公众查阅的制度。建立证券发行信息公开制度的意义在于：①有利于投资者作出正确的投资选择。通过对发行公司的资信、资产负债情况及经营状况的公开，投资者可以全面了解，从而决定是否投资以及投资多少。②保证所有投资者有均等获得信息的权利。一切对投资者进行投资判断有重大影响的信息予以公开，有助于解决信息不对称的问题，防止操纵市场、内幕交易等不公平现象的发生。③有利于规范发行公司的行为。信息的公开，可使发行公司受到公众的监督，从而保证发行公司在规范的轨道上运行。对于初次上市的公司来说，其所披露的信息完全程度，如招股说明书，都与上市推荐人的行为存在密切的关系。为保证信息披露的规范并约束中介机构与上市公司的行为，加强上市公司的自我约束与自我监管职能。因此，要保证信息披露的质量，就应该对上市推荐人进行规范。如建立证券公司上市保荐人制度，由证券公司组织协调发行人、会计师事务所、律师事务所进行股票发行与上市文件的准备，并要求所有的参与机构承担相应的连带法律责任。

(2) 证券发行需公开的信息

证券发行需公开的信息主要是募集文件的内容。募集文件是指证券发行人发行证券时依法向社会公众公开的有关书面性的材料，它是信息内容的载体。信息的公开就是指募集文件的公告或置备于指定的场所供公众查阅。募集文件主要包括招股意向书、招股说明书、配股说明书、公司债券募集办法等。对于上述文件的内容和格式，中国证监会及国务院授权部门均以信息披露内容与格式、信息披露编报规则、信息披露规范问答等形式加以明确规定。

(3) 募集文件公开的具体要求

募集文件公开的具体要求包括：①公开的募集文件必须经过核准或者批准。未经国务院证券监督管理机构或者国务院授权的部门核准或者审批，任何单位和个人不得向社会公开募集文件或公开发行证券。②公开募集文件必须在证券公开发行前一定时间段里进行。要留有足够的时间让投资者“消化”。

通常在发行前 2~5 个工作日内将募集文件(或概要)登载在至少一种指定的全国性报刊上，同时，将募集文件置备于指定的场所。③发行证券的信息依法公开前，任何知情人不得公开或者泄露该信息。④发行人不得在公告公开发行募集文件之前发行证券。上述要求任何发行人均不得违反，违反者应承担相应的法律责任。

六、案例分析题

答案：该方案有以下三个方面的错误：第一，《证券法》规定，证券的代销包销期最长不得超过 90 日，故承销期为 96 天也是违反法律规定的。第二，《证券法》规定，证券交易所、证券管理机构的工作人员，在任期或法定期限内不得直接或化名、借他人名义持有、买卖股票，也不能收受他人赠送的股票。所以，打算向证券管理机构、证券交易所的有关人员每人赠送 1000 股是违法的。第三，我国《公司法》规定，发行新股其预期利润率不得低于同期银行存款利率，因此，比同期银行利率低 0.2 个百分点是错误的。

第十七章　证券上市与交易法律制度

基础知识图解

- 证券上市及交易法律制度
  - 证券上市
    - 证券上市的概念及意义：是指发行人发行的证券，依法定条件和程序，在证券交易所或其他法定交易市场分开挂牌交易的法律行为
    - 证券上市的标准
    - 证券上市的程序
    - 证券上市的暂停与终止
      - 证券上市的暂停
        - 申请上市暂停
        - 法定上市暂停
        - 自动上市暂停
      - 证券上市的终止
        - 申请上市终止
        - 法定上市终止
        - 自动上市终止
  - 证券交易
    - 概述
    - 证券交易的一般原则
    - 证券交易的程序
    - 禁止的证券交易行为
      - 禁止内幕交易
      - 禁止操纵证券市场
      - 禁止编造传播虚假信息
      - 禁止欺诈客户
      - 禁止法人出借账户
  - 持续信息公开
    - 概念及特征
    - 公开的内容：上市公告书、中期报告、年度报告、临时报告
    - 操作规程
  - 上市公司收购
    - 概念及法律特征
    - 分类：要约、竞价、协议
    - 上市公司收购的一般原则
    - 收购的程序

配套测试

一、单项选择题

1. 依照《证券法》的规定，下列行为不属于操纵市场的行为是（　　）。

A. 以自己为交易对象，进行不转移所有权的自买自卖，影响证券交易价格或者证券交易量

B. 与他人串通，以事先约定的时间、价格和方式相互进行证券交易或者相互买卖并不持有的证券，影响证券交易价格或者证券交易量

C. 通过单独或者合谋，集中资金优势、持股优势或者利用信息优势联合或者连续买卖、操纵证券交易价格

D. 贾某预见市场将会转好，把自己在银行的300万元存款都买了股票

2. 福满天证券公司派驻交易所的代表张大户通过对股市行情进行分析后，认为现在是购入海天股票的最佳时机，遂电话建议其弟张小户以市价委托，张小户先在横霸证券公司开户，在接到电话又观望一段时间后作出了买入的决定。张大户的行为应如何认定？（　　）

A. 属内幕交易　　B. 属欺诈客户

C. 属误导行为　　D. 不违法

3. 公开发行新股应当履行以下哪一种程序？（　　）

A. 报经国务院证券监督管理机构审批

B. 报经国务院授权的部门审批

C. 报经国务院证券监督管理部门核准

D. 报经国务院授权的部门核准

4. 在上市公司收购中，收购人对所持有的被收购的上市公司的股票，在收购行为完成后的（　　）内不得转让？

A. 1个月　　B. 3个月

C. 6个月　　D. 18个月

5. 某上市公司因披露虚假年度财务报告，导致投资者在证券交易中蒙受重大损失。关于对此承担民事赔偿责任的主体，下列哪一选项是错误的？（　　）（司考2010. 3. 30）

A. 该上市公司的监事

B. 该上市公司的实际控制人

C. 该上市公司财务报告的刊登媒体

D. 该上市公司的证券承销

6. 证券交易所应当从其收取的交易费用和会员费、席位费中提取一定比例的金额设立风险基金，风险基金的使用方法由以下哪一个机构规定？（　　）

A. 国务院证券监督管理机构会同财政部

B. 证券交易所会员大会

C. 国务院证券监督管理机构

D. 证券交易所理事会

7. 通过证券交易所的证券交易，投资者持有一个上市公司已发行的股份达到哪种比例时，继续进行收购的，应当依法向该上市公司所有股东发出要约？（　　）

A. 75%　　B. 90%

C. 30%　　D. 51%

8. 在上市公司收购中涉及国家授权投资机构持有的股份，应当如何处理？（　　）

A. 不得进行收购

B. 收购价格由有关主管部门确定

C. 应经有关主管部门批准，方可收购

D. 其收购办法由国务院另行规定

9. 下列关于证券交易的表述中，何者为正确？（　　）

A. 党政机关的工作人员不得买卖股票

B. 为股票发行出具法律意见书的律师事务所和律师不得买卖该种股票

C. 证券的集中竞价交易应当实行时间优先、价格优先的原则

D. 证券投资咨询机构的从业人员不得买卖本咨询机构提供服务的上市公司的股票

10. 股票或者公司债券上市交易的公司，应当向（　　）提交中期报告和年度报告。

A. 证券交易所

B. 国务证券监督管理机构

C. 证券登记结算机构

D. A和B

11. 下列各项中不属于内幕信息的是（　　）。

A. 公司的高级管理人员的行为可能依法承担重大损害赔偿责任

B. 持有公司5%以上股份的股东，其持有股份情况发生较大变化

C. 公司营业用主要资产的抵押、出售或者报废一次超过该资产的20%

D. 上市公司收购的有关方案

12. 某公司一董事在董事会议上得知将收购上市公司（甲）计划，便提前购入甲公司股票3500股。收购开始后甲公司股票大幅度上涨，该董事获利。该董事的行为属于（　　）。

A. 不当得利　　B. 非法买卖股票

C. 内幕交易　　D. 欺诈客户

13. 下列哪种人员不能在证券交易所进行证券交易？（　　）

A. 经纪人　　B. 证券商

C. 专业证券商　　D. 股票发行人

14. 王某原来持有某股份有限公司股票1万股，后来，王某被聘任为某证券公司从业人员，则依法，王某所持有的股票应如何处理？（　）

A. 可以王某妻子的名义继续持有

B. 可化名李某继续持有

C. 必须依法转让

D. 可以继续持有

二、多项选择题

1. 甲在证券市场上陆续买入力扬股份公司的股票，持股达6%时才公告，被证券监督管理机构以信息披露违法为由处罚。之后甲欲继续购入力扬公司股票，力扬股份公司的股东乙、丙反对，持股4%的股东丁同意。对此，下列哪些说法是正确的？（　）

A. 甲的行为已违法，故无权再买入力扬公司股票

B. 乙可邀请其他公司对力扬公司展开要约收购

C. 丙可主张甲已违法，故应撤销其先前购买股票的行为

D. 丁可与甲签订股权转让协议，将自己所持全部股份卖给甲

2. 上市公司收购可以采取（　）的方式。

A. 由证券交易所决定强制收购

B. 要约收购

C. 协议收购

D. 因被撤销而由证券监管机构指定收购人

3. 根据《证券法》的规定，投资者以协议方式实施收购上市公司时，应在3日内向（　）报送上市公司收购协议。

A. 证券交易所

B. 国务院证券监督管理机构

C. 被收购的公司

D. 被收购公司的股东

4. 下列哪些行为属于内幕交易行为？（　）

A. 内幕人员利用内幕信息买卖证券

B. 内幕人员根据内幕信息建议他人买卖证券

C. 内幕人员向他人泄露内幕信息，使他人利用该信息进行内幕交易

D. 非内幕人员根据其获得的内幕信息买卖证券或建议他人买卖证券

5. 下列选项中符合证券法有关要约收购规定的有（　）。

A. 采取要约收购方式的，收购人在收购要约期限内，不得采取要约规定以外的形式和超出邀约的条件买卖被收购公司的股票

B. 收购人经股东大会同意可以变更要约中的事项

C. 收购人需要变更收购要约中事项的，必须事先向国务院证券监督管理机构及证券交易所提出报告，经批准后，予以公告

D. 收购人可根据情况以超出要约的条件买卖被收购公司的股票

6. 下列关于证券交易所交易规则的表述中正确的有（　）。

A. 进入证券交易所参与集中竞价交易的，必须具有证券交易所的会员资格

B. 证券公司受投资者的委托，按照价格优先的规则提出交易申报，参与证券交易所场内的集中竞价交易

C. 证券公司接受委托当日买入的证券，不得在当日再行卖出

D. 投资者应委托为其开户的证券公司代其在交易所买卖

7. 在以下机构中，哪些可以对上市公司的信息披露实施监督？（　）

A. 证券公司

B. 证券登记结算机构

C. 证券交易所

D. 国务院证券监督管理机构

8. 证券公司及其从业人员在下列行为中，哪些是属于证券法禁止的损害客户利益的行为？（　）

A. 为牟取佣金收入，诱使客户进行不必要的证券买卖

B. 违背客户的委托为其买卖证券

C. 以自己为交易对象，进行不转移所有权自买自卖，影响证券交易价格或者证券交易量

D. 不在规定的时间内向客户提供交易的书面确认文件

9. 在以下各项中，哪些符合证券法中有关上市公司收购的规定？（ ）

A. 在收购要约的有效期限内，收购人不得撤回其收购要约

B. 收购要约中提出的各项条件，适用于被收购公司所有的股东

C. 收购要约的期限不得少于 30 日，并不得超过 60 日

D. 采取要约收购方式的，收购人在收购要约期限内，不得采取要约规定以外的形式和超出要约的条件买卖被收购公司的股票

10. 在下列关于证券交易的表述中，哪些是错误的？（ ）

A. 国有企业和国有资产控股的企业，不得炒作上市交易的股票

B. 证券投资咨询机构应对其咨询对象证券交易的损失负赔偿责任

C. 经依法核准的上市交易的证券，应当在证券交易所挂牌交易

D. 为股票发行出具审计报告、法律意见书等文件的专业机构和人员，始终不得买卖股票

11. 以下行为中，哪些是违反我国《证券法》的？（ ）

A. 陈某，为某投资咨询公司的职员，接受朋友的委托代为买卖证券

B. 王某，为某证券登记结算机构的从业人员，持有某公司的股票作长线投资

C. 张某，为某投资咨询公司的职员，为自身买卖本公司提供服务的某上市公司的债券

D. 周某，为证券监督管理机构的工作人员，在证券公司的柜台上买卖公司债券

12. 依据证券法，下列有关上市公司收购的表述中，哪些是错误的？（ ）

A. 上市公司的收购有期限的限制，不得少于 30 日，并不得超过 60 日

B. 上市公司的收购中涉及国家股的，只能采用协议收购的方式

C. 收购行为完成后的 6 个月内，收购人对所持有的上市公司的股票不得转让

D. 上市公司收购的收购人只能是法人投资者，个人投资者不能进行收购

13. 证券公司代理买卖证券，以下表述正确的是（ ）。

A. 须按委托进行，并制作买卖成交报告单交付客户

B. 对账单内容必须核实

C. 审核人员须逐笔审核对账单

D. 要保证账面证券余额与实际持有的证券相一致

14. 强制收购的条件是（ ）。

A. 收购要约的期限届满

B. 被收购公司股权分布已不符合上市条件

C. 收购人以外持有该上市公司股票的股东有权要求收购人收购其所持股票

D. 收购须以收购要约中的同等条件进行

15. 根据《证券法》的规定，内幕交易行为具体包括（ ）。

A. 内幕人员利用内幕信息买卖证券，或根据内幕信息建议他人买卖证券

B. 内幕人员向他人泄露内幕信息，使他人利用该信息买卖证券

C. 非内幕人员通过不正当手段或者其他途径获得内幕信息，并根据该信息买卖证券或建议他人买卖证券

D. 非内幕人员通过不正当手段或者其他途径获得内幕信息，并向他人泄露该信息，使他人利用该信息买卖证券

16. 要约收购的条件是（ ）。

A. 通过证券交易所进行证券交易

B. 投资者持有一个上市公司已发行股份的 30%

C. 投资者继续收购

D. 国务院证券监督管理机构免除投资者发出收购要约义务的，可不发出收购要约

17. 下列关于上市公司收购的说法正确的有哪些？（ ）

A. 上市公司收购可以采取要约收购或者协议收购的方式

B. 投资者持有一个上市公司已发行的股份的 5% 时，应当在该事实发生之日起 3 日内，向国务院证券监督管理机构，证

券交易所作出书面报告，通知该上市公司，并予以公告。

C. 收购要约的期限不得少于 20 日，并不得超过 1 年

D. 在收购要约的有效期限内，收购人不得撤回其收购要约

18. 对于下列有关证券交易的问题，哪些应该给以否定的回答？（　　）

A. 股票交易是不是只能在证券交易所进行

B. 证券交易能不能以期货方式进行

C. 证券公司向客户融资进行证券交易是否为法律所禁止

D. 证券交易所自主调整的交易收费标准是否违法

19. 甲公司申请其首次发行的公司债券上市交易。下列哪些选项符合公司债券上市的法定条件？（　　）

A. 该公司最近 3 年平均可分配利润足以支付公司债券 10 个月的利息

B. 该公司的净资产额为人民币 1.5 亿元

C. 该债券的实际发行额为人民币 6000 万元

D. 该债券的期限为 1 年

20. 依照《证券法》，以下对证券公开发行的叙述中，哪些是正确的？（　　）

A. 向不特定对象发行证券，属于公开发行

B. 向累计超过二百人的特定对象发行证券，属于公开发行

C. 发行人公开发行的证券，必须由证券公司承销

D. 未经依法核准，任何单位和个人不得公开发行证券

21. 根据《证券法》的规定，下列关于公开发行股票的说法错误的是（　　）。

A. 必须是向特定对象发行股票

B. 向累计超过 300 人的特定对象发行证券为公开发行股票

C. 向累计超过 100 人的特定对象发行证券为公开发行股票

D. 公开发行股票，依法采取承销方式的，应当聘请具有保荐资格的机构担任保荐人

22. 吉达公司是一家上市公司，公告称其已获得某地块的国有土地使用权。嘉豪公司资本雄厚，看中了该地块的潜在市场价值，经过细致财务分析后，拟在证券市场上对吉达公司进行收购。下列哪些说法是正确的？（　　）

A. 若收购成功，吉达公司即丧失上市资格

B. 若收购失败，嘉豪公司仍有权继续购买吉达公司的股份

C. 嘉豪公司若采用要约收购则不得再与吉达公司的大股东协议购买其股份

D. 待嘉豪公司持有吉达公司已发行股份 30%时，应向其全体股东发出不得变更的收购要约

三、名词解释

1. 证券交易

2. 内幕交易（复旦大学 2011 年考研真题）

四、简答题

1. 简述证券上市与证券发行的区别。

2. 简述上市协议的主要内容。

3. 简述内幕人员的法律含义。

五、论述题

试述持续信息公开的概念和内容。

六、案例分析题

1. 某股份有限公司在沪市交易所临近收市时通过 4 个 A 字头个人账户，进行连续交易，却以不转让证券所有权的方式，虚假买卖，从而抬高本公司股票的价格，致使该公司股票当日收盘价比前日上涨 100%。此后 1 个月中，该公司证券部先后动用资金近 2000 万元，买入本公司股票 398.12 万股。后来，该公司证券部将上述股票及此前所存股票全数抛出，共获利 587.97 万元。问题：本案应当如何处理？

2. 赵某为某证券公司的董事，2014 年 3 月至 2015 年 5 月，赵某多次将公司对股市的分析预测告知其妻孙某。孙某在此期间通过购买红叶客车股、金长城电脑股，获利 30 万余元。问题：对赵某的行为应如何定性？

参考答案

一、单项选择题

1. **答案**：D。《证券法》第55条规定："禁止任何人以下列手段操纵证券市场，影响或者意图影响证券交易价格或者证券交易量：(一) 单独或者通过合谋，集中资金优势、持股优势或者利用信息优势联合或者连续买卖；(二) 与他人串通，以事先约定的时间、价格和方式相互进行证券交易；(三) 在自己实际控制的账户之间进行证券交易；(四) 不以成交为目的，频繁或者大量申报并撤销申报；(五) 利用虚假或者不确定的重大信息，诱导投资者进行证券交易；(六) 对证券、发行人公开作出评价、预测或者投资建议，并进行反向证券交易；(七) 利用在其他相关市场的活动操纵证券市场；(八) 操纵证券市场的其他手段。操纵证券市场行为给投资者造成损失的，应当依法承担赔偿责任。"而D项中的行为则属于正常的交易行为，故D项为正确答案。
2. **答案**：D。A项错误，《证券法》第52条第1款规定："证券交易活动中，涉及发行人的经营、财务或者对该发行人证券的市场价格有重大影响的尚未公开的信息，为内幕信息。"本题中张大户所依据的是公开的信息，而非内幕信息。故张大户的行为不属于内幕交易。B项错误，其弟张小户不是张大户的客户，故张大户的行为也不属于《证券法》第53条规定的损害客户利益的行为。C项错误，张小户是根据自己的判断所作的决定，故也不存在误导的问题。据此，张大户的行为不违法，应选D。
3. **答案**：C。《证券法》第12条第1款、第2款规定："公司首次公开发行新股，应当符合下列条件：(一) 具备健全且运行良好的组织机构；(二) 具有持续经营能力；(三) 最近三年财务会计报告被出具无保留意见审计报告；(四) 发行人及其控股股东、实际控制人最近三年不存在贪污、贿赂、侵占财产、挪用财产或者破坏社会主义市场经济秩序的刑事犯罪；(五) 经国务院批准的国务院证券监督管理机构规定的其他条件。上市公司发行新股，应当符合经国务院批准的国务院证券监督管理机构规定的条件，具体管理办法由国务院证券监督管理机构规定。"
4. **答案**：D。《证券法》第75条规定："在上市公司收购中，收购人持有的被收购的上市公司的股票，在收购行为完成后的十八个月内不得转让。"
5. **答案**：C。《证券法》第85条规定："信息披露义务人未按照规定披露信息，或者公告的证券发行文件、定期报告、临时报告及其他信息披露资料存在虚假记载、误导性陈述或者重大遗漏，致使投资者在证券交易中遭受损失的，信息披露义务人应当承担赔偿责任；发行人的控股股东、实际控制人、董事、监事、高级管理人员和其他直接责任人员以及保荐人、承销的证券公司及其直接责任人员，应当与发行人承担连带赔偿责任，但是能够证明自己没有过错的除外。"据此可知，上市公司披露虚假信息的责任主体包括：第一，上市公司的董事、监事、高级管理人员和其他直接责任人员；第二，保荐人、承销的证券公司及其直接负责人员；第三，上市公司的控股股东、实际控制人。因此，上市公司财务报告的刊登媒体并不包括在内。
6. **答案**：A。《证券法》第114条第1款规定："证券交易所应当从其收取的交易费用和会员费、席位费中提取一定比例的金额设立风险基金。风险基金由证券交易所理事会管理。"第2款规定："风险基金提取的具体比例和使用办法，由国务院证券监督管理机构会同国务院财政部门规定。"
7. **答案**：C。《证券法》第65条第1款规定："通过证券交易所的证券交易，投资者持有或者通过协议、其他安排与他人共同持有一个上市公司已发行的有表决权股份达到百分之三十时，继续进行收购的，应当依法向该上市公司所有股东发出收购上市公司全部或者部分股份的要约。"

8. 答案：C。《证券法》第 77 条规定："国务院证券监督管理机构依照本法制定上市公司收购的具体办法。上市公司分立或者被其他公司合并，应当向国务院证券监督管理机构报告，并予公告。"

9. 答案：D。法律未禁止党政机关工作人员买卖股票，A 错。《证券法》第 42 条第 1 款规定："为证券发行出具审计报告或者法律意见书等文件的证券服务机构和人员，在该证券承销期内和期满后六个月内，不得买卖该证券。" B 错。第 38 条规定："证券在证券交易所上市交易，应当采用公开的集中交易方式或者国务院证券监督管理机构批准的其他方式。" C 错。第 161 条规定："证券投资咨询机构及其从业人员从事证券服务业务不得有下列行为：(一) 代理委托人从事证券投资；(二) 与委托人约定分享证券投资收益或者分担证券投资损失；(三) 买卖本证券投资咨询机构提供服务的证券；(四) 法律、行政法规禁止的其他行为。有前款所列行为之一，给投资者造成损失的，应当依法承担赔偿责任。" D 对。

10. 答案：D。根据《证券法》第 79 条第 2 项的规定，股票或者公司债券上市交易的公司，应当在每一会计年度的上半年结束之日起二个月内，向国务院证券监督管理机构和证券交易所提交记载以下内容的中期报告，并予公告。第 79 条第 1 项规定：上市公司和公司债券上市交易的公司，应当在每一会计年度结束之日起四个月内，向国务院证券监督管理机构和证券交易所提交年度报告，并予公告。

11. 答案：C。内幕信息的范围。详见《证券法》第 50 条、第 80 条、第 81 条之规定。

12. 答案：C。该行为属于内幕交易。《证券法》第 53 条第 1 款规定："证券交易内幕信息的知情人和非法获取内幕信息的人，在内幕信息公开前，不得买卖该公司的证券，或者泄露该信息，或者建议他人买卖该证券。"

13. 答案：D。《证券法》第 105 条规定："进入实行会员制的证券交易所参与集中交易的，必须是证券交易所的会员。证券交易所不得允许非会员直接参与股票的集中交易。"

14. 答案：C。《证券法》第 40 条第 1 款规定："证券交易场所、证券公司和证券登记结算机构的从业人员，证券监督管理机构的工作人员以及法律、行政法规规定禁止参与股票交易的其他人员，在任期或者法定限期内，不得直接或者以化名、借他人名义持有、买卖股票或者其他具有股权性质的证券，也不得收受他人赠送的股票或者其他具有股权性质的证券。" 第 2 款规定："任何人在成为前款所列人员时，其原已持有的股票或者其他具有股权性质的证券，必须依法转让。"

二、多项选择题

1. 答案：BD。《证券法》第 63 条第 1 款规定："通过证券交易所的证券交易，投资者持有或者通过协议、其他安排与他人共同持有一个上市公司已发行的有表决权股份达到百分之五时，应当在该事实发生之日起三日内，向国务院证券监督管理机构、证券交易所作出书面报告，通知该上市公司，并予公告，在上述期限内不得再行买卖该上市公司的股票，但国务院证券监督管理机构规定的情形除外。" 据此，持有某家上市公司股份达到 5%的股东，应当向证监会、交易所报告，并且发布公告，甲违反了信息披露义务，应该受到证监会处罚。根据《证券法》第 196 条规定："收购人未按照本法规定履行上市公司收购的公告、发出收购要约义务的，责令改正，给予警告，并处以五十万元以上五百万元以下的罚款。对直接负责的主管人员和其他直接责任人员给予警告，并处以二十万元以上二百万元以下的罚款。收购人及其控股股东、实际控制人利用上市公司收购，给被收购公司及其股东造成损失的，应当依法承担赔偿责任。" 该规定只是对违反信息披露义务的收购人进行行政处罚，但并未禁止其继续购买目标公司股票，故 A 项错误。C 项同样错误，收购人违反披露义务，并不影响其股票买卖的效力。

《证券法》第 65 条第 1 款规定："通过证券交易所的证券交易，投资者持有或者通过协议、其他安排与他人共同持有一个上市公司已发行的有表决权股份达到百分之三十时，继续进行收购的，应当依法向该上市公司所有股东发出收购上市公司全部或者部分股份的要约。”据此，持股30%以上的股东有强制要约收购的义务。本题中，甲持股6%，并无强制要约收购义务，乙可以邀请其他公司对力扬公司展开要约收购，故B项正确。

《证券法》第71条第1款规定：“采取协议收购方式的，收购人可以依照法律、行政法规的规定同被收购公司的股东以协议方式进行股份转让。”本题中，因为甲对上市公司持股6%，不负有强制要约收购的义务，所以甲可以采取协议收购的方式进行收购，丁可以将其所持股份全部转让给甲，故D项正确。

2. **答案**：BC。《证券法》第62条规定：“投资者可以采取要约收购、协议收购及其他合法方式收购上市公司。”

3. **答案**：AB。《证券法》第71条规定：“采取协议收购方式的，收购人可以依照法律、行政法规的规定同被收购公司的股东以协议方式进行股份转让。以协议方式收购上市公司时，达成协议后，收购人必须在三日内将该收购协议向国务院证券监督管理机构及证券交易所作出书面报告，并予公告。在公告前不得履行收购协议。”

4. **答案**：ABCD。见《证券法》第53条。内幕交易是指内幕人员和以不正当手段获取内幕信息的其他人员违反法律规定，泄露内幕信息，根据内幕信息买卖股票或者向他人提出买卖股票的建议的行为。证券交易内幕信息的知情人员或者非法获取证券内幕信息的人员，在涉及证券的发行，交易或者其他对证券的价格有重大影响的信息尚未公开前，买入或者卖出该证券，或者泄露该信息或者建议他人买卖该证券等。

5. **答案**：AC。A对D错，《证券法》第70条规定：“采取要约收购方式的，收购人在收购期限内，不得卖出被收购公司的股票，也不得采取要约规定以外的形式和超出要约的条件买入被收购公司的股票。”

B错C对，《证券法》第68条规定：“在收购要约确定的承诺期限内，收购人不得撤销其收购要约。收购人需要变更收购要约的，应当及时公告，载明具体变更事项，且不得存在下列情形：（一）降低收购价格；（二）减少预定收购股份数额；（三）缩短收购期限；（四）国务院证券监督管理机构规定的其他情形。”

6. **答案**：AD。A对，《证券法》第105条规定：“进入实行会员制的证券交易所参与集中交易的，必须是证券交易所的会员。证券交易所不得允许非会员直接参与股票的集中交易。”

B错，《证券法》第108条规定：“证券公司根据投资者的委托，按照证券交易规则提出交易申报，参与证券交易所场内的集中交易，并根据成交结果承担相应的清算交收责任。证券登记结算机构根据成交结果，按照清算交收规则，与证券公司进行证券和资金的清算交收，并为证券公司客户办理证券的登记过户手续。”

C错，《证券法》没有关于当日买卖证券的禁止。

D对，《证券法》第106条规定：“投资者应当与证券公司签订证券交易委托协议，并在证券公司实名开立账户，以书面、电话、自助终端、网络等方式，委托该证券公司代其买卖证券。”

7. **答案**：CD。《证券法》第87条规定：“国务院证券监督管理机构对信息披露义务人的信息披露行为进行监督管理。证券交易场所应当对其组织交易的证券的信息披露义务人的信息披露行为进行监督，督促其依法及时、准确地披露信息。”

8. **答案**：ABD。《证券法》第57条规定：“禁止证券公司及其从业人员从事下列损害客户利益的行为：（一）违背客户的委托为其买卖证券；（二）不在规定时间内向客户提供交易的确认文件；（三）未经客户的委托，擅自为客户买卖证券，或者假借客户的名义买卖证券；（四）为牟取佣金收入，诱使客户进行不必要的证券买卖；（五）其他违背客户真实意思表示，损害客户利益的行为。违反前款规定给客户造成损失的，应当依法承担赔偿责任。”故A、B、D对。

第55条规定：“禁止任何人以下列手段操纵证券市场，影响或者意图影响证券交易价格或者证券交易量：（一）单独或者通过合谋，集中资金优势、持股优势或者利用信息优势联合或者连续买卖；（二）与他人串通，以事先约定的时间、价格和方式相互进行证券交易；（三）在自己实际控制的账户之间进行证券交易；（四）不以成交为目的，频繁或者大量申报并撤销申报；（五）利用虚假或者不确定的重大信息，诱导投资者进行证券交易；（六）对证券、发行人公开作出评价、预测或者投资建议，并进行反向证券交易；（七）利用在其他相关市场的活动操纵证券市场；（八）操纵证券市场的其他手段。操纵证券市场行为给投资者造成损失的，应当依法承担赔偿责任。”可见，《证券法》第55条规定了操纵股市的行为；而第79条规定了欺诈行为。C项不属于法律明确规定的损害客户利益的行为。

9. 答案：ABC。《证券法》第67条规定：“收购要约约定的收购期限不得少于三十日，并不得超过六十日。”第68条规定：“在收购要约确定的承诺期限内，收购人不得撤销其收购要约。收购人需要变更收购要约的，应当及时公告，载明具体变更事项，且不得存在下列情形：（一）降低收购价格；（二）减少预定收购股份数额；（三）缩短收购期限；（四）国务院证券监督管理机构规定的其他情形。”第69条第1款规定：“收购要约提出的各项收购条件，适用于被收购公司的所有股东。”

10. 答案：BD。A项并无法律明文规定。

《证券法》第42条规定：“为证券发行出具审计报告或者法律意见书等文件的证券服务机构和人员，在该证券承销期内和期满后六个月内，不得买卖该证券。除前款规定外，为发行人及其控股股东、实际控制人，或者收购人、重大资产交易方出具审计报告或者法律意见书等文件的证券服务机构和人员，自接受委托之日起至上述文件公开后五日内，不得买卖该证券。实际开展上述有关工作之日早于接受委托之日的，自实际开展上述有关工作之日起至上述文件公开后五日内，不得买卖该证券。”故D错误。

第37条第1款规定：“公开发行的证券，应当在依法设立的证券交易所上市交易或者在国务院批准的其他全国性证券交易场所交易。”故C正确。

证券咨询机构向投资者提供专业服务，但并不保证一定能够盈利，故不对投资者的证券交易损失负责赔偿。故B错误。

11. 答案：ABCD。见《证券法》第161条规定：“证券投资咨询机构及其从业人员从事证券服务业务不得有下列行为：（一）代理委托人从事证券投资；（二）与委托人约定分享证券投资收益或者分担证券投资损失；（三）买卖本证券投资咨询机构提供服务的证券；（四）法律、行政法规禁止的其他行为。有前款所列行为之一，给投资者造成损失的，应当依法承担赔偿责任。”第40条规定：“证券交易场所、证券公司和证券登记结算机构的从业人员，证券监督管理机构的工作人员以及法律、行政法规规定禁止参与股票交易的其他人员，在任期或者法定限期内，不得直接或者以化名、借他人名义持有、买卖股票或者其他具有股权性质的证券，也不得收受他人赠送的股票或者其他具有股权性质的证券。任何人在成为前款所列人员时，其原已持有的股票或者其他具有股权性质的证券，必须依法转让。实施股权激励计划或者员工持股计划的证券公司的从业人员，可以按照国务院证券监督管理机构的规定持有、卖出本公司股票或者其他具有股权性质的证券。”故A、B、C、D皆错。

12. 答案：BCD。见《证券法》第67条规定：“收购要约约定的收购期限不得少于三十日，并不得超过六十日。”A对。

第77条规定：“国务院证券监督管理

机构依照本法制定上市公司收购的具体办法。”B错。

第75条规定：“在上市公司收购中，收购人持有的被收购的上市公司的股票，在收购行为完成后的十八个月内不得转让。”C错。

《证券法》没有限制个人投资者对上市公司的收购。D错。

13. 答案：ABCD。《证券法》第133条规定：“证券公司接受证券买卖的委托，应当根据委托书载明的证券名称、买卖数量、出价方式、价格幅度等，按照交易规则代理买卖证券，如实进行交易记录；买卖成交后，应当按照规定制作买卖成交报告单交付客户。证券交易中确认交易行为及其交易结果的对账单必须真实，保证账面证券余额与实际持有的证券相一致。”

14. 答案：ABCD。《证券法》第74条规定：“收购期限届满，被收购公司股权分布不符合证券交易所规定的上市交易要求的，该上市公司的股票应当由证券交易所依法终止上市交易；其余仍持有被收购公司股票的股东，有权向收购人以收购要约的同等条件出售其股票，收购人应当收购。收购行为完成后，被收购公司不再具备股份有限公司条件的，应当依法变更企业形式。”

15. 答案：ABCD。《证券法》第53条规定：“证券交易内幕信息的知情人和非法获取内幕信息的人，在内幕信息公开前，不得买卖该公司的证券，或者泄露该信息，或者建议他人买卖该证券。持有或者通过协议、其他安排与他人共同持有公司百分之五以上股份的自然人、法人、非法人组织收购上市公司的股份，本法另有规定的，适用其规定。内幕交易行为给投资者造成损失的，应当依法承担赔偿责任。”

16. 答案：ABC。《证券法》第65条规定：“通过证券交易所的证券交易，投资者持有或者通过协议、其他安排与他人共同持有一个上市公司已发行的有表决权股份达到百分之三十时，继续进行收购的，应当依法向该上市公司所有股东发出收购上市公司全部或者部分股份的要约。收购上市公司部分股份的要约应当约定，被收购公司股东承诺出售的股份数额超过预定收购的股份数额的，收购人按比例进行收购。”

17. 答案：ABD。见《证券法》第62条、第63条、第68条。

18. 答案：BCD。《证券法》第37条第1款规定：“公开发行的证券，应当在依法设立的证券交易所上市交易或者在国务院批准的其他全国性证券交易场所交易。”因此可知A错误。

《证券法》第39条规定，证券交易以纸面形式和国务院规定的其他方式进行交易。目前，国务院的相关规定还未完善，B可选亦可不选。出此题主要是提醒大家新《证券法》的一个重大变革——交易方式的扩充。

19. 答案：BCD。根据沪深交易所交易规则规定，上市公司申请可转换公司债券在本所上市，应当符合下列条件：（1）可转换公司债券的期限为一年以上；（2）可转换公司债券实际发行额不少于人民币5000万元；（3）申请上市时仍符合法定的可转换公司债券发行条件。而根据《证券法》第15条、《公司债券发行与交易管理办法》第14条第1款规定，公开发行公司债券，应当符合下列条件：(1) 具备健全且运行良好的组织机构；(2) 最近三年平均可分配利润足以支付公司债券一年的利息；(3) 具有合理的资产负债结构和正常的现金流量；(4) 国务院规定的其他条件。据此，本题的B项是正确的，在本题中应选。该公司最近3年平均可分配利润必须足以支付公司债券1年的利息，因此A项错误，为不选项。

20. 答案：ABD。《证券法》第9条规定：“公开发行证券，必须符合法律、行政法规规定的条件，并依法报经国务院证券监督管理机构或者国务院授权的部门注册。未经依法注册，任何单位和个人不得公开发行证券。证券发行注册制的具体范围、实施步骤，由国务院规定。有下列情形之一的，为公开发行：（一）向不特定对象发行证券；（二）向特定对象发行证券累计超过二百人，但依法实施员工持股计划的员工人数不计算在内；（三）法律、行政法规规定的其他发行行为。非公开发行证券，不得采用广告、公开劝诱和变相公开方式。”

第26条规定，发行人向不特定对象公开发行的证券，法律、行政法规规定应当由证券公司承销的，发行人应当同证券公司签订承销协议。证券承销业务采取代销或者包销方式。

证券代销是指证券公司代发行人发售证券，在承销期结束时，将未售出的证券全部退还给发行人的承销方式。

证券包销是指证券公司将发行人的证券按照协议全部购入或者在承销期结束时将售后剩余证券全部自行购入的承销方式。

21. 答案：ABC。根据《证券法》第9条规定，股票不必须向特定对象发行，而累计超过200人发行为公开发行，因此A、B、C项均错误。根据《证券法》第10条之规定，D项正确。

22. 答案：BC。《证券法》第74条第1款规定：“收购期限届满，被收购公司股权分布不符合证券交易所规定的上市交易要求的，该上市公司的股票应当由证券交易所依法终止上市交易；其余仍持有被收购公司股票的股东，有权向收购人以收购要约的同等条件出售其股票，收购人应当收购。”据此，收购完成后，如果被收购公司股权分布符合上市条件的，可以继续上市交易，故A项错误。《证券法》并未禁止收购失败者继续购买目标公司股票，故B项正确。

《证券法》第62条规定：“投资者可以采取要约收购、协议收购及其他合法方式收购上市公司。”第65条第1款规定：“通过证券交易所的证券交易，投资者持有或者通过协议、其他安排与他人共同持有一个上市公司已发行的有表决权股份达到百分之三十时，继续进行收购的，应当依法向该上市公司所有股东发出收购上市公司全部或者部分股份的要约。”据此，要约收购本身要求向所有股东进行收购，不能再与大股东进行协议收购，故C项正确。需要注意的是：在收购人持股达到30%以后，如果收购人要继续收购，应当采用要约收购方式而不能再采用协议收购方式，但收购人在持股30%以后并没有继续收购的义务，故D项错误。

三、名词解释

1. 答案：证券交易是指对已经依法发行并经投资者认购的证券进行买卖的行为。证券交易的主要特征是：(1) 它是一种具有财产价值的特定权利的买卖；(2) 它是一种标准化合同的买卖；(3) 它是一种已经依法发行并经投资者认购的证券的买卖。

2. 答案：内幕交易是指内幕人员和以不正当手段获取内幕信息的其他人员违反法律、法规的规定，泄露内幕信息，根据内幕信息买卖证券或者向他人提出买卖证券建议的行为。内幕交易行为人为达到获利或避损的目的，利用其特殊地位或机会获取内幕信息进行证券交易，违反了证券市场“公开、公平、公正”的原则，侵犯了投资公众的平等知情权和财产权益。

四、简答题

1. 答案：证券上市是指发行人发行的证券，依法定条件和程序，在证券交易所或其他法定交易市场公开挂牌交易的法律行为。它与证券的发行有明显的区别：

证券发行	证券上市
对象是初始投资者，这些投资者要通过申购程序产生	对象是市场的所有投资者，欲想购买证券的人通过交易场所均可购得
价格一般是事先确定的	价格则通过交易场所竞价产生，由供求情况决定
卖方是特定的，买方是不特定的	买卖双方均是不特定的

证券发行也可以与证券上市合并进行。

2. 答案：上市协议的主要内容应包括：(1) 上市证券的品种、名称、代码、数量和上市时间；(2) 上市费用的收取；(3) 证券交易所对证券上市交易公司及相关主体进行自律管理的主要手段和方式，包括现场和非现场检查等内容；(4) 违反上市协议的处理，包括惩罚性违约金等内容；(5) 上市协议的终止情形；（6）争议解决方式；（7）证券交易所认为需要在上市协议中明确的其他内容。在我国，上市协议的签署应当符合《证券交易所管理办法》规定的要求。

3. 答案：所谓内幕人员，是知悉证券交易内幕信息的知情人员。具体包括：（1）发行人及其董事、监事、高级管理人员；（2）持有公司5%以上股份的股东及其董事、监事、高级管理人员，公司的实际控制人及其董事、监事、高级管理人员；（3）发行人控股或者实际控制的公司及其董事、监事、高级管理人员；（4）由于所任公司职务或者因与公司业务往来可以获取公司有关内幕信息的人员；（5）上市公司收购人或者重大资产交易方及其控股股东、实际控制人、董事、监事和高级管理人员；（6）因职务、工作可以获取内幕信息的证券交易场所、证券公司、证券登记结算机构、证券服务机构的有关人员；（7）因职责、工作可以获取内幕信息的证券监督管理机构工作人员；（8）因法定职责对证券的发行、交易或者对上市公司及其收购、重大资产交易进行管理可以获取内幕信息的有关主管部门、监管机构的工作人员；（9）国务院证券监督管理机构规定的可以获取内幕信息的其他人员。

五、论述题

答案：（1）持续信息公开的概念

信息公开，也称信息披露，主要是指为股份发行人在发行市场、交易市场依法向证券监督管理机构以及投资者报告自身经营、资产以及财务等状况而设置的一种制度。凡在交易市场的信息公开，均称为持续信息公开。持续信息公开是公开原则在交易市场中的反映。

（2）持续信息公开的内容

①上市公告书。上市公告书，是指已在境内公开发行的证券申请在证券交易所挂牌交易的发行人，在证券经证券监督管理机构核准后，按照要求编制在上市前进行公告的法律文件。

②中期报告。中期报告是依法编制的反映公司上半年生产经营状况及其他各方面基本情况的法律文件。股票或者公司债券上市交易的公司，应当在每一会计年度的上半年结束之日起2个月内，向国务院证券监督管理机构和证券交易所提交中期报告，并予以公告。

③年度报告。年度报告是依法编制的反映公司整个会计年度生产经营状况及其他各方面基本情况的法律文件。股票或公司债券上市交易的公司应当在每一会计年度结束之日起4个月内向国务院证券监督管理机构和证券交易所提交年度报告，并予以公告。

④临时报告。临时报告是依法编制的反映公司重大事件的法律文件。重大事件是上市公司发生的可能对股票交易价格产生圈套影响的事件。上市公司发生重大事件，投资者尚未得知时，应当立即将有关该重大事件的情况向国务院证券监督管理机构和证券交易所报送临时报告，并予以公告，说明事件的起因、目前的状态和可能发生的法律后果。

我国《证券法》对重大事件作了列举。重大事件具体包括：（1）公司的经营方针和经营范围的重大变化；（2）公司的重大投资行为，公司在一年内购买、出售重大资产超过公司资产总额的30%，或者公司营业用主要资产的抵押、质押、出售或者报废一次超过该资产的30%；（3）公司订立重要合同、提供重大担保或者从事关联交易，可能对公司的资产、负债、权益和经营成果产生重要影响；（4）公司发生重大债务和未能清偿到期重大债务的违约情况；（5）公司发生重大亏损或者重大损失；（6）公司生产经营的外部条件发生的重大变化；（7）公司的董事、1/3以上监事或者经理发生变动，董事长或者经理无法履行职责；（8）持有公司5%以上股份的股东或者实际控制人持有股份或者控制公司的情况发生较大变化，公司的实际控制人及其控制的其他企业从事与公司相同或者相似业务的情况发生较大变化；（9）公司分配股利、增资的计划，公司股权结构的重要变化，公司减资、合并、分立、解散及申请破产的决定，或者依法进入破产程序、被责令关闭；（10）涉及公司的重大诉讼、仲裁，股东大会、董事会决议被依法撤销或者宣告无效；(11) 公司涉嫌犯罪被依法立案调查，公司的控股股东、实际控制人、董事、监事、高级管理人员涉嫌犯罪被依法采取强制措施；(12) 国务院证券监督管理机构规定的其他事项。同时，还包括 (1) 公司股权结构或者生产经营状况发生重大变化；(2) 公司债券信用评级发生变化；(3) 公司重大资产抵押、质押、出售、转让、报废；(4) 公司发生未能清偿到期债务的情况；(5) 公司新增借款或者对外提供担保超过上年末净资产的百分之二十；(6) 公司放弃债权或者财产超过上年末净资产的百分之十；(7) 公司发生超过上年末净资产百分之十的重大损失；(8) 公司分配股利，作出减资、合并、分立、解散及申请破产的决定，或者依法进入破产程序、被责令关闭；(9) 涉及公司的重大诉讼、仲裁；(10) 公司涉嫌犯罪被依法立案调查，公司的控股股东、实际控制人、董事、监事、高级管理人员涉嫌犯罪被依法采取强制措施；(11) 国务院证券监督管理机构规定的其他事项。

六、案例分析题

1. 答案：对该公司提出警告；没收其非法所得；处以罚款。

这是一种操纵市场的行为。操纵市场的行为破坏了市场交易的公开、公正、公平原则，扰乱了证券市场的交易秩序，可以处以警告、没收违法所得、罚款、限制或者暂停证券经营业务等处罚。

2. 答案：赵某的行为是内幕交易行为，应当没收其非法所得，并予以罚款。

内幕交易行为是指内幕人员利用尚未公开、可能影响证券市场价格的证券情报，进行的非法交易行为。内幕交易行为的特点有：(1) 交易行为违反证券法规，利用内幕信息进行证券交易；(2) 内幕交易行为的行为人须有主观上的故意，并有获利或减损的目的；(3) 内幕交易须有内幕人员直接或间接地参与或泄露内幕信息。对于内幕交易行为，可以令其承担民事赔偿责任，也可以给予行政处罚，情节严重的还应追究其刑事责任。

第十八章　证券投资基金法律制度

基础知识图解

- 证券投资基金法律制度
  - 概述
    - 定义和特征
    - 分类
      - 公司型与契约型证券投资基金
      - 开放型与封闭型证券投资基金
    - 作用
  - 证券投资基金的设立、募集与交易
  - 基金托管人和基金管理人
    - 基金契约当事人及其关系
    - 基金托管人
    - 基金管理人
    - 基金持有人的权利与义务
  - 投资运作与监督管理
    - 投资组合管理
    - 财务管理
    - 监管

配套测试

一、单项选择题

1. 公开募集基金的基金份额持有人按（　　）享受收益和承担风险。

A. 其所持基金面额

B. 其所持基金份额

C. 基金合同

D. 收益合同

2. 基金管理公司（　　）应当报经国务院证券监督管理机构批准。

A. 甲将 7%的股份转让给乙

B. 新增丙为公司的监事

C. 解雇公司客服总经理丁

D. 办公区域由写字楼 20～25 层变为 20～26 层

3. 基金份额上市交易规则由（　　）制定。

A. 证监会

B. 基金管理公司

C. 证券交易所

D. 基金份额持有人会议

4. 某基金管理公司在 2003 年曾公开发售一只名为“基金利达”的封闭式基金。该基金原定封闭期 15 年，现即将到期，拟转换为开放式基金继续运行。关于该基金的转换，下列哪一选项是正确的？（　　）（司考 2017. 3. 33）

A. 须经国务院证券监督管理机构核准

B. 转换后该基金应保持一定比例的现金或政府债券

C. 基金份额持有人大会就该转换事宜的决定应经有效表决权的 1/2 以上通过

D. 转换后基金份额持有人有权查阅或复制该基金的相关会计账簿等财务资料

5. 赢鑫投资公司业绩骄人。公司拟开展非公开募集基金业务，首期募集 1000 万元。李某等老客户知悉后纷纷表示支持，愿意将自己的资金继续交其运作。关于此事，下列哪一选项是正确的？（　　）（司考 2016. 3. 33）

A. 李某等合格投资者的人数可以超过 200 人
B. 嬴鑫公司可在全国性报纸上推介其业绩及拟募集的基金
C. 嬴鑫公司可用所募集的基金购买其他的基金份额
D. 嬴鑫公司就其非公开募集基金业务应向中国证监会备案

二、多项选择题

1. 以下说法正确的是（　　）。
A. 基金财产的债务由基金财产本身承担，基金份额持有人以其出资为限对基金财产的债务承担责任。但基金合同依照本法另有约定的，从其约定
B. 基金财产独立于基金管理人、基金托管人的固有财产。基金管理人、基金托管人不得将基金财产归入其固有财产
C. 基金管理人、基金托管人因基金财产的管理、运用或者其他情形而取得的财产和收益，归入基金财产
D. 基金管理人、基金托管人因依法解散、被依法撤销或者被依法宣告破产等原因进行清算的，基金财产不属于其清算财产

2. 有下列（　　）情形之一的，公开募集基金的基金管理人职责终止。
A. 被依法取消基金管理资格
B. 被基金份额持有人大会解任
C. 依法解散、被依法撤销或者被依法宣告破产
D. 基金合同约定的其他情形

3. 甲基金份额上市交易，（　　）条件满足法律规定。
A. 基金的募集依照《证券投资基金法》进行
B. 基金合同期限为四年
C. 基金募集金额为 2.7 亿元人民币
D. 基金份额持有人为 398 人

4. 关于非公开募集基金，以下说法正确的是（　　）。
A. 非公开募集基金应当向合格投资者募集，合格投资者累计不得超过 300 人
B. 非公开募集基金应当通过讲座、报告会、分析会等方式向不特定对象宣传推介
C. 基金合同可以约定，由部分基金份额持有人作为基金管理人负责基金的投资管理活动，并在基金财产不足以清偿其债务时对基金财产的债务承担无限连带责任
D. 基金合同应当载明基金份额持有人增加、退出的条件、程序以及相关责任

5. 张某手头有一笔闲钱欲炒股，因对炒股不熟便购买了某证券投资基金。关于张某作为基金份额持有人所享有的权利，下列哪些表述是正确的？（　　）（司考 2015.3.75）
A. 按份额享有基金财产收益
B. 参与分配清算后的剩余基金财产
C. 可回赎但不能转让所持有的基金份额
D. 可通过基金份额持有人大会来更换基金管理人

三、简答题

1. 简述证券投资基金与股票、债券的区别。
2. 简述基金财产的投资限制。

四、论述题

试述基金管理人及其业务规则。

参考答案

一、单项选择题

1. 答案：B。《证券投资基金法》第 3 条第 3 款规定，通过公开募集方式设立的基金（以下简称公开募集基金）的基金份额持有人按其所持基金份额享受收益和承担风险，通过非公开募集方式设立的基金（以下简称非公开募集基金）的收益分配和风险承担由基金合同约定。

2. 答案：A。参见《证券投资基金法》第 14 条第 2 款。

3. 答案：C。

4. 答案：B。本题考查基金运作方式的转换；基金信息公开。《证券投资基金法》第 78 条规定："按照基金合同的约定或者基金份

额持有人大会的决议，基金可以转换运作方式或者与其他基金合并。”第79条规定：“封闭式基金扩募或者延长基金合同期限，应当符合下列条件，并报国务院证券监督管理机构备案：（一）基金运营业绩良好；（二）基金管理人最近二年内没有因违法违规行为受到行政处罚或者刑事处罚；（三）基金份额持有人大会决议通过；（四）本法规定的其他条件。”据此，转换基金的运作方式，需要报证监会备案而不是经证监会核准，故A项错误。《证券投资基金法》第68条规定：“开放式基金应当保持足够的现金或者政府债券，以备支付基金份额持有人的赎回款项。基金财产中应当保持的现金或者政府债券的具体比例，由国务院证券监督管理机构规定。”据此，“基金利达”由封闭式基金转换为开放式基金后，应当保持一定比例的现金或政府债券，故B项正确。《证券投资基金法》第86条第3款规定：“基金份额持有人大会就审议事项作出决定，应当经参加大会的基金份额持有人所持表决权的二分之一以上通过；但是，转换基金的运作方式、更换基金管理人或者基金托管人、提前终止基金合同、与其他基金合并，应当经参加大会的基金份额持有人所持表决权的三分之二以上通过。”据此，转换基金运作方式应当由2/3以上的表决权通过而不是1/2以上的表决权通过，故C项错误。D项没有法律根据。《证券投资基金法》第76条规定了基金的信息披露义务，包括公开财务状况与财务报表，但基金份额持有人并无查阅或复制基金会计账簿等财务资料的权利，故D项错误。

5. **答案**：C。本条考查非公开募集基金。《证券投资基金法》第87条第1款规定：“非公开募集基金应当向合格投资者募集，合格投资者累计不得超过二百人。”据此，A项错误。《证券投资基金法》第91条规定：“非公开募集基金，不得向合格投资者之外的单位和个人募集资金，不得通过报刊、电台、电视台、互联网等公众传播媒体或者讲座、报告会、分析会等方式向不特定对象宣传推介。”据此，B项错误。《证券投资基金法》第94条第2款规定：“非公开募集基金财产的证券投资，包括买卖公开发行的股份有限公司股票、债券、基金份额，以及国务院证券监督管理机构规定的其他证券及其衍生品种。”据此，C项正确。《证券投资基金法》第94条第1款规定：“非公开募集基金募集完毕，基金管理人应当向基金行业协会备案。对募集的资金总额或者基金份额持有人的人数达到规定标准的基金，基金行业协会应当向国务院证券监督管理机构报告。”据此，非公开募集基金应当向基金业协会备案，故D项错误。

二、多项选择题

1. **答案**：ABCD。参见《证券投资基金法》第5条。
2. **答案**：ABCD。参见《证券投资基金法》第29条。
3. **答案**：AC。参见《证券投资基金法》第63条。
4. **答案**：CD。参见《证券投资基金法》第88条、第92条、第94条。
5. **答案**：ABD。《证券投资基金法》第46条第1款规定：“基金份额持有人享有下列权利：（一）分享基金财产收益；（二）参与分配清算后的剩余基金财产；（三）依法转让或者申请赎回其持有的基金份额；（四）按照规定要求召开基金份额持有人大会或者召集基金份额持有人大会；（五）对基金份额持有人大会审议事项行使表决权；（六）对基金管理人、基金托管人、基金服务机构损害其合法权益的行为依法提起诉讼；（七）基金合同约定的其他权利。”据此，A、B两项正确，分别对应上述法条中的第1项与第2项。C项显然错误，转让基金份额属于基金份额持有人的基本权利，C项表述与上述条文第3项不符。

根据《证券投资基金法》第46条第1款第4项规定，基金份额持有人可以召开基金份额持有人大会。《证券投资基金法》第47条规定：“基金份额持有人大会由全体基金份额持有人组成，行使下列职权：……

（三）决定更换基金管理人、基金托管人；……”据此，基金份额持有人可以通过基金份额持有人大会来更换基金管理人，D项正确。

三、简答题

1. 答案： 证券投资基金的证券形式通常是基金券或基金单位，它和股票、债券一样都是金融投资工具，但又不同于股票和债券。不同点在于：

	股票、债券	基金券
所反映的关系不同	股票反映的是股权关系，债券反映的是债权关系	基金券反映的则是信托关系
资金投向不同	股票和债券是融资工具，其集资主要是投向实业或不动产	基金券是信托工具，投资于股票或债券等有价证券
收益不同	股票的收益取决于公司的经营效益，投资股票有较大的风险。债券的收益一般是事前确定的，其投资风险较小	基金券主要投资于有价证券，投资选择可以灵活多样，从而使基金券的收益有可能高于债券，其投资风险又可能小于股票

2. 答案： 基金财产不得用于下列投资或活动：（1）承销证券；（2）向他人贷款或者提供担保；（3）从事承担无限责任的投资；（4）买卖其他基金份额，但是国务院另有规定的除外；（5）向其基金管理人、基金托管人出资或者买卖其基金管理人、基金托管人发行的股票或者债券；（6）买卖与其基金管理人、基金托管人有控股关系的股东或者与其基金管理人、基金托管人有其他重大利害关系的公司发行的证券或者承销期内承销的证券；（7）从事内幕交易、操纵证券交易价格及其他不正当的证券交易活动；（8）依照法律、行政法规有关规定，由国务院证券监督管理机构规定禁止的其他活动。

四、论述题

答案： 我国基金管理人须由基金管理公司充任。申请设立基金管理公司，必须经中国证监会审查批准。未经批准的，属于非法设立或者非法从事基金管理业务，应按照规定予以取缔和处罚。

设立基金管理公司须具备以下条件：（1）有符合《证券投资基金法》和《公司法》规定的章程；（2）注册资本不低于一亿元人民币，且必须为实缴货币资本；（3）主要股东具有从事证券经营、证券投资咨询、信托资产管理或者其他金融资产管理的较好的经营业绩和良好的社会信誉，最近三年没有违法记录，注册资本不低于三亿元人民币；（4）取得基金从业资格的人员达到法定人数；（5）有符合要求的营业场所、安全防范设施和与基金管理业务有关的其他设施；（6）有完善的内部稽核监控制度和风险控制制度；（7）法律、行政法规规定的和经国务院批准的国务院证券监督管理机构规定的其他条件。申请设立基金管理公司，应当按照中国证监会的要求提交有关文件。

基金管理公司可以从事的业务有两项：一是管理基金；二是发起设立基金。基金管理公司应当履行的职责主要包括：（1）按照基金契约的规定运用基金资产投资并管理基金资产；（2）及时、足额地向基金持有人支付基金收益；（3）保存基金的会计账册、记录15年以上；（4）编制基金财务报告，及时公告，并向中国证监会报告；（5）计算并公告基金资产净值及每一基金单位资产净值；（6）基金契约规定的其他职责。开放式基金的管理人还应按照国家有关规定和基金契约的规定，及时、准确地办理基金的申购和赎回。

第十九章　企业破产法概述

基础知识图解

企业破产法概述
- 企业破产法的概念与破产法律制度的构成
  - 破产的概念及其演变
  - 破产法律制度的构成：和解；重整；清算
- 企业破产法的概念与立法体例
- 企业破产法的立法目的
- 破产程序的启动机制：债权人利益的终极保护、债务人的必要挽救与救济、健康的财务危机处理机制和有序的市场主体退出机制

配套测试

一、不定项选择题

1. 破产案件由（　　）管辖。

A. 破产财产所在地法院

B. 债务人住所地法院

C. 债务人主管部门所在地法院

D. 债权人会议与清算组依照法律规定约定的法院

2. 甲、乙、丙三者均为企业法人，其中甲、乙双方因购买机床与丙签订了协议，协议约定：由甲提供机床数台并送到乙的仓库，乙支付货款288万元，由于甲要求，乙找到丙为其偿还债务作担保之后，甲履行了合同，将货物送至乙库。乙因经营不善造成严重亏损，不能清偿到期债务被宣告破产。在被宣告破产前，甲将乙、丙诉至人民法院，要求其偿还货款，则人民法院应当（　　）。

A. 终结甲与乙、丙的诉讼

B. 中止甲与乙、丙的诉讼

C. 应将甲与乙、丙的诉讼交由具体负责破产案件审理的合议庭继续审理

D. 由清算组决定是否继续甲与乙、丙的诉讼，并报人民法院备案

3. 企业申请破产的条件是（　　）。

A. 产品严重积压，濒临倒闭

B. 资不抵债，经上级主管部门批准或决定

C. 不能清偿到期债务，并且资产不足以清偿全部债务或者明显缺乏清偿能力的

D. 经营管理不善，又无法通过整顿扭转局面

4. 某公司自成立以来，业绩一般，其后因经营管理不善，严重亏损，对外负债远远超过公司注册资本，且公司已无力清偿，该企业向人民法院申请破产。人民法院在受理后经审查认定该公司符合法定破产条件，于是裁定该公司申请破产案进入破产还债程序。其后，法院主持召开了第一次债权人会议，但在会议上，有部分债权人提出不同意宣告该公司破产。法院应如何处理？（　　）

A. 法院仍可宣告该公司破产

B. 法院应尊重该部分提出异议的债权人意见，不予宣告该公司破产

C. 法院应在债权人会议后，对该部分债权人提出异议的理由予以审查，依审查结果的不同决定是否宣告该公司破产

D. 因该公司已达到破产界限，所以法院应尽量做好提出异议的债权人的工作，然后宣告该公司破产

5. 企业法人不能清偿到期债务，并且资产不足

以清偿全部债务或者明显缺乏清偿能力的，根据《企业破产法》的规定，该企业法人可以选择以下哪些程序处理其与债权人之间的债权债务关系？（　　）

A. 申请破产清算

B. 直接向法院申请和解

C. 决议解散并进行清算

D. 直接向法院申请重整

6. 中南公司不能清偿到期债务，债权人天一公司向法院提出对其进行破产清算的申请，但中南公司以其账面资产大于负债为由表示异议。天一公司遂提出各种事由，以证明中南公司属于明显缺乏清偿能力的情形。下列哪些选项符合法律规定的关于债务人明显缺乏清偿能力、无法清偿债务的情形？（　　）（司考 2012. 3. 71）

A. 因房地产市场萎缩，构成中南公司核心资产的房地产无法变现

B. 中南公司陷入管理混乱，法定代表人已潜至海外

C. 天一公司已申请法院强制执行中南公司财产，仍无法获得清偿

D. 中南公司已出售房屋质量纠纷多，市场信誉差

二、名词解释

1. 破产

2. 支付不能

三、简答题

简析我国《企业破产法》第2条第1款规定："企业法人不能清偿到期债务，并且资产不足以清偿全部债务或者明显缺乏清偿能力的，依照本法规定清理债务。"

参考答案

一、不定项选择题

1. 答案： B。本题考查的是破产案件的管辖。《企业破产法》第3条规定："破产案件由债务人住所地人民法院管辖。"据此，本题正确答案为B。

2. 答案： B。本题考查的是破产程序对其他民事程序的影响。根据《企业破产法》第20条的规定，人民法院受理破产申请后，已经开始而尚未终结的有关债务人的民事诉讼或仲裁应当中止。故本题正确答案为B。

3. 答案： C。本题考查的是企业申请破产的条件。《企业破产法》第2条第1款规定："企业法人不能清偿到期债务，并且资产不足以清偿全部债务或者明显缺乏清偿能力的，依照本法规定清理债务。"据此，本题正确答案为C。

4. 答案： A。本题考查的是破产界限。企业的破产与否取决于企业是否具备破产条件达到破产界限，而不在于债权人或债务人是否同意。本题中，该公司经法院审查，已达到破产界限，法院有权根据债务人的具体情况，宣告该债务人破产。

5. 答案： ABD。本题考查的是具备破产原因企业的清理债务途径。《企业破产法》第2条规定："企业法人不能清偿到期债务，并且资产不足以清偿全部债务或者明显缺乏清偿能力的，依照本法规定清理债务。企业法人有前款规定情形，或者有明显丧失清偿能力可能的，可以依照本法规定进行重整。"第7条规定："债务人有本法第二条规定的情形，可以向人民法院提出重整、和解或者破产清算申请……企业法人已解散但未清算或者未清算完毕，资产不足以清偿债务的，依法负有清算责任的人应当向人民法院申请破产清算。"据此，A、B、D项正确，C项错误。选A、B、D。

6. 答案： ABC。《最高人民法院关于适用〈中华人民共和国企业破产法〉若干问题的规定（一）》第4条规定："债务人账面资产虽大于负债，但存在下列情形之一的，人民法院应当认定其明显缺乏清偿能力：（一）因资金严重不足或者财产不能变现等原因，无法清偿债务；（二）法定代表人下落不明且无其他人员负责管理财产，无法清偿债务；（三）经人民法院强制执行，无法清偿债务；（四）长期亏损且经营扭亏困难，无法清偿债务；（五）导致债务人丧失清偿能力的其

他情形。”A项中，核心资产不能变现，属于上述规定第（一）项情形，故A项正确。B项属于上述规定第（二）项情形，故B项正确。C项属于上述规定第（三）项情形，故C项正确。D项情形不符合法律规定，错误。

二、名词解释

1. **答案**：破产是指债务人不能清偿到期债务时，为满足债权人正当合理的清偿要求，在法院的指挥和监督之下，就债务人的总财产实行的以分配为目的的清算程序。其特征表现为：

（1）破产是债权实现的一种特殊形式。

（2）破产是在特定情况下所运用的偿债程序。

（3）破产程序进行的主要目的是公平地清偿所欠债权人的债务。

（4）破产是在法院的指挥和监督之下实施的债务清理程序。

（5）破产程序具有总括强制执行程序的特征。

2. **答案**：支付不能又可称为不能清偿或无力清偿，是指债务人因缺乏清偿能力，对于已届清偿期而受请求的债务全部或大部分不能清偿的客观经济状态。其构成要件为：（1）欠缺支付能力。（2）须是对已届清偿期且债权人已提出清偿要求的债务不能清偿。（3）不能清偿的债务不限于金钱债务。（4）须是对债务持续性、一般性的不能清偿。

三、简答题

答案：第一，从本条规定可以看出，债务人不能清偿到期债务并且具有下列情形之一的，应当认定其具备破产原因：（1）资产不足以清偿全部债务；（2）明显缺乏清偿能力。根据《最高人民法院关于适用〈中华人民共和国企业破产法〉若干问题的规定（一）》第1条第2款规定，相关当事人以对债务人的债务负有连带责任的人未丧失清偿能力为由，主张债务人不具备破产原因的，人民法院应不予支持。

第二，根据《最高人民法院关于适用〈中华人民共和国企业破产法〉若干问题的规定（一）》第2条规定，“债务人不能清偿到期债务”需要同时满足三个条件：（1）债权债务关系依法成立；（2）债务履行期限已经届满；（3）债务人未完全清偿债务。

第三，根据《最高人民法院关于适用〈中华人民共和国企业破产法〉若干问题的规定（一）》第3条，债务人的资产负债表，或者审计报告、资产评估报告等显示其全部资产不足以偿付全部负债的，可以认定为“资产不足以清偿全部债务”。

第四，根据《最高人民法院关于适用〈中华人民共和国企业破产法〉若干问题的规定（一）》第4条，债务人账面资产虽大于负债，但存在下列情形之一的，应当认定其“明显缺乏清偿能力”：（1）因资金严重不足或者财产不能变现等原因，无法清偿债务；（2）法定代表人下落不明且无其他人员负责管理财产，无法清偿债务；（3）经人民法院强制执行，无法清偿债务；（4）长期亏损且经营扭亏困难，无法清偿债务；（5）导致债务人丧失清偿能力的其他情形。

第二十章　破产申请与破产案件的受理

基础知识图解

破产申请与破产案件的受理
- 破产程序开始的要件：能力要件；原因要件
- 破产申请与破产案件的管辖
  - 申请的主体：债权人和债务人
  - 申请的形式：提交破产申请书和有关证据
  - 管辖：地域与级别管辖
- 破产申请的受理及其法律效力

配套测试

一、单项选择题

1. 思瑞公司不能清偿到期债务，债权人向法院申请破产清算。法院受理并指定了管理人。在宣告破产前，持股20%的股东甲认为如引进战略投资者乙公司，思瑞公司仍有生机，于是向法院申请重整。关于重整，下列哪一选项是正确的？（　　）（司考 2017. 3. 31）

A. 如甲申请重整，必须附有乙公司的投资承诺

B. 如债权人反对，则思瑞公司不能开始重整

C. 如思瑞公司开始重整，则管理人应辞去职务

D. 只要思瑞公司的重整计划草案获得法院批准，重整程序就终止

2. 关于破产案件受理后、破产宣告前的程序转换，下列哪一表述是正确的？（　　）（司考 2009. 3. 30）

A. 如为债务人申请破产清算的案件，债权人可以申请和解

B. 如为债权人申请债务人破产清算的案件，债务人可以申请重整

C. 如为债权人申请债务人重整的案件，债务人可以申请破产清算

D. 如为债权人申请债务人破产清算的案件，债务人的出资人可以申请和解

3. 下列哪种在破产宣告前成立的请求权，不得成为破产债权？（　　）

A. 放弃了优先受偿权的债权

B. 有财产担保的债权，经由担保物清偿后的未足额清偿部分

C. 破产人的连带债务人，因代替破产人清偿债务而取得的求偿权

D. 破产人欠缴的税款

二、多项选择题

1. 舜泰公司因资产不足以清偿全部到期债务，法院裁定其重整。管理人为维持公司运行，向齐某借款20万元支付水电费和保安费，约定如1年内还清就不计利息。1年后舜泰公司未还款，还因不能执行重整计划被法院宣告破产。关于齐某的债权，下列哪些选项是正确的？（　　）

A. 与舜泰公司的其他债权同等受偿

B. 应从舜泰公司的财产中随时清偿

C. 齐某只能主张返还借款本金20万元

D. 齐某可主张返还本金20万元和逾期还款的利息

2. 下列关于破产申请的说法哪些是正确的？（　　）

A. 债权人和债务人都可以直接向人民法院

提出破产申请
B. 债权人申请债务人破产应当向人民法院提交破产申请书和有关证据
C. 债务人可能不能清偿债务，债权人可以提出对债务人破产申请
D. 提出破产申请必须采用书面形式

3. 债务人提出破产申请时，应向人民法院提供（　　）。
A. 有关的会议报表
B. 债务注册、债权清册
C. 职工安置预案以及职工工资的支付和社会保险费用的缴纳情况
D. 财产状况说明

4. 2013 年 3 月，债权人甲公司对债务人乙公司提出破产申请。下列哪些选项是正确的？（　　）（司考 2013. 3. 73）
A. 甲公司应提交乙公司不能清偿到期债务的证据
B. 甲公司应提交乙公司资产不足以清偿全部债务的证据
C. 乙公司就甲公司的破产申请，在收到法院通知之日起七日内可向法院提出异议
D. 如乙公司对甲公司所负债务存在连带保证人，则其可以该保证人具有清偿能力为由，主张其不具备破产原因

5. 下列属于破产债权的是（　　）
A. 破产企业所欠职工工资和劳保费用
B. 破产企业所欠税款
C. 无财产担保的债权应计算的至破产宣告之日止的利息
D. 放弃了优先受偿权的债权

6. 2011 年 9 月 1 日，某法院受理了湘江服装公司的破产申请并指定了管理人，管理人开始受理债权申报。下列哪些请求权属于可以申报的债权？（　　）（司考 2011. 3. 73）
A. 甲公司的设备余款给付请求权，但根据约定该余款的支付时间为 2011 年 10 月 30 日
B. 乙公司请求湘江公司加工一批服装的合同履行请求权
C. 丙银行的借款偿还请求权，但该借款已经设定财产抵押担保
D. 当地税务机关对湘江公司作出的 8 万元行政处罚决定

三、简答题

1. 试列举债权人在破产程序中的权利。
2. 简述破产宣告对债务人身份和财产上的效力。

四、论述题

1. 试述破产案件受理的效力。
2. 《企业破产法》第 135 条规定：其他法律规定企业法人以外的组织的清算，属于破产清算的，参照适用本法规定的程序。

请结合你所学的法律知识分析上述规定的主要含义及其价值。（华东政法大学 2007 年考研真题）

五、案例分析题

某省大地机械有限责任公司系中外合资企业，2009 年 12 月因经营不善，已达破产境地，故准备向法院申请破产，该企业的基本情况如下：该公司是在省内登记的企业；该公司的债权人某省建筑公司因经济纠纷于两个月以前起诉大地机械有限责任公司；该公司欠当地工商银行分行贷款 2000 万元，其中的 1200 万元贷款是用该公司的固定资产作为抵押；该公司曾为吉庆公司向省建设银行一笔 1000 万元的贷款作保证，现吉庆公司借款已到期，吉庆公司对该笔贷款并未偿还。人民法院收到破产申请后，经审查决定于 12 月 15 日立案，并指定章某独任审理此案。12 月 28 日，人民法院发布公告，通知大地机械有限责任公司的债权人来申报债权，2010 年 3 月 25 日，召开了第一次债权人会议。3 月 30 日，人民法院宣告大地机械有限责任公司破产，并在 4 月 30 日指定管理人，接管了大地机械有限责任公司。管理人讨论提出了破产财产的分配方案，决定将大地机械有限公司整体拍卖出售，所有债权人按比例受偿。工商银行提出异议，被人民法院驳回。

（1）请回答以下问题：

①大地机械有限责任公司申请破产应由

哪级人民法院受理？

②大地机械有限责任公司与省建筑公司之间未审结的经济纠纷应该如何处理？

③工商银行的 2000 万元贷款应该如何处理？

④建设银行能否参加破产程序，申报债权？

⑤向人民法院申请破产时，应该提交哪些材料？

(2) 请指出本案中法院有哪些程序上的错误？

参考答案

一、单项选择题

1. 答案：D。《企业破产法》第 70 条第 1 款规定："债务人或者债权人可以依照本法规定，直接向人民法院申请对债务人进行重整。"第 71 条规定："人民法院经审查认为重整申请符合本法规定的，应当裁定债务人重整，并予以公告。"据此，甲申请重整，不需要提供乙公司的投资承诺，故 A 项错误。同时，法院可以独立裁断是否启动重整程序，不需要债权人同意，故 B 项错误。

《企业破产法》第 73 条第 1 款规定："在重整期间，经债务人申请，人民法院批准，债务人可以在管理人的监督下自行管理财产和营业事务。"据此，重整期间，管理人继续履行管理职责，故 C 项错误。

《企业破产法》第 86 条第 2 款规定："自重整计划通过之日起十日内，债务人或者管理人应当向人民法院提出批准重整计划的申请。人民法院经审查认为符合本法规定的，应当自收到申请之日起三十日内裁定批准，终止重整程序，并予以公告。"据此，在法院批准重整计划后，重整程序即终止，D 项正确。

2. 答案：B。《企业破产法》第 7 条规定，债务人有本法第 2 条规定的情形，可以向人民法院提出重整、和解或者破产清算申请。

债务人不能清偿到期债务，债权人可以向人民法院提出对债务人进行重整或者破产清算的申请。

企业法人已解散但未清算或者未清算完毕，资产不足以清偿债务的，依法负有清算责任的人应当向人民法院申请破产清算。

根据上述规定可知，只有债务人有权申请和解，债权人在任何情况下都无权申请和解。因此，A 项错误。

《企业破产法》第 70 条第 2 款规定，债权人申请对债务人进行破产清算的，在人民法院受理破产申请后、宣告债务人破产前，债务人或者出资额占债务人注册资本十分之一以上的出资人，可以向人民法院申请重整。因此，B 项正确。

《企业破产法》第 70 条第 1 款规定，债务人或者债权人可以依照本法规定，直接向人民法院申请对债务人进行重整。据此可知，债权人和债务人都有权直接申请重整，如果债权人先申请了重整，债务人是不能再申请破产清算的。因此，C 项错误。

如为债权人申请债务人破产清算的案件，债务人的出资人可以申请重整，不能申请和解，只有债务人才能申请和解。因此，D 项错误。

3. 答案：D。《企业破产法》第 113 条规定，破产财产在优先清偿破产费用和共益债务后，依照下列顺序清偿：(1) 破产人所欠职工的工资和医疗、伤残补助、抚恤费用，所欠的应当划入职工个人账户的基本养老保险、基本医疗保险费用，以及法律、行政法规规定应当支付给职工的补偿金；(2) 破产人欠缴的除前项规定以外的社会保险费用和破产人所欠税款；(3) 普通破产债权。破产财产不足以清偿同一顺序的清偿要求的，按照比例分配。破产企业的董事、监事和高级管理人员的工资按照该企业职工的平均工资计算。因此，破产人欠缴的税款不纳入普通的破产债权。

二、多项选择题

1. 答案：BC。企业重整期间发生的债务为共益债务，从债务人的财产中随时清偿，而不是列为破产债权，故 A 项错误，B 项正确。齐某与舜泰公司约定，如借款 1 年内还清就不计利息，说明超过1年还清则要计算逾期利息。《民法典》第676条规定："借款人未按照约定的期限返还借款的，应当按照约定或者国家有关规定支付逾期利息。"《最高人民法院关于审理民间借贷案件适用法律若干问题的规定》第25条特别规定了逾期利率的标准。据此，舜泰公司逾期还款之后，应当支付逾期利息。本案的特殊之处在于，舜泰公司逾期还款之时恰恰是其被宣告破产之时，逾期利息刚要开始计算，舜泰公司就被宣告破产了，相关的逾期利息事实上并未产生，所以齐某不能要求舜泰公司支付逾期利息，故C项正确，D项错误。

2. **答案**：ABCD。本题考查的是债权人和债务人申请破产的形式条件和实质条件。《企业破产法》第7条第1款、第2款规定："债务人有本法第二条规定的情形，可以向人民法院提出重整、和解或者破产清算申请。债务人不能清偿到期债务，债权人可以向人民法院提出对债务人进行重整或者破产清算的申请。"可见，A、B、C项均正确。虽然在破产程序开始后，未到期债权视为已到期，债权人有权参加破产程序，但只有到期债权的请求权人可以申请破产。债务到期前，债权人发现债务人财务状况恶化，可能无法清偿债务不能申请破产。根据《企业破产法》的规定，不论是债权人还是债务人申请破产，都应当采用书面形式。因此，D项正确。

3. **答案**：BCD。本题考查的是债权人提出破产申请应当提供的材料。《企业破产法》第8条第3款规定："债务人提出申请的，还应当向人民法院提交财产状况说明、债务清册、债权清册、有关财务会计报告、职工安置预案以及职工工资的支付和社会保险费用的缴纳情况。"据此，本题正确答案为B、C、D。

4. **答案**：AC。根据《企业破产法》第8条规定，向人民法院提出破产申请，应当提交破产申请书和有关证据。这中间包括证明债务人资产状况的证据。根据《企业破产法》第2条和第7条的规定，债务人不能清偿到期债务，并且资产不足以清偿全部债务或者明显缺乏偿债能力的，债务人可以提出破产申请。债务人不能清偿到期债务时，债权人可以向人民法院提出对债务人进行重整或者破产清算的申请。综上，甲公司作为债权人，提交证据仅满足证明债务人乙公司不能清偿到期债务即可，不需要证明乙公司资产不足以清偿全部债务，作为债权人它也无法证明乙公司资产不足以清偿全部债务。所以A正确，B错误。《企业破产法》第10条第1款规定，债权人提出破产申请的，人民法院应当自收到申请之日起，5日内通知债务人。债务人对申请有异议的，应当自收到人民法院的通知之日起7日内向人民法院提出。C正确。《最高人民法院关于适用〈中华人民共和国企业破产法〉若干问题的规定(一)》第1条第2款规定，相关当事人以对债务人的债务负有连带责任的人未丧失清偿能力为由，主张债务人不具有破产原因的，人民法院应不予支持。因此，D错误。

5. **答案**：CD。本题考查的是破产债权的范围。《企业破产法》第107条第2款规定："债务人被宣告破产后，债务人称为破产人，债务人财产称为破产财产，人民法院受理破产申请时对债务人享有的债权称为破产债权。"根据第110条的规定，对破产人的特定财产享有担保权的权利人放弃优先受偿权利的，其债权作为普通债权。据此，本题D项属于破产债权。因为无财产担保的债权属于破产债权，其利息作为从债也应属于破产债权，故本题C项属于破产债权。根据《企业破产法》第113条的规定可知，本题A、B项不属于破产债权。综上，本题正确答案为C、D。

6. **答案**：AC。《企业破产法》第46条第1款规定："未到期的债权，在破产申请受理时视为到期。"A项中，甲公司的设备余款给付请求权在法院受理破产申请时尚未到期，但是视为到期，故可以申报破产债权，A项正确。

《最高人民法院关于审理企业破产案件若干问题的规定》第55条第1款规定："下

列债权属于破产债权：……（三）破产宣告前发生的虽有财产担保但是债权数额超过担保物价值部分的债权……（五）清算组解除合同，对方当事人依法或者依照合同约定产生的对债务人可以用货币计算的债权……”B项中，乙公司请求湘江公司加工一批服装的合同履行请求权无法用货币计算，不能申报破产债权。C项中丙银行超出抵押财产的债权可以申报破产债权，故C项正确。

《最高人民法院关于审理企业破产案件若干问题的规定》第61条规定：“下列债权不属于破产债权：(一) 行政、司法机关对破产企业的罚款、罚金以及其他有关费用……”据此，当地税务机关对湘江公司作出的8万元行政处罚不属于破产债权，D项不能选。

三、简答题

1. **答案**：债权人在破产程序中的权利表现在：其一，我国采取破产申请主义，因此债权人有破产申请权。其二，破产程序开始后，所有申报债权的债权人有权参加债权人会议，行使债权人会议的职能，债权人通过债权人会议保护自己的合法权益。其三，拟定和解协议草案之后，必须经过债权人会议讨论，并以多数票通过，和解期间如果出现债务人不执行或不能执行和解协议，债权人有权向法院提出要求终结和解程序，宣告破产。其四，在破产程序中，债权人有权讨论并通过破产财产的变价和分配方案，并将通过的破产财产分配方案报人民法院批准后实施。其五，在破产程序中，有担保的债权享有优先受偿权。

2. **答案**：在国外采一般破产主义的国家，为保证破产程序的顺利进行，立法往往规定破产宣告对相关自然人产生相应的效力。我国立法并未采用自然人破产主义，因而破产宣告只对特定的自然人即准债务人产生一定的效力：(1) 破产宣告后，债务人成为破产人，原先为生产经营而存在的企业转变为主要为公平清偿债务而存在的破产人。(2) 破产宣告后，债务人的财产成为破产财产。(3) 破产企业的法定代表人在向清算组办理移交手续之前，负责保管本企业的财产、账册、文书、资料和印章等，并于法院指定管理人后向其办理移交手续；在破产程序终结前，破产企业的法定代表人应根据法院或管理人的要求进行工作，不得擅离职守；破产宣告后，对企业破产负有个人责任的企业法定代表人自企业核准注销之日起3年之内不能担任公司的董事、监事和高级管理人员。(4) 破产宣告后，企业职工与原企业订立的劳动合同即告解除。

四、论述题

1. **答案**：(1) 对以破产企业为债务人的经济纠纷案件的效力：破产程序旨在通过对债务人财产的总括执行来达到公平清偿债务的目的。破产案件受理后，如果再允许个别民事执行程序继续进行，必然会因申请执行人得到执行优先权而降低其他债权人的分配比例和数额，从而使多数债权人利益受到损害，违反破产程序为保证全体债权人公平受偿的设立目的。人民法院受理破产案件后，能够直接引起对债务人财产个别执行程序的中止，并不必然导致终结。因为破产程序进行的结果有可能避免破产宣告，也即当债权人和债务人达成和解并按和解协议履行债务清偿义务的（此处只能以债权人申请破产为前提），破产程序即告终结，原来中止的执行程序可以恢复执行；而当债务人被宣告破产的，原中止的执行程序只能因破产程序的进行而终结。人民法院应当于受理案件后，告知审理这些案件的其他人民法院并通知前述诉讼中的债权人，以便这些法院及时中止诉讼，使债权人在法定期间内申报债权。

   (2) 对以破产企业为债权人的经济纠纷案件的效力：以破产企业为债权人的经济纠纷案件于人民法院受理破产案件后，首先，受诉人民法院能够于案件受理后3个月以内审结的，可不移送，由原受诉法院审理。其次，受诉人民法院不能在3个月以内结案的，应当将案件移送受理破产案件的人民法院。

   (3) 对债务人个别任意清偿行为的效力：人民法院受理破产案件后，债务人对部分债权人的清偿无效。但是个别清偿使债务人财产受益的除外。法律不允许普通债权在破产程序之外受清偿，否则必然造成债权人受偿不公及破产财产价值的减少。但由于破产案件受理并不产生破产宣告的效力，债务人并不丧失对其财产的管理处分权，债务人的经营活动也并未停止，其作为独立民事主体的权利能力也并未被剥夺而是稍加限制，故生产经营必需的清偿行为应认定为有效。

2. 答案：该法条是对企业破产法适用范围的规定。比较旧破产法，此次新《企业破产法》第135条规定扩大了破产制度的适用范围："其他法律规定企业法人以外的组织的清算，属于破产清算的，参照适用本法规定的程序。"对企业法人以外的组织的破产作出了兜底性的规定，具有重大意义。

第一，破产不再是少数企业的"专利"，国有企业的破产从以往的行政破产走向市场化破产；政府由过去全面主导国企破产，走向政府基本退出破产事务（除部分国企和金融机构破产事务外），这意味着所有企业将受到"优胜劣汰"的同一市场规律的约束，国有企业的特殊地位不复存在。市场投资、交易将更趋公平，市场竞争法则将得以有效地发挥作用。市场中的利益格局和利益预期也将随之发生重大的变化。

《最高人民法院关于审理企业破产案件若干问题的规定》则既适用于全民所有制企业法人，也适用于非全民所有制企业法人。由此可见在原有法律规范框架内，我国不同性质的企业所适用的破产法律制度是完全不同的，立法体系混乱、规则不明、相互不协调。这一问题在新《企业破产法》中得到修正。

第二，为缓解其他非法人型企业和社会组织的破产无法可依的问题，《企业破产法》规定企业法人之外的其他组织（合伙企业、个人独资企业、学校、医院等）的清算，如果属于破产清算的，可以参照适用《企业破产法》，相对于原《企业破产法》只允许国有企业和公司制法人企业破产，第135条完成了重大突破，将市场上的各种企业主体全部纳入《企业破产法》的保护范围，有利于解决市场退出的问题，促进市场良性健康发展。

但是，应当看到，《企业破产法》仍然没有将自然人纳入破产范围。这也是《企业破产法》今后的努力方向。

将自然人纳入《企业破产法》调整范围，是维持市场秩序的需要。大量的经济主体以自然人的身份参与市场活动，形成债权债务关系，当出现不能清偿到期债务的情况，如果没有《企业破产法》的规范，债权人势必陷入对债务人财产的争夺。这种争夺过程导致了资源的浪费，不能最大限度地保证债权人资金的回收，同时也会损害债务人的利益，造成极高的社会成本。个人破产制度的缺失最终将会导致个人信用市场的萎缩和社会交易链条的断裂，严重损害经济体系的效率。正是出于这个原因，各国破产法都对个人破产的内容进行了规范，确立了个人破产制度。新《企业破产法》将个人破产排除在外，是令人遗憾的，应当及时加以完善，将个人破产制度引入《企业破产法》。

将法律适用范围扩大到承担有限责任的各种所有制的企业法人，已是一大进步。至于不具有法人资格的合伙企业、个人独资企业，由于现行法律规定其合伙人、出资人应对企业债务承担无限连带责任，这些企业如果破产，必然会连带牵涉到企业合伙人、出资人个人破产问题。关于《企业破产法》的适用范围是否包括"合伙企业及其合伙人、个人独资企业及其出资人"的问题，有的意见认为，将合伙企业及其合伙人、个人独资企业及其出资人纳入《企业破产法》的适用范围，涉及从事经营活动的个人破产问题。目前，在我国个人信用体系还不健全，尚无有效手段防止个人借破产之机隐匿财产、逃避债务的情况下，对个人实行破产的条件尚不成熟，在相关法律修改前，这两类企业的债务清偿问题，仍可按照民事诉讼法等有关法律的规定执行。

五、案例分析题

答案：（1）①大地机械有限责任公司系中外合资企业，由地区、地级市以上管理机关核准登记，故应由企业所在地中级人民法院受理。

②人民法院受理破产申请后，已经开始而尚未终结的有关债务人的民事诉讼应中止，故省建筑公司诉大地机械有限责任公司的案件应中止诉讼。

③工商银行的2000万元贷款，应向人民法院申报债权，并书面说明债权的数额和有无财产担保，并提交证据。

④建设银行可以参加破产程序，申报债权。因为破产案件中债务人作为保证人的，债权人享有是否将其债权作为破产债权的选择权。

⑤财产状况说明、债权债务清册、有关财务会计报告、职工安置预案以及职工工资的支付和社会保险费用的缴纳情况。

（2）人民法院应该在受理破产申请之日起25日内通知已知债务人并发布公告，并在受理破产申请的同时指定管理人。不应由审判员独任审理，应组成合议庭审理；工商银行的异议是依据法律作出的，有担保权的债权应该得到优先受偿，法院应予以支持。

第二十一章　破产管理人

基础知识图解

破产管理人的概念及法律地位
- 清算组制度的废除
- 破产管理人的选任
- 破产管理人的职责
- 破产管理人的义务与权利：勤勉尽责、忠实执行职务，管理人辞去职务应经人民法院许可
- 对破产管理人的监督

配套测试

一、单项选择题

1. 破产财产分配方案由（　　）提出。

A. 债权人会议

B. 清算组

C. 人民法院

D. 管理人

2. 破产财产分配完毕，由（　　）提请人民法院终结破产程序。破产程序终结后，未得到清偿的债权不再清偿。

A. 债权人会议　　B. 清算组

C. 管理人　　D. 合议庭

3. 企业破产案件中，对破产企业未履行的合同，（　　）可以决定解除或继续履行。

A. 债权人会议　　B. 管理人

C. 清算组　　D. 人民法院

4. 在下列情况中，可以向管理人主张破产抵销权是（　　）。

A. 债权人在破产受理前对破产企业发生的债务

B. 债权人在破产宣告前对破产企业发生的债务

C. 债权人在已知债务人有不能清偿到期债务，对债务人负担债务的

D. 债务人的债务人已知破产申请的事实，对债务人负担债务的

5. 千叶公司因不能清偿到期债务，被债权人百草公司申请破产，法院指定甲律师事务所为管理人。下列哪一选项是错误的？（　　）

A. 甲律师事务所租赁百草公司酒店用作管理人办公室的行为不违反破产法的规定

B. 甲律师事务所有权处分千叶公司的财产

C. 甲律师事务所有权因担任管理人而获得报酬

D. 如甲律师事务所不能胜任职务，债权人会议有权罢免其管理人资格

6. 祺航公司向法院申请破产，法院受理并指定甲为管理人。债权人会议决定设立债权人委员会。现昊泰公司提出要受让祺航公司的全部业务与资产。甲的下列哪一做法是正确的？（　　）（司考 2016. 3. 31）

A. 代表祺航公司决定是否向昊泰公司转让业务与资产

B. 将该转让事宜交由法院决定

C. 提议召开债权人会议决议该转让事宜

D. 作出是否转让的决定并将该转让事宜报告债权人委员会

7. 2017 年 12 月，甲公司职工刘某因工负伤，因甲公司未缴纳工伤保险费，刘某住院后，

由甲公司先行垫付医药费，并支付了相应的误工护理费。2018 年 2 月 12 日，甲公司被受理破产申请，但甲公司尚未向刘某支付伤残赔偿金和住院期间的工资待遇。关于管理人的撤销权和刘某的债权，下列说法正确的是：（　）。

A. 管理人可撤销垫付医药费
B. 管理人可撤销赔偿误工费
C. 劳动者有权在债权人会议行使表决权
D. 如刘某未申报债权，则不能参加破产清偿

二、多项选择题

1. 某企业长期亏损，终致资不抵债，无法清偿到期债务。债权人依法向人民法院申请宣告该企业破产。人民法院受理该破产案件后，经过审查，作出裁定，宣告该企业破产。但人民法院在审理该案过程中，发现在人民法院受理该破产申请前一年内，涉及债务人财产的下列行为，管理人有权请求人民法院予以撤销（　）。

A. 非正常压价出售了其部分产品
B. 对原来没有财产担保的其他个别企业债务提供了财产担保
C. 对个别企业的未到期债务给予了清偿
D. 对欠企业职工的两个月工资给予了一次性补发

2. 某破产案件中，债权人向法院提出更换管理人的申请。申请书中指出了如下事实，其中哪些属于主张更换管理人的正当事由？（　）（司考 2009. 3. 76）

A. 管理人列席债权人会议时，未如实报告债务人财产接管情况，并拒绝回答部分债权人询问
B. 管理人将债务人的一处房产转让给第三人，未报告债权人委员会
C. 债权人对债务人在破产申请前曾以还债为名向关联企业划转大笔资金的情况多次要求调查，但管理人一再拖延
D. 管理人将对外追收债款的诉讼业务交给其所在律师事务所办理，并单独计收代理费

3. 根据《企业破产法》规定，关于破产管理人，下列哪些选项是错误的？（　）

A. 自然人不得担任破产管理人
B. 破产管理人可以由法院指定或者债务人聘请，也可以由债权人会议聘请
C. 破产管理人应当在法院的指导下开展工作
D. 破产管理人的报酬由管理人与债权人会议协商确定

三、名词解释

破产管理人

四、简答题

1. 简述破产管理人的职责。

2. 结合《企业破产法》简述破产管理人的监督机制。

参考答案

一、单项选择题

1. 答案：D。本题考查的是提出破产分配方案的主体。《企业破产法》第 115 条第 1 款规定：“管理人应当及时拟订破产分配方案，提交债权人会议讨论。”据此，本题正确答案为 D。

2. 答案：C。本题考查的是提请人民法院终结破产程序的主体。根据《企业破产法》第 120 条第 2 款的规定，管理人在最后分配完结后，应当及时向人民法院提交破产财产分配报告，并提请人民法院裁定终结破产程序。据此，本题正确答案为 C。

3. 答案：B。本题考查的是破产案件中有权决定未履行合同的处理的主体。《企业破产法》第 18 条第 1 款规定：“人民法院受理破产申请后，管理人对破产申请受理前成立而债务人和对方当事人均未履行完毕的合同有权决定解除或者继续履行，并通知对方当事人。管理人自破产申请受理之日起二个月内未通知对方当事人，或者自收到对方当事人催告之日起三十日内未答复的，视为解除合同。管理人决定继续履行合同的，对方当事人应当履行；但是，对方当事人有权要求管理人提供担保。管理人不提供担保的，视为解除合同。”据此，本题正确答案为 B。

4. 答案：A。本题考查的是可以行使破产抵销权的主体。《企业破产法》第40条规定："债权人在破产申请受理前对债务人负有债务的，可以向管理人主张抵销。但是，有下列情形之一的，不得抵销：（一）债务人的债务人在破产申请受理后取得他人对债务人的债权的；（二）债权人已知债务人有不能清偿到期债务或者破产申请的事实，对债务人负担债务的；但是，债权人因为法律规定或者有破产申请一年前所发生的原因而负担债务的除外；（三）债务人的债务人已知债务人有不能清偿到期债务或者破产申请的事实，对债务人取得债权的；但是，债务人的债务人因为法律规定或者有破产申请一年前所发生的原因而取得债权的除外。"据此，本题正确答案为A。

5. 答案：D。本题考查的是破产管理人的权力和任免。《企业破产法》第25条第1款规定："管理人履行下列职责：……（六）管理和处分债务人的财产；……"因此B项正确。第28条第2款规定，管理人的报酬由人民法院确定。因此C项正确。管理人为履行职务，有权租赁办公室进行日常办公，不违反破产法的规定，因此A项也正确。《企业破产法》第22条第2款规定："债权人会议认为管理人不能依法、公正执行职务或者有其他不能胜任职务情形的，可以申请人民法院予以更换。"据此，债权人会议无权直接罢免管理人，D项错误。本题为选非题，故选D。

6. 答案：D。《企业破产法》第25条第1款规定："管理人履行下列职责：（一）接管债务人的财产、印章和账簿、文书等资料；（二）调查债务人财产状况，制作财产状况报告；（三）决定债务人的内部管理事务；（四）决定债务人的日常开支和其他必要开支；（五）在第一次债权人会议召开之前，决定继续或者停止债务人的营业；（六）管理和处分债务人的财产；（七）代表债务人参加诉讼、仲裁或者其他法律程序；（八）提议召开债权人会议；（九）人民法院认为管理人应当履行的其他职责。"据此，破产管理人有权管理和处分债务人的财产。需要注意的是，《企业破产法》第69条第1款规定："管理人实施下列行为，应当及时报告债权人委员会：（一）涉及土地、房屋等不动产权益的转让；（二）探矿权、采矿权、知识产权等财产权的转让；（三）全部库存或者营业的转让；（四）借款；（五）设定财产担保；（六）债权和有价证券的转让；（七）履行债务人和对方当事人均未履行完毕的合同；（八）放弃权利；（九）担保物的取回；（十）对债权人利益有重大影响的其他财产处分行为。"据此，在破产管理人决定处分债务人的财产时，应当及时报告债权人委员会，故D项正确。破产管理人属于破产程序中的法定机构，并非债务人的法定代表人，更多时候反而是代表债权人，破产管理人作出处分债务人财产的决定并非代表债务人，故A项表述错误。B项，法院并不决定破产人的资产转让事宜，故B项错误。

《企业破产法》第61条第1款规定："债权人会议行使下列职权：（一）核查债权；（二）申请人民法院更换管理人，审查管理人的费用和报酬；（三）监督管理人；（四）选任和更换债权人委员会成员；（五）决定继续或者停止债务人的营业；（六）通过重整计划；（七）通过和解协议；（八）通过债务人财产的管理方案；（九）通过破产财产的变价方案；（十）通过破产财产的分配方案；（十一）人民法院认为应当由债权人会议行使的其他职权。"据此，债权人会议的职责中并不包含处分债务人财产的内容，处分债务人财产事宜由破产管理人决定，故C项错误。

7. 答案：C。本题考查管理人的撤销权和债权人的债权。A、B项：《企业破产法》第32条规定，人民法院受理破产申请前6个月内，债务人有本法第2条第1款规定的情形，仍对个别债权人进行清偿的，管理人有权请求人民法院予以撤销。但是，个别清偿使债务人财产受益的除外。《企业破产法解释（二）》第16条第2项规定，债务人对债权人进行的以下个别清偿，管理人依据企业破产法第32条的规定请求撤销的，人民法院不予支持：债务人支付劳动报酬、人身损害赔偿金的。甲公司支付给刘某的医药费、误工费等都属于人身损害赔偿金，不能撤销，A、B错误。《企业破产法》第82条第1款第2项规定，下列各类债权的债权人参加讨论重整计划草案的债权人会议，依照下列债权分类，分组对重整计划草案进行表决：(2)债务人所欠职工的工资和医疗、伤残补助、抚恤费用，所欠的应当划入职工个人账户的基本养老保险、基本医疗保险费用，以及法律、行政法规规定应当支付给职工的补偿金。这一规定表明，刘某作为职工，是有表决权的，C正确。《企业破产法》第48条第2款规定，债务人所欠职工的工资和医疗、伤残补助、抚恤费用，所欠的应当划入职工个人账户的基本养老保险、基本医疗保险费用，以及法律、行政法规规定应当支付给职工的补偿金，不必申报，由管理人调查后列出清单并予以公示。职工对清单记载有异议的，可以要求管理人更正；管理人不予更正的，职工可以向人民法院提起诉讼。因此，刘某所享有的工资债权是无须申报的，D错误。需要注意的是，无须申报的职工债权不包括因工伤而产生的伤残赔偿金等。因此，就伤残赔偿金等债权，刘某应该进行申报。

二、多项选择题

1. 答案：ABC。本题考查的是管理人有权请求人民法院予以撤销的行为范围。《企业破产法》第31条规定："人民法院受理破产申请前一年内，涉及债务人财产的下列行为，管理人有权请求人民法院予以撤销：（一）无偿转让财产的；（二）以明显不合理的价格进行交易的；（三）对没有财产担保的债务提供财产担保的；（四）对未到期的债务提前清偿的；（五）放弃债权的。"据此，本题正确答案为A、B、C。

2. 答案：ABC。《企业破产法》第22条第2款规定，债权人会议认为管理人不能依法、公正执行职务或者有其他不能胜任职务情形的，可以申请人民法院予以更换。

《企业破产法》第23条规定，管理人依照本法规定执行职务，向人民法院报告工作，并接受债权人会议和债权人委员会的监督。

管理人应当列席债权人会议，向债权人会议报告职务执行情况，并回答询问。

根据《企业破产法》第23条的规定，管理人有依法履行职务并在列席债权人会议时，向债权人会议报告职务执行情况并回答询问的义务。A项中，管理人不如实报告债务人财产接管情况，并拒绝回答部分债权人询问的行为违反了法律规定的法定义务，属于《企业破产法》第22条第2款规定的不能依法、公正执行职务的情况。债权人可以以此为由申请更换管理人。因此，A项正确。

《企业破产法》第69条第1项规定，管理人实施涉及土地、房屋等不动产权益的转让应当及时报告债权人委员会。B项中，管理人将债务人的一处房产转让给第三人，未报告债权人委员会的行为违反了法律规定的法定义务，属于《企业破产法》第22条第2款规定的不能依法、公正执行职务的情况。债权人可以以此为由申请更换管理人。因此，B项正确。

《企业破产法》第33条第1项规定，债务人为逃避债务而隐匿、转移财产的行为无效。第34条规定，因本法第31条、第32条或者第33条规定的行为而取得的债务人的财产，管理人有权追回。据此可知，管理人有义务对债务人在破产申请前为逃避债务而转移财产的行为进行调查，如果属实应当将转移财产追回。本题C项中，管理人怠于行使上述法定职权，属于《企业破产法》第22条第2款规定的不能依法、公正执行职务的情况。债权人可以以此为由申请更换管理人。因此，C项正确。

《企业破产法》第24条规定，管理人可以由有关部门、机构的人员组成的清算组或者依法设立的律师事务所、会计师事务所、破产清算事务所等社会中介机构担任。据此可知，律师事务所可以担任破产企业的管理人，如果管理人是律师事务所来担任的，那么管理人将对外追收债款的诉讼业务交给其所在律师事务所办理，并单独计收代理费的行为是合法的，不属于债权人申请更换管理人的理由。因此，D项错误。

3. 答案：ABCD。《企业破产法》第24条第1款、第2款规定，管理人可以由有关部门、机构的人员组成的清算组或者依法设立的律师事务所、会计师事务所、破产清算事务所等社会中介机构担任。人民法院根据债务人的实际情况，可以在征询有关社会中介机构的意见后，指定该机构具备相关专业知识并取得执业资格的人员担任管理人。由此，管理人可以由有关部门、机构的人员组成的清算组或者依法设立的律师事务所、会计师事务所、破产清算事务所等社会中介机构担任，也可以由社会中介机构中具备相关专业知识并取得执业资格的个人担任。故A项的说法错误。第22条第1款规定，管理人由人民法院指定。因此B项说法错误。第23条第1款规定，管理人依照本法规定执行职务，向人民法院报告工作，并接受债权人会议和债权人委员会的监督。由此，破产管理人是依照法律规定自行执行事务，而不是在人民法院的指导下开展工作，故C项的说法错误。第22条第3款规定，指定管理人和确定管理人报酬的办法，由最高人民法院规定。故D项的说法错误。本题的正确答案是A、B、C、D。

三、名词解释

答案：破产管理人，是指破产程序启动以后依法成立的，在法院的指挥和监督之下全面接管债务人企业并负责债务人财产的保管、清理、估价、处理和分配等事务的专门机构。管理人概念有广义与狭义之分。狭义的管理人仅负责破产清算程序中的工作，所以又称破产管理人；而广义的管理人则在重整程序中也承担管理工作（通常称重整人）。破产程序中的管理人是法院指定成立的一个特殊机构，对法院负责，并受债权人会议和债权人委员会的监督，其具有独立的地位，依照《企业破产法》的规定行使权利和承担义务，通过对债务人财产的管理、处分、分配、清算及其特定情况下的重整与和解，一方面形成在破产程序中的管理人中心主义的结构模式，另一方面又要综合平衡债权人、债务人和整个社会的利益。

四、简答题

1. 答案：管理人是法院指定成立的一个特殊机构，对法院负责，并受债权人会议和债权人委员会的监督，具有独立的地位。我国《企业破产法》第25条明确规定了管理人在破产程序进行期间有以下职责：（1）接管债务人的财产、印章和账簿、文书等资料。（2）调查债务人财产状况报告，即管理人对债务人的财产进行权属界定、范围界定、分类界定和登记注册的活动。（3）决定债务人的内部管理事务。（4）决定债务人的日常开支和其他必要开支。（5）在第一次债权人会议召开之前，决定继续或者停止债务人的营业。（6）管理和处分债务人的财产。（7）代表债务人参加诉讼、仲裁或其他法律程序。在破产程序中，债务人丧失了对其财产进行管理和处分的权利，也丧失了诉讼实施权，故由管理人代表债务人参加诉讼或仲裁。（8）提议召开债权人会议。（9）人民法院认为管理人应当履行的其他职责。

2. 答案：《企业破产法》第22条第1款和第23条第1款规定，管理人由人民法院指定和管理人向人民法院报告工作。即管理人由法院产生必然要受其监督。法院对管理人的监督具体体现在以下方面：

（1）第22条第2款规定："债权人会议认为管理人不能依法、公正执行职务或者有其他不能胜任职务情形的，可以申请人民法院予以更换。"即法院可以根据债权人会议的请求，裁定撤销不能胜任管理职务的管理人资格，另行指定管理人。

（2）第26条规定："在第一次债权人会议召开之前，管理人决定继续或者停止债务人的营业或者有本法第六十九条规定行为之一的，应当经人民法院许可。"

（3）第28条第1款规定："管理人经人民法院许可，可以聘用必要的工作人员。"

（4）第29条规定："管理人没有正当理由不得辞去职务。管理人辞去职务应当经人民法院许可。"

根据《企业破产法》的规定，债权人会议和债权人委员会对于管理人的监督主要体现在以下方面：

（1）第22条第2款规定："债权人会议认为管理人不能依法、公正执行职务或者有其他不能胜任职务情形的，可以申请人民法院予以更换。"债权人会议有请求法院将不能胜任职务的管理人予以更换的权利，体现出的是债权人会议对于管理人任职资格的监督。

（2）第23条第2款规定："管理人应当列席债权人会议，向债权人会议报告职务执行情况，并回答询问。"债权人会议有质询管理人的权利，管理人则负有出席债权人会议报告职务执行情况并如实回答债权人会议询问的义务。

（3）第61条明确列出了债权人会议的职权，其中债权人会议有权申请人民法院更换管理人，审查管理人的报酬和监督管理人。

（4）第68条第1款及第2款明确规定了债权人委员会的职权，分别为：监督债务人财产的管理和处分；监督破产财产分配；提议召开债权人会议；债权人会议委托的其他职权。债权人委员会执行职务时，有权要求管理人、债务人对其职权范围内的事务作出说明或者提供有关文件。

（5）第69条规定，管理人实施下列行为，应当及时报告债权人委员会：涉及土地、房屋等不动产权益的转让；探矿权、采矿权、知识产权等财产权的转让；全部库存或者营业的转让；借款；设定财产担保；债权和有价证券的转让；履行债务人和对方当事人均未履行完毕的合同；放弃权利；担保物的取回；对债权人利益有重大影响的其他财产处分行为。

第二十二章　破产财产、破产费用与共益债务制度

基础知识图解

- 破产财产、破产费用与共益债务制度
  - 破产财产
    - 破产财产与破产财团
    - 破产财团的分类及范围构成上的立法例：法定财团、实在财团、分配财团
    - 我国破产财产的范围及例外
  - 破产费用的概念和特征
  - 共益债务制度

配套测试

一、单项选择题

1. 破产企业的破产财产不包括下列哪项内容？(　　)

A. 宣告破产时破产企业经营管理的全部财产

B. 破产企业在破产宣告后至破产程序终结前所取得的财产

C. 作为担保物的财产

D. 担保物的价款超过所担保债务数额的部分

2. 长虹储运公司是一家国有企业，因经营不善进入破产程序。与该公司有关的下列哪种款项或费用属于破产债权？(　　)

A. 债权人甲公司因参加破产程序花费 5 万元

B. 破产宣告时长虹储运公司欠乙公司 2 万元贷款，离偿付日期还有 1 个月

C. 长虹储运公司向银行贷款 10 万元，该项贷款以长虹储运公司价值 20 万元的房产作抵押担保

D. 长虹储运公司拖欠某市地方税务局税款 5 万元

3. 光华公司宣告破产后，下列哪些财产不属于破产财产？(　　)

A. 宣告破产时列入破产企业资产表内的厂房、机械设备和土地使用权

B. 公司所拥有的知识产权

C. 破产企业作为担保人提供的抵押物和质物

D. 破产企业在破产程序进行期间所取得的营业收入

4. 绿杨公司因严重资不抵债向法院申请破产，法院已经受理其申请。根据《企业破产法》的规定，在法院已经受理破产申请、尚未宣告绿杨公司破产之时，下列哪一项财产不构成债务人财产？(　　)

A. 绿杨公司享有的未到期债权

B. 管理人撤销绿杨公司 6 个月前以明显不合理价格进行交易涉及的财产

C. 绿杨公司所有但已设定抵押的财产

D. 绿杨公司购买的正在运输途中的但尚未付清货款的货物

5. 某公司因经营不善，现进行破产清算。关于本案的诉讼费用，下列哪一说法是错误的？(　　)（司考 2012. 3. 30）

A. 在破产申请人未预先交纳诉讼费用时，

法院应裁定不予受理破产申请
B. 该诉讼费用可由债务人财产随时清偿
C. 债务人财产不足时，诉讼费用应先于共益费用受清偿
D. 债务人财产不足以清偿诉讼费用等破产费用的，破产管理人应提请法院终结破产程序

二、多项选择题

1. 人民法院受理破产案件后，涉及债务人财产的下列行为无效：(　　)
A. 债务人为维持正常生产经营进行的必要的债务清偿
B. 为逃避债务而隐匿转移财产
C. 对原来没有财产担保的债务提供财产担保
D. 虚构债务或承认不真实的债务

2. 涉及债务人财产的下列行为的法律效果表述正确的是（　　）。
A. 无偿转让财产的行为若发生在人民法院受理破产案件前 6 个月，有效
B. 为逃避债务而隐匿、转移财产的行为，无效
C. 以明显不合理的价格进行交易的，在人民法院受理破产申请前一年内，管理人有权请求人民法院予以撤销
D. 虚构债务或承认不真实的债务的，管理人有权请求人民法院予以撤销

3. 某建筑公司因严重资不抵债向法院申请破产救济。关于该案破产财产范围和清偿顺序等，下列哪些选项是错误的？(　　)
A. 该公司所欠民工工资应当列入破产费用先行清偿
B. 该公司租用甲公司的一套建筑设备不能列入破产财产
C. 该公司的一批脚手架已抵押给某银行，该批脚手架不能列入破产财产
D. 该公司员工对该公司的投资款只能作为普通债权受偿

4. 甲公司向乙银行贷款 100 万元，由 A 公司和 B 公司作为共同保证人，并以甲公司的厂房作抵押担保。其后，甲公司因严重资不抵债而向法院申请破产。法院裁定受理破产申请，并指定了破产管理人。下列哪些选项是正确的？(　　)（司考 2008.3.73）
A. 管理人可以优先清偿乙银行的债务
B. 如 A 公司已代甲公司偿还了乙银行贷款，则其可向管理人申报 100 万元债权
C. 如乙银行不申报债权，则 A 公司或 B 公司均可向管理人申报 100 万元债权
D. 如乙银行已申报债权并获 40 万元分配，则剩余 60 万元债权因破产程序终结而消灭

三、名词解释

1. 债务人财产
2. 破产费用
3. 破产无效行为与破产法上的可撤销的行为（华东政法大学 2007 年考研真题）

四、简答题

简述破产无效行为及其认定。

参考答案

一、单项选择题

1. **答案**：C。已经作为担保物的财产不属于破产财产。《企业破产法》第 30 条规定：“破产申请受理时属于债务人的全部财产，以及破产申请受理后至破产程序终结前债务人取得的财产，为债务人财产。”故本题选 C。
2. **答案**：B。破产宣告前成立的无财产担保的债权和放弃优先受偿权的有财产担保的债权为破产债权；破产企业所欠税款不属于破产债权；债权人参加破产程序的费用也不得作为破产债权。故本题 A、C、D 都不属于破产债权，正确答案为 B。
3. **答案**：C。本题考查的是破产财产的范围。《企业破产法》第 30 条规定：“破产申请受理时属于债务人的全部财产，以及破产申请受理后至破产程序终结前债务人取得的财产，为债务人财产。”据此，本题 C 项不属于破产财产的范围，为本题正确答案。
4. **答案**：D。本题考查的是破产法律中债务人

财产的范围。《企业破产法》第30条规定："破产申请受理时属于债务人的全部财产，以及破产申请受理后至破产程序终结前债务人取得的财产，为债务人财产。"据此，债务人享有的未到期债权和设定抵押的财产均属于债务人财产，A、C不选。《企业破产法》第31条规定："人民法院受理破产申请前一年内，涉及债务人财产的下列行为，管理人有权请求人民法院予以撤销：……（二）以明显不合理的价格进行交易的；……"上述处分行为经撤销后，标的财产同样属于债务人财产，B项不选。《企业破产法》第39条规定："人民法院受理破产申请时，出卖人已将买卖标的物向作为买受人的债务人发运，债务人尚未收到且未付清全部价款的，出卖人可以取回在运途中的标的物。但是，管理人可以支付全部价款，请求出卖人交付标的物。"因此，上述标的物不属于债务人财产，D项正确。

5. **答案**：A。《最高人民法院关于适用〈中华人民共和国企业破产法〉若干问题的规定（一）》第8条规定："破产案件的诉讼费用，应根据企业破产法第四十三条的规定，从债务人财产中拨付。相关当事人以申请人未预先交纳诉讼费用为由，对破产申请提出异议的，人民法院不予支持。"据此，破产申请人申请企业破产清算不以预先交纳诉讼费用为前提，故A项错误，当选。

《企业破产法》第43条第1款规定："破产费用和共益债务由债务人财产随时清偿。"该法第41条规定："人民法院受理破产申请后发生的下列费用，为破产费用：（一）破产案件的诉讼费用；（二）管理、变价和分配债务人财产的费用；（三）管理人执行职务的费用、报酬和聘用工作人员的费用。"据此，破产清算的诉讼费用属于企业破产费用，应当以债务人财产随时清偿，故B项正确，不能选。

《企业破产法》第43条第2款规定："债务人财产不足以清偿所有破产费用和共益债务的，先行清偿破产费用。"诉讼费用属于破产费用，而共益费用属于共益债务，所以诉讼费用应先于共益费用受清偿，C项正确，不能选。

《企业破产法》第43条第4款规定："债务人财产不足以清偿破产费用的，管理人应当提请人民法院终结破产程序。人民法院应当自收到请求之日起十五日内裁定终结破产程序，并予以公告。"据此，D项正确，不能选。

二、多项选择题

1. **答案**：BD。本题考查的是特定期限内破产企业的行为无效的情况。《企业破产法》第33条规定："涉及债务人财产的下列行为无效：（一）为逃避债务而隐匿、转移财产的；（二）虚构债务或者承认不真实的债务的。"据此，本题正确答案为B、D。
2. **答案**：BC。本题考查的是涉及债务人财产的行为的效力。《企业破产法》第33条规定："涉及债务人财产的下列行为无效：（一）为逃避债务而隐匿、转移财产的；（二）虚构债务或者承认不真实的债务的。"第31条规定："人民法院受理破产申请前一年内，涉及债务人财产的下列行为，管理人有权请求人民法院予以撤销：（一）无偿转让财产的；（二）以明显不合理的价格进行交易的；（三）对没有财产担保的债务提供财产担保的；（四）对未到期的债务提前清偿的；（五）放弃债权的。"据此，本题正确答案为B、C。
3. **答案**：ACD。《企业破产法》第113条第1款规定，破产财产在优先清偿破产费用和共益债务后，依照下列顺序清偿：（1）破产人所欠职工的工资和医疗、伤残补助、抚恤费用，所欠的应当划入职工个人账户的基本养老保险、基本医疗保险费用，以及法律、行政法规规定应当支付给职工的补偿金；（2）破产人欠缴的除前项规定以外的社会保险费用和破产人所欠税款；（3）普通破产债权。第41条规定，人民法院受理破产申请后发生的下列费用，为破产费用：（1）破产案件的诉讼费用；（2）管理、变价和分配债务人财产的费用；（3）管理人执行职务的费用、报酬和聘用工作人员的费用。本题中，农民工的工资并不属于破产费用，其受偿顺序在破产费用之后，A项说法错误。第30条规定，破产申请受理时属于债务人的全部财产，以及破产申请受理后至破产程序终结前债务人取得的财产，为债务人财产。第107条第2款规定，债务人被宣告破产后，债务人称为破产人，债务人财产称为破产财产。第38条规定，人民法院受理破产申请后，债务人占有的不属于债务人的财产，该财产的权利人可以通过管理人取回。但是，本法另有规定的除外。因此B项说法正确，C项说法错误，按照破产财产的定义，抵押物也属于破产财产。员工对公司投资后是作为公司股东身份存在的，其不是债权人，因此不能作为债权人受偿，D项说法错误。本题的正确答案是A、C、D。

4. 答案：BC。《企业破产法》第16条规定，人民法院受理破产申请后，债务人对个别债权人的债务清偿无效。因此，A的说法错误，不当选。第51条规定，债务人的保证人或者其他连带债务人已经代替债务人清偿债务的，以其对债务人的求偿权申报债权。债务人的保证人或者其他连带债务人尚未代替债务人清偿债务的，以其对债务人的将来求偿权申报债权。但是，债权人已经向管理人申报全部债权的除外。由此，B和C是正确的，当选。第110条规定，享有本法第109条规定权利的债权人行使优先受偿权利未能完全受偿的，其未受偿的债权作为普通债权；放弃优先受偿权利的，其债权作为普通债权。由此，D是错误的，不当选。本题正确答案是B、C。

三、名词解释

1. 答案：债务人财产是指破产申请受理时属于债务人的全部财产，以及破产申请受理后至破产程序终结前债务人取得的财产。

2. 答案：破产费用是指为债权人的共同利益而支付的旨在保证破产程序顺利进行所必需的，并在破产程序中优先拨付的费用。包括三部分：一是破产案件的诉讼费用；二是管理、变价和分配债务人财产的费用；三是管理人执行职务的费用、报酬和聘用工作人员的费用。

3. 答案：破产无效行为，是指在债务人进入破产程序以后，所实施的为逃避债务而隐匿、转移财产的或虚构债务或者承认不真实的债务的行为。

可撤销行为，是在破产宣告后，对债务人在破产宣告前一定时期内的有害债权的行为，管理人有权请求人民法院予以撤销的行为，包括以下五种：

（1）无偿转让财产的。

（2）以明显不合理的价格进行交易的。

（3）对原来没有财产担保的债务提供财产担保的。

（4）对未到期债务提前清偿的。

（5）放弃债权的。

破产无效行为和可撤销行为的区别在于破产无效行为在性质上均属于欺诈行为，不论何时发生，均自始当然无效，而且是法定的无效行为。而对于可撤销行为，在企业正常经营情况下，属于合法有效行为。而当企业进入破产程序后，法律将撤销权赋予管理人，以防止债务人对债权人权益的损害。管理人行使撤销权必须通过法院进行，当法院撤销债务人行为后，该行为自始无效。如管理人未对可撤销行为行使撤销权，则该行为为有效行为。

四、简答题

答案：依照《企业破产法》的规定，破产案件前六个月至破产宣告之后，破产企业的下列行为无效：（1）隐匿、私分或者无偿转让财产；（2）非正常压价出售财产；（3）对原来没有财产担保的债务提供财产担保；（4）对未到期的债务提前清偿；（5）放弃自己的债权。

破产无效行为是通过破产财产的管理人行使撤销权来认定的。该撤销权具有以下特征：第一，法律规定可撤销的行为，均是以财产或财产权利为标的，不具有财产内容的行为不在撤销之列。第二，债务人的行为具有明显的侵害债权人利益的欺诈故意，或具有明显不公正的性质。第三，撤销权的设置目的是防止债权人的利益受到不正当损害。第四，撤销权只能在法定期间内构成，并得在规定时效期间内行使。

撤销权虽是为债权人之利益设立的，但只能由清算组行使。清算组在主张撤销权时，应对违法行为的存在负举证责任。清算组只要证明破产企业在法定期间进行了这些行为，法律均推定为可撤销行为。如果相对人或破产企业主张其行为不属于法律规定应撤销的行为，未损害债权人利益，应举证说明，如被认定无偿转让的财产是否是以实物或劳务为对价有偿转让的，被认定放弃的债权是否是因抵销而消灭，被认为提前清偿的债务，在撤销期外当事人是否已有变更清偿期的协议，为债务提供的物权担保是否是依当事人在撤销期外已有的协议进行等。

第二十三章　债权人会议

基础知识图解

- 债权人会议
  - 概说
    - 基本概念和作用
    - 组成：依法申报债权的债权人、债务人的保证人
    - 债权人委员会
  - 债权人会议的召集及其职权
  - 债权人会议的决议规则及决议效力

配套测试

一、单项选择题

1. 债权人会议通过和解协议，经人民法院裁定认可，（　　），并予以公告。

A. 终结破产

B. 中止破产程序

C. 终止和解程序

D. 裁定进入破产整顿程序

2. 千叶公司因不能清偿到期债务，被债权人百草公司申请破产，法院指定甲律师事务所为管理人。下列哪一选项是错误的？（　　）

A. 甲律师事务所租赁百草公司酒店用作管理人办公室的行为不违反破产法的规定

B. 甲律师事务所有权处分千叶公司的财产

C. 甲律师事务所有权因担任管理人而获得报酬

D. 如甲律师事务所不能胜任职务，债权人会议有权罢免其管理人资格

3. 田园有限公司因管理经营不善，不能清偿到期债务，于 2009 年 10 月 10 日向人民法院申请破产。法院受理后，于 10 月 13 日在报纸上刊登公告，要求该公司的债权人申报债权，并定于 11 月 13 日召开第一次债权人会议。12 月 13 日，第一次债权人会议召开，人民法院裁定田园有限公司破产，次年 3 月 10 日，人民法院宣告债务人破产的，3 月 15 日送达债务人和管理人。根据《企业破产法》，以下哪个说法是错误的？（　　）

A. 本案中第一次债权人会议不合法

B. 本案中宣告破产裁定的送达时间不合法

C. 本案中法院以裁定形式宣告田园有限公司破产是错误的

D. 本案中田园公司可以自己提出破产申请

4. 下列有关《企业破产法》中的债权人会议，说法正确的是（　　）。

A. 在债权人会议中，仅有无财产担保的债权人享有表决权

B. 债权人会议的决议，对于全体债权人均有约束力，包括有表决权和无表决权的债权人

C. 债权人会议通过和解协议草案的决议，必须由出席会议的债权人过半数通过，并且其所代表的债权额，必须占全体债权总额的 2/3 以上

D. 债权人会议主席由全体债权人民主选举产生

5. 破产案件中，债权人应当在法定期限内申报债权，逾期未申报的，（　　）。

A. 视为自动放弃债权

B. 可以在破产财产最后分配前补充申报

C. 可以在破产程序终结前向债权人会议申

报债权，经审查核实后，追加为债权人会议成员，参与破产财产分配

D. 适用《民事诉讼法》规定的代表人诉讼制度

6. 在某公司破产案件中，债权人会议经出席会议的有表决权的债权人过半数通过，并且其所代表的债权额占无财产担保债权总额的60%，就若干事项形成决议。该决议所涉下列哪一事项不符合《企业破产法》的规定？（　　）（司考 2012. 3. 31）

A. 选举 8 名债权人代表与 1 名职工代表组成债权人委员会

B. 通过债务人财产的管理方案

C. 申请法院更换管理人

D. 通过和解协议

二、多项选择题

1. 下列关于企业破产还债程序中债权人会议的说法正确的是（　　）。

A. 所有债权人均为债权人会议成员

B. 有财产担保的债权人只有放弃优先受偿权利后，才能成为债权人会议成员

C. 债权人会议主席由人民法院从有表决权的债权人中指定

D. 应当有债务人的职工和工会的代表参加，对有关问题发表意见

2. 第一次以后的债权人会议在（　　）的情况下召开。

A. 人民法院认为必要时

B. 管理人债权人会议主席提议

C. 债权人委员会有债权人会议主席提议的

D. 占无财产担保债权总额的 1/4 以上的债权人要求时

3. 和解协议草案决议的通过，必须经（　　）。

A. 出席会议的有表决权的债权人的过半数通过

B. 出席会议的有表决权的债权人的 2/3 以上多数通过

C. 所代表的债权额，必须占无财产担保债权总额的半数以上通过

D. 所代表的债权额，必须占无财产担保债权总额的 2/3 以上

4. 下列有关破产案件中债权人会议的决议的表述，正确的是（　　）。

A. 债权人会议的决议的通过要求要有出席会议的有表决权的债权人的过半数赞成且赞成票所代表的债权额占无财产担保债权总额的 1/2 以上

B. 在通过和解协议草案时要求赞成票所代表的债权额占无财产担保债权总额的 2/3 以上

C. 债权人可以委托代理人出席债权人会议，行使表决权

D. 债权人认为债权人会议的决议违法的，有权在该决议作出之日起 5 日内提请人民法院裁定

5. 根据《企业破产法》的规定，在企业法人破产还债程序中，债权人可以组成债权人会议，讨论通过破产财产的处理分配方案或者和解协议。债权人会议决定事项的具体要求有哪些？（　　）

A. 债权人会议讨论通过破产财产的处理和分配方案，应由出席会议的有表决权的债权人的过半数通过

B. 债权人会议讨论通过破产财产的处理和分配方案，表决同意通过的半数的债权人所代表的债权额必须占无财产担保债权总额的 1/2 以上

C. 债权人会议通过和解协议，必须占无财产担保债权总额的 2/3 以上

D. 债权人会议通过和解协议，必须占债权总额的半数以上

6. 根据《企业破产法》的规定，破产债权的范围包括（　　）。

A. 破产宣告前成立的无财产担保的债权和放弃优先受偿权利的有财产担保的债权

B. 破产宣告时未到期的债权

C. 有财产担保的债权，其数额超过担保物的价款的，未受清偿的部分

D. 清算组决定解除破产企业未履行的合同，另一方当事人因合同解除受到的损失额

7. 下面有关破产案件中债权申报的表述，正确的是（　　）。

A. 债权申报是申报人的单方意思表示，债权

人享有申报和不申报的自由

B. 债权申报以主张并证明债权为内容

C. 债权申报是债权人参加破产程序的必要条件

D. 申报债权，原则上应在法定期限以内，超过法定期限的，经向人民法院申请，可将申报期限予以适当延长，但经延长期限后仍未申报的，即彻底丧失申报权

8. 根据企业破产法律制度的规定，下列各项中，应当召开债权人会议的情形有（　　）。

A. 人民法院认为必要时

B. 管理人提议召开时

C. 债权人委员会提议召开时

D. 占债权总额1/4以上的债权人向债权人会议主席提议时

9. 关于债权人委员会，下列说法正确的是（　　）。

A. 债权人会议可以决定设立债权人委员会

B. 债权人会议应当设立债权人委员会

C. 债权人委员会由债权人会议选任的债权人代表和一名债务人的职工代表或者工会代表组成

D. 债权人委员会成员应当经人民法院书面决定认可

10. A公司因经营不善，资产已不足以清偿全部债务，经申请进入破产还债程序。关于破产债权的申报，下列哪些表述是正确的？（　　）（司考2015.3.73）

A. 甲对A公司的债权虽未到期，仍可以申报

B. 乙对A公司的债权因附有条件，故不能申报

C. 丙对A公司的债权虽然诉讼未决，但丙仍可以申报

D. 职工丁对A公司的伤残补助请求权，应予以申报

三、名词解释

1. 债权人会议

2. 破产债权

四、简答题

1. 简述债权人会议成员的条件和权利。

2. 试述破产案件中债权人会议的地位与职权。（华东政法大学2006年考研真题）

参考答案

一、单项选择题

1. 答案：C。本题考查的是企业与债权人会议达成协议的后果。根据《企业破产法》第98条的规定，债权人会议通过和解协议的，由人民法院裁定认可，终止和解程序，并予以公告。管理人应当向债务人移交财产和营业事务，并向人民法院提交执行职务的报告。据此，本题正确答案为C。

2. 答案：D。《企业破产法》第22条规定："管理人由人民法院指定。债权人会议认为管理人不能依法、公正执行职务或者有其他不能胜任职务情形的，可以申请人民法院予以更换。指定管理人和确定管理人报酬的办法，由最高人民法院规定。"依据该条规定，管理人由法院指定，同时赋予债权人会议向人民法院申请更换不能胜任职务管理人的权利。管理人有取得报酬的权利。选项C符合法律规定，表述正确，不是本题的正确答案。选项D的表述错误，是本题的正确答案。债权人会议有权申请法院更换不能胜任职务的管理人，而不是自己有权直接作出罢免的决定；《企业破产法》第25条规定："管理人履行下列职责：（一）接管债务人的财产、印章和账簿、文书等资料；（二）调查债务人财产状况，制作财产状况报告；（三）决定债务人的内部管理事务；（四）决定债务人的日常开支和其他必要开支；（五）在第一次债权人会议召开之前，决定继续或者停止债务人的营业；（六）管理和处分债务人的财产；（七）代表债务人参加诉讼、仲裁或者其他法律程序；（八）提议召开债权人会议；（九）人民法院认为管理人应当履行的其他职责。本法对管理人的职责另有规定的，适用其规定。"依据该条第6项的规定，选项B表述正确，非本题正确答案。管理人在破产程序中应保持中立地位，选项A所表述的行为，看似有违其要求，但是就本

题所给信息很难判断其违反了破产法的规定，且本题是单项选择题，最佳答案是选项D。

3. **答案**：C。《企业破产法》第45条规定，人民法院受理破产申请后，应当确定债权人申报债权的期限。债权申报期限自人民法院发布受理破产申请公告之日起计算，最短不得少于三十日，最长不得超过三个月。

第62条规定，第一次债权人会议由人民法院召集，自债权申报期限届满之日起十五日内召开。以后的债权人会议，在人民法院认为必要时，或者管理人、债权人委员会、占债权总额四分之一以上的债权人向债权人会议主席提议时召开。故A项表述正确。题中债权人会议召开时间不合法，B项表述正确。债务人可以申请宣告破产，故D项表述正确。

4. **答案**：B。本题考查的是有关债权人会议的规定。《企业破产法》第59条规定："依法申报债权的债权人为债权人会议的成员，有权参加债权人会议，享有表决权……"据此，本题A、D项不正确。第97条规定："债权人会议通过和解协议的决议，由出席会议的有表决权的债权人过半数同意，并且其所代表的债权额占无财产担保债权总额的三分之二以上。"据此，本题B项正确，C项不正确。

5. **答案**：B。本题考查的是破产案件中逾期未申报债权的后果。《企业破产法》第56条规定："在人民法院确定的债权申报期限内，债权人未申报债权的，可以在破产财产最后分配前补充申报；但是，此前已进行的分配，不再对其补充分配。为审查和确认补充申报债权的费用，由补充申报人承担。债权人未依照本法规定申报债权的，不得依照本法规定的程序行使权利。"据此，本题正确答案为B。

6. **答案**：D。《企业破产法》第61条第1款规定："债权人会议行使下列职权：（一）核查债权；（二）申请人民法院更换管理人，审查管理人的费用和报酬；（三）监督管理人；（四）选任和更换债权人委员会成员；（五）决定继续或者停止债务人的营业；（六）通过重整计划；（七）通过和解协议；（八）通过债务人财产的管理方案；（九）通过破产财产的变价方案；（十）通过破产财产的分配方案；（十一）人民法院认为应当由债权人会议行使的其他职权。"关于一般事项的表决程序，《企业破产法》第64条第1款规定："债权人会议的决议，由出席会议的有表决权的债权人过半数通过，并且其所代表的债权额占无财产担保债权总额的二分之一以上。但是，本法另有规定的除外。"本题中，债权人会议决定经过有表决权的债权人过半数通过，并且其所代表的债权额占无财产担保债权总额的60%，超过1/2，所以A、B、C三项符合法律规定。

关于和解协议的表决程序，《企业破产法》第97条规定："债权人会议通过和解协议的决议，由出席会议的有表决权的债权人过半数同意，并且其所代表的债权额占无财产担保债权总额的三分之二以上。"据此，D项不符合法律规定。

二、多项选择题

1. **答案**：CD。本题考查的是有关债权人会议的规定。《企业破产法》第59条第1款、第2款规定："依法申报债权的债权人为债权人会议的成员，有权参加债权人会议，享有表决权。债权尚未确定的债权人，除人民法院能够为其行使表决权而临时确定债权额的外，不得行使表决权。"第60条规定："债权人会议设主席一人，由人民法院从有表决权的债权人中指定。债权人会议主席主持债权人会议。"据此，本题C、D项正确。

2. **答案**：ABC。本题考查的是第一次以后的债权人会议召开的情况。《企业破产法》第62条第2款规定："以后的债权人会议，在人民法院认为必要时，或者管理人、债权人委员会、占债权总额四分之一以上的债权人向债权人会议主席提议时召开。"据此，本题正确答案为ABC。

3. **答案**：AD。本题考查的是和解协议的通过程序。《企业破产法》第97条规定："债权人会议通过和解协议的决议，由出席会议的有表决权的债权人过半数同意，并且其所代表的债权额占无财产担保债权总额的三分之二以上。”据此，本题正确答案为A、D。

4. **答案**：ABC。本题考查的是有关债权人会议决议的规定。《企业破产法》第64条第1款规定：“债权人会议的决议，由出席会议的有表决权的债权人过半数通过，并且其所代表的债权额占无财产担保债权总额的二分之一以上。但是，本法另有规定的除外。”据此，本题A、B项正确。根据第59条第4款的规定，债权人可以委托代理人出席债权人会议，行使表决权，故本题C项正确。又根据第64条第2款的规定，债权人认为债权人会议的决议违反法律规定，损害其利益的，可以自债权人会议作出决议之日起十五日内，请求人民法院裁定撤销该决议，责令债权人会议依法重新作出决议。故D项是不正确的。

5. **答案**：ABC。本题考查的是债权人会议作出决议的程序。《企业破产法》第64条第1款规定：“债权人会议的决议，由出席会议的有表决权的债权人过半数通过，并且其所代表的债权额占无财产担保债权总额的二分之一以上。但是，本法另有规定的除外。”

6. **答案**：ABCD。本题考查的是破产债权的范围。《企业破产法》第53条规定：“管理人或者债务人依照本法规定解除合同的，对方当事人以因合同解除所产生的损害赔偿请求权申报债权。”第110条规定：“享有本法第一百零九条规定权利的债权人行使优先受偿权利未能完全受偿的，其未受偿的债权作为普通债权；放弃优先受偿权利的，其债权作为普通债权。”第46条第1款规定：“未到期的债权，在破产申请受理时视为到期。”

7. **答案**：ABC。本题考查的是债权申报的性质和有关规定。《企业破产法》第56条规定：“在人民法院确定的债权申报期限内，债权人未申报债权的，可以在破产财产最后分配前补充申报；但是，此前已进行的分配，不再对其补充分配。为审查和确认补充申报债权的费用，由补充申报人承担……”据此，本题A、B项正确。由于法律没有关于延长债权申报的规定，故本题D项不正确。根据《企业破产法》第49条的规定，债权人申报债权时，应当书面说明债权的数额和有无财产担保，并提交有关证据。

8. **答案**：ABCD。本题考核债权人会议的召开情形。根据规定，以后的债权人会议，在人民法院认为必要时，或者管理人、债权人委员会、占债权总额1/4以上的债权人向债权人会议主席提议时召开。

9. **答案**：ACD。本题考核债权人委员会的相关规定。根据规定，债权人会议可以决定设立债权人委员会。因此选项B的说法不正确。

10. **答案**：AC。《企业破产法》第46条规定：“未到期的债权，在破产申请受理时视为到期。附利息的债权自破产申请受理时起停止计息。”据此，甲对A公司的未到期债权可以申报，A项正确。

    《企业破产法》第47条规定：“附条件、附期限的债权和诉讼、仲裁未决的债权，债权人可以申报。”据此，B项错误，C项正确。

    《企业破产法》第48条第2款规定：“债务人所欠职工的工资和医疗、伤残补助、抚恤费用，所欠的应当划入职工个人账户的基本养老保险、基本医疗保险费用，以及法律、行政法规规定应当支付给职工的补偿金，不必申报，由管理人调查后列出清单并予以公示。职工对清单记载有异议的，可以要求管理人更正；管理人不予更正的，职工可以向人民法院提起诉讼。”据此，职工丁对A公司的伤残补助请求权不必申报，故D项错误。

三、名词解释

1. **答案**：债权人会议是指在破产程序进行中为便于全体债权人参与破产程序以实现其破产程序参与权，维护全体债权人的共同利益，由全体登记在册的债权人组成的表达债权人意志和统一债权人行动的议事机构。

2. **答案**：破产债权是指人民法院受理破产申请时对债务人享有的债权。破产债权须依法申报并获得确认的，通过破产清算程序方能获得分配的债权。

破产债权应当符合以下构成要件：

(1) 破产债权限于财产上的请求权；

(2) 破产债权限于对人请求权；

(3) 破产债权限于能强制执行的债权；

(4) 破产债权原则上限于因破产申请受理前的原因而成立的债权。

四、简答题

1. 答案：根据《企业破产法》的规定，所有债权人均为债权人会议成员，包括无财产担保的债权人、有财产担保的债权人和代替债务人清偿债务后的保证人等。但是由于破产法同时规定有债权申报制度，未如期申报债权的债权人依法被剥夺参加破产程序的权利，所以实际参加债权人会议并能够成为债权人会议成员的债权人应当符合以下条件：

(1) 其债权必须在破产案件受理前成立；

(2) 已于法定期间内申报和登记；

(3) 经审查，人民法院已确认其债权人资格。

债权人会议成员依法享有请求召开债权人会议、参加会议和在会议上发言、询问、表决等权利。但是有财产担保的债权人依法在未放弃其对担保财产的优先受偿权时，不享有表决权。债权人于债权人会议所享有的一切权利，均可委托代理人代为行使。

2. 答案：债权人会议，是指由债权人组成的代表全体债权人参加破产程序的意思表示机关。它包括两层含义：一是债权人会议代表的是债权人的团体利益，而不是个别或部分债权人的利益；二是其是全体债权人的意思表示机关，即债权人参加破产程序的基本形式和表达意愿的场所，行使权利的机关。其虽不是民法上的权利主体或非法人团体，也不具备诉讼法上的诉讼能力，但在破产程序中，它具有独立的意思表示能力。因此，从本质上讲，债权人会议是一个组织体，而非临时集会活动。

债权人会议的职权是债权人依法具有的职权，是债权人从事各种活动的法律依据。根据我国《企业破产法》的规定，债权人会议的职权主要包括：(1) 审查债权人提交的有关债权的证明材料，确认债权有无财产担保及其数额。每个债权人申报的债权数额，直接关系到每个债权人可以从破产财产中实际获得清偿的额度，而且由于有财产担保的债权可以从担保财产中获得清偿，因此不作为破产债权，除非债权人放弃优先受偿权，否则不得从破产财产中获偿，因此，对于债权的存在与否，数额大小、有无担保的调查和确认有助于破产财产的公平清偿。但我国有学者认为确认债权应为司法审判机关的职权，而不适宜由债权人会议进行。(2) 决定是否通过和解协议草案。和解协议草案由债务人提出，旨在对已有的债权债务重新安排，如减少债务数额、延长还债期限等，从而使债务人能够暂时躲过破产的命运，获得一线生机，而债务人能否振兴则取决于和解后的整顿是否能获得成功，因此和解的达成势必直接影响到债权人的利益，需要由债权人会议表决通过。(3) 讨论通过破产财产的处理和分配方案。破产财产的处理方案是由清算组对破产财产进行清理、估价、变卖及其他处分行为的具体计划。

第二十四章　破产重整

基础知识图解

- 破产重整
  - 破产重整制度的概念和特征
  - 重整程序的启动
    - 重整申请的提出
    - 重整申请的受理
    - 重整程序的效力
  - 重整程序的终止
  - 重整计划的制定、表决与批准
    - 重整计划的制定
    - 重整计划的表决
    - 重整计划的批准
  - 重整计划的执行与效力
    - 重整计划的执行
    - 重整计划的效力
    - 法院裁定终止重整计划执行的后果
    - 重整计划执行完毕免除债务人的清偿责任

配套测试

一、单项选择题

1. 2017年3月，甲公司因资不抵债进入破产重整程序，乙公司对甲公司享有100万元到期债权，但乙公司在债权申报期间并未申报债权。2018年1月，甲公司重整计划执行完毕，全体普通债权人的清偿比例为45%。下列说法正确的是：（　　）。

A. 对乙公司的债权，甲公司无须承担偿还义务

B. 对乙公司的债权，参考甲公司重整方案，按同类债权等比例清偿

C. 乙公司的债权由甲公司全额清偿

D. 重整方案对乙公司不具有法律效力

2. 关于破产重整的申请与重整期间，下列哪一表述是正确的？（　　）

A. 只有在破产清算申请受理后，债务人才能向法院提出重整申请

B. 重整期间为法院裁定债务人重整之日起至重整计划执行完毕之时

C. 在重整期间，经债务人申请并经法院批准，债务人可在管理人监督下自行管理财产和营业事务

D. 在重整期间，就债务人所承租的房屋，即使租期已届至，出租人也不得请求返还

二、多项选择题

尚友有限公司因经营管理不善，决定依照《企业破产法》进行重整。关于重整计划草案，下列哪些选项是正确的？（　　）（司考2013.3.74）

A. 在尚友公司自行管理财产与营业事务时，由其自己制作重整计划草案

B. 债权人参加讨论重整计划草案的债权人会议时，应按法定的债权分类，分组对该草案进行表决

C. 出席会议的同一表决组的债权人过半数同意重整计划草案，即为该组通过重整

计划草案

D. 三分之二以上表决组通过重整计划草案，重整计划即为通过

三、不定项选择题

1. 下列各项中属于人民法院应依法宣告破产程序终结的情形是：(　　)。

A. 和解协议草案经债权人会议表决未获通过

B. 第三人为债务人提供足额担保或为债务人清偿全部到期债务

C. 债务人不能执行重整计划

D. 债务人已清偿全部到期债务

2. 下列有关重整制度的表述，说法正确的是(　　)。

A. 在重整期间，对债务人的特定财产享有的担保权暂停行使

B. 担保物有损坏或者价值明显减少的可能，足以危害担保权人权利的，担保权人可以向人民法院请求恢复行使担保权

C. 在重整期间，债务人或者管理人为继续营业而借款的，可以为该借款设定担保

D. 在重整期间，债务人的出资人可以请求投资收益分配

四、名词解释

1. 破产和解

2. 破产重整

五、简答题

简述破产重整与和解、清算的关系。

六、论述题

论述重整制度的目的和功能。

参考答案

一、单项选择题

1. 答案：B。本题考查重整法律制度中的未申报债权清偿规则。根据《企业破产法》第92条第2款，债权人未依照规定申报债权的，在重整计划执行期间不得行使权利；在重整计划执行完毕后，可以按照重整计划规定的同类债权的清偿条件行使权利。A、C项错误，B项正确。

根据《企业破产法》第92条第1款，经人民法院裁定批准的重整计划，对债务人和全体债权人均有约束力。D项错误。

2. 答案：C。《企业破产法》第70条规定：“债务人或者债权人可以依照本法规定，直接向人民法院申请对债务人进行重整。债权人申请对债务人进行破产清算的，在人民法院受理破产申请后、宣告债务人破产前，债务人或者出资额占债务人注册资本十分之一以上的出资人，可以向人民法院申请重整。”据此，债务人或者债权人可以不经过申请破产程序而直接申请破产重整，故A项错误。

《企业破产法》第72条规定：“自人民法院裁定债务人重整之日起至重整程序终止，为重整期间。”第88条规定：“重整计划草案未获得通过且未依照本法第八十七条的规定获得批准，或者已通过的重整计划未获得批准的，人民法院应当裁定终止重整程序，并宣告债务人破产。”据此，重整计划可能根本无法获得债权人会议通过或者法院批准，此时重整程序终止。《企业破产法》第93条第1款规定：“债务人不能执行或者不执行重整计划的，人民法院经管理人或者利害关系人请求，应当裁定终止重整计划的执行，并宣告债务人破产。”据此，重整计划可能被执行，也可能不被执行，如果重整计划不被执行，重整程序也要终止。所以，破产重整期间的终点为重整程序终止之时而非重整计划执行完毕之时，故B项错误。

《企业破产法》第89条规定：“重整计划由债务人负责执行。人民法院裁定批准重整计划后，已接管财产和营业事务的管理人应当向债务人移交财产和营业事务。”第90条规定：“自人民法院裁定批准重整计划之日起，在重整计划规定的监督期内，由管理人监督重整计划的执行。在监督期内，债务人应当向管理人报告重整计划执行情况和债务人财务状况。”据此，重整计划由债务人

附赠

高校法学专业核心课程配套测试

中华人民共和国
证券法

中国法制出版社

中华人民共和国证券法

（1998 年 12 月 29 日第九届全国人民代表大会常务委员会第六次会议通过　根据 2004 年 8 月 28 日第十届全国人民代表大会常务委员会第十一次会议《关于修改〈中华人民共和国证券法〉的决定》第一次修正　2005 年 10 月 27 日第十届全国人民代表大会常务委员会第十八次会议第一次修订　根据 2013 年 6 月 29 日第十二届全国人民代表大会常务委员会第三次会议《关于修改〈中华人民共和国文物保护法〉等十二部法律的决定》第二次修正　根据 2014 年 8 月 31 日第十二届全国人民代表大会常务委员会第十次会议《关于修改〈中华人民共和国保险法〉等五部法律的决定》第三次修正　2019 年 12 月 28 日第十三届全国人民代表大会常务委员会第十五次会议第二次修订　2019 年 12 月 28 日中华人民共和国主席令第 37 号公布　自 2020 年 3 月 1 日起施行）

目　　录

第一章　总　则

第一条　为了规范证券发行和交易行为，保护投资者的合法权益，维护社会经济秩序和社会公共利益，促进社会主义市场经济的发展，制定本法。

第二条　在中华人民共和国境内，股票、公司债券、存托凭证和国务院依法认定的其他证券的发行和交易，适用本法；本法未规定的，适用《中华人民共和国公司法》和其他法律、行政法规的规定。

政府债券、证券投资基金份额的上市交易，适用本法；其他法律、行政法规另有规定的，适用其规定。

资产支持证券、资产管理产品发行、交易的管理办法，由国务院依照本法的原则规定。

在中华人民共和国境外的证券发行和交易活动，扰乱中华人民共和国境内市场秩序，损害境内投资者合法权益的，依照本法有关规定处理并追究法律责任。

第三条　证券的发行、交易活动，必须遵循公开、公平、公正的原则。

第四条　证券发行、交易活动的当事人具有平等的法律地位，应当遵守自愿、有偿、诚实信用的原则。

第五条　证券的发行、交易活动，必须遵守法律、行政法规；禁止欺诈、内幕交易和操纵证券市场的行为。

第六条 证券业和银行业、信托业、保险业实行分业经营、分业管理，证券公司与银行、信托、保险业务机构分别设立。国家另有规定的除外。

第七条 国务院证券监督管理机构依法对全国证券市场实行集中统一监督管理。

国务院证券监督管理机构根据需要可以设立派出机构，按照授权履行监督管理职责。

第八条 国家审计机关依法对证券交易场所、证券公司、证券登记结算机构、证券监督管理机构进行审计监督。

第二章 证 券 发 行

第九条 公开发行证券，必须符合法律、行政法规规定的条件，并依法报经国务院证券监督管理机构或者国务院授权的部门注册。未经依法注册，任何单位和个人不得公开发行证券。证券发行注册制的具体范围、实施步骤，由国务院规定。

有下列情形之一的，为公开发行：

（一）向不特定对象发行证券；

（二）向特定对象发行证券累计超过二百人，但依法实施员工持股计划的员工人数不计算在内；

（三）法律、行政法规规定的其他发行行为。

非公开发行证券，不得采用广告、公开劝诱和变相公开方式。

第十条 发行人申请公开发行股票、可转换为股票的公司债券，依法采取承销方式的，或者公开发行法律、行政法规规定实行保荐制度的其他证券的，应当聘请证券公司担任保荐人。

保荐人应当遵守业务规则和行业规范，诚实守信，勤勉尽责，对发行人的申请文件和信息披露资料进行审慎核查，督导发行人规范运作。

保荐人的管理办法由国务院证券监督管理机构规定。

第十一条 设立股份有限公司公开发行股票，应当符合《中华人民共和国公司法》规定的条件和经国务院批准的国务院证券监督管理机构规定的其他条件，向国务院证券监督管理机构报送募股申请和下列文件：

（一）公司章程；

（二）发起人协议；

（三）发起人姓名或者名称，发起人认购的股份数、出资种类及验资证明；

（四）招股说明书；

（五）代收股款银行的名称及地址；

（六）承销机构名称及有关的协议。

依照本法规定聘请保荐人的，还应当报送保荐人出具的发行保荐书。

法律、行政法规规定设立公司必须报经批准的，还应当提交相应的批准文件。

第十二条 公司首次公开发行新股，应当符合下列条件：

（一）具备健全且运行良好的组织机构；

（二）具有持续经营能力；

（三）最近三年财务会计报告被出具无保留意见审计报告；

（四）发行人及其控股股东、实际控制人最近三年不存在贪污、贿赂、侵占财产、挪用财产或者破坏社会主义市场经济秩序的刑事犯罪；

（五）经国务院批准的国务院证券监督管理机构规定的其他条件。

上市公司发行新股，应当符合经国务院批准的国务院证券监督管理机构规定的条件，具体管理办法由国务院证券监督管理机构规定。

公开发行存托凭证的，应当符合首次公开发行新股的条件以及国务院证券监督管理机构规定的其他条件。

第十三条 公司公开发行新股，应当报送募股申请和下列文件：

（一）公司营业执照；

（二）公司章程；

（三）股东大会决议；

（四）招股说明书或者其他公开发行募集文件；

（五）财务会计报告；

（六）代收股款银行的名称及地址。

依照本法规定聘请保荐人的，还应当报送保荐人出具的发行保荐书。依照本法规定实行承销的，还应当报送承销机构名称及有关的协议。

第十四条 公司对公开发行股票所募集资金，必须按照招股说明书或者其他公开发行募集文件所列资金用途使用；改变资金用途，必须经股东大会作出决议。擅自改变用途，未作纠正的，或者未经股东大会认可的，不得公开发行新股。

第十五条 公开发行公司债券，应当符合下列条件：

（一）具备健全且运行良好的组织机构；

（二）最近三年平均可分配利润足以支付公司债券一年的利息；

（三）国务院规定的其他条件。

公开发行公司债券筹集的资金，必须按照公司债券募集办法所列资金用途使用；改变资金用途，必须经债券持有人会议作出决议。公开发行公司债券筹集的资金，不得用于弥补亏损和非生产性支出。

上市公司发行可转换为股票的公司债券，除应当符合第一款规定的条件外，还应当遵守本法第十二条第二款的规定。但是，按照公司债券募集办法，上市公司通过收购本公司股份的方式进行公司债券转换的除外。

第十六条 申请公开发行公司债券，应当向国务院授权的部门或者国务院证券监督管理机构报送下列文件：

（一）公司营业执照；

（二）公司章程；

（三）公司债券募集办法；

（四）国务院授权的部门或者国务院证券监督管理机构规定的其他文件。

依照本法规定聘请保荐人的，还应当报送保荐人出具的发行保荐书。

第十七条 有下列情形之一的，不得再次公开发行公司债券：

（一）对已公开发行的公司债券或者其他债务有违约或者延迟支付本息的事实，仍处于继续状态；

（二）违反本法规定，改变公开发行公司债券所募资金的用途。

第十八条 发行人依法申请公开发行证券所报送的申请文件的格式、报送方式，由依法负责注册的机构或者部门规定。

第十九条 发行人报送的证券发行申请文件，应当充分披露投资者作出价值判断和投资决策所必需的信息，内容应当真实、准确、完整。

为证券发行出具有关文件的证券服务机构和人员，必须严格履行法定职责，保证所出具文件的真实性、准确性和完整性。

第二十条 发行人申请首次公开发行股票的，在提交申请文件后，应当按照国务院证券监督管理机构的规定预先披露有关申请文件。

第二十一条 国务院证券监督管理机构或者国务院授权的部门依照法定条件负责证券发行申请的注册。证券公开发行注册的具体办法由国务院规定。

按照国务院的规定，证券交易所等可以审核公开发行证券申请，判断发行人是否符合发行条件、信息披露要求，督促发行人完善信息披露内容。

依照前两款规定参与证券发行申请注册的人员，不得与发行申请人有利害关系，不得直接或者间接接受发行申请人的馈赠，不得持有所注册的发行申请的证券，不得私下与发行申请人进行接触。

第二十二条 国务院证券监督管理机构或者国务院授权的部门应当自受理证券发行申请文件之日起三个月内，依照法定条件和法定程序作出予以注册或者不予注册的决定，发行人根据要求补充、修改发行申请文件的时间不计算在内。不予注册的，应当说明理由。

第二十三条 证券发行申请经注册后，发行人应当依照法律、行政法规的规定，在证券公开发行前公告公开发行募集文件，并将该文件置备于指定场所供公众查阅。

发行证券的信息依法公开前，任何知情人不得公开或者泄露该信息。

发行人不得在公告公开发行募集文件前发行证券。

第二十四条 国务院证券监督管理机构或者国务院授权的部门对已作出的证券发行注册的决定，发现不符合法定条件或者法定程序，尚未发行证券的，应当予以撤销，停止发行。已经发行尚未上市的，撤销发行注册决定，发行人应当按照发行价并加算银行同期存款利息返还证券持有人；发行人的控股股东、实际控制人以及保荐人，应当与发行人承担连带责任，但是能够证明自己没有过错的除外。

股票的发行人在招股说明书等证券发行文件中隐瞒重要事实或者编造重大虚假内容，已经发行并上市的，国务院证券监督管理机构可以责令发行人回购证券，或者责令负有责任的控股股东、实际控制人买回证券。

第二十五条 股票依法发行后，发行人经营与收益的变化，由发行人自行负责；由此变化引致的投资风险，由投资者自行负责。

第二十六条 发行人向不特定对象发行的证券，法律、行政法规规定应当由证券公司承销的，发行人应当同证券公司签订承销协议。证券承销业务采取代销或者包销方式。

证券代销是指证券公司代发行人发售证券，在承销期结束时，将未售出的证券全部退还给发行人的承销方式。

证券包销是指证券公司将发行人的证券按照协议全部购入或者在承销期结束时将售后剩余证券全部自行购入的承销方式。

第二十七条 公开发行证券的发行人有权依法自主选择承销的证券公司。

第二十八条 证券公司承销证券，应当同发行人签订代销或者包销协议，载明下列事项：

（一）当事人的名称、住所及法定代表人姓名；

（二）代销、包销证券的种类、数量、金额及发行价格；

（三）代销、包销的期限及起止日期；

（四）代销、包销的付款方式及日期；

（五）代销、包销的费用和结算办法；

（六）违约责任；

（七）国务院证券监督管理机构规定的其他事项。

第二十九条 证券公司承销证券，应当对公开发行募集文件的真实性、准确性、完整性进行核查。发现有虚假记载、误导性陈述或者重大遗漏的，不得进行销售活动；已经销售的，必须立即停止销售活动，并采取纠正措施。

证券公司承销证券，不得有下列行为：

（一）进行虚假的或者误导投资者的广告宣传或者其他宣传推介活动；

（二）以不正当竞争手段招揽承销业务；

（三）其他违反证券承销业务规定的行为。

证券公司有前款所列行为，给其他证券承销机构或者投资者造成损失的，应当依法承担赔偿责任。

第三十条 向不特定对象发行证券聘请承销团承销的，承销团应当由主承销和参与承销的证券公司组成。

第三十一条 证券的代销、包销期限最长不得超过九十日。

证券公司在代销、包销期内，对所代销、包销的证券应当保证先行出售给认购人，证券公司不得为本公司预留所代销的证券和预先购入并留存所包销的证券。

第三十二条 股票发行采取溢价发行的，其发行价格由发行人与承销的证券公司协商确定。

第三十三条 股票发行采用代销方式，代销期限届满，向投资者出售的股票数量未达到拟公开发行股票数量百分之七十的，为发行失败。发行人应当按照发行价并加算银行同期存款利息返还股票认购人。

第三十四条 公开发行股票，代销、包销期限届满，发行人应当在规定的期限内将股票发行情况报国务院证券监督管理机构备案。

第三章 证券交易

第一节 一般规定

第三十五条 证券交易当事人依法买卖的证券，必须是依法发行并交付的证券。

非依法发行的证券，不得买卖。

第三十六条 依法发行的证券，《中华人民共和国公司法》和其他法律对其转让期限有限制性规定的，在限定的期限内不得转让。

上市公司持有百分之五以上股份的股东、实际控制人、董事、监事、高级管理人员，以及其他持有发行人首次公开发行前发行的股份或者上市公司向特定对象发行的股份的股东，转让其持有的本公司股份的，不得违反法律、行政法规和国务院证券监督管理机构关于持有期限、卖出时间、卖出数量、卖出方式、信息披露等规定，并应当遵守证券交易所的业务规则。

第三十七条 公开发行的证券，应当在依法设立的证券交易所上市交易或者在国务院批准的其他全国性证券交易场所交易。

非公开发行的证券，可以在证券交易所、国务院批准的其他全国性证券交易场所、按照国务院规定设立的区域性股权市场转让。

第三十八条 证券在证券交易所上市交易，应当采用公开的集中交易方式或者国务院证券监督管理机构批准的其他方式。

第三十九条 证券交易当事人买卖的证券可以采用纸面形式或者国务院证券监督管理机构规定的其他形式。

第四十条 证券交易场所、证券公司和证券登记结算机构的从业人员，证券监督管理机构的工作人员以及法律、行政法规规定禁止参与股票交易的其他人员，在任期或者法定限期内，不得直接或者以化名、借他人名义持有、买卖股票或者其他具有股权性质的证券，也不得收受他人赠送的股票或者其他具有股权性质的证券。

任何人在成为前款所列人员时，其原已持有的股票或者其他具有股权性质的证券，必须依法转让。

实施股权激励计划或者员工持股计划的证券公司的从业人员，可以按照国务院证券监督管理机构的规定持有、卖出本公司股票或者其他具有股权性质的证券。

第四十一条　证券交易场所、证券公司、证券登记结算机构、证券服务机构及其工作人员应当依法为投资者的信息保密，不得非法买卖、提供或者公开投资者的信息。

证券交易场所、证券公司、证券登记结算机构、证券服务机构及其工作人员不得泄露所知悉的商业秘密。

第四十二条　为证券发行出具审计报告或者法律意见书等文件的证券服务机构和人员，在该证券承销期内和期满后六个月内，不得买卖该证券。

除前款规定外，为发行人及其控股股东、实际控制人，或者收购人、重大资产交易方出具审计报告或者法律意见书等文件的证券服务机构和人员，自接受委托之日起至上述文件公开后五日内，不得买卖该证券。实际开展上述有关工作之日早于接受委托之日的，自实际开展上述有关工作之日起至上述文件公开后五日内，不得买卖该证券。

第四十三条　证券交易的收费必须合理，并公开收费项目、收费标准和管理办法。

第四十四条　上市公司、股票在国务院批准的其他全国性证券交易场所交易的公司持有百分之五以上股份的股东、董事、监事、高级管理人员，将其持有的该公司的股票或者其他具有股权性质的证券在买入后六个月内卖出，或者在卖出后六个月内又买入，由此所得收益归该公司所有，公司董事会应当收回其所得收益。但是，证券公司因购入包销售后剩余股票而持有百分之五以上股份，以及有国务院证券监督管理机构规定的其他情形的除外。

前款所称董事、监事、高级管理人员、自然人股东持有的股票或者其他具有股权性质的证券，包括其配偶、父母、子女持有的及利用他人账户持有的股票或者其他具有股权性质的证券。

公司董事会不按照第一款规定执行的，股东有权要求董事会在三十日内执行。公司董事会未在上述期限内执行的，股东有权为了公司的利益以自己的名义直接向人民法院提起诉讼。

公司董事会不按照第一款的规定执行的，负有责任的董事依法承担连带责任。

第四十五条 通过计算机程序自动生成或者下达交易指令进行程序化交易的，应当符合国务院证券监督管理机构的规定，并向证券交易所报告，不得影响证券交易所系统安全或者正常交易秩序。

第二节 证 券 上 市

第四十六条 申请证券上市交易，应当向证券交易所提出申请，由证券交易所依法审核同意，并由双方签订上市协议。

证券交易所根据国务院授权的部门的决定安排政府债券

上市交易。

第四十七条　申请证券上市交易，应当符合证券交易所上市规则规定的上市条件。

证券交易所上市规则规定的上市条件，应当对发行人的经营年限、财务状况、最低公开发行比例和公司治理、诚信记录等提出要求。

第四十八条　上市交易的证券，有证券交易所规定的终止上市情形的，由证券交易所按照业务规则终止其上市交易。

证券交易所决定终止证券上市交易的，应当及时公告，并报国务院证券监督管理机构备案。

第四十九条　对证券交易所作出的不予上市交易、终止上市交易决定不服的，可以向证券交易所设立的复核机构申请复核。

第三节　禁止的交易行为

第五十条　禁止证券交易内幕信息的知情人和非法获取内幕信息的人利用内幕信息从事证券交易活动。

第五十一条　证券交易内幕信息的知情人包括：

（一）发行人及其董事、监事、高级管理人员；

（二）持有公司百分之五以上股份的股东及其董事、监事、高级管理人员，公司的实际控制人及其董事、监事、高级管理人员；

（三）发行人控股或者实际控制的公司及其董事、监事、高级管理人员；

（四）由于所任公司职务或者因与公司业务往来可以获取公司有关内幕信息的人员；

（五）上市公司收购人或者重大资产交易方及其控股股东、实际控制人、董事、监事和高级管理人员；

（六）因职务、工作可以获取内幕信息的证券交易场所、证券公司、证券登记结算机构、证券服务机构的有关人员；

（七）因职责、工作可以获取内幕信息的证券监督管理机构工作人员；

（八）因法定职责对证券的发行、交易或者对上市公司及其收购、重大资产交易进行管理可以获取内幕信息的有关主管部门、监管机构的工作人员；

（九）国务院证券监督管理机构规定的可以获取内幕信息的其他人员。

第五十二条 证券交易活动中，涉及发行人的经营、财务或者对该发行人证券的市场价格有重大影响的尚未公开的信息，为内幕信息。

本法第八十条第二款、第八十一条第二款所列重大事件属于内幕信息。

第五十三条　证券交易内幕信息的知情人和非法获取内幕信息的人，在内幕信息公开前，不得买卖该公司的证券，或者泄露该信息，或者建议他人买卖该证券。

持有或者通过协议、其他安排与他人共同持有公司百分之五以上股份的自然人、法人、非法人组织收购上市公司的股份，本法另有规定的，适用其规定。

内幕交易行为给投资者造成损失的，应当依法承担赔偿责任。

第五十四条　禁止证券交易场所、证券公司、证券登记结算机构、证券服务机构和其他金融机构的从业人员、有关监管部门或者行业协会的工作人员，利用因职务便利获取的内幕信息以外的其他未公开的信息，违反规定，从事与该信息相关的证券交易活动，或者明示、暗示他人从事相关交易活动。

利用未公开信息进行交易给投资者造成损失的，应当依法承担赔偿责任。

第五十五条　禁止任何人以下列手段操纵证券市场，影响或者意图影响证券交易价格或者证券交易量：

（一）单独或者通过合谋，集中资金优势、持股优势或者利用信息优势联合或者连续买卖；

（二）与他人串通，以事先约定的时间、价格和方式相互进行证券交易；

（三）在自己实际控制的账户之间进行证券交易；

（四）不以成交为目的，频繁或者大量申报并撤销申报；

（五）利用虚假或者不确定的重大信息，诱导投资者进行证券交易；

（六）对证券、发行人公开作出评价、预测或者投资建议，并进行反向证券交易；

（七）利用在其他相关市场的活动操纵证券市场；

（八）操纵证券市场的其他手段。

操纵证券市场行为给投资者造成损失的，应当依法承担赔偿责任。

第五十六条 禁止任何单位和个人编造、传播虚假信息或者误导性信息，扰乱证券市场。

禁止证券交易场所、证券公司、证券登记结算机构、证券服务机构及其从业人员，证券业协会、证券监督管理机构及其工作人员，在证券交易活动中作出虚假陈述或者信息误导。

各种传播媒介传播证券市场信息必须真实、客观，禁止误导。传播媒介及其从事证券市场信息报道的工作人员不得从事与其工作职责发生利益冲突的证券买卖。

编造、传播虚假信息或者误导性信息，扰乱证券市场，给投资者造成损失的，应当依法承担赔偿责任。

第五十七条 禁止证券公司及其从业人员从事下列损害客户利益的行为：

（一）违背客户的委托为其买卖证券；

（二）不在规定时间内向客户提供交易的确认文件；

（三）未经客户的委托，擅自为客户买卖证券，或者假借客户的名义买卖证券；

（四）为牟取佣金收入，诱使客户进行不必要的证券买卖；

（五）其他违背客户真实意思表示，损害客户利益的行为。

违反前款规定给客户造成损失的，应当依法承担赔偿责任。

第五十八条 任何单位和个人不得违反规定，出借自己的证券账户或者借用他人的证券账户从事证券交易。

第五十九条 依法拓宽资金入市渠道，禁止资金违规流入股市。

禁止投资者违规利用财政资金、银行信贷资金买卖证券。

第六十条 国有独资企业、国有独资公司、国有资本控股公司买卖上市交易的股票，必须遵守国家有关规定。

第六十一条 证券交易场所、证券公司、证券登记结算机构、证券服务机构及其从业人员对证券交易中发现的禁止的交易行为，应当及时向证券监督管理机构报告。

第四章　上市公司的收购

第六十二条　投资者可以采取要约收购、协议收购及其他合法方式收购上市公司。

第六十三条　通过证券交易所的证券交易，投资者持有或者通过协议、其他安排与他人共同持有一个上市公司已发行的有表决权股份达到百分之五时，应当在该事实发生之日起三日内，向国务院证券监督管理机构、证券交易所作出书面报告，通知该上市公司，并予公告，在上述期限内不得再行买卖该上市公司的股票，但国务院证券监督管理机构规定的情形除外。

投资者持有或者通过协议、其他安排与他人共同持有一个上市公司已发行的有表决权股份达到百分之五后，其所持该上市公司已发行的有表决权股份比例每增加或者减少百分之五，应当依照前款规定进行报告和公告，在该事实发生之日起至公告后三日内，不得再行买卖该上市公司的股票，但国务院证券监督管理机构规定的情形除外。

投资者持有或者通过协议、其他安排与他人共同持有一个上市公司已发行的有表决权股份达到百分之五后，其所持该上市公司已发行的有表决权股份比例每增加或者减少百分之一，应当在该事实发生的次日通知该上市公司，并予公告。

违反第一款、第二款规定买入上市公司有表决权的股份的，在买入后的三十六个月内，对该超过规定比例部分的股份不得行使表决权。

第六十四条 依照前条规定所作的公告，应当包括下列内容：

（一）持股人的名称、住所；

（二）持有的股票的名称、数额；

（三）持股达到法定比例或者持股增减变化达到法定比例的日期、增持股份的资金来源；

（四）在上市公司中拥有有表决权的股份变动的时间及方式。

第六十五条 通过证券交易所的证券交易，投资者持有或者通过协议、其他安排与他人共同持有一个上市公司已发行的有表决权股份达到百分之三十时，继续进行收购的，应当依法向该上市公司所有股东发出收购上市公司全部或者部分股份的要约。

收购上市公司部分股份的要约应当约定，被收购公司股东承诺出售的股份数额超过预定收购的股份数额的，收购人按比例进行收购。

第六十六条 依照前条规定发出收购要约，收购人必须公告上市公司收购报告书，并载明下列事项：

（一）收购人的名称、住所；

（二）收购人关于收购的决定；

（三）被收购的上市公司名称；

（四）收购目的；

（五）收购股份的详细名称和预定收购的股份数额；

（六）收购期限、收购价格；

（七）收购所需资金额及资金保证；

（八）公告上市公司收购报告书时持有被收购公司股份数占该公司已发行的股份总数的比例。

第六十七条 收购要约约定的收购期限不得少于三十日，并不得超过六十日。

第六十八条 在收购要约确定的承诺期限内，收购人不得撤销其收购要约。收购人需要变更收购要约的，应当及时公告，载明具体变更事项，且不得存在下列情形：

（一）降低收购价格；

（二）减少预定收购股份数额；

（三）缩短收购期限；

（四）国务院证券监督管理机构规定的其他情形。

第六十九条 收购要约提出的各项收购条件，适用于被收购公司的所有股东。

上市公司发行不同种类股份的，收购人可以针对不同种类股份提出不同的收购条件。

第七十条 采取要约收购方式的，收购人在收购期限内，不得卖出被收购公司的股票，也不得采取要约规定以外的形式和超出要约的条件买入被收购公司的股票。

第七十一条 采取协议收购方式的，收购人可以依照法律、行政法规的规定同被收购公司的股东以协议方式进行股份转让。

以协议方式收购上市公司时，达成协议后，收购人必须在三日内将该收购协议向国务院证券监督管理机构及证券交易所作出书面报告，并予公告。

在公告前不得履行收购协议。

第七十二条 采取协议收购方式的，协议双方可以临时委托证券登记结算机构保管协议转让的股票，并将资金存放于指定的银行。

第七十三条 采取协议收购方式的，收购人收购或者通过协议、其他安排与他人共同收购一个上市公司已发行的有表决权股份达到百分之三十时，继续进行收购的，应当依法向该上市公司所有股东发出收购上市公司全部或者部分股份的要约。但是，按照国务院证券监督管理机构的规定免除发出要约的除外。

收购人依照前款规定以要约方式收购上市公司股份，应当遵守本法第六十五条第二款、第六十六条至第七十条的规定。

第七十四条 收购期限届满，被收购公司股权分布不符合证券交易所规定的上市交易要求的，该上市公司的股票应当由证券交易所依法终止上市交易；其余仍持有被收购公司股票的股东，有权向收购人以收购要约的同等条件出售其股票，收购人应当收购。

收购行为完成后，被收购公司不再具备股份有限公司条件的，应当依法变更企业形式。

第七十五条 在上市公司收购中，收购人持有的被收购的上市公司的股票，在收购行为完成后的十八个月内不得转让。

第七十六条 收购行为完成后，收购人与被收购公司合并，并将该公司解散的，被解散公司的原有股票由收购人依法更换。

收购行为完成后，收购人应当在十五日内将收购情况报告国务院证券监督管理机构和证券交易所，并予公告。

第七十七条 国务院证券监督管理机构依照本法制定上市公司收购的具体办法。

上市公司分立或者被其他公司合并，应当向国务院证券监督管理机构报告，并予公告。

第五章 信息披露

第七十八条 发行人及法律、行政法规和国务院证券监督管理机构规定的其他信息披露义务人，应当及时依法履行信息披露义务。

信息披露义务人披露的信息，应当真实、准确、完整，简明清晰，通俗易懂，不得有虚假记载、误导性陈述或者重大遗漏。

证券同时在境内境外公开发行、交易的，其信息披露义务人在境外披露的信息，应当在境内同时披露。

第七十九条 上市公司、公司债券上市交易的公司、股票在国务院批准的其他全国性证券交易场所交易的公司，应当按照国务院证券监督管理机构和证券交易场所规定的内容和格式编制定期报告，并按照以下规定报送和公告：

（一）在每一会计年度结束之日起四个月内，报送并公告年度报告，其中的年度财务会计报告应当经符合本法规定的会计师事务所审计；

（二）在每一会计年度的上半年结束之日起二个月内，报送并公告中期报告。

第八十条 发生可能对上市公司、股票在国务院批准的其他全国性证券交易场所交易的公司的股票交易价格产生较大影响的重大事件，投资者尚未得知时，公司应当立即将有关该重大事件的情况向国务院证券监督管理机构和证券交易场所报送临时报告，并予公告，说明事件的起因、目前的状态和可能产生的法律后果。

前款所称重大事件包括：

（一）公司的经营方针和经营范围的重大变化；

（二）公司的重大投资行为，公司在一年内购买、出售重大资产超过公司资产总额百分之三十，或者公司营业用主要资产的抵押、质押、出售或者报废一次超过该资产的百分之三十；

（三）公司订立重要合同、提供重大担保或者从事关联交易，可能对公司的资产、负债、权益和经营成果产生重要影响；

（四）公司发生重大债务和未能清偿到期重大债务的违约情况；

（五）公司发生重大亏损或者重大损失；

（六）公司生产经营的外部条件发生的重大变化；

（七）公司的董事、三分之一以上监事或者经理发生变动，董事长或者经理无法履行职责；

（八）持有公司百分之五以上股份的股东或者实际控制人持有股份或者控制公司的情况发生较大变化，公司的实际控制人及其控制的其他企业从事与公司相同或者相似业务的情况发生较大变化；

（九）公司分配股利、增资的计划，公司股权结构的重要变化，公司减资、合并、分立、解散及申请破产的决定，或者依法进入破产程序、被责令关闭；

（十）涉及公司的重大诉讼、仲裁，股东大会、董事会决议被依法撤销或者宣告无效；

（十一）公司涉嫌犯罪被依法立案调查，公司的控股股东、实际控制人、董事、监事、高级管理人员涉嫌犯罪被依法采取强制措施；

（十二）国务院证券监督管理机构规定的其他事项。

公司的控股股东或者实际控制人对重大事件的发生、进展产生较大影响的，应当及时将其知悉的有关情况书面告知公司，并配合公司履行信息披露义务。

第八十一条 发生可能对上市交易公司债券的交易价格产生较大影响的重大事件，投资者尚未得知时，公司应当立即将有关该重大事件的情况向国务院证券监督管理机构和证券交易场所报送临时报告，并予公告，说明事件的起因、目前的状态和可能产生的法律后果。

前款所称重大事件包括：

（一）公司股权结构或者生产经营状况发生重大变化；

（二）公司债券信用评级发生变化；

（三）公司重大资产抵押、质押、出售、转让、报废；

（四）公司发生未能清偿到期债务的情况；

（五）公司新增借款或者对外提供担保超过上年末净资产的百分之二十；

（六）公司放弃债权或者财产超过上年末净资产的百分之十；

（七）公司发生超过上年末净资产百分之十的重大损失；

（八）公司分配股利，作出减资、合并、分立、解散及申请破产的决定，或者依法进入破产程序、被责令关闭；

（九）涉及公司的重大诉讼、仲裁；

（十）公司涉嫌犯罪被依法立案调查，公司的控股股东、实际控制人、董事、监事、高级管理人员涉嫌犯罪被依法采取强制措施；

（十一）国务院证券监督管理机构规定的其他事项。

第八十二条　发行人的董事、高级管理人员应当对证券发行文件和定期报告签署书面确认意见。

发行人的监事会应当对董事会编制的证券发行文件和定期报告进行审核并提出书面审核意见。监事应当签署书面确认意见。

发行人的董事、监事和高级管理人员应当保证发行人及时、公平地披露信息，所披露的信息真实、准确、完整。

董事、监事和高级管理人员无法保证证券发行文件和定期报告内容的真实性、准确性、完整性或者有异议的，应当在书面确认意见中发表意见并陈述理由，发行人应当披露。发行人不予披露的，董事、监事和高级管理人员可以直接申请披露。

第八十三条　信息披露义务人披露的信息应当同时向所有投资者披露，不得提前向任何单位和个人泄露。但是，法律、行政法规另有规定的除外。

任何单位和个人不得非法要求信息披露义务人提供依法需要披露但尚未披露的信息。任何单位和个人提前获知的前述信息，在依法披露前应当保密。

第八十四条　除依法需要披露的信息之外，信息披露义务人可以自愿披露与投资者作出价值判断和投资决策有关的信息，但不得与依法披露的信息相冲突，不得误导投资者。

发行人及其控股股东、实际控制人、董事、监事、高级管理人员等作出公开承诺的，应当披露。不履行承诺给投资者造成损失的，应当依法承担赔偿责任。

第八十五条　信息披露义务人未按照规定披露信息，或者公告的证券发行文件、定期报告、临时报告及其他信息披露资料存在虚假记载、误导性陈述或者重大遗漏，致使投资者在证券交易中遭受损失的，信息披露义务人应当承担赔偿责任；发行人的控股股东、实际控制人、董事、监事、高级管理人员和其他直接责任人员以及保荐人、承销的证券公司及其直接责任人员，应当与发行人承担连带赔偿责任，但是能够证明自己没有过错的除外。

第八十六条 依法披露的信息，应当在证券交易场所的网站和符合国务院证券监督管理机构规定条件的媒体发布，同时将其置备于公司住所、证券交易场所，供社会公众查阅。

第八十七条 国务院证券监督管理机构对信息披露义务人的信息披露行为进行监督管理。

证券交易场所应当对其组织交易的证券的信息披露义务人的信息披露行为进行监督，督促其依法及时、准确地披露信息。

第六章 投资者保护

第八十八条 证券公司向投资者销售证券、提供服务时，应当按照规定充分了解投资者的基本情况、财产状况、金融资产状况、投资知识和经验、专业能力等相关信息；如实说明证券、服务的重要内容，充分揭示投资风险；销售、提供与投资者上述状况相匹配的证券、服务。

投资者在购买证券或者接受服务时，应当按照证券公司明示的要求提供前款所列真实信息。拒绝提供或者未按照要求提供信息的，证券公司应当告知其后果，并按照规定拒绝向其销售证券、提供服务。

证券公司违反第一款规定导致投资者损失的，应当承担相应的赔偿责任。

第八十九条 根据财产状况、金融资产状况、投资知识和经验、专业能力等因素，投资者可以分为普通投资者和专业投资者。专业投资者的标准由国务院证券监督管理机构规定。

普通投资者与证券公司发生纠纷的，证券公司应当证明其行为符合法律、行政法规以及国务院证券监督管理机构的规定，不存在误导、欺诈等情形。证券公司不能证明的，应当承担相应的赔偿责任。

第九十条 上市公司董事会、独立董事、持有百分之一以上有表决权股份的股东或者依照法律、行政法规或者国务院证券监督管理机构的规定设立的投资者保护机构（以下简称投资者保护机构），可以作为征集人，自行或者委托证券公司、证券服务机构，公开请求上市公司股东委托其代为出席股东大会，并代为行使提案权、表决权等股东权利。

依照前款规定征集股东权利的，征集人应当披露征集文件，上市公司应当予以配合。

禁止以有偿或者变相有偿的方式公开征集股东权利。

公开征集股东权利违反法律、行政法规或者国务院证券监督管理机构有关规定，导致上市公司或者其股东遭受损失的，应当依法承担赔偿责任。

第九十一条 上市公司应当在章程中明确分配现金股利的具体安排和决策程序，依法保障股东的资产收益权。

上市公司当年税后利润，在弥补亏损及提取法定公积金后有盈余的，应当按照公司章程的规定分配现金股利。

第九十二条 公开发行公司债券的，应当设立债券持有人会议，并应当在募集说明书中说明债券持有人会议的召集程序、会议规则和其他重要事项。

公开发行公司债券的，发行人应当为债券持有人聘请债券受托管理人，并订立债券受托管理协议。受托管理人应当由本次发行的承销机构或者其他经国务院证券监督管理机构认可的机构担任，债券持有人会议可以决议变更债券受托管理人。债券受托管理人应当勤勉尽责，公正履行受托管理职责，不得损害债券持有人利益。

债券发行人未能按期兑付债券本息的，债券受托管理人可以接受全部或者部分债券持有人的委托，以自己名义代表债券持有人提起、参加民事诉讼或者清算程序。

第九十三条 发行人因欺诈发行、虚假陈述或者其他重大违法行为给投资者造成损失的，发行人的控股股东、实际控制人、相关的证券公司可以委托投资者保护机构，就赔偿事宜与受到损失的投资者达成协议，予以先行赔付。先行赔付后，可以依法向发行人以及其他连带责任人追偿。

第九十四条 投资者与发行人、证券公司等发生纠纷的，双方可以向投资者保护机构申请调解。普通投资者与证券公司发生证券业务纠纷，普通投资者提出调解请求的，证券公司不得拒绝。

投资者保护机构对损害投资者利益的行为，可以依法支持投资者向人民法院提起诉讼。

发行人的董事、监事、高级管理人员执行公司职务时违反法律、行政法规或者公司章程的规定给公司造成损失，发行人的控股股东、实际控制人等侵犯公司合法权益给公司造成损失，投资者保护机构持有该公司股份的，可以为公司的利益以自己的名义向人民法院提起诉讼，持股比例和持股期限不受《中华人民共和国公司法》规定的限制。

第九十五条 投资者提起虚假陈述等证券民事赔偿诉讼时，诉讼标的是同一种类，且当事人一方人数众多的，可以依法推选代表人进行诉讼。

对按照前款规定提起的诉讼，可能存在有相同诉讼请求的其他众多投资者的，人民法院可以发出公告，说明该诉讼请求的案件情况，通知投资者在一定期间向人民法院登记。人民法院作出的判决、裁定，对参加登记的投资者发生效力。

投资者保护机构受五十名以上投资者委托，可以作为代表人参加诉讼，并为经证券登记结算机构确认的权利人依照前款规定向人民法院登记，但投资者明确表示不愿意参加该诉讼的除外。

第七章 证券交易场所

第九十六条 证券交易所、国务院批准的其他全国性证券交易场所为证券集中交易提供场所和设施，组织和监督证券交易，实行自律管理，依法登记，取得法人资格。

证券交易所、国务院批准的其他全国性证券交易场所的设立、变更和解散由国务院决定。

国务院批准的其他全国性证券交易场所的组织机构、管理办法等，由国务院规定。

第九十七条 证券交易所、国务院批准的其他全国性证券交易场所可以根据证券品种、行业特点、公司规模等因素设立不同的市场层次。

第九十八条 按照国务院规定设立的区域性股权市场为非公开发行证券的发行、转让提供场所和设施，具体管理办法由国务院规定。

第九十九条 证券交易所履行自律管理职能，应当遵守社会公共利益优先原则，维护市场的公平、有序、透明。

设立证券交易所必须制定章程。证券交易所章程的制定和修改，必须经国务院证券监督管理机构批准。

第一百条 证券交易所必须在其名称中标明证券交易所字样。其他任何单位或者个人不得使用证券交易所或者近似的名称。

第一百零一条 证券交易所可以自行支配的各项费用收入，应当首先用于保证其证券交易场所和设施的正常运行并逐步改善。

实行会员制的证券交易所的财产积累归会员所有，其权益由会员共同享有，在其存续期间，不得将其财产积累分配给会员。

第一百零二条 实行会员制的证券交易所设理事会、监事会。

证券交易所设总经理一人，由国务院证券监督管理机构任免。

第一百零三条 有《中华人民共和国公司法》第一百四十六条规定的情形或者下列情形之一的，不得担任证券交易所的负责人：

（一）因违法行为或者违纪行为被解除职务的证券交易场所、证券登记结算机构的负责人或者证券公司的董事、监事、高级管理人员，自被解除职务之日起未逾五年；

（二）因违法行为或者违纪行为被吊销执业证书或者被取消资格的律师、注册会计师或者其他证券服务机构的专业人员，自被吊销执业证书或者被取消资格之日起未逾五年。

第一百零四条 因违法行为或者违纪行为被开除的证券交易场所、证券公司、证券登记结算机构、证券服务机构的从业人员和被开除的国家机关工作人员，不得招聘为证券交易所的从业人员。

第一百零五条 进入实行会员制的证券交易所参与集中交易的，必须是证券交易所的会员。证券交易所不得允许非会员直接参与股票的集中交易。

第一百零六条 投资者应当与证券公司签订证券交易委托协议，并在证券公司实名开立账户，以书面、电话、自助终端、网络等方式，委托该证券公司代其买卖证券。

第一百零七条 证券公司为投资者开立账户，应当按照规定对投资者提供的身份信息进行核对。

证券公司不得将投资者的账户提供给他人使用。

投资者应当使用实名开立的账户进行交易。

第一百零八条 证券公司根据投资者的委托，按照证券交易规则提出交易申报，参与证券交易所场内的集中交易，并根据成交结果承担相应的清算交收责任。证券登记结算机构根据成交结果，按照清算交收规则，与证券公司进行证券和资金的清算交收，并为证券公司客户办理证券的登记过户手续。

第一百零九条 证券交易所应当为组织公平的集中交易提供保障，实时公布证券交易即时行情，并按交易日制作证券市场行情表，予以公布。

证券交易即时行情的权益由证券交易所依法享有。未经证券交易所许可，任何单位和个人不得发布证券交易即时行情。

第一百一十条 上市公司可以向证券交易所申请其上市交易股票的停牌或者复牌，但不得滥用停牌或者复牌损害投资者的合法权益。

证券交易所可以按照业务规则的规定，决定上市交易股票的停牌或者复牌。

第一百一十一条 因不可抗力、意外事件、重大技术故障、重大人为差错等突发性事件而影响证券交易正常进行时，为维护证券交易正常秩序和市场公平，证券交易所可以按照业务规则采取技术性停牌、临时停市等处置措施，并应当及时向国务院证券监督管理机构报告。

因前款规定的突发性事件导致证券交易结果出现重大异常，按交易结果进行交收将对证券交易正常秩序和市场公平造成重大影响的，证券交易所按照业务规则可以采取取消交易、通知证券登记结算机构暂缓交收等措施，并应当及时向国务院证券监督管理机构报告并公告。

证券交易所对其依照本条规定采取措施造成的损失，不承担民事赔偿责任，但存在重大过错的除外。

第一百一十二条 证券交易所对证券交易实行实时监

控，并按照国务院证券监督管理机构的要求，对异常的交易情况提出报告。

证券交易所根据需要，可以按照业务规则对出现重大异常交易情况的证券账户的投资者限制交易，并及时报告国务院证券监督管理机构。

第一百一十三条 证券交易所应当加强对证券交易的风险监测，出现重大异常波动的，证券交易所可以按照业务规则采取限制交易、强制停牌等处置措施，并向国务院证券监督管理机构报告；严重影响证券市场稳定的，证券交易所可以按照业务规则采取临时停市等处置措施并公告。

证券交易所对其依照本条规定采取措施造成的损失，不承担民事赔偿责任，但存在重大过错的除外。

第一百一十四条 证券交易所应当从其收取的交易费用和会员费、席位费中提取一定比例的金额设立风险基金。风险基金由证券交易所理事会管理。

风险基金提取的具体比例和使用办法，由国务院证券监督管理机构会同国务院财政部门规定。

证券交易所应当将收存的风险基金存入开户银行专门账户，不得擅自使用。

第一百一十五条 证券交易所依照法律、行政法规和国务院证券监督管理机构的规定，制定上市规则、交易规则、会员管理规则和其他有关业务规则，并报国务院证券监督管理机构批准。

在证券交易所从事证券交易，应当遵守证券交易所依法制定的业务规则。违反业务规则的，由证券交易所给予纪律处分或者采取其他自律管理措施。

第一百一十六条 证券交易所的负责人和其他从业人员执行与证券交易有关的职务时，与其本人或者其亲属有利害关系的，应当回避。

第一百一十七条 按照依法制定的交易规则进行的交易，不得改变其交易结果，但本法第一百一十一条第二款规定的除外。对交易中违规交易者应负的民事责任不得免除；在违规交易中所获利益，依照有关规定处理。

第八章 证券公司

第一百一十八条 设立证券公司，应当具备下列条件，并经国务院证券监督管理机构批准：

（一）有符合法律、行政法规规定的公司章程；

（二）主要股东及公司的实际控制人具有良好的财务状况和诚信记录，最近三年无重大违法违规记录；

（三）有符合本法规定的公司注册资本；

（四）董事、监事、高级管理人员、从业人员符合本法规定的条件；

（五）有完善的风险管理与内部控制制度；

（六）有合格的经营场所、业务设施和信息技术系统；

（七）法律、行政法规和经国务院批准的国务院证券监督管理机构规定的其他条件。

未经国务院证券监督管理机构批准，任何单位和个人不得以证券公司名义开展证券业务活动。

第一百一十九条 国务院证券监督管理机构应当自受理证券公司设立申请之日起六个月内，依照法定条件和法定程序并根据审慎监管原则进行审查，作出批准或者不予批准的决定，并通知申请人；不予批准的，应当说明理由。

证券公司设立申请获得批准的，申请人应当在规定的期限内向公司登记机关申请设立登记，领取营业执照。

证券公司应当自领取营业执照之日起十五日内，向国务院证券监督管理机构申请经营证券业务许可证。未取得经营证券业务许可证，证券公司不得经营证券业务。

第一百二十条 经国务院证券监督管理机构核准，取得经营证券业务许可证，证券公司可以经营下列部分或者全部证券业务：

（一）证券经纪；

（二）证券投资咨询；

（三）与证券交易、证券投资活动有关的财务顾问；

（四）证券承销与保荐；

（五）证券融资融券；

（六）证券做市交易；

（七）证券自营；

（八）其他证券业务。

国务院证券监督管理机构应当自受理前款规定事项申请之日起三个月内，依照法定条件和程序进行审查，作出核准或者不予核准的决定，并通知申请人；不予核准的，应当说明理由。

证券公司经营证券资产管理业务的，应当符合《中华人民共和国证券投资基金法》等法律、行政法规的规定。

除证券公司外，任何单位和个人不得从事证券承销、证券保荐、证券经纪和证券融资融券业务。

证券公司从事证券融资融券业务，应当采取措施，严格防范和控制风险，不得违反规定向客户出借资金或者证券。

第一百二十一条 证券公司经营本法第一百二十条第一款第（一）项至第（三）项业务的，注册资本最低限额为人民币五千万元；经营第（四）项至第（八）项业务之一的，注册资本最低限额为人民币一亿元；经营第（四）项至第（八）项业务中两项以上的，注册资本最低限额为人民币五亿元。证券公司的注册资本应当是实缴资本。

国务院证券监督管理机构根据审慎监管原则和各项业务的风险程度，可以调整注册资本最低限额，但不得少于前款规定的限额。

第一百二十二条 证券公司变更证券业务范围，变更主要股东或者公司的实际控制人，合并、分立、停业、解散、破产，应当经国务院证券监督管理机构核准。

第一百二十三条 国务院证券监督管理机构应当对证券公司净资本和其他风险控制指标作出规定。

证券公司除依照规定为其客户提供融资融券外，不得为其股东或者股东的关联人提供融资或者担保。

第一百二十四条 证券公司的董事、监事、高级管理人员，应当正直诚实、品行良好，熟悉证券法律、行政法规，具有履行职责所需的经营管理能力。证券公司任免董事、监事、高级管理人员，应当报国务院证券监督管理机构备案。

有《中华人民共和国公司法》第一百四十六条规定的情形或者下列情形之一的，不得担任证券公司的董事、监事、高级管理人员：

（一）因违法行为或者违纪行为被解除职务的证券交易场所、证券登记结算机构的负责人或者证券公司的董事、监事、高级管理人员，自被解除职务之日起未逾五年；

（二）因违法行为或者违纪行为被吊销执业证书或者被取消资格的律师、注册会计师或者其他证券服务机构的专业人员，自被吊销执业证书或者被取消资格之日起未逾五年。

第一百二十五条 证券公司从事证券业务的人员应当品

行良好，具备从事证券业务所需的专业能力。

因违法行为或者违纪行为被开除的证券交易场所、证券公司、证券登记结算机构、证券服务机构的从业人员和被开除的国家机关工作人员，不得招聘为证券公司的从业人员。

国家机关工作人员和法律、行政法规规定的禁止在公司中兼职的其他人员，不得在证券公司中兼任职务。

第一百二十六条 国家设立证券投资者保护基金。证券投资者保护基金由证券公司缴纳的资金及其他依法筹集的资金组成，其规模以及筹集、管理和使用的具体办法由国务院规定。

第一百二十七条 证券公司从每年的业务收入中提取交易风险准备金，用于弥补证券经营的损失，其提取的具体比例由国务院证券监督管理机构会同国务院财政部门规定。

第一百二十八条 证券公司应当建立健全内部控制制度，采取有效隔离措施，防范公司与客户之间、不同客户之间的利益冲突。

证券公司必须将其证券经纪业务、证券承销业务、证券自营业务、证券做市业务和证券资产管理业务分开办理，不得混合操作。

第一百二十九条 证券公司的自营业务必须以自己的名义进行，不得假借他人名义或者以个人名义进行。

证券公司的自营业务必须使用自有资金和依法筹集的资

金。

证券公司不得将其自营账户借给他人使用。

第一百三十条 证券公司应当依法审慎经营，勤勉尽责，诚实守信。

证券公司的业务活动，应当与其治理结构、内部控制、合规管理、风险管理以及风险控制指标、从业人员构成等情况相适应，符合审慎监管和保护投资者合法权益的要求。

证券公司依法享有自主经营的权利，其合法经营不受干涉。

第一百三十一条 证券公司客户的交易结算资金应当存放在商业银行，以每个客户的名义单独立户管理。

证券公司不得将客户的交易结算资金和证券归入其自有财产。禁止任何单位或者个人以任何形式挪用客户的交易结算资金和证券。证券公司破产或者清算时，客户的交易结算资金和证券不属于其破产财产或者清算财产。非因客户本身的债务或者法律规定的其他情形，不得查封、冻结、扣划或者强制执行客户的交易结算资金和证券。

第一百三十二条 证券公司办理经纪业务，应当置备统一制定的证券买卖委托书，供委托人使用。采取其他委托方式的，必须作出委托记录。

客户的证券买卖委托，不论是否成交，其委托记录应当按照规定的期限，保存于证券公司。

第一百三十三条 证券公司接受证券买卖的委托，应当根据委托书载明的证券名称、买卖数量、出价方式、价格幅度等，按照交易规则代理买卖证券，如实进行交易记录；买卖成交后，应当按照规定制作买卖成交报告单交付客户。

证券交易中确认交易行为及其交易结果的对账单必须真实，保证账面证券余额与实际持有的证券相一致。

第一百三十四条 证券公司办理经纪业务，不得接受客户的全权委托而决定证券买卖、选择证券种类、决定买卖数量或者买卖价格。

证券公司不得允许他人以证券公司的名义直接参与证券的集中交易。

第一百三十五条 证券公司不得对客户证券买卖的收益或者赔偿证券买卖的损失作出承诺。

第一百三十六条 证券公司的从业人员在证券交易活动中，执行所属的证券公司的指令或者利用职务违反交易规则的，由所属的证券公司承担全部责任。

证券公司的从业人员不得私下接受客户委托买卖证券。

第一百三十七条 证券公司应当建立客户信息查询制度，确保客户能够查询其账户信息、委托记录、交易记录以及其他与接受服务或者购买产品有关的重要信息。

证券公司应当妥善保存客户开户资料、委托记录、交易记录和与内部管理、业务经营有关的各项信息，任何人不得隐匿、伪造、篡改或者毁损。上述信息的保存期限不得少于二十年。

第一百三十八条 证券公司应当按照规定向国务院证券监督管理机构报送业务、财务等经营管理信息和资料。国务院证券监督管理机构有权要求证券公司及其主要股东、实际控制人在指定的期限内提供有关信息、资料。

证券公司及其主要股东、实际控制人向国务院证券监督管理机构报送或者提供的信息、资料，必须真实、准确、完整。

第一百三十九条 国务院证券监督管理机构认为有必要时，可以委托会计师事务所、资产评估机构对证券公司的财务状况、内部控制状况、资产价值进行审计或者评估。具体办法由国务院证券监督管理机构会同有关主管部门制定。

第一百四十条 证券公司的治理结构、合规管理、风险控制指标不符合规定的，国务院证券监督管理机构应当责令其限期改正；逾期未改正，或者其行为严重危及该证券公司的稳健运行、损害客户合法权益的，国务院证券监督管理机构可以区别情形，对其采取下列措施：

（一）限制业务活动，责令暂停部分业务，停止核准新业务；

（二）限制分配红利，限制向董事、监事、高级管理人员支付报酬、提供福利；

（三）限制转让财产或者在财产上设定其他权利；

（四）责令更换董事、监事、高级管理人员或者限制其权利；

（五）撤销有关业务许可；

（六）认定负有责任的董事、监事、高级管理人员为不适当人选；

（七）责令负有责任的股东转让股权，限制负有责任的股东行使股东权利。

证券公司整改后，应当向国务院证券监督管理机构提交报告。国务院证券监督管理机构经验收，治理结构、合规管理、风险控制指标符合规定的，应当自验收完毕之日起三日内解除对其采取的前款规定的有关限制措施。

第一百四十一条 证券公司的股东有虚假出资、抽逃出资行为的，国务院证券监督管理机构应当责令其限期改正，并可责令其转让所持证券公司的股权。

在前款规定的股东按照要求改正违法行为、转让所持证券公司的股权前，国务院证券监督管理机构可以限制其股东权利。

第一百四十二条 证券公司的董事、监事、高级管理人员未能勤勉尽责，致使证券公司存在重大违法违规行为或者重大风险的，国务院证券监督管理机构可以责令证券公司予以更换。

第一百四十三条 证券公司违法经营或者出现重大风险，严重危害证券市场秩序、损害投资者利益的，国务院证券监督管理机构可以对该证券公司采取责令停业整顿、指定其他机构托管、接管或者撤销等监管措施。

第一百四十四条 在证券公司被责令停业整顿、被依法指定托管、接管或者清算期间，或者出现重大风险时，经国务院证券监督管理机构批准，可以对该证券公司直接负责的董事、监事、高级管理人员和其他直接责任人员采取以下措施：

（一）通知出境入境管理机关依法阻止其出境；

（二）申请司法机关禁止其转移、转让或者以其他方式处分财产，或者在财产上设定其他权利。

第九章　证券登记结算机构

第一百四十五条 证券登记结算机构为证券交易提供集中登记、存管与结算服务，不以营利为目的，依法登记，取得法人资格。

设立证券登记结算机构必须经国务院证券监督管理机构批准。

第一百四十六条 设立证券登记结算机构，应当具备下列条件：

（一）自有资金不少于人民币二亿元；

（二）具有证券登记、存管和结算服务所必须的场所和设施；

（三）国务院证券监督管理机构规定的其他条件。

证券登记结算机构的名称中应当标明证券登记结算字样。

第一百四十七条　证券登记结算机构履行下列职能：

（一）证券账户、结算账户的设立；

（二）证券的存管和过户；

（三）证券持有人名册登记；

（四）证券交易的清算和交收；

（五）受发行人的委托派发证券权益；

（六）办理与上述业务有关的查询、信息服务；

（七）国务院证券监督管理机构批准的其他业务。

第一百四十八条　在证券交易所和国务院批准的其他全国性证券交易场所交易的证券的登记结算，应当采取全国集中统一的运营方式。

前款规定以外的证券，其登记、结算可以委托证券登记结算机构或者其他依法从事证券登记、结算业务的机构办理。

第一百四十九条　证券登记结算机构应当依法制定章程和业务规则，并经国务院证券监督管理机构批准。证券登记结算业务参与人应当遵守证券登记结算机构制定的业务规则。

第一百五十条 在证券交易所或者国务院批准的其他全国性证券交易场所交易的证券，应当全部存管在证券登记结算机构。

证券登记结算机构不得挪用客户的证券。

第一百五十一条 证券登记结算机构应当向证券发行人提供证券持有人名册及有关资料。

证券登记结算机构应当根据证券登记结算的结果，确认证券持有人持有证券的事实，提供证券持有人登记资料。

证券登记结算机构应当保证证券持有人名册和登记过户记录真实、准确、完整，不得隐匿、伪造、篡改或者毁损。

第一百五十二条 证券登记结算机构应当采取下列措施保证业务的正常进行：

（一）具有必备的服务设备和完善的数据安全保护措施；

（二）建立完善的业务、财务和安全防范等管理制度；

（三）建立完善的风险管理系统。

第一百五十三条 证券登记结算机构应当妥善保存登记、存管和结算的原始凭证及有关文件和资料。其保存期限不得少于二十年。

第一百五十四条 证券登记结算机构应当设立证券结算

风险基金，用于垫付或者弥补因违约交收、技术故障、操作失误、不可抗力造成的证券登记结算机构的损失。

证券结算风险基金从证券登记结算机构的业务收入和收益中提取，并可以由结算参与人按照证券交易业务量的一定比例缴纳。

证券结算风险基金的筹集、管理办法，由国务院证券监督管理机构会同国务院财政部门规定。

第一百五十五条 证券结算风险基金应当存入指定银行的专门账户，实行专项管理。

证券登记结算机构以证券结算风险基金赔偿后，应当向有关责任人追偿。

第一百五十六条 证券登记结算机构申请解散，应当经国务院证券监督管理机构批准。

第一百五十七条 投资者委托证券公司进行证券交易，应当通过证券公司申请在证券登记结算机构开立证券账户。证券登记结算机构应当按照规定为投资者开立证券账户。

投资者申请开立账户，应当持有证明中华人民共和国公民、法人、合伙企业身份的合法证件。国家另有规定的除外。

第一百五十八条 证券登记结算机构作为中央对手方提供证券结算服务的，是结算参与人共同的清算交收对手，进行净额结算，为证券交易提供集中履约保障。

证券登记结算机构为证券交易提供净额结算服务时，应当要求结算参与人按照货银对付的原则，足额交付证券和资金，并提供交收担保。

在交收完成之前，任何人不得动用用于交收的证券、资金和担保物。

结算参与人未按时履行交收义务的，证券登记结算机构有权按照业务规则处理前款所述财产。

第一百五十九条 证券登记结算机构按照业务规则收取的各类结算资金和证券，必须存放于专门的清算交收账户，只能按业务规则用于已成交的证券交易的清算交收，不得被强制执行。

第十章 证券服务机构

第一百六十条 会计师事务所、律师事务所以及从事证券投资咨询、资产评估、资信评级、财务顾问、信息技术系统服务的证券服务机构，应当勤勉尽责、恪尽职守，按照相关业务规则为证券的交易及相关活动提供服务。

从事证券投资咨询服务业务，应当经国务院证券监督管理机构核准；未经核准，不得为证券的交易及相关活动提供服务。从事其他证券服务业务，应当报国务院证券监督管理机构和国务院有关主管部门备案。

第一百六十一条 证券投资咨询机构及其从业人员从事证券服务业务不得有下列行为：

（一）代理委托人从事证券投资；

（二）与委托人约定分享证券投资收益或者分担证券投资损失；

（三）买卖本证券投资咨询机构提供服务的证券；

（四）法律、行政法规禁止的其他行为。

有前款所列行为之一，给投资者造成损失的，应当依法承担赔偿责任。

第一百六十二条 证券服务机构应当妥善保存客户委托文件、核查和验证资料、工作底稿以及与质量控制、内部管理、业务经营有关的信息和资料，任何人不得泄露、隐匿、伪造、篡改或者毁损。上述信息和资料的保存期限不得少于十年，自业务委托结束之日起算。

第一百六十三条 证券服务机构为证券的发行、上市、交易等证券业务活动制作、出具审计报告及其他鉴证报告、资产评估报告、财务顾问报告、资信评级报告或者法律意见书等文件，应当勤勉尽责，对所依据的文件资料内容的真实性、准确性、完整性进行核查和验证。其制作、出具的文件有虚假记载、误导性陈述或者重大遗漏，给他人造成损失的，应当与委托人承担连带赔偿责任，但是能够证明自己没有过错的除外。

第十一章　证券业协会

第一百六十四条　证券业协会是证券业的自律性组织，是社会团体法人。

证券公司应当加入证券业协会。

证券业协会的权力机构为全体会员组成的会员大会。

第一百六十五条　证券业协会章程由会员大会制定，并报国务院证券监督管理机构备案。

第一百六十六条　证券业协会履行下列职责：

（一）教育和组织会员及其从业人员遵守证券法律、行政法规，组织开展证券行业诚信建设，督促证券行业履行社会责任；

（二）依法维护会员的合法权益，向证券监督管理机构反映会员的建议和要求；

（三）督促会员开展投资者教育和保护活动，维护投资者合法权益；

（四）制定和实施证券行业自律规则，监督、检查会员及其从业人员行为，对违反法律、行政法规、自律规则或者协会章程的，按照规定给予纪律处分或者实施其他自律管理措施；

（五）制定证券行业业务规范，组织从业人员的业务培训；

（六）组织会员就证券行业的发展、运作及有关内容进行研究，收集整理、发布证券相关信息，提供会员服务，组织行业交流，引导行业创新发展；

（七）对会员之间、会员与客户之间发生的证券业务纠纷进行调解；

（八）证券业协会章程规定的其他职责。

第一百六十七条 证券业协会设理事会。理事会成员依章程的规定由选举产生。

第十二章 证券监督管理机构

第一百六十八条 国务院证券监督管理机构依法对证券市场实行监督管理，维护证券市场公开、公平、公正，防范系统性风险，维护投资者合法权益，促进证券市场健康发展。

第一百六十九条 国务院证券监督管理机构在对证券市场实施监督管理中履行下列职责：

（一）依法制定有关证券市场监督管理的规章、规则，并依法进行审批、核准、注册，办理备案；

（二）依法对证券的发行、上市、交易、登记、存管、结算等行为，进行监督管理；

（三）依法对证券发行人、证券公司、证券服务机构、证券交易场所、证券登记结算机构的证券业务活动，进行监督管理；

（四）依法制定从事证券业务人员的行为准则，并监督实施；

（五）依法监督检查证券发行、上市、交易的信息披露；

（六）依法对证券业协会的自律管理活动进行指导和监督；

（七）依法监测并防范、处置证券市场风险；

（八）依法开展投资者教育；

（九）依法对证券违法行为进行查处；

（十）法律、行政法规规定的其他职责。

第一百七十条　国务院证券监督管理机构依法履行职责，有权采取下列措施：

（一）对证券发行人、证券公司、证券服务机构、证券交易场所、证券登记结算机构进行现场检查；

（二）进入涉嫌违法行为发生场所调查取证；

（三）询问当事人和与被调查事件有关的单位和个人，要求其对与被调查事件有关的事项作出说明；或者要求其按照指定的方式报送与被调查事件有关的文件和资料；

（四）查阅、复制与被调查事件有关的财产权登记、通讯记录等文件和资料；

（五）查阅、复制当事人和与被调查事件有关的单位和个人的证券交易记录、登记过户记录、财务会计资料及其他相关文件和资料；对可能被转移、隐匿或者毁损的文件和资料，可以予以封存、扣押；

（六）查询当事人和与被调查事件有关的单位和个人的资金账户、证券账户、银行账户以及其他具有支付、托管、结算等功能的账户信息，可以对有关文件和资料进行复制；对有证据证明已经或者可能转移或者隐匿违法资金、证券等涉案财产或者隐匿、伪造、毁损重要证据的，经国务院证券监督管理机构主要负责人或者其授权的其他负责人批准，可以冻结或者查封，期限为六个月；因特殊原因需要延长的，每次延长期限不得超过三个月，冻结、查封期限最长不得超过二年；

（七）在调查操纵证券市场、内幕交易等重大证券违法行为时，经国务院证券监督管理机构主要负责人或者其授权的其他负责人批准，可以限制被调查的当事人的证券买卖，但限制的期限不得超过三个月；案情复杂的，可以延长三个月；

（八）通知出境入境管理机关依法阻止涉嫌违法人员、涉嫌违法单位的主管人员和其他直接责任人员出境。

为防范证券市场风险，维护市场秩序，国务院证券监督管理机构可以采取责令改正、监管谈话、出具警示函等措施。

第一百七十一条 国务院证券监督管理机构对涉嫌证券违法的单位或者个人进行调查期间，被调查的当事人书面申请，承诺在国务院证券监督管理机构认可的期限内纠正涉嫌违法行为，赔偿有关投资者损失，消除损害或者不良影响的，国务院证券监督管理机构可以决定中止调查。被调查的当事人履行承诺的，国务院证券监督管理机构可以决定终止调查；被调查的当事人未履行承诺或者有国务院规定的其他情形的，应当恢复调查。具体办法由国务院规定。

国务院证券监督管理机构决定中止或者终止调查的，应当按照规定公开相关信息。

第一百七十二条 国务院证券监督管理机构依法履行职责，进行监督检查或者调查，其监督检查、调查的人员不得少于二人，并应当出示合法证件和监督检查、调查通知书或者其他执法文书。监督检查、调查的人员少于二人或者未出示合法证件和监督检查、调查通知书或者其他执法文书的，被检查、调查的单位和个人有权拒绝。

第一百七十三条 国务院证券监督管理机构依法履行职责，被检查、调查的单位和个人应当配合，如实提供有关文件和资料，不得拒绝、阻碍和隐瞒。

第一百七十四条 国务院证券监督管理机构制定的规

章、规则和监督管理工作制度应当依法公开。

国务院证券监督管理机构依据调查结果，对证券违法行为作出的处罚决定，应当公开。

第一百七十五条 国务院证券监督管理机构应当与国务院其他金融监督管理机构建立监督管理信息共享机制。

国务院证券监督管理机构依法履行职责，进行监督检查或者调查时，有关部门应当予以配合。

第一百七十六条 对涉嫌证券违法、违规行为，任何单位和个人有权向国务院证券监督管理机构举报。

对涉嫌重大违法、违规行为的实名举报线索经查证属实的，国务院证券监督管理机构按照规定给予举报人奖励。

国务院证券监督管理机构应当对举报人的身份信息保密。

第一百七十七条 国务院证券监督管理机构可以和其他国家或者地区的证券监督管理机构建立监督管理合作机制，实施跨境监督管理。

境外证券监督管理机构不得在中华人民共和国境内直接进行调查取证等活动。未经国务院证券监督管理机构和国务院有关主管部门同意，任何单位和个人不得擅自向境外提供与证券业务活动有关的文件和资料。

第一百七十八条 国务院证券监督管理机构依法履行职责，发现证券违法行为涉嫌犯罪的，应当依法将案件移送司法机关处理；发现公职人员涉嫌职务违法或者职务犯罪的，应当依法移送监察机关处理。

第一百七十九条 国务院证券监督管理机构工作人员必须忠于职守、依法办事、公正廉洁，不得利用职务便利牟取不正当利益，不得泄露所知悉的有关单位和个人的商业秘密。

国务院证券监督管理机构工作人员在任职期间，或者离职后在《中华人民共和国公务员法》规定的期限内，不得到与原工作业务直接相关的企业或者其他营利性组织任职，不得从事与原工作业务直接相关的营利性活动。

第十三章　法律责任

第一百八十条 违反本法第九条的规定，擅自公开或者变相公开发行证券的，责令停止发行，退还所募资金并加算银行同期存款利息，处以非法所募资金金额百分之五以上百分之五十以下的罚款；对擅自公开或者变相公开发行证券设立的公司，由依法履行监督管理职责的机构或者部门会同县级以上地方人民政府予以取缔。对直接负责的主管人员和其他直接责任人员给予警告，并处以五十万元以上五百万元以下的罚款。

第一百八十一条 发行人在其公告的证券发行文件中隐

瞒重要事实或者编造重大虚假内容，尚未发行证券的，处以二百万元以上二千万元以下的罚款；已经发行证券的，处以非法所募资金金额百分之十以上一倍以下的罚款。对直接负责的主管人员和其他直接责任人员，处以一百万元以上一千万元以下的罚款。

发行人的控股股东、实际控制人组织、指使从事前款违法行为的，没收违法所得，并处以违法所得百分之十以上一倍以下的罚款；没有违法所得或者违法所得不足二千万元的，处以二百万元以上二千万元以下的罚款。对直接负责的主管人员和其他直接责任人员，处以一百万元以上一千万元以下的罚款。

第一百八十二条　保荐人出具有虚假记载、误导性陈述或者重大遗漏的保荐书，或者不履行其他法定职责的，责令改正，给予警告，没收业务收入，并处以业务收入一倍以上十倍以下的罚款；没有业务收入或者业务收入不足一百万元的，处以一百万元以上一千万元以下的罚款；情节严重的，并处暂停或者撤销保荐业务许可。对直接负责的主管人员和其他直接责任人员给予警告，并处以五十万元以上五百万元以下的罚款。

第一百八十三条　证券公司承销或者销售擅自公开发行或者变相公开发行的证券的，责令停止承销或者销售，没收违法所得，并处以违法所得一倍以上十倍以下的罚款；没有违法所得或者违法所得不足一百万元的，处以一百万元以上一千万元以下的罚款；情节严重的，并处暂停或者撤销相关业务许可。给投资者造成损失的，应当与发行人承担连带赔偿责任。对直接负责的主管人员和其他直接责任人员给予警告，并处以五十万元以上五百万元以下的罚款。

第一百八十四条 证券公司承销证券违反本法第二十九条规定的，责令改正，给予警告，没收违法所得，可以并处五十万元以上五百万元以下的罚款；情节严重的，暂停或者撤销相关业务许可。对直接负责的主管人员和其他直接责任人员给予警告，可以并处二十万元以上二百万元以下的罚款；情节严重的，并处以五十万元以上五百万元以下的罚款。

第一百八十五条 发行人违反本法第十四条、第十五条的规定擅自改变公开发行证券所募集资金的用途的，责令改正，处以五十万元以上五百万元以下的罚款；对直接负责的主管人员和其他直接责任人员给予警告，并处以十万元以上一百万元以下的罚款。

发行人的控股股东、实际控制人从事或者组织、指使从事前款违法行为的，给予警告，并处以五十万元以上五百万元以下的罚款；对直接负责的主管人员和其他直接责任人员，处以十万元以上一百万元以下的罚款。

第一百八十六条 违反本法第三十六条的规定，在限制转让期内转让证券，或者转让股票不符合法律、行政法规和国务院证券监督管理机构规定的，责令改正，给予警告，没收违法所得，并处以买卖证券等值以下的罚款。

第一百八十七条 法律、行政法规规定禁止参与股票交易的人员，违反本法第四十条的规定，直接或者以化名、借他人名义持有、买卖股票或者其他具有股权性质的证券的，责令依法处理非法持有的股票、其他具有股权性质的证券，没收违法所得，并处以买卖证券等值以下的罚款；属于国家工作人员的，还应当依法给予处分。

第一百八十八条 证券服务机构及其从业人员，违反本法第四十二条的规定买卖证券的，责令依法处理非法持有的证券，没收违法所得，并处以买卖证券等值以下的罚款。

第一百八十九条 上市公司、股票在国务院批准的其他全国性证券交易场所交易的公司的董事、监事、高级管理人员、持有该公司百分之五以上股份的股东，违反本法第四十四条的规定，买卖该公司股票或者其他具有股权性质的证券的，给予警告，并处以十万元以上一百万元以下的罚款。

第一百九十条 违反本法第四十五条的规定，采取程序化交易影响证券交易所系统安全或者正常交易秩序的，责令改正，并处以五十万元以上五百万元以下的罚款。对直接负责的主管人员和其他直接责任人员给予警告，并处以十万元以上一百万元以下的罚款。

第一百九十一条　证券交易内幕信息的知情人或者非法获取内幕信息的人违反本法第五十三条的规定从事内幕交易的，责令依法处理非法持有的证券，没收违法所得，并处以违法所得一倍以上十倍以下的罚款；没有违法所得或者违法所得不足五十万元的，处以五十万元以上五百万元以下的罚款。单位从事内幕交易的，还应当对直接负责的主管人员和其他直接责任人员给予警告，并处以二十万元以上二百万元以下的罚款。国务院证券监督管理机构工作人员从事内幕交易的，从重处罚。

违反本法第五十四条的规定，利用未公开信息进行交易的，依照前款的规定处罚。

第一百九十二条　违反本法第五十五条的规定，操纵证券市场的，责令依法处理其非法持有的证券，没收违法所得，并处以违法所得一倍以上十倍以下的罚款；没有违法所得或者违法所得不足一百万元的，处以一百万元以上一千万元以下的罚款。单位操纵证券市场的，还应当对直接负责的主管人员和其他直接责任人员给予警告，并处以五十万元以上五百万元以下的罚款。

第一百九十三条　违反本法第五十六条第一款、第三款的规定，编造、传播虚假信息或者误导性信息，扰乱证券市场的，没收违法所得，并处以违法所得一倍以上十倍以下的罚款；没有违法所得或者违法所得不足二十万元的，处以二十万元以上二百万元以下的罚款。

违反本法第五十六条第二款的规定，在证券交易活动中作出虚假陈述或者信息误导的，责令改正，处以二十万元以上二百万元以下的罚款；属于国家工作人员的，还应当依法给予处分。

传播媒介及其从事证券市场信息报道的工作人员违反本法第五十六条第三款的规定，从事与其工作职责发生利益冲突的证券买卖的，没收违法所得，并处以买卖证券等值以下的罚款。

第一百九十四条 证券公司及其从业人员违反本法第五十七条的规定，有损害客户利益的行为的，给予警告，没收违法所得，并处以违法所得一倍以上十倍以下的罚款；没有违法所得或者违法所得不足十万元的，处以十万元以上一百万元以下的罚款；情节严重的，暂停或者撤销相关业务许可。

第一百九十五条 违反本法第五十八条的规定，出借自己的证券账户或者借用他人的证券账户从事证券交易的，责令改正，给予警告，可以处五十万元以下的罚款。

第一百九十六条 收购人未按照本法规定履行上市公司收购的公告、发出收购要约义务的，责令改正，给予警告，并处以五十万元以上五百万元以下的罚款。对直接负责的主管人员和其他直接责任人员给予警告，并处以二十万元以上二百万元以下的罚款。

收购人及其控股股东、实际控制人利用上市公司收购，给被收购公司及其股东造成损失的，应当依法承担赔偿责任。

第一百九十七条 信息披露义务人未按照本法规定报送有关报告或者履行信息披露义务的，责令改正，给予警告，并处以五十万元以上五百万元以下的罚款；对直接负责的主管人员和其他直接责任人员给予警告，并处以二十万元以上二百万元以下的罚款。发行人的控股股东、实际控制人组织、指使从事上述违法行为，或者隐瞒相关事项导致发生上述情形的，处以五十万元以上五百万元以下的罚款；对直接负责的主管人员和其他直接责任人员，处以二十万元以上二百万元以下的罚款。

信息披露义务人报送的报告或者披露的信息有虚假记载、误导性陈述或者重大遗漏的，责令改正，给予警告，并处以一百万元以上一千万元以下的罚款；对直接负责的主管人员和其他直接责任人员给予警告，并处以五十万元以上五百万元以下的罚款。发行人的控股股东、实际控制人组织、指使从事上述违法行为，或者隐瞒相关事项导致发生上述情形的，处以一百万元以上一千万元以下的罚款；对直接负责的主管人员和其他直接责任人员，处以五十万元以上五百万元以下的罚款。

第一百九十八条 证券公司违反本法第八十八条的规定未履行或者未按照规定履行投资者适当性管理义务的，责令改正，给予警告，并处以十万元以上一百万元以下的罚款。对直接负责的主管人员和其他直接责任人员给予警告，并处以二十万元以下的罚款。

第一百九十九条 违反本法第九十条的规定征集股东权利的，责令改正，给予警告，可以处五十万元以下的罚款。

第二百条 非法开设证券交易场所的，由县级以上人民政府予以取缔，没收违法所得，并处以违法所得一倍以上十倍以下的罚款；没有违法所得或者违法所得不足一百万元的，处以一百万元以上一千万元以下的罚款。对直接负责的主管人员和其他直接责任人员给予警告，并处以二十万元以上二百万元以下的罚款。

证券交易所违反本法第一百零五条的规定，允许非会员直接参与股票的集中交易的，责令改正，可以并处五十万元以下的罚款。

第二百零一条 证券公司违反本法第一百零七条第一款的规定，未对投资者开立账户提供的身份信息进行核对的，责令改正，给予警告，并处以五万元以上五十万元以下的罚款。对直接负责的主管人员和其他直接责任人员给予警告，并处以十万元以下的罚款。

证券公司违反本法第一百零七条第二款的规定，将投资者的账户提供给他人使用的，责令改正，给予警告，并处以十万元以上一百万元以下的罚款。对直接负责的主管人员和其他直接责任人员给予警告，并处以二十万元以下的罚款。

第二百零二条 违反本法第一百一十八条、第一百二十条第一款、第四款的规定，擅自设立证券公司、非法经营证券业务或者未经批准以证券公司名义开展证券业务活动的，责令改正，没收违法所得，并处以违法所得一倍以上十倍以下的罚款；没有违法所得或者违法所得不足一百万元的，处以一百万元以上一千万元以下的罚款。对直接负责的主管人员和其他直接责任人员给予警告，并处以二十万元以上二百万元以下的罚款。对擅自设立的证券公司，由国务院证券监督管理机构予以取缔。

证券公司违反本法第一百二十条第五款规定提供证券融资融券服务的，没收违法所得，并处以融资融券等值以下的罚款；情节严重的，禁止其在一定期限内从事证券融资融券业务。对直接负责的主管人员和其他直接责任人员给予警告，并处以二十万元以上二百万元以下的罚款。

第二百零三条 提交虚假证明文件或者采取其他欺诈手段骗取证券公司设立许可、业务许可或者重大事项变更核准的，撤销相关许可，并处以一百万元以上一千万元以下的罚款。对直接负责的主管人员和其他直接责任人员给予警告，并处以二十万元以上二百万元以下的罚款。

第二百零四条 证券公司违反本法第一百二十二条的规定，未经核准变更证券业务范围，变更主要股东或者公司的实际控制人，合并、分立、停业、解散、破产的，责令改正，给予警告，没收违法所得，并处以违法所得一倍以上十倍以下的罚款；没有违法所得或者违法所得不足五十万元的，处以五十万元以上五百万元以下的罚款；情节严重的，并处撤销相关业务许可。对直接负责的主管人员和其他直接责任人员给予警告，并处以二十万元以上二百万元以下的罚款。

第二百零五条 证券公司违反本法第一百二十三条第二款的规定，为其股东或者股东的关联人提供融资或者担保的，责令改正，给予警告，并处以五十万元以上五百万元以下的罚款。对直接负责的主管人员和其他直接责任人员给予警告，并处以十万元以上一百万元以下的罚款。股东有过错的，在按照要求改正前，国务院证券监督管理机构可以限制其股东权利；拒不改正的，可以责令其转让所持证券公司股权。

第二百零六条 证券公司违反本法第一百二十八条的规定，未采取有效隔离措施防范利益冲突，或者未分开办理相关业务、混合操作的，责令改正，给予警告，没收违法所得，并处以违法所得一倍以上十倍以下的罚款；没有违法所得或者违法所得不足五十万元的，处以五十万元以上五百万元以下的罚款；情节严重的，并处撤销相关业务许可。对直接负责的主管人员和其他直接责任人员给予警告，并处以二十万元以上二百万元以下的罚款。

第二百零七条 证券公司违反本法第一百二十九条的规定从事证券自营业务的，责令改正，给予警告，没收违法所得，并处以违法所得一倍以上十倍以下的罚款；没有违法所得或者违法所得不足五十万元的，处以五十万元以上五百万元以下的罚款；情节严重的，并处撤销相关业务许可或者责令关闭。对直接负责的主管人员和其他直接责任人员给予警告，并处以二十万元以上二百万元以下的罚款。

第二百零八条 违反本法第一百三十一条的规定，将客户的资金和证券归入自有财产，或者挪用客户的资金和证券的，责令改正，给予警告，没收违法所得，并处以违法所得一倍以上十倍以下的罚款；没有违法所得或者违法所得不足一百万元的，处以一百万元以上一千万元以下的罚款；情节严重的，并处撤销相关业务许可或者责令关闭。对直接负责的主管人员和其他直接责任人员给予警告，并处以五十万元以上五百万元以下的罚款。

第二百零九条 证券公司违反本法第一百三十四条第一款的规定接受客户的全权委托买卖证券的，或者违反本法第一百三十五条的规定对客户的收益或者赔偿客户的损失作出承诺的，责令改正，给予警告，没收违法所得，并处以违法所得一倍以上十倍以下的罚款；没有违法所得或者违法所得不足五十万元的，处以五十万元以上五百万元以下的罚款；情节严重的，并处撤销相关业务许可。对直接负责的主管人员和其他直接责任人员给予警告，并处以二十万元以上二百万元以下的罚款。

证券公司违反本法第一百三十四条第二款的规定，允许他人以证券公司的名义直接参与证券的集中交易的，责令改正，可以并处五十万元以下的罚款。

第二百一十条 证券公司的从业人员违反本法第一百三十六条的规定，私下接受客户委托买卖证券的，责令改正，给予警告，没收违法所得，并处以违法所得一倍以上十倍以下的罚款；没有违法所得的，处以五十万元以下的罚款。

第二百一十一条 证券公司及其主要股东、实际控制人违反本法第一百三十八条的规定，未报送、提供信息和资料，或者报送、提供的信息和资料有虚假记载、误导性陈述或者重大遗漏的，责令改正，给予警告，并处以一百万元以下的罚款；情节严重的，并处撤销相关业务许可。对直接负责的主管人员和其他直接责任人员，给予警告，并处以五十万元以下的罚款。

第二百一十二条 违反本法第一百四十五条的规定，擅自设立证券登记结算机构的，由国务院证券监督管理机构予以取缔，没收违法所得，并处以违法所得一倍以上十倍以下的罚款；没有违法所得或者违法所得不足五十万元的，处以五十万元以上五百万元以下的罚款。对直接负责的主管人员和其他直接责任人员给予警告，并处以二十万元以上二百万元以下的罚款。

第二百一十三条 证券投资咨询机构违反本法第一百六十条第二款的规定擅自从事证券服务业务，或者从事证券服务业务有本法第一百六十一条规定行为的，责令改正，没收违法所得，并处以违法所得一倍以上十倍以下的罚款；没有违法所得或者违法所得不足五十万元的，处以五十万元以上五百万元以下的罚款。对直接负责的主管人员和其他直接责任人员，给予警告，并处以二十万元以上二百万元以下的罚款。

会计师事务所、律师事务所以及从事资产评估、资信评级、财务顾问、信息技术系统服务的机构违反本法第一百六十条第二款的规定，从事证券服务业务未报备案的，责令改正，可以处二十万元以下的罚款。

证券服务机构违反本法第一百六十三条的规定，未勤勉尽责，所制作、出具的文件有虚假记载、误导性陈述或者重大遗漏的，责令改正，没收业务收入，并处以业务收入一倍以上十倍以下的罚款，没有业务收入或者业务收入不足五十万元的，处以五十万元以上五百万元以下的罚款；情节严重的，并处暂停或者禁止从事证券服务业务。对直接负责的主管人员和其他直接责任人员给予警告，并处以二十万元以上二百万元以下的罚款。

第二百一十四条 发行人、证券登记结算机构、证券公司、证券服务机构未按照规定保存有关文件和资料的，责令改正，给予警告，并处以十万元以上一百万元以下的罚款；泄露、隐匿、伪造、篡改或者毁损有关文件和资料的，给予警告，并处以二十万元以上二百万元以下的罚款；情节严重的，处以五十万元以上五百万元以下的罚款，并处暂停、撤销相关业务许可或者禁止从事相关业务。对直接负责的主管人员和其他直接责任人员给予警告，并处以十万元以上一百万元以下的罚款。

第二百一十五条 国务院证券监督管理机构依法将有关市场主体遵守本法的情况纳入证券市场诚信档案。

第二百一十六条 国务院证券监督管理机构或者国务院授权的部门有下列情形之一的，对直接负责的主管人员和其他直接责任人员，依法给予处分：

（一）对不符合本法规定的发行证券、设立证券公司等申请予以核准、注册、批准的；

（二）违反本法规定采取现场检查、调查取证、查询、冻结或者查封等措施的；

（三）违反本法规定对有关机构和人员采取监督管理措施的；

（四）违反本法规定对有关机构和人员实施行政处罚的；

（五）其他不依法履行职责的行为。

第二百一十七条 国务院证券监督管理机构或者国务院授权的部门的工作人员，不履行本法规定的职责，滥用职权、玩忽职守，利用职务便利牟取不正当利益，或者泄露所知悉的有关单位和个人的商业秘密的，依法追究法律责任。

第二百一十八条 拒绝、阻碍证券监督管理机构及其工作人员依法行使监督检查、调查职权，由证券监督管理机构责令改正，处以十万元以上一百万元以下的罚款，并由公安机关依法给予治安管理处罚。

第二百一十九条 违反本法规定，构成犯罪的，依法追究刑事责任。

第二百二十条 违反本法规定，应当承担民事赔偿责任和缴纳罚款、罚金、违法所得，违法行为人的财产不足以支付的，优先用于承担民事赔偿责任。

第二百二十一条 违反法律、行政法规或者国务院证券监督管理机构的有关规定，情节严重的，国务院证券监督管理机构可以对有关责任人员采取证券市场禁入的措施。

前款所称证券市场禁入，是指在一定期限内直至终身不得从事证券业务、证券服务业务，不得担任证券发行人的董事、监事、高级管理人员，或者一定期限内不得在证券交易所、国务院批准的其他全国性证券交易场所交易证券的制度。

第二百二十二条 依照本法收缴的罚款和没收的违法所得，全部上缴国库。

第二百二十三条 当事人对证券监督管理机构或者国务院授权的部门的处罚决定不服的，可以依法申请行政复议，或者依法直接向人民法院提起诉讼。

第十四章 附 则

第二百二十四条 境内企业直接或者间接到境外发行证券或者将其证券在境外上市交易，应当符合国务院的有关规定。

第二百二十五条 境内公司股票以外币认购和交易的，具体办法由国务院另行规定。

第二百二十六条 本法自2020年3月1日起施行。

在管理人的监督下负责执行，故 C 项正确。

D 项没有正当理由。《民法典》第 733 条规定："租赁期间届满，承租人应当返还租赁物。返还的租赁物应当符合按照约定或者租赁物的性质使用后的状态。"无论是在破产重整期间还是破产清算期间，只要租赁合同到期，出租人都有权利要求承租人返还租赁物。就此，《企业破产法》第 38 条规定："人民法院受理破产申请后，债务人占有的不属于债务人的财产，该财产的权利人可以通过管理人取回。但是，本法另有规定的除外。"就出租人的取回权而言，破产重整与破产清算程序并无区别，法律并未特别限制出租人的取回权，故 D 项错误。

二、多项选择题

答案：AB。《企业破产法》第 80 条规定，债务人自行管理财产和营业事务的，由债务人制作重整计划草案。管理人负责管理财产和营业事务的，由管理人制作重整计划草案。因此，A 正确。根据《企业破产法》第 82 条的规定，债权人参加讨论重整计划草案的债权人会议，应按照债权分类，分组对重整计划草案进行表决。因此，B 正确。《企业破产法》第 84 条第 2 款规定，出席会议的同一表决组的债权人过半数同意重整计划草案，并且其所代表的债权额占该组债权总额的三分之二以上的，即为该组通过重整计划草案。C 选项为过半数同意通过，错误。《企业破产法》第 86 条规定，各表决组均通过重整计划草案时，重整计划即为通过。D 选项的三分之二通过错误，应为全部通过。

三、不定项选择题

1. **答案**：BD。本题考查的是人民法院应当宣告终结破产程序的情形。《企业破产法》第 108 条规定："破产宣告前，有下列情形之一的，人民法院应当裁定终结破产程序，并予以公告：（一）第三人为债务人提供足额担保或者为债务人清偿全部到期债务的；（二）债务人已清偿全部到期债务的。"A、C 项属于宣告债务人破产的情形。
2. **答案**：ABC。本题考核重整的相关规定。根据规定，在重整期间，债务人的出资人不得请求投资收益分配，因此，选项 D 的说法是错误的。

四、名词解释

1. **答案**：破产和解是指为避免破产宣告或破产分配，由债务人提出和解申请及和解协议草案，债权人会议讨论通过并经法院许可的，解决债权与债务人之间的债权问题的制度。
2. **答案**：破产重整是指经利害关系人的申请，在审判机关的主持和利害关系人的参与下，对不能支付到期债务陷入财务困难的企业，进行生产经营的整顿和债权债务清理的一种旨在使其摆脱困难、挽救其生存的积极的特殊法律程序。

五、简答题

答案：重整与和解、清算乃是企业破产法三大制度。破产、和解与重整为三种功能各异的程序，相互不能代替，但是三者又密不可分。

三者的区别主要体现在：

	清算	和解	重整
法律功能的差异	清算是实现债权人的公平受偿并通过市场主体优胜劣汰来达到资源合理配置的目的	和解是向债权人提供了一种简便、高效的受偿手段，同时在一定程度上使债务人免予破产	重整则是赋予债务人再生的机会从而达到稳定社会的目的，而且重整具有的预防破产的功效是前两种制度所不具备的
程序提起主体不同	清算则是债权人、债务人都有权提出	和解申请一般只能由债务人提出	重整申请的权利主体范围更为广泛，不仅债务人、债权人可以提出，债务人的出资也可以提出
担保债权的法律地位不同	在破产和解与清算中，担保债权是别除权的法律基础，有不依破产程序独立实现的优越性		在重整程序中，提保物权的行使受到限制

三者的联系表现在：进入破产程序后，和解程序优于破产清算程序，重整程序又优于和解程序。进入重整程序后，正在进行的和解程序或者破产清算程序应当中止。当破

产清算、和解、重整三种申请同时出现时，人民法院应当优先受理重整申请。重整失败或和解不能时，最终还要通过破产程序清理债务。

六、论述题

答案：重整制度的主要目的是债务清理和企业拯救，而在这两个目的之间，后者是主要的方面。也就是说，重整制度的首要任务是实现企业拯救。我们切不可把企业拯救的意义仅仅理解为债权偿付的优化。实际上，重整制度所理解的企业，其中除了债权人和企业本身以外，还包括企业的职工及其出资人。与重整制度的目的相关，重整制度的功能体现为：

(1) 重整制度维持了企业的营业，从而避免了企业营运价值的落空，弥补清算制度造成的社会资源浪费。所谓营运价值，就是企业作为营运价值实体的财产价值，或者说，企业在持续营业状态下的价值。在许多情况下，企业的营运价值高于它的清算价值，即高于它的净资产通过清算变价所能获得的价值回收。重整是避免社会资源浪费的路径选择。

(2) 重整制度运用多种手段对困境企业进行整理，帮助企业复兴，提高资源配置效率。重整法律制度可以通过内部经营机制的调整、治理结构的优化提高企业运营效率，最终促使社会资源的优化配置，这种调整直接涉及资源配置方式的改变，具有主动性和直接性。

(3) 保留了企业职工的就业机构，使企业不因裁员而引起社会动荡，可以有效地维护社会稳定，实现了现代社会所要求的秩序、效率与公平。

第二十五章　破产清算

基础知识图解

破产清算
- 破产宣告的程序及其法律效力
- 破产债权：构成要件与范围
  - 限于财产上的请求权
  - 限于对人的请求权
  - 限于可强制执行的债权
  - 限于因破产受理前的原因而成立的债权
- 破产别除权：概念；特征；权利基础；行使
- 破产抵销权：概念与设定依据；适用范围及其限制
- 破产取回权与撤销权
- 破产财产的分配与破产程序的终结

配套测试

一、单项选择题

1. 企业破产时，行使破产宣告权的是（　　）。

A. 上级主管部门

B. 市场监督管理部门

C. 仲裁机构

D. 人民法院

2. 在下列情况中，哪种可以行使破产抵销权？（　　）

A. 无财产担保的债权人在破产宣告前对破产企业发生的债务

B. 有财产担保的债权人在破产宣告前对破产企业发生的债务

C. 破产企业的债务人在破产宣告后取得的他人的破产债务

D. 破产企业的债务人已知破产企业停止支付或有破产申请的事实而取得的破产债权

3. 破产案件中，有财产担保的债权，其数额超过担保物的价款的，未受清偿的部分，（　　）。

A. 不再清偿

B. 由清算组织优先拨付

C. 就破产财产优先受偿

D. 作为普通债权依照破产程序受偿

4. 破产债权人应该向以下哪个主体去主张破产抵销？（　　）

A. 管理人

B. 债权人会议

C. 债务人所在地人民法院

D. 清算组

5. 2014 年 6 月经法院受理，甲公司进入破产程序。现查明，甲公司所占有的一台精密仪器，实为乙公司委托甲公司承运而交付给甲公司的。关于乙公司的取回权，下列哪一表述是错误的？（　　）（司考 2014.3.31）

A. 取回权的行使，应在破产财产变价方案或和解协议、重整计划草案提交债权人会议表决之前

B. 乙公司未在规定期限内行使取回权，则其取回权即归于消灭

C. 管理人否认乙公司的取回权时，乙公司可以诉讼方式主张其权利

D. 乙公司未支付相关运输、保管等费用时，

保管人可拒绝其取回该仪器

6. 2014年5月，甲、乙、丙三人共同出资设立一家有限责任公司。甲的下列哪一行为不属于抽逃出资行为？（　　）（司考2014.3.29）

A. 将出资款项转入公司账户验资后又转出去

B. 虚构债权债务关系将其出资转出去

C. 利用关联交易将其出资转出去

D. 制作虚假财务会计报表虚增利润进行分配

二、多项选择题

1. 有下列情形之一的，由人民法院裁定，宣告企业破产：（　　）

A. 债务人有欺诈、恶意减少债务人财产的行为

B. 由于债务人的行为致管理人无法执行职务

C. 债务人不能执行或不执行重整计划的

D. 债务人的经营状况和财产状况继续恶化

2. 下列各项中，属于应当从破产财产中优先拨付的破产费用是：（　　）

A. 债务人财产致人损害所产生的债务

B. 管理人执行职务的费用

C. 管理、变价和分配债务人财产的费用

D. 破产案件的诉讼费用

3. 关于破产清算、重整与和解的表述，下列哪些选项是正确的？（　　）（司考2010.3.79）

A. 债务人一旦被宣告破产，则不可能再进入重整或者和解程序

B. 破产案件受理后，只有债务人才能提出和解申请

C. 即使债务人未出现现实的资不抵债情形，也可申请重整程序

D. 重整是破产案件的必经程序

4. 破产宣告后，有下列哪些情况的，人民法院应当宣告破产程序终结？（　　）

A. 债务人财产不足支付破产费用的

B. 债务人财产分配完毕，管理人提出终结破产程序申请的

C. 债权人会议提出申请

D. 和解协议未获通过

5. 破产财产优先拨付破产费用和共益债务后，按照法定顺序清偿，其最先清偿的是（　　）。

A. 破产企业所欠税款

B. 破产债权

C. 破产企业所欠职工工资

D. 破产企业所欠劳动保险费用

6. 破产抵销权的特征有（　　）

A. 享有破产抵销权的人，须为债权人

B. 与破产债权相抵销的债务，须为破产债权人于破产申请受理前对破产人所负的债务

C. 该债权和债务的抵销，不受债的种类的限制

D. 该债权和债务的抵销，不受债的履行期限的限制

7. 债权人在破产程序中享有和行使别除权，应该具备以下哪些条件？（　　）

A. 债权和担保权合法成立和有效

B. 债权和担保权符合《企业破产法》的规定

C. 债权已经到期

D. 债权已经依法申报并得到确认

8. 一枝花有限公司因营业期限届满解散，并依法成立了清算组，该清算组在清算过程中实施的下列哪些行为是合法的？（　　）

A. 为使公司股东分配到更多的剩余财产，将公司的库房出租给甲公司收取租金

B. 为减少债务利息，在债权申报期间清偿了可以确定的乙公司债务

C. 通知公司的合作伙伴丙公司解除双方之间的供货合同并对其作出相应赔偿

D. 代表公司参加了一项仲裁活动并与对方当事人达成和解

9. 下列对于债权人取得的附生效条件的债权，说法正确的是（　　）。

A. 管理人不得将破产企业的财产对其进行分配

B. 管理人应该依法提存对其的分配额

C. 在最后分配公告日生效条件未成就的，应当分配给其他债权人

D. 在最后分配公告日生效条件成就的，应当将相应财产交付给债权人

10. 甲公司依据买卖合同，在买受人乙公司尚未付清全部货款的情况下，将货物发运给

乙公司。乙公司尚未收到该批货物时，向法院提出破产申请，且法院已裁定受理。对此，下列哪些选项是正确的？（　　）

A. 乙公司已经取得该批货物的所有权

B. 甲公司可以取回在运货物

C. 乙公司破产管理人在支付全部价款情况下，可以请求甲公司交付货物

D. 货物运到后，甲公司对乙公司的价款债权构成破产债权

11. 2010 年 8 月 1 日，某公司申请破产。8 月 10 日，法院受理并指定了管理人。该公司出现的下列哪一行为属于《企业破产法》中的欺诈破产行为，管理人有权请求法院予以撤销？（　　）

A. 2009 年 9 月 5 日，将市场价格 100 万元的仓库以 30 万元出售给母公司

B. 2009 年 10 月 15 日，将公司一辆价值 30 万元的汽车赠与甲

C. 2010 年 5 月 5 日，向乙银行偿还欠款 50 万元及利息 4 万元

D. 2010 年 6 月 10 日，以协议方式与债务人丙相互抵销 20 万元债务

12. 甲公司因不能清偿到期债务且明显缺乏清偿能力，遂于 2014 年 3 月申请破产，且法院已受理。经查，在此前半年内，甲公司针对若干债务进行了个别清偿。关于管理人的撤销权，下列哪些表述是正确的？（　　）（司考 2014.3.74）

A. 甲公司清偿对乙银行所负的且以自有房产设定抵押担保的贷款债务的，管理人可以主张撤销

B. 甲公司清偿对丙公司所负的且经法院判决所确定的货款债务的，管理人可以主张撤销

C. 甲公司清偿对丁公司所负的为维系基本生产所需的水电费债务的，管理人不得主张撤销

D. 甲公司清偿对戊所负的劳动报酬债务的，管理人不得主张撤销

13. 法院受理了利捷公司的破产申请。管理人甲发现，利捷公司与翰扬公司之间的债权债务关系较为复杂。下列哪些说法是正确的？（　　）（司考 2016.3.73）

A. 翰扬公司的某一项债权有房产抵押，可在破产受理后行使抵押权

B. 翰扬公司与利捷公司有一合同未履行完毕，甲可解除该合同

C. 翰扬公司曾租给利捷公司的一套设备被损毁，侵权人之前向利捷公司支付了赔偿金，翰扬公司不能主张取回该笔赔偿金

D. 茹洁公司对利捷公司负有债务，在破产受理后茹洁公司受让了翰扬公司的一项债权，因此茹洁公司无须再向利捷公司履行等额的债务

三、名词解释

1. 破产撤销权（中国人民大学 2008 年考研真题）

2. 《企业破产法》上的抵销权与民法上的抵销权

四、简答题

1. 简论破产抵销权及其例外。（清华大学 2015 年考研真题）

2. 简述破产程序中的别除权。

3. 《企业破产法》上的债权人自治原则。

4. 某国有企业 A 企业（以下简称 A 企业）于 2010 年 1 月 1 日被债权人申请破产，1 月 6 日人民法院受理了破产案件。4 月 2 日人民法院宣告 A 企业破产，4 月 11 日成立清算组。有关资料如下：

2008 年 7 月 1 日，A 企业向债权人甲银行借款 100 万元，期限 2 年，A 企业以自己 120 万元的设备作为抵押。该设备已于 2009 年 9 月 30 日灭失，获得保险赔款 60 万元。

2008 年 10 月 1 日，A 企业向债权人乙银行借款 100 万元，期限 1 年，B 公司为一般保证人，保证期间为 6 个月。因 A 企业不能清偿到期借款，乙银行于 2009 年 12 月 1 日向人民法院提起诉讼，人民法院受理了该案件但尚未审结。

2008 年 12 月 3 日，A 企业向债权人丙银行借款 100 万元，期限 1 年。因 A 企业不

能清偿到期债务，债权人丙银行向人民法院提起诉讼，该案件尚未审结。2010 年 12 月 30 日，A 企业的破产程序终结。

问题：(1) 债权人甲银行的破产债权是多少？并说明理由。

(2) 如果债权人乙银行在得知 A 企业被宣告破产后，向一般保证人 B 公司主张权利，B 公司能否行使先诉抗辩权？并说明理由。

(3) 如果债权人乙银行在得知 A 企业被宣告破产后，既未申报其债权也未通知 B 公司，将对 B 公司产生什么影响？并说明理由。

(4) 如果债权人丙银行参加了破产程序，在财产分配中受偿 20 万元，破产程序于 2010 年 12 月 30 日结束，则债权人 B 银行应在什么时间之前向乙公司提出 80 万元的清偿要求？并说明理由。

5. 简述公司清算组在清算期间的职权。

6. 我国《企业破产法》第 109 条规定："对破产人的特定财产享有担保权的权利人，对该特定财产享有优先受偿的权利。"第 113 条第 1 款规定，"破产财产在优先清偿破产费用和共益债务后，依照下列顺序清偿：(一) 破产人所欠职工的工资和医疗、伤残补助、抚恤费用，所欠的应当划入职工个人账户的基本养老保险、基本医疗保险费用，以及法律、行政法规规定应当支付职工的补偿金；(二) 破产人欠缴的除前项规定以外的社会保险费用和破产人所欠税款；(三) 普通破产债权"。试说明：

(1) 破产企业所欠的职工工资等在破产清算中的顺位？

(2) 什么是别除权？

7. 《企业破产法》关于破产清偿顺序是如何规定的？

五、论述题

试述破产抵销权制度。

六、案例分析题

1. 大兴公司与福田公司签订了家具购买合同。为保证合同的顺利进行，福田公司要求大兴公司提供担保。2009 年 8 月 13 日，大兴公司依约提供了担保，保证人为该地某工商银行。后福田公司依约履行了合同。由于决策不善，一直亏损，资不抵债，2010 年 5 月 8 日，大兴公司到法院申请宣告破产。5 月 15 日法院发布了通知，福田公司由于未看到该公告，一直未申报债权。2010 年 6 月 23 日，大兴公司的保证人向人民法院申报债权，人民法院不予登记，理由是：该工商银行不属于债权人，没有替大兴公司清偿债务。

问：该工商银行在替大兴公司清偿债务前可否作为债权人参加破产分配？为什么？

2. 大化农机厂因为长期经营管理不善，亏损额达 3000 万元。2009 年 11 月 9 日，该厂未经其上级主管部门同意，便向人民法院提出破产申请，并提交了相关的会计报表、债务清单、债权清册。人民法院经审查决定于 11 月 27 日立案。12 月 25 日，人民法院发布公告，通知该厂的债权人前来申报债权。2010 年 4 月 25 日，人民法院召集主持了第一次债权人会议。在此期间，债务人向人民法院申请对债务人进行重整，在重整期间，该厂的经营状况和财产状况继续恶化，缺乏挽救的可能性，2010 年 8 月 3 日，债权人会议申请终止重整程序，人民法院裁定终结对该厂的重整，宣告其破产。2010 年 8 月 25 日，法院指定管理人，接管该厂。管理人讨论提出了破产财产分配方案，将破产财产优先拨付破产费用后，首先清偿了该厂所欠职工工资和劳动保险费用，剩余的破产财产不足以支付该厂所欠的税款和破产债权，管理人决定按比例分配。该破产财产分配方案经债权人会议讨论未通过的，由管理人直接报请人民法院裁定并执行。破产财产分配完毕后，管理人向人民法院提请了终结破产程序，并向大化农机厂原登记机关办理了注销登记。

问：该破产还债程序中有哪些错误？并说明理由。

参考答案

一、单项选择题

1. **答案**：D。本题考查的是行使破产宣告权的机关。根据《企业破产法》的规定，有权宣告企业破产的机关是人民法院，故本题正确答案为D。

2. **答案**：A。参见《企业破产法》第33条。

3. **答案**：D。本题考查的是破产案件中对有财产担保的债权的清偿。《企业破产法》第110条规定："享有本法第一百零九条规定权利的债权人行使优先受偿权利未能完全受偿的，其未受偿的债权作为普通债权；放弃优先受偿权利的，其债权作为普通债权。"据此，本题正确答案为D。

4. **答案**：A。本题考查的是破产债权人主张抵销权的对象。根据《企业破产法》第40条的规定，债权人在破产申请受理前对债务人负有债务的，可以向管理人主张抵销。

5. **答案**：B。关于取回权，《企业破产法》第38条规定，人民法院受理破产申请后，债务人占有的不属于债务人的财产，该财产的权利人可以通过管理人取回。但是，本法另有规定的除外。《企业破产法解释（二）》第26条进一步规定，权利人依据企业破产法第38条的规定行使取回权，应当在破产财产变价方案或者和解协议、重整计划草案提交债权人会议表决前向管理人提出。权利人在上述期限后主张取回相关财产的，应当承担延迟行使取回权增加的相关费用。据此，A项正确。根据上述规定，如果乙公司未在规定期限内行使取回权，其取回权并不会灭失，但由此增加的费用需要由乙公司承担，故B项错误，当选。

　　《企业破产法解释（二）》第27条第1款规定，权利人依据企业破产法第38条的规定向管理人主张取回相关财产，管理人不予认可，权利人以债务人为被告向人民法院提起诉讼请求行使取回权的，人民法院应予受理。据此，C项正确。

　　《企业破产法解释（二）》第28条规定，权利人行使取回权时未依法向管理人支付相关的加工费、保管费、托运费、委托费、代销费等费用，管理人拒绝其取回相关财产的，人民法院应予支持。据此，D项正确。

6. **答案**：A。关于抽逃出资的认定，修改前的《公司法解释（三）》第12条规定，公司成立后，公司、股东或者公司债权人以相关股东的行为符合下列情形之一且损害公司权益为由，请求认定该股东抽逃出资的，人民法院应予支持：（1）将出资款项转入公司账户验资后又转出；（2）通过虚构债权债务关系将其出资转出；（3）制作虚假财务会计报表虚增利润进行分配；（4）利用关联交易将出资转出；（5）其他未经法定程序将出资抽回的行为。2014年2月《公司法解释（三）》修改后删去原第12条第1项，并将该条修改为：公司成立后，公司、股东或者公司债权人以相关股东的行为符合下列情形之一且损害公司权益为由，请求认定该股东抽逃出资的，人民法院应予支持：（1）制作虚假财务会计报表虚增利润进行分配；（2）通过虚构债权债务关系将其出资转出；（3）利用关联交易将出资转出；（4）其他未经法定程序将出资抽回的行为。据此，将出资款项转入公司账户验资后又转出不再属于抽逃出资的行为，故A项当选。

二、多项选择题

1. **答案**：ABCD。本题考查的是人民法院裁定宣告企业破产的情形。《企业破产法》第78条规定："在重整期间，有下列情形之一的，经管理人或者利害关系人请求，人民法院应当裁定终止重整程序，并宣告债务人破产：（一）债务人的经营状况和财产状况继续恶化，缺乏挽救的可能性；（二）债务人有欺诈、恶意减少债务人财产或者其他显著不利于债权人的行为；（三）由于债务人的行为致使管理人无法执行职务。"第93条第1款规定："债务人不能执行或者不执行重整计划的，人民法院经管理人或者利害关系人请求，应当裁定终止重整计划的执行，并宣告债务人破产。"根据上述规定，本题A、B、

C、D项均属于应当裁定宣告破产的情形。

2. 答案：BCD。本题考查的是应当从破产财产中优先拨付的费用。《企业破产法》第41条规定："人民法院受理破产申请后发生的下列费用，为破产费用：（一）破产案件的诉讼费用；（二）管理、变价和分配债务人财产的费用；（三）管理人执行职务的费用、报酬和聘用工作人员的费用。"A属于共益债务。据此，本题正确答案为B、C、D。

3. 答案：ABC。选项A正确。《企业破产法》第70条第2款规定，债权人申请对债务人进行破产清算的，在人民法院受理破产申请后、宣告债务人破产前，债务人或者出资额占债务人注册资本1/10以上的出资人，可以向人民法院申请重整。第95条第1款规定，债务人可以依照本法规定，直接向人民法院申请和解；也可以在人民法院受理破产申请后、宣告债务人破产前，向人民法院申请和解。据此可知，人民法院受理破产申请后、宣告破产前可以进入重整或和解程序，但是一旦被宣告破产，则不能再进入重整或和解程序。

选项B正确。根据《企业破产法》第95条第1款的规定，破产案件受理后，只有债务人才能提出和解申请。

选项C正确。《企业破产法》第2条规定，企业法人不能清偿到期债务，并且资产不足以清偿全部债务或者明显缺乏清偿能力的，依照本法规定清理债务。企业法人有前款规定情形，或者有明显丧失清偿能力可能的，可以依照本法规定进行重整。据此可知，企业法人有明显丧失清偿能力可能的，即使未出现现实的资不抵债情形，也可申请重整程序。

选项D错误。《企业破产法》第7条第1款规定，债务人有本法第2条规定的情形，可以向人民法院提出重整、和解或者破产清算申请。据此可知，重整并非破产案件的必经程序。

4. 答案：AB。本题考查的是人民法院应当裁定终结破产程序的情形。《企业破产法》第43条第4款规定："债务人财产不足以清偿破产费用的，管理人应当提请人民法院终结破产程序……"第120条第2款规定："管理人在最后分配完结后，应当及时向人民法院提交破产财产分配报告，并提请人民法院裁定终结破产程序。"据此，本题A、B项正确。C、D项于法无据，不正确。

5. 答案：CD。本题考查的是破产财产的清偿顺序。《企业破产法》第113条第1款规定："破产财产在优先清偿破产费用和共益债务后，依照下列顺序清偿：（一）破产人所欠职工的工资和医疗、伤残补助、抚恤费用，所欠的应当划入职工个人账户的基本养老保险、基本医疗保险费用，以及法律、行政法规规定应当支付给职工的补偿金；（二）破产人欠缴的除前项规定以外的社会保险费用和破产人所欠税款；（三）普通破产债权。"据此，本题正确答案为C、D。

6. 答案：ABCD。《企业破产法》第40条规定："债权人在破产申请受理前对债务人负有债务的，可以向管理人主张抵销。但是，有下列情形之一的，不得抵销：（一）债务人的债务人在破产申请受理后取得他人对债务人的债权的；（二）债权人已知债务人有不能清偿到期债务或者破产申请的事实，对债务人负担债务的；但是，债权人因为法律规定或者有破产申请一年前所发生的原因而负担债务的除外；（三）债务人的债务人已知债务人有不能清偿到期债务或者破产申请的事实，对债务人取得债权的；但是，债务人的债务人因为法律规定或者有破产申请一年前所发生的原因而取得债权的除外。"据此，本题正确答案为A、B、C、D。

7. 答案：ABD。本题考查的是行使别除权的条件。别除权是指债权人不依破产程序，而由破产财产中的特定财产单独优先受偿的权利。行使别除权，须具备下列条件：(1)债权和担保权合法成立和生效；(2)债权和担保权符合破产法的规定；(3)债权已经依法申报并得到确认。据此，本题正确答案为A、B、D。

8. 答案：CD。这里首先要提醒一下，本题属于企业因营业期限届满而解散，应该适用《公司法》中关于清算的规定，这跟《企业破产法》的清算不同。《公司法》第184条规定，清算组在清算期间行使下列职权：(1)清理公司财产，分别编制资产负债表和财产清单；(2)通知、公告债权人；(3)处理与清算有关的公司未了结的业务；(4)清缴所欠税款以及清算过程中产生的税款；(5)清理债权、债务；(6)处理公司清偿债务后的剩余财产；(7)代表公司参与民事诉讼活动。由此，C、D是正确的，应该选；《公司法》第186条规定，……清算期间，公司存续，但不得开展与清算无关的经营活动。公司财产在未依照前款规定清偿前，不得分配给股东。所以A项的做法是不合法的。第185条规定，清算组应当自成立之日起十日内通知债权人，并于六十日内在报纸上公告。债权人应当自接到通知书之日起三十日内，未接到通知书的自公告之日起四十五日内，向清算组申报其债权。债权人申报债权，应当说明债权的有关事项，并提供证明材料。清算组应当对债权进行登记。在申报债权期间，清算组不得对债权人进行清偿。所以B项是错误的，不能选。因此，本题正确答案是C、D。

9. **答案**：BCD。本题考查附生效条件的债权的处理。根据规定，对于附生效条件或者解除条件的债权，管理人应当将其分配额提存。管理人依照前款规定提存的分配额，在最后分配公告日，生效条件未成就或者解除条件成就的，应当分配给其他债权人；在最后分配公告日，生效条件成就或者解除条件未成就的，应当交付给债权人。

10. **答案**：BCD。A项涉及买卖合同中标的物所有权的转移。《民法典》第603条规定：出卖人应当按照约定的地点交付标的物。当事人没有约定交付地点或者约定不明确，依照《民法典》第510条的规定仍不能确定的，适用下列规定：(一)标的物需要运输的，出卖人应当将标的物交付给第一承运人以运交给买受人；(二)标的物不需要运输，出卖人和买受人订立合同时知道标的物在某一地点的，出卖人应当在该地点交付标的物；不知道标的物在某一地点的，应当在出卖人订立合同时的营业地交付标的物。据此，在送货上门的情形下，标的物送达收货人时，完成交付，所有权发生转移；而在代办托运的情形下，货交第一承运人，即完成交付，所有权发生转移。本题中并未说明甲、乙之间的买卖采取何种交付方式，所以无法准确判断标的物所有权是否已经发生转移。A项简单声明“乙公司已经取得该批货物的所有权”而未考虑送货上门或者有明确约定的交货地点的情形，失之偏颇。在题目中没有特别说明代办托运的情形，更应该将交付方式理解为现实交付，因为乙公司尚未收到货物，交付没有完成，所有权不发生转移，故A项错误。

《企业破产法》第39条规定：“人民法院受理破产申请时，出卖人已将买卖标的物向作为买受人的债务人发运，债务人尚未收到且未付清全部价款的，出卖人可以取回在运途中的标的物。但是，管理人可以支付全部价款，请求出卖人交付标的物。”据此，甲公司有权取回属于自己的货物，B项正确。当然，乙公司破产管理人也可以支付全部价款，从而请求甲公司交付货物，C项正确。

关于D项，货物运到后，所有权发生转移，甲公司丧失对货物的所有权而对乙公司享有债权。《企业破产法》第44条规定：“人民法院受理破产申请时对债务人享有债权的债权人，依照本法规定的程序行使权利。”甲公司可以申报自己的债权，从而使该债权成为破产债权，故D项正确。

11. **答案**：AB。《企业破产法》第31条规定：“人民法院受理破产申请前一年内，涉及债务人财产的下列行为，管理人有权请求人民法院予以撤销：(一)无偿转让财产的；(二)以明显不合理的价格进行交易的；(三)对没有财产担保的债务提供财产担保的；(四)对未到期的债务提前清偿的；(五)放弃债权的。”A项属于以明显不合理的价格进行交易的行为，该行为发生在法院受理破产申请的一年之内，所以能被撤销，故A项正确。B项属于无偿转让财产的行为，并且发生在法院受理破产申请前的一年内，可以被撤销，故B项正确。

《企业破产法》第32条规定：“人民法院受理破产申请前六个月内，债务人有本法第二条第一款规定的情形，仍对个别债权人进行清偿的，管理人有权请求人民法院予以撤销。但是，个别清偿使债务人财产受益的除外。”第2条第1款规定：“企业法人不能清偿到期债务，并且资产不足以清偿全部债务或者明显缺乏清偿能力的，依照本法规定清理债务。”C项属于人民法院受理破产申请前六个月内的个别债务清偿行为，但C项中并没有说明清偿时“企业法人不能清偿到期债务，并且资产不足以清偿全部债务或者明显缺乏清偿能力”，所以不能认定C项行为属于可撤销的行为，故不能选。

《企业破产法》第40条规定：“债权人在破产申请受理前对债务人负有债务的，可以向管理人主张抵销。但是，有下列情形之一的，不得抵销：(一)债务人的债务人在破产申请受理后取得他人对债务人的债权的；(二)债权人已知债务人有不能清偿到期债务或者破产申请的事实，对债务人负担债务的；但是，债权人因为法律规定或者有破产申请一年前所发生的原因而负担债务的除外；(三)债务人的债务人已知债务人有不能清偿到期债务或者破产申请的事实，对债务人取得债权的；但是，债务人的债务人因为法律规定或者有破产申请一年前所发生的原因而取得债权的除外。”据此规定，债权人享有抵销权，这种抵销权可以在人民法院受理破产申请之后行使，更可以在人民法院受理破产申请之前行使。D项中，某公司在法院受理破产申请前的六个月内以协议方式与债务人丙相互抵销了20万元，并不会损害其他债权人的利益。因为可以抵销的债权既可以被某公司抵销，也可以被债务人丙抵销，该抵销行为不能被撤销。故D项不能选。

12. 答案：CD。《企业破产法》第32条规定，人民法院受理破产申请前6个月内，债务人有本法第2条第1款规定的情形，仍对个别债权人进行清偿的，管理人有权请求人民法院予以撤销。但是，个别清偿使债务人财产受益的除外。《企业破产法解释(二)》第14条进一步规定，债务人对以自有财产设定担保物权的债权进行的个别清偿，管理人依据企业破产法第32条的规定请求撤销的，人民法院不予支持。但是，债务清偿时担保财产的价值低于债权额的除外。据此，A项错误。

《企业破产法解释(二)》第15条规定，债务人经诉讼、仲裁、执行程序对债权人进行的个别清偿，管理人依据企业破产法第32条的规定请求撤销的，人民法院不予支持。但是，债务人与债权人恶意串通损害其他债权人利益的除外。据此，B项错误。

《企业破产法解释(二)》第16条规定，债务人对债权人进行的以下个别清偿，管理人依据企业破产法第32条的规定请求撤销的，人民法院不予支持：(1)债务人为维系基本生产需要而支付水费、电费等的；(2)债务人支付劳动报酬、人身损害赔偿金的；(3)使债务人财产受益的其他个别清偿。据此，C、D两项正确。

13. 答案：BC。《企业破产法》第109条规定：“对破产人的特定财产享有担保权的权利人，对该特定财产享有优先受偿的权利。”据此，债务人破产之后，债权人享有的担保物权不受影响，破产法上称为别除权。需要注意的是，别除权的行使受到破产程序的限制，至少要进行债权申报和债权确认之后，方能行使别除权。就此，《企业破产法》第48条第1款规定：“债权人应当在人民法院确定的债权申报期限内向管理人申报债权。”第49条规定：“债权人申报债权时，应当书面说明债权的数额和有无财产担保，并提交有关证据。申报的债权是连带债权的，应当说明。”本题中，翰扬公司就其享有抵押权的债权可以行使抵押权，但必须经过破产债权申报和确认之后方能行使，而非在破产受理后直接行使，故而A项错误。

《企业破产法》第18条第1款规定："人民法院受理破产申请后，管理人对破产申请受理前成立而债务人和对方当事人均未履行完毕的合同有权决定解除或者继续履行，并通知对方当事人。管理人自破产申请受理之日起二个月内未通知对方当事人，或者自收到对方当事人催告之日起三十日内未答复的，视为解除合同。"据此，B项正确。

《企业破产法》第38条规定："人民法院受理破产申请后，债务人占有的不属于债务人的财产，该财产的权利人可以通过管理人取回。但是，本法另有规定的除外。"在此，取回权的客体是特定的动产或者不动产，但货币本身具有占有即所有的特征，对货币不能行使取回权，而应当将该不当得利返还请求权作为破产债权进行申报，故C项正确。

《企业破产法》第40条规定："债权人在破产申请受理前对债务人负有债务的，可以向管理人主张抵销。但是，有下列情形之一的，不得抵销：（一）债务人的债务人在破产申请受理后取得他人对债务人的债权的；……"据此，债务人的债务人在破产受理之后取得的债权不能与其对债务人的债务进行抵销，故D项错误。

三、名词解释

1. 答案：破产撤销权，通常是指破产管理人对破产债务人在破产程序开始以前的法定期间内（或称临界期或嫌疑期）与他人进行的，损害债权人利益的行为，有否认其效力，申请法院予以撤销该行为，并将因该行为产生的财产利益回归破产财团的权利。

2. 答案：抵销是指二人互负债务，各以其债权充当债务之履行，而使其债务与对方债务在对等额度内相互消灭。

我国民法典设立抵销制度主要是为了避免双方当事人互为实际履行债务的麻烦，节省履行费用	破产抵销权，是指在破产宣告时，与破产人互负债务的债权人享有的不依破产程序，而以其对破产人的债权抵销其对破产人所负债务的权利。破产抵销权的基础是民法中债的抵销原理，是民法中的抵销权在债务人破产情形下的扩张适用。由于破产抵销权融入了破产程序中的特殊因素，因此其与民法中的抵销权存在一定差异
双方当事人都有权提出	破产抵销权的行使主体只能是破产债权人
抵销的是到期债务	破产抵销权不受债务种类和履行期限的限制
抵销通知到达对方时生效	破产债权人主张抵销的债务，只能成立于破产宣告前破产人受破产宣告后，破产人所有的对外债权都属于破产财产，是全体破产债权人受偿的保障

四、简答题

1. 答案：破产抵销权是指对于破产人负有债务的破产债权人在破产人被宣告破产时，不论给付种类是否相同，或是否附有期限或解除条件，均不得依破产程序，将其对破产人的债权和债务予以抵销的权利。《企业破产法》第40条规定："债权人在破产申请受理前对债务人负有债务的，可以向管理人主张抵销。……"根据这一规定，债权人在破产宣告前对破产人负有债务的，无论是否已到清偿期限，无论债务标的、给付种类是否相同，均可在破产清算前相互抵销，这就是破产抵销权。破产抵销权的特征：第一，具有主体的特定性。破产抵销权是破产债权人的专有权利，权利主体只能是破产权人一方。第二，这种抵销权不受债务种类和履行期限的限制。第三，债务有时间限制。权利人主张抵销的债务，只能是破产宣告前他对破产人所负担的债务。为了维护破产债权人的共同利益，保证债权人公平地行使权利，法律对破产债权人行使破产抵销权的范围给予一定限制。

但是，行使破产抵销权也有例外。《企业破产法》第40条规定："……有下列情形之一的，不得抵销：（一）债务人的债务人在破产申请受理后取得他人对债务人的债权的；（二）债权人已知债务人有不能清偿到期债务或者破产申请的事实，对债务人负担债务的；但是，债权人因为法律规定或者有破产申请一年前所发生的原因而负担债务的除外；（三）债务人的债务人已知债务人有不能清偿到期债务或者破产申请的事实，对债务人取得债权的；但是，债务人的债务人因为法律规定或者有破产申请一年前所发生的原因而取得债权的除外。”

2. 答案：别除权是指债权人因债权设有担保物，而就破产人特定担保财产在破产程序中享有的优先受偿权利。

别除权具有如下特征：

（1）别除权是担保物权在破产法上的转化形式；

（2）别除权是针对破产人的特定财产行使的权利；

（3）别除权的设定应当在破产宣告之前；

（4）别除权的行使受破产程序的约束。

我国《企业破产法》规定，破产宣告前成立的有财产担保的债权，债权人享有就该担保物优先受偿的权利。别除权是仅就破产财团的特定财产而行使的权利，是不依破产程序而依民法一般法的程序行使的权利。其基础权利包括抵押权、存在于债务人的特定财产之上的法定特别优先权、存在于破产财团中特定动产之上的质权、留置权等。

别除权是由破产人特定财产上已存在的担保物权之排他性优先效力沿袭而来，从性质上来说，破产法上的别除权，实际上是民法上的担保物权在破产程序上的折射，并非破产法所创设。别除权的名称，乃是针对这种权利在破产程序中行使的特点而命名的。

3. 答案：（1）债权人自治，是指全体债权人通过债权人会议，对破产程序进行中涉及债权人利益的各重大事项做出决定，并监督破产财产管理和分配的一系列权利，以及保障这些权利实现的有关程序制度。实行债权人自治，是破产法的一项重要原则。

（2）债权人自治原则是确定债权人会议地位的基本依据。根据这一原则，有关债权人权利行使和权利处分的一切事项，均应由债权人会议独立地做出决议。债权人在债权人会议上应享有充分的自由表达和自主表决的权利。债权人会议做出的关于债权确认、与债务人和解、破产财产变价和分配等重大事项的决议，是程序进行的重要根据。债权人会议还应享有监督破产财产管理和处分的权利。

4. 答案：（1）债权人甲银行的破产债权为100万元。根据《企业破产法》的规定，有财产担保债权人的优先受偿权限定于担保物的范围之内，如果担保物在其行使权利前灭失，优先受偿权也随之消灭，债权人的债权只能作为破产债权受偿。但第三人对担保物灭失负有赔偿责任的，在赔偿范围内，债权人对赔偿金仍享有优先受偿权。

（2）如果债权人乙银行在得知A企业被宣告破产后，向一般保证人B公司主张权利，B公司不能行使先诉抗辩权。根据《民法典》的规定，在保证期间，人民法院受理债务人破产案件的，债权人既可以向人民法院申报债权，也可以向保证人主张权利。在本案中，B公司虽然属于一般保证人，但《民法典》规定，人民法院受理债务人破产案件，中止执行程序的，一般保证人不得行使先诉抗辩权。

（3）如果债权人乙银行在得知A企业被宣告破产后，既未申报其债权也未通知B公司，致使保证人B公司不能预先行使追偿权的，保证人在该债权的破产程序中可能受偿的范围内免除保证责任。

（4）债权人丙银行应在2004年6月30日之前向乙公司提出80万元的清偿要求。《民法典》规定，债权人要求保证人对其在破产程序中未受清偿部分承担保证责任的，应当在破产程序终结后6个月内提出。

5. 答案：（1）清理公司财产，分别编制资产负债表和财产清单。因公司解散而清算，清算组在清理公司财产、编制资产负债表和财产清单后，发现公司财产不足清偿债务的，应当立即向人民法院申请宣告破产。

（2）通知已知的债权人，发布公告周知

无法通知的债权人。

(3) 处理与清算有关的公司未了结的业务。

(4) 清缴公司拖欠未缴的税款。

(5) 处理公司清偿债务后的剩余财产。

(6) 代表公司参与民事诉讼活动。

(7) 清算组成员因故意或者重大过失给公司或者债权人造成损失的，应当承担赔偿责任。

6. 答案：(1) 第一顺位。我国社保体制还不完善，职工工资必须优先受偿，以维护社会稳定。

(2) 别除权是指在企业破产时，对部分有财产担保债权可以不经过破产程序而优先以担保物价值受偿的权利。

由于作为担保标的物的财产不属于破产财产，债权人就此物行使权利无须通过破产程序。别除权具有三个特征：第一，是担保物权的权利人对破产财产所享有的一种权利。

第二，这种权利的行使以担保标的物为限。

第三，这种权利的行使不依据破产程序，权利人可在破产程序之外，可以通过民事执行程序行使权利，随时对权利标的物行使权利，不受破产程序的约束。

7. 答案：《企业破产法》涉及清偿顺序的规定主要表现为以下几个方面：

其一，破产财产的界定。《企业破产法》第30条和第107条没有把担保物排除在破产财产之外，而是将"债务人财产"与"破产财产"等同起来。这意味着在宣告破产后，即使已经作为担保物的财产也须纳入破产程序中，按照破产财产来管理，并且在破产清偿方面，除非法律有明确规定，已作担保物的财产不能有特别的例外，而应与其他财产统一分配清偿。

其二，有担保权的对特定财产享有优先受偿权规则。在保护享有担保物权的债权人问题上，我国《企业破产法》第109条作了专门的规定："对破产人的特定财产享有担保权的权利人，对该特定财产享有优先受偿的权利。"该规定主要有两层内容：一是债权人对特定财产有担保权时，赋予其对该财产享有优先受偿权；二是如果优先受偿权未能在特定财产上得到完全受偿的，仍可作为普通债权受偿，放弃优先受偿权的，其债权则作为普通债权。

其三，具体的破产财产清偿顺序规则。《企业破产法》有关破产清偿顺序的规定主要体现在第113条第1款："破产财产在优先清偿破产费用和共益债务后，依照下列顺序清偿：(一) 破产人所欠职工的工资和医疗、伤残补助、抚恤费用，所欠的应当划入职工个人账户的基本养老保险、基本医疗保险费用，以及法律、行政法规规定应当支付给职工的补偿金；(二) 破产人欠缴的除前项规定以外的社会保险费用和破产人所欠税款；(三) 普通破产债权。"

其四，规定了《企业破产法》施行前后有关职工债权的清偿规则——职工债权优于担保债权受偿。为解决试行前后有关职工债权的清偿问题，《企业破产法》专门设置了第132条规定，其明确规定："本法施行后，破产人在本法公布之日前所欠职工的工资和医疗、伤残补助、抚恤费用，所欠的应当划入职工个人账户的基本养老保险、基本医疗保险费用，以及法律、行政法规规定应当支付给职工的补偿金，依照本法第一百一十三条的规定清偿后不足以清偿的部分，以本法第一百零九条规定的特定财产优先于对该特定财产享有担保权的权利人受偿。"

五、论述题

答案：(1) 破产抵销权的概念和设定依据。破产抵销权是指破产债权人在破产申请受理前对该债务人负有债务的，可不依破产分配程序，以自己享有的债权与自己所负的债务的相应数额相抵销的权利。破产抵销权作为一种例外的个别清偿有其特定的设立依据：债权人和债务人互享的债权在破产申请受理时均未受偿，但在破产申请受理后，破产债权人享有的债权因其性质转化为破产债权而可能仅获比例清偿甚或得不到清偿，如果不允许两者抵销，清偿和分配的结果必然对一方过重而对另一方过轻，形成对破产债权人过苛的结局；债权人在债务人受破产宣告前，因有抵销的事实原因存在，可能有恃无恐而怠于对破产人所欠债务实施追索，这样做对债务人并无不利，相反却给债务人带来较多的期限利益。如果破产宣告时不承认债权人抵销权的存在，一则有违抵销权本来的特质属性，二则可能刺激债权人于本来可用抵销方式担保其债权实现的场合要么尽早追索债务而较少运用抵销，要么要求债务人对交易提供担保，增加双方交易的成本；破产程序的价值目标在于保证公正分配的前提下突出程序的经济、效益和速度，允许抵销无疑能起到程序迅速之效。

（2）破产抵销权的适用范围。符合民法上抵销条件的债权，其抵销自不待言；即使不完全符合，仍可按下述办法实施抵销：给付种类不同的债权，经过换价和评估后，可以抵销；附期限而未到期的债权，在减去和扣除相应的利息后，可以抵销；附停止条件的债权，不允许直接抵销，但破产债权人可请求破产管理人将与该项债权数额相当的分配额提存，在分配程序终结时，视停止条件成就与否再作处理。条件成就的，以提存额用作抵销，反之，视为破产债权不存在而不得抵销；附解除条件的破产债权，原则上可以抵销，但债权人必须对破产程序终结前解除条件成就时抵销财产的返还提供担保；或者由破产债权人将其对破产债务人应清偿的财产提存，破产程序终结时解除条件未成就的，再行抵销。此外，破产债权人可以以其对破产财团享有的财团债权与其对破产企业欠下的债务相抵销，此时，破产管理人也得主张抵销而使破产财团对该破产债权人欠下的财团债务归于消灭。破产债权人在破产申请受理后对破产企业欠下的债务不得主张抵销，也不得以其享有的劣后债权与其对破产企业所欠债务相抵销，银行更不得扣划破产企业在其账户上的存款用于抵销破产企业对其所欠的借款和利息。

（3）破产抵销权的行使方法。破产抵销权的行使，因各国对债的抵销采取态度的不同而有所区别。法国法采当然抵销主义，破产抵销权也当然在债权对立的事实形成之时产生抵销效力；德、日立法采单独行为说，抵销权人行使抵销权时须向对方作出意思表示。我国立法并无明文规定，鉴于抵销权的行使涉及抵销权的种类、期限、债权数额等问题，有必要经过破产清算组的评估、折算，甚至数额不同时，还会产生破产债权或者破产财产的求偿问题；加之，破产抵销权原则上系专属于破产债权人的权利，如债权人不为意思表示，其是否抵销的意思便无法为破产清算组所了解。所以，不应允许不经破产清算组而擅自进行抵销。我国破产抵销权的行使当以申报债权为必要。再者，破产债权人的抵销权应于破产宣告之后破产程序终结之前行使。

六、案例分析题

1. 答案：可以。理由如下：

根据《企业破产法》第 51 条的规定，债务人的保证人或者其他连带债务人已经代替债务人清偿债务的，以其对债务人的求偿权申报债权。

债务人的保证人或者其他连带债务人尚未代替债务人清偿债务的，以其对债务人的将来求偿权申报债权。但是，债权人已经向管理人申报全部债权的除外。

本案中福田公司作为债权人，没有看到公告而未申报债权，作为大兴公司保证人的某工商银行有权以其对债务人的将来求偿权债权申报并参加分配。这样规定是为了保护保证人的合法权益，使保证人不至于在以后清偿担保债务后而无法向被保证人追偿。

2. 答案：该破产还债程序中存在的错误主要有以下几点：

（1）人民法院在收到破产申请后，应在 15 日内裁定是否受理。即应于 11 月 24 日前立案。

（2）人民法院受理破产案件后，应当自裁定受理破产申请之日起 25 日内公告。即应于 12 月 22 日前公告。根据《企业破产法》第 14 条第 1 款规定：“人民法院应当自裁定受理破产申请之日起二十五日内通知已知债权人，并予以公告。”

（3）第一次债权人会议应在债权申报期限届满后15日内召开。根据《企业破产法》第45条的规定，人民法院受理破产申请后，应当确定债权人申报债权的期限。债权申报期限自人民法院发布受理破产申请公告之日起计算，最短不得少于三十日，最长不得超过三个月。本案中人民法院最迟应在4月19日之前召开第一次债务人会议。

（4）根据《企业破产法》的规定，企业债权人申请破产的，被申请破产的企业的上级主管部门可以申请对该企业进行整顿；而该厂是自行申请破产的，因此不应当进行整顿。

（5）根据《企业破产法》的规定，在重整期间，债务人的经营状况和财产状况继续恶化，缺乏挽救的可能性，应当由管理人或利害关系人请求，债务人会议无权请求人民法院裁定终止重整程序。

（6）人民法院应当在受理破产申请的同时指定管理人，在本案中人民法院应于11月24日前受理申请的同时指定。《企业破产法》第13条规定：“人民法院裁定受理破产申请的，应当同时指定管理人。”

（7）管理人无权讨论通过破产财产的分配方案，管理人仅有权拟订破产财产分配方案，提交债权人会议讨论。债权人会议有权通过破产财产的分配方案。《企业破产法》第15条第1款规定：“自人民法院受理破产申请的裁定送达债务人之日起至破产程序终结之日，债务人的有关人员承担下列义务：（一）妥善保管其占有和管理的财产、印章和账簿、文书等资料；（二）根据人民法院、管理人的要求进行工作，并如实回答询问；（三）列席债权人会议并如实回答债权人的询问；（四）未经人民法院许可，不得离开住所地；（五）不得新任其他企业的董事、监事、高级管理人员。”

（8）破产财产分配方案经债权人会议未表决通过的，经债权人会议二次表决仍未通过的，由人民法院裁定，不能直接报请人民法院裁定并执行。《企业破产法》第65条规定：“本法第六十一条第一款第八项、第九项所列事项，经债权人会议表决未通过的，由人民法院裁定。本法第六十一条第一款第十项所列事项，经债权人会议二次表决仍未通过的，由人民法院裁定。对前两款规定的裁定，人民法院可以在债权人会议上宣布或者另行通知债权人。”第61条第8项、第9项、第10项的内容分别是通过债务人财产的管理方案，通过破产财产的变价方案，通过破产财产的分配方案。

（9）破产财产分配时，应当将破产财产优先拨付破产费用和共益债务；关于劳动债权问题，不限于职工工资和劳动保险费用；破产企业所欠税款，优先于普通破产债权。《企业破产法》第113条对清偿顺序有此明确规定。

第二十六章　破产犯罪及处罚

基础知识图解

破产犯罪及处罚
- 概念和特征
- 立法概况
- 种类及处罚
- 我国破产案件中的行政处分

配套测试

一、名词解释

虚假破产罪

二、简答题

破产犯罪的特征。

参考答案

一、名词解释

答案：虚假破产罪是破产犯罪中最主要也最常见的犯罪之一。公司、企业通过隐匿财产、承担虚构的债务或者以其他方法转移、处分财产，实施虚假破产，严重损害债权人或者其他人利益，而实施的应追究刑事责任的有关欺诈行为。

二、简答题

答案：综观国外破产犯罪立法，破产犯罪的主要特征是：

（1）客体：破产犯罪是一种特殊的经济犯罪，它侵犯的客体是国家的破产法律制度，包括破产实体，即破产债权人和其他人的财产权利；也包括破产程序的顺利进行。

（2）客观方面：破产犯罪必须是在破产法规定的法定期间内，如债务人发生破产原因时或者破产程序进行中，破产关系人违反破产法之规定实施的侵害债权人权益或妨害破产程序公正进行的行为。时间的特定性是破产犯罪区别于其他经济犯罪的重要特征。

（3）主体：无论是大陆法系，还是英美法系，破产犯罪的主体包括一般主体，也包括特殊主体，也就是说，既包括具有一般身份地位的人，也包括具有特殊身份地位的人，如破产清算人等。既可以是自然人，也可以是法人。

（4）主观方面：在国外立法中，对破产犯罪的主观方面有两种不同的规定：一种认为故意与过失均可构成破产犯罪，如德国、日本等许多国家不但规定了故意进行的破产犯罪，也规定了过失构成的破产犯罪；我国法学界对过失能否构成破产罪也有不同的认识，有的认为过失不构成破产犯罪，有的认为债务人在过失或者重大过失状态下，实施损害债权人利益及破坏破产程序行为的构成破产犯罪。

第二十七章　票据法概述

基础知识图解

- 票据法概述
  - 票据
    - 概念
    - 性质：设权证券、无因证券、文义证券等
    - 种类
      - 票据法上的分类：汇票、本票、支票
      - 理论上的分类
        - 票据对权利人的不同记载方式：记名式、无记名式、指示式
        - 票据功能的不同：支付证券与信用证券
        - 出票人是否同时是付款人：自付证券和委付证券
    - 作用：支付、流通、信用、融资
  - 票据法
    - 概念
    - 两大票据法系和票据法的国际统一
    - 我国的票据立法
  - 票据行为
    - 概念
    - 特点和性质：要式性、无因性、独立性、文义性
    - 要件：票据能力、意思表示、书面、签章、记载事项、交付
    - 代理的要件与特殊规定
  - 票据权利
    - 概念和特征
    - 取得
      - 原始取得
      - 继受取得
    - 票据抗辩：概念、种类及限制
  - 票据法上的其他问题
    - 票据的伪造与变造
    - 票据的丧失与补救
    - 票据时效与利益偿还请求权

配套测试

一、单项选择题

1. 票据权利是（　　），债务人履行时，不得以货物、劳务或者其他无形财产权利来代替支付金钱的义务。

A. 金钱、劳务混合债权

B. 无形财产债权

C. 金钱债权

D. 劳务债权

2. 所谓票据属于（　　），是指该证券的义务人只按证券上所指明的金额和条件对权利人履行义务，票据当事人就票据上的权利义务发生任何解释或履行上的不同意见，一概以票据上的文义为准。

A. 文义证券　　B. 要式证券

C. 非要式证券　　D. 债权证券

3. 只要持票人占有票据，一般（　　）就能接受其行使权利的要求。

A. 不问占有原因和资金关系

B. 只要票据持有人的姓名与票据上姓名相同

C. 能证明持票人确实属于有权占有票据的企业

D. 只要持票人票据取得合法

4. 票据的（　　）指在同一票据上有多种票据行为存在时，各种票据行为依据各自在票据上所记载的文义内容，独立发生效力，一种行为的无效，不影响其他行为的效力。

A. 特殊性　　B. 稳定性

C. 独立性　　D. 连续性

5. 依票据法原理，票据具有无因性、设权性、流通性、文义性、要式性等特征。关于票据特征的表述，下列哪一选项是错误的？（　　）（司考 2014. 3. 32）

A. 没有票据，就没有票据权利

B. 任何类型的票据都必须能够进行转让

C. 票据的效力不受票据赖以发生的原因行为的影响

D. 票据行为的方式若存在瑕疵，不影响票据的效力

6.（　　）是存在于票据出票人与付款人间的基础关系。

A. 资金关系　　B. 原因关系

C. 票据关系　　D. 非票据关系

7.《票据法》是特别法，从为交易服务的功能看，它是属于民事范畴的，当事人要遵守有关的民法和合同法方面的规定，也要遵守票据方面的规定，当涉及票据支付时，就应优先适用（　　）。

A.《票据法》　　B.《民事诉讼法》

C.《公司法》　　D.《民法典》

8. 甲将一票据背书转让给乙，但未记载乙的名称即将票据交给乙，后乙在背书人栏内记载了自己的名称，那么（　　）。

A. 该背书无效

B. 该票据无效

C. 该记载与背书人记载具有同等法律效力

D. 该记载无效，应由背书人补记

9. 没有代理权而以代理人名义在票据上签章的，应当由（　　）承担票据责任。

A. 被代理人

B. 代理人与被代理人连带

C. 代理人与签章人连带

D. 签章人

10. 甲未经乙同意而以乙的名义签发一张商业汇票，汇票上记载的付款人为丙银行。丁取得该汇票后将其背书转让给戊。下列哪一说法是正确的？（　　）（司考 2013. 3. 31）

A. 乙可以无权代理为由拒绝承担该汇票上的责任

B. 丙银行可以该汇票是无权代理为由而拒绝付款

C. 丁对甲的无权代理行为不知情时，丁对戊不承担责任

D. 甲未在该汇票上签章，故甲不承担责任

11. 下列有关票据取得的说法中正确的有（　　）。

A. 持票人因过失而取得的不符合票据法规定的票据的，不得享有票据权利

B. 持票人明知出票人或其前手与自己的直接前手之间存在票据法上的抗辩事由而取得票据的，不享有票据权利

C. 票据的取得应当给付当事人双方认可的对价，无对价取得的票据不享有票据权利

D. 持票人恶意（以欺诈、胁迫或偷盗等手段取得的票据或明知有上述情形）取得的票据，不享有票据权利

12. 因税收、继承或赠与无偿取得票据的，所享有的票据权利不得优于（　　）的票据权利。

A. 前手　　B. 后手

C. 其他当事人　　D. 第一持票人

13. 票据金额以中文大写与数码同时记载，二者应一致。二者不一致时，（　　）。

A. 以中文大写为准

B. 以数码为准

C. 票据归于无效

D. 以中文大写和数码中较小的一个为准

14. 下列行为中哪一种行为不构成票据欺诈？（　　）

A. 故意使用伪造、变造的票据的

B. 伪造、变造票据的

C. 签发空头支票的

D. 签发无可靠资金来源的汇票、本票，骗取资金的

15. 下列哪一个持票人依法不享有票据权利?(　)

A. 通过背书取得支票的持票人

B. 出票日期未记载的支票持票人

C. 另行记载有付款日期的支票持票人

D. 超过 10 日的付款提示期限的支票持票人

16. 若出票人在票据上记载“不得转让”字样,下列表述中哪种说法是正确的?(　)

A. 在特定条件下,收款人可以将此票据背书转让

B. 若收款人将此票据背书转让,出票人对现持票人不承担票据责任

C. 此票据只能背书记载“委托收款”字样,不得背书记载“质押”字样

D. 此票据不得背书转让

17. 在课堂上一位同学对追索权作了如下回答,其回答中哪一项是错误的?(　)

A. 追索权是第二次的请求权,对任何于票据签章的人均可行使

B. 当持票人为出票人的时候,对其前手无追索权

C. 当持票人为背书人的时候,对其后手无追索权

D. 追索权可以不按照票据债务人的先后顺序,对前手中的任何一人、数人或者全体行使

18. 甲公司向乙公司签发了一张付款人为丙银行的承兑汇票。丁向乙公司出具了一份担保函,承诺甲公司不履行债务时其承担连带保证责任。乙公司持票向丙银行请求付款,银行以出票人甲公司严重丧失商业信誉为由拒绝付款。对此,下列哪一表述是正确的?(　)(司考 2010. 3. 29)

A. 乙公司只能要求丁承担保证责任

B. 丙银行拒绝付款不符法律规定

C. 乙公司应先向甲公司行使追索权,不能得到清偿时方能向丁追偿

D. 丁属于票据法律关系的非基本当事人

19. 票据权利的转移以(　)为前提。

A. 交付票据

B. 更换登记所有人

C. 更换户主登记并交付票据

D. 签定协议

20. 下列有关票据责任的说法中正确的有(　)。

A. 票据付款人故意压票拖延支付,给当事人造成损失的,主要责任人员除应依法受到金融行政管理部门的处分外,还应承担因此而给持票人造成的损失

B. 金融机构的工作人员在票据业务中玩忽职守,给持票人造成重大损失的,应当承担赔偿责任

C. 付款人与持票人恶意串通,故意使用伪造的票据的,应当依法承担刑事责任

D. 金融机构工作人员在票据业务中玩忽职守,给当事人造成损失的,应当依法追究刑事责任

21. 下列关于票据的正确表述是(　)。

A. 票据的签发、取得和转让,应当遵循诚实信用原则,具有真实的交易关系和债权债务关系

B. 票据的签发、取得和转让,应当遵循诚实信用原则,具有合法的交易关系和债权债务关系

C. 票据的签发、取得和转让,应当遵循诚实信用原则,具有有效的交易关系和债权债务关系

D. 票据的签发、取得和转让,应当遵循诚实信用原则、等价原则

22. 下列情况出现时,哪一个不构成持票人行使追索权的条件?(　)

A. 付款人以其与持票人的债务纠纷正在诉讼期间为由,而不予付款时,持票人可对其前手行使追索权

B. 在汇票到期日之前,承兑人或者付款人因违法行为而被责令暂停业务活动的

C. 在汇票到期日前,承兑人或付款人被依法宣告破产的

D. 在汇票到期日前,承兑人因为犯罪行为而畏罪潜逃的

23. 下列有关票据上的签章的表述,正确的是(　)。

A. 在票据上的签名,可以为该当事人的笔名

B. 票据上的签章必须为签名加盖章
C. 无民事行为能力人或限制民事行为能力人在票据上签章的，其签章无效，但是不影响其他签章的效力
D. 法人或其他使用票据的单位在票据上的签章，为该法人或该单位的盖章

24. 票据权利在下列哪一期限内因不行使而消灭（　　）。
A. 持票人对前手的再追索权，自清偿之日或被提起诉讼之日起 3 个月
B. 持票人对支票出票人的权利，自出票日起 1 年
C. 持票人对前手的追索权，自被拒绝承兑或者被拒绝付款之日起 3 个月
D. 持票人对票据的出票人和承兑人的权利，自票据到期日起 6 个月

25. 李某于 2010 年 3 月盗得一张 10 万元的见票即付的汇票，以 1 万元价格卖给朋友张某，张某 10 月后到银行，提示付款，下列说法错误的是（　　）。
A. 失票人可以通知付款银行挂失止付
B. 失票人可向人民法院申请公示催告
C. 张某享有票据权利，因其已付 1 万元对价
D. 张某不享有票据权利，因其是恶意取得盗窃的票据

26. 持票人对票据债务人行使票据权利，或者保全票据权利，应当在票据当事人的营业场所和营业时间内进行，票据当事人无营业场所的应当怎样决定？（　　）
A. 由票据当事人协商确定履行地点
B. 由持票人决定履行地点
C. 由票据债务人决定履行地点
D. 在票据当事人的住所履行

27. 下列关于伪造、变造票据上的签章的效力的表述，正确的是（　　）。
A. 票据上有伪造、变造的签章的，该票据无效
B. 在变造之后签章的对变造票据不负责任
C. 票据上有伪造、变造的签章的，不影响票据上其他真实签章的效力
D. 票据上其他记载事项被变造的，在变造之前的签章同时失效

28. 甲公司购买乙公司电脑 20 台，向乙公司签发金额为 10 万元的商业承兑汇票一张，丁公司在汇票上签章承诺："本汇票已经本单位承兑，到期日无条件付款。"当该汇票的持票人行使付款请求权时，下列哪一说法是正确的？（　　）
A. 如该汇票已背书转让给丙公司，而丙公司恰好欠汇票付款人某银行 10 万元到期贷款，则银行可以提出抗辩而拒绝付款
B. 如该汇票已背书转让给丙公司，则甲公司可以乙公司交付的电脑质量存在瑕疵为抗辩理由拒绝向丙公司付款
C. 因该汇票已经丁公司无条件承兑，故丁公司不可能再以任何理由对持票人提出抗辩
D. 甲公司在签发汇票时可以签注"以收到货物为付款条件"

29. 张某伪造了甲公司的签章签发了一张支票并交付给乙公司，乙公司背书转让给丙公司。应当对丙公司负票据责任的是（　　）。
A. 张某　　B. 甲公司
C. 乙公司　　D. 张某、甲公司、乙公司

30. 我国《票据法》设立的票据行为不包括（　　）。
A. 出票　　B. 背书
C. 承兑　　D. 参加

31. 甲公司为生产经营需要向乙公司购买棉花 10 吨，价值 10 万元。甲公司为乙公司开出了一张 10 万元的银行承兑汇票，付款人是工商银行某市分行。乙公司为偿还欠丙公司的债务，将该汇票背书转让给了丙公司。丙公司持汇票要求工商银行某市分行承兑，汇票得到了承兑。下列关系中哪些属于票据关系？（　　）
A. 甲公司和乙公司之间的棉花买卖合同关系
B. 甲公司与工商银行某市分行的关系
C. 丙公司与工商银行某市分行的关系
D. 乙公司与丙公司之间的债权债务关系

32. 朱某持一张载明金额为人民币 50 万元的承兑汇票，向票据所载明的付款人某银行

提示付款。但该银行以持票人朱某拖欠银行贷款 60 万元尚未清偿为由拒绝付款，并以该汇票票面金额冲抵了部分届期贷款金额。对付款人（即某银行）行为的定性，下列哪一选项是正确的？（　　）（司考 2007. 3. 32）

A. 违反票据无因性原则的行为

B. 违反票据独立性原则的行为

C. 行使票据抗辩之对人抗辩的行为

D. 行使票据抗辩之对物抗辩的行为

33. 关于票据丧失时的法律救济方式，下列哪一说法是错误的？（　　）（司考 2012. 3. 32）

A. 通知票据付款人挂失止付

B. 申请法院公示催告

C. 向法院提起诉讼

D. 不经挂失止付不能申请公示催告或者提起诉讼

34. 甲从乙处购置一批家具，给乙签发一张金额为 40 万元的汇票。乙将该汇票背书转让给丙。丙请丁在该汇票上为“保证”记载并签章，随后又将其背书转让给戊。戊请求银行承兑时，被银行拒绝。对此，下列哪一选项是正确的？（　　）（司考 2015. 3. 32）

A. 丁可以采取附条件保证方式

B. 若丁在其保证中未记载保证日期，则以出票日期为保证日期

C. 戊只有在向丙行使追索权遭拒绝后，才能向丁请求付款

D. 在丁对戊付款后，丁只能向丙行使追索权

35. 甲公司为支付向乙公司采购商品的款项，向乙公司开具一张金额为 100 万元的银行承兑汇票，并向丙银行办理了承兑。2018 年 6 月乙又将该票据背书给丁公司，2018 年 7 月丁公司办公楼失火，该张票据被烧毁灭失，仅剩其留档复印件。甲公司、乙公司均在该复印件上签章，以证明彼此间的交易情况。关于本案，下列哪一说法是正确的？（　　）

A. 丙银行有权拒付

B. 丁公司向丙银行出具票据复印件提示付款，丙银行应当无条件付款

C. 丁公司可凭票据复印件向乙公司主张票据权利

D. 丁公司可凭票据复印件向甲公司主张票据权利

二、多项选择题

1. 潇湘公司为支付货款向楚天公司开具一张金额为 20 万元的银行承兑汇票，付款银行为甲银行。潇湘公司收到楚天公司货物后发现有质量问题，立即通知甲银行停止付款。另外，楚天公司尚欠甲银行贷款 30 万元未清偿。下列哪些说法是错误的？（　　）（司考 2011. 3. 74）

A. 该汇票须经甲银行承兑后才发生付款效力

B. 根据票据的无因性原理，甲银行不得以楚天公司尚欠其贷款未还为由拒绝付款

C. 如甲银行在接到潇湘公司通知后仍向楚天公司付款，由此造成的损失甲银行应承担责任

D. 潇湘公司有权以货物质量瑕疵为由请求甲银行停止付款

2. 甲公司在与乙公司交易中获得由乙公司签发的面额 50 万元的汇票一张，付款人为丙银行。甲公司向丁购买了一批货物，将汇票背书转让给丁以支付货款，并记载“不得转让”字样。后丁又将此汇票背书给戊。如戊在向丙银行提示承兑时遭拒绝，戊可向谁行使追索权？（　　）

A. 丁　　　　B. 乙公司

C. 甲公司　　D. 丙银行

3. 下列票据无效的有（　　）。

A. 在众多票据签章中，有无民事行为能力人在票据上签章的

B. 票据原记载人更改票据日期的

C. 票据原记载人更改票据金额，并在更改时以签章证明的

D. 更改票据的收款人名称的

4. 票据债务人依下列理由对持票人提出抗辩，人民法院应予支持（　　）。

A. 因重大过失取得票据的

B. 与票据债务人有直接的债权债务关系且不履行约定义务的

C. 以背书方式取得但背书不连续的
D. 因接受赠与取得而没有给付对价的

5. 根据《票据法》规定，应当追究刑事责任的票据欺诈行为包括（　　）。
A. 伪造票据
B. 变造票据
C. 故意使用伪造、变造票据
D. 签发无可靠资金来源的汇票、本票，骗取资金

6. 下列哪些事项不得更改，更改的后果是票据无效？（　　）
A. 票据金额　　B. 付款人名称
C. 收款人名称　　D. 日期

7. 依据《票据法》，以下关于票据行为附条件的表述哪些是错误的？（　　）
A. 票据出票不得附有条件，附条件的票据无效
B. 票据背书转让不得附有条件，附条件的背书无效
C. 汇票承兑不得附有条件，附条件的承兑视为拒绝承兑
D. 票据保证不得附有条件，附条件的保证无效

8. 下列关于票据权利取得的说法中正确的有（　　）。
A. 继承人因继承的发生可以从被继承人那里取得票据权利
B. 保证人因为履行了代为清偿的责任而取得票据权利
C. 质权人因质权的产生而取得票据权利
D. 受赠人可因赠与人的赠与行为而取得票据权利

9. 下列关于票据权利的表述，正确的有（　　）。
A. 凡是无对价的票据，不得享有优先于前手的权利
B. 票据权利是指持票人向票据债务人请求支付票据金额的权利，包括付款请求权和追索权
C. 持票人对出票人和承兑人的票据权利，自票据到期日起 2 年内不行使而消灭
D. 持票人对出票人的票据权利，自出票之日起，6 个月内不行使而消灭

10. 可用作票据签章的有（　　）。
A. 法定代表人章　　B. 授权代理人章
C. 法人章　　D. 法人工作人员章

11. 不受对价要求限制的票据有（　　）。
A. 小额交易票据
B. 因税收取得的票据
C. 因继承取得的票据
D. 因受赠取得的票据

12. 甲向乙签发了一张见票后定期付款的汇票，票面上记载付款人丙应于见票后 2 个月内付款。乙将汇票背书转让给丁，丁于 1 月 15 日向丙提示承兑。2 月 16 日，丁不慎将汇票丢失。下列说法中正确的有（　　）。
A. 丁应当及时通知丙挂失止付
B. 丁应当在通知丙挂失止付后 3 日内，依法向人民法院申请公示催告，或向人民法院提起诉讼
C. 丁也可以不通知丙挂失止付，而是在票据丢失后直接向人民法院申请公示催告程序
D. 公示催告期间，如果戊从拾得人那里善意受让了该票据，则戊可以取得票据权利

13. 下列有关票据权利的表述，正确的有（　　）。
A. 持票人行使票据权利，应当按照法定程序在票据上签章并出具票据
B. 票据权利是专指持票人向票据债务人请求支付票据金额的权利，包括付款请求权和追索权
C. 票据权利在持票人自票据到期日起，2 年内不行使而消灭
D. 票据权利只能原始取得

14. 根据我国《票据法》的规定，下列选项属于票据权利消灭的情形有（　　）。
A. 持票人对前手的再追索权，自清偿日或者被提起诉讼之日起 3 个月未行使
B. 持票人对前手的追索权，在被拒绝承兑或者被拒绝付款之日起 6 个月未行使
C. 持票人对支票出票人的权利，自出票日起 6 个月未行使
D. 持票人对本票出票人的权利，自票据到期日起 2 年未行使

15. 下列关于票据伪造、变造的说法中，正确的是（　）。

A. 票据上有伪造、变造的签章，票据作废

B. 在票据上伪造、变造签章的人和伪造人、变造人承担连带责任

C. 票据上其他事项被变造的，在变造之前签章的人，对原记载事项负责，在变造之后签章的人，对变造之后的事项负责

D. 票据上其他事项被变造的，不能辨别是在票据被变造之前或者之后签章的，视同在票据被变造之前签章

16. 根据《票据法》的规定，有下列哪项所列行为的构成票据欺诈，应依法追究刑事责任？（　　）

A. 签发空头支票，或者签发与其预留的本名签名式样或者印鉴不符的支票的

B. 冒用他人的票据，或者故意使用过期或者作废的票据，骗取财物的

C. 付款人与持票人恶意串通，在汇票上作虚假记载，骗取财物的

D. 故意使用伪造、变造的票据的

17. 下列情况中当事人取得票据权利的是（　　）。

A. 通过税收取得票据

B. 通过有效的合同取得票据

C. 通过偷窃取得票据

D. 贩卖毒品取得票据

18. 基于合同关系甲向乙签出一张汇票，乙将其赠与丙，后甲、乙解除合同，则丙（　　）。

A. 合同解除前享有票据权利

B. 合同解除前不享有票据权利

C. 合同解除后仍享有票据权利

D. 合同解除后不享有票据权利

19. 2005年10月5日，甲、乙签订房屋买卖合同，约定年底前办理房屋过户登记。乙签发一张面额80万元的转账支票给甲以支付房款。一星期后，甲提示银行付款。2006年1月中旬，甲到银行要求支付支票金额，但此时甲尚未将房屋登记过户给乙。对此，下列哪些说法是正确的？（　　）（司考2010.3.76）

A. 尽管甲尚未履行房屋过户登记义务，但银行无权拒绝支付票据金额

B. 如甲向乙主张票据权利，因甲尚未办理房屋的过户登记，乙可拒付票据金额

C. 如被银行拒付，甲可根据房屋买卖合同要求乙支付房款

D. 如该支票遗失，甲即丧失票据权利

20. 下列选项中，属于因时效而致使票据权利消灭的情形有（　　）。

A. 甲持有一张本票，出票日期是2009年5月20日，于2010年5月27日行使票据的付款请求权

B. 乙持一张为期30天的汇票，出票日期为2008年5月20日，于2010年5月27日行使票据的付款请求权

C. 丙持一张见票即付的汇票，出票日期是2008年5月20日，于2010年5月27日行使票据的付款请求权

D. 丙持一张见票即付的支票，出票日期是2009年5月20日，于2010年5月27日行使票据的付款请求权

21. 甲公司为清偿对乙公司的欠款，开出一张收款人是乙公司财务部长李某的汇票。李某不慎将汇票丢失，王某拾得后在汇票上伪造了李某的签章，并将汇票背书转让给外地的丙公司，用来支付购买丙公司电缆的货款，王某收到电缆后转卖得款，之后不知所踪。关于本案，下列哪些说法是正确的？（　　）（司考2016.3.74）

A. 甲公司应当承担票据责任

B. 李某不承担票据责任

C. 王某应当承担票据责任

D. 丙公司应当享有票据权利

三、名词解释

1. 票据

2. 票据权利

3. 公示催告

4. 票据时效

5. 票据能力

6. 票据行为

7. 票据权利的原始取得

8. 票据权利的继受取得

9. 票据抗辩（武汉大学2010年考研真题）

10. 票据行为的无因性（中国人民大学 2005 年考研真题）
11. 票据关系与票据原因关系（西南政法大学 2006 年考研真题）
12. 票据利益返还请求权
13. 空白票据

四、简答题

1. 简述我国票据法对票据原因关系的规定。
2. 简述票据行为的独立性。
3. 简述票据的种类。
4. 按照票据法的基本原理解释持票人的票据权利。
5. 简述票据行为的解释原则。
6. 票据的善意取得。
7. 简述挂失止付的适用范围。
8. 试述票据背书行为的分类。
9. 简述票据行为的要式性。
10. A 公司委托 B 公司购买进口原木，并开具了 1 张以 B 公司为收款人的商业承兑汇票，票面记载有“不得转让”字样。B 公司因资金紧张，为了融入一笔流动资金，以背书方式将该汇票交给甲银行作为质押。甲银行在贷出资金到期后催促 B 公司还款，B 公司未能按时偿还。甲银行转而要求 A 公司兑现其开具的汇票，A 公司以 B 公司所购进原木不符合合同要求为由拒绝兑现。为维护自己的合法利益，甲银行向法院提起诉讼。

   请回答下列问题；

   （1）A 公司开具的汇票上记载的“不得转让”字样属于票据法上记载事项的哪一种？该记载事项效力如何？

   （2）若法院判定甲银行为票据权利人，则 A 公司能否以 B 公司未按合同履行义务为由来对抗甲银行支付汇票金额的请求？为什么？
11. 禁治产人甲签发一张 5 元的票据给乙，乙背书转让给丙。（华东政法大学 2006 年考研真题）

   （1）甲、乙所为的票据行为效力如何，为什么？

   （2）票据权利转让与普通债权转让的区别。

   （3）票据权利和普通债权转让是否应受原因行为的制约，为什么？
12. 简述票据抗辩限制的基本规则。（华东政法大学 2007 年考研真题）
13. 《票据法》第 18 条规定：“持票人因超过票据权利时效或者因票据记载事项欠缺而丧失票据权利的，仍享有民事权利，可以请求出票人或者承兑人返还其与未支付的票据金额相当的利益。”（武汉大学 2006 年考研真题）

   （1）此条中的“民事权利”是指什么权利？

   （2）利益返还请求权的性质和本质目标是什么？
14. 简述票据丧失后的补救措施。（清华大学 2014 年考研真题）

五、论述题

1. 试述追索权两方当事人。
2. 简析《票据法》第 18 条规定：“持票人因超过票据权利时效或者因票据记载事项欠缺而丧失票据权利的，仍享有民事权利，可以请求出票人或者承兑人返还其与未支付的票据金额相当的利益。”（武汉大学 2006 年考研真题）
3. 试论商法上的外观主义及其在票据法中的具体体现。（中南财经政法大学 2006 年考研真题）

六、案例分析题

某科研所因转让专利技术得到一张 380 万元的银行承兑汇票，离到期日还有 3 个月的时间，该科研所遂派人持该汇票到某银行办理质押贷款，但在途中遭抢劫。有人给他们出主意说，最好去申请公示催告。请问：

（1）应当去何处申请公示催告？（公安机关？法院？检察院？仲裁机关？其他机关？）

（2）失票人依照法律的规定向有权受理公示催告的机关提出了合乎法律要求的申请，该机关决定受理。受理后，该机关应当进行哪些事项？

(3) 法定机关依法做了一定的工作后，如果有人持票来申报权利。依法申报后将会发生怎样的结果？

(4) 如果在一定的期限内无人来申报权利或者申报被驳回，又将会发生怎样的结果？

参考答案

一、单项选择题

1. 答案：C。本题考查的是票据权利的性质。《票据法》第4条第4款规定，本法所称票据权利，是指持票人向票据债务人请求支付票据金额的权利，包括付款请求权和追索权。据此，票据权利是金钱债权，债务人履行时，不得以货物、劳务或者其他无形财产权利来代替支付金钱的义务。

2. 答案：A。本题考查的是票据属于文义证券的性质。本题题干表述的正是文义证券的含义，故本题正确答案为A。

3. 答案：A。本题考查的是票据的无因性。票据是一种无因证券，其无因性是指票据上的金钱支付的法律关系和持票人取得票据的原因无关，即使原因关系无效，对票据人的票据权利也不发生影响。也就是说，只要持票人占有票据，一般不问占有原因和资金关系就能接受其行使权利的要求。故本题正确答案为A。

4. 答案：C。本题考查的是票据行为的独立性。票据行为除了具有票据所具有的要式性、无因性和文义性三个特征之外，还有独立性这个特征，是指在同一票据上有多种票据行为存在时，各种票据行为依据各自在票据上所记载的文义内容，独立发生效力，一种行为的无效，不影响其他行为的效力。故本题正确答案为C。

5. 答案：D。票据具有设权性，票据属于设权证券。票据权利的产生，必须先做成证券。没有票据，就没有票据权利，故A项正确。

票据具有流通性，票据通常能够转让，本票、汇票、支票都是如此。就此而言，可以说"任何类型的票据"都能够进行转让，故B项正确。但需要注意的是，并非所有的票据都能够转让，《票据法》第27条第2款规定，出票人在汇票上记载"不得转让"字样的，汇票不得转让。从这个角度来看，B项表述过于绝对，有欠妥当。

票据是无因证券。票据法律关系是一种单纯的金钱支付关系，不受基础关系是否存在及其效力的影响。即便票据行为的原因行为不成立、无效或者被撤销，票据效力也不受影响，故C项正确。

票据是要式证券，各种票据行为如出票、背书、承兑、保证都必须严格按照《票据法》规定的程序与方式进行，否则会导致票据行为无效，甚至导致票据无效，如《票据法》第9条第2款规定，票据金额、日期、收款人名称不得更改，更改的票据无效。《票据法》第22条规定，汇票必须记载下列事项：(1) 表明"汇票"的字样；(2) 无条件支付的委托；(3) 确定的金额；(4) 付款人名称；(5) 收款人名称；(6) 出票日期；(7) 出票人签章。汇票上未记载前款规定事项之一的，汇票无效。据此，D项错误，当选。

6. 答案：A。本题考查的是票据的基础关系。资金关系，是存在于汇票出票人与付款人之间、支票出票人与银行之间的基础关系。汇票和支票的出票人之所以委托付款人付款，付款人之所以愿意付款（或承兑），是因为他们之间有一定的约定代为给付的关系，如付款人处存有出票人的资金，双方订有委托付款合同，都可以形成债务人与委托付款人之间的资金关系。故本题正确答案为A。

7. 答案：A。《票据法》是公司法、民法的特别法，特别法应优先适用。而《民事诉讼法》是程序法，不调整实体问题。

8. 答案：C。本题考查的是特定票据行为的效力。《最高人民法院关于审理票据纠纷案件若干问题的规定》第48条规定："依照票据法第二十七条和第三十条的规定，背书人未记载被背书人名称即将票据交付他人的，持票人在票据被背书人栏内记载自己的名称与背书人记载具有同等法律效力。"据此，本题正确答案为C。

9. 答案：D。本题考查的是无权代理人在票据上签章的责任。《票据法》第5条规定："票据当事人可以委托其代理人在票据上签章，并应当在票据上表明其代理关系。没有代理权而以代理人名义在票据上签章的，应当由签章人承担票据责任；代理人超越代理权限的，应当就其超越权限的部分承担票据责任。"据此，本题正确答案为D。

10. 答案：A。《票据法》第5条规定，票据当事人可以委托其代理人在票据上签章，并应当在票据上表明其代理关系。没有代理权而以代理人名义在票据上签章的，应当由签章人承担票据责任；代理人超越代理权限的，应当就其超越权限的部分承担票据责任。结合本题，甲无权签章，却以乙的名义签章，所以签章人实际上为甲，甲应该承担责任，乙可以以无权代理为由拒绝承担票据责任。因此，A选项正确，D选项错误。《票据法》第32条规定，以背书转让的汇票，后手应当对其直接前手背书的真实性负责。后手是指在票据签章人之后签章的其他票据债务人。因此，丁应就其前手背书的真实性向戊负责，C选项错误。《票据法》第14条第2款规定，票据上有伪造、变造的签章的，不影响票据上其他真实签章的效力。因此丙银行在审查付款时，主要审查背书的连续性等问题，不可以以无权代理为由拒付，所以B选项错误。

11. 答案：D。本题考查的是有关票据取得的规定。根据《票据法》第12条的规定，持票人因过失（非重大过失）而取得的不符合票据法规定的票据的，可以享有票据权利；持票人恶意（以欺诈、胁迫或偷盗等手段取得的票据或明知有上述情形）取得的票据，不享有票据权利，故本题A项不正确，D项正确。根据《票据法》第13条的规定，持票人明知出票人或其前手与自己的直接前手之间存在票据法上的抗辩事由而取得票据的，仍享有票据权利，只是票据债务人可以该抗辩事由对抗持票人，故本题B项不正确。《票据法》第11条规定："因税收、继承、赠与可以依法无偿取得票据的，不受给付对价的限制。……"据此，本题C项不正确。

12. 答案：A。本题考查的是依法无偿取得的票据权利的效力。根据《票据法》第11条第1款规定："因税收、继承、赠与可以依法无偿取得票据的，不受给付对价的限制。但是，所享有的票据权利不得优于其前手的权利。"据此，本题正确答案为A。

13. 答案：C。本题考查的是票据金额以中文大写与数码记载不一致时票据的效力。《票据法》第8条规定："票据金额以中文大写和数码同时记载，二者必须一致，二者不一致的，票据无效。"据此，本题正确答案为C。

14. 答案：C。本题考查的是票据欺诈行为。《票据法》第102条规定："有下列票据欺诈行为之一的，依法追究刑事责任：（一）伪造、变造票据的；（二）故意使用伪造、变造的票据的；（三）签发空头支票或者故意签发与其预留的本名签名式样或者印鉴不符的支票，骗取财物的；（四）签发无可靠资金来源的汇票、本票，骗取资金的；……"据此，标题A、B、D项都属于票据欺诈行为。只有以骗取财物为目的签发空头支票行为才构成票据欺诈，故C项不属于票据欺诈行为，为本题正确答案。

15. 答案：B。本题考查的是依法不享有票据权利的情况。《票据法》第84条规定："支票必须记载下列事项：……（五）出票日期；……支票上未记载前款规定事项之一的，支票无效。"据此，本题B项属于支票无效的情况，持票人不享有票据权利。根据《票据法》的规定，票据可以背书转让；支票另行记载付款日期的，只是该记载无效，票据并不无效；支票的持票人超过提示付款期限的，付款人可以不予付款，但出票人仍对持票人承担票据责任，故本题A、C、D项的持票人都享有票据权利。综上，本题正确答案为B。

16. 答案：D。本题考查的是出票人在票据上记载"不得转让"的效力。《票据法》第27

条第2款规定："出票人在汇票上记载'不得转让'字样的，汇票不得转让。"根据《票据法》的规定，支票和本票在法律没有特别规定的情况下，适用有关汇票的规定，故支票和本票在这种情况下也不得转让。故本题正确答案为D。

17. 答案：A。本题考查的是有关追索权的规定。《票据法》第37条规定："背书人以背书转让汇票后，即承担保证其后手所持汇票承兑和付款的责任。……"据此，持票人只能向其前手追索，故本题A项说法不正确，C项说法正确。第68条第2款规定："持票人可以不按照汇票债务人的先后顺序，对其中任何一人、数人或者全体行使追索权。"据此，本题D项说法正确。由于出票人实际上是所有背书人和持票人的前手，故当持票人为出票人的时候，不应享有追索权，故本题B项说法正确。综上，本题正确答案为A。

18. 答案：B。选项A错误。《票据法》第61条第1款规定，汇票到期被拒绝付款的，持票人可以对背书人、出票人以及汇票的其他债务人行使追索权。据此可知，乙公司在遭到丙拒绝付款时，可以行使追索权，请求出票人、保证人等承担票据责任，而不是只能要求丁承担保证责任。

选项B正确。票据上的法律关系具有无因性，即一种单纯的金钱支付关系，权利人享有票据权利只以持有符合票据法规的有效票据为必要。至于票据赖以发生的原因则在所不问。即使原因关系无效或有瑕疵，均不影响票据的效力。因此，本题中丙银行不能以出票人甲公司严重丧失商业信誉为由拒绝付款，该拒绝付款的理由不符合法律规定。

选项C错误。丁承担的是连带保证责任，乙公司可以直接要求丁承担责任。

选项D错误。《票据法》第46条第1项规定，保证人必须在汇票或者粘单上记载表明"保证"的字样。本题中，丁的行为不是在票据上签章的票据行为，不属于票据保证，根本就不是票据法律关系的（非基本）当事人，丁只承担民法上的保证责任。

19. 答案：A。本题考查的是票据权利转移的条件。《票据法》第27条："持票人可以将汇票权利转让给他人或者将一定的汇票权利授予他人行使。……持票人行使第一款规定的权利时，应当背书并交付汇票……"据此，票据权利的转移以交付为要件，故本题正确答案为A。

20. 答案：C。本题考查的是有关票据责任的规定。《票据法》第105条规定："票据的付款人对见票即付或者到期的票据，故意压票，拖延支付的，由金融行政管理部门处以罚款，对直接责任人员给予处分。票据的付款人故意压票，拖延支付，给持票人造成损失的，依法承担赔偿责任。"据此，应承担赔偿责任的是付款人，而不是主要责任人员，故本题A项不正确。第104条第1款规定："金融机构工作人员在票据业务中玩忽职守，对违反本法规定的票据予以承兑、付款或者保证的，给予处分；造成重大损失，构成犯罪的，依法追究刑事责任。"该条并未规定赔偿责任，故本题B项不正确；只有造成重大损失，才应追究刑事责任，故本题D项不正确。第102条规定："有下列票据欺诈行为之一的，依法追究刑事责任：……（二）故意使用伪造、变造的票据的；……（七）付款人同出票人、持票人恶意串通，实施前六项所列行为之一的。"据此，本题C项正确。

21. 答案：A。本题考查的是票据适用的原则。《票据法》第10条第1款规定："票据的签发、取得和转让，应当遵循诚实信用的原则，具有真实的交易关系和债权债务关系。"据此，本题正确答案为A。

22. 答案：B。见《票据法》第61条；B项的错误在于"暂停业务活动"而非"终止"。

23. 答案：C。本题考查的是有关票据上签章的规定。《票据法》第6条规定："无民事行为能力人或者限制民事行为能力人在票据上签章的，其签章无效，但是不影响其他签章的效力。"第7条规定："票据上的签章，为签名、盖章或者签名加盖章。法人和其他使用票据的单位在票据上的签章，为该法人或者该单位的盖章加其法定代表人或者其授权的代理人的签章。在票据上的签名，应当为该当事人的本名。”据此，本题正确答案为C。

24. 答案：A。本题考查的是行使票据权利的期限。《票据法》第17条第1款规定：“票据权利在下列期限内不行使而消灭：（一）持票人对票据的出票人和承兑人的权利，自票据到期日起二年。见票即付的汇票、本票，自出票日起二年；（二）持票人对支票出票人的权利，自出票日起六个月；（三）持票人对前手的追索权，自被拒绝承兑或者被拒绝付款之日起六个月；（四）持票人对前手的再追索权，自清偿日或者被提起诉讼之日起三个月。”据此，本题正确答案为A。

25. 答案：C。本题考查的是恶意获得票据的效力。《票据法》第12条规定：“以欺诈、偷盗或者胁迫等手段取得票据的，或者明知有前列情形，出于恶意取得票据的，不得享有票据权利。持票人因重大过失取得不符合本法规定的票据的，也不得享有票据权利。”本题中张某以1万元购买10万元的汇票，可以推定其有恶意，不得享有票据权利，故C项说法不正确，D项说法正确。又根据《民事诉讼法》的规定，失票人可以挂失止付和公示催告，故本题A、B项说法正确。综上，本题正确答案为C。

26. 答案：D。本题考查的是票据权利行使地点。依《票据法》第16条规定，持票人对票据债务人行使票据权利，或者保全票据权利，应当在票据当事人的营业场所和营业时间内进行，票据当事人无营业场所的，应当在其住所进行。

27. 答案：C。本题考查的是伪造、变造的票据上的签章效力。《票据法》第14条规定：“票据上的记载事项应当真实，不得伪造、变造。伪造、变造票据上的签章和其他记载事项的，应当承担法律责任。票据上有伪造、变造的签章的，不影响票据上其他真实签章的效力。票据上其他记载事项被变造的，在变造之前签章的人，对原记载事项负责；在变造之后签章的人，对变造之后的记载事项负责；不能辨别是在票据被变造之前或者之后签章的，视同在变造之前签章。”据此，本题正确答案为C。

28. 答案：A。《票据法》第13条第2款规定，票据债务人可以对不履行约定义务的与自己有直接债权债务关系的持票人，进行抗辩。如果丙与付款银行有直接的债权债务关系的话，银行可以以此提出抗辩，拒绝付款。因此，A项正确。

《票据法》第13条第1款规定，票据债务人不得以自己与出票人或者与持票人的前手之间的抗辩事由，对抗持票人。但是，持票人明知存在抗辩事由而取得票据的除外。据此可知，甲公司不能以自己与持票人丙公司的前手乙公司的抗辩事由对抗持票人丙公司。因此，B项错误。

《票据法》第44条规定，付款人承兑汇票后，应当承担到期付款的责任。本题中丁公司已经对汇票进行了承兑，那么它就成了第一付款人，要承担到期付款的票据责任。但是并非任何情况下都不能对抗持票人，根据《票据法》第13条第2款的规定可知，如果丁公司与持票人之间有直接的债权、债务关系时，如果持票人没有履行相应的债务，那么丁公司可以此为由对抗持票人的付款请求。因此，C项错误。

《票据法》第19条第1款规定，汇票是出票人签发的，委托付款人在见票时或者在指定日期无条件支付确定的金额给收款人或者持票人的票据。另外《票据法》第22条第1款第2项规定，无条件支付的委托是汇票的必要记载事项。据此可知，汇票出票时不能记载附条件的付款，如果在付款上附有条件的话，就会导致该汇票无效。因此，D项错误。

29. 答案：C。本题考查的是伪造票据签章的效力。《票据法》第14条规定：“票据上的记载事项应当真实，不得伪造、变造……票据上有伪造、变造的签章的，不影响票据上其他真实签章的效力。票据上其他记载事项被变造的，在变造之前签章的人，对原记载事项负责；在变造之后签章的人，对变造之后的记载事项负责；不能辨别是在票据被变造之前或者之后签章的，视同在变造之前签章。”据此，乙公司应当对签章伪造之后的记载事项负责，即应对丙公司承担票据责任。故本题正确答案为C。

30. 答案：D。本题考查的是我国《票据法》规定的票据行为。我国《票据法》规定了票据的出票、背书和承兑，没有规定票据的参加。故本题正确答案为D。

31. **答案**：C。票据关系是指票据当事人基于票据行为而发生的债权债务关系。票据行为一般包括出票、背书、承兑和保证。票据法上的非票据关系也称票据基础关系，是指由票据法直接规定的、不是基于票据行为而发生的法律关系，包括原因关系、票据预约关系和资金关系。原因关系是指票据当事人之间授受票据的理由。票据预约关系是指票据当事人在授受票据之前，就票据的种类、金额、到期日、付款地等事项达成协议而产生的法律关系。资金关系是指汇票出票人和付款人、支票出票人与付款银行或其他资金义务人所发生的法律关系。

甲公司和乙公司之间的棉花买卖合同关系以及乙公司与丙公司之间的债权债务关系是出票和票据背书转让行为的原因，属于原因关系。依照《票据法》的规定，原因关系只存在于授受票据的直接当事人之间，票据一经转让，其原因关系对票据效力的影响力即被切断。甲公司是汇票的出票人，工商银行某市分行是汇票的付款人，所以二者之间的关系属于资金关系。一般来说，资金关系的存在或有效与否，均不影响票据的效力。丙公司是汇票的持票人，工商银行某市分行对汇票进行了承兑，是付款人，承担第一位的付款义务，二者之间的关系属于票据关系。因此，只有C项是合适的选项。

32. **答案**：C。本题考查的是票据抗辩权的行使。票据独立性原则，是指票据法律关系独立于各当事人据以实施票据行为、发生票据关系的民事法律关系（基础关系）而存在；票据无因性原则，是指票据法律关系的效力状况原则上不受基础关系效力状况的影响。所谓票据抗辩之对人抗辩，是指因票据之外的特定票据当事人的原因而发生的票据债务人抗辩事由；所谓票据抗辩之对物抗辩，是指因票据或票据行为本身的瑕疵而发生的票据债务人抗辩事由。《票据法》第13条第2款规定：“票据债务人可以对不履行约定义务的与自己有直接债权债务关系的持票人，进行抗辩。”因此，银行基于自己与持票人朱某之间的债权债务关系拒绝向朱付款并进行债务冲抵，属于合法行使对人抗辩的行为，故C项正确。

33. **答案**：D。《票据法》第15条规定：“票据丧失，失票人可以及时通知票据的付款人挂失止付，但是，未记载付款人或者无法确定付款人及其代理付款人的票据除外。收到挂失止付通知的付款人，应当暂停支付。失票人应当在通知挂失止付后三日内，也可以在票据丧失后，依法向人民法院申请公示催告，或者向人民法院提起诉讼。”据此，票据丧失时，失票人有三种救济途径：通知票据付款人挂失止付、申请法院公示催告、向法院提起诉讼，故A、B、C三项正确。关于D项，失票人的三种救济方式并存，任由失票人选择，失票人通常会在申请公示催告或者起诉前挂失止付，但挂失止付是失票人的权利而不是失票人的义务，故D项错误。

34. **答案**：B。《票据法》第48条规定：“保证不得附有条件；附有条件的，不影响对汇票的保证责任。”据此，A项错误。

《票据法》第46条规定：“保证人必须在汇票或者粘单上记载下列事项：（一）表明‘保证’的字样；（二）保证人名称和住所；（三）被保证人的名称；（四）保证日期；（五）保证人签章。”《票据法》第47条第2款规定：“保证人在汇票或者粘单上未记载前条第（四）项的，出票日期为保证日期。”据此，保证人未记载保证日期的，以出票日期为保证日期，B项正确。

《票据法》第50条规定："被保证的汇票，保证人应当与被保证人对持票人承担连带责任。汇票到期后得不到付款的，持票人有权向保证人请求付款，保证人应当足额付款。"据此，票据保证人与被保证人承担连带责任，持票人戊在银行拒绝承兑后，可以向前手丙追索，也可以直接要求丁承担保证责任，故C项错误。

《票据法》第52条规定："保证人清偿汇票债务后，可以行使持票人对被保证人及其前手的追索权。"据此，丁可以向被保证人丙及其前手甲、乙进行追索，故D项错误。

35. 答案：A。本题考查票据权利补救。根据《票据法》第15条，失票人应当在通知挂失止付后3日内，也可以在票据丧失后，依法向人民法院申请公示催告，或者向人民法院提起诉讼。针对复印件，丙银行、甲公司、乙公司均有权拒付，法理依据为对物抗辩，A项正确，B、C、D项错误。

二、多项选择题

1. 答案：BCD。《票据法》第44条规定："付款人承兑汇票后，应当承担到期付款的责任。"据此，票据承兑之后才发生付款效力，故A项正确。

《票据法》第13条第1款规定："票据债务人不得以自己与出票人或者与持票人的前手之间的抗辩事由，对抗持票人。但是，持票人明知存在抗辩事由而取得票据的除外。"该条限制的是票据债务人以自己与出票人或者与持票人的前手之间的抗辩事由对抗持票人，但是法律允许票据债务人以自己与持票人之间的抗辩事由对抗持票人。所以，甲银行可以以楚天公司尚欠其贷款未还为由拒绝付款，故B项错误。

根据票据的无因性原理，票据原因的无效或者瑕疵不影响持票人行使票据权利，票据债务人也不得以此抗辩。所以，潇湘公司不能以货物质量瑕疵为由请求甲银行停止付款，甲银行也不能以此为由对楚天公司进行抗辩。故C、D两项错误。

2. 答案：AB。《票据法》第61条第1款规定，汇票到期被拒绝付款的，持票人可以对背书人、出票人以及汇票的其他债务人行使追索权。本案中，乙公司是出票人，丁是背书人，戊在被拒绝付款后，可以向乙公司与丁行使追索权。因此，A、B项正确。

《票据法》第34条规定，背书人在汇票上记载"不得转让"字样，其后手再背书转让的，原背书人对后手的被背书人不承担保证责任。本题中，甲公司是在背书时记载了"不得转让"字样的背书人，根据法律的规定，甲公司对其后手丁的被背书人戊不承担保证责任。因此，戊公司不能向甲公司行使追索权。因此，C项错误。

另外，丙银行是付款人，在戊提示付款时丙银行已经拒绝了戊的付款请求，不是票据债务人，不属于被追索人员的范围。因此，D项错误。

3. 答案：BCD。本题考查的是票据无效的情况。《票据法》第6条规定："无民事行为能力人或者限制民事行为能力人在票据上签章的，其签章无效，但是不影响其他签章的效力。"据此，本题A项不正确。第9条规定："票据上的记载事项必须符合本法的规定。票据金额、日期、收款人名称不得更改，更改的票据无效。……"据此，本题B、C、D项正确。

4. 答案：ABC。本题考查的是人民法院应予支持的票据抗辩。《最高人民法院关于审理票据纠纷案件若干问题的规定》第14条规定："票据债务人依照票据法第十二条、第十三条的规定，对持票人提出下列抗辩的，人民法院应予支持：（一）与票据债务人有直接债权债务关系并且不履行约定义务的；……（四）因重大过失取得票据的；（五）其他依法不得享有票据权利的。"以背书方式取得但背书不连续，属于其他依法不得享有票据权利的情形。据此，本题正确答案为A、B、C。

5. 答案：ABCD。本题考查的是应当追究刑事责任的票据欺诈行为。《票据法》第102条规定："有下列票据欺诈行为之一的，依法追究刑事责任：（一）伪造、变造票据的；

（二）故意使用伪造、变造的票据的；……（四）签发无可靠资金来源的汇票、本票，骗取资金的；……”据此，本题正确答案为A、B、C、D。

6. **答案**：ACD。本题考查的是票据上不得更改的事项。《票据法》第9条第2款规定：“票据金额、日期、收款人名称不得更改，更改的票据无效。”据此，本题正确答案为A、C、D。

7. **答案**：BD。本题考查的是有关票据附条件的规定。《票据法》第33条第1款规定：“背书不得附有条件。背书时附有条件的，所附条件不具有汇票上的效力。”据此，背书附条件的，仅所附条件无效，背书并不无效，故本题B项表述错误。第48条规定：“保证不得附有条件；附有条件的，不影响对汇票的保证责任。”据此，保证附条件的并不无效，而是不影响保证责任，故本题D项表述错误。由于票据是无条件的支付命令，附条件的票据无效，故本题A项表述正确。《票据法》第43条规定：“付款人承兑汇票，不得附有条件；承兑附有条件的，视为拒绝承兑。”故本题C项表述正确。综上，本题正确答案为B、D。

8. **答案**：ABD。本题考查的是有关票据权利取得的规定。根据《票据法》第11条的规定，因继承和赠与可以取得票据权利。根据《票据法》第52条的规定，在票据保证中，保证人履行担保义务后，取得票据权利。根据《担保法》第75条的规定，票据可以出质，质权的产生并不必然导致质权人取得票据权利；只有在出质人最终未履行债务，质权人实现其质权时，才取得票据权利。综上，本题A、B、D项正确，C项不正确。①

9. **答案**：ABC。本题考查的是有关票据权利的规定。根据《票据法》第11条第1款规定：“因税收、继承、赠与可以依法无偿取得票据的，不受给付对价的限制。但是，所享有的票据权利不得优于其前手的权利。”据此，本题A项正确。《票据法》第4条第4款规定：“本法所称票据权利，是指持票人向票据债务人请求支付票据金额的权利，包括付款请求权和追索权。”故本题B项正确。《票据法》第17条规定：“票据权利在下列期限内不行使而消灭：（一）持票人对票据的出票人和承兑人的权利，自票据到期日起二年。见票即付的汇票、本票，自出票日起二年；（二）持票人对支票出票人的权利，自出票日起六个月；……”据此，本题C项正确，D项不正确。

10. **答案**：ABC。本题考查的是票据的签章。《票据法》第7条规定：“票据上的签章，为签名、盖章或者签名加盖章。法人和其他使用票据的单位在票据上的签章，为该法人或者该单位的盖章加其法定代表人或者其授权的代理人的签章。在票据上的签名，应当为该当事人的本名。”据此，本题正确答案为A、B、C。

11. **答案**：BCD。本题考查的是不受对价要求限制的票据。《票据法》第11条规定：“因税收、继承、赠与可以依法无偿取得票据的，不受给付对价的限制。但是，所享有的票据权利不得优于其前手的权利。前手是指在票据签章人或者持票人之前签章的其他票据债务人。”据此，本题正确答案为B、C、D。

12. **答案**：ABC。本题考查的是有关票据丢失的规定。《票据法》第15条规定：“票据丧失，失票人可以及时通知票据的付款人挂失止付，但是，未记载付款人或者无法确定付款人及其代理付款人的票据除外。收到挂失止付通知的付款人，应当暂停支付。失票人应当在通知挂失止付后三日内，也可以在票据丧失后，依法向人民法院申请公示催告，或者向人民法院提起诉讼。”据此，本题A、B、C项正确。根据《民事诉讼法》的规定，票据在公示催告期间的转让无效，故本题D项不正确。

13. **答案**：ABC。本题考查的是有关票据权利的规定。《票据法》第4条第2款规定：

---

① 编者注：质权的产生与质权的实现并不是同一概念，只有在质权实现时，才有可能产生票据权利转移的后果。

"持票人行使票据权利，应当按照法定程序在票据上签章，并出示票据。"故本题A项正确。第4条第4款规定："本法所称票据权利，是指持票人向票据债务人请求支付票据金额的权利，包括付款请求权和追索权。"故本题B项正确。第17条规定："票据权利在下列期限内不行使而消灭：（一）持票人对票据的出票人和承兑人的权利，自票据到期日起二年。见票即付的汇票、本票，自出票日起二年；……"故本题C项正确。因为票据权利的取得包括票据权利的原始取得和票据权利的继受取得。故本题D项不正确。

14. 答案：ABCD。《票据法》第17条规定：票据权利在下列期限内不行使而消灭：（1）持票人对票据的出票人和承兑人的权利，自票据到期日起二年。见票即付的汇票.本票，自出票日起二年；（2）持票人对支票出票人的权利，自出票日起六个月；（3）持票人对前手的追索权，自被拒绝承兑或者被拒绝付款之日起六个月；（4）持票人对前手的再追索权，自清偿日或者被提起诉讼之日起三个月。票据的出票日、到期日由票据当事人依法确定。

15. 答案：CD。本题考查的是有关票据伪造、变造的规定。《票据法》第14条规定："票据上的记载事项应当真实，不得伪造、变造。伪造、变造票据上的签章和其他记载事项的，应当承担法律责任。票据上有伪造、变造的签章的，不影响票据上其他真实签章的效力。票据上其他记载事项被变造的，在变造之前签章的人，对原记载事项负责；在变造之后签章的人，对变造之后的记载事项负责；不能辨别是在票据被变造之前或者之后签章的，视同在变造之前签章。"据此，本题正确答案为C、D。

16. 答案：BCD。本题考查的是应当追究刑事责任的票据欺诈行为。《票据法》第102条规定："有下列票据欺诈行为之一的，依法追究刑事责任：……（二）故意使用伪造、变造的票据的；（三）签发空头支票或者故意签发与其预留的本名签名式样或者印鉴不符的支票，骗取财物的；……（五）汇票、本票的出票人在出票时作虚假记载，骗取财物的；（六）冒用他人的票据，或者故意使用过期或者作废的票据，骗取财物的；（七）付款人同出票人、持票人恶意串通，实施前六项所列行为之一的。"据此，本题正确答案为B、C、D。

17. 答案：AB。本题考查的是可以取得票据权利和不得取得票据权利的情况。《票据法》第11条第1款规定："因税收、继承、赠与可以依法无偿取得票据的，不受给付对价的限制。但是，所享有的票据权利不得优于其前手的权利。"据此，本题A项正确。第12条第1款规定："以欺诈、偷盗或者胁迫等手段取得票据的，……不得享有票据权利。"据此，本题C项不正确。由于合同关系是最普遍的取得票据权利的情况，故本题B项正确。任何人不得通过非法行为取得合法权利，故本题D项不正确。

18. 答案：AC。本题考查的是票据的无因性。《票据法》第13条规定："票据债务人不得以自己与出票人或者与持票人的前手之间的抗辩事由，对抗持票人。但是，持票人明知存在抗辩事由而取得票据的除外。票据债务人可以对不履行约定义务的与自己有直接债权债务关系的持票人，进行抗辩。……"据此，由于丙不是票据原因关系即合同关系的当事人，故无论合同解除前还是合同解除后，丙都享有票据权利，故本题正确答案为A、C。

19. 答案：BC。选项A错误。《票据法》第90条规定，支票限于见票即付，不得另行记载付款日期。另行记载付款日期的，该记载无效。第91条规定，支票的持票人应当自出票日起十日内提示付款；异地使用的支票，其提示付款的期限由中国人民银行另行规定。超过提示付款期限的，付款人可以不予付款；付款人不予付款的，出票人仍应当对持票人承担票据责任。本题中，甲在乙签发支票一星期后，提示银行付款，但在2006年1月中旬，甲才到银行要求支付支票金额，违反了见票即付的规定，故银行有权拒绝支付票据金额。

选项B正确。《票据法》第13条第2款规定，票据债务人可以对不履行约定义务的与自己有直接债权债务关系的持票人，进行抗辩。本题中，甲、乙之间有直接的权利义务关系，甲是与乙有直接债权债务关系的持票人，因甲没有履行办理房屋的过户登记义务，乙可以拒绝支付票据金额。

选项C正确。《票据法》第18条规定，持票人因超过票据权利时效或者因票据记载事项欠缺而丧失票据权利的，仍享有民事权利，可以请求出票人或者承兑人返还其与未支付的票据金额相当的利益。本题中，甲因过期要求银行付款而遭到拒绝的，仍享有民事权利，可以根据房屋买卖合同要求乙支付房款。

选项D错误。根据《票据法》第15条的规定可知，支票遗失后，甲可通过办理挂失止付等方式依法维护自己的权利，并不丧失票据权利。

20. 答案：CD。本题考查的是票据权利因时效而消灭的情形。《票据法》第17条规定："票据权利在下列期限内不行使而消灭：（一）持票人对票据的出票人和承兑人的权利，自票据到期日起二年。见票即付的汇票、本票，自出票日起二年；（二）持票人对支票出票人的权利，自出票日起六个月……"根据以上规定可以知道，C、D为正确选项。

21. 答案：ABD。《票据法》第26条规定："出票人签发汇票后，即承担保证该汇票承兑和付款的责任。出票人在汇票得不到承兑或者付款时，应当向持票人清偿本法第七十条、第七十一条规定的金额和费用。"本题中，甲公司签发的票据合法有效，甲公司应当承担票据责任，故A项正确。

《票据法》第14条第1款规定："票据上的记载事项应当真实，不得伪造、变造。伪造、变造票据上的签章和其他记载事项的，应当承担法律责任。"在伪造票据的情形，因为被假冒人李某并未在票据上签章，所以李某不承担票据责任，故B项正确。伪造人王某因为没有在票据上签章，所以王某不承担票据责任，尽管王某需要承担其他民事责任乃至刑事责任，故C项错误。

《票据法》第14条第2款、第3款规定："票据上有伪造、变造的签章的，不影响票据上其他真实签章的效力。票据上其他记载事项被变造的，在变造之前签章的人，对原记载事项负责；在变造之后签章的人，对变造之后的记载事项负责；不能辨别是在票据被变造之前或者之后签章的，视同在变造之前签章。"丙公司作为票据的合法持有人，享有票据权利，故D项正确。

三、名词解释

1. 答案：广义的票据相当于有价证券，泛指一切体现商事权利或具有财产价值的书面凭证，权利的发生、移转和行使均以持有该凭证为必要。狭义的票据，则专指票据法所规定的汇票、支票和本票。

2. 答案：票据权利是指持票人向票据债务人请求支付票据金额的权利，包括付款请求权和追索权。票据权利具有以下特征：（1）票据权利是一种金钱债权；（2）票据权利是一种证券化权利；（3）票据权利是一种无因性权利；（4）票据权利是一种两次性权利。

3. 答案：公示催告既是一种法律制度，又是一种法律程序。作为一种法律制度，公示催告是指失票人在丧失票据后申请法院宣告票据无效，从而使票据权利与票据本身相分离。作为一种法律程序，公示催告是指法院应失票人的申请，以公示的方法，催告票据利害关系人在一定时间内向法院申报权利，如在该时间内不予申报，即发生失权的法律后果。

4. 答案：票据时效也称票据权利的消灭时效，是指票据权利人在一定时间内不行使其权利，票据权利就归于消灭，票据债务人就可以票据权利已超过时效为由拒绝履行票据义务。

5. 答案：票据能力包括票据权利能力和票据行为能力。前者是指可以享受票据权利、承担票据义务的资格或能力；后者是指通过独立的票据行为取得票据法上的权利、承担票据法上的义务的资格或能力。

6. 答案：广义的票据行为，是指一切能引起票据关系产生、变更或消灭的法律或准法律行为。狭义的票据行为，则仅指以发生票据上的债务为目的的法律行为。一般认为，狭义的票据行为包括出票、背书、承兑、参加承兑、保证、保付六种行为。

7. **答案**：票据权利的原始取得是指持票人最初取得票据权利，而不是从其他前手权利人处受让票据权利。一般认为，票据权利的原始取得包括两种情形：一是持票人直接从出票人那里通过其出票行为取得票据权利，简称出票取得；二是持票人依法从无票据权利处分权人手中善意取得票据权利，简称善意取得。

8. **答案**：票据权利的继受取得是指持票人从有权处分票据权利的前手那里，依背书交付或单纯交付方式，受让票据权利。票据权利的继受取得又有票据法上的继受取得和非票据法上的继受取得之分。票据法上的继受取得，是指以背书交付或单纯交付的方式取得票据权利。非票据法上的继受取得，也称民法上的继受取得。如因继承、赠与或公司合并等方式取得票据。非票据法上的票据权利取得，只能由民法或其他相关法律来调整，票据法上的特别规定并不适用。

9. **答案**：票据抗辩是指票据债务人根据票据法规定对票据债权人拒绝履行义务的行为。票据抗辩所依据的事由，称为抗辩原因，票据债务人享有的拒绝债权人行使权利的权利，称为抗辩权。票据债务人行使抗辩权，旨在阻止票据权利人行使票据权利。

10. **答案**：票据行为的无因性又称为票据行为的抽象性，是指票据行为只要具备法律规定的形式即自行产生法律效力，而不问其基于存在的原因关系或基础关系存在与否或是否有效，票据关系与基础关系在法律上是分离的。出票、背书、承兑、保证等票据行为虽然往往是以买卖、借贷或者其他交易关系为基础产生的，但从商法角度看，这些行为的效力是依据其自身的要件而产生效力，而并不受到基础关系的影响。正是因为票据行为的无因性，票据才被称作“无因证券”。

11. **答案**：票据关系与票据原因关系是票据法上的两种不同的关系。票据关系是指因票据行为而产生的法律上的债权债务关系，即票据权利与票据义务的法律关系，它产生于票据当事人所为的票据行为。票据原因关系又称为票据原因，即当事人（发票人与受款人）之间接受票据的原因。发票人之所以发出票据，将之交付与受款人，受款人之所以接受票据，在经济和法律上必有一定的原因。原因关系表现为一定金额的支付关系，或设定质权或担保债权。

票据关系与票据原因关系存在联系即牵连关系，具体表现在票据原因关系可用来对抗票据关系，以此来主张抗辩。

票据关系与票据原因关系的区别主要有：前者基于票据法的规定而产生，属于票据法上的规定事项；票据关系在同一出票行为中只有一种，而原因关系则可以多种；票据关系不因票据转手而受影响。

12. **答案**：持票人因超过票据权利时效或者因票据记载事项欠缺而丧失票据权利的，仍享有民事权利，可以请求出票人或者承兑人返还其与未支付的票据金额相当的利益。

13. **答案**：空白票据又称空白授权票据，是大陆法系的概念，英美法系称为未完成票据，是指出票人在签发票据时有意识地对票据的法定必要记载事项不记载完全，而是授权持票人在出票后作补充记载，依照票据的记载事项发生法律效力的票据。空白票据包括预留收款人的空白票据、预留出票日的空白票据、预留票据到期日的空白票据、预留票据金额的空白票据等。

四、简答题

1. **答案**：我国《票据法》对票据原因关系的规定体现在第 10 条、第 11 条、第 12 条和第 13 条的规定中：“票据的签发、取得和转让，应当遵循诚实信用的原则，具有真实的交易关系和债权债务关系。票据的取得，必须给付对价，即应当给付票据双方当事人认可的相对应的代价。”“因税收、继承、赠与可以依法无偿取得票据的，不受给付对价的限制。但是，所享有的票据权利不得优于其前手的权利。前手是指在票据签章人或者持票人之前签章的其他票据债务人。”“以欺诈、偷盗或者胁迫等手段取得票据的，或者明知有前列情形，出于恶意取得票据的，不得享有票据权利。持票人因重大过失取得不符合本法规定的票据的，也不得享有票据权利。”“票据债务人不得以自己与出票人或者与持票人的前手之间的抗辩事由，对抗持票人。但是，持票人明知存在抗辩事由而取得票据的除外。票据债务人可以对不履行约定义务的与自己有直接债权债务关系的持票人，进行抗辩。本法所称抗辩，是指票据债务人根据本法规定对票据债权人拒绝履行义务的行为。”

2. 答案： 票据行为的独立性，又称票据行为独立原则，是指同一票据上如有数个票据行为时，各票据行为均依其票据上所载文义，分别独立发生效力，其中一个行为无效，不影响其他行为的效力。按照一般法律原则，前提行为无效，后续行为也为无效。票据为流通证券，当同一票据上有多个票据行为时，前提行为是否存在无效或可撤销事由，一般持票人仅能从票据的外观即票据的形式上判断其效力，难以知悉其实际的效力。如果要求持票人取得票据，须一一调查票据上的其他票据行为有没有实际的瑕疵，才能取得票据的话，票据行为的效力就无法确定，票据的信用也就无法维持。为此，各国均确立了票据独立原则。这一原则在我国票据法中的体现为：

（1）票据上如有无民事行为能力人或限制民事行为能力人签章的，其签章无效，但不影响其他签章的效力。

（2）没有代理权而以代理权人名义在票据上签章的，应当由签章人承担票据责任，代理人超越代理权的，由其承担超越权限的责任。

（3）票据上有变造、伪造的签章的，不影响票据上其他真实签章的效力。

（4）被保证的债务如果不是因票据记载事项欠缺而是因其他原因无效时，保证人仍然要承担保证责任。

票据行为的独立性是相对的，其仅在票据行为实质上无效而形式上有效时才适用，正是因为票据行为具有要式性，无因性和文义性，才使票据成为要式、无因和文义证券。

3. 答案： 依据我国《票据法》的规定，票据分为三种：汇票、本票、支票。

（1）汇票。依据《票据法》规定，汇票是出票人签发的，委托付款人在见票时或者在指定日期无条件支付确定的金额给收款人或者持票人的票据。

（2）本票。依据《票据法》规定，本票是出票人签发的，承诺自己在见票时无条件支付确定的金额给收款人或者持票人的票据。

（3）支票。依据《票据法》规定，支票是发票人签发的，委托办理支票存款业务的银行或者其他金融机构在见票时无条件支付确定的金额给收款人或者持票人的票据。

票据除了划分为汇票、本票、支票三类之外，还可以按照其发生的基础，分为商业票据和融通票据。商业票据是指为了结购入商品的价金而使用的票据，它是在现实的商品交易的基础上，伴随着商品的流通而发生的票据，也称为真正票据、实票。融通票据是指不以现实的商品交易为基础，专为融通资金而使用的票据，通常表现为融资者以被融资者为收款人而发出汇票，或者作为被融资者发出的汇票上所载付款人，为其汇票进行承兑。这种票据又称为好意票据、空票、借票。目前，我国只允许签发商业票据，而不允许签发融通票据。

4. 答案： 从我国《票据法》的规定来看，持票人的票据权利包括付款请求权和追索权（但实际上，还包括票据转让权等）。持票人对票据主债务人的请求权为支付请求权，是指持票人对票据主债务人（汇票的承兑人、本票的出票人）或其他付款人（如支票付款人）请求依票据记载的货币种类和数额支付金钱的请求权。持票人在票据得不到承兑或者付款时，请求其前手清偿票据金额、利息及有关费用的权利为追索权，也被称为偿还请求权或清偿请求权。

票据是一种金钱债权证券，但持票人所享有的票据权利，与普通金钱债权相比，在权利内容上有明显的特点，它是一种具有二次性或二重的请求权，而普通金钱债权一般仅为一次性请求权。票据权利的二次性或二重性表现在：付款请求权为第一次请求权，追索权为第二次请求权；付款请求权为票据权利正常实现的方法，在票据发行、流通和实现过程中，如果不发生问题，即可产生实现票据权利、消灭票据关系的效力。追索权是在持票人行使付款请求权不能获得实现或不能行使付款请求权（如不获承兑，找不到付款人等）时才可以行使的权利，所以称其为第二次请求权。

票据权利在内容上之所以具有双重请求权，其意义在于保护持票人的权利，增加票据的信用性和安全性，促进票据在社会中的应用，保障票据的流通，以充分发挥票据作为金额工具和商事交易工具的经济功能，其法律关系的依据在于票据关系中票据债务和票据担保债务常常共同发生和并存的特性，如出票人在出票时承担的担保责任，背书人在背书后承担的担保责任等。

5. **答案**：在民法原理中，关于民事法律行为的意思表示，一般以强调探求当事人的真实意思为原则，但票据行为的文义性限制了以票据以外的其他事实或证据来探求当事人意思的解释方法。所谓票据行为的文义性，是指票据行为的意思表示以票据上记载的文字意义而确定，即使该文字记载与事实不符，仍以票据文义来认定意思表示，一般不允许当事人以票据以外的证明方法对票据文义予以更正或补充。

由此，与一般民事法律行为的意思表示的解释原则不同，票据行为的解释原则主要有三项：其一，外观解释原则。凡票据行为，如已完备法定形式，即使与实际不符，也不影响票据行为的效力。其二，客观解释原则。票据行为应依票据上记载的文字意义进行客观判断，不得以其他事实或证据来任意变更或补充票据文义。其三，有效解释原则。解释票据行为，应在票据文义的基础上尽可能进行有效解释。

6. **答案**：善意取得是取得票据的一种方式。从无处分权或没有合法所有权的人手中，持票人以相当对价而取得票据，并于取得时无恶意或重大过失的，为善意取得票据。

善意取得票据，应具备四个要件：(1) 须从无处分权或没有合法所有权的人手中取得票据，此为善意取得的适用条件，从合法处分权人手中取得票据，没有适用善意取得规定的必要。(2) 须依票据法规定的转让规则取得票据，所谓转让规则，是指票据法规定的背书转让规则，非依票据法转让规则而取得票据，也不能使用善意取得的规定，如继承、破产、普通债权转让的。(3) 须基于善意而取得，所谓善意，是指无恶意或重大过失。(4) 须以相当价值取得票据。符合上述四项条件的善意取得票据，虽然是从无处分权人手中取得票据，但仍能合法、完整、有效地取得票据权利，并能拒绝原票据权利人关于归还票据的请求权。善意取得，主要适用于票据丧失后的情形。

7. **答案**：挂失止付是指失票人将丧失票据的情况通知付款人（含代理付款人）。接受挂失通知的付款人决定暂停支付，以防止票据款项被他人取得（包括善意第三人取得）的一种补救措施。挂失止付的适用范围：(1) 未记载付款人或者无法确定付款人及其代理付款人的票据不可以挂失止付；(2) 没有承兑的商业汇票、转账的银行汇票和转账的银行本票等，不适用挂失止付。

8. **答案**：背书是持票人为将票据权利转让给他人或者将一定的票据权利授予他人行使，在票据背面或者粘单上记载有关事项并签章，然后将票据交付被背书人的一种附属的票据行为。背书行为可分为以下几类：(1) 转让背书，是以转让票据权利为目的而为的背书；(2) 非转让背书，是以授予他人行使一定的票据权利为目的而为的背书；(3) 一般转让背书，是指无论从背书人方面还是从背书时间方面以及票据权利的转让是否有限制方面来看，都没有特殊情形的背书，也就是最普通的背书；(4) 特殊转让背书，是在某方面具有特殊情形的背书；(5) 限制背书，是在背书中附加某些特别的记载，从而对转让的票据权利给予一定限制的背书；(6) 回头背书，是指以票据上原债务人为被背书人的背书；(7) 期后背书，是指在票据被拒绝承兑、被拒绝付款或超过付款提示期限后所为的背书；(8) 完全背书，是指背书人在汇票的合适处，汇载背书的意旨及被背书人的名称并签章的背书；(9) 空白背书，是指背书人在背书中未指定被背书人，而在被背书人记载处留有空白的背书；(10) 委托收款背书，又称委任背书、代理背书，是以委托他人代为收款为目的而为的背书；(11) 质押背书，是以为担保债务而在票据上设定质权为目的而为的背书。

9. 答案：票据行为具有法定的形式，不允许当事人自主决定或变更，票据因此为“要式证券。”要式票据行为必须采用要式是为了使票据的款式明确、便于授受、加快流通。票据的要式性具体表现在：(1) 签名。无论哪一种票据行为，行为人必须签名（或盖章），只有签名后，该票据行为才发生法律效力。(2) 书面。每一种票据行为都必须以书面形式作成，口头方式不发生票据法上的效力。(3) 款式。各种票据行为都有一定的款式，即一定的内容和对此内容的记载方式。

10. 答案：(1) A公司开具的汇票上记载的“不得转让”字样属于票据法上的任意记载事项，又称可记载事项，该事项记载与否，概由票据当事人决定。但一经记载，即发生票据法上的效力。

(2) A公司不能以该理由抗辩甲银行的请求，A公司与B公司之间的合同纠纷是票据原因（基础）关系，其是否有效对票据关系不产生影响，不应妨碍后手持票人甲银行票据权利的实现。

11. 答案：(1) 甲的出票行为是无效的，因其是禁治产人，属于无民事行为能力人，根据票据法的规定，无民事行为能力人或者限制民事行为能力人的签章无效，但是不影响其他签章的效力，因此乙的背书行为有效。

(2) ①一般债权让与，通常以合同为之，是合同行为。债权让与人和受让人须就债权让与适用民法上关于意思表示的规定，达成合意，方能生效。但对于票据转让来说，一般认为是单方法律行为，无论是依背书交付方式，还是依单纯交付方式转让，只须让与方一方的意思表示即可生效。

②在票据转让中，票据债务人的意思转让不发生任何影响，无论是何种方式转让票据都无须征得票据债务人同意或通知票据债务人。而对于一般债权让与来说，债务人的意思对债权让与的效力有着一定的影响。

③票据法虽没有明文规定票据善意取得制度，然而却依民法上动产的善意取得制度的原理，承认票据的善意取得。对一般债权让与来说，民法规定，无债权处分权限的人所为的让与行为无效，第三人也不能因善意而取得债权。因此，可以说，民法上不承认债权的善意取得。

④一般来说，除发票人记明禁止转让的票据外，一切票据皆可转让。而对于民法上的债权来说，并非一切债权皆可转让。让与的债权须具有可转让性。

⑤依商法的强制主义原则，票据转让为要式行为。而债权让与则比较自由，依契约自由原则，债权让与可以为部分让与、附条件让与。

⑥在票据转让中，对受让人无限制，票据再转让到以前的债务人手中也可以。一般债权让与中，若发生债权债务归于一人的情况，则债的关系因混同而消灭。不过，一般债的混同也有例外情形，若债权为他人权利的标的时，纵然发生混同，债的关系也不消灭。

⑦票据法规定，票据转让后，让与人即成为票据债务人之一，仍负有担保承兑（汇票）与担保付款（汇票、本票、支票）之责，即仍留在票据关系之中而承担义务。至于一般债权让与，原债权人除负有将债权文

书（包括债务人出具的借据、合同文书、往来电报、书信等）交给新债权人的义务外，在债权让与合同生效后，即脱离债权债务关系。新债权人继受原债权人的地位，让与人（原债权人）再无任何责任。除合同另有约定外，原债权人对债务人的支付能力不负担保责任。

（3）票据权利不受原因行为的制约，而普通债权的转让要受原因行为的制约。因为票据上的法律关系是一种单纯的金钱支付关系，权利人享有票据权利只以持有符合票据法规定的有效票据为必要。至于票据赖以发生的原因则在所不问。①

12. 答案：票据抗辩是票据债务人可以对票据权利人的权利主张提出对抗，从而拒绝履行票据债务的情形。如本票的收款人向发票人请求付款时，发票人主张付款日未到而拒绝其请求的行为就是一种票据抗辩。所谓票据抗辩的限制是《票据法》规定的票据债务人对特定持票人不得抗辩的限制。

票据债务人不得以自己与出票人之间的抗辩事由对抗持票人。我国《票据法》第13条第1款规定，票据债务人不得以自己与持票人或者持票人的前手之间的抗辩事由，对抗持票人。但是，持票人明知存在抗辩事由而取得票据的除外。票据抗辩限制的基本原理，就是将抗辩事由限定在票据债务人与其直接相对人之间，善意受让票据的持票人，不受票据债务人与其相对人之间抗辩事由的影响。所以，从票据抗辩的内容上来看，票据抗辩权的限制只发生在票据流通中与人的抗辩有联系的场合。

另外，从《票据法》规定的票据债务人不得以自己与持票人的前手之间存在的抗辩事由对抗善意持票人而言，仍以票据债务人为承兑人来说，无论是承兑在先转让在后，还是转让在先承兑在后，承兑人均不得以前手的抗辩事由对抗善意持票人。

由于票据在流通中的多样性和复杂性，所以票据法对票据抗辩权的限制也作了例外的规定。主要包括：间接恶意抗辩；无对价抗辩；知情抗辩三种情况。《票据法》第13条第1款，一方面规定债务人不得以自己与出票人或持票人的前手之间的抗辩事由对抗持票人，另一方面又规定持票人明知有抗辩事由而接受票据的除外。所谓"除外"应理解为，票据债务人仍可以自己与发票人或持票人的前手间存在的抗辩事由对抗持票人。

13. 答案：（1）此条中"民事权利"为利益返还请求权。

（2）利益返还请求权主要是针对票据权利丧失的特殊情形，是指票据权利因票据时效或者保全手续的欠缺而丧失，持票人对于出票人或承兑人与其所受利益限度内请求返还其利益的权利。这是法律为平衡票据关系当事人的利益，对持票人的补救。其权利内容、性质、要件等，与票据上权利、民法上不当得利、损害赔偿请求权等均有一定差异，因此，以票据法上的特别请求权来定性更为确切妥当。

利益返还请求权的意义在于，票据法为纠正因时效或记载事项欠缺而使持票人丧失票据权利可能产生的不公平，对因一定原因而丧失票据权利的持票人利益有所救济，如果持票人的票据权利还存在，不发生利益返还请求权。

14. 答案：票据丧失是指票据因灭失、遗失、被盗等原因票据权利人脱离其对票据的占有。票据丧失有绝对丧失与相对丧失之分，前者又称票据的灭失，是指票据从物质形态上的丧失，如被火烧毁、被洗化或被撕成碎片等。后者又称票据的遗失，是指票据在物质形态上没有发生变化，只是脱离了原持票人的占有，如持票人不慎丢失或被人盗窃或抢夺。

票据丧失后，可以采取挂失止付、公示催告、普通诉讼三种形式进行补救。

（1）挂失止付。挂失止付是指失票人

① 编者注：本题主要考查票据的效力以及票据权利转让与普通债权转让的区别，重点把握票据的特殊性。

将丧失票据的情况通知付款人，并由接收通知的付款人暂停支付的一种方式。允许挂失止付的票据是有限制的，已承兑的商业汇票、支票、填明“现金”字样和代理付款人的银行汇票以及填明“现金”字样的银行本票丧失，可以由失票人通知付款人或者代理付款人挂失止付。付款人或代理付款人收到挂失止付通知书后，查明挂失票据却未付款，应立即暂停支付，否则，应承担民事责任。付款人或者代理付款人自收到挂失止付通知书之日起12日内未收到人民法院的止付通知书的，从第13日起，持票人提示付款并依法向持票人付款的，不再承担责任；付款人或者代理付款人在收到挂失止付通知书之前向持票人付款的，也不再承担责任。挂失止付并不是票据丧失后采取的必经措施，而仅仅是一种暂时的预防措施，关键是要申请公示催告。

(2) 公示催告。公示催告是失票人在失票后向法院申请宣告票据无效，是票据权利与票据相分离的一种制度。公示催告的申请人应是票据的最后持有人，申请人必须向票据支付地的基层人民法院提出申请。申请时，应递交申请书，写明票面金额、出票人、持票人、背书等票据主要内容和申请的主要理由、事实。人民法院收到公示催告的申请后，应当立即审查，并决定是否受理。人民法院决定受理申请，应当同时通知支付人停止支付，至公示催告程序终结。受理法院应在3日内发出公告，公告期间不少于60日，催促利害关系人申报权利。利害关系人申报权利应向法院出示票据，所出示的票据与申请人的票据不一致的，法院即裁定驳回利害关系人的申报。所出示的票据如果是申请人寻找的票据，法院应当裁定终结公示催告程序，由法院按普通程序以票据纠纷案件审理。在申报权利期间没有人申报的，或者申报被驳回的，申请人应自申报权利期间届满的次日起，1个月内向法院申请除权判决。逾期不申请判决的，终结公示催告程序。除权判决作出后，法院予以公告，并通知支付人，自判决公告之日起，申请人有权向支付人请示支付，即申请人有权依据判定向付款人请示付款。

公示催告期间转让票据的行为是无效行为，受让人的权利不予保护。例如，甲公司的一张支票遗失，乙捡到后去丙商场购物，如果丙商场是在甲公司申请公示催告前受让该支票，则丙商场享有票据权利，甲公司应支付票款，如果丙商场是在甲公司申请公示催告期间受让，则丙商场不享有票据权利，只能向诈骗人追索货款。由此可见，公示催告是失票人必须采取的，而且是迅速采取的补救措施。

(3) 普通诉讼。《票据法》第15条第3款规定：“失票人应当在通知挂失止付后三日内，也可以在票据丧失后，依法向人民法院申请公示催告，或者向人民法院提起诉讼。”提起诉讼须有明确的被告，采取这种措施应确指票据在谁手里，否则法院无法受理。

五、论述题

1. **答案**：追索权涉及两方当事人，追索权人和被追索人。

(1) 追索权人

汇票上可行使追索权的人有两种，一是持票人，持票人为最初追索权人，当所持汇票不获承兑或不获付款，或有其他法定原因无从请求付款，或承兑时，持票人即可行使追索权。但持票人为发票人时，对其前手无追索权；持票人为背书人时，对其后手无追索权。我国《票据法》第69条规定，持票人为出票人的，对其前手无追索权。持票人为背书人的，对其后手无追索权。

二是因清偿而取得票据的人。票据债务人（被追索人）清偿了其后手（包括原追索权人）的追索金额后，便取得了持票人的地位，可以向其前手行使追索权，即再追索权。再追索权人包括：背书人、保证人和参加付款人。我国《票据法》第68条第3款就有被追索人清偿债务后，与持票人享有同一权利的规定。

(2) 被追索人

即偿还义务人，包括：①发票人。发票人负有担保承兑和付款的责任，在汇票不获承兑或不获付款时，应负偿还票据金额的义务。但发票人发票时，在汇票上作了免除担保承兑记载的，持票人不得在到期日之前对其行使追索权。②背书人。背书人也同样负有担保承兑和付款之责，自然具有偿还义务。同样，如果背书人背书时，作了免除担保承兑记载的，持票人不得对其行使期前追索权，如作了免除担保付款记载的，则其就不能为被追索人。③保证人。保证人与被保证人负同一责任，因而在追索过程中，也是被追索人。

2. 答案：(1) 此条中的“民事权利”为利益返还请求权。

(2) 利益返还请求权主要针对票据权利丧失的特殊情形，其权利内容、性质、要件等，与票据上权利、民法上不当得利、损害赔偿请求权等均有一定差异，因此，以票据法上的特别请求权来定性更为确切妥当。

利益返还请求权的意义在于，票据法为纠正因时效或记载事项欠缺而使持票人丧失票据权利可能产生的不公平，对因一定原因而丧失票据权利的持票人利益有所救济。

3. 答案：外观主义是指商法以交易当事人的行为外观为标准而认定其行为的法律效果。按照外观主义，交易当事人的真实意思与意思表示不一致时，以意思表示为准，意思表示一经成立即发生法律效力。假若允许当事人以外观表示与真意不符而撤销商事行为，则显然不利于交易关系。其在票据法上的体现主要如下：

(1) 票据出票人制作票据，应当依法定条件在票据上签章，并按照所记载的事项承担票据责任。

(2) 票据上其他记载事项被变造的，在变造之前签章的人，对原记载事项负责；在变造之后签章的人，对变造之后的记载事项负责；不能辨别是在票据被变造之前或者之后签章的，视同在变造之前签章。

六、案例分析题

答案：(1) 应当到法院申请公示催告。

(2) 法院应当向付款人发出止付通知；在3日内发布公告。

(3) 依法申报后，法院应通知失票人(即公示催告申请人) 在指定期间查看票据，如果该票据与失票人丧失的一致，法院裁定终结公示催告程序；如果不一致，法院裁定驳回申报人的申报。

(4) 失票人自申报权利期间届满的次日起1个月内向法院申请作除权判决，公示催告程序因此而终结；逾期不申请作除权判决的，因期限届满而终结公示催告程序。

第二十八章　汇　　票

基础知识图解

- 汇票的概念及特征
  - 汇票法律关系和汇票当事人
  - 汇票种类
    - 银行汇票和商业汇票
    - 即期汇票和远期汇票
    - 一般汇票和变式汇票
  - 汇票的相关概念
    - 汇票出票：概念、记载事项、效力
    - 汇票的背书：概念及意义、种类、转让背书和非转让背书
    - 汇票的承兑：概念和意义、程序、效力
    - 汇票的保证：概念、意义、分类、当事人、记载事项、效力
    - 汇票的付款：概念、程序、效力
    - 汇票追索权：概念、种类、要件、效力

配套测试

一、单项选择题

1. 亿凡公司与五悦公司签订了一份买卖合同，由亿凡公司向五悦公司供货；五悦公司经连续背书，交付给亿凡公司一张已由银行承兑的汇票。亿凡公司持该汇票请求银行付款时，得知该汇票已被五悦公司申请公示催告，但法院尚未作出除权判决。关于本案，下列哪一选项是正确的？（　　）（司考 2017.3.32）

A. 银行对该汇票不再承担付款责任

B. 五悦公司因公示催告可行使票据权利

C. 亿凡公司仍享有该汇票的票据权利

D. 法院应作出判决宣告票据无效

2. 李某将一汇票质押给甲公司，后甲公司以该票据再行背书质押给乙公司，由此李某与甲公司发生纠纷而向人民法院提起诉讼，人民法院应认定（　　）。

A. 票据无效

B. 背书行为无效

C. 背书行为有效

D. 乙公司合法取得票据

3. 甲是出票人，乙、丙、丁为依次背书人，戊从丁处取得票据，为持票人。甲出票时在票面记载“不得转让”字样；丙是限制民事行为能力的人。在戊提示付款遭到拒绝后，其可采用的救济方法有（　　）。

A. 付款人的拒绝付款没有理由，戊可以向人民法院起诉，判令付款人履行票据义务

B. 丙的背书无效，但戊可以向甲、乙、丁行使票据权利，请求支付票面金额

C. 因为甲、丙不对票据承担保证责任，戊只能向乙、丁行使追索权

D. 上面说法都不对，因为甲在出票时已在票面记载不得转让，所以乙之后的背书行为都无效，戊不是票据权利人

4. 甲公司在交易中取得汇票一张，金额 10 万元，汇票签发人为乙公司，甲公司在承兑时

被拒绝。其后，甲公司在一次交易中需支付丙公司10万元货款，于是甲公司将该汇票背书转让给丙公司，丙公司承兑时亦被拒绝。下列哪一选项是正确的？（　　）（司考2008.3.28）

A. 丙公司有权要求甲公司给付汇票上的金额

B. 丙公司有权要求甲公司返还交易中的对价

C. 丙公司有权向乙公司行使追索权要求其给付汇票上的金额

D. 丙公司应当请求甲公司承担侵权赔偿责任

5. 依《票据法》的规定，下列有关汇票记载事项的哪一表述是正确的？（　　）

A. 汇票上未记载付款日期的，为出票后1个月内付款

B. 汇票上未记载付款地的，出票人的营业场所、住所或经常居住地为付款地

C. 汇票上未记载收款人名称的可予补记

D. 汇票上未记载出票日期的，汇票无效

6. 下列有关票据保证的说法中正确的有（　　）。

A. 保证人在票据或者粘单上没有记载保证日期的，保证行为无效

B. 保证原则上不得附有条件，但对票据的保证责任不产生重大影响的条件除外

C. 票据的保证人应当是票据债务人以外的人，票据债务人不能充当票据的保证人

D. 票据或其粘单上保证人没有记载被保证人名称的，保证行为无效

7. 根据《票据法》的规定，保证人为2人以上的应如何办理？（　　）

A. 保证人之间按份承担保证责任

B. 保证人之间承担连带责任

C. 保证人依约定不承担责任

D. 保证人依约定承担责任

8. 下列有关汇票付款人的付款行为的说法中错误的有（　　）。

A. 付款人依法足额付款后，全体汇票债务人的责任解除

B. 付款人及其代理人付款时，应当审查汇票背书的连续，并审查提示付款人的合法身份证明或有效证件。因恶意或重大过失付款的，应当自行承担责任

C. 持票人在提示付款期限内向付款人提示付款的，付款人应当当日足额付款

D. 汇票金额为外币的，按照付款日的市场汇价，以人民币支付。汇票当事人不得约定以人民币以外的其他货币偿付汇票金额

9. 下列情况出现时，哪一个不构成持票人行使追索权的条件？（　　）

A. 付款人以其与持票人的债务纠纷正在诉讼期间为由，而在汇票到期时不付款的，持票人可对其前手行使追索权

B. 在汇票到期日之前，承兑人或者付款人因违法行为而被责令终止业务活动的

C. 在汇票到期日前，承兑人或付款人被依法宣告破产的

D. 在汇票到期日之前，承兑人因为犯罪行为而畏罪潜逃的

10. 持票人行使追索权，不得请求被追索人支付的金额和费用包括（　　）。

A. 被拒绝付款的汇票金额

B. 取得有关拒绝证明的费用

C. 发出通知书的费用

D. 汇票金额自出票日起至到期日止，按照中国人民银行规定的利率计算的利息

11. 持票人应当自收到被拒绝承兑或者被拒绝付款的证明3日之内，将被拒绝事由书面通知其前手，未按期通知的，应承担哪种后果？（　　）

A. 不能再行使追索权

B. 只能向出票人追索

C. 仍可以行使追索权，只要说明延期的理由

D. 仍可以行使追索权，因延期通知给其前手或出票人造成损失的，以汇票金额为限予以赔偿

12. A公司汇票遗失，为B所拾，B背书后转让给C公司，从C公司运走货物一批。C公司（　　）。

A. 无权要求A公司付款

B. 有权要求A公司付款

C. 仅有权要求B付款

D. 既无权要求A公司付款，也无权要求B付款

13. 定日付款或出票后定期付款、见票后定期付款的汇票自到期日起（ ）内向承兑人提示付款。

A. 10日 B. 20日

C. 30日 D. 40日

14. 付款人承兑汇票，不得附有条件，附有条件的，（ ）。

A. 视为拒绝承兑

B. 所附条件无效，承兑有效

C. 所附条件不发生汇票上的效力

D. 依所附条件发生承兑的效力

15. 下列说法正确的是（ ）。

A. 汇票背书时附有条件的，票据无效

B. 转让一部分汇票金额的背书无效

C. 保证人在汇票上附有条件的，保证无效

D. 汇票保证人可以约定对汇票票据责任承担一般保证责任

16. 见票后定期付款的汇票，持票人应当自出票之日起（ ）内向付款人提示承兑。

A. 1个月 B. 2个月

C. 3个月 D. 4个月

17. 根据我国《票据法》的规定，汇票持票人未按照规定期限提示承兑的，（ ）。

A. 持票人丧失对其前手的追索权

B. 持票人丧失票据权利

C. 持票人丧失对出票人的追索权

D. 持票人不得向付款人提示承兑

18. 下列汇票的付款日期中哪一个不符合《票据法》的规定？（ ）

A. 见票即付 B. 定日付款

C. 不定日期付款 D. 见票后定期付款

19. 下列事项中哪一项不是汇票的绝对事项？（ ）

A. 出票日期 B. 付款日期

C. 付款人名称 D. 收款人名称

20. 汇票金额的记载方式是（ ）。

A. 选择的记载 B. 浮动的记载

C. 未定的记载 D. 确定的记载

21. 如果保证人未在汇票或账单上记载保证日期的，其保证日期为（ ）。

A. 出票日期 B. 承兑日期

C. 背书日期 D. 汇票到期日

22. 汇票金额为外币的，按照（ ）的市场汇价，以人民币支付。

A. 出票日 B. 承兑日

C. 付款日 D. 到期日

23. 下列关于贴现的说法中错误的是（ ）。

A. 贴现是一种将票据权利转让给银行的行为

B. 贴现汇票到期得不到付款，银行享有对汇票所有债务人的追索权

C. 出票人在票据上记载“不得转让”，其后手以此票据进行贴现，接受贴现票据的银行可享有票据权利

D. 背书人在票据上记载“不得转让”，其后手以此票据进行贴现，接受贴现票据的银行可享有票据权利

24. 出票日期为2010年5月31日的见票后定期付款的汇票的承兑提示期间的最后一日是（ ）。

A. 2010年7月1日

B. 2010年6月30日

C. 2010年7月31日

D. 2010年8月1日

25. 我国《票据法》规定，在行使追索权程序中，拒绝事由的通知应采取（ ）形式。

A. 口头 B. 书面

C. 电报 D. 传真

26. 定日付款、出票后定期付款或者见票后定期付款的汇票，付款人在到期日前付款的，（ ）。

A. 付款行为无效

B. 付款人出于善意向无权持票人付款，不必承担再次向真实票据权利人付款的责任

C. 付款人由于重大过失向无权持票人付款，不必承担再次向真实票据权利人付款的责任

D. 付款人出于恶意向无权持票人付款，要承担再次向真实票据权利人付款的责任

27. 汇票上未记载付款地的，（ ）。

A. 以持票人的营业场所或住所为付款地

B. 以付款人的营业场所或住所为付款地
C. 以出票人的营业场所或住所为付款地
D. 以收款人的营业场所或住所为付款地

28. 在票据行为中，代理人超越代理权限的，（　　）。
A. 代理人承担全部票据责任
B. 代理人就超越权限的部分承担票据责任
C. 由本人承担全部票据责任
D. 超越权限的部分无效

29. 下列情形中将导致汇票无效的是（　　）。
A. 未记载出票地
B. 未记载付款日期
C. 未记载付款地
D. 票据金额中文与数字记载不一致

30. 朱某持一张载明金额为人民币 50 万元的承兑汇票，向票据所载明的付款人某银行提示付款。但该银行以持票人朱某拖欠银行贷款 60 万元尚未清偿为由拒绝付款，并以该汇票票面金额冲抵了部分届期贷款金额。对付款人（即某银行）行为的定性，下列哪一选项是正确的？（　　）
A. 违反票据无因性原则的行为
B. 违反票据独立性原则的行为
C. 行使票据抗辩之对人抗辩的行为
D. 行使票据抗辩之对物抗辩的行为

31. 汇票被变造后，下列人员谁应按照票据上原来的记载事项承担票据责任？（　　）
A. 在变造之后签章的人
B. 在变造之前签章的人
C. 不知道票据被变造的背书人
D. 对票据被变造无过错的背书人

32. 根据《票据法》的规定，下列有关汇票的表述中，正确的是（　　）。
A. 汇票未记载收款人名称的，可由出票人授权补记
B. 汇票未记载付款日期的，为出票后 10 日付款
C. 汇票未记载出票日期的，汇票无效
D. 汇票未记载付款地的，以出票人的营业场所、住所或经常居住地为付款地

33. 甲、乙签订买卖合同后，甲向乙背书转让 3 万元的汇票作为价款。后乙又将该汇票背书转让给丙。如果在乙履行合同前，甲、乙协议解除合同。甲的下列行为中，符合票据法规定的是（　　）。
A. 请求乙返还汇票
B. 请求乙返还 3 万元价款
C. 请求丙返还汇票
D. 请求付款人停止支付汇票上的款项

34. 根据我国《票据法》规定，持票人对定期汇票的出票人和承兑人的票据权利时效，为自汇票到期日起（　　）。
A. 2 年　　B. 6 个月
C. 3 个月　　D. 1 年

35. 一般背书的相对必要记载事项是（　　）。
A. 背书人
B. 被背书人
C. “不得转让”字样
D. 背书日期

36. 甲公司开具一张金额 50 万元的汇票，收款人为乙公司，付款人为丙银行。乙公司收到后将该汇票背书转让给丁公司。下列哪一说法是正确的？（　　）（司考 2011. 3. 32）
A. 乙公司将票据背书转让给丁公司后即退出票据关系
B. 丁公司的票据债务人包括乙公司和丙银行，但不包括甲公司
C. 乙公司背书转让时不得附加任何条件
D. 如甲公司在出票时于汇票上记载有“不得转让”字样，则乙公司的背书转让行为依然有效，但持票人不得向甲行使追索权

二、多项选择题

1. 汇票持票人未在规定期限内提供有关合法证明的，（　　）。
A. 丧失对前手的追索权
B. 承兑人仍应承担责任
C. 付款人仍应承担责任
D. 出票人仍应承担责任

2. 持票人行使追索权，可以请求支付（　　）。
A. 被拒绝付款的汇票金额
B. 汇票金额自到期日到清偿日止按中国人民银行规定利率计算的利息

C. 发出通知书的费用

D. 取得有关拒绝证明的费用

3. 下列关于票据保证的表述中，哪些是正确的？(　　)

A. 保证是汇票与本票共有的一种行为，支票没有保证

B. 票据保证必须采用明示的方式，隐存的保证不发生票据保证的效力

C. 被保证的票据，保证人应当与被保证人对持票人承担连带责任

D. 保证人为二人以上的，保证人之间承担连带责任

4. 甲签发一张以乙为收款人、丙为付款人的远期商业汇票，乙请求丙对汇票承兑后加注“不得转让”字样，将票据转让与丁，丁再转让与戊，戊请求付款遭到拒绝，请问：戊对下列哪些人不得进行追索？(　　)

A. 甲　　B. 乙　　C. 丙　　D. 丁

5. 票据追索权行使的对象包括(　　)。

A. 背书人

B. 出票人

C. 承兑人

D. 汇票和本票的保证人

6. 当汇票到期被拒绝付款时，持票人可以对下列哪些人行使追索权？(　　)

A. 前手背书人　　B. 付款人

C. 保证人　　D. 出票人

7. 下列有关汇票提示付款的表述，正确的是(　　)。

A. 见票即付的汇票，自出票日起1个月内向付款人提示付款

B. 定日付款的汇票，自到期日起10日内向承兑人提示付款

C. 出票后定期付款、见票后定期付款的汇票，自到期日起1个月内向承兑人提示付款

D. 持票人未按规定期限提示付款的，承兑人或付款人应不予付款

8. 汇票的保证人未在汇票或粘单上记载被保证人名称时，被保证人为(　　)。

A. 承兑人和出票人同时作为被保证人

B. 出票人

C. 已承兑的汇票，承兑人为被保证人

D. 未承兑的汇票，出票人为被保证人

9. 关于汇票的表述，下列哪些选项是正确的？(　　)(司考2013.3.75)

A. 汇票可以质押，当持票人将汇票交付给债权人时质押生效

B. 如汇票上记载的付款人在承兑之前即已破产，出票人仍须承担付款责任

C. 汇票的出票人既可以是银行、公司，也可以是自然人

D. 如汇票上未记载出票日期，该汇票无效

10. 根据《票据法》的规定，下列关于汇票保证的表述，正确的有(　　)。

A. 保证人应当由汇票债务人以外的他人担当

B. 保证人未在汇票上记载保证日期的，出票日期为保证日期

C. 保证不得附有条件；附有条件的，保证无效

D. 汇票到期后得不到足额付款的，保证人应当足额付款

11. 甲向乙购买原材料，为支付货款，甲向乙出具金额为50万元的商业汇票一张，丙银行对该汇票进行了承兑。后乙不慎将该汇票丢失，被丁拾到。乙立即向付款人丙银行办理了挂失止付手续。下列哪些选项是正确的？(　　)(司考2014.3.75)

A. 乙因丢失票据而确定性地丧失了票据权利

B. 乙在遗失汇票后，可直接提起诉讼要求丙银行付款

C. 如果丙银行向丁支付了票据上的款项，则丙应向乙承担赔偿责任

D. 乙在通知挂失止付后15日内，应向法院申请公示催告

12. 下列关于汇票提示承兑的表述，正确的是(　　)。

A. 定日付款的汇票，持票人应在到期日10日之前向付款人提示承兑

B. 出票后定期付款的汇票，持票人应当在汇票到期日前向付款人提示承兑

C. 见票后定期付款的汇票，持票人应自出票日起3个月内向付款人提示承兑

D. 见票即付的汇票无须提示承兑

13. 背书是指在票据背面或粘单上记载有关事项并签章的票据行为，以下的背书行为中不合法的是（　　）。

A. 张某将一张出票人标有“不得转让”字样的汇票，背书给李某

B. 王某将一张 10 万元的汇票各转让给另两个人，每人 5 万元

C. 张某持有一张应于 5 月 10 日前提示付款的汇票，因其有事耽搁未提示付款，于 5 月 12 日背书给李某

D. 张某以背书方式将一张汇票质押给某企业，载明“质押”字样

14. 甲向乙开具金额为 100 万元的汇票以支付货款。乙取得该汇票后背书转让给丙，丙又背书转让给丁，丁再背书转让给戊。现查明，甲、乙之间并无真实交易关系，丙为未成年人，票据金额被丁变造。下列哪些选项是正确的？（　　）

A. 尽管甲、乙之间没有真实交易，但该汇票仍然有效

B. 尽管丙为未成年人，但其在票据上的签章仍然有效

C. 尽管票据金额已被丁变造，但该汇票仍然有效

D. 戊不能向甲、乙行使票据上的追索权

15. 下列关于票据背书的说法中正确的有（　　）。

A. 非经背书转让而取得的票据无效

B. 汇票以背书转让或者以背书将一定的汇票权利授予他人行使时，必须记载被背书人的名称

C. 出票人在汇票上记载“不得转让”字样的，汇票转让无效

D. 票据凭证不能满足背书人记载事项的需要，可以加附粘单，粘附于票据凭证上。粘单上的第一记载人应当在汇票和粘单的粘接处签章

16. 汇票的付款日期可以按下列形式记载（　　）。

A. 见票即付

B. 定日付款

C. 出票后定期付款

D. 见票后定期付款

17. 根据我国《票据法》，票据背书转让有效应具备（　　）。

A. 背书连续

B. 背书不得附有条件

C. 就票据金额全部所作的背书

D. 背书在票据背面或者粘单上完成，并且为记名背书

18. 甲是限制民事行为能力人，因和乙之间的债务关系，签发给乙一张支票，乙收到支票后背书转让给丙，丙又背书转让给丁，丁向银行请求付款时，银行以出票人印鉴不清拒付。丁可向下列哪些人行使追索权？（　）

A. 丙　　B. 银行　　C. 甲　　D. 乙

19. 下列哪些行为人应当对持票人承担到期付款的责任？（　　）

A. 支票出票人　　B. 本票出票人

C. 汇票出票人　　D. 汇票承兑人

20. 下列关于汇票追索权行使的说法中正确的有（　　）。

A. 持票人应在收到被拒绝承兑或被拒绝付款的有关证明之日起 3 日内，将被拒绝事由通知其前手。过期没有通知的，则票据权利丧失

B. 持票人应在收到被拒绝承兑或被拒绝付款的有关证明之日起 3 日内，将被拒绝事由书面通知其前手；以口头或其他非书面形式通知的，其通知行为无效

C. 持票人在被拒绝承兑或被拒绝付款后将被拒绝事由用邮寄方式通知的，在规定期限内如果其前手没有收到通知，持票人的追索权丧失

D. 持票人行使追索权时，可以不按顺序的先后，向其前手中的一个或数人行使

21. 汇票上的被追索人就是偿还义务人，包括（　　）。

A. 背书人　　B. 出票人

C. 保证人　　D. 参加承兑人

22. 承兑与民法上的债务承担的区别（　　）。

A. 承兑是付款人因自己的意思表示而负担债务，是债务的发生；债务承担则是债务的转移

B. 承兑是要式行为，债务承担是非要式行为

C. 承兑为单方法律行为，债务承担为合同行为

D. 承兑是非要式行为，债务承担是要式行为

23. 追索权行使的程序中拒绝事由的通知期限为（ ）。

A. 持票人应当自收到被拒绝承兑或者被拒绝付款的有关证明之日起 3 日内，将被拒绝事由通知其前手

B. 持票人应当自收到被拒绝承兑或者被拒绝付款的有关证明之日起 10 日内，将被拒绝事由通知其前手

C. 持票人前手应当自收到通知之日起 3 日内通知其再前手

D. 持票人前手应当自收到通知之日起 10 日内通知其再前手

24. 关于提示付款正确的说法是（ ）。

A. 提示付款是保全追索权的必要手段

B. 见票即付的汇票，持票人应当在出票日起 3 个月内向付款人提示付款

C. 定日付款、出票后定期付款或者见票后定期付款的汇票，其提示付款期间为到期日起 10 日内

D. 持票人未按规定期限提示付款的，承兑人不再负有付款责任

25. 下列说法中正确的是（ ）。

A. 票据保证人与被保证人之间为连带责任

B. 票据保证人与被保证人之间的责任关系可从其约定

C. 票据保证人为二人以上的，他们之间为连带责任

D. 票据保证人为二人以上的，他们之间的责任关系从其约定

26. 可以成为汇票被保证人的是（ ）。

A. 拒绝承兑的付款人 B. 背书人

C. 出票人 D. 承兑人

27. 下列哪些背书行为无效？（ ）

A. 背书人记载“禁止背书”，其后手又进行背书转让的

B. 只将汇票金额一部分进行转让的背书

C. 将汇票金额分别转让给两个人或更多人的背书

D. 附有条件的背书

28. 甲公司在与乙公司交易中获汇票一张，出票人为丙公司，承兑人为丁公司，付款人为戊公司，汇票到期日为 2010 年 11 月 30 日。当下列哪些情况发生时，甲公司可以在汇票到期日前行使追索权（ ）。

A. 乙公司申请注销法人资格（背书人）

B. 丙公司被宣告破产（出票人）

C. 丁公司被吊销营业执照（承兑人）

D. 戊公司因违法被责令终止业务活动（付款人）

29. 根据《联合国国际汇票和国际本票公约》的规定，至少有两个地点要表明它们是处于不同的国家，才是国际汇票。下列各项中符合公约规定的地点是（ ）。

A. 出票地点

B. 出票人签名旁所示地点

C. 受票人姓名旁所示地点

D. 受款人姓名旁所示地点

E. 付款地点

30. 甲签发汇票一张，汇票上记载收款人为乙，保证人为丙，金额为 20 万元，汇票到期日为 2012 年 11 月 1 日。乙持票后将其背书转让给丁，丁再背书转让给戊，戊要求付款银行付款时被以背书不具有连续性为由拒绝付款。该事件中的票据债务人包括（ ）。

A. 甲 B. 乙 C. 丙 D. 丁

三、名词解释

1. 汇票

2. 出票

3. 背书

4. 承兑

5. 提示承兑

6. 代位追索权

四、简答题

1. 简析我国《票据法》第 61 条第 1 款的规定：“汇票到期被拒绝付款的，持票人可以对背书人、出票人以及汇票的其他债务人行使追索权。”

2. 简答汇票保证人的责任。
3. 对于伪造背书的法律后果，英美法系与大陆法系有什么不同的规定。

五、论述题

论述出票的效力。

六、案例分析题

1. 某市建设银行与工商银行商定，由建设银行向工商银行拆借资金，具体的运作方法是：以某市建设银行为出票人，签发金额为1亿元人民币、付款期限为6个月的银行承兑汇票一张。该汇票的付款人记载为某市建设银行，收款人为某市工商银行。建设银行在该汇票上签章承兑，并将汇票交给了工商银行。工商银行按照票面金额扣除6个月的利息后，将剩下的款项划到了建设银行在中国人民银行某市分行的账户上。待汇票到期后，因建设银行无力兑付该到期汇票而引发诉讼。

一审法院经审理后认为：本案所涉的汇票为有效票据，某市建设银行作为承兑人应该予以无条件的承兑。二审法院则认为：本案所涉的汇票为无效票据，导致该汇票无效的原因有以下两个：其一，本案的当事人在无真实的交易关系的情况下，签发了票据；其二，本案中汇票的出票人，付款人以及承兑人都是某市建设银行，因此该汇票无实际的出票人，就是无实际的付款人，欠缺法定的形式要件。问：

（1）按照我国有关法律规定，本案所涉汇票的效力如何，为什么？

（2）二审法院的判决理由是正确还是错误？为什么？

2. 2008年3月5日，贸易公司与某玩具厂签订了一份购销合同。合同规定，由玩具厂向贸易公司提供总价款60万元的玩具，交货日为4月27日，结算采用银行承兑汇票，贸易公司开出汇票，3个月以后付款。合同签订完毕，贸易公司开出汇票由当地建设银行进行了承兑，付款日期为2008年6月13日。玩具厂拿到汇票后，在供货之前向其开户的招商银行办事处申请贴现。该办事处在得到承兑汇票的建设银行的“承兑真实、有效”的回电后，将该汇票向当地人民银行办理了再贴现。2008年4月27日，贸易公司在对方供货不到的情况下，派人前往查询，始知上当受骗。5月15日，承兑建设银行以合同无效为由向贴现银行发出终止付款的通知。贴现银行则认为“合同无效，承兑无效”的理由不成立，承兑银行必须履行到期付款的义务。问：

（1）进行承兑的建设银行是否应承担到期付款的义务？为什么？

（2）据以签发票据的合同关系无效是否导致票据关系的无效？

3. 甲、乙、丙三人合伙做生意，在年终结算时，乙由于手头没有足够的现金，打算用汇票进行结算。乙开出了一张金额为10万元的汇票，出票后3个月付款。甲为付款人，丙为收款人。丙拿到汇票后向甲进行了承兑，二周后，丙将汇票背书转让给某娱乐场所，后该单位不慎将背书栏签有单位公章的该汇票丢失，该单位负责人立即向甲办理了挂失止付手续。该汇票遗失后被丁拾到，并以被背书人的名义到某音响公司的经销处购买了一批音响，将汇票背书给音响公司。音响公司在汇票到期时持汇票请求甲付款，甲以汇票已挂失止付为由拒不付款，音响公司遂对所有前手发出了追索通知。问：

（1）音响公司是否享有该汇票的票据权利？

（2）音响公司是否可以对所有前手行使追索权？

（3）甲是否可以以挂失止付为由拒绝付款？

4. 某鲜花店因出售大批量的花篮，得到一张收款人为该鲜花店、票面金额为15万元人民币的银行汇票。该店背书转让了这张汇票。经过若干次背书后，这张汇票最后流通到某公司，当该公司持票请求付款时，付款银行拒绝付款，理由有二：一是票据从出票日起已经过了一个月；二是票据上的背书不连续。问：

(1) 该鲜花店的背书为有效背书，请列举出有效的转让背书必须记载哪些事项？

(2) 一张银行汇票如果从出票日起超过1个月的话，就不能得到票款了吗？

(3) 什么是连续背书？连续背书的法律效力如何？

参考答案

一、单项选择题

1. **答案**：C。《票据法》第44条规定："付款人承兑汇票后，应当承担到期付款的责任。"据此，承兑银行应当承担票据责任，A项错误。

《票据法》第15条规定："票据丧失，失票人可以及时通知票据的付款人挂失止付，但是，未记载付款人或者无法确定付款人及其代理付款人的票据除外。收到挂失止付通知的付款人，应当暂停支付。失票人应当在通知挂失止付后三日内，也可以在票据丧失后，依法向人民法院申请公示催告，或者向人民法院提起诉讼。"据此，当事人申请公示催告的原因是票据遗失，本题中五悦公司在将票据背书转让给他人之后申请公示催告，属于伪报票据丧失的违法行为，不受法律保护，故B项错误，C项正确。本案中，法院应当查明真相，保护亿凡公司的合法权益而不是作出除权判决，故D项错误。

2. **答案**：B。本题考查的是以质押票据再行质押背书转让的效力。《最高人民法院关于审理票据纠纷案件若干问题的规定》第46条规定："因票据质权人以质押票据再行背书质押或者背书转让引起纠纷而提起诉讼的，人民法院应当认定背书行为无效。"据此，本题正确答案为B。

3. **答案**：C。本题考查的是票据违反了出票人"不得转让"要求的效力。《票据法》第6条规定："无民事行为能力人或者限制民事行为能力人在票据上签章的，其签章无效，但是不影响其他签章的效力。"第34条规定："背书人在汇票上记载'不得转让'字样，其后手再背书转让的，原背书人对后手的被背书人不承担保证责任。"据此，本题中的出票人甲已在票据上注明"不得转让"，丙为限制民事行为能力人，均不承担保证责任，但不影响票据上其他签章的效力，戊可以向乙、丁主张权利。故本题正确答案为C。

4. **答案**：A。《票据法》第36条规定，汇票被拒绝承兑、被拒绝付款或者超过付款提示期限的，不得背书转让；背书转让的，背书人应当承担汇票责任。所以本题中，丙公司有权要求甲公司给付汇票上的金额，承担汇票责任，答案A是正确的。

5. **答案**：D。本题考查的是汇票未记载事项的认定。根据《票据法》第23条的规定，汇票上记载付款日期、付款地、出票地等事项的，应当清楚明确。汇票上未记载付款日期的，为见票即付。汇票上未记载付款地的，付款人的营业场所、住所或者经常居住地为付款地。故A、B项不正确。该法第22条规定了汇票必须记载的事项，汇票上未记载规定事项之一的，如收款人名称、出票日期的，该汇票无效。故C项不正确，D项正确。

6. **答案**：C。本题考查的是有关票据保证的规定。根据《票据法》第45条第2款、第46条、第47条、第48条的规定，保证人由汇票债务人以外的他人担当。保证人必须在汇票或者粘单上记载下列事项：(1) 表明"保证"的字样；(2) 保证人名称和住所；(3) 被保证人的名称；(4) 保证日期；(5) 保证人签章。保证人在汇票或者粘单上未记载上述第 (3) 项的，已承兑的汇票，承兑人为被保证人；未承兑的汇票，出票人为被保证人。保证人在汇票或者粘单上未记载上述第 (4) 项的，出票日期为保证日期。保证不得附有条件；附有条件的，不影响对汇票的保证责任。据此，本题只有C项说法正确。

7. **答案**：B。本题考查的是有关票据保证的规定。《票据法》第51条规定："保证人为二人以上的，保证人之间承担连带责任。"据此，本题正确答案为B。

8. **答案**：D。本题考查的是有关汇票付款行为的规定。《票据法》第60条规定:"付款人依法足额付款后,全体汇票债务人的责任解除。"故本题A项表述正确。《票据法》第57条规定:"付款人及其代理付款人付款时,应当审查汇票背书的连续,并审查提示付款人的合法身份证明或者有效证件。付款人及其代理付款人以恶意或者有重大过失付款的,应当自行承担责任。"故本题B项表述正确。《票据法》第54条规定:"持票人依照前条规定提示付款的,付款人必须在当日足额付款。"故本题C项表述正确。《票据法》第59条规定:"汇票金额为外币的,按照付款日的市场汇价,以人民币支付。汇票当事人对汇票支付的货币种类另有约定的,从其约定。"故本题D项表述不正确,为本题正确答案。

9. **答案**:B。本题考查的是持票人行使追索权的条件。《票据法》第61条规定:"汇票到期被拒绝付款的,持票人可以对背书人、出票人以及汇票的其他债务人行使追索权。汇票到期日前,有下列情形之一的,持票人也可以行使追索权:(一)汇票被拒绝承兑的;(二)承兑人或者付款人死亡、逃匿的;(三)承兑人或者付款人被依法宣告破产的或者因违法被责令终止业务活动的。"据此,本题A、C、D项都是持票人可以行使追索权的情形,而B项不是,故为本题正确答案。

10. **答案**:D。本题考查的是有关票据追索权的规定。《票据法》第70条第1款规定:"持票人行使追索权,可以请求被追索人支付下列金额和费用:(一)被拒绝付款的汇票金额;(二)汇票金额自到期日或者提示付款日起至清偿日止,按照中国人民银行规定的利率计算的利息;(三)取得有关拒绝证明和发出通知书的费用。"据此,本题D项不属于行使追索权请求的范围,故为本题正确答案。

11. **答案**:D。本题考查的是持票人未按期通知的后果。《票据法》第66条规定:"持票人应当自收到被拒绝承兑或者被拒绝付款的有关证明之日起三日内,将被拒绝事由书面通知其前手;……未按照前款规定期限通知的,持票人仍可以行使追索权。因延期通知给其前手或者出票人造成损失的,由没有按照规定期限通知的汇票当事人,承担对该损失的赔偿责任,但是所赔偿的金额以汇票金额为限。……"据此,本题正确答案为D。

12. **答案**:B。本题考查的是票据权利的善意取得。《票据法》第12条规定,以欺诈、偷盗或者胁迫等手段取得票据的,或者明知有前列情形,出于恶意取得票据的,不得享有票据权利。持票人因重大过失取得不符合本法规定的票据的,也不得享有票据权利。据此,除非恶意或者有重大过失取得不符合法律规定的票据,否则享有票据权利,本题中未提到C公司属于这种情况,故C公司应享有票据权利,可以按照票据法的规定,向其前手A公司要求付款。故本题正确答案为B。

13. **答案**:A。本题考查的是汇票的提示付款期限。《票据法》第53条规定:"持票人应当按照下列期限提示付款:……(二)定日付款、出票后定期付款或者见票后定期付款的汇票,自到期日起十日内向承兑人提示付款。……"据此,本题正确答案为A。

14. **答案**:A。本题考查的是附有条件的汇票承兑的效力。《票据法》第43条规定:"付款人承兑汇票,不得附有条件;承兑附有条件的,视为拒绝承兑。"据此,本题正确答案为A。

15. **答案**:B。本题考查的是有关汇票票据行为的规定。《票据法》第33条规定:"背书不得附有条件。背书时附有条件的,所附条件不具有汇票上的效力。将汇票金额的一部分转让的背书或者将汇票金额分别转让给二人以上的背书无效。"据此,本题B项正确;因为附有条件的背书仅所附条件无效,而非票据无效,故本题A项不正确。第48条规定:"保证不得附有条件;附有条件的,不影响对汇票的保证责任。"据此,保证附有条件的,仍应承担保证责任,故本题C项不正确。第50条规定:"被保证的汇票，保证人应当与被保证人对持票人承担连带责任。……”据此，本题D项不正确。

16. 答案：A。本题考查的是见票后定期付款汇票的提示承兑期限。《票据法》第40条第1款规定：“见票后定期付款的汇票，持票人应当自出票日起一个月内向付款人提示承兑。”据此，本题正确答案为A。

17. 答案：A。本题考查的是汇票持票人未按照规定期限提示承兑的后果。《票据法》第40条规定：“见票后定期付款的汇票，持票人应当自出票日起一个月内向付款人提示承兑。汇票未按照规定期限提示承兑的，持票人丧失对其前手的追索权。……”据此，本题正确答案为A。

18. 答案：C。本题考查的是有关汇票付款日期的规定。《票据法》第25条规定：“付款日期可以按照下列形式之一记载：(一)见票即付；(二)定日付款；(三)出票后定期付款；(四)见票后定期付款。前款规定的付款日期为汇票到期日。”据此，本题只有C项不属于法定的付款日期种类，为本题正确答案。

19. 答案：B。本题考查的是汇票的绝对记载事项。《票据法》第22条规定：“汇票必须记载下列事项：(一)表明‘汇票’的字样；(二)无条件支付的委托；(三)确定的金额；(四)付款人名称；(五)收款人名称；(六)出票日期；(七)出票人签章。汇票上未记载前款规定事项之一的，汇票无效。”据此，付款日期不是汇票的绝对记载事项，故本题正确答案为B。

20. 答案：D。本题考查的是汇票金额的记载方式。《票据法》第22条规定：“汇票必须记载下列事项：……(三)确定的金额；……汇票上未记载前款规定事项之一的，汇票无效。”据此，汇票上记载的金额必须是确定的，故本题正确答案为D。

21. 答案：A。本题考查的是保证日期。《票据法》第47条规定：“……保证人在汇票或者粘单上未记载前条第(四)项的，出票日期为保证日期。”

22. 答案：C。本题考查的是汇票金额为外币时的支付办法。《票据法》第59条第1款规定：“汇票金额为外币的，按照付款日的市场汇价，以人民币支付。”据此，本题正确答案为C。

23. 答案：C。本题考查的是票据贴现的性质和效力。贴现是一种票据转让方式，是指持票人在需要资金时，将其持有的未到期的商业汇票，经过背书转让给银行，银行从票面金额中扣除贴现利息后，将余款支付给申请贴现人的行为。如果汇票付款期满，银行不能得到汇票付款，则可以向汇票付款人和所有的债务人追索。据此，本题A、B项说法正确。根据票据法的规定，如果出票人在票据上记载“不得转让”，其后手以此票据进行贴现，通过贴现取得票据的持票人不享有票据权利，故本题C项说法不正确。如果背书人在票据上记载“不得转让”，其后手以此票据进行贴现，原背书人对后手的被背书人不承担票据责任，但通过贴现取得票据的持票人仍享有票据权利，故D项说法正确。综上，本题正确答案为C。

24. 答案：B。本题考查的是见票后定期付款的汇票的承兑提示期限。《票据法》第40条第1款规定：“见票后定期付款的汇票，持票人应当自出票日起一个月内向付款人提示承兑。”据此，本题正确答案为B。

25. 答案：B。本题考查的是行使追索权程序中拒绝事由的通知形式。《票据法》第66条第1款规定：“持票人应当自收到被拒绝承兑或者被拒绝付款的有关证明之日起三日内，将被拒绝事由书面通知其前手；其前手应当自收到通知之日起三日内书面通知其再前手。持票人也可以同时向各汇票债务人发出书面通知。”据此，本题正确答案为B。

26. 答案：D。本题考查的是付款人在到期日前付款的效力和责任。《票据法》第57条规定：“……付款人及其代理付款人以恶意或者有重大过失付款的，应当自行承担责任。”第58条规定：“对定日付款、出票后定期付款或者见票后定期付款的汇票，付款人在到期日前付款的，由付款人自行承担所产生的责任。”据此，本题正确答案为D。

27. 答案：B。本题考查的是汇票上未记载付款地的处理。《票据法》第23条规定：“汇票上记载付款日期、付款地、出票地等事项的，应当清楚、明确。……汇票上未记载付款地的，付款人的营业场所、住所或者经常居住地为付款地。……”据此，本题正确答案为B。

28. 答案：B。本题考查的是票据代理人超越代理权限时责任的承担。《票据法》第5条规定：“票据当事人可以委托其代理人在票据上签章，并应当在票据上表明其代理关系。……代理人超越代理权限的，应当就其超越权限的部分承担票据责任。”据此，本题正确答案为B。

29. 答案：D。本题考查的是导致汇票无效的情况。《票据法》第23条规定：“……汇票上未记载付款日期的，为见票即付。汇票上未记载付款地的，付款人的营业场所、住所或者经常居住地为付款地。汇票上未记载出票地的，出票人的营业场所、住所或者经常居住地为出票地。”由此可见，未记载出票地、付款日期、付款地并不导致汇票无效。第8条规定：“票据金额以中文大写和数码同时记载，二者必须一致，二者不一致的，票据无效。”据此，票据金额中文与数字记载不一致会导致票据无效。综上，本题正确答案为D。

30. 答案：C。《票据法》第13条第2款规定，票据债务人可以对不履行约定义务的与自己有直接债权债务关系的持票人，进行抗辩。本题中，因为朱某是没有履行约定义务的与银行有直接债权债务关系的持票人，所以银行可以对朱某进行抗辩。另外，这里注意区分对人抗辩和对物抗辩。所谓对人抗辩是指因票据债务人与特定的票据权利人之间存在一定关系而发生的抗辩；所谓对物抗辩是指因票据本身所存在的事由而发生的抗辩。本题中，因为朱某跟银行之间有贷款纠纷，跟票据本身没有关系，所以银行行使的抗辩权是对人的抗辩而不是对物的抗辩，答案C是正确的。

31. 答案：B。《票据法》第14条规定，票据上的记载事项应当真实，不得伪造、变造。伪造、变造票据上的签章和其他记载事项的，应当承担法律责任。

票据上有伪造、变造的签章的，不影响票据上其他真实签章的效力。

票据上其他记载事项被变造的，在变造之前签章的人，对原记载事项负责；在变造之后签章的人，对变造之后的记载事项负责；不能辨别是在票据被变造之前或者之后签章的，视同在变造之前签章。

32. 答案：C。本题考核汇票的记载事项：(1) 收款人名称为汇票的绝对应记载事项，未记载的，该票据无效；(2) 汇票上未记载付款日期的，视为见票即付；(3) 出票日期为汇票的绝对应记载事项，未记载的，该票据无效；(4) 汇票上未记载付款地的，以付款人的营业场所、住所或经常居住地为付款地。

33. 答案：B。本题考核票据的基础关系与票据关系。甲、乙解除合同，不影响持票人丙的票据权利。票据基础关系的存在与否、有效与否，与票据权利原则上互不影响。此题，甲给付丙票据款后，还可以请求乙返还3万元的价款。

34. 答案：A。本题考查的是持票人对定期汇票的出票人和承兑人的票据权利时效。《票据法》第17条规定，票据权利在下列期限内不行使而消灭：(1) 持票人对票据的出票人和承兑人的权利，自票据到期日起2年。见票即付的汇票、本票，自出票日起2年；据此，本题正确答案为A。

35. 答案：D。本题考查的是一般背书的相对必要记载事项。《票据法》第29条规定：“背书由背书人签章并记载背书日期。背书未记载日期的，视为在汇票到期日前背书。”据此，背书日期不是背书的绝对必要记载事项，故本题正确答案为D。

36. 答案：C。《票据法》第37条规定：“背书人以背书转让汇票后，即承担保证其后手所持汇票承兑和付款的责任。背书人在汇票得不到承兑或者付款时，应当向持票人清偿本法第七十条、第七十一条规定的金额和费用。”据此，乙公司将票据背书转让给丁公司后，即需要向其后手丁公司承担票据责任，并不退出票据关系，故A项错误。

《票据法》第26条规定：“出票人签发汇票后，即承担保证该汇票承兑和付款的责任。出票人在汇票得不到承兑或者付款时，应当向持票人清偿本法第七十条、第七十一条规定的金额和费用。”据此，出票人甲公司同样是票据债务人，故B项错误。另外需要注意的是，B项认为乙公司是丁公司的票据债务人，完全正确；但是认为丙银行是丁公司的票据债务人，则需要分析。《票据法》第44条规定：“付款人承兑汇票后，应当承担到期付款的责任。”据此，只有在付款人丙银行对持票人承兑之后，才对持票人承担票据责任，所以丙银行是否对丁公司承担票据责任是不确定的。

《票据法》第33条第1款规定：“背书不得附有条件。背书时附有条件的，所附条件不具有汇票上的效力。”据此，C项正确。

《票据法》第27条第2款规定：“出票人在汇票上记载‘不得转让’字样的，汇票不得转让。”据此，如甲公司在出票时于汇票上记载有“不得转让”字样，则乙公司的背书转让行为无效，故D项错误。在此需要注意的是，《票据法》第34条规定：“背书人在汇票上记载‘不得转让’字样，其后手再背书转让的，原背书人对后手的被背书人不承担保证责任。”由此可见，出票人在汇票上记载“不得转让”与背书人记载“不得转让”的法律效果完全不同，不容混淆。

二、多项选择题

1. **答案**：ABC。本题考查的是汇票持票人未在规定期限内提供有关合法证明的后果。《票据法》第65条规定：“持票人不能出示拒绝证明、退票理由书或者未按照规定期限提供其他合法证明的，丧失对其前手的追索权。但是，承兑人或者付款人仍应当对持票人承担责任。”据此，本题正确答案为A、B、C。
2. **答案**：ABCD。本题考查的是持票人行使追索权请求的内容。《票据法》第70条规定：“持票人行使追索权，可以请求被追索人支付下列金额和费用：（一）被拒绝付款的汇票金额；（二）汇票金额自到期日或者提示付款日起至清偿日止，按照中国人民银行规定的利率计算的利息；（三）取得有关拒绝证明和发出通知书的费用。……”据此，本题正确答案为A、B、C、D。
3. **答案**：ABCD。本题考查的是有关票据保证的规定。《票据法》第46条规定：“保证人必须在汇票或者粘单上记载下列事项：（一）表明‘保证’的字样；……”据此，B项正确。第50条规定：“被保证的汇票，保证人应当与被保证人对持票人承担连带责任……”据此，C项正确。第51条规定：“保证人为二人以上的，保证人之间承担连带责任。”据此，D项正确。第80条规定：“本票的背书、保证、付款行为和追索权的行使，除本章规定外，适用本法第二章有关汇票的规定。……”第93条规定：“支票的背书、付款行为和追索权的行使，除本章规定外，适用本法第二章有关汇票的规定。……”由此可见，汇票和本票都有保证，支票没有保证，故A项正确。
4. **答案**：BC。本题考查的是票据追索权以及在票据上加注“不得转让”字样的效力。《票据法》第34条规定：“背书人在汇票上记载‘不得转让’字样，其后手再背书转让的，原背书人对后手的被背书人不承担保证责任。”第61条第1款规定：“汇票到期被拒绝付款的，持票人可以对背书人、出票人以及汇票的其他债务人行使追索权。”据此，由于承兑人丙在票据上加注“不得转让”，乙将带有“不得转让”字样的票据转让给丁，丁再转让，则不得对其前手的背书人进行追索，但出票人除外。故本题正确答案为B、C。

5. 答案：ABCD。本题考查的是票据追索权行使的对象。《票据法》第68条规定："汇票的出票人、背书人、承兑人和保证人对持票人承担连带责任。持票人可以不按照汇票债务人的先后顺序，对其中任何一人、数人或者全体行使追索权……"根据《票据法》第81条和第94条的规定，本票和支票的追索，适用汇票的有关规定。据此，本题正确答案为A、B、C、D。

6. 答案：ACD。本题考查的是汇票追索权行使的对象。《票据法》第61条第1款规定："汇票到期被拒绝付款的，持票人可以对背书人、出票人以及汇票的其他债务人行使追索权。"故本题正确答案为A、C、D。

7. 答案：AB。本题考查的是有关汇票提示付款的规定。《票据法》第53条规定："持票人应当按照下列期限提示付款：（一）见票即付的汇票，自出票日起一个月内向付款人提示付款；（二）定日付款、出票后定期付款或者见票后定期付款的汇票，自到期日起十日内向承兑人提示付款。持票人未按照前款规定期限提示付款的，在作出说明后，承兑人或者付款人仍应当继续对持票人承担付款责任……"据此，本题A、B项正确，C、D项不正确。

8. 答案：CD。本题考查的是汇票的被保证人。《票据法》第47条规定："保证人在汇票或者粘单上未记载前条第（三）项的，已承兑的汇票，承兑人为被保证人；未承兑的汇票，出票人为被保证人。保证人在汇票或者粘单上未记载前条第（四）项的，出票日期为保证日期。"据此，本题正确答案为C、D。

9. 答案：BCD。《票据法》第35条第2款规定，汇票可以设定质押；质押时应当以背书记载"质押"字样。被背书人依法实现其质权时，可以行使汇票权利。质押时应当背书"质押"字样，并非交付给债权人即生效，因此，A选项错误。《票据法》第61条规定："汇票到期被拒绝付款的，持票人可以对背书人、出票人以及汇票的其他债务人行使追索权。汇票到期日前，有下列情形之一的，持票人也可以行使追索权：……（三）承兑人或者付款人被依法宣告破产的或者因违法被责令终止业务活动的。"B选项属于该规定的情形，因此，B选项正确。《票据法》第22条规定："汇票必须记载下列事项：（一）表明'汇票'的字样；（二）无条件支付的委托；（三）确定的金额；（四）付款人名称；（五）收款人名称；（六）出票日期；（七）出票人签章。汇票上未记载前款规定事项之一的，汇票无效。"因此，D选项正确。汇票分为银行汇票和商业汇票，法律不禁止自然人作为出票人，自然人具备一定条件的也可以开具汇票，所以C选项正确。

10. 答案：ABD。本题考查的是有关汇票保证的规定。《票据法》第45条规定："汇票的债务可以由保证人承担保证责任。保证人由汇票债务人以外的他人担当。"第47条规定："保证人在汇票或者粘单上未记载前条第（三）项的，已承兑的汇票，承兑人为被保证人；未承兑的汇票，出票人为被保证人。保证人在汇票或者粘单上未记载前条第（四）项的，出票日期为保证日期。"第48条规定："保证不得附有条件；附有条件的，不影响对汇票的保证责任。"据此，本题A、B项正确，C项不正确。D项是票据保证的应有之义，故正确。

11. 答案：BC。《票据法》第15条第1款规定，票据丧失，失票人可以及时通知票据的付款人挂失止付，但是，未记载付款人或者无法确定付款人及其代理付款人的票据除外。据此，票据丢失之后，失票人可以通过挂失止付并申请公示催告来救济自己的票据权利，故A项错误。本题中，丙银行已经对汇票进行了承兑，确定地负有票据义务，故乙可以起诉要求丙银行付款，B项正确。

《票据法》第15条第2款规定，收到挂失止付通知的付款人，应当暂停支付。本题中，乙在丢失票据后立即办理了挂失止付，如果丙银行向丁支付票款，则应当向乙承担责任，故C项正确。

《票据法》第15条第3款规定，失票

人应当在通知挂失止付后3日内，也可以在票据丧失后，依法向人民法院申请公示催告，或者向人民法院提起诉讼。据此，乙应当在挂失止付后3日内申请公示催告，故D项错误。

12. 答案：BD。本题考查的是有关汇票提示承兑的规定。《票据法》第39条规定："定日付款或者出票后定期付款的汇票，持票人应当在汇票到期日前向付款人提示承兑。……"第40条规定："见票后定期付款的汇票，持票人应当自出票日起一个月内向付款人提示承兑。……见票即付的汇票无需提示承兑。"据此，本题B、D项正确，A、C项不正确。

13. 答案：ABC。本题考查的是有关背书的规定。《票据法》第27条第2款规定："出票人在汇票上记载'不得转让'字样的，汇票不得转让。"据此，本题A项不合法。第33条第2款规定："将汇票金额的一部分转让的背书或者将汇票金额分别转让给二人以上的背书无效。"故本题B项不合法。第36条规定："汇票被拒绝承兑、被拒绝付款或者超过付款提示期限的，不得背书转让；……"故本题C项不合法。第35条第2款规定："汇票可以设定质押；质押时应当以背书记载'质押'字样。……"据此，本题D项合法。综上，本题正确答案为A、B、C。

14. 答案：AC。《票据法》第10条规定，票据的签发、取得和转让，应当遵循诚实信用的原则，具有真实的交易关系和债权债务关系。票据的取得，必须给付对价，即应当给付票据双方当事人认可的相对应的代价。第21条规定，汇票的出票人必须与付款人具有真实的委托付款关系，并且具有支付汇票金额的可靠资金来源。不得签发无对价的汇票用以骗取银行或者其他票据当事人的资金。《最高人民法院关于审理票据纠纷案件若干问题的规定》第13条规定，票据债务人以票据法第10条、第21条的规定为由，对业经背书转让票据的持票人进行抗辩的，人民法院不予支持。因此，尽管甲乙之间没有真实的交易，但是该汇票已经背书转让，根据最高院上述司法解释第13条的规定，该汇票仍然有效。因此，A项说法正确。《票据法》第6条规定，无民事行为能力人或者限制民事行为能力人在票据上签章的，其签章无效，但是不影响其他签章的效力。由此，B的说法错误。《票据法》第14条规定，票据上的记载事项应当真实，不得伪造、变造。伪造、变造票据上的签章和其他记载事项的，应当承担法律责任。票据上有伪造、变造的签章的，不影响票据上其他真实签章的效力。票据上其他记载事项被变造的，在变造之前签章的人，对原记载事项负责；在变造之后签章的人，对变造之后的记载事项负责；不能辨别是在票据被变造之前或者之后签章的，视同在变造之前签章。根据上述规定可知，票据变造的并不影响票据的效力，因此，C项正确；甲、乙是在票据变造之前签章的票据债务人，因此，甲、乙应该对变造之前的记载事项承担票据责任，而非不承担票据责任，D项说法错误。因此，本题的正确答案是A、C。

15. 答案：BCD。本题考查的是有关票据背书的规定。根据《票据法》第11条规定，票据也可通过税收、继承、赠与等而无偿取得。故本题A项不正确。《票据法》第30条规定："汇票以背书转让或者以背书将一定的汇票权利授予他人行使时，必须记载被背书人名称。"故本题B项正确。《票据法》第27条第2款规定："出票人在汇票上记载'不得转让'字样的，汇票不得转让。"故本题C项正确。《票据法》第28条规定："票据凭证不能满足背书人记载事项的需要，可以加附粘单，粘附于票据凭证上。粘单上的第一记载人，应当在汇票和粘单的粘接处签章。"故本题D项正确。综上，本题正确答案为B、C、D。

16. 答案：ABCD。本题考查的是汇票的付款日期种类。《票据法》第53条规定："持票人应当按照下列期限提示付款：（一）见票即付的汇票，自出票日起一个月内向付款人提示付款；（二）定日付款、出票后定期付款或者见票后定期付款的汇票，自到期日起十日内向承兑人提示付款。……”据此，汇票的付款日期有：见票即付、定日付款、出票后定期付款、见票后定期付款，故本题正确答案为A、B、C、D。

17. 答案：ABCD。本题考查的是票据背书转让有效的条件。《票据法》第27条第4款规定：“背书是指在票据背面或者粘单上记载有关事项并签章的票据行为。”第31条第1款规定：“以背书转让的汇票，背书应当连续。……”第33条规定：“背书不得附有条件。背书时附有条件的，所附条件不具有汇票上的效力。将汇票金额的一部分转让的背书或者将汇票金额分别转让给二人以上的背书无效。”据此，本题正确答案为A、B、C、D。

18. 答案：AD。本题考查的是限制民事行为能力人背书的效力。《票据法》第6条规定：“无民事行为能力人或者限制民事行为能力人在票据上签章的，其签章无效，但是不影响其他签章的效力。”《票据法》第68条规定：“汇票的出票人、背书人、承兑人和保证人对持票人承担连带责任。持票人可以不按照汇票债务人的先后顺序，对其中任何一人、数人或者全体行使追索权。……”本题中，由于甲是限制民事行为能力人，其背书无效，故丁不能向其行使追索权；银行是付款人，是请求付款的对象，不是行使追索权的对象。乙、丙是票据的合法背书人，故丁可以向乙、丙行使追索权。综上，本题正确答案为A、D。

19. 答案：BD。本题考查的是应当对持票人承担到期付款的责任的主体。《票据法》第89条规定：“出票人必须按照签发的支票金额承担保证向该持票人付款的责任。出票人在付款人处的存款足以支付支票金额时，付款人应当在当日足额付款。”据此，支票出票人只是负有保证付款人付款的责任，其本身并不承担到期付款责任，故本题A项不正确。第77条规定：“本票的出票人在持票人提示见票时，必须承担付款的责任。”据此，本题B项正确。第26条规定：“出票人签发汇票后，即承担保证该汇票承兑和付款的责任。出票人在汇票得不到承兑或者付款时，应当向持票人清偿本法第七十条、第七十一条规定的金额和费用。”据此，汇票出票人只有在出票人到期得不到承兑或付款时，才承担付款责任，故本题C项不正确。第44条规定：“付款人承兑汇票后，应当承担到期付款的责任。”据此，本题D项正确。

20. 答案：BD。本题考查的是有关汇票追索权的规定。根据《票据法》第66条规定：“持票人应当自收到被拒绝承兑或者被拒绝付款的有关证明之日起三日内，将被拒绝事由书面通知其前手；……未按照前款规定期限通知的，持票人仍可以行使追索权。……在规定期限内将通知按照法定地址或者约定的地址邮寄的，视为已经发出通知。”第68条规定：“汇票的出票人、背书人、承兑人和保证人对持票人承担连带责任。持票人可以不按照汇票债务人的先后顺序，对其中任何一人、数人或者全体行使追索权。……”据此，本题正确答案为B、D。

21. 答案：ABCD。本题考查的是汇票上的偿还义务人。《票据法》第61条第1款规定：“汇票到期被拒绝付款的，持票人可以对背书人、出票人以及汇票的其他债务人行使追索权。”《票据法》第68条规定：“汇票的出票人、背书人、承兑人和保证人对持票人承担连带责任。持票人可以不按照汇票债务人的先后顺序，对其中任何一人、数人或者全体行使追索权。……”据此，汇票上的被追索人即偿还义务人，包括背书人、出票人、保证人、参加承兑人等。故本题正确答案为A、B、C、D。

22. 答案：ABC。本题考查的是承兑与民法上债务承担的区别。承兑是指汇票付款人承诺在到期日支付汇票金额的一种票据行为。根据票据法的规定和民法学原理，承兑与民法上债务承担的区别主要在于本题A、B、C项所列的三个方面。

23. 答案：AC。本题考查的是追索权行使的程序中拒绝事由的通知期限。《票据法》第66条第1款规定："持票人应当自收到被拒绝承兑或者被拒绝付款的有关证明之日起三日内，将被拒绝事由书面通知其前手；其前手应当自收到通知之日起三日内书面通知其再前手。持票人也可以同时向各汇票债务人发出书面通知。"据此，本题正确答案为A、C。

24. 答案：AC。本题考查的是提示付款的作用。《票据法》第62条第1款规定："持票人行使追索权时，应当提供被拒绝承兑或者被拒绝付款的有关证明。"据此，提示付款是行使追索权的前提条件，故本题A项正确。第53条规定："持票人应当按照下列期限提示付款：(一) 见票即付的汇票，自出票日起一个月内向付款人提示付款；(二) 定日付款、出票后定期付款或者见票后定期付款的汇票，自到期日起十日内向承兑人提示付款。持票人未按照前款规定期限提示付款的，在作出说明后，承兑人或者付款人仍应当继续对持票人承担付款责任……"据此，本题B、D项不正确，C项正确。

25. 答案：AC。本题考查的是票据保证当事人之间的责任关系。《票据法》第50条规定："被保证的汇票，保证人应当与被保证人对持票人承担连带责任。汇票到期后得不到付款的，持票人有权向保证人请求付款，保证人应当足额付款。"第51条规定："保证人为二人以上的，保证人之间承担连带责任。"据此，本题正确答案为A、C。

26. 答案：BCD。本题考查的是可以成为汇票被保证人的人员范围。《票据法》第45条规定："汇票的债务可以由保证人承担保证责任。保证人由汇票债务人以外的他人担当。"据此，汇票的被保证人是汇票的债务人。背书人、出票人、承兑人都是汇票的债务人，故本题B、C、D项正确。虽然付款人也是汇票的债务人，但拒绝承兑的付款人不能成为被保证人，因为其否认自己的付款义务，如保证人代其履行付款义务，将不能对其追偿，故本题A项不正确。

27. 答案：BC。本题考查的是背书无效的情况。根据《票据法》第34条的规定，将记载有"禁止背书"的票据又背书转让的，仅原背书人对后手的被背书人不承担保证责任，背书本身并不无效，故本题A项不正确。《票据法》第33条规定："背书不得附有条件。背书时附有条件的，所附条件不具有汇票上的效力。将汇票金额的一部分转让的背书或者将汇票金额分别转让给二人以上的背书无效。"据此，本题B、C项正确。因为附条件的背书仅所附条件无效，背书本身并不无效，故本题D项不正确。

28. 答案：CD。依追索权发生的不同情况，分为期前追索权、期后追索权和再追索权。期前追索权：是指在汇票上所载的到期日到来之前，因发生到期付款的可能性显著减少的情况，而得进行追索的权利。期后追索权：是指在票据到期时，持票人因不获付款而得进行追索的权利。再追索权：是指被追索人在履行了自己的追索义务，向追索人偿还追索金额后，得向其前手追索义务人进行追索的权利。

29. 答案：ABCDE。《联合国国际汇票和国际本票公约》第2条规定，国际汇票是列明至少下列两处地点并指出所列明的任何两处地点位于不同国家的汇票：(1) 汇票开出地点；(2) 出票人签名旁所示地点；(3) 受票人姓名旁所示地点；(4) 受款人姓名旁所示地点；(5) 付款地点。但须汇票上列明汇票开出地点或汇款付款地点，而且两个地点均位于一个缔约国境内。

30. 答案：ABCD。本题考查的是票据责任的承担。根据《票据法》第4条的规定，所有在票据上签章的人均对持票人负有票据责任，票据签章人所负的责任属于连带责任。本题中甲作为出票人，乙、丁作为背书人，丙作为保证人都在票据上签了章，因此均应承担票据责任，是该票据的债务人。故本题正确答案为A、B、C、D。

三、名词解释

1. 答案：汇票是指出票人签发的，委托付款人在见票时或者在指定日期无条件支付确定的金额给收款人或者持票人的票据。票据具有以下特征：

(1) 汇票是票据的一种。

(2) 汇票是一种委托他人支付的票据。

(3) 汇票的到期日具有多样性。

2. 答案：出票是指出票人签发票据并将其交付给收款人的票据行为。出票是最基本的、最主要的票据行为。出票由作成票据和交付票据两项行为构成。作成票据，是指出票人依照票据法的规定，在票据上记载法定内容并签名或盖章的行为。交付票据，则是指出票人依据自己的本意将作成的票据实际交给他人占有的行为。

3. 答案：背书是指持票人以转让汇票权利或授予他人一定的汇票权利为目的，在汇票背面或粘单上记载有关事项并签章的票据行为。背书的概念包括以下四个要素：(1) 背书是一种附属的票据行为，必须在基本的票据行为完成后才能进行。(2) 背书是由持票人所为的票据行为。(3) 背书是要式行为，必须由背书人在汇票的背面或者粘单上签名或盖章。(4) 背书是以转让汇票权利或者授予一定的票据权利给他人为目的的票据行为。

4. 答案：承兑是指汇票付款人在汇票上明确表示在汇票到期日支付汇票金额的一种附属票据行为。承兑的概念包括以下四个要素：(1) 承兑与背书一样，是一种附属性的票据行为，它以存在有效的出票行为为前提。(2) 承兑是指汇票付款人所为的票据行为，其他票据（本票、支票）的付款人不可能为承兑行为，因此承兑是汇票特有的一项制度。(3) 承兑是汇票付款人表示愿意在汇票到期日支付汇票金额的行为。(4) 承兑是要式行为，必须由付款人在汇票正面记载一定事项并签章。

5. 答案：提示承兑是指持票人向付款人出示汇票，并请示付款人表示承兑与否的行为。提示承兑本身不是票据行为，而是承兑行为的前提和必要手续。提示承兑的行为人称为提示人，付款人称为被提示人。

6. 答案：代位追索权是指被追索人对持票人已为清偿后，与持票人享有同一权利，可以对其前手债务人行使追索权，此时的追索权即为再追索权。我国《票据法》规定，被追索人清偿债务后，与持票人享有同一权利。

四、简答题

1. 答案：本条是关于《票据法》上的追索权的规定。追索权是指在票据得不到承兑或者付款时，持票人请求其前手清偿票据金额、利息及有关费用的票据权利。追索权针对的主要是票据关系人因发行、转让票据所连带负责的票据担保责任，一般是在支付请求权不能实现的时候，持票人才可以行使的，所以，追索权是支付请求权的一种补充或保障性权利，为第二次请求权，也称为偿还请求权。追索权的意义在于：它是票据债权的一种保障，有了追索权，票据债权具有了完整的安全性，才使票据被社会广泛接受和利用，并维护着票据制度的稳定和有效运行。

票据法理论认为，出票人、承兑人、背书人以及其他票据债务人（如保证人等）对持票人应负连带责任。因此，追索权具有选择性、变更性和代位性。追索权的选择性是指持票人行使追索权时，可以不依承担票据债务的先后顺序，任意选择票据债务人之一，或其中数人，或全体票据债务人进行追索；追索权的变更性是指持票人如已向票据债务人中的一人或数人行使了追索权，若仍有被追索对象的，不影响他再向票据债务人中的另外一人或数人进行追索；追索权的代位性是指被追索人如果清偿了追索人要求的金额，便取得与追索人同一权利。

根据上述法条的规定，追索权行使须具备一定的条件，包括实质条件和形式条件。其中，追索权行使的实质要件，即追索权行使的法定原因，依追索权行使的时间不同而不同：票据到期不获付款是持票人行使到期追索权的法定原因；票据到期日前，如果有法律规定的下列情形，持票人也可以行使期前追索权：汇票被拒绝承兑、承兑人或者付款人死亡、逃匿，承兑人或者付款人被依法宣告破产或者因违法被责令终止业务活动。追索权行使的形式要件是指行使追索权的法定程序，可分为票据提示、作成拒绝证明、拒绝事由的通知。

2. 答案：保证人为汇票保证后，必须承担相应的票据责任，具体表现如下：

(1) 保证人负有与被保证人完全相同的票据责任。根据《票据法》第50条的规定，保证人应当与被保证人对持票人承担连带责任。汇票到期后得不到付款的，持票人有权向保证人请求付款，保证人应当足额付款。保证人与被保证人的票据责任不仅在金额上完全相同，其性质也完全一样。保证人与被保证人的票据责任也没有先后次序之分。

(2) 保证人独立承担保证责任。作为票据行为，汇票保证具有独立性和无因性。保证人承担的保证责任独立于被保证的票据债务，被保证的票据债务即使无效，也不影响保证责任的成立。不过，被保证的票据债务因在形式上欠缺票据行为的要件而无效时，保证人可不负保证责任，但这并不排除保证人承担相应的民事责任。

(3) 共同保证人对被保证的票据债务负连带责任。我国《票据法》第51条规定："保证人为二人以上的，保证人之间承担连带责任。"这是一种法定的连带责任，即使共同保证人之间并无共同保证的意思，也不影响他们承担连带责任。

3. 答案：根据英国票据法的规定，伪造签名或未经授权而以他人名义在汇票上签名，是完全不起作用的，任何人都不能根据这种签名而取得保留该汇票的权利，也不能因为对该汇票付了款而解除责任，或提出强制执行付款的要求。英美法系是着重保护票据真正所有人的利益的。英美法系认为，应当由直接从伪造背书者手中取得汇票的人承担损失。

大陆法系与日内瓦统一法公约对汇票伪造签名的处理方法与英美法系不同。在出现伪造签名时，汇票并不因此而无效；失去汇票的人不能要求后来的持票人退还汇票，除非他能够证实持票人是以恶意而取得汇票或有重大过失；付款人一旦对有伪造签名的汇票付了款，就可以解除责任，失去汇票的人不能要求他再次付款，除非他能够证实付款人有欺诈行为或有重大过失。

由此可见，大陆法系与日内瓦公约所着重保护的是善意的持票人，而让失去汇票的真正所有人蒙受伪造签名所带来的损失。

五、论述题

答案：出票行为作为基本票据行为，一经完成即对汇票当事人产生票据法上的效力。具体表现在以下几个方面：

(1) 对出票人的效力。《票据法》第26条规定："出票人签发汇票后，即承担保证该汇票承兑和付款的责任。出票人在汇票得不到承兑或者付款时，应当向持票人清偿本法第七十条、第七十一条规定的金额和费用。"可见，出票人必须对其签发的汇票获得承兑和获得付款承担担保责任。出票人的这种担保承兑和担保付款责任，是票据法强行规定的绝对性义务。这种责任的存在与出票人是否具有担保的意思无关，出票人也不得通过在汇票上作有关记载来免除自己的担保责任。即使出票人在汇票上作了免除担保责任的记载，此项记载也视作未记载。

(2) 对收款人的效力。出票人作成汇票并将汇票实际交付给收款人后，收款人便取得了汇票上的权利，包括付款请求权和追索权。不过，在付款人对汇票进行承兑之前，收款人的付款请求权尚处于不确定状态，仅仅是一种期待权。只有在付款人承兑以后，该期待权才成为现实权。此外，收款人行使追索权也必须符合一定的条件。

(3) 对付款人的效力。出票人的出票行为是单方法律行为，出票行为一旦完成即产生法律效力，而无须由出票人与付款人之间达成合意。出票，包括在汇票上记载付款人的名称，因此出票也对付款人产生一定的法律效力。一般说来，付款人因出票而取得一种地位或权限，即可以对汇票进行承兑。这就是说，付款人可以对汇票进行承兑，也可以不进行承兑。付款人是否要对汇票进行承兑，取决于其与出票人之间的约定，这一点在汇票上是看不出来的。付款人不对汇票作承兑的，他就不负任何付款义务。只有在付款人对汇票进行承兑后，才成为汇票的第一债务人，对收款人或持票人负绝对的付款义务。

六、案例分析题

1. 答案：（1）根据《票据法》的规定，票据签章真实，票据形式外观符合票据法的要求，出票行为完成，则票据为有效。本案中的汇票符合这些要求，为有效的票据。

（2）二审法院的判决理由不正确。原因如下：第一，票据当事人之间没有以真实的交易关系为基础并不能影响票据的效力，这是由票据的无因性所决定的。第二，票据当事人是形式上记载的当事人而不一定是实质或者真实的当事人。只要形式上有当事人的记载，该记载符合票据事项和格式要求即可。

2. 答案：（1）该建设银行应承担到期付款的义务。根据《票据法》第 44 条的规定，付款人承兑汇票后应当承担到期付款的责任。也就是说，承兑是使付款人承诺承担票据付款责任的行为，付款人一经承兑即成为主债务人，无论出票人、承兑申请人等有无支付能力，承兑人都必须首先承担付款义务。本案中，某地建设银行进行了承兑，这就在汇票票面上明确表示了其作为承兑银行，愿意承担第一位的付款责任。招商银行某办事处为慎重起见对承兑的真实性进行了查询，得到的答复是“承兑真实、有效”。这又在票据之外向贴现银行明确表示承认了承兑银行愿意承担第一位的付款责任。

（2）据以签发票据的合同关系无效不影响票据关系的效力。根据票据法原理，票据是无因证券和设权证券。作为无因证券，票据不问原因的有无及有效与否；作为设权证券，票据的原因关系与票据关系相脱离，票据一经产生，票据权利义务关系便产生，票据的存在不是为了证明产生票据的原因关系存在。尽管《票据法》第 10 条第 1 款规定：“票据的签发、取得和转让，应当遵循诚实信用的原则，具有真实的交易关系和债权债务关系。”但并未规定违反本规定的票据无效。据此，本案中因欺诈而导致的合同无效，不影响银行承兑汇票的有效。既然票据关系是有效的，本案中某地建设银行的承兑责任便是不可推卸的，以合同无效主张免除付款责任的理由不能成立。

3. 答案：（1）音响公司享有该汇票的票据权利。《票据法》第 12 条规定：“以欺诈、偷盗或者胁迫等手段取得票据的，或者明知有前列情形，出于恶意取得票据的，不得享有票据权利。持票人因重大过失取得不符合本法规定的票据的，也不得享有票据权利。”由此可见，票据法保护正当持票人和善意持票人。本案中的音响公司是从丁手中受让的票据，其在接受票据时，票据本身没有缺陷，票据背书也是连续的；尽管丁的票据是捡来的，背书有伪造的成分在内，但音响公司对这一切毫无知晓，也不可能知晓，因此，应当认定音响公司为善意持票人，故其享有票据权利。

（2）可以。《票据法》第 68 条规定，汇票的出票人、背书人、承兑人和保证人对持票人承担连带责任。持票人可以不按照汇票债务人的先后顺序，对其中任何一人、数人或者全体行使追索权。持票人对汇票债务人中的一人或者数人已经进行追索的，对其他汇票债务人仍可以行使追索权。由此可见，票据的追索和一般的民事追索不同，是不受顺位和人数的限制的，故本案中的音响公司可以对其所有前手发出追索通知。

（3）可以。一般情况下，承兑人应承担到期无条件付款的责任，但《票据法》第 15 条第 2 款规定：“收到挂失止付通知的付款人，应当暂停支付。”第 57 条第 2 款规定：“付款人及其代理付款人以恶意或者有重大过失付款的，应当自行承担责任。”据此，本案中的甲要对持票人作拒绝付款的处理，否则要对已经办理挂失的某娱乐场所负赔偿责任。

4. 答案：（1）有效的转让背书必须记载：被背书人的名称、背书人签章。

（2）一张银行汇票如果从出票日起 1 个月之内没有请求付款，持票人仅丧失追索权，并不因此丧失付款请求权。所以不能说，超过了 1 个月，就不能得到票款。

(3) 背书连续是指从票据上的第一个背书人即票据上所载收款人开始，到最后一个被背书人即现在的持票人为止的全部背书，其前一背书中的被背书人，一定是后一背书中的背书人，由此而使前后背书相接，不发生间断。依据票据法的规定，要求票据的背书必须连续，才能由此表明持票人为合法持票人，并依该票据行使票据权利；如果背书不连续，票据债务人则可以主张对物抗辩，拒绝履行票据义务。

第二十九章　本　　票

基础知识图解

- 本票概述
  - 本票的概念和特征
  - 本票的种类
    - 记名式、指示式和无记名式
    - 即期本票和远期本票
    - 银行本票和商业本票
  - 本票的特殊规则
  - 本票的出票和见票

配套测试

一、单项选择题

1. 某本票的出票日期为 2009 年 3 月 7 日，其付款期限最长不得超过（　　）。

A. 2009 年 9 月 7 日

B. 2009 年 6 月 7 日

C. 2009 年 5 月 7 日

D. 2009 年 4 月 7 日

2. 本票持票人未按规定期限提示见票的，丧失对（　　）以外的前手的追索权。

A. 付款人　　B. 必须付款

C. 第一被背书人　　D. 出票人

3. 本票出票人在持票人提示见票时，（　　）。

A. 必须承兑

B. 必须承担付款的责任

C. 必须按本票上的载明承兑

D. 必须在提示之日起的定日内付款

4. 本票与汇票相比，在绝对记载事项中缺少的是（　　）。

A. 付款人名称

B. 收款人名称

C. 无条件支付的委托或承诺

D. 出票日期

5. 下列关于本票的说法，哪个是错误的？（　　）

A. 本票上未记载付款地的，该本票有效

B. 本票上未表明“本票”字样的，该本票无效

C. 本票上未记载出票地的，该本票有效

D. 本票上记载为有条件支付的承诺的，该本票有效

6. 下列关于本票的说法哪一项是正确的？（　　）

A. 收款人必须写全称，收款人名称经过更改的，更改后的收款人不享有票据权利，但是该本票仍有效

B. 票据金额记载的中文大写与数码不一致的，以中文大写为准

C. 本票上未记载出票日期的，本票无效

D. 本票上未记载付款地的，出票人的营业场所、住所或经常居住地为付款地

7. 出票人在本票上未记载出票地的，应当（　　）。

A. 以出票人的住所地为出票地

B. 以付款人的住所地为出票地

C. 以出票人的营业场所为出票地

D. 以本票签发地为出票地

8. 下列关于本票和支票的说法正确的是（　　）。

A. 我国票据法上的本票包括银行本票和商

业本票，而支票只有银行支票

B. 我国票据法上的本票和支票都仅限于见票即付

C. 本票和支票的基本当事人都只包括银行和收款人

D. 普通支票只能用于支取现金，不得用于转账

二、多项选择题

1. 本票上未记载下列事项之一的，本票无效（　　）。

A. 表明“本票”的字样

B. 无条件支付的承诺

C. 付款地

D. 出票地

2. 下列有关本票上记载事项的说法中正确的有（　　）。

A. 本票的收款人名称是本票票面必须记载的事项

B. 本票上有关票面金额、收款人名称以及出票日期的记载不得涂改，否则该票无效

C. 本票上所记载的出票人只能是银行，或者其他资信状况良好的经济机构

D. 本票上没有记载“无条件支付的承诺”的，并不因此而免去出票人的付款义务，出票人仍应依票据记载的金额，向持票人承担无条件付款的义务

3. 甲假冒乙的姓名，签发本票交与受款人丙，丙以背书方式转让于丁，丁又以背书方式转让于戊。下列说法，哪些正确？（　　）

A. 戊持票向乙请求付款，乙可拒绝付款

B. 戊被拒绝付款后向丁行使追索权，丁清偿后可向丙再追索

C. 丁向丙再追偿时，丙可以票据系伪造为由而主张票据行为无效，拒绝清偿

D. 丁可以在丙拒绝清偿追索金额后向甲请求损害赔偿

三、简答题

1. 简答本票的法律特征。

2. 简答本票出票的效力。

参考答案

一、单项选择题

1. 答案：C。本题考查的是本票的付款期限。《票据法》第78条规定：“本票自出票日起，付款期限最长不得超过二个月。”据此，本题正确答案为C。

2. 答案：D。本题考查的是本票持票人未按规定期限提示见票的后果。《票据法》第79条规定：“本票的持票人未按照规定期限提示见票的，丧失对出票人以外的前手的追索权。”据此，本题正确答案为D。

3. 答案：B。本题考查的是本票出票人的义务。《票据法》第77条规定：“本票的出票人在持票人提示见票时，必须承担付款的责任。”据此，本题正确答案为B。

4. 答案：A。本题考查的是本票与汇票在绝对记载事项上的区别。《票据法》第22条规定：“汇票必须记载下列事项：（一）表明‘汇票’的字样；（二）无条件支付的委托；（三）确定的金额；（四）付款人名称；（五）收款人名称；（六）出票日期；（七）出票人签章。汇票上未记载前款规定事项之一的，汇票无效。”第75条规定：“本票必须记载下列事项：（一）表明‘本票’的字样；（二）无条件支付的承诺；（三）确定的金额；（四）收款人名称；（五）出票日期；（六）出票人签章。本票上未记载前款规定事项之一的，本票无效。”据此，汇票上须记载付款人名称，而本票上不须记载，故本题正确答案为A。

5. 答案：D。本题考查的是有关本票的规定。《票据法》第75条规定：“本票必须记载下列事项：（一）表明‘本票’的字样；（二）无条件支付的承诺；……本票上未记载前款规定事项之一的，本票无效。”据此，本题B项说法正确，D项说法不正确。第76条规定：“本票上记载付款地、出票地等事项的，应当清楚、明确。本票上未记载付款地的，出票人的营业场所为付款地。本票上

未记载出票地的，出票人的营业场所为出票地。”据此，本题A、C项说法正确。综上，本题正确答案为D。

6. **答案**：C。见《票据法》第8条、第9条、第76条、第77条。

7. **答案**：C。本题考查的是本票上未记载出票地的处理。《票据法》第76条第3款规定：“本票上未记载出票地的，出票人的营业场所为出票地。”据此，本题正确答案为C。

8. **答案**：B。见《票据法》第73条、第76条、第82条、第84条、第85条。我国本票只有银行本票，而支票除了银行可以作为付款人以外，其他金融机构也可以作为付款人。故支票不限于银行支票。支票的基本当事人除了付款人（银行或其他金融机构）和收款人以外，还有出票人。普通支票既能用来支取现金，也能用来转账。

二、多项选择题

1. **答案**：AB。本题考查的是本票上的绝对记载事项。《票据法》第75条规定：“本票必须记载下列事项：（一）表明‘本票’的字样；（二）无条件支付的承诺；（三）确定的金额；（四）收款人名称；（五）出票日期；（六）出票人签章。本票上未记载前款规定事项之一的，本票无效。”据此，本题正确答案为A、B。

2. **答案**：AB。本题考查的是有关本票的规定。《票据法》第75条规定：“本票必须记载下列事项：……（二）无条件支付的承诺；……（四）收款人名称；……本票上未记载前款规定事项之一的，本票无效。”据此，本题A项正确。因为“无条件支付的承诺”为本票必须记载的事项，故本题D项不正确。《票据法》第9条第2款规定：“票据金额、日期、收款人名称不得更改，更改的票据无效。”据此，本题B项正确。《票据法》第74条规定：“本票的出票人必须具有支付本票金额的可靠资金来源，并保证支付。”据此，并非“只能是银行或其他资信状况良好的机构”，故本题C项不正确。

3. **答案**：ABD。A正确。票据上有伪造、变造的签章的，不影响票据上其他真实签章的效力；被伪造人乙因缺乏真实意思表示，当然不应承担票据责任。B正确。理由同上，票据上有伪造、变造的签章的，不影响票据上其他真实签章的效力；丙以背书方式转让于丁，丁又以背书方式转让于戊，戊向丁行使追索权，丁清偿后自然可向丙行使再追索权。

C错误。票据上其他记载事项被变造的，在变造之前签章的人，对原记载事项负责；在变造之后签章的人，对变造之后的记载事项负责。丙是在票据被变造后签章，应当对此后记载的事项负责，而不能以票据系伪造为由，拒不承担票据责任。

D正确。票据上的记载事项应当真实，不得伪造、变造。伪造、变造票据上的签章和其他记载事项的，应当承担法律责任。须注意的是，这里指的是民事赔偿责任，而不是票据责任。甲假冒乙的姓名签发本票，应当承担民事赔偿责任。

三、简答题

1. **答案**：本票是出票人签发的，承诺自己在见票时无条件支付确定的金额给收款人或者持票人的票据。本票具有下列法律特征：

（1）本票是票据的一种

本票同汇票、支票一样，具有一切票据所共有的性质，即本票也是完全有价证券、设权证券、无因证券、文义证券、金钱债权证券、流通证券、要式证券。

（2）本票是由出票人自己对收款人支付并承担绝对付款责任的票据

这是本票区别于汇票、支票的根本所在。在汇票和支票中，原则上存在三方基本当事人，即出票人、付款人和收款人，出票人自己一般不负付款责任，而是委托付款人支付票据金额。而在本票中只存在两方基本当事人，即出票人和收款人，出票人自己承担绝对的付款责任。由此，汇票和支票又称委付证券，本票则称自付证券。

（3）本票是出票人在到期日无条件支付票款的票据

本票的到期日不以见票即付为限，可以由出票人指定一定的付款日期，因此本票与汇票一样，也是一种信用证券。这一点与见票即付的支票不同。

2. **答案**：本票出票的效力，是指出票人签发本票后承担的责任以及收款人因此享有的权利。对出票人来说，出票人必须承担对本票持票人的付款责任。出票人的这种付款责任是第一次的责任，出票人是第一债务人或主债务人。这种付款责任是一种无条件的责任，本票届至到期日，出票人必须对持票人付款，对此不得附加任何条件。这种付款责任又是一种绝对的责任，出票人的付款义务不因持票人对其权利的行使或保全手续的欠缺而免除。根据我国《票据法》第79条的规定，本票的持票人未按照规定的期限提示见票的，虽然丧失对其前手的追索权，但仍然可以向出票人行使追索权。出票人的付款责任还是一种最终的责任，即出票人一经付款，全部本票关系就归于消灭。

对于收款人来说，出票人签发本票后，收款人及以后的持票人就取得本票上的权利，包括付款请求权和追索权。由于本票无承兑制度，本票一经出票，主债务人就是确定的，因此收款人取得的付款请求权是一种现实的权利。这一点与汇票不同。汇票在经付款人承兑前，不存在主债务人，收款人享有的付款请求权仅仅是一种期待权，只有经付款人承兑后，该期待权才转化成现实权。至于本票收款人因出票行为取得的追索权，则与汇票相同，即只有在付款请求权不能实现时，并在法定期限内作成拒绝证明后才能行使。

第三十章　支　　票

基础知识图解

- 支票概述
  - 支票的概念、特征和种类
    - 记名式、指示式和无记名式支票
    - 现金支票和转账支票
    - 一般支票和变式支票
  - 支票的特殊规则
  - 支票的出票、资金关系与空头支票、支票的付款
  - 支票与汇票的比较

配套测试

一、单项选择题

1. 由发票人签发的，委托银行于见票时无条件向受款人支付一定金额的票据是（　　）。

A. 汇票　　B. 本票

C. 支票　　D. 允诺式的票据

2. 下列有关支票的表述中哪一种表述不符合我国《票据法》的规定？（　　）

A. 支票限于见票即付，不得签发远期支票

B. 支票限于见票即付，因而没有背书转让制度

C. 支票是没有票据保证行为的

D. 支票的出票人不得签发与其预留本名的签名式样或者印鉴不符的支票

3. 以下所列事项中哪一项是在支票出票时可以空缺，由出票人授权他人补记的？（　　）

A. 金额　　B. 收款人名称

C. 出票日期　　D. 付款人名称

4. 下列事项哪个不是支票必须记载的事项？（　　）

A. “支票”字样　　B. 付款人名称

C. 付款地　　D. 出票日期

5. 以下所列行为中哪一种是汇票和本票共有而支票没有的？（　　）

A. 出票　　B. 承兑

C. 保证　　D. 背书

6. 下列说法不正确的是（　　）。

A. 支票持票人应于合理期间内或支票上载明的时间内提示承兑

B. 付款人依法支付支票金额的，不再承担票据责任，但有恶意或重大过失付款的除外

C. 支票出票人可以在支票上记载自己为收款人

D. 转账支票不得支取现金

7. 在支票上记载下列哪项，该记载本身无效（　　）。

A. 付款地　　B. 出票日期

C. 承兑　　D. 收款人的名称或姓名

8. 根据我国《票据法》的规定，关于各种支票的支付方式，正确的表述应当是（　　）。

A. 普通支票不可以支取现金，只可以转账

B. 现金支票既可以支取现金，也可以转账

C. 转账支票只能用于转账，不得支取现金

D. 转账支票主要用于转账，特殊情况下也可以支取现金

二、多项选择题

1. 东霖公司向忠谙公司购买一个元器件，应付价款 960 元。东霖公司为付款开出一张支票，因金额较小，财务人员不小心将票据金额仅填写了数码的“￥960 元”，没有记载票据金额的中文大写。忠谙公司业务员也没细看，拿到支票后就放入文件袋。关于该支票，下列哪些选项是正确的？（　　）（司考 2017. 3. 74）

A. 该支票出票行为无效

B. 忠谙公司不享有票据权利

C. 东霖公司应承担票据责任

D. 该支票在使用前应补记票据金额的中文大写

2. 依据票据法的规定，下列有关支票记载事项的表述哪些是正确的？（　　）

A. 支票出票时金额可以授权补记，未补记前的支票不得使用

B. 支票出票时收款人名称可以授权补记，未补记之前不得使用

C. 支票上另行记载付款日期的，该记载无效，票据有效

D. 支票上未记载付款地点的，以付款人的营业场所、住所或经常居住地为付款地点

3. 下列有关支票上记载事项的说法中正确的有（　　）。

A. 支票的出票人不得签发与其预留本名的签名式样或者印鉴不符的支票，否则，该出票行为无效

B. 出票人签发的支票金额超过其付款时在付款人处实有的存款金额的，为空头支票

C. 支票上的付款地必须记载清楚，否则该支票无效

D. 支票上的收款人名称要记载清楚，否则，该支票的出票行为无效

4. 熊某因出差借款。财务部门按规定给熊某开具了一张载明金额 1 万元的现金支票。熊某持支票到银行取款，银行实习生马某向熊某提出了下列问题：你真的是熊某吗？为什么要借 1 万元？熊某拒绝回答，马某遂拒绝付款。根据票据法原理，关于马某行为，下列哪些选项是正确的？（　　）（司考 2007. 3. 71）

A. 侵犯熊某人格尊严

B. 违反票据无因性原理

C. 侵犯持票人权利

D. 违反现金支票见票即付规则

5. 我国的支票分类包括以下哪几种？（　　）

A. 现金支票　　B. 即期支票

C. 远期支票　　D. 转账支票

6. 支票持票人未在规定的提示付款期间内提示付款，则（　　）。

A. 付款人可拒绝付款

B. 持票人可向出票人行使权利

C. 持票人可向背书人行使追索权

D. 持票人不得向背书人行使追索权

7. 张某为支付货款向李某开具了一张票面金额为 10 万元的支票。李某担心张某的信用，于是张某让其朋友陈某在该支票上写上了“保证”字样，并签上了陈某的名字。李某接收该支票后，背书转让给了安某。下列哪些选项是正确的？（　　）

A. 如果张某的出票行为无效，则陈某的保证行为亦无效

B. 如果张某的出票行为无效，并不必然导致保证行为无效

C. 如果安某到银行要求付款被拒绝，其可以向李某、陈某、张某行使追索权

D. 如果陈某在签署保证时附加了承担保证责任的条件，则当该条件未成就时陈某不承担责任

8. 关于支票的表述，下列哪些选项是正确的？（　　）（司考 2015. 3. 74）

A. 现金支票在其正面注明后，可用于转账

B. 支票出票人所签发的支票金额不得超过其付款时在付款人处实有的存款金额

C. 支票上不得另行记载付款日期，否则该记载无效

D. 支票上未记载收款人名称的，该支票无效

三、名词解释

1. 支票

2. 空头支票

四、简答题

1. 简答支票的种类。
2. 简答支票与汇票的异同。

五、案例分析题

1. 2010年9月3日，双喜电器公司的董某在办事途中不慎将本单位一张印章齐全、但未填写收款单位、金额、日期的现金支票遗失。单位负责人获悉情况后立即向开户行办理了挂失手续。9月17日，某建材公司的田某拿着1张金额为5万元的支票到银行提取现金，银行工作人员经查证发现该支票系2周前双喜电器公司的挂失支票，遂拒绝付款。田某指出该支票系某付款单位今日上午提货后立即填写的，不可能在2周前已挂失。银行办事人员拿出挂失凭据，于是双方各执一词，均认为自己有理有据，争执不下，后该建材公司诉至法院。问：银行是否可以受理空白现金支票的挂失？为什么？
2. 甲公司在银行的支票存款共有100万元人民币，该公司签发了一张面额为200万元的转账支票给乙公司。之后甲公司再没有向开户银行存款。请问：

   （1）乙公司所持的支票是否为空头支票？如何判断空头支票？

   （2）空头支票的付款人是否票据债务人？为什么？

   （3）甲公司对空头支票的持票人应负什么责任？
3. 甲公司为了向乙公司购买一批货物，于3月11日签发了一张同城普通支票给乙公司用于支付货款，乙公司的会计在支票左上角划了两条平行线，于3月13日将该支票背书转让给丙公司。之后甲、乙公司之间的买卖合同解除。问：

   （1）持票人丙公司能否要求付款银行支付现金？为什么？

   （2）付款银行能否以甲、乙公司之间的买卖合同解除为理由拒绝向丙公司付款？为什么？

   （3）丙公司于3月23日向付款银行提示付款，银行能否拒绝付款？为什么？

   （4）如果银行不予付款，甲公司能否免除票据责任？为什么？

参考答案

一、单项选择题

1. **答案**：C。支票是出票人签发，委托办理支票存款业务的银行或者其他金融机构在见票时无条件支付确定的金额给收款人或持票人的票据。据此，本题正确答案为C。
2. **答案**：B。本题考查的是有关支票的规定。《票据法》第90条规定："支票限于见票即付，不得另行记载付款日期。……"据此，本题A项表述正确。《票据法》第93条第1款规定："支票的背书、付款行为和追索权的行使，除本章规定外，适用本法第二章有关汇票的规定。"据此，支票也可以背书转让，故本题B项表述不正确。《票据法》规定了汇票和本票的保证，却没有规定支票的保证，故支票没有保证制度，故本题C项表述正确。《票据法》第88条规定："支票的出票人不得签发与其预留本名的签名式样或者印鉴不符的支票。"据此，本题D项表述正确。综上，本题正确答案为B。
3. **答案**：B。本题考查的是有关支票记载事项的规定。《票据法》第86条第1款规定："支票上未记载收款人名称的，经出票人授权，可以补记。"据此，本题正确答案为B。
4. **答案**：C。本题考查的是支票必须记载的事项。《票据法》第84条规定："支票必须记载下列事项：（一）表明'支票'的字样；（二）无条件支付的委托；（三）确定的金额；（四）付款人名称；（五）出票日期；（六）出票人签章。支票上未记载前款规定事项之一的，支票无效。"据此，本题只有C项不是支票必须记载的事项，故为本题正确答案。
5. **答案**：C。本题考查的是三种票据适用的票据行为。《票据法》第45条第1款规定："汇票的债务可以由保证人承担保证责任。"第80条规定："本票的背书、保证、付款行为和追索权的行使，除本章规定外，适用本法第二章有关汇票的规定。本票的出票行为，除本章规定外，适用本法第二十四条关于汇票的规定。”第93条规定：“支票的背书、付款行为和追索权的行使，除本章规定外，适用本法第二章有关汇票的规定。支票的出票行为，除本章规定外，适用本法第二十四条、第二十六条关于汇票的规定。”据此，保证是汇票和本票共有而支票没有的票据行为，故本题正确答案为C。

6. **答案**：A。本题考查的是有关支票的规定。《票据法》第90条规定：“支票限于见票即付，不得另行记载付款日期。另行记载付款日期的，该记载无效。”据此，支票无须提示承兑，故本题A项说法不正确。第92条规定：“付款人依法支付支票金额的，对出票人不再承担受委托付款的责任，对持票人不再承担付款的责任。但是，付款人以恶意或者有重大过失付款的除外。”据此，本题B项说法正确。第86条第4款规定：“出票人可以在支票上记载自己为收款人。”故本题C项说法正确。第83条规定：“……转账支票只能用于转账，不得支取现金。”故本题D项说法正确。综上，本题正确答案为A。

7. **答案**：C。本题考查的是支票的特点。《票据法》第81条规定：“支票是出票人签发的，委托办理支票存款业务的银行或者其他金融机构在见票时无条件支付确定的金额给收款人或者持票人的票据。”据此，支票是见票即付的票据，故支票无须承兑，即使支票上记载了承兑，该记载也无效。故本题正确答案为C。

8. **答案**：C。本题考查的是有关各种支票支付方式的规定。《票据法》第83条规定：“支票可以支取现金，也可以转账，用于转账时，应当在支票正面注明。支票中专门用于支取现金的，可以另行制作现金支票，现金支票只能用于支取现金。支票中专门用于转账的，可以另行制作转账支票，转账支票只能用于转账，不得支取现金。”据此，本题正确答案为C。

二、多项选择题

1. **答案**：CD。《票据法》第84条规定：“支票必须记载下列事项：（一）表明‘支票’的字样；（二）无条件支付的委托；（三）确定的金额；（四）付款人名称；（五）出票日期；（六）出票人签章。支票上未记载前款规定事项之一的，支票无效。”同时，《票据法》第85条规定：“支票上的金额可以由出票人授权补记，未补记前的支票，不得使用。”据此，欠缺票据金额并不会导致支票无效，只要在使用支票前补记金额即可。本题中，出票人因为疏忽，未记载票据金额的中文大写，使用之前补记中文大写即可，不影响支票的效力，故A、B两项错误，C、D两项正确。

2. **答案**：AC。本题考查的是有关支票记载事项的规定。《票据法》第85条规定：“支票上的金额可以由出票人授权补记，未补记前的支票，不得使用。”第90条规定：“支票限于见票即付，不得另行记载付款日期。另行记载付款日期的，该记载无效。”据此，本题A、C项正确。第86条第1款规定：“支票上未记载收款人名称的，经出票人授权，可以补记。”这里没有规定收款人名称未补记之前，票据不得使用，故本题B项不正确。第86条第2款规定：“支票上未记载付款地的，付款人的营业场所为付款地。”故本题D项不正确。

3. **答案**：AB。本题考查的是有关支票上记载事项的规定。《票据法》第88条规定：“支票的出票人不得签发与其预留本名的签名式样或者印鉴不符的支票。”据此，本题A项正确。《票据法》第87条规定：“……出票人签发的支票金额超过其付款时在付款人处实有的存款金额的，为空头支票。……”据此，本题B项正确。《票据法》第86条规定：“支票上未记载收款人名称的，经出票人授权，可以补记。支票上未记载付款地的，付款人的营业场所为付款地。……”据此，付款地、收款人名称不是支票的绝对记载事项，故本题C、D项不正确。

4. **答案**：BCD。所谓人格尊严是指民事主体作为“人”所应有的最基本社会地位、社会评价，并得到起码尊重的权利。本题中，实习生的行为跟侵犯马某的人格尊严没有关系，所以A是错误的。《票据法》第90条规定，支票限于见票即付，本题中，实习生问马某：“你真的是熊某吗？为什么要借1万元？”这违反了票据无因性原则和现金支票见票即付的原则，B、D的说法是正确的。同时实习生拒绝付款，侵犯了持票人马某的票据权利，所以C的说法也是正确的。本题正确答案是B、C、D。

5. 答案：ABD。本题考查的是我国支票的分类。根据我国票据法的规定和实践做法，支票的分类有以下几种：（1）根据是否记名，可将支票划分为记名支票和不记名支票。（2）根据支付期限不同，可将支票划分为即期支票和远期支票，但我国只有即期支票一种。（3）根据支票的支付金融工具种类的不同，可将支票划分为现金支票和转账支票。据此，本题正确答案为A、B、D。

6. 答案：ABD。本题考查的是支票持票人未在规定的提示付款期间内提示付款的后果。《票据法》第91条规定：“支票的持票人应当自出票日起十日内提示付款；异地使用的支票，其提示付款的期限由中国人民银行另行规定。超过提示付款期限的，付款人可以不予付款；付款人不予付款的，出票人仍应当对持票人承担票据责任。”据此，本题A、B项正确。由于这种情况下付款人可以拒绝付款，而背书人是在付款人应当付款而不付款的情况下承担责任，所以这种情况下背书人也不应承担责任，故本题C项不正确，D项正确。

7. 答案：BC。《票据法》第49条规定，保证人对合法取得汇票的持票人所享有的汇票权利，承担保证责任。但是，被保证人的债务因汇票记载事项欠缺而无效的除外。因此只有在张某的出票行为是由于汇票记载事项欠缺而无效时，陈某的保证行为才无效，所以A选项错误，B选项正确。《票据法》第61条规定，汇票到期被拒绝付款的，持票人可以对背书人、出票人以及汇票的其他债务人行使追索权。汇票到期日前，有下列情形之一的，持票人也可以行使追索权：（一）汇票被拒绝承兑的；（二）承兑人或者付款人死亡、逃匿的；（三）承兑人或者付款人被依法宣告破产的或者因违法被责令终止业务活动的。故C项正确。《票据法》第48条规定，保证不得附有条件；附有条件的，不影响对汇票的保证责任。所以D选项错误。本题的正确答案为B、C。

8. 答案：BC。《票据法》第83条第1款规定：“支票可以支取现金，也可以转账，用于转账时，应当在支票正面注明。”据此，一般支票既可以支取现金，也可以转让。《票据法》第83条第2款规定：“支票中专门用于支取现金的，可以另行制作现金支票，现金支票只能用于支取现金。”据此，专门用于支取现金的现金支票不得用于转账，故A项错误。《票据法》第87条第1款规定：“支票的出票人所签发的支票金额不得超过其付款时在付款人处实有的存款金额。”据此，B项正确。要求票据基础关系的真实性是我国《票据法》的基本理念，禁止签发“空头支票”。《票据法》第90条规定：“支票限于见票即付，不得另行记载付款日期。另行记载付款日期的，该记载无效。”据此，C项正确。《票据法》第84条规定：“支票必须记载下列事项：（一）表明‘支票’的字样；（二）无条件支付的委托；（三）确定的金额；（四）付款人名称；（五）出票日期；（六）出票人签章。支票上未记载前款规定事项之一的，支票无效。”据此，收款人名称并非支票的必要记载事项，支票上未记载收款人名称的并不会导致支票无效。《票据法》第86条第1款规定：“支票上未记载收款人名称的，经出票人授权，可以补记。”据此，D项错误。

三、名词解释

1. 答案：支票是出票人签发的，委托办理支票存款业务的银行或者其他金融机构在见票时无条件支付确定的金额给收款人或者持票人的票据。支票具有下列法律特征：（1）支票是票据的一种；(2) 支票的付款人仅限于银行或其他金融机构；(3) 支票是见票即付的票据；(4) 支票的无因性受到一定的限制。

2. **答案**：支票的出票人在与付款人之间不存在资金关系的情况下签发的支票，或者出票人超过资金关系中的约定范围签发的支票，就是所谓的空头支票。

四、简答题

1. **答案**：支票包括以下种类：

(1) 以支票上记载权利的方式为标准，可将支票分为记名式、指示式和无记名式支票。我国《票据法》第 84 条并未将收款人名称作为绝对必要记载事项；而且该法第 86 条规定，支票上未记载收款人名称的，经出票人授权，可以补记。这说明我国《票据法》是承认无记名支票的。

(2) 以支票的付款方式为标准，可将支票分为现金支票和转账支票。根据我国《票据法》第 83 条规定，支票可以支取现金，也可以转账，用于转账时应当在支票正面注明。支票中专门用于支取现金的，可以另行制作现金支票，现金支票只能用于支取现金。支票中专门用于转账的，可以另行制作转账支票，转账支票只能用于转账，不得支取现金。

(3) 以支票当事人是否兼任为标准，可将支票分为一般支票和变式支票。变式支票又有对己支票（出票人以自己为付款人）、指己支票（出票人以自己为收款人）和受付支票（出票人以付款人为收款人）三种。我国《票据法》也承认变式支票。例如，《票据法》第 86 条第 4 款规定："出票人可以在支票上记载自己为收款人。"

2. **答案**：支票与汇票之间存在许多相同之处，主要体现在：支票和汇票都是委付证券；支票和汇票都有三个基本当事人，即出票人、付款人和收款人。支票的出票、背书、付款行为和追索权的行使，如法律没有专门规定，则可以参照适用有关汇票的规定。

支票和汇票之间又有很多不同之处，主要体现在：

支票	汇票
付款人限于银行或其他金融机构	付款人没有此项限制
没有主债务人	在承兑前也没有主债务人，承兑后付款人为主债务人
出票时，出票人与付款人之间必须存在资金关系	无此要求
出票人承担担保付款责任	出票人负有担保承兑和担保付款之责任
见票即付票据，无到期日	有到期日
无承兑制度	有承兑制度

五、案例分析题

1. **答案**：不可以。根据《票据法》第 84 条的规定，支票必须记载下列事项：(1) 表明"支票"的字样；(2) 无条件支付的委托；(3) 确定的金额；(4) 付款人名称；(5) 出票日期；(6) 出票人签章。支票上未记载前款规定事项之一的，支票无效。第 85 条又规定，支票上的金额可以由出票人授权补记，未补记前的支票，不得使用。本案中双喜电器公司丢失的支票尽管印章齐全，但欠缺收款单位、金额和日期。收款单位和金额在完成出票行为之前均可依授权补记，而日期是必须记载于票据且不得授权补记的。仅此一点，就可以断定双喜电器公司丢失的支票还处于无效状态。既然丢失的支票无效，该单位申办挂失，开户银行受理挂失就没有法律依据。因为《票据法》第 15 条规定的"票据丧失，失票人可以及时通知票据的付款人挂失止付"是针对已签发的有效票据而言的。因此，本案中的银行对空白支票的遗失受理挂失是错误的。

2. **答案**：(1) 乙公司所持的支票是空头支票。根据《票据法》第 87 条的规定，出票人签发的支票金额超过其付款时在付款人处实有的存款金额的，为空头支票。出票人所签发的支票是否为空头支票，应以持票人依该支票向付款银行提示付款之时为准，而不能以出票人签发支票时为准。

(2) 空头支票的付款人不是票据债务人。付款人不是票据上的当然债务人，支票中的付款人在支票存款足以支付时才有法定的付款义务；如果是空头支票，则付款人不承担付款义务。

(3) 甲公司作为出票人必须按照签发的支票金额承担保证向该持票人付款的责任。此外，持票人有权要求出票人赔偿支票金额2%的赔偿金。

3. 答案：(1) 不能。普通支票左上角划两条平行线后即成为划线支票，划线支票只能用于转账，不得支取现金。

(2) 不能。甲、乙公司签订的货物买卖合同是票据的原因关系，根据票据关系与票据原因关系相分离的基本原理，原因关系的解除不影响票据的效力。

(3) 可以。我国《票据法》规定同城支票的持票人应当自出票日起10日内提示付款，超过提示付款期限的，付款人可以不予付款。

(4) 不能。我国《票据法》规定因超过提示付款期限而付款人不予付款的情况下，出票人仍应当对持票人承担票据责任。

第三十一章 保险法概述

基础知识图解

- 保险法概述
  - 保险概述
    - 概念
    - 特征：自愿性、有偿性、双向性、损益性、保险金支付的附条件和附期限性、保险功能的互助性
    - 种类
  - 保险法概述
    - 概念
    - 我国保险立法状况
    - 基本原则：最大诚信原则、保险利益原则、损害补偿原则、近因原则

配套测试

一、单项选择题

1. 以下选项所列哪一项不适用我国《保险法》？（ ）

A. 海上保险　　B. 农业保险

C. 财产保险　　D. 人身保险

2. 下列不属于商业保险的险种有（ ）。

A. 人寿保险

B. 家庭财产保险

C. 医疗保险

D. 失业保险

3. 甲为妻子乙投保了以其死亡为给付保险金条件的人身保险，并指定其子丙为受益人。甲投保时并未征得乙同意，但在后来保险公司回访时，乙称对于保险合同的内容已知情且对保险金额予以认可。2017 年 3 月甲与乙离婚，丙由乙抚养。2017 年 12 月，在一次交通事故中，乙与丙同时遇难，且不能确定死亡先后顺序。关于本案，下列哪一说法是正确的？（ ）

A. 保险合同有效，保险金归甲所有

B. 保险合同有效，保险金归丙的继承人

C. 保险合同有效，保险金归乙的继承人

D. 因投保时未征得乙同意，故该保险合同无效，保险公司无须赔偿

二、多项选择题

1. 关于保险利益，下列哪些表述是错误的？（ ）

A. 保险利益本质上是一种经济上的利益，即可以用金钱衡量的利益

B. 人身保险的投保人在保险事故发生时，对保险标的应当具有保险利益

C. 财产保险的被保险人在保险合同订立时，对保险标的应当具有保险利益

D. 责任保险的投保人在保险合同订立时，对保险标的应当具有保险利益

2. 保险法中的保险利益原则是指投保人应当对保险标的具有法律上承认的利益，否则会导致保险合同无效。下列哪些选项符合保险利益原则？（ ）

A. 甲经同事乙同意，为其购买一份人寿险

B. 丙为自己刚出生一个月的孩子购买一份人身险

C. 丁公司为其经营管理的风景区内的一颗巨型钟乳石投保一份财产险

D. 戊公司为其一座已经投保的仓库再投保一份财产险

3. 甲公司投保了财产损失险的厂房被烧毁，甲

公司伪造证明，夸大此次火灾的损失，向保险公司索赔 100 万元，保险公司为查清此事，花费 5 万元。关于保险公司的权责，下列哪些选项是正确的？（　　）（司考 2016. 3. 76）

A. 应当向甲公司给付约定的保险金

B. 有权向甲公司主张 5 万元花费损失

C. 有权拒绝向甲公司给付保险金

D. 有权解除与甲公司的保险合同

三、名词解释

1. 保险

2. 保险标的与保险利益

3. 保险价值

四、简答题

1. 简述保险利益。

2. 简述保险法的最大诚信原则。（西南政法大学 2007 年考研真题）

3. 简述保险利益的意义。

五、论述题

1. 试论述保险的特征。

2. 试述对保险代理人、保险经纪人的管理。

六、案例分析题

某厂女工王某于 2006 年 6 月 22 日为贺某投保（贺某与王某为婆媳关系）。经贺某同意后购买了 10 年期简易人身保险 15 份，指定受益人为贺某之孙、王某之子甲，时年 12 岁。保险费按月从王某的工资中扣缴。交费一年零八个月后，王某与被保险人之子乙离婚，法院判决甲随乙共同生活。离婚后王某仍自愿每月从自己工资中扣缴这笔保险费，从未间断。2009 年 2 月 20 日被保险人贺某病故，4 月王某向保险公司申请给付保险金。与此同时，乙提出被保险人是其母亲，指定受益人甲又随自己共同生活，应由他作为监护人领取这笔保险金。王某则认为投保人是她，交费人也是她，而且她是受益人甲的母亲，也是甲合法的监护人，这笔保险金应由她领取。保险公司则以王某因离婚而对贺某无保险利益为由拒绝给付保险金。

问：（1）王某要求给付保险金的请求是否合理？为什么？

（2）乙要求给付保险金的请求是否合理？为什么？

（3）保险公司拒付理由是否成立？为什么？

（4）本案应当如何处理？为什么？

参考答案

一、单项选择题

1. 答案：B。本题考查的是不适用《保险法》的保险项目。《保险法》第 184 条规定，国家支持发展为农业生产服务的保险事业。农业保险由法律、行政法规另行规定。据此，本题正确答案为 B。

2. 答案：D。本题考查的是商业保险的范围。失业保险是我国社会保险中的一种，属社会保障制度范畴，不属商业性质。社会保险，是指国家通过立法设立社会保险基金，使劳动者在暂时或永久丧失劳动能力以及失业时获得物质帮助和补偿的一种社会保障制度。故本题正确答案为 D。

3. 答案：C。本题考查死亡险追认规则及推定发规则。

根据《保险法》第 42 条，受益人与被保险人在同一事件中死亡，且不能确定死亡先后顺序的，推定受益人死亡在先，保险金作为被保险人的遗产，由保险人依照《民法典》的规定履行给付保险金的义务，A、B 选项错误，C 项正确。根据《保险法解释（三）》第 1 条第 1 款，当事人订立以死亡为给付保险金条件的合同，被保险人同意并认可保险金额可以在合同订立后追认，D 项错误。

二、多项选择题

1. 答案：BCD。《保险法》第 12 条第 6 款规定，保险利益是指投保人或者被保险人对保险标的具有的法律上承认的利益。保险利益的成立需具备三个要件：（1）必须是法律上承认的利益，即合法的利益；（2）必须是经济上的利益，即可以用金钱衡量的利益；（3）必须是可以确定的利益。因此，A 项正确。

《保险法》第 12 条第 1 款规定，人身保险的投保人在保险合同订立时，对被保险人应当具有保险利益。据此可知，人身保险的投保人应该在保险合同订立时对保险标的应当具有保险利益，而非在保险事故发生时对保险标的具有保险利益。因此，B 项错误。

《保险法》第 12 条第 2 款规定，财产保险的被保险人在保险事故发生时，对保险标的应当具有保险利益。据此可知，对于财产保险来说，在保险事故发生时被保险人对保险标的具有保险利益即可，不需要在保险合同订立之时就具有。因此，C 项错误。

责任保险的投保人对保险标的应在何时具有保险利益，《保险法》没有给出明确的规定。但是责任保险属于财产保险的一种，应该适用财产保险的相关规定，即适用在保险事故发生时具有保险利益的规定即可。因此，D 项错误。

2. 答案：ABCD。《保险法》第 31 条规定："投保人对下列人员具有保险利益：（一）本人；（二）配偶、子女、父母；（三）前项以外与投保人有抚养、赡养或者扶养关系的家庭其他成员、近亲属；（四）与投保人有劳动关系的劳动者。除前款规定外，被保险人同意投保人为其订立合同的，视为投保人对被保险人具有保险利益。订立合同时，投保人对被保险人不具有保险利益的，合同无效。"因此，A、B 项正确。C 项中，丁公司对投保的钟乳石有经营管理权，符合保险利益原则，因此，C 项也正确。《保险法》第 56 条规定："重复保险的投保人应当将重复保险的有关情况通知各保险人。重复保险的各保险人赔偿保险金的总和不得超过保险价值。除合同另有约定外，各保险人按照其保险金额与保险金额总和的比例承担赔偿保险金的责任。重复保险的投保人可以就保险金额总和超过保险价值的部分，请求各保险人按比例返还保险费。重复保险是指投保人对同一保险标的、同一保险利益、同一保险事故分别与两个以上保险人订立保险合同，且保险金额总和超过保险价值的保险。"可见《保险法》允许重复投保，不认为其违反保险利益原则，D 项也正确。故四项全选。

3. 答案：AB。《保险法》第 27 条第 3 款规定："保险事故发生后，投保人、被保险人或者受益人以伪造、变造的有关证明、资料或者其他证据，编造虚假的事故原因或者夸大损失程度的，保险人对其虚报的部分不承担赔偿或者给付保险金的责任。"据此，在投保人等夸大损失的情形，保险人对于夸大的部分不支付保险金，对于实际损失则需要按照约定支付保险金，故 A 项正确，C 项错误。

《保险法》第 27 条第 4 款规定："投保人、被保险人或者受益人有前三款规定行为之一，致使保险人支付保险金或者支出费用的，应当退回或者赔偿。"据此，B 项正确。

D 项，投保人等夸大保险损失并非解除保险合同的理由，故 D 项错误。

三、名词解释

1. 答案：保险是指投保人根据合同约定，向保险人支付保险费，保险人对于合同约定的可能发生的事故因其发生所造成的财产损失承担赔偿保险金责任，或者当被保险人死亡、伤残、疾病或者达到合同约定的年龄、期限时承担给付保险金责任的商业保险行为。

2. 答案：保险利益，又称可保利益，是指投保人对保险标的具有的法律上承认的利益。

保险标的，是指作为保险对象的财产及其有关利益或者人的寿命和身体。保险标的必须明确记载于合同，据以判断投保人对其有无保险利益，并确定保险人的保险责任范围。

保险利益是保险标的所要体现的价值，保险标的是保险利益的载体。

3. 答案：保险价值是指投保人与保险人订立保险合同时，作为确定保险金额基础的保险标的的价值，也即投保人对保险标的所享有的保险利益在经济上用货币估计的价值额。

四、简答题

1. 答案：保险利益是指投保人具有的法律上承认的利益。保险利益在财产保险的场合，体现为经济上的利益，即投保人或者被保险人对保险标的的现有利益、因保险标的的现有利益而产生的期待利益、责任利益；在人身保险的场合，体现为人身依附或者信赖关系。保险利益是保险合同成立的条件，投保人对保险标的没有保险利益，所订立的保险合同无效。

财产保险中，保险利益须具有适法性、确定性、可计算性和公益性。所谓适法性是指保险利益应当能够构成符合法律要求的利益，并为法律所承认和受法律的保护。确定性是指投保人或者保险人对保险标的所具有的利害关系，已经确定或者可以确定的，才能构成具有保险利益。可计算性是指投保人或者被保险人对保险标的所具有的现有利益、期待利益和责任利益，唯独具有金钱价值并可以加以计算的，才能构成保险利益。公益性是指投保人或者被保险人对保险标的有保险利益，为社会公益所追求。

人身保险中，除了投保人对自己的身体或者寿命具有保险利益是没有疑问的之外，确认投保人对他人的身体或者寿命有无保险利益，须根据一定的法律原则，或根据利益原则，或根据同意原则，或根据利益和同意兼顾的原则。我国的保险立法和实务基本实行利益和同意兼顾的原则，即投保人和被保险人相互间有经济上的利害关系或者其他利害关系的，投保人对被保险人有保险利益；投保人和被保险人相互间没有利害关系，但是征得被保险人同意订立保险合同的，投保人对被保险人有保险利益。人身保险的保险利益，一般存在以下几种情形：(1) 本人。(2) 家庭成员。但是，除父母为其未成年子女的利益而订立保险合同外，投保人以死亡为给付保险金条件而订立的保险合同，未经被保险人的书面同意和认可保险金额的，保险合同无效。(3) 同意。不论投保人和被保险人相互间有无利害关系，经被保险人书面同意订立人身保险合同的，均视为投保人对被保险人有保险利益。(4) 有其他利害关系的人。主要限于投保人的债务人、投保人的财产或者事务的管理人、投保人的雇员等。

2. 答案：《保险法》第5条规定："保险活动当事人行使权利、履行义务应当遵循诚实信用原则。"最大诚信原则是民商法诚实信用原则在保险法中的具体运用和发展。最大诚信原则在保险合同中的功能。这是由保险的特点所决定的。第一，保险事由的发生具有偶然性，保险人的赔付无疑地为偶然事件所左右。第二，保险人在承保时，对保险标的的危险状况一无所知。需要承保人如实陈述和说明。第三，该保险标的在投保后的多数情况下仍在被保险人控制之下。

该原则具体体现为以下几个方面：

第一，保险当事人应以善意、诚实、守信的态度行使权利、履行义务。

第二，平衡保险当事人间的各种利益冲突。因为保险合同双方当事人不同的交易动机、交易基础和交易目标，加之保险活动具有复杂性、专业性的特性以及保险活动主体判断能力、预见能力的局限性，当事人在交易中往往不能详尽、周全地约定各自的权利义务，纠纷的发生也就因此不可避免。每逢此法律的真空地带，保险法的最大诚信原则就能起到平息争议、补充漏洞的作用。

第三，授予法官自由裁量权，使法官可以根据公平正义的要求进行创造性的司法活动。

3. 答案：保险利益又叫作可保利益，是指被保险人对保险标的具有法律认可的利益，即当保险事故发生时，被保险人将遭受经济损失。保险之所以重视保险利益，其意义主要有三个方面：

(1) 可以防止将保险作为赌博的工具

保险与赌博最本质的区别在于前者具有保险利益。如果允许投保人对保险标的不具有保险利益，那就意味着随意以别人的财产或身体投保，一旦发生保险事故，投保人可以不蒙受任何损失而获得保险金。这样，保险就失去补偿损失的意义而成为赌博，不仅不利于保险业的发展，而且会损害社会的公共秩序和良好风俗。

(2) 可以防止道德危险的发生

道德危险是一种人为的危险，如果投保人对保险标的不具有保险利益而能获得赔款，就可能有意识地制造危险。保险利益则消除了产生道德危险的根源。

(3) 可以限制保险补偿的程度

保险利益是确定保险金额的基础，它使

保险人的赔偿有了一个客观的标准，并使投保人或被保险人不能因投保而得到额外的利益。当然，人身保险有所不同。由于人的价值是无法用金钱来估量的，因而保险利益与保险金额并无关系。只要投保人或受益人对被保险人具有保险利益，那么，当保险事故发生或约定的时间届满时，被保险人或受益人即可依照保险金额获得赔偿。

五、论述题

1. 答案：作为商行为的保险，具有以下特征：

（1）保险的自愿性

通过订立保险合同达到意思表示一致的保险行为，建立在当事人意思自治基础之上，它以当事人自愿为行为有效的必备要件。为此，《保险法》规定，订立保险合同应当遵循自愿订立原则。除了法律、行政法规规定必须保险的以外，保险公司和其他单位不得强制他人订立保险合同。

（2）保险的有偿性

作为商行为之对价，保险人提供保险，以投保人支付或承诺支付保险费为前提。商事保险是商事保险公司经营的以营利为目的的活动。因此，保险是有偿的。它区别于慈善事业。慈善事业以救济贫穷对象为目的，它所实施的活动不收费用，属于赠与行为，其性质是无偿的。

（3）保险行为的双向性

所谓双向，是指双方在法律上互为权利义务关系。保险是保险人与投保人双方约定的法律行为，当事人彼此互为法律上的权利、义务主体。投保人履行交付保险费义务的同时，享有获得保险金的权利。保险人获得收取保险费权利的同时，负有支付保险金的义务。当然，投保人和受益人可以不是同一人，即享受权利的主体会发生变化，但这不改变保险双向性的法律特征。在这方面，保险与单向行为的慈善事业也不一样。慈善机构在遇有灾害事故发生时，是否给予救济、救济多少及采取何种形式都由慈善机构自主决定，不受被救济方条件、要求和法律的约束。此外，保险的保障对象是特定的、稳定的，这种权利只有参加投保的人才能享有，而慈善救济的对象可以是不确定的。

（4）保险的损益性

所谓损益，是指利润与亏损并存。保险是一种典型的损益性商行为。投保人以较少的支出换取较大的经济上的保障，即在投保之后，一旦发生保险事故并出现约定的情形，投保人获得的保险金往往和支付的保险费大相径庭；如果没有发生保险事故，投保人支付的保险费将不能收回。对于保险人而言，其情形则相反。因此，几乎在每一项具体的保险业务中，保险行为的双方当事人都存在获利与亏损的问题。

（5）保险金支付的附条件和附期限性

保险金的支付具有或然性，即它是不确定和偶然的。它只是在保险事故发生之后，即合同约定的条件成立或期限到来时，才支付保险金。这与储蓄人对其存款到期可向银行提取确定的本息的行为不同。

（6）保险功能的互助性

所谓互助，是指经济利益上的彼此帮助和风险的共同分摊。保险从效果上看，它是一种互助合作行为。众多的投保人交付的保险费所建立起来的保险基金，是单个的因发生保险事故而遭受损失的受益人获得经济补偿的资金来源和基础。

2. 答案：保险代理人是指根据保险代理合同或者保险人的授权书，向保险人收取代理手续费，并在保险人授权的范围内代其办理保险业务的人。我国《保险法》第125条规定："个人保险代理人在代为办理人寿保险业务时，不得同时接受两个以上保险人的委托。"保险经纪人，又称保险掮客，是指基于被保险人的利益，代其与保险人洽订保险合同，向保险人收取佣金的人。

（1）保险代理人、保险经纪人的登记领证。保险代理人、保险经纪人未取得管理机关颁发的许可证书、缴存保证金或者投保职业责任保险，领取营业执照，不得经营业务。

（2）保险代理人、保险经纪人的执业限制。

①领取证书的保险代理人、保险经纪人

在办理保险业务时，不得利用行政权力、职务或者职业便利以及其他不正当手段强迫、引诱或者限制投保人订立保险合同。

②保险代理人、保险经纪人应当设立专门账簿，记载业务收支情况，以凭查核。

③保险公司应当设立代理人登记簿以便加强监督和管理。

保险代理人、保险经纪人未取得经营代理业务许可证或经纪业务许可证，非法从事保险代理业务或经纪业务活动的，由金融监督管理部门予以取缔，并依法追究行政责任、刑事责任。保险代理人或保险经纪人在其业务中隐瞒与保险合同有关的重要情况，欺骗投保人、被保险人或者受益人，或者拒不履行保险合同约定的赔偿给付保险金的义务，依法追究行政责任、刑事责任。

六、案例分析题

答案：(1) 王某要求给付保险金的请求不合理。因为在人身保险合同中，由被保险人指定的受益人享有保险金请求权，《保险法》第18条第3款规定，受益人是指人身保险合同中由被保险人或者投保人指定的享有保险金请求权的人。本案中，受益人不是王某，故王某无权请求给付保险金。

(2) 乙要求给付保险金的请求合理。因为乙虽然不是保险金受益人，但其是甲的抚养人和法定代理人，故乙虽然无保险金请求权，却能够代替甲向保险公司请求给付保险金。

(3) 保险公司的拒付理由不成立。因为人身保险利益在时间上的效力与财产保险不同，只要求在订立合同时具有保险利益即可，事故发生时有无保险利益则在所不问。本案王某投保时已征得被保险人同意，视为对贺某具有保险利益；因而事故发生时，王某因离婚而对贺某无保险利益并不影响该合同效力。

(4) 这笔保险金应付给甲。因为甲是未成年人，而乙既是其监护人，又是其抚养人，故由乙代替甲接受保险公司的给付。

第三十二章　保险合同

基础知识图解

- 保险合同
  - 保险合同概述
    - 概念和特征
    - 分类
      - 财产保险合同和人身保险合同
      - 定值保险合同和不定值保险合同
      - 足额、不足额、超额保险合同
      - 个别、集合、总括保险合同
      - 单保险合同、复保险合同
      - 原保险合同、再保险合同
  - 保险合同的主体：保险人、被保险人、投保人、受益人
  - 保险合同的订立：合同的内容和订立的程序
  - 保险合同的有效与无效
  - 保险合同的履行
    - 投保人和保险人的义务
    - 索赔和理赔
    - 代位求偿权
  - 保险合同的变更与终止

配套测试

一、单项选择题

1. 投保人指定受益人时须经（　　）同意。

A. 被保险人　　B. 受益人

C. 保险人　　D. 投保人与保险人

2. 负有支付保险费义务的人是（　　）。

A. 受益人　　B. 由保险合同约定

C. 投保人　　D. 被保险人

3. 根据《保险法》的规定，因第三者对保险标的的损害而造成保险事故的，保险人自向被保险人赔偿保险金之日起，在赔偿金额范围内代位行使被保险人对第三者请求赔偿的权利。这里所谓的第三者不应包括（　　）。

A. 过失造成保险事故的被保险人的家庭成员或者组成人员

B. 故意造成保险事故的被保险人的家庭成员或者组成人员

C. 过失造成保险事故的被保险人的上级主管部门

D. 故意造成保险事故的被保险人的上级主管部门

4. 下列关于重复保险和再保险的表述，不正确的是（　　）。

A. 重复保险就是指投保人对同一保险标的、同一保险利益分别向两个以上保险人订立保险合同的保险

B. 再保险接受人不得向原保险的投保人要求支付保险费；原保险的被保险人或者受益人，不得向再保险接受人提出赔偿或者给付保险金的请求

C. 重复保险的保险金额总和超过保险价值的，各保险人的赔偿金额的总和不得超过保险价值；除合同另有约定外，重复

保险的各个保险人应当按照其保险金额与保险金额总和的比例承担赔偿责任

D. 再保险分出人不得以再保险接受人未履行再保险责任为由，拒绝履行或者迟延履行其原保险责任

5. 投保人因重大过失而未向保险人履行如实告知义务，对保险事故的发生有严重影响的，则（　　）。

A. 保险人有权解除保险合同，但不退还保险费

B. 保险人有权解除合同，对于合同解除前发生的保险事故不承担赔偿或者给付保险金的责任，并不退还保险费

C. 保险人有权解除合同，对于合同解除前发生的保险事故不承担赔偿或者给付保险金的责任，但可以退还保险费

D. 保险人有权解除合同，但对合同解除前发生的保险事故要承担赔偿或者给付保险金的责任

6. 在财产保险合同中，因第三者对保险标的损害而造成保险事故，被保险人的以下四种索赔方法中，不符合《保险法》规定的是（　　）。

A. 直接向保险公司索赔

B. 直接向引起保险事故的第三者索赔

C. 在保险公司支付赔偿金后，就未取得赔偿的部分向引起保险事故的第三者索赔

D. 放弃对引起保险事故的第三者的求偿权，而要求保险公司支付赔偿金

7. 投保人故意不履行如实告知义务的，保险人对于保险合同解除前发生的保险事故，则（　　）。

A. 承担赔偿或者给付保险金的责任，但有权解除合同

B. 承担赔偿或者给付保险金的责任，并无权解除合同

C. 不承担赔偿或者给付保险金的责任，但要退还保险费

D. 不承担赔偿或者给付保险金的责任，并不退还保险费

8. 李某有一辆汽车，在保险公司投保4万元的财产险，后李某驾车游玩，车被孙某撞坏，孙某赔偿李某人民币2万元，那么，下列说法不正确的是（　　）。

A. 保险公司仍赔偿人民币4万元给李某

B. 保险公司应赔偿人民币2万元给李某

C. 若孙某未给予李某赔偿，保险公司给付李某4万元，赔偿后可代位行使对孙某的请求赔偿权

D. 若李某未经保险公司同意放弃孙某赔偿的2万元，则保险公司仍赔偿2万元给李某

9. 保险合同中规定有保险责任免除条件的，保险人在订立保险合同时应当向投保人明确说明，未明确说明的，（　　）。

A. 该合同无效

B. 该条款不产生效力

C. 对该条款作不利于保险人的解释

D. 可以减少投保人的保险费

10. 甲企业对企业的固定资产分别向乙、丙两个保险公司投保财产保险，并签订了保险合同。在保险期间，甲企业的固定资产发生保险事故，致使资产全部灭失。下面有关此事的表述，正确的是（　　）。

A. 甲企业只能选择乙、丙二家中的一家索赔

B. 甲企业可向乙、丙两家同时提出，一个作出赔偿后，另一方责任也免除

C. 如果乙、丙两家中的一家只予赔偿部分损失，甲企业可就不足部分向另一方索赔

D. 除保险合同另有约定外，乙、丙两家按照其保险金额与保险金额总和的比例承担责任

11. 投保方对被保险的财产发现有危险情况，不采取措施消除而造成损失的，则（　　）。

A. 由投保人自己负责

B. 由保险方负责赔偿

C. 由投保人和保险方共同承担责任

D. 投保人有权要求保险方承担全部赔偿责任

12. 保险责任开始前，投保人要求解除合同的，则（　　）。

A. 投保人不得解除保险合同，否则承担违约责任

B. 应当向保险人支付手续费，保险人不退还保险费
C. 保险人退还保险费，并不得收取手续费
D. 应当向保险人支付手续费，保险人应退还保险费

13. 甲公司代理人谢某代投保人何某签字，签订了保险合同，何某也依约交纳了保险费。在保险期间内发生保险事故，何某要求甲公司承担保险责任。下列哪一表述是正确的？（　）（司考 2014. 3. 14）
A. 谢某代签字，应由谢某承担保险责任
B. 甲公司承保错误，无须承担保险责任
C. 何某已经交纳了保险费，应由甲公司承担保险责任
D. 何某默认谢某代签字有过错，应由何某和甲公司按过错比例承担责任

14. 根据《保险法》的规定，被保险人应当遵守国家有关消防、安全、生产操作、劳动保护等方面的规定，维护保险标的的安全。相应地，保险人对此可以采取一系列措施。在下列措施中，哪一项属于保险人所采取的不正当措施？（　）
A. 在投保人、被保险人未按照约定履行其对保险标的安全应尽的责任的，有权解除合同
B. 为维护保险标的的安全，可以采取安全预防措施
C. 可以对保险标的的安全随时进行检查，及时向投保人、被保险人提出不安全因素和隐患的书面建议
D. 在投保人、被保险人未按照约定履行其对保险标的安全应尽的责任的，有权要求增加保险费

15. 甲企业与乙保险公司签订了一份财产保险合同，保险金额为 50 万元。后保险标的发生火灾，甲企业认为自己已经投了保险，未采取任何措施防止火灾扩大，结果多损失了 5 万元。根据有关法律规定，下列表述中正确的有（　）。
A. 乙保险公司应当赔偿甲企业的全部经济损失
B. 乙保险公司应在 50 万元以内赔偿甲企业的经济损失
C. 乙保险公司应在 50 万元以内赔偿甲企业的经济损失，但多损失的 5 万元由甲企业自负
D. 乙保险公司对甲企业损失不负责任，因为甲企业对火灾未采取措施消除

16. 因第三者对保险标的的损害而造成保险事故的，保险人自向被保险人赔偿保险金之日起，在什么范围内代位行使被保险人对第三者的代位求偿权？（　）
A. 保险价值　B. 实际损失额
C. 赔偿金额　D. 保险金额

17. 人身保险合同约定分期支付保险费，投保人支付首期保险费后，在合同没有约定的情况下，投保人超过规定的期限最多（　）未支付当期保险费的，合同效力中止。
A. 30 日　B. 60 日
C. 6 个月　D. 1 年

18. 以死亡为给付保险金条件的合同，自合同成立之日起满多长时间后，如果被保险人是自杀，保险人可以按照合同给付保险金？（　）
A. 1 年　B. 2 年　C. 3 年　D. 5 年

19. 保险事故发生后，被保险人为减少保险标的的损失而支付的合理费用，应由（　）负担。
A. 被保险人
B. 投保人
C. 保险人
D. 由保险人和被保险人协议确定

20. 保险人应在达成赔偿或者给付保险金协议后（　）日内履行其义务。
A. 10　B. 15　C. 20　D. 30

21. 甲将自己的汽车向某保险公司投保财产损失险，附加盗抢险，保险金额按车辆价值确定为 20 万元。后该汽车被盗，在保险公司支付了全部保险金额之后，该车辆被公安机关追回。关于保险金和车辆的处置方法，下列哪一选项是正确的？（　）（司考 2008. 3. 93）
A. 甲无须退还受领的保险金，但车辆归保险公司所有

B. 车辆归甲所有，但甲应退还受领的保险金
C. 甲无须退还保险金，车辆应归甲所有
D. 应由甲和保险公司协商处理保险金与车辆的归属

22. 李某与保险代理人张某洽谈车辆保险事宜，谈妥后李某即与张某签署了盖有保险公司印章的合同并缴付了保费，但张某表示需将保费交回公司后才能签发保单。后李某发生保险事故向该保险公司索赔，保险公司称张某已离职，且其未将保险合同和保费交回公司，故保险公司不能赔偿。对此，下列哪一选项是正确的？（　　）（司考四川 2008.3.31）
A. 保险公司应当支付保险金，保费由保险公司向张某索赔
B. 李某应当向张某索赔车辆损失
C. 李某向保险公司补缴保费后可以获得保险赔偿
D. 待保险公司找到张某追回保费后，李某可以获得赔偿

23. 人身保险合同中，投保人申报的被保险人年龄不真实，并且其真实年龄不符合合同约定的年龄限制的，保险人可以解除合同，并且在扣除手续费后，向投保人退还保险费，但是（　　）除外。
A. 自合同成立之日起逾 2 年的
B. 投保人没有过失的
C. 投保人没有故意的
D. 投保人及时予以更正的

24. 保险合同成立后，除法律另有规定或者保险合同另有约定外，下列何人不得解除保险合同？（　　）
A. 投保人　　B. 受益人
C. 被保险人　　D. 保险人

25. 某企业与保险公司签订 1 份财产保险合同，保险标的为企业的厂房及设备，保险费 2 万元。投保后的第二年，该企业谎称其厂房内的设备被盗，向保险公司提出赔偿请求。依照法律规定，保险公司有权解除保险合同，其对保险费 2 万元的正确处理办法是（　　）。
A. 不退还 2 万元保险费
B. 应退还 2 万元保险费
C. 只退还 2 万元保险费的现金价值
D. 应退还 2 万元保险费及其利息

26. 根据保险价值在保险合同中是否先予确定进行分类，将保险合同分为（　　）。
A. 足额保险合同、不足额保险合同和超额保险合同
B. 定值保险合同和不定值保险合同
C. 补偿性保险合同和给付性保险合同
D. 特定危险保险合同和一切危险保险合同

27. 关于暂保单的法律性质，下列说法正确的是（　　）。
A. 暂保单必须由保险人签发，方可有效
B. 暂保单一经签发，即与保险单具有同等的法律效力
C. 在保险期限内，被保险人可凭暂保单要求保险人承担保险责任
D. 暂保单只能在规定的时间内有效，过期则不具有法律效力

28. 某核电厂为防止核爆炸造成巨额经济损失，向甲保险公司投保了为期 1 年的足额财产保险，保险金额为 10 亿元。核电厂担心一旦发生核爆炸，甲公司无力理赔，于 1 个月后又向乙保险公司投保了为期 2 年的足额财产保险，并通知甲保险公司。之后不久，核电厂因职工操作不慎发生核爆炸。本案的处理结果应为（　　）。
A. 核电厂与乙保险公司签订的保险合同无效，由甲保险公司赔偿 10 亿元
B. 两个保险合同均为有效合同，甲、乙两公司各赔偿 10 亿元
C. 两个保险合同均为有效合同，甲、乙两公司各赔偿 5 亿元
D. 核电厂与甲保险公司签订的保险合同无效，由乙保险公司赔偿 10 亿元

29. 下列选项中属于保险合同的特约条款的是（　　）。
A. 保险标的坐落地点及状况
B. 保险责任开始时间的计算方法
C. 违约责任和争议的处理
D. 约束投保人或被保险人行为的条款

30. 再保险合同在性质上属于（ ）。
A. 定值保险合同
B. 给付保险合同
C. 责任保险合同
D. 强制保险合同

31. 2009年10月11日，刘某为其新建的三层楼房向某保险公司投保了家庭财产保险，保险金额为30万元，保险期限自2009年10月12日零时起至2010年10月11日24时止。同年10月，刘某将楼房出租给个体户潘某堆放化学药品。刘某未将此节内容通知保险公司。2010年5月27日晚，存放在该楼内的化学药品受热起火，三层楼房烧得片瓦不存。事后，刘某持保险单前往保险公司索赔，保险公司应如何处理本案？（ ）
A. 解除保险合同，并就该起事故不承担赔偿责任
B. 解除保险合同，但应就该起事故承担赔偿责任
C. 增加保险费，就该起事故承担赔偿责任
D. 增加保险费，但不得解除保险合同

32. 甲以自己为被保险人向某保险公司投保健康险，指定其子乙为受益人，保险公司承保并出具保单。两个月后，甲突发心脏病死亡。保险公司经调查发现，甲两年前曾做过心脏搭桥手术，但在填写投保单以及回答保险公司相关询问时，甲均未如实告知。对此，下列哪一项表述是正确的？（ ）（司考2015.3.34）
A. 因甲违反如实告知义务，故保险公司对甲可主张违约责任
B. 保险公司有权解除保险合同
C. 保险公司即使不解除保险合同，仍有权拒绝乙的保险金请求
D. 保险公司虽可不必支付保险金，但须退还保险费

二、多项选择题

1. 下列关于保险人的代位求偿权的说法正确的是（ ）。
A. 因第三者对保险标的的损害而造成保险事故的，保险人自向被保险人赔偿保险金之日起，在赔偿金额范围内，取得对第三人的代位求偿权
B. 保险人向被保险人赔偿保险金后，被保险人未经保险人同意放弃对第三者求偿权的，不影响保险人的代位求偿权
C. 保险事故发生后，保险人未赔偿保险金之前，被保险人放弃对第三者请求赔偿的权利的，保险人不享有代位求偿权
D. 人身保险的被保险人因第三者的行为而发生死亡、伤残或疾病等保险事故的，保险人在向被保险人或受益人给付保险金后，对第三人不享有代位求偿权

2. 下列哪些情况下，除合同另有约定外，财产保险合同的保险人应当降低保险费，并按日计算退还相应的保险费？（ ）
A. 保险标的保险价值明显减少
B. 据以确定保险费率的有关情况发生变化，保险标的危险程度明显减少
C. 投保人对保险标的采取了相应保护措施
D. 保险标的被抵押

3. 保险人在下列哪些情况下享有解除保险合同的权利？（ ）
A. 人身保险合同中约定采用分期缴纳保险费的方式，投保人支付首期保险费之后，已超过合同约定的期限两年半未缴纳第二期的保险费的
B. 财产保险中保险事故发生后，被保险人不积极进行施救的
C. 财产保险中保险合同成立后，保险标的的危险程度增加的
D. 人身保险中投保人申报的被保险人年龄不真实，合同成立3个月后，保险人发现被保险人的真实年龄不符合合同约定的年龄限制的

4. 下列关于再保险的说法中正确的有（ ）。
A. 原保险人和再保险人共同对被保险人的请求承担赔偿责任
B. 再保险人只能要求保险分出人支付保险费
C. 再保险合同的双方当事人都必须是保险公司
D. 再保险人按其所收取的保险费的比例承

担赔偿责任，除此以外的赔偿责任不应由再保险人承担

5. 保险标的转让应当通知保险人，经过保险人同意继续承保后，依法变更保险合同，但是下列的哪些保险合同除外？（　　）

A. 财产保险合同

B. 货物运输保险合同

C. 机动车辆保险合同

D. 约定不需通知的合同

6. 代位求偿的例外，包括以下哪些情况？（　　）

A. 保险事故发生后，保险人未赔偿保险金时，被保险人放弃对第三者的请求赔偿的权利的，保险人免除给付保险金的义务

B. 保险人向被保险人赔付保险金后，被保险人无权擅自放弃对第三者的求偿权

C. 由于被保险人的过错致使保险人不能行使代位求偿权的，保险人可以相应扣减保险赔偿金

D. 家庭财产保险中，保险人不得对被保险人的家庭成员或者其组成人员行使代位求偿权，除非这些成员是为了诈取保险金而故意造成保险事故

7. 赵某与某保险公司签订了一份财产保险合同，在下列哪些情况下，该保险公司可以解除与赵某的保险合同？（　　）

A. 赵某故意隐瞒事实，不履行如实告知义务

B. 赵某因过失未履行如实告知义务，足以影响保险公司是否承保或者提高保险费率

C. 赵某在未发生保险事故的情况下，谎称发生保险事故

D. 在合同有效期内，该保险合同标的的危险程度增加

8. 下列费用应由保险人负担的有（　　）。

A. 保险事故发生后，保险人、被保险人为查明和确定保险事故的性质、原因和保险标的损失程度所支付的必要的、合理的费用

B. 保险事故发生后，被保险人为防止或者减少保险标的的损失所支付的必要的、合理的费用

C. 保险事故发生后，被保险人向保险人索赔而支出的必要的、合理的费用

D. 责任保险的被保险人因给第三者造成损害的保险事故而被提起仲裁或者诉讼的，除合同另有约定外，由被保险人支付仲裁或者诉讼费用以及其他必要的、合理的费用

9. 根据我国《保险法》，在以下哪些情形下，保险人不承担给付保险金的责任？（　　）

A. 以死亡为给付保险金条件的合同，被保险人在合同成立之日起的二年内自杀的

B. 以死亡为给付保险金条件的合同，被保险人自合同成立之日起满二年后自杀的

C. 被保险人故意犯罪导致其自身伤残、死亡的

D. 投保人、受益人故意造成被保险人死亡、伤残或疾病的

10. 被保险人死亡后，遇有下列情形之一的，保险金作为被保险人的遗产，由保险人向被保险人的继承人履行给付保险金的义务（　　）。

A. 没有指定受益人

B. 受益人先于被保险人死亡，没有其他受益人的

C. 唯一的受益人故意造成被保险人死亡的

D. 受益人在被保险人死亡后也死亡的

11. 在人身保险合同中，合同约定分期支付保险费，投保人支付首期保险费后，除合同另有约定外，投保人超过60日未支付当期保险费的，会产生以下哪些法律后果？（　　）

A. 合同效力终止

B. 合同效力中止

C. 保险人按照约定的条件减少保险金额

D. 合同自行解除

12. 下列关于保险的说法，正确的有（　　）。

A. 投保人申报的被保险人年龄不真实的，保险人可以解除合同

B. 投保人不得为无民事行为能力人投保以死亡为给付保险金条件的人身保险

C. 以死亡为给付保险金条件的合同，合同无效

D. 父母可以为其未成年子女投保以死亡为给付保险金条件的合同

13. 保险法规定，投保人对下列选项中的（　　）应具有保险利益。

A. 本人

B. 配偶、子女、父母

C. 与投保人有抚养、赡养或者扶养关系的家庭其他成员、近亲属

D. 同意投保人为其订立合同的被保险人

14. 保险合同具有下列哪些特征？（　　）

A. 非要式合同　　B. 实践性合同

C. 有偿合同　　D. 双务合同

15. 下列哪些人在知道保险事故发生后，应当及时通知保险人？（　　）

A. 投保人　　B. 利害关系人

C. 被保险人　　D. 受益人

16. 关于保险合同，下列说法正确的是（　　）。

A. 货物运输保险合同和运输工具航程保险合同，保险责任开始后，合同当事人可以解除合同

B. 保险金额可以超过保险价值，但超过保险价值的部分，双方当事人应在合同中约定

C. 重复保险的保险金额可以超过保险价值，各保险人的赔偿金额的总和不得超过保险价值

D. 保险合同可以约定特殊条款，赋予保险人解除保险合同之权利

17. 某甲为其一辆轿车投保后，为骗取赔偿金，故意将轿车在路边撞毁，则保险公司对此（　　）。

A. 可解除保险合同

B. 不承担赔偿责任

C. 不退还保险费

D. 不承担保险责任，但应退还保险费

18. 投保人因过失未履行如实告知的义务足以影响保险人决定是否同意承保的，保险人（　　）。

A. 有权解除保险合同

B. 无权解除保险合同

C. 对保险合同解除前发生的保险事故不承担责任，并不退还保险费

D. 对保险合同解除前发生的保险事故不承担责任，但可退还保险费

19. 保险合同中应当包括下列事项（　　）。

A. 保险人名称和住所

B. 投保人、被保险人名称和住所

C. 保险费及交付办法

D. 订立合同的日期

20. 下列情况中，保险人有权解除保险合同的是（　　）。

A. 被保险人故意制造保险事故

B. 投保人、被保险人未按照约定履行保护保险标的安全应尽的责任

C. 标的的危险程度增加

D. 人身保险合同效力中止 2 年内保险人与投保人未达成协议

21. 保险标的危险增加时，保险人（　　）。

A. 可解除合同

B. 可要求增加保险费

C. 在维持原保险合同的情况下，可以标的危险增加对被保险人进行抗辩

D. 不作任何表示，视为默认

22. 被保险人未按约定履行其对保险标的安全应尽的责任时，保险人（　　）。

A. 可以要求增加保险费

B. 可以解除合同

C. 可以要求增加保险费，但不得解除合同

D. 可以要求解除合同，若不解除合同不得增加保险费

23. 保险责任开始前，投保人要求解除合同的，（　　）。

A. 投保人无须承担任何费用

B. 投保人应向保险人支付手续费

C. 保险人应全部退还保险费

D. 保险人仅退还部分保险费

24. 保险标的发生部分损失的，（　　）。

A. 在保险人赔偿后 30 天内，投保人可终止合同

B. 保险人可终止合同，但应提前 15 日通知投保人

C. 投保人要求终止合同的，不得要求退还未受损失部分保险费的余额

D. 保险人要求终止合同的，要退还未受损失部分保险费的余额

25. 某保险公司与刘某签订了一份财产保险合

同，后该保险公司解除了与刘某的保险合同，保险公司解除合同的可能的法律依据有哪些？（　　）

A. 刘某故意隐瞒事实，不履行如实告知的义务

B. 刘某因过失未履行如实告知义务，足以影响保险人决定是否同意承保或者提高保险费率

C. 保险人、受益人在未发生保险事故的情况下，谎称发生了保险事故

D. 投保人、被保险人或者受益人故意制造保险事故

26. 关于投保人在订立保险合同时的告知义务，下列哪些表述是正确的？（　　）（司考2014.3.76）

A. 投保人的告知义务，限于保险人询问的范围和内容

B. 当事人对询问范围及内容有争议的，投保人负举证责任

C. 投保人未如实告知投保单询问表中概括性条款时，则保险人可以此为由解除合同

D. 在保险合同成立后，保险人获悉投保人未履行如实告知义务，但仍然收取保险费，则保险人不得解除合同

27. 2007年7月，陈某为其母投保人身保险时，为不超过保险公司规定的承保年龄，在申报被保险人年龄时故意少报了二岁。2009年9月保险公司发现了此情形。对此，下列哪些选项是正确的？（　　）（司考2010.3.77）

A. 保险公司有权解除保险合同，但需退还投保人已交的保险费

B. 保险公司无权解除保险合同

C. 如此时发生保险事故，保险公司不承担给付保险金的责任

D. 保险人有权要求投保人补交少交的保险费，但不能免除其保险责任

28. 甲为其妻乙投保意外伤害保险，指定其子丙为受益人。对此，下列哪些选项是正确的？（　　）（司考2010.3.78）

A. 甲指定受益人时须经乙同意

B. 如因第三人导致乙死亡，保险公司承担保险金赔付责任后有权向该第三人代位求偿

C. 如乙变更受益人无须甲同意

D. 如丙先于乙死亡，则出现保险事故时保险金作为乙的遗产由甲继承

29. 保险合同变更后，保险人在原保险单或者其他保险凭证上进行批注，几种不同的批注方式并存的时候，（　　）。

A. 签发时间在后的批注的效力优于签发时间在前的批注的效力

B. 打印的批注的效力优于附贴批注的效力

C. 手写批注的效力优于附贴批注的效力

D. 手写批注的效力优于打印批注的效力

30. 下列哪些情形下，保险合同部分无效？（　　）

A. 保险人未向投保人说明免责条款的

B. 保险人未向投保人说明全部条款的

C. 保险金额超过保险价值的

D. 保险金额低于保险价值的

31. 保险法中的保险利益原则是指投保人应当对保险标的具有法律上承认的利益，否则会导致保险合同无效。下列哪些选项符合保险利益原则？（　　）（司考2007.3.72）

A. 甲经同事乙同意，为其购买一份人寿险

B. 丙为自己刚出生一个月的孩子购买一份人身险

C. 丁公司为其经营管理的风景区内的一颗巨型钟乳石投保一份财产险

D. 戊公司为其一座已经投保的仓库再投保一份财产险

三、名词解释

1. 再保险合同（中国人民大学2008年考研真题）

2. 保险人

3. 受益人

4. 索赔、理赔（华东政法大学2006年考研真题）

5. 超额保险与重复保险（华东政法大学2007年考研真题）

四、简答题

1. 简述投保人应具备哪些要件？

2. 简述保险欺诈及其法律后果。
3. 保险合同的成立与生效。
4. 简述保险利益及其与保险合同的关系。（华东政法大学 2007 年考研真题）
5. 简述保险当事人和保险关系人的概念。
6. 试述保险合同的解除。
7. 保险合同中的投保人的告知义务。

五、案例分析题

1. A 县保险公司与该县某村村民姜某于 2010 年 4 月 5 日签订了一份麦场夏粮火灾保险合同。姜某投保 10 亩麦田，以预测承保亩产 800 公斤，每公斤 1 元计算，共承保麦子 8000 公斤，保险金额为 8000 元。合同约定：A 县保险公司自 2010 年 6 月 5 日麦子入场到 7 月 2 日，对姜某麦场上的麦子承保火灾保险。在此期间，麦场发生火灾造成的损失，由保险方负责赔偿。但是，如果是由于投保方及其家属的故意行为造成火灾，火灾以外的自然灾害和意外事故，投保方违反交通部门的规定在公路上碾打麦子发生火灾三种情况，造成小麦损失时，保险方不负赔偿责任。同时合同约定了投保方的义务：在起保日前，按保险金额的 1‰一次性交清保险费，遵守公安消防及有关部门的规定，做好防火安全工作，麦场发生火灾，应积极施救，尽量减少损失等。合同签订日那天，姜某向 A 县保险公司一次性交清保险费 80 元，合同生效。6 月 7 日，姜某将麦子收割入场，6 月 10 日姜某外出办事，麦场无人看管，下午 3 时左右发生了火灾，经群众抢救扑火，四垛麦子除一垛外，其余全部烧毁，剩余一垛麦子 2000 公斤。火灾发生次日，姜某将火灾发生的情况及时通知 A 县保险公司，A 县保险公司协同 A 县公安局等有关单位作了勘查，A 县公安局结论是火灾原因不明。姜某按照保险合同的约定向 A 县保险公司请求偿付受损失麦子的价值共 6000 元。A 县保险公司以实际产量低于预测产量因而只能依实际产量赔偿损失为由，拒绝按保险合同规定的保险金额赔偿。姜某诉到人民法院。问：

（1）保险索赔和理赔的程序是什么？

（2）本案中双方当事人各自的举证责任是什么？

2. 2010 年 11 月 2 日，孙某夫妇每人投保了 100 万元人寿保险并交纳了保险费，11 月 3 日，保险公司同意承保并签发了正式保单，保单上约定承担保险责任的起始时间为 11 月 3 日零时。11 月 4 日，孙某夫妇在外出途中发生车祸，当场死亡。事后，保单受益人孙某夫妇的父母向保险公司索赔。保险公司认为，根据该公司投保的内部规定，人身保险合同金额巨大的，应当报总公司批准并且必须经过体检后方可承保，孙某夫妇违反了保险公司关于投保方面的规定，故该保单没有发生法律效力。保险公司据此作出了拒赔决定。受益人不服，向法院起诉，要求保险公司承担给付保险金的责任。问：法院应如何处理本案？为什么？

3. 张某为其未成年的儿子向保险公司投保“儿童平安险”，双方在协商过程中，保险公司告知张某在人寿保险的格式合同上，载有“合同以被保险人身体检查合格为生效要件”的条款。张某在合同文本上签了字，并缴纳了合同约定的保险费。但是，在张某带儿子去医院体检的路上发生了车祸，其子不幸身亡。张某向保险公司请求支付保险金，被保险公司拒绝。对于本案，有两种不同的意见：一种意见认为保险公司不应当支付保险金，因为保险合同尚未生效；另一种意见认为保险公司应当支付保险金，因被保险人的死亡与体检是否通过没有关系。你支持哪种意见？并说明你的法律及法理依据。

4. 2009 年 3 月，某厂 45 岁的机关干部龚某因患胃癌（亲属因怕其情绪波动，未将真实病情告诉本人）住院治疗手术后出院，并正常参加工作，8 月 24 日，龚某经吴某推荐，与之一同到保险公司投保了简易人身险，办妥有关手续。填写投保单时没有申报身患癌症的事实。

2010 年 5 月，龚某旧病复发，经医治无效死亡。龚某的妻子以指定受益人的身份，到保险公司请求给付保险金。保险公司在审查提交有关的证明时，发现在龚某的病史上，载明其曾患癌症并动过手术，于是拒绝给付保险金。龚妻以丈夫不知自己患何种病，未违反告知义务为由抗辩，双方因此发生纠纷。问：保险公司应如何处理？

参考答案

一、单项选择题

1. **答案**：A。本题考查的是对投保人指定受益人具有同意权的主体。《保险法》第39条规定，人身保险的受益人由被保险人或者投保人指定。投保人指定受益人时须经被保险人同意。投保人为与其有劳动关系的劳动者投保人身保险，不得指定被保险人及其近亲属以外的人为受益人。被保险人为无民事行为能力人或者限制民事行为能力人的，可以由其监护人指定受益人。据此，本题正确答案为A。

2. **答案**：C。本题考查的是负有支付保险费义务的主体。《保险法》第10条第2款规定："投保人是指与保险人订立保险合同，并按照合同约定负有支付保险费义务的人。"据此，本题正确答案为C。

3. **答案**：A。本题考查的是保险人不得行使代位求偿权的对象。《保险法》第62条规定："除被保险人的家庭成员或者其组成人员故意造成本法第六十条第一款规定的保险事故外，保险人不得对被保险人的家庭成员或者其组成人员行使代位请求赔偿的权利。"据此，本题正确答案为A。

4. **答案**：A。见《保险法》第29条、第56条。

5. **答案**：C。本题考查的是投保人因过失而未向保险人履行如实告知义务的后果。《保险法》第16条第5款规定："投保人因重大过失未履行如实告知义务，对保险事故的发生有严重影响的，保险人对于合同解除前发生的保险事故，不承担赔偿或者给付保险金的责任，但应当退还保险费。"据此，本题正确答案为C。

6. **答案**：D。本题考查的是有关第三者责任造成保险事故的规定。《保险法》第60条规定："因第三者对保险标的的损害而造成保险事故的，保险人自向被保险人赔偿保险金之日起，在赔偿金额范围内代位行使被保险人对第三者请求赔偿的权利。前款规定的保险事故发生后，被保险人已经从第三者取得损害赔偿的，保险人赔偿保险金时，可以相应扣减被保险人从第三者已取得的赔偿金额。保险人依照本条第一款的规定行使代位请求赔偿的权利，不影响被保险人就未取得赔偿的部分向第三者请求赔偿的权利。"据此，被保险人可以直接向保险公司索赔、直接向引起保险事故的第三者索赔，以及在保险公司支付赔偿金后，就未取得赔偿的部分向引起保险事故的第三者索赔，故本题A、B、C项符合规定。第61条第1款规定："保险事故发生后，保险人未赔偿保险金之前，被保险人放弃对第三者请求赔偿的权利的，保险人不承担赔偿保险金的责任。"据此，本题D项不符合规定，为本题正确答案。

7. **答案**：D。本题考查的是投保人故意不履行如实告知义务的后果。《保险法》第16条第4款规定："投保人故意不履行如实告知义务的，保险人对于合同解除前发生的保险事故，不承担赔偿或者给付保险金的责任，并不退还保险费。"据此，本题正确答案为D。

8. **答案**：A。本题考查的是因第三者的责任造成保险事故的处理。《保险法》第60条规定："因第三者对保险标的的损害而造成保险事故的，保险人自向被保险人赔偿保险金之日起，在赔偿金额范围内代位行使被保险人对第三者请求赔偿的权利。前款规定的保险事故发生后，被保险人已经从第三者取得损害赔偿的，保险人赔偿保险金时，可以相应扣减被保险人从第三者已取得的赔偿金额。……"第61条规定："保险事故发生后，保险人未赔偿保险金之前，被保险人放弃对第三者请求赔偿的权利的，保险人不承担赔偿保险金的责任。……"据此，本题B、C、D项表述正确。A项表述不正确，为本题正确答案。

9. **答案**：B。本题考查的是保险人的告知义务。《保险法》第17条规定，订立保险合同，采用保险人提供的格式条款的，保险人向投保人提供的投保单应当附格式条款，保险人应当向投保人说明合同的内容。对保险合同中免除保险人责任的条款，保险人在订立合同时应当在投保单、保险单或者其他保险凭证上作出足以引起投保人注意的提示，并对该条款的内容以书面或者口头形式向投保人作出明确说明；未作提示或者明确说明的，该条款不产生效力。

10. 答案：D。本题考查的是重复保险时各保险人的责任。《保险法》第 56 条规定："重复保险的投保人应当将重复保险的有关情况通知各保险人。重复保险的各保险人赔偿保险金的总和不得超过保险价值。除合同另有约定外，各保险人按照其保险金额与保险金额总和的比例承担赔偿保险金的责任……"据此，本题正确答案为 D。

11. 答案：A。本题考查的是投保人怠于维护保险标的的后果。《保险法》第 52 条规定，在合同有效期内，保险标的的危险程度显著增加的，被保险人应当按照合同约定及时通知保险人，保险人可以按照合同约定增加保险费或者解除合同。保险人解除合同的，应当将已收取的保险费，按照合同约定扣除自保险责任开始之日起至合同解除之日止应收的部分后，退还投保人。被保险人未履行前款规定的通知义务的，因保险标的的危险程度显著增加而发生的保险事故，保险人不承担赔偿保险金的责任。据此，本题正确答案为 A。

12. 答案：D。本题考查的是保险责任开始前，投保人要求解除合同的处理。《保险法》第 54 条规定，保险责任开始前，投保人要求解除合同的，应当按照合同约定向保险人支付手续费，保险人应当退还保险费。保险责任开始后，投保人要求解除合同的，保险人应当将已收取的保险费，按照合同约定扣除自保险责任开始之日起至合同解除之日止应收的部分后，退还投保人。据此，本题正确答案为 D。

13. 答案：C。《保险法解释（二）》第 3 条第 1 款规定，投保人或者投保人的代理人订立保险合同时没有亲自签字或者盖章，而由保险人或者保险人的代理人代为签字或者盖章的，对投保人不生效；但投保人已经交纳保险费的，视为其对代签字或者盖章行为的追认。本题中，甲公司代理人谢某代替投保人何某签字，一开始对投保人不生效；但投保人何某交纳了保险费，说明其认可保险合同，故保险合同成立并且生效。《保险法》第 14 条规定，保险合同成立后，投保人按照约定交付保险费，保险人按照约定的时间开始承担保险责任。据此，保险事故发生后，应当由甲公司承担责任，C 项正确。本题中，保险合同有效成立，谢某及甲公司都无缔约过失，不存在缔约过失责任问题，故 A、B、D 项均错误。

14. 答案：B。本题考查的是保险人为维护保险标的的安全有权采取的措施。《保险法》第 51 条规定，被保险人应当遵守国家有关消防、安全、生产操作、劳动保护等方面的规定，维护保险标的的安全。保险人可以按照合同约定对保险标的的安全状况进行检查，及时向投保人、被保险人提出消除不安全因素和隐患的书面建议。投保人、被保险人未按照约定履行其对保险标的的安全应尽责任的，保险人有权要求增加保险费或者解除合同。保险人为维护保险标的的安全，经被保险人同意，可以采取安全预防措施。据此，保险人可以采取本题 A、C、D 项措施。因为采取安全预防措施，必须经过被保险人同意，故保险人不得自行采取本题 B 项措施。综上，本题正确答案为 B。

15. 答案：C。本题考查的是被保险人防止或减少损失的义务。《保险法》第 57 条第 1 款规定："保险事故发生时，被保险人应当尽力采取必要的措施，防止或者减少损失。"据此，本题中的甲企业没有尽到防止或减少损失的义务，因此对火灾扩大造成的 5 万元损失应由其自己承担。故本题正确答案为 C。

16. 答案：C。本题考查的是保险人行使代位求偿权的范围。《保险法》第 60 条第 1 款规定：“因第三者对保险标的的损害而造成保险事故的，保险人自向被保险人赔偿保险金之日起，在赔偿金额范围内代位行使被保险人对第三者请求赔偿的权利。”据此，本题正确答案为 C。

17. 答案：B。本题考查的是人身保险合同中止的情况。《保险法》第 36 条规定，合同约定分期支付保险费，投保人支付首期保险费后，除合同另有约定外，投保人自保险人催告之日起超过三十日未支付当期保险费，或者超过约定的期限六十日未支付当期保险费的，合同效力中止，或者由保险人按照合同约定的条件减少保险金额。被保险人在前款规定期限内发生保险事故的，保险人应当按照合同约定给付保险金，但可以扣减欠交的保险费。据此，本题正确答案为 B。

18. 答案：B。本题考查的是人身保险中特定情形的成立。《保险法》第 44 条规定，以被保险人死亡为给付保险金条件的合同，自合同成立或者合同效力恢复之日起二年内，被保险人自杀的，保险人不承担给付保险金的责任，但被保险人自杀时为无民事行为能力人的除外。保险人依照前款规定不承担给付保险金责任的，应当按照合同约定退还保险单的现金价值。据此，本题正确答案为 B。

19. 答案：C。本题考查的是被保险人为减少损失而支付的合理费用的承担者。《保险法》第 57 条第 2 款规定：“保险事故发生后，被保险人为防止或者减少保险标的的损失所支付的必要的、合理的费用，由保险人承担；保险人所承担的费用数额在保险标的的损失赔偿金额以外另行计算，最高不超过保险金额的数额。”据此，本题正确答案为 C。

20. 答案：A。本题考查的是保险人履行赔偿或者给付保险金义务的期限。《保险法》第 23 条规定，保险人收到被保险人或者受益人的赔偿或者给付保险金的请求后，应当及时作出核定；情形复杂的，应当在三十日内作出核定，但合同另有约定的除外。保险人应当将核定结果通知被保险人或者受益人；对属于保险责任的，在与被保险人或者受益人达成赔偿或者给付保险金的协议后十日内，履行赔偿或者给付保险金义务。保险合同对赔偿或者给付保险金的期限有约定的，保险人应当按照约定履行赔偿或者给付保险金义务。据此，本题正确答案为 A。

21. 答案：A。《保险法》第 59 条规定，保险事故发生后，保险人已支付了全部保险金额，并且保险金额等于保险价值的，受损保险标的的全部权利归于保险人；保险金额低于保险价值的，保险人按照保险金额与保险价值的比例取得受损保险标的的部分权利。本题中，因为保险人支付了全部保险金额，而且保险金额相等于保险价值，所以车辆的全部权利归于保险人，答案 A 是正确的。

22. 答案：A。《保险法》第 13 条第 1 款规定，投保人提出保险要求，经保险人同意承保，保险合同成立。保险人应当及时向投保人签发保险单或者其他保险凭证。该法第 14 条规定，保险合同成立后，投保人按照约定交付保险费；保险人按照约定的时间开始承担保险责任。本题中，张某与李某已经就保险事宜达成一致，并签署了盖有保险公司印章的合同且李某缴付了保费，保险合同已经成立，保险公司应当承担保险责任，李某发生保险事故后有权向保险公司索赔，故选项 B 说法错误。李某已经缴付了保费，是由于保险代理人张某的原因未交回公司，保险公司无权要求李某再补缴保费，故选项 C 说法错误。保险公司向李某支付保险金是应承担的责任，并不能以保险公司追回保费为条件，故 D 项说法错误。保险公司支付保险金后，可以向张某索赔。故本题的正确答案为 A。

23. 答案：A。本题考查的是投保人的如实申报义务。《保险法》第 32 条规定，投保人申报的被保险人年龄不真实，并且其真实年龄不符合合同约定的年龄限制的，保险人可以解除合同，并按照合同约定退还保险单的现金价值。保险人行使合同解除权，适用本法第16条第3款、第6款的规定。投保人申报的被保险人年龄不真实，致使投保人支付的保险费少于应付保险费的，保险人有权更正并要求投保人补交保险费，或者在给付保险金时按照实付保险费与应付保险费的比例支付。投保人申报的被保险人年龄不真实，致使投保人支付的保险费多于应付保险费的，保险人应当将多收的保险费退还投保人。故A项为正确答案。

24. 答案：D。见《保险法》第15条。

25. 答案：A。本题考查的是有关保险欺诈的规定。《保险法》第27条第1款规定，未发生保险事故，被保险人或者受益人谎称发生了保险事故，向保险人提出赔偿或者给付保险金请求的，保险人有权解除合同，并不退还保险费。据此，本题正确答案为A。

26. 答案：B。本题考查的是保险合同的基本分类。根据保险价值在保险合同中是否先予确定，可将保险合同分为定值保险合同和不定值保险合同。定值保险合同，又称"定价保险合同"，是指当事人双方事先确定保险标的的价值并载明于保险单中的一种保险合同。不定值保险合同，是指当事人不事先约定保险标的的价值的保险合同。据此，本题正确答案为B。

27. 答案：D。本题考查的是暂保单的法律性质。暂保单是指在保险单发出以前出立给投保人的一种临时保险凭证。按照保险惯例，暂保单一般由保险代理人签发。暂保单在保险单正式出立以前使用，具有和保险单同等的效力。保险单一经出立，则暂保单的效力归并到保险单中。暂保单的使用一般有时间限制，只能在规定的时间内有效。据此，本题正确答案为D。

28. 答案：C。本题考查的是重复保险的处理。《保险法》第56条第2款规定："重复保险的各保险人赔偿保险金的总和不得超过保险价值。除合同另有约定外，各保险人按照其保险金额与保险金额总和的比例承担赔偿保险金的责任。"据此，本题中两个保险合同均有效，但两家保险公司赔偿的总额不得超过保险价值。由于两个合同的保险金额均为10亿元，两家保险公司应平均分摊赔偿责任，即每家赔偿5亿元。故本题正确答案为C。

29. 答案：D。本题考查的是保险合同中的特约条款。保险合同的特约条款是指保险合同双方当事人在保险合同基本条款以外确定的其他保险条款。《保险法》第18条规定："保险合同应当包括下列事项：……（三）保险标的……（五）保险期间和保险责任开始时间……（九）违约责任和争议处理……"据此，本题A、B、C项都属于法律规定保险合同应当包括的事项，故D项属于保险合同的特约条款，为本题正确答案。

30. 答案：C。本题考查的是再保险合同的性质。再保险合同是相对于原保险合同的一种分类，又称分保险合同，是指保险人以其承保的保险责任的一部或全部为保险标的，向其他保险人转保而订立的保险合同。再保险合同以原保险合同的保险责任为标的，故一般认为再保险合同在性质上为责任保险合同。故本题正确答案为C。

31. 答案：A。本题考查的是保险标的危险程度增加时被保险人的告知义务。《保险法》第52条规定，在合同有效期内，保险标的的危险程度显著增加的，被保险人应当按照合同约定及时通知保险人，保险人可以按照合同约定增加保险费或者解除合同。保险人解除合同的，应当将已收取的保险费，按照合同约定扣除自保险责任开始之日起至合同解除之日止应收的部分后，退还投保人。被保险人未履行前款规定的通知义务的，因保险标的的危险程度显著增加而发生的保险事故，保险人不承担赔偿保险金的责任。据此，本题正确答案为A。

32. 答案：B。《保险法》第16条第1款规定："订立保险合同，保险人就保险标的或者被保险人的有关情况提出询问的，投保人应当如实告知。"本题中，甲在填写投保单以及回答保险公司相关询问时，未如实说明自己两年前曾做过心脏搭桥手术，违反了投保人的告知义务。在投保人违反告知义务时，《保险法》给予保险人的救济措施是保险人可以解除保险合同或者不承担赔偿责任之类，并不涉及追究投保人的违约责任问题，故A项错误。

《保险法》第16条第2款规定："投保人故意或者因重大过失未履行前款规定的如实告知义务，足以影响保险人决定是否同意承保或者提高保险费率的，保险人有权解除合同。"本题中，投保人甲故意或者因重大过失而未履行告知义务，保险公司可以解除保险合同，B项正确。

《保险法》第16条第4款规定："投保人故意不履行如实告知义务的，保险人对于合同解除前发生的保险事故，不承担赔偿或者给付保险金的责任，并不退还保险费。"《保险法》第16条第5款规定："投保人因重大过失未履行如实告知义务，对保险事故的发生有严重影响的，保险人对于合同解除前发生的保险事故，不承担赔偿或者给付保险金的责任，但应当退还保险费。"本题中，投保人甲或者是故意违反告知义务，或者构成因重大过失而未履行告知义务，保险公司对保险合同解除前发生的保险事故都不承担保险责任，就此而言，C项应该是正确的。但C项中"不解除保险合同"的说法不够妥当，容易引发误解。命题人可能据此认为C项错误。

D项，根据《保险法》第16条第5款规定，只有在投保人因为重大过失而未履行告知义务时，保险公司才需要退还保险费。本题中，难以确定投保人甲属于因重大过失而未履行告知义务，更多的可能反而是故意违反告知义务，故D项错误。

二、多项选择题

1. **答案**：ABCD。本题考查的是有关保险人的代位求偿权的规定。《保险法》第60条第1款规定："因第三者对保险标的的损害而造成保险事故的，保险人自向被保险人赔偿保险金之日起，在赔偿金额范围内代位行使被保险人对第三者请求赔偿的权利。"据此，本题A项正确。第61条第1款规定："保险事故发生后，保险人未赔偿保险金之前，被保险人放弃对第三者请求赔偿的权利的，保险人不承担赔偿保险金的责任。"在这种情况下，保险人既然不承担赔偿责任，也就自然不享有代位求偿权，故本题C项正确。第61条第2款规定："保险人向被保险人赔偿保险金后，被保险人未经保险人同意放弃对第三者请求赔偿的权利的，该行为无效。"据此，本题B项正确。第46条规定："被保险人因第三者的行为而发生死亡、伤残或者疾病等保险事故的，保险人向被保险人或者受益人给付保险金后，不享有向第三者追偿的权利。……"据此，本题D项正确。
2. **答案**：AB。本题考查的是保险人应当降低保险费并按日计算退还相应的保险费的情况。《保险法》第53条规定："有下列情形之一的，除合同另有约定外，保险人应当降低保险费，并按日计算退还相应的保险费：（一）据以确定保险费率的有关情况发生变化，保险标的的危险程度明显减少的；（二）保险标的的保险价值明显减少的。"据此，本题正确答案为A、B。
3. **答案**：ACD。《保险法》第36条规定，合同约定分期支付保险费，投保人支付首期保险费后，除合同另有约定外，投保人自保险人催告之日起超过三十日未支付当期保险费，或者超过约定的期限六十日未支付当期保险费的，合同效力中止，或者由保险人按照合同约定的条件减少保险金额。被保险人在前款规定期限内发生保险事故的，保险人应当按照合同约定给付保险金，但可以扣减欠交的保险费。据此，A项正确。《保险法》第57条"保险事故发生时，被保险人应当尽力采取必要的措施，防止或者减少损失"规定的是被保险人的积极义务，如果被保险人消极施救，也不能成为解除合同的要件，据此B项错误。《保险法》第52条规定，在合同有效期内，保险标的的危险程度显著增加的，被保险人应当按照合同约定及时通知保险人，保险人可以按照合同约定增加保险费或者解除合同。保险人解除合同的，应当将已收取的保险费，按照合同约定扣除自保险责任开始之日起至合同解除之日止应收的部分后，退还投保人。被保险人未履行前款规定的通知义务的，因保险标的的危险程度显著增加而发生的保险事故，保险人不承担赔偿保险金的责任。据此，C 项正确。《保险法》第 32 条规定，投保人申报的被保险人年龄不真实，并且其真实年龄不符合合同约定的年龄限制的，保险人可以解除合同，并按照合同约定退还保险单的现金价值。保险人行使合同解除权，适用本法第 16 条第 3 款、第 6 款的规定。投保人申报的被保险人年龄不真实，致使投保人支付的保险费少于应付保险费的，保险人有权更正并要求投保人补交保险费，或者在给付保险金时按照实付保险费与应付保险费的比例支付。投保人申报的被保险人年龄不真实，致使投保人支付的保险费多于应付保险费的，保险人应当将多收的保险费退还投保人。据此，D 项正确。

4. **答案**：BC。本题考查的是有关再保险的规定和原理。《保险法》第 28 条第 1 款规定："保险人将其承担的保险业务，以分保形式部分转移给其他保险人的，为再保险。"《保险法》第 29 条第 1 款规定："再保险接受人不得向原保险的投保人要求支付保险费。"再保险需要签订合同，合同的当事人均是有保险资格的保险公司，一方称为分出公司，另一方称为分入公司。再保险合同的标的，是分出公司所承担的赔偿责任，分入公司不是直接对保险事故的损失赔偿，而是对分出公司所应承担的责任进行约定的补偿，因此，再保险人只能要求保险分出人支付约定的保险费，不得向原保险的投保人要求支付保险费。据此，本题正确答案为 B、C。

5. **答案**：BD。本题考查的是保险标的的转让不需通知保险人的情况。《保险法》第 49 条第 2 款规定，保险标的转让的，被保险人或者受让人应当及时通知保险人，但货物运输保险合同和另有约定的合同除外。据此，本题正确答案为 B、D。

6. **答案**：ABCD。本题考查的是代位求偿权的例外。根据《保险法》第 61 条、第 62 条的规定，代位请求赔偿的例外有以下四种情况：①保险事故发生后，保险人未赔偿保险金之前，被保险人放弃对第三者的请求赔偿的权利的，保险人不承担赔偿保险金的责任；②保险人向被保险人赔偿保险金后，被保险人未经保险人同意放弃对第三者请求赔偿的权利的，该行为无效；③由于被保险人的过错致使保险人不能行使代位请求赔偿的权利的，保险人可以相应扣减保险赔偿金，以使被保险人就自己的过错分担部分责任；④在家庭财产保险中，保险人不得对被保险人的家庭成员或者其组成人员行使代位请求赔偿的权利，除非这些成员有故意造成保险事故的行为。据此，本题正确答案为 A、B、C、D。

7. **答案**：ABC。见《保险法》第 16 条、第 27 条、第 52 条。

8. **答案**：ABD。本题考查的是保险中有关费用的承担。《保险法》第 64 条规定："保险人、被保险人为查明和确定保险事故的性质、原因和保险标的的损失程度所支付的必要的、合理的费用，由保险人承担。"故本题 A 项正确。第 57 条第 2 款规定："保险事故发生后，被保险人为防止或者减少保险标的的损失所支付的必要的、合理的费用，由保险人承担；……" 故本题 B 项正确。第 66 条规定："责任保险的被保险人因给第三者造成损害的保险事故而被提起仲裁或者诉讼的，被保险人支付的仲裁或者诉讼费用以及其他必要的、合理的费用，除合同另有约定外，由保险人承担。"故本题 D 项正确。C 项于法无据，故不正确。

9. **答案**：ACD。本题考查的是人身保险中保险人不承担责任的情况。《保险法》第 44 条规定，以被保险人死亡为给付保险金条件的合同，自合同成立或者合同效力恢复之日起二年内，被保险人自杀的，保险人不承担给付保险金的责任，但被保险人自杀时为无民事行为能力人的除外。保险人依照前款规定不承担给付保险金责任的，应当按照合同约定退还保险单的现金价值。据此，本题 A 项正确，B项不正确。《保险法》第45条规定，因被保险人故意犯罪或者抗拒依法采取的刑事强制措施导致其伤残或者死亡的，保险人不承担给付保险金的责任。投保人已交足二年以上保险费的，保险人应当按照合同约定退还保险单的现金价值。据此，本题C项正确。《保险法》第43条规定，投保人故意造成被保险人死亡、伤残或者疾病的，保险人不承担给付保险金的责任。投保人已交足二年以上保险费的，保险人应当按照合同约定向其他权利人退还保险单的现金价值。受益人故意造成被保险人死亡、伤残、疾病的，或者故意杀害被保险人未遂的，该受益人丧失受益权。据此，本题D项正确。

10. 答案：ABC。本题考查的是保险人向被保险人的继承人给付保险金的情况。《保险法》第42条规定，被保险人死亡后，有下列情形之一的，保险金作为被保险人的遗产，由保险人依照《中华人民共和国继承法》的规定履行给付保险金的义务：(1) 没有指定受益人，或者受益人指定不明无法确定的；(2) 受益人先于被保险人死亡，没有其他受益人的；(3) 受益人依法丧失受益权或者放弃受益权，没有其他受益人的。受益人与被保险人在同一事件中死亡，且不能确定死亡先后顺序的，推定受益人死亡在先。第43条第2款规定，受益人故意造成被保险人死亡、伤残、疾病的，或者故意杀害被保险人未遂的，该受益人丧失受益权。据此，本题A、B、C项正确。如受益人在被保险人死亡后死亡，保险金应作为受益人的遗产，故本题D项不正确。

11. 答案：BC。本题考查的是人身保险中投保人超过60日未支付当期保险费的后果。《保险法》第36条规定，合同约定分期支付保险费，投保人支付首期保险费后，除合同另有约定外，投保人自保险人催告之日起超过三十日未支付当期保险费，或者超过约定的期限六十日未支付当期保险费的，合同效力中止，或者由保险人按照合同约定的条件减少保险金额。被保险人在前款规定期限内发生保险事故的，保险人应当按照合同约定给付保险金，但可以扣减欠交的保险费。据此，本题正确答案为B、C。

12. 答案：BD。本题考查的是有关保险的某些方面的规定。《保险法》第32条第1款规定，投保人申报的被保险人年龄不真实，并且其真实年龄不符合合同约定的年龄限制的，保险人可以解除合同，并按照合同约定退还保险单的现金价值。保险人行使合同解除权，适用本法第16条第3款、第6款的规定。据此，本题A项不完全正确。《保险法》第33条规定，投保人不得为无民事行为能力人投保以死亡为给付保险金条件的人身保险，保险人也不得承保。父母为其未成年子女投保的人身保险，不受前款规定限制。但是，因被保险人死亡给付的保险金总和不得超过国务院保险监督管理机构①规定的限额。故本题B、D项正确，C项不正确。

13. 答案：ABCD。本题考查的是人身保险中投保人对其具有保险利益的人员范围。《保险法》第31条规定："投保人对下列人员具有保险利益：(一) 本人；(二) 配偶、子女、父母；(三) 前项以外与投保人有抚养、赡养或者扶养关系的家庭其他成员、近亲属；(四) 与投保人有劳动关系的劳动者。除前款规定外，被保险人同意投保人为其订立合同的，视为投保人对被保险人具有保险利益……"据此，本题正确答案为A、B、C、D。

14. 答案：ACD。本题考查的是保险合同的特征。保险合同是非要式合同。《保险法》第13条规定："投保人提出保险要求，经保险人同意承保，保险合同成立。……"根据这一规定，只要投保人与保险人就合同条款达成一致，合同就成立，无须采用特定方

① 编者注：2018年中国银行保险监督管理委员会正式挂牌，中国银行业监督管理委员会和中国保险监督管理委员会不再保留。2023年，在中国银行保险监督管理委员会基础上组建国家金融监督管理总局，不再保留中国银行保险监督管理委员会。

式。在保险合同中，投保人负有依合同约定交纳保险费的义务，保险人负有按约定支付保险金的义务，故保险合同是双务、有偿合同。保险合同不需要实际交付标的物，故保险合同不是实践性合同，而是诺成性合同。综上，本题正确答案为A、C、D。

15. 答案：ACD。本题考查的是对保险事故负有通知义务的人。《保险法》第21条规定，投保人、被保险人或者受益人知道保险事故发生后，应当及时通知保险人。据此，本题正确答案为A、C、D。

16. 答案：CD。本题考查的是有关保险合同各方面的规定。《保险法》第50条规定："货物运输保险合同和运输工具航程保险合同，保险责任开始后，合同当事人不得解除合同。"故本题A项不正确。第55条第3款规定："保险金额不得超过保险价值。超过保险价值的，超过部分无效，保险人应当退还相应的保险费。"据此，本题B项不正确。《保险法》第56条第2款规定，重复保险的各保险人赔偿保险金的总和不得超过保险价值。据此，C项正确。《保险法》第15条规定，除本法另有规定或者保险合同另有约定外，保险合同成立后，投保人可以解除合同，保险人不得解除合同。据此，保险合同可以约定保险人的合同解除权，故本题D项正确。

17. 答案：ABC。本题考查的是被保险人故意制造保险事故的后果。《保险法》第27条第2款规定："投保人、被保险人故意制造保险事故的，保险人有权解除合同，不承担赔偿或者给付保险金的责任；除本法第四十三条规定外，不退还保险费。"第43条第1款规定："投保人故意造成被保险人死亡、伤残或者疾病的，保险人不承担给付保险金的责任。投保人已交足二年以上保险费的，保险人应当按照合同约定向其他权利人退还保险单的现金价值。"本题未提及甲制造保险事故是为故意造成被保险人死亡、伤残或疾病的，故不应适用该款的例外。综上，本题正确答案为A、B、C。

18. 答案：AD。本题考查的是投保人的告知义务。《保险法》第16条规定，订立保险合同，保险人就保险标的或者被保险人的有关情况提出询问的，投保人应当如实告知。投保人故意或者因重大过失未履行前款规定的如实告知义务，足以影响保险人决定是否同意承保或者提高保险费率的，保险人有权解除合同。前款规定的合同解除权，自保险人知道有解除事由之日起，超过三十日不行使而消灭。自合同成立之日起超过二年的，保险人不得解除合同；发生保险事故的，保险人应当承担赔偿或者给付保险金的责任。投保人故意不履行如实告知义务的，保险人对于合同解除前发生的保险事故，不承担赔偿或者给付保险金的责任，并不退还保险费。投保人因重大过失未履行如实告知义务，对保险事故的发生有严重影响的，保险人对于合同解除前发生的保险事故，不承担赔偿或者给付保险金的责任，但应当退还保险费。保险人在合同订立时已经知道投保人未如实告知的情况的，保险人不得解除合同；发生保险事故的，保险人应当承担赔偿或者给付保险金的责任。保险事故是指保险合同约定的保险责任范围内的事故。据此，本题正确答案为A、D。

19. 答案：ABCD。本题考查的是保险合同的内容。《保险法》第18条第1款规定："保险合同应当包括下列事项：（一）保险人的名称和住所；（二）投保人、被保险人的姓名或者名称、住所，以及人身保险的受益人的姓名或者名称、住所……（七）保险费以及支付办法……（十）订立合同的年、月、日。"据此，本题正确答案为A、B、C、D。

20. 答案：ABCD。本题考查的是保险人有权解除合同的情形。《保险法》第27条第2款规定："投保人、被保险人故意制造保险事故的，保险人有权解除合同……"第51条第3款规定："投保人、被保险人未按照约定履行其对保险标的的安全应尽责任的，保险人有权要求增加保险费或者解除合同。"第52条第1款规定："在合同有效期内，保险标的的危险程度显著增加的，被保险人应当按照合同约定及时通知保险人，保险人可以按照合同约定增加保险费或者解除合同……”第 37 条第 1 款规定：“……自合同效力中止之日起满二年双方未达成协议的，保险人有权解除合同。”据此，本题正确答案为 A、B、C、D。

21. 答案：ABD。本题考查的是保险标的危险程度增加时保险人的权利。《保险法》第 52 条规定，在合同有效期内，保险标的的危险程度显著增加的，被保险人应当按照合同约定及时通知保险人，保险人可以按照合同约定增加保险费或者解除合同。保险人解除合同的，应当将已收取的保险费，按照合同约定扣除自保险责任开始之日起至合同解除之日止应收的部分后，退还投保人。被保险人未履行前款规定的通知义务的，因保险标的的危险程度显著增加而发生的保险事故，保险人不承担赔偿保险金的责任。据此，本题 A、B、D 项正确。

22. 答案：AB。本题考查的是被保险人未按约定履行其对保险标的安全应尽的责任时，保险人的权利。《保险法》第 51 条第 3 款规定：“投保人、被保险人未按照约定履行其对保险标的的安全应尽责任的，保险人有权要求增加保险费或者解除合同……”据此，本题正确答案为 A、B。

23. 答案：BC。本题考查的是保险责任开始前，投保人要求解除合同的处理。《保险法》第 54 条规定：“保险责任开始前，投保人要求解除合同的，应当按照合同约定向保险人支付手续费，保险人应当退还保险费。”据此，本题正确答案为 B、C。

24. 答案：ABD。本题考查的是保险标的发生部分损失时的处理。《保险法》第 58 条规定，保险标的发生部分损失的，自保险人赔偿之日起三十日内，投保人可以解除合同；除合同另有约定外，保险人也可以解除合同，但应当提前十五日通知投保人。合同解除的，保险人应当将保险标的未受损失部分的保险费，按照合同约定扣除自保险责任开始之日起至合同解除之日止应收的部分后，退还投保人。据此，本题正确答案为 A、B、D。

25. 答案：ABCD。本题考查的是保险人可以解除合同的情况。《保险法》第 16 条第 2 款、第 3 款规定，投保人故意或者因重大过失未履行前款规定的如实告知义务，足以影响保险人决定是否同意承保或者提高保险费率的，保险人有权解除合同。前款规定的合同解除权，自保险人知道有解除事由之日起，超过 30 日不行使而消灭。自合同成立之日起超过 2 年的，保险人不得解除合同；发生保险事故的，保险人应当承担赔偿或者给付保险金的责任。第 27 条规定：“未发生保险事故，被保险人或者受益人谎称发生了保险事故，向保险人提出赔偿或者给付保险金请求的，保险人有权解除保险合同，并不退还保险费。投保人、被保险人故意制造保险事故的，保险人有权解除保险合同……”据此，本题正确答案为 A、B、C、D。

26. 答案：AD。《保险法解释（二）》第 6 条第 1 款规定，投保人的告知义务限于保险人询问的范围和内容。当事人对询问范围及内容有争议的，保险人负举证责任。据此，A 项正确，B 项错误。

《保险法解释（二）》第 6 条第 2 款规定，保险人以投保人违反了对投保单询问表中所列概括性条款的如实告知义务为由请求解除合同的，人民法院不予支持。但该概括性条款有具体内容的除外。据此，C 项错误。

《保险法解释（二）》第 7 条规定，保险人在保险合同成立后知道或者应当知道投保人未履行如实告知义务，仍然收取保险费，又依照保险法第 16 条第 2 款的规定主张解除合同的，人民法院不予支持。据此，D 项正确。

27. 答案：BD。选项 A、C 错误，选项 B 正确。《保险法》第 16 条第 3 款规定，投保人因违反如实告知义务致保险人享有的合同解除权，自保险人知道有解除事由之日起，超过 30 日不行使而消灭。自合同成立之日起超过 2 年的，保险人不得解除合同；发生保险事故的，保险人应当承担赔偿或者给付保险金的责任。本题中，合同成立已超过 2 年，保险人不得解除合同，发生保险事故的，保险人应当承担赔偿或者给付保险金的责任。

选项 D 正确。《保险法》第 32 条第 2 款规定，投保人申报的被保险人年龄不真实，致使投保人支付的保险费少于应付保险费的，保险人有权更正并要求投保人补交保险费，或者在给付保险金时按照实付保险费与应付保险费的比例支付。

28. 答案：ACD。选项 A 正确。《保险法》第 39 条第 2 款规定，投保人指定受益人时须经被保险人同意。投保人为与其有劳动关系的劳动者投保人身保险，不得指定被保险人及其近亲属以外的人为受益人。据此可知，本题中甲指定丙为受益人时须经乙同意。

选项 B 错误。《保险法》第 46 条规定，被保险人因第三者的行为而发生死亡、伤残或者疾病等保险事故的，保险人向被保险人或者受益人给付保险金后，不享有向第三者追偿的权利，但被保险人或者受益人仍有权向第三者请求赔偿。

选项 C 正确。《保险法》第 41 条规定，被保险人或者投保人可以变更受益人并书面通知保险人。保险人收到变更受益人的书面通知后，应当在保险单或者其他保险凭证上批注或者附贴批单。投保人变更受益人时须经被保险人同意。据此可知，投保人变更受益人的，须经被保险人同意，被保险人变更受益的，不需要经过投保人同意。

选项 D 正确。《保险法》第 42 条第 1 款第 2 项规定，受益人先于被保险人死亡，没有其他受益人的，保险金作为被保险人的遗产，由保险人依照《继承法》的规定履行给付保险金的义务。据此可知，丙先于乙死亡，则出现保险事故时保险金作为乙的遗产由甲继承。

29. 答案：ABCD。本题考查的是保险合同变更时几种不同的批注的效力关系。根据保险实践，批注通常采用附贴、打印或手写的方式。几种不同的批注方式并存的时候，一般是签发时间在后的批注的效力优于签发时间在前的批注的效力；打印的批注的效力优于附贴批注的效力；而手写批注的效力又优于附贴、打印批注的效力。故本题正确答案为 A、B、C、D。

30. 答案：AC。本题考查的是某些情形对保险合同效力的影响。根据《保险法》第 17 条规定，订立保险合同，采用保险人提供的格式条款的，保险人向投保人提供的投保单应当附格式条款，保险人应当向投保人说明合同的内容。对保险合同中免除保险人责任的条款，保险人在订立合同时应当在投保单、保险单或者其他保险凭证上作出足以引起投保人注意的提示，并对该条款的内容以书面或者口头形式向投保人作出明确说明；未作提示或者明确说明的，该条款不产生效力。根据《保险法》第 55 条第 3 款规定，保险金额不得超过保险价值。超过保险价值的，超过部分无效，保险人应当退还相应的保险费。故本题 A、C 项正确。根据《保险法》的规定，保险人对保险合同中免除保险人责任的条款，保险人在订立合同时应当在投保单、保险单或者其他保险凭证上作出足以引起投保人注意的提示，并就内容作出说明，无论未作出提示或者是未做出说明的，该条款都不产生效力。故 B 项不正确，保险金低于保险价值，对保险合同的效力没有影响，故本题 D 项不正确。

31. 答案：ABCD。《保险法》第 12 条规定，投保人对保险标的应当具有保险利益。投保人对保险标的不具有保险利益的，保险合同无效。保险利益是指投保人对保险标的具有的法律上承认的利益。保险标的是指作为保险对象的财产及其有关利益或者人的寿命和身体。第 31 条规定："投保人对下列人员具有保险利益：（一）本人；（二）配偶、子女、父母；（三）前项以外与投保人有抚养、赡养或者扶养关系的家庭其他成员、近亲属……除前款规定外，被保险人同意投保人为其订立合同的，视为投保人对被保险人具有保险利益……”所以A、B项是正确的。C、D项为投保人对财产性质保险标的具有保险利益，所以也是正确的。这里着重说一下D项中的重复保险问题。《保险法》第56条规定：“重复保险的投保人应当将重复保险的有关情况通知各保险人。重复保险的各保险人赔偿保险金的总和不得超过保险价值。除合同另有约定外，各保险人按照其保险金额与保险金额总和的比例承担赔偿保险金的责任。重复保险的投保人可以就保险金额总和超过保险价值的部分，请求各保险人按比例返还保险费。重复保险是指投保人对同一保险标的、同一保险利益、同一保险事故分别与两个以上保险人订立保险合同，且保险金额总和超过保险价值的保险。”选项D所述情形是重复保险的行为，重复保险的行为并不违反保险利益原则。

三、名词解释

1. **答案**：再保险合同是指保险人将其承担的保险业务以承保形式部分转移给其他保险人而订立的合同。

2. **答案**：保险人又称承保人，是指与投保人订立保险合同，并承担赔偿或者给付保险金责任的保险人。保险人具有以下特征：其一，保险人仅指依法定程序设立并取得经营资格的保险组织；其二，保险人在保险合同成立期间享有保险费请求权；其三，保险人在承保危险事故发生后依其承保的保险责任负有损害赔偿或者给付保险金的义务。

3. **答案**：受益人又称保险金受领人，是指人身保险合同中由被保险人或者投保人指定的享有保险金请求权的人。受益人并不是每个保险合同关系中必有的对象，在人身死亡保险合同中投保人通常会指定受益人作为保险金受领人。受益人具有如下特征：

   其一，受益人享有保险金的请求权；

   其二，受益人由被保险人或者投保人指定；

   其三，投保人、被保险人本人可以为受益人；

   其四，受益人不受有无民事行为能力及保险利益的限制。

4. **答案**：索赔是保险事故发生后，被保险人或受益人根据保险合同约定，向保险人提出支付保险金要求的行为。索赔是被保险人行使保险合同权利的一个重要环节，原则上应当由被保险人提出，被保险人享有索赔权。

   理赔是指保险人处理被保险人提出的索赔要求，处理有关保险赔偿的工作。理赔是保险人履行保险合同义务的关键环节，保险人应遵循重合同、守信用、实事求是的原则，主动、迅速、准确、合理地理赔。

   区别：(1) 索赔和理赔的主体不同。索赔的主体是被保险人或受益人，理赔的主体是保险人。(2) 索赔有时间限制。(3) 索赔需要提供证据。

5. **答案**：超额保险是指当事人在保险合同中规定的保险金额超过财产价值的保险。财产保险中保险人承担的是补偿实际损失责任，对保险金额中超过财产价值的部分无赔偿义务。

   重复保险是指投保人对同一保险标的、同一保险利益、同一保险事故分别向二个以上保险人订立数个保险合同的保险。重复保险往往会造成保险金额总和超过保险标的的实际价值的情况。重复保险并不要求保单承保完全相同的利益、危险或期限。各保单之间只要存在重叠现象，便属重复保险。

   超额保险和重复保险的区别是：(1) 超额保险的当事人在保险合同中规定的保险金额必然超过财产价值，而重复保险只是可能造成保险金额总和超过保险标的的实际价值的情况；(2) 超额保险的保险人只有一个，而重复保险的保险人有二个以上；(3) 超额保险的保险金额超过财产价值，而重复保险中各单笔保险的保险金额数额低于财产价值。

   二者的相同点是：二者都只存在于财产保险之中，人身保险不存在超额保险和重复保险问题；二者都很可能造成保险金额或保险金额总和超过保险标的实际价值的情况。

四、简答题

1. **答案**：投保人应具备三个要件：其一，投保人必须具有民事权利能力和民事行为能力，无民事行为能力的人和限制民事行为能力的人未征得他的法定代理人同意所订立的保险合同均为无效合同；其二，投保人对保险标的应当具有保险利益，保险利益是指投保人对保险标的具有的法律上承认的利益，如果投保人对保险标的不具有保险利益，保险合同无效；其三，投保人须承担支付保险费的义务。这种支付义务包括投保人为自己的利益订立合同和为他人利益订立合同所必须承担的支付保险费义务。

2. 答案：保险欺诈及其法律后果：

(1) 谎称保险事故

被保险人或者受益人在未发生保险事故的情况下，谎称发生了保险事故，向保险人提出赔偿或者给付保险金的请求的，保险人有权解除保险合同，并且不退还保险费，情节严重构成犯罪的，依法追究其刑事责任。

(2) 故意制造保险事故

投保人、被保险人或者受益人故意制造保险事故的，保险人有权解除保险合同，不承担赔偿或者给付保险金的责任，也不退回保险费，情节严重构成犯罪的，依法追究其刑事责任。唯一例外的就是在人身保险中投保人、受益人故意造成被保险人死亡、伤残或者疾病的，保险人不承担给付保险金的责任。但是，投保人已经交足2年以上保险费的，保险人应当按照合同的约定向其他享有权利的受益人退还保险单的现金价值。

(3) 虚报损失

保险事故发生后，投保人、被保险人或者受益人以伪造、变造的有关证明、资料或者其他证据，编造虚假的事故原因或者夸大损失程度的，保险人对其虚报的部分不承担赔偿或者给付保险金的责任，情节严重构成犯罪的，依法追究其刑事责任。

3. 答案：(1) 保险合同成立

依据合同法的理论，所谓合同的成立，是指合同因符合一定的要件而客观存在，其具体表现就是将要约人单方面的意思表示转化为双方一致的意思表示。

①保险合同是一项民事法律行为，也是一项合同行为，因而，保险合同不仅受保险法的调整，还应当受民法和合同法的调整，所以，保险合同的成立一定要符合民事法律行为的成立要件和合同的成立要件。

保险合同的一般成立要件有三：其一，投保人提出保险要求；其二，保险人同意承保；其三，保险人与投保人就合同的条款达成协议。这三个要件，实质上仍是合同法所规定的要约和承诺的过程。因此，保险合同原则上应当在当事人通过要约和承诺的方式达成意思表示一致时即告成立。

②保险合同成立不需要具备的要件

由于保险合同为诺成性合同，为避免误解，应注意保险合同的成立不需要具备以下要件：

①不应以保险单或保险凭证的交付为要件；

②不应以保险费的交付为要件。

(2) 保险合同的生效

保险合同的生效，是指已经成立的保险合同对当事人产生的法律约束力。我国《民法典》第119条规定："依法成立的合同，对当事人具有法律约束力。"据此，只有依法成立的保险合同才具有法律效力。

具体言之，保险合同的生效条件有三：

第一，主体合格，即双方当事人在订立保险合同时具有相应的民事行为能力。就投保人而言，必须是具有完全民事行为能力的自然人、依法成立的法人或者其他经济组织；就保险人而言，必须是依法设立的保险公司，且须在其营业执照核准的营业范围内订立保险合同。

第二，意思表示真实，即双方当事人在订立保险合同时的意思表示必须符合自己的真实内在意思。如投保人故意谎报被保险人的年龄、健康状况，隐瞒保险标的真实情况而与保险人签订的保险合同，保险人由于受欺诈，虽然与投保人就保险合同达成了协议，但没有反映出当事人的真实内在意思，也即表意与真意不一致，由此产生的保险合同应属无效合同。

第三，合同内容合法，即保险合同的内

容不得违反法律或社会公共利益。就保险合同而言，则要求双方当事人签订保险合同应严格遵守《保险法》及有关法律法规，否则保险合同无效。

4. 答案：保险合同的客体，就是保险利益。“保险利益”一词也称为“可保利益”“被保险利益”“可保权益”等。我国立法称为“保险利益”。保险利益是投保人或被保险人对于保险标的，因具有各种利害关系而得以享有的经济利益。不论财产保险还是人身保险，保险事故发生后，投保人或被保险人皆未受损，则表明无保险利益存在。

（1）保险利益是保险合同的标的

成立保险合同的时候，首先要明确保险人要对在哪些对象上发生的保险事故承担责任。这些对象就为保险标的，这也就是保险事故发生所在的本体。在有形财产保险合同中称为保险标的物，在其他保险合同中称为保险标的。在保险合同中，明确载明保险标的，对投保人来说，就是明确他们所要求转嫁风险的范围。对保险人来说，则是指明他对哪些财产、责任或人的生命承担保险责任。

保险标的是保险合同所载明的内容。但是保险合同订立的目的并非保障保险标的本身的安危，因为将保险标的投保后并不能保证保险标的不发生危险，不遭受损失，而是在于在保险标的遭损后得到经济上的补偿。保险合同实际上保障的是投保人或被保险人对保险标的所具有的利益，即保险利益。保险责任只是对特定的标的因特定的危险事故而使特定的人在经济上遭到特定的损失时进行赔偿。可见，投保人和被保险人在保险合同中要求保险人给予保障的只是其对保险标的的利益。所以保险合同的客体不是保险标的本身而是基于保险标的之上的利益，即保险利益。

（2）保险利益是保险合同生效的根据

投保人或被保险人对保险标的具有保险利益是保险合同生效的依据。签订合同时，投保人要有保险利益才有资格投保。索赔时，被保险人要具有保险利益才能有向保险人的索赔权。否则，即使保险标的遭到保险事故的毁损，被保险人也无权索赔，因为其“无利益”也就“无损失”。

对同一标的如有多个保险利益，可就不同的保险利益，签订不同的保险合同。反之，如果在数个保险标的上具有同一保险利益，投保人或被保险人可以就不同的标的订立一个保险合同。甚至保险标的是不特定的，随时流动交替的，但保险利益是同一的，也可以订立一个总括保险合同。

（3）保险利益并非保险合同的利益

保险利益是指投保人或被保险人对特定财产或特定对象所存在的利害得失关系。这一种关系一般在保险合同订立之前已经存在，或者已有形成的条件（如即将交付的货物），以这一利害得失关系即保险利益为保险合同的标的订立合同，旨在保障这一利益的安全。所以在保险合同一成立即要求存在保险利益。保险合同的利益则是指因保险合同生效后取得的利益。如被保险人因保险事故发生有依约定索取赔偿的利益，这一利益又可称为保险权益。保险合同所生的保险权益，可以由权利人自由转让。

5. 答案：保险当事人，是缔结保险合同的法律主体，包括投保人和保险人。投保人是指与保险人订立保险合同，并按照保险合同负有支付保险费义务的人。保险人是指与投保人订立保险合同，并承担赔偿或者给付保险金责任的保险公司。

保险关系人，主要是指保险合同当事人以外的与保险合同有关的人，包括被保险人和人身保险合同中的受益人。被保险人是指其财产或者人身受保险合同保障，享有保险金请求权的人，投保人可以为被保险人。

6. 答案：（1）投保人通知保险人解除保险合同。无论何种理由，投保人都可根据自己的需要决定是否解除合同，这是《保险法》第15条和第47条赋予投保人的权利，除本法另有规定或者保险合同另有约定外，保险合同成立后，投保人可以解除保险合同。保险责任开始前，投保人要求解除合同的，应当向保险人支付手续费，保险人应当退还保险费。保险责任开始后，投保人要求解除合同的，保险人可以收取自保险责任开始之日起至合同解除之日止期间的保险费，剩余部分退还投保人。《保险法》15条规定："除本法另有规定或者保险合同另有约定外，保险合同成立后，投保人可以解除合同，保险人不得解除合同。"

(2) 设有履行通知的义务。《保险法》规定当某些事项存在或者出现新的情况时，当事人一方有义务通知对方，以使对方当事人对可能发生的风险有所防范或者对约定的风险有所选择，由于种种原因没有通知对方，除了不可抗力的原因以外，不论当事人是否故意，对方均有权解除合同。

(3) 违反告知义务。在保险中，告知义务是当事人必须遵循的诚信原则，投保人故意隐瞒，或因过失遗漏，或因错误陈述，足以变更或减少保险人对保险标的的危险的估计的，这些故意或过失的行为都可导致保险人有权解除保险合同。

(4) 违反特约条款。致使原合同的履行成为不必要或不可能，双方均可解除合同，无须与对方协商。

(5) 保险欺诈。保险欺诈是指投保人意图通过保险谋取非法的或者不正当的利益，保险欺诈主要有以下几种情况：

①投保人故意虚构保险标的，骗取保险金的。虚构保险标的包括投保根本不存在的财产以及超出投保财产的价值投保的两种情况。《保险法》第55条规定，保险金额不得超过保险价值，超过保险价值的，超过部分无效。保险金额超过保险标的价值的合同，如果是出于投保人的欺诈的，保险人有权解除合同。

②未发生保险事故而谎称发生保险事故，骗取保险金的。

③故意造成财产损失的保险事故，骗取保险金的。

④故意造成被保险人死亡、伤残或者疾病等人身保险事故，骗取保险金的，包括自己制造事故伤害自身的情况，以及制造事故造成他人伤亡情况的行为。其中自伤的情况只追究被保险人的保险欺诈责任。故意制造被保险人保险事故情节特别严重的还应追究其刑事责任。制造事故造成他人伤亡的，除了追究有关的投保人、被保险人或者受益人的保险欺诈责任以外，还须追究其刑事责任。

⑤伪造、变造与保险事故有关的证明、资料和其他证据，或者指使、唆使、收买他人提供虚假证明、资料或者其他证据，编造虚假的事故原因或者夸大损失程度，骗取保险金的。

7. 答案：投保人如实告知义务是指投保人在订立保险合同时将保险标的的重要事实，即对保险人作出是否承保决定和确定保险费率有影响的事实，以口头或书面形式向保险人作出真实表述。因此，在保险合同订立时，投保人应将有关保险标的重要事实如实告知保险人，告知的目的是使保险人正确了解与保险标的风险状况有关的重要事实。投保人违反如实告知义务的法律后果，是保险人有权解除合同并拒绝赔付保险金。

一般来说，投保人所应告知的事实包括：(1) 足以使保险危险增加的事实；(2) 为特殊动机而投保的，有关此种动机的事实；(3) 表明被保险风险特殊性质的事实；(4) 显示投保人在某方面非正常的事实。

我国《保险法》第16条规定："订立保险合同，保险人就保险标的或者被保险人的有关情况提出询问的，投保人应当如实告知。投保人故意或者因重大过失未履行前款规定的如实告知义务，足以影响保险人决定是否同意承保或者提高保险费率的，保险人有权解除合同。前款规定的合同解除权，自保险人知道有解除事由之日起，超过三十日不行使而消灭。自合同成立之日起超过二年的，保险人不得解除合同；发生保险事故的，保险人应当承担赔偿或者给付保险金的责任。投保人故意不履行如实告知义务的，保险人对于合同解除前发生的保险事故，不承担赔偿或者给付保险金的责任，并不退还保险费。投保人因重大过失未履行如实告知义务，对保险事故的发生有严重影响的，保险人对于合同解除前发生的保险事故，不承担赔偿或者给付保险金的责任，但应当退还保险费。保险人在合同订立时已经知道投保人未如实告知的情况的，保险人不得解除合同；发生保险事故的，保险人应当承担赔偿或者给付保险金的责任。保险事故是指保险合同约定的保险责任范围内的事故。”

五、案例分析题

1. 答案：（1）根据《保险法》的规定，保险索赔是指被保险人在保险标的遭遇保险事故造成财产损失或人身伤亡时，根据保险合同，请求保险人给予经济补偿或给付保险金的行为，是被保险人获得实际的保险保障和实现其保险权益的具体体现。索赔由被保险人或其代理人在规定时限内行使，人寿保险的索赔时效为5年，财产保险的索赔时效为2年，起算日由保险事故发生之日起或自保险关系人知情之日起。根据有关规定及实践做法，索赔的程序如下：

①提出事故发生地点、时间和原因以及有关保险单证的号码、标的、期限等事项一并告知保险人，以便保险公司迅速调查、核实、确认。

②采取有效措施，救助整理受损标的，以防止损失扩大，有利于保险方检查。

③被保险人有义务保护好现场，为保险方和其他方面检查提供方便，以便及时查明和确认事故原因、损害程度、损失数额等。

④提供索赔单，包括：保险单、保险凭证的正本，已支付保险费的凭证；原始单据；身份证、工作证、户口簿或其他有关人身保险的被保险人姓名、年龄、职业等情况的证明；保险事故证明及损害结果证明，检验调查报告、出验证明，损害鉴定，被保险人死亡证明或丧失劳动能力程度鉴定，责任案件的结论性意见等；索赔清单，如受损财产清单、各种费用清单、其他要求保险人给付的详细清单。

⑤领取保险赔款或保险金。

⑥开具权益转让书并协助保险方向造成保险事故依法承担赔偿责任的第三方追偿。

保险理赔是指应保险关系人的索赔请求，保险人以保险合同为依据，审核保险责任并处理保险赔偿的行为，是保险人履行其经济补偿义务的具体体现。理赔应符合“主动、迅速、准确、合理”的原则，其程序如下：

①立案检验，查勘现场，了解原因和损失情况，作出检验的报告。

②要求保险关系人提供有关单证，并核实其是否真实、一致、齐全。

③核定、调查、核对责任。包括：保险合同是否合法、有效；造成保险标的的损害原因，进而确认保险事故是否构成；被保险人是否及时适当履行了义务，未履行的就扩大的损失免赔；是否存在造成保险事故依法承担赔偿责任的第三者；被保险人是否已向第三者提出赔偿要求以及因此支付了多少诉讼费用等，以决定是否承担责任及承担多大责任。

④计算并支付赔偿。《保险法》第25条规定，保险人自收到赔偿或者给付保险金的请求和有关证明、资料之日起60日内，对其赔偿或者给付保险金的数额不能确定的，应当根据已有证明和资料可以确定的数额先予支付，保险人最终确定赔偿或者给付保险金的数额后，应当支付相应的差额。

⑤代位求偿。财产保险的保险人，赔偿被保险人的损失后，涉及责任第三者的，取得代位求偿权。保险人有权要求被保险人开具权益转让书并协助其向第三者进行追偿。保险人接受保险人委托请求的，还得以行使因此取得的对委托标的物的权利，同时履行因此产生的义务。

（2）《民事诉讼法》规定，当事人对自己提出的主张，有责任提供证据。民事讼的举证责任基本上在主张方，即“谁主张，谁举证”。本案中，姜某主张其6000元麦子损失应由保险方赔偿，应提供保险合同单证、火灾情况证明等支持其主张，请求保险方履行其义务。保险公司主张姜某的实际产量与预测不符，则应举出其实际产量的证明，或其他被保险人有违反义务行为的证明，以减免其赔偿责任。本案中火灾已过，无法查明实际的麦子产量，保险公司的主张无法得到证明，其拒绝按合同约定的保险金赔偿的主张不能成立。

2. **答案**：应判令保险公司应当给付保险金。《保险法》第 13 条第 1 款、第 2 款规定："投保人提出保险要求，经保险人同意承保，保险合同成立。保险人应当及时向投保人签发保险单或者其他保险凭证。保险单或者其他保险凭证应当载明当事人双方约定的合同内容。当事人也可以约定采用其他书面形式载明合同内容。"第 14 条规定："保险合同成立后，投保人按照约定交付保险费，保险人按照约定的时间开始承担保险责任。"本案中，保险公司与被保险人已就保险合同的条款达成一致，保险合同已成立；且投保人已按约定交纳保险费，合同规定的保险责任期间业已开始，故保险公司应当就孙某夫妇的死亡向受益人给付保险金。保险公司的内部规定不能对抗被保险人及受益人。

3. **答案**：本案中保险公司不应当支付保险金，其具体理由如下：

张某和保险公司在协商过程中，保险公司告知张某在人寿保险的格式合同上，载有"合同以被保险人身体检查合格为生效要件"的条款，张某在合同文本上签了字。可知，本案保险合同是附条件的民事法律行为。所谓附条件的民事法律行为是指为民事法律行为设定一定的条件，把条件的成就或不成就作为民事法律行为的效力发生或消灭的前提。民事法律行为中的"条件"，除了法律有特别规定的以外，属于当事人自由决定的条款。为了维护经济秩序和社会利益，法律对当事人设定条件和期限加以适当的限制和干预是必要的，其对条件的限制主要表现如下：(1) 条件必须是将来发生的事实；(2) 条件是不确定的事实；(3) 条件是由当事人议定的而不是法定的；(4) 条件必须是合法的。本案中，保险公司与张某签订的合同中所附的"合同的被保险人身体检查合格为生效要件"的条件完全符合上述四个要求，因而是合法有效的，属于附生效条件的法律行为，产生附条件法律行为的法律效力。

也许有人会有疑问，本案并不符合上述第三个要求（即条件必须是由当事人双方约定的），因为本案中张某与保险公司签订的合同属于格式合同；二者并没有进行充分的协商。但不容否认的是，本案中保险公司在协商过程中已告知张某格式合同上所附的条件，张某在知悉这一点的情况下，在合同上签了字。根据我国《合同法》第 39 条的规定，采用格式条款订立合同的，提供格式条款的一方应遵循公平原则确定当事人之间的权利和义务，并采取合理的方式提请对方注意免除或限制其责任的条款，按照对方的要求，对该条款予以说明。本案中的保险公司做到了这一点。

综上所述，本案张某与保险公司签订的合同为附条件的法律行为，张某的儿子在去体检的路上因车祸身亡时，合同所附的条件尚未成就，因而订立的合同也未生效，所以保险公司不承担赔偿责任。

4. **答案**：在本案中，龚某不知自己已患有胃癌，仅从其没有声明自己患胃癌的角度看，并不算违反告知义务。但是，龚某对自己几个月前住过院，动过手术的事实（这一事实对保险人来说无疑是很重要的）是不可能不知道的，他却没有加以说明，问题的关键恰恰在这里。

因为根据保险法的一般理论，告知义务要求告知内容是对事实的陈述，而非准确地阐明观点，它并不苛刻地要求投保人的告知完全准确无误，只要在投保人认知范围内其尽最大可能地履行了这项义务即可，也就是说，在被保险人确不清楚自己到底患何种病的情况下，倘若他对病情作了感知性陈述，尽管这种陈述不一定与事实相符（如患有胃癌，家属等善意地告诉他得的是胃病，他申报患过胃病），他在义务履行上是绝无瑕疵的，但是如果他隐瞒或虚假陈述了就医或治疗等方面的事实，则犯有未适当告知重要事实的过错，应当承担违反告知义务的不利后果。

保险人是有正当理由拒绝赔偿的，保险人因此获得抗辩权，拒绝给付保险金。

第三十三章　人身保险

基础知识图解

- 人身保险
  - 概述
    - 概念：以人的身体和生命为保险标的的保险
    - 特征：定额给付性；长期性；储蓄性
    - 分类：
      - 依保险范围不同：人寿保险、人身意外伤害保险、健康保险
      - 依投保主体不同：个人、团体、联合人身保险
      - 依保险给付方式不同：一次性给付人身保险和分期给付人身保险
      - 依是否参与保险人利益分配：利益分配保险和无利益分配保险
      - 依被保险人健康状态：标准体保险和弱体保险
  - 几种主要的人身保险
    - 人寿保险
    - 健康保险
    - 意外伤害保险

配套测试

一、单项选择题

1. 保险人对人寿保险的保险费，不得用（　　）的方式要求投保人支付。

A. 仲裁　　B. 诉讼

C. 调解　　D. 和解

2. 人身保险合同因投保人迟延支付保险费而效力中止的，自合同效力中止之日起（　　）内双方未达成协议的，保险人有权解除合同。

A. 6 个月　　B. 1 年

C. 2 年　　D. 3 年

3. 关于以死亡为给付保险金条件的人身保险，下列说法不正确的是（　　）。

A. 投保人不得为无民事行为能力人投保此种保险，父母为其未成年子女投保的人身保险除外

B. 未经被保险人书面同意，并认可保险金额的合同无效，但被保险人是投保人的未成年子女的除外

C. 签发的保险单未经被保险人书面同意不得转让或质押

D. 为无民事行为能力人投保以死亡为给付保险金条件的保险合同，无须经被保险人同意

4. 根据《保险法》规定，人身保险投保人对下列哪一类人员具有保险利益？（　　）

A. 与投保人关系密切的邻居

B. 与投保人已经离婚但仍一起生活的前妻

C. 与投保人有劳动关系的劳动者

D. 与投保人合伙经营的合伙人

5. 人寿保险的被保险人或者受益人对保险人请求给付保险金的权利，自其知道保险事故发生之日起（　　）不行使而消灭。

A. 2 年　　B. 1 年

C. 6 个月　　D. 5 年

6. 人寿保险以外的其他保险的被保险人或者受益人，对保险人请求赔偿或者给付的权利，自下列选项中的何时起不行使而消灭？（　　）

A. 应当知道保险事故发生之日起 2 年

B. 保险事故为保险人所得知之日起 2 年

C. 保险事故发生之日起 2 年
D. 知道保险事故发生之日起 2 年

7. 某甲欲对其刚出世的婴儿投保以死亡为给付保险金条件的人身保险，下列表述中正确的是（　）。
A. 如果保险公司同意承保，甲方可投保
B. 婴儿为无民事行为能力人，投保人不得投保以其死亡为给付保险金条件的人身保险
C. 甲可以为其孩子投保以死亡为给付保险金条件的人身保险
D. 投保之后，须经被保险人同意认可方为有效，而婴儿无能力认可，故保险合同无效

8. 丁某于 2005 年 5 月为其 9 周岁的儿子丁海购买了一份人身保险。至 2008 年 9 月，丁某已支付了三年多的保险费。当年 10 月，丁海患病住院，因医院误诊误治致残。关于本案，下列哪一表述是正确的？（　）
A. 丁某可以在向保险公司索赔的同时要求医院承担赔偿责任
B. 应当先由保险公司支付保险金，再由保险公司向医院追偿
C. 丁某应先向医院索赔，若医院拒绝赔偿或无法足额赔偿，再要求保险公司支付保险金
D. 丁某不能用诉讼方式要求保险公司支付保险金

9. 下列关于人身保险合同中受益人的表述，错误的是（　）。
A. 受益人可以是一个，也可以是多人
B. 受益人是多人的，如未确定受益份额，则按照相等份额享有受益权
C. 投保人变更受益人的，应当征得被保险人的同意
D. 被保险人变更受益人的，应当征得保险人的同意

10. 王某于 2009 年 8 月与保险公司签订一份人身保险合同，被保险人为其 8 周岁的儿子王强，未指定受益人。至 2012 年 8 月，王某已支付了 3 年的保险费。当年 9 月，王强患病住院，由于医院的重大失误致王强终身残疾。依照法律规定，下列有关本案的表述中不正确的是（　）。
A. 保险公司应向王某支付保险金，并且不得向医院追偿；但王强仍有权向医院请求赔偿
B. 王某可以用诉讼方式要求保险公司支付保险金
C. 王某须先向医院索赔，若医院拒绝赔偿，再要求保险公司支付保险金
D. 若王强不幸身故，则保险金由其继承人受领

11. 关于人身保险，下列说法正确的是（　）。
A. 法人可以成为投保人
B. 法人可以成为被保险人
C. 未出生的胎儿可以成为被保险人
D. 人身保险的投保人不按期缴纳保险费，保险公司可以向人民法院提起诉讼

12. 关于人身保险合同中受益人资格的要求，下列判断中哪一说法是错误的？（　）
A. 无民事行为能力的自然人可为受益人
B. 已经死亡的成年人可为受益人
C. 法人或其他组织可为受益人
D. 只要活着出生的胎儿也可成为受益人

13. 王女士于 2010 年 10 月 20 日与某保险公司订立了一份人寿保险合同，当天缴清全部保险费，但保险公司因故未能及时签发保险单。此后不久，王女士不幸因车祸身亡，本案人寿保险合同依我国《保险法》，将产生何种法律效果？（　）
A. 不因保险人未签发保单而归于无效
B. 因保险人未签发保单而解除
C. 因保险人未签发保单而可撤销
D. 因保险人未签发保单而效力待定

14. 简易人身保险中，投保人可以任意选择年期。当保险期确定后（　）。
A. 中途无须保险人同意即可变更
B. 中途须经保险人同意才能变更
C. 中途可以变更
D. 中途不得变更

15. 下列事故中，不属于意外伤害保险合同的保险责任的是（　）。
A. 被保险人因交通事故致死

B. 被保险人不慎落水而死

C. 被保险人心脏病突发而死

D. 被保险人触电而死

16. 2010年3月1日，因办厂急需资金，孙某向张某借款10万元，借款期限为两年。次日，经张某同意，孙某以张某为被保险人向某保险公司投保了人寿保险，指定受益人孙某，保险金额为15万元，保险期限为一年。同年8月5日，张某突发疾病，住院治疗花去1万元后，于2010年9月23日不治身亡。2010年10月7日，孙某持保单向保险公司提出保险金给付请求。保险公司应如何处理本案？（　　）

A. 因孙某对被保险人张某不具保险利益，保险合同无效

B. 保险合同有效成立，保险公司给付孙某10万元保险金

C. 保险合同有效成立，保险公司给付孙某15万元保险金

D. 保险合同有效成立，保险公司给付孙某16万元保险金

17. 2009年9月7日，耿某为其妻严某投保人寿保险，保险期限为10年，指定受益人为其子耿大牛、耿二牛，保险金额为20万元。耿某一次性缴清全部保费。2011年3月18日，耿大牛贪图巨额保险金，将其母毒死。案发后，耿大牛被判处死刑。2011年8月2日，耿二牛持保单及有关证明、资料向保险公司提出索赔请求。依据现行《保险法》，保险公司应如何处理本案？（　　）

A. 因投保人耿某业已交足两年以上保费，保险公司应向耿某退还保险单的现金价值

B. 因投保人耿某业已交足两年以上保费，被保险人又被受益人耿大牛故意杀害，保险公司应向另一受益人耿二牛退还保险单的现金价值

C. 因受益人耿大牛故意杀害被保险人，丧失受益权，保险公司应依据保险合同向另一受益人耿二牛给付保险金20万元

D. 受益人耿大牛故意杀害被保险人，并不影响另一受益人耿二牛的受益份额，保险公司应向耿二牛给付保险金10万元

18. 我们现行保险法对于不满10周岁的儿童投保的以死亡为给付保险金条件的人身保险：（　　）。

A. 一律禁止

B. 原则上禁止，但父母为子女投保的除外

C. 原则上禁止，但监护人为被监护人投保的除外

D. 未加以特别限制

19. 甲向某保险公司投保人寿保险，指定其秘书乙为受益人。在保险期间内，甲、乙因交通事故意外身亡，且不能确定死亡时间的先后。该起交通事故由事故责任人丙承担全部责任。现甲的继承人和乙的继承人均要求保险公司支付保险金。下列哪一选项是正确的？（　　）

A. 保险金应全部交给甲的继承人

B. 保险金应全部交给乙的继承人

C. 保险金应由甲和乙的继承人平均分配

D. 某保险公司承担保险责任后有权向丙追偿

20. 杨某为其妻王某购买了某款人身保险，该保险除可获得分红外，还约定若王某意外死亡，则保险公司应当支付保险金20万元。关于该保险合同，下列哪一说法是正确的？（　　）（司考2016. 3.34）

A. 若合同成立2年后王某自杀，则保险公司不支付保险金

B. 王某可让杨某代其在被保险人同意处签字

C. 经王某口头同意，杨某即可将该保险单质押

D. 若王某现为无民事行为能力人，则无须经其同意该保险合同即有效

二、多项选择题

1. 李某于2000年为自己投保，约定如其意外身故则由妻子王某获得保险金20万元，保险期间为10年。2009年9月1日起李某下落不明，2014年4月法院宣告李某死亡。王某起诉保险公司主张该保险金。关于本案，下列哪些选项是正确的？（　　）（司考2017. 3. 76）

A. 保险合同应无效

B. 王某有权主张保险金

C. 李某死亡日期已超保险期间，故保险公司不承担保险责任

D. 如李某确系 2009 年 9 月 1 日下落不明，则保险公司应承担保险责任

2. 甲公司交纳保险费为其员工张某投保人身保险，投保单由保险公司业务员代为填写和签字。保险期间内，张某找到租用甲公司槽罐车的李某催要租金。李某与张某发生争执，张某打碎车窗玻璃，并挡在槽罐车前。李某怒将张某撞死。关于保险受益人针对保险公司的索赔理由的表述，下列哪些选项是正确的？（　）（司考 2013. 3. 76）

A. 投保单虽是保险公司业务员代为填写和签字，但甲公司交纳了保险费，因此保险合同成立

B. 张某的行为不构成犯罪，保险公司不得以此为由主张免责

C. 张某的行为属于合法的自助行为，保险公司应予理赔

D. 张某的死亡与张某的行为并无直接因果关系，保险公司应予理赔

3. 孙某为其子孙一（现年 15 岁）投了人身保险，至今已交纳保险费满 3 年，受益人为其妻刘某和其母赵氏。以下说法正确的是（　）。

A. 如该人身保险合同为死亡险，则未经孙一书面同意，依照该合同签发的保险单不得转让或质押

B. 假设孙一经常有小偷小摸行为，经孙某屡次管教仍不改正，孙某自觉无脸面对邻居、同事，遂与其妻刘某商议共同下药毒死其子，但由于剂量掌握不准，毒成了植物人，则保险公司不承担给付保险金的责任

C. 在 B 项中，保险公司仍应当按照保险单退还其现金价值，由于刘某与赵氏未约定受益份额，故其两人平分

D. 假设孙一由于走私毒品在逃避警察追捕的过程中摔断双腿，则保险公司不承担赔偿责任，但应当按照保险单退还现金价值，受益人为刘某与赵氏

4. 下列说法正确的是（　）。

A. 以死亡为给付保险金条件的合同，被保险人自杀的，保险人一般不承担给付保险金的责任

B. 被保险人故意犯罪致其自身伤残或死亡的，保险人不承担给付保险金的责任

C. 人身保险合同约定分期支付保险费，投保人支付首期保险费后，除另有约定外，投保人超过规定的期限 60 日未支付当期保险费的，保险人有权解除合同

D. 人寿保险合同的受益人请求保险人给付保险金的权利，自其知道保险事故发生之日起 2 年内不行使而消灭

5. 经营有人寿保险业务的公司，除（　），不得解散。

A. 严重亏损

B. 合并

C. 分立

D. 公司章程规定的解散事由出现

6. 某甲已投保人身保险，约定身体遭受伤害时由保险公司付给保险金，合同成立二年后，某甲在某地翻墙入室准备行窃时，从墙上掉下来摔成粉碎性骨折，下列说法正确的有（　）。

A. 保险人应给付保险金

B. 保险人可以不给付保险金

C. 保险人可以不按约定给付足额保险金

D. 保险人应当按照保险单退还某甲现金价值

7. 下列选项中的内容哪些符合人身保险的特征？（　）

A. 必须由被保险人同意才能投保

B. 必须由人寿保险公司专门经营

C. 是一种定额给付性质的保险

D. 是自愿保险，不存在强制保险

8. 投保人已交足 2 年以上保险费的人身保险合同，投保人、受益人共同谋杀了被保险人，则保险人（　）。

A. 应承担给付保险金的责任

B. 不应承担给付保险金的责任

C. 应按照合同的约定向其他享有权利的受益人退还保险单的现金价值

D. 退还保险费

9. 人身保险的受益人通过哪些途径产生？（　　）
　A. 被保险人指定
　B. 投保人指定
　C. 被保险人与投保人协商确定
　D. 被保险人指定后征得投保人同意

10. 依据《保险法》规定，保险合同成立后，保险人原则上不得解除合同。下列哪些情形下保险人可以解除合同？（　　）（司考2011.3.75）
　A. 人身保险中投保人在交纳首期保险费后未按期交纳后续保费
　B. 投保人虚报被保险人年龄，保险合同成立已1年6个月
　C. 投保人在投保时故意未告知投保汽车曾遇严重交通事故致发动机受损的事实
　D. 投保人未履行对保险标的安全维护之责任

11. 人身保险合同中，保险人不承担保险金给付责任的情形有（　　）。
　A. 被保险人故意犯罪导致的自身残废
　B. 第三人的行为导致被保险人死亡，受益人放弃追偿权的
　C. 被保险人因车祸受伤
　D. 受益人为获得保险金而杀害被保险人

12. 下列有关人身保险合同中的受益人的表述，不正确的是（　　）。
　A. 受益人可以为一人或者数人
　B. 受益人只能由投保人单独指定
　C. 投保人可以单独变更受益人，而不须经被保险人同意
　D. 受益人先于被保险人死亡的，保险金作为被保险人的遗产由其继承人继承

三、不定项选择题

1. 陈某为其父向保险公司投两全保险，保险合同成立后，陈某发现将自己父亲年龄申报有误。就有关错误的情况以及由此产生的法律后果，下列表述正确的是（　　）。
　A. 如果陈某父亲的真实年龄不符合合同约定的年龄限制，则保险公司可以解除合同，并且不退还保险费，但自合同成立之日起逾两年的除外
　B. 如果陈某申报的其父年龄不真实，致使陈某实付的保险费少于应付保险费的，保险公司有权更正并要求陈某补交保险费
　C. 如果陈某申报的其父年龄不真实，致使陈某实付的保险费少于应付保险费的，保险公司有权在给付保险金时按照实付保险费与应付保险费的比例支付
　D. 如果陈某申报的其父年龄不真实，致使陈某实付的保险费多于应付保险费的，陈某无权请求保险公司退还多收的保险费

2. 李某于2009年10月在某保险公司投保简易人身保险30年期10份，约定保险费每月10日分期交付。2011年6月10日李某因下岗无力按期交付保险费，7月10日仍未交付。8月15日外出时遇车祸身亡。保险人应选择的处理方式是（　　）。
　A. 李某虽未按时交付保险费，但是保险人仍应按已交付保险费占全部保险费的比例支付保险金
　B. 因未按时交付保险费而解除保险合同
　C. 虽未交足2年保险费但应在扣除手续费后退还保险费
　D. 因合同成立不足2年而退还保险单的现金价值

四、简答题

意外伤害保险的保险责任与除外责任分别有哪些？

五、论述题

1. 试述人身保险的概念及基本特征。

2. 简析我国《保险法》第46条规定，“被保险人因第三者的行为而发生死亡、伤残或者疾病等保险事故的，保险人向被保险人或者受益人给付保险金后，不享有向第三者追偿的权利”。

3. 简论人身保险的保险利益。（清华大学2015年考研真题）

六、案例分析题

1. 甲有两子，长子乙，次子丙，丙有残疾，无自理生活能力。乙为甲投保了人寿保险，期

限为10年，受益人为丙。后甲因病住院，在甲住院时，乙未经甲同意，将保险单交给邻居丁作质押，借款一万元。甲因病医治无效，四个月后去世。丁催乙还款，乙不还。保险公司通知丙领取保险金。丙找丁要保险单，丁以保险单已作质押为由，拒绝交出。同时，乙也以自己为继承人为理由，要求领取保险金。丙无奈，向人民法院提起诉讼。问：

（1）本案中保险单质押行为是否有效？为什么？

（2）本案中乙之理由是否成立？为什么？

（3）法院应如何处理本案？

2. 甲于2002年4月20日经其婆婆乙同意后为乙投了一份简易人身保险，指定受益人为乙之孙、甲之子丙，丙当时10岁。保险费从甲的工资中扣交。交费2年后，甲与乙之子丁离婚，法院判决丁享有对丙的抚养权。离婚后甲仍自愿按每月从自己工资中扣交这笔保险费，从未间断。2005年10月1日乙病故，12月甲向保险公司申请给付保险金，认为自己是投保人，一直交纳保险费，而且自己是受益人丙的母亲；与此同时，丁提出本保险合同的受益人是丙，自己作为丙的监护人，这笔保险金应由他领取；保险公司则以甲因离婚而对乙无保险利益为由拒绝给付保险金。

问题：（1）甲要求给付保险金的请求是否合法？为什么？

（2）丁要求给付保险金的请求是否合法？为什么？

（3）保险公司拒付的理由是否成立？为什么？

（4）本案应当如何处理？为什么？

（5）假设甲为其婆婆乙投保时，申报的年龄为60岁，而乙当时真实的年龄是70岁，保险合同约定的最高年龄限制是65岁，那么该案如何处理？保险公司应否给付保险金？

参考答案

一、单项选择题

1. 答案：B。本题考查的是对保险人索要人身保险的保险费的特别规定。《保险法》第38条规定：“保险人对人寿保险的保险费，不得用诉讼方式要求投保人支付。”据此，本题正确答案为B。

2. 答案：C。本题考查的是人身保险中保险人可以解除合同的情形。《保险法》第36条规定，合同约定分期支付保险费，投保人支付首期保险费后，除合同另有约定外，投保人自保险人催告之日起超过三十日未支付当期保险费，或者超过约定的期限六十日未支付当期保险费的，合同效力中止，或者由保险人按照合同约定的条件减少保险金额。被保险人在前款规定期限内发生保险事故的，保险人应当按照合同约定给付保险金，但可以扣减欠交的保险费。第37条第1款规定：“合同效力依照本法第三十六条规定中止的，经保险人与投保人协商并达成协议，在投保人补交保险费后，合同效力恢复。但是，自合同效力中止之日起满二年双方未达成协议的，保险人有权解除合同。”据此，本题正确答案为C。

3. 答案：D。本题考查的是有关以死亡为给付保险金条件的人身保险的规定。《保险法》第33条规定：“投保人不得为无民事行为能力人投保以死亡为给付保险金条件的人身保险，保险人也不得承保。父母为其未成年子女投保的人身保险，不受前款规定限制，但是，因被保险人死亡给付的保险金总和不得超过国务院保险监督管理机构规定的限额。”第34条规定：“以死亡为给付保险金条件的合同，未经被保险人同意并认可保险金额的，合同无效。按照以死亡为给付保险金条件的合同所签发的保险单，未经被保险人书面同意，不得转让或者质押。父母为其未成年子女投保的人身保险，不受本条第一款规定限制。”据此，本题A、B、C项表述正确。D项表述不正确，为本题正确答案。

4. 答案：C。《保险法》第31条第1款规定，投保人对下列人员具有保险利益：（1）本人；（2）配偶、子女、父母；（3）前项以外与投保人有抚养、赡养或者扶养关系的家庭其他成员、近亲属；（4）与投保人有劳动关系的劳动者。

5. **答案**：D。本题考查的是人寿保险请求给付保险金的期限。《保险法》第 26 条第 2 款规定，人寿保险的被保险人或者受益人向保险人请求给付保险金的诉讼时效期间为五年，自其知道或者应当知道保险事故发生之日起计算。据此，本题正确答案为 D。

6. **答案**：D。本题考查的是人寿保险以外的保险的请求赔偿期限。《保险法》第 26 条第 1 款规定，人寿保险以外的其他保险的被保险人或者受益人，向保险人请求赔偿或者给付保险金的诉讼时效期间为二年，自其知道或者应当知道保险事故发生之日起计算。据此，本题正确答案为 D。

7. **答案**：C。本题考查的是为无民事行为能力人投保以死亡为给付保险金条件的人身保险的规定。《保险法》第 33 条规定："投保人不得为无民事行为能力人投保以死亡为给付保险金条件的人身保险，保险人也不得承保。父母为其未成年子女投保的人身保险，不受前款规定限制……"据此，本题 C 项正确，A、B 项不正确。第 34 条规定："以死亡为给付保险金条件的合同，未经被保险人同意并认可保险金额的，合同无效。……父母为其未成年子女投保的人身保险，不受本条第一款规定限制。"据此，本题 D 项不正确。

8. **答案**：A。《保险法》第 46 条规定，被保险人因第三者的行为而发生死亡、伤残或者疾病等保险事故的，保险人向被保险人或者受益人给付保险金后，不享有向第三者追偿的权利，但被保险人或者受益人仍有权向第三者请求赔偿。因此，A 项正确。

另外，根据《保险法》第 46 条规定可知，在人身保险中，因第三人的行为造成被保险人死亡、伤残或疾病的，被保险人或受益人有权同时向保险人和第三者进行追偿，法律没有规定追偿的先后顺序，而且，在人身保险中，保险人先支付了保险金的，也不享有代位求偿权。因此，B、C 项说法错误。

《保险法》第 26 条规定，人寿保险以外的其他保险的被保险人或者受益人，向保险人请求赔偿或者给付保险金的诉讼时效期间为二年，自其知道或者应当知道保险事故发生之日起计算。

人寿保险的被保险人或者受益人向保险人请求给付保险金的诉讼时效期间为五年，自其知道或者应当知道保险事故发生之日起计算。

上述规定中明确给出了各种保险请求保险人支付保险金的诉讼时效，由此可以说明本案中丁某可以用诉讼方式请求保险公司支付保险金。因此，D 项错误。

9. **答案**：D。《保险法》第 39 条规定："人身保险的受益人由被保险人或者投保人指定。投保人指定受益人时须经被保险人同意……被保险人为无民事行为能力人或者限制民事行为能力人的，可以由其监护人指定受益人。"

第 40 条规定："被保险人或者投保人可以指定一人或者数人为受益人。受益人为数人的，被保险人或者投保人可以确定受益顺序和受益份额；未确定受益份额的，受益人按照相等份额享有受益权。"

第 41 条规定："被保险人或者投保人可以变更受益人并书面通知保险人。保险人收到变更受益人的书面通知后，应当在保险单或者其他保险凭证上批注或者附贴批单。投保人变更受益人时须经被保险人同意。"

可见，被保险人或投保人变更受益人只需书面通知保险人，而不一定都要征得保险人的同意。

10. **答案**：C。见《保险法》第 38 条、第 65 条。保险人不得以诉讼的方式要求投保人支付人身保险合同的保险费，但是，投保人可以诉讼的方式要求保险人支付保险金。因第三者的原因造成被保险人受伤的保险事故，不论该第三者对被保险人是否已经进行相应赔偿，保险人均应按约定支付保险金。

11. **答案**：A。在人身保险中，被保险人可以是投保人本人，如果投保人与被保险人不是同一人，则投保人与被保险人存在行政隶属关系或雇佣关系，或者投保人与被保险人存在债权和债务关系，或者投保人与被保险人存在法律认可的继承、赡养、抚养或监护关系，或者投保人与被保险人存在赠与关系，或者投保人是被保险人的配偶、父母、子女或法律所认可的其他人。人身保险的投保人不按期缴纳保险费，保险公司不可以向人民法院提起诉讼，有权拒绝赔偿。

12. **答案**：B。本题考查的是人身保险合同中受益人的资格。受益人资格一般没有任何限制，自然人、法人均可为受益人；自然人中的无民事行为能力人也可为受益人；即使是胎儿，也可作为受益人，当然，须以出生时活着为限。对受益人的唯一限制是：已经死亡的人不得被指定为受益人。据此，本题正确答案为B。

13. **答案**：A。本题考查的是保险合同成立的时间以及保险单的作用。《保险法》第13条规定，投保人提出保险要求，经保险人同意承保，保险合同成立。保险人应当及时向投保人签发保险单或者其他保险凭证。保险单或者其他保险凭证应当载明当事人双方约定的合同内容。据此，保险合同的成立以当事人达成合意的时间为准；保险单只是保险合同的凭证，不是保险合同成立的要件。故本题保险合同已经成立，不因未签发保险单而无效。故本题正确答案为A。

14. **答案**：D。本题考查的是简易人身保险合同的保险期。简易人身保险合同是指投保人按月交付保险费、无体检的低额人身保险合同。简易人身保险合同分为5年期、10年期、15年期、20年期和30年期五种。投保人可以任意选择年期，但被保险人在保险单满期时的年龄最高以70周岁为限。所以，61～65周岁的人，只能参加5年期保险。当年期确定后，中途不得变更。故本题正确答案为D。

15. **答案**：C。本题考查的是意外伤害保险合同的特点。意外伤害保险合同是保险人于被保险人遭受意外伤害及其所致残废或死亡时，按照约定承担给付保险金的合同。意外伤害保险合同的特征是：（1）伤害必须是人体的伤害；（2）伤害必须是意外事故所致。所谓“外来”，是指伤害纯系由被保险人自身外部的因素作用所致，如果伤害是由自身疾病引起，则不属于意外事故，而是健康原因。据此，本题A、B、D项属于意外事故，C项属于健康原因，故本题正确答案为C。

16. **答案**：C。本题考查的是有关人身保险合同的规定。根据《保险法》的规定，投保人对被保险人必须具有保险利益。本题中张某虽不属于《保险法》第31条第1款列举的投保人具有保险利益的人员范围，但该保险已取得被保险人同意，根据《保险法》第31条第2款的规定，视为投保人对其具有保险利益；本题也符合《保险法》第39条关于“投保人指定受益人时须经被保险人同意”的条件，故保险合同有效成立，保险公司应给付保险金。因人身保险合同是定额给付的保险合同，保险公司应给付的金额为约定的保险金额。综上，本题正确答案为C。

17. **答案**：B。本题考查的是人寿保险中特定情形的处理。《保险法》第43条第1款规定：“投保人故意造成被保险人死亡、伤残或者疾病的，保险人不承担给付保险金的责任。投保人已交足二年以上保险费的，保险人应当按照合同约定向其他权利人退还保险单的现金价值。”据此，本题正确答案为B。

18. **答案**：C。本题考查《保险法》中关于为无民事行为能力人投保的限制。《保险法》第33条规定，投保人不得为无民事行为能力人投保以死亡为给付保险金条件的人身保险，保险人也不得承保。父母为其未成年子女投保的人身保险，不受前款规定限制。但是，因被保险人死亡给付的保险金总和不得超过监督管理机构规定的限额。《保险法》第34条规定，以死亡为给付保险金条件的合同，未经被保险人同意并认可保险金额的，合同无效。按照以死亡为给付保险金条件的合同所签发的保险单，未经被保险人书面同意，不得转让或者质押。父母为其未成年子女投保的人身保险，不受本条第 1 款规定限制。故本题的答案应选 C。

19. 答案：A。《保险法》第 42 条第 2 款规定："受益人与被保险人在同一事件中死亡，且不能确定死亡先后顺序的，推定受益人死亡在先。"如此规定的理由在于，人身保险中指定受益人的目的在于维护受益人的生存利益，受益人既然死亡，法律没有必要对受益人的继承人进行特别保护。据此，可以推定受益人乙先于被保险人甲死亡。《保险法》第 42 条第 1 款规定："被保险人死亡后，有下列情形之一的，保险金作为被保险人的遗产，由保险人依照《中华人民共和国继承法》[①] 的规定履行给付保险金的义务：（一）没有指定受益人，或者受益人指定不明无法确定的；（二）受益人先于被保险人死亡，没有其他受益人的；（三）受益人依法丧失受益权或者放弃受益权，没有其他受益人的。"据此，保险金应当作为被保险人甲的遗产，A 项正确，B、C 两项错误。

保险人的代位求偿权只在财产保险中存在，人身保险中不存在代位求偿权。就此，《保险法》第 46 条规定："被保险人因第三者的行为而发生死亡、伤残或者疾病等保险事故的，保险人向被保险人或者受益人给付保险金后，不享有向第三者追偿的权利，但被保险人或者受益人仍有权向第三者请求赔偿。"据此，D 项错误。

20. 答案：B。《保险法》第 44 条第 1 款规定："以被保险人死亡为给付保险金条件的合同，自合同成立或者合同效力恢复之日起二年内，被保险人自杀的，保险人不承担给付保险金的责任，但被保险人自杀时为无民事行为能力人的除外。"据此，如果王某在合同成立 2 年后自杀，保险公司应当支付保险金，故 A 项错误。

《保险法》第 34 条第 1 款规定："以死亡为给付保险金条件的合同，未经被保险人同意并认可保险金额的，合同无效。"据此，《保险法》强调的是被保险人同意并认可保险金额，被保险人既可以自己签字，也可以授权他人签字，故 B 项正确。

《保险法》第 34 条第 2 款规定："按照以死亡为给付保险金条件的合同所签发的保险单，未经被保险人书面同意，不得转让或者质押。"据此，C 项错误。

《保险法》第 34 条第 3 款规定："父母为其未成年子女投保的人身保险，不受本条第一款规定限制。"据此，死亡保险必须经过被保险人同意的例外只有父母为未成年人子女购买保险这一项例外，投保人为配偶购买死亡保险仍然要经过被保险人的同意，故 D 项错误。

二、多项选择题

1. 答案：BD。《保险法》第 39 条第 1 款规定："人身保险的受益人由被保险人或者投保人指定。"李某作为完全民事行为能力人，有权指定其妻子为保险受益人，保险合同合法有效，故 A 项错误。

《保险法解释（三）》第 24 条（2020 修正）规定："投保人为被保险人订立以死亡为给付保险金条件的保险合同，被保险人被宣告死亡后，当事人要求保险人按照保险合同约定给付保险金的，人民法院应予支持。被保险人被宣告死亡之日在保险责任期间之外，但有证据证明下落不明之日在保险责任期间之内，当事人要求保险人按照保险合同约定给付保险金的，人民法院应予支持。"在此，宣告死亡是人民法院依照法律规定所作的死亡认定判决，判决的生效时间并不是下落不明人的确切死亡时间。如果有证据证明李某在保险期间下落不明，则保险公司应当承担赔偿责任，故 B、D 两项正确，C 项错误。

2. 答案：ABD。《保险法》第 13 条规定，投保人提出保险要求，经保险人同意承保，保险合同成立。虽然投保单是保险公司业务员代为签字和填写，但甲公司成功缴纳了保险费，应视为保险公司已同意承保，所以保险

① 编者注：现应按照《民法典》继承编的规定履行相关给付义务。

合同成立。A 正确。根据《保险法》第 43 条至第 45 条的规定，保险公司仅于以下情形下免责：(1) 投保人或者受益人故意造成被保险人死亡、伤残或者疾病的。(2) 被保险人自杀的，但被保险人自杀时为无民事行为能力人的除外。(3) 被保险人故意犯罪或者抗拒依法采取的刑事强制措施导致其伤残或者死亡的。张某打碎车窗玻璃的行为不构成故意犯罪，张某的死亡也并非投保人或者受益人的行为造成，因此保险公司不得因此免责，B、D 两项正确。张某的行为不属于合法的自助行为，且与保险理赔并无关系，所以不是针对保险公司索赔的理由，C 项错误，不选。

3. **答案**：BD。见《保险法》第 56 条、第 62 条、第 65 条、第 67 条。

4. **答案**：AB。本题考查的是有关人身保险的规定。《保险法》第 44 条规定，以被保险人死亡为给付保险金条件的合同，自合同成立或者合同效力恢复之日起二年内，被保险人自杀的，保险人不承担给付保险金的责任，但被保险人自杀时为无民事行为能力人的除外。保险人依照前款规定不承担给付保险金责任的，应当按照合同约定退还保险单的现金价值。据此，本题 A 项正确。第 45 条规定："因被保险人故意犯罪或者抗拒依法采取的刑事强制措施导致其伤残或者死亡的，保险人不承担给付保险金的责任……"据此，本题 B 项正确。《保险法》第 36 条规定，合同约定分期支付保险费，投保人支付首期保险费后，除合同另有约定外，投保人自保险人催告之日起超过三十日未支付当期保险费，或者超过约定的期限六十日未支付当期保险费的，合同效力中止，或者由保险人按照合同约定的条件减少保险金额。据此，本题 C 项不正确。《保险法》第 26 条第 2 款规定，人寿保险的被保险人或者受益人向保险人请求给付保险金的诉讼时效期间为五年，自其知道或者应当知道保险事故发生之日起计算。据此，本题 D 项不正确。

5. **答案**：BC。本题考查的是经营人寿保险业务的公司不得解散的例外。《保险法》第 89 条规定，保险公司因分立、合并需要解散，或者股东会、股东大会决议解散，或者公司章程规定的解散事由出现，经国务院保险监督管理机构批准后解散。经营有人寿保险业务的保险公司，除因分立、合并或者被依法撤销外，不得解散。保险公司解散，应当依法成立清算组进行清算。据此，本题正确答案为 B、C。

6. **答案**：BD。本题考查的是人身保险赔偿责任的例外。《保险法》第 45 条规定："因被保险人故意犯罪或者抗拒依法采取的刑事强制措施导致其伤残或者死亡的，保险人不承担给付保险金的责任。投保人已交足二年以上保险费的，保险人应当按照合同约定退还保险单的现金价值。"据此，本题正确答案为 B、D。

7. **答案**：BC。本题考查的是人身保险的特征。人身保险是以人的寿命和身体作为保险标的的一种保险。人身保险是一种定额给付性质的保险，当条件满足时，保险人必须给付约定的金额。我国的人身保险是由专门的人寿保险公司经营的业务，其主要险种包括人寿保险、意外伤害保险、医疗保险、健康保险。据此，本题 B、C 项正确。根据《保险法》的规定，只有以死亡为给付保险金条件的合同，才必须经被保险人同意，故本题 A 项不正确。人身保险存在强制保险，故本题 D 项不正确。

8. **答案**：BC。本题考查的是对人身保险中特定情形的处理。《保险法》第 43 条第 1 款规定："投保人故意造成被保险人死亡、伤残或者疾病的，保险人不承担给付保险金的责任。投保人已交足二年以上保险费的，保险人应当按照合同约定向其他权利人退还保险单的现金价值。"据此，本题正确答案为 B、C。

9. **答案**：AB。本题考查的是人身保险的受益人的产生途径。《保险法》第 39 条第 1 款规定："人身保险的受益人由被保险人或者投保人指定。"据此，本题正确答案为 A、B。

10. **答案**：BCD。《保险法》第 36 条第 1 款规定："合同约定分期支付保险费，投保人支付首期保险费后，除合同另有约定外，投保人自保险人催告之日起超过三十日未支付当期保险费，或者超过约定的期限六十日未支付当期保险费的，合同效力中止，或者由保险人按照合同约定的条件减少保险金额。”据此，未及时交纳保险费的后果是合同效力中止，或约定减少保险金额，而不是解除合同，故A项错误。

《保险法》第32条第1款规定：“投保人申报的被保险人年龄不真实，并且其真实年龄不符合合同约定的年龄限制的，保险人可以解除合同，并按照合同约定退还保险单的现金价值。保险人行使合同解除权，适用本法第十六条第三款、第六款的规定。”《保险法》第16条第3款规定：“前款规定的合同解除权，自保险人知道有解除事由之日起，超过三十日不行使而消灭。自合同成立之日起超过二年的，保险人不得解除合同；发生保险事故的，保险人应当承担赔偿或者给付保险金的责任。”选项B中保险合同已经成立一年六个月，并未超过两年，因此可以解除合同，B项正确。

《保险法》第16条第1款和第2款规定：“订立保险合同，保险人就保险标的或者被保险人的有关情况提出询问的，投保人应当如实告知。投保人故意或者因重大过失未履行前款规定的如实告知义务，足以影响保险人决定是否同意承保或者提高保险费率的，保险人有权解除合同。”据此，C项正确。

《保险法》第51条第3款规定：“投保人、被保险人未按照约定履行其对保险标的的安全应尽责任的，保险人有权要求增加保险费或者解除合同。”据此，D项正确。

11. 答案：AD。本题考查的是人身保险中保险人不承担给付保险金责任的情形。《保险法》第43条规定：“投保人故意造成被保险人死亡、伤残或者疾病的，保险人不承担给付保险金的责任。……”第45条规定：“因被保险人故意犯罪或者抗拒依法采取的刑事强制措施导致其伤残或者死亡的，保险人不承担给付保险金的责任。……”据此，本题A、D项正确。根据《保险法》的规定，人身保险的保险人不享有对造成保险责任事故的第三人的代位求偿权，故不论受益人是否放弃追偿权，保险人都应当承担保险责任，故本题B项不正确。C项属于保险事故，应给付保险金，故也不正确。

12. 答案：BC。见《保险法》第61条、第62条、第63条、第64条。

三、不定项选择题

1. 答案：BC。见《保险法》第32条。

2. 答案：BC。见《保险法》第36条、第59条。保险合同的效力从8月11日开始中止。因保险事故发生在保险合同效力中止期间，故保险人不承担支付保险金的责任。

四、简答题

答案：意外伤害保险的保险人承保被保险人因意外伤害所引起死亡、残废的保险金给付责任，但不负责被保险人因疾病所致的死亡。伤害，是指自然人外表可见的身体受伤，包括使体外留有痕迹或有一定症状的伤害与经解剖或X光的透视发现的内脏损伤。死亡，是指自然人机体生命活动和新陈代谢的终止，包括生理死亡与宣告死亡。我国法律规定：“公民有下列情形之一的，利害关系人可以向人民法院申请宣告他死亡：①下落不明满4年的；②因意外事故下落不明，从事故发生之日起满2年的。”残废，是指人体组织的永久性缺损或人体器官正常机能的永久性丧失，如丧失视觉、听觉等。意外伤害保险的除外责任主要包括：(1) 由于被保险人的自杀行为造成的伤害；(2) 被保险人在违法犯罪活动中所受的意外伤害；(3) 疾病；(4) 被保险人在其故意制造事端挑起的斗殴中所受的意外伤害；(5) 被保险人在吸食、注射毒品后发生的意外伤害；(6) 酗酒；(7) 不必要的冒险行为等。

五、论述题

1. 答案：人身保险是指以人的身体和生命作为保险标的的保险。人身保险的保险人在投保人投保后，根据约定在被保险人因保单载明的意外事故、灾难及衰老等原因而发生死亡、疾病、伤残、丧失工作能力或退休等情形时给付一定的保险金或年金。人身保险具有以下基本特征：(1) 定额给付性。由于人身保险的保险标的是难以用货币衡量的人的身体和生命，人身保险的保险金额不像财产保险那样能以保险标的的客观价值为根据，而是依被保险人对保险的需求程度和投保人的缴费能力来加以确定，是一种定额保险。因此，在人身保险业务中不会存在超额保险及重复保险等问题。人身保险通常采用约定给付方式，无论是在保险期内保险事故发生，还是在保险期满被保险人生存，保险人都按约定的保险金额进行给付，不能有所增减。(2) 长期性。相对于保险期限多为一年或一年以下的财产保险，人身保险特别是人寿保险一般都是长期业务，保险期限持续几年、几十年甚至始于被保险人的出生终于被保险人的死亡。由于人身保险的长期性特征，业务经营效益无法在短期内予以确定，因此其在保费测算、偿付能力计算、责任准备金提留及资金运用等诸多方面都有异于财产保险。(3) 储蓄性。人身保险在为被保险人提供经济保障的同时还具有储蓄性的特征。人寿保险的保险费一般由危险保费和储蓄保费两部分组成。后者实际上相当于投保人存放于被保险人处的储蓄存款，以预定利率在长期的缴费期间使保费进行积累。储蓄保费的投资收益使投保人不仅可以获得经济保障，还可以享受投资所带来的收益。

2. 答案：这是关于人身保险合同中不适用保险代位权的规定。人身保险合同是指以被保险人的寿命或身体为保险标的的保险，投保人和保险人由此而成立的合同为人身保险合同。人身保险合同不同于财产保险合同，其标的以被保险人的人身利益危险，而不具有确定的金钱价值，不能用财产价值予以比较和衡量。所以，在发生保险事故或者合同约定的期限届满时，保险人依照约定向被保险人或者受益人给付的保险金，不是被保险人人身价值的量化，更非被保险人失去寿命或者丧失健康的损害赔偿。无损失即无赔偿的财产保险观念，不能适用于人身保险合同。正因如此，与财产保险合同不同，人身保险合同不适用保险代位权。同时，投保人和保险人在订立人身保险合同时，不能约定保险代位权条款。总之，保险人给付保险金，不影响被保险人对有损害赔偿责任的第三人的求偿权。

3. 答案：人身保险的保险利益是指投保人对于被保险人的生命或身体所具有的利害关系，也就是投保人将因保险事故的发生而遭受损失，因保险事故的不发生而维持原有的利益。

保险利益构成人身保险合同的效力要件，目的在于防范投保人利用保险谋财害命或者以赌博获取不当利益，从而维护被保险人的人身安全利益。保险利益包括四种情况：(1) 本人对自己的生命和身体的保险利益。(2) 投保人对配偶、子女、父母的生命和身体的保险利益。(3) 投保人对家庭其他成员、近亲属的保险利益。(4) 投保人对同意其订立合同的被保险人的保险利益。

人身保险按投保方式不同，一般可分为投保人以自己的生命或身体投保的人身保险和投保人以他人的生命或身体投保的人身保险两种。我国《保险法》第 31 条规定，投保人对下列人员具有保险利益：(1) 本人；(2) 配偶、子女、父母；(3) 前项以外与投保人有抚养、赡养或者扶养关系的家庭其他成员、近亲属。除前款规定外，被保险人同意投保人为其订立合同的，视为投保人对被保险人具有保险利益。

与财产保险的保险利益不同，人身保险的保险利益必须在保险合同订立时存在，而保险事故发生时是否具有保险利益并不重要。也就是说，在发生索赔时，即使投保人对被保险人失去保险利益，也不影响保险合同的效力。强调必须在保险合同订立时存在保险利益，是为了防止诱发道德风险，进而危及被保险人生命或身体的安全。

六、案例分析题

1. 答案：(1) 本案中保险单质押行为无效。保险单是一种有价证券，可以作为权利质押的客体。但是，根据《保险法》第34条第2款的规定，“按照以死亡为给付保险金条件的合同所签发的保险单，未经被保险人书面同意，不得转让和质押”。所以，乙没有经过甲的同意，将保险单质押，其行为无效。

(2) 乙的理由不成立。在保险合同没有指定受益人或指定受益人先于被保险人死亡时，保险金才可以成为遗产分配给法定继承人。本案指定受益人为丙且仍生存。故在甲去世后，保险金不是要分配的遗产，只能以保险金的形式支付给受益人丙。

(3) 法院应判决由丁将保险单还给丙，丙凭保险单到保险公司领取保险金。至于丁与乙的借贷关系，依法按借贷合同之规定，由乙向丁还款。

2. 答案：(1) 不合法。甲不是受益人。

(2) 合法。因为虽然丁不是受益人，但其是受益人丙的抚养人和监护人，能代替丙向保险公司请求给付保险金。

(3) 保险公司的拒付理由不成立。因为人身保险利益只要求在保险合同成立时具有保险利益，事故发生时是否具有保险利益在所不问。

(4) 该笔保险金应支付给受益人丙，丁作为其监护人，由其代替丙接受保险公司的给付。

(5) 投保人申报的被保险人的年龄不真实，并且其真实年龄不符合合同约定的年龄限制的，保险人可以解除保险合同，但自合同成立之日起超过2年的除外。该案中保险公司发现被保险人年龄不真实时，已经超过2年，故保险公司不能解除保险合同。

第三十四章　财产保险

基础知识图解

- 财产保险
  - 概述
    - 概念和特征
    - 分类
      - 依标的的不同：财产损失保险、责任保险、信用保险、保证保险
      - 依投保主体不同：家庭个人财产保险与企业经营财产保险
      - 依所保财产分布行业不同：火灾保险、运输保险、工程保险、农业保险
  - 几种主要的财产保险
    - 火灾保险
    - 运输保险
    - 责任保险
    - 保证保险
    - 信用保险
    - 海上保险

配套测试

一、单项选择题

1. 姜某的私家车投保商业车险，年保险费为3000元。姜某发现当网约车司机收入不错，便用手机软件接单载客，后辞职专门跑网约车。某晚，姜某载客途中与他人相撞，造成车损10万元。姜某向保险公司索赔，保险公司调查后拒赔。关于本案，下列哪一选项是正确的？（　　）（司考2017.3.34）

A. 保险合同无效

B. 姜某有权主张约定的保险金

C. 保险公司不承担赔偿保险金的责任

D. 保险公司有权解除保险合同并不退还保险费

2. 甲公司将其财产向乙保险公司投保。因甲公司要向银行申请贷款，乙保险公司依甲公司指示将保险单直接交给银行。下列哪一表述是正确的？（　　）（司考2013.3.34）

A. 因保险单未送达甲公司，保险合同不成立

B. 如保险单与投保单内容不一致，则应以投保单为准

C. 乙保险公司同意承保时，保险合同成立

D. 如甲公司未缴纳保险费，则保险合同不成立

3. 某企业投保财产险100万元，在一次电路短路火灾事件中，实际遭受损失为95万元，为保护和抢救财产支出必要费用为10万元，为确认保险责任范围内的损失交付的估价合理费用为2万元。保险公司应向某企业赔偿（　　）

A. 95万元　　B. 100万元

C. 103万元　　D. 107万元

4. 潘某向保险公司投保了一年期的家庭财产保险。保险期间内，潘某一家外出，嘱托保姆看家。某日，保姆外出忘记锁门，窃贼乘虚而入，潘某家被盗财物价值近5000元。下列哪一表述是正确的？（　　）（司考2009.3.33）

A. 应由保险公司赔偿，保险公司赔偿后无权向保姆追偿

B. 损失系因保姆过错所致，保险公司不承

担赔偿责任

C. 潘某应当向保险公司索赔，不能要求保姆承担赔偿责任

D. 潘某只能要求保姆赔偿，不能向保险公司索赔

5. 张三向保险公司投保了汽车损失险。某日，张三的汽车被李四撞坏，花去修理费5000元。张三向李四索赔，双方达成如下书面协议：张三免除李四修理费1000元，李四将为张三提供3次免费咨询服务，剩余的4000元由张三向保险公司索赔。后张三请求保险公司按保险合同支付保险金5000元。下列哪一说法是正确的？（　　）（司考2011.3.34）

A. 保险公司应当按保险合同全额支付保险金5000元，且不得向李四求偿

B. 保险公司仅应当承担4000元保险金的赔付责任，且有权向李四求偿

C. 因张三免除了李四1000元的债务，保险公司不再承担保险金给付责任

D. 保险公司应当全额支付5000元保险金，再向李四求偿

二、多项选择题

1. 下列可以作为财产保险标的的有（　　）。

A. 企业的厂房设备

B. 被保险人依法对他人应承担的债务

C. 运输中的货物

D. 被保险人依法对第三人应承担的赔偿责任

2. 下列有关财产保险合同的表述哪些是正确的？（　　）

A. 保险标的的保险价值，可以由投保人和保险人约定并在合同中载明

B. 保险标的的保险价值，可以由投保人和保险人按照保险事故发生时保险标的的实际价值确定

C. 保险金额不得超过保险价值，超过保险价值的，保险合同无效

D. 保险金额低于保险价值的，保险人按照保险金额与保险价值的比例承担赔偿责任

3. 货物运输保险，保险责任开始后，除非另有约定，否则（　　）。

A. 投保人可以要求终止合同

B. 投保人不能要求终止合同

C. 保险人可以要求终止合同

D. 保险人不能要求终止合同

4. 曾某购得新车1辆，并在保险公司办理了财产保险，保险价值30万元。某日，曾某行车时被一出租汽车司机林某违章行驶而将其新车后部撞坏，造成损失1万元。下列有关本案的表述中正确的是（　　）。

A. 曾某既可以选择向林某索赔，也可以选择要求保险公司赔偿

B. 若保险公司向曾某支付了赔偿保险金，则曾某不得再向林某索赔

C. 若林某向曾某支付了赔偿费，则曾某仍有权要求保险公司支付赔偿金

D. 在保险公司未赔偿保险金之前，若曾某放弃对林某的索赔权，则保险公司不承担赔偿保险金的责任

5. 李某给自己的越野车投保了10万元责任险。李某让其子小李（年16岁）学习开车，某日小李独自开车时不慎撞坏叶某的轿车，叶某为此花去修车费2万元。下列哪些选项是正确的？（　　）

A. 应当由李某对叶某承担侵权赔偿责任

B. 应当由小李对叶某承担侵权赔偿责任

C. 因李某疏于管理保险财产，保险公司有权单方通知李某解除保险合同

D. 保险公司支付保险赔款后不能对小李行使代位追偿权

6. 甲参加乙旅行社组织的沙漠一日游，乙旅行社为此向红星保险公司购买了旅行社责任保险。丙客运公司受乙旅行社之托，将甲运送至沙漠，丙客运公司为此向白云保险公司购买了承运人责任保险。丙客运公司在运送过程中发生交通事故，致甲死亡，丙客运公司负事故全责。甲的继承人为丁。在通常情形下，下列哪些表述是正确的？（　　）

A. 乙旅行社有权要求红星保险公司直接对丁支付保险金

B. 丙客运公司有权要求白云保险公司直接对丁支付保险金

C. 丁有权直接要求红星保险公司支付保险金

D. 丁有权直接要求白云保险公司支付保险金

7. 潘某请好友刘某观赏自己收藏的一件古玩，不料刘某一时大意致其落地摔毁。后得知，潘某已在甲保险公司就该古玩投保了不足额财产险。关于本案，下列哪些表述是正确的？（　　）（司考 2015. 3. 76）

A. 潘某可请求甲保险公司赔偿全部损失

B. 若刘某已对潘某进行全部赔偿，则甲保险公司可拒绝向潘某支付保险赔偿金

C. 甲保险公司对潘某赔偿保险金后，在向刘某行使保险代位求偿权时，既可以自己的名义，也可以潘某的名义

D. 若甲保险公司支付的保险金不足以弥补潘某的全部损失，则就未取得赔偿的部分，潘某对刘某仍有赔偿请求权

三、不定项选择题

1. 财产保险依照保险标的的不同可分为（　　）。

A. 财产损失保险　　B. 责任保险

C. 信用保险　　D. 保证保险

2. 运输货物保险的主要险别包括（　　）。

A. 海洋运输货物保险

B. 国内（水陆、公路、铁路）运输货物保险

C. 航空运输货物保险

D. 邮包保险

四、名词解释

1. 责任保险
2. 信用保险

五、简答题

1. 雇主责任保险的责任范围包括哪些内容？
2. 保证保险有着哪些特殊性？
3. 简述财产损失保险中保险人的除外责任。
4. 责任保险与一般财产保险的区别。

六、论述题

试述财产保险的特征。

七、案例分析题

某市制革厂于 2010 年 1 月 11 日与中国人民保险公司某分支公司签订了企业财产保险合同，将该厂自有的固定资产和流动资产全部投入保险，投保金额 500 万元，保险费 1. 8 万元，保险期为一年。在财产保险合同保险单中，均写明了投保的流动财产包括成品、半成品和原材料，存放于本厂的车间、仓库。2010 年 6 月 28 日制革厂与广州的甲公司签订了代销合同，由甲公司为制革厂代销货物，同年 7 月 19 日，制革厂将一批货物发往甲公司，甲公司将货物存放在其仓库内，2010 年 8 月 25 日由于广州连续多日高温，引起该批货物自燃，全部毁损。经鉴定为“皮革为骤然自燃所致”，甲公司立即通知了制革厂，制革厂向保险公司提出赔偿请求，保险公司以制革厂投保的标的物被销售转移，保险项目变更为由，拒绝赔偿，制革厂遂向人民法院起诉。问：保险公司是否负有赔偿责任？为什么？

参考答案

一、单项选择题

1. **答案**：C。《保险法》第 52 条第 1 款规定：“在合同有效期内，保险标的的危险程度显著增加的，被保险人应当按照合同约定及时通知保险人，保险人可以按照合同约定增加保险费或者解除合同。保险人解除合同的，应当将已收取的保险费，按照合同约定扣除自保险责任开始之日起至合同解除之日止应收的部分后，退还投保人。”据此，被保险人违反了保险标的危险程度增加的通知义务，保险公司有权解除合同，但不影响保险合同的效力，故 A 项错误。保险公司解除保险合同时，应当将超过保险合同期限部分的保险费退还给投保人，故 D 项错误。

《保险法》第 52 条第 2 款规定：“被保

险人未履行前款规定的通知义务的，因保险标的的危险程度显著增加而发生的保险事故，保险人不承担赔偿保险金的责任。”本题中，姜某因为夜晚载客，与他人发生碰撞而导致车损，该保险事故的发生应当属于“因保险标的的危险程度显著增加而发生的保险事故”，故保险公司不承担赔偿责任，故B项错误，C项正确。

2. **答案**：C。《保险法》第13条第1款规定：“投保人提出保险要求，经保险人同意承保，保险合同成立。保险人应当及时向投保人签发保险单或者其他保险凭证。”可见，经保险人承保合同即成立，保险单未送达不影响合同的成立，因此，A、D选项错误，C选项正确。从该条也可看出，保险单为保险合同凭证，所以，B选项也错误。

3. **答案**：B。本题考查的是保险公司的赔偿责任。《保险法》第57条规定：“保险事故发生时，被保险人应当尽力采取必要的措施，防止或者减少损失。保险事故发生后，被保险人为防止或者减少保险标的的损失所支付的必要的、合理的费用，由保险人承担；保险人所承担的费用数额在保险标的损失赔偿金额以外另行计算，最高不超过保险金额的数额。”据此，本题正确答案为B。

4. **答案**：A。首先，潘某向保险公司投保了一年期的家庭财产保险，且在保险期内发生了保险事故，虽然是第三人引起的，但是保险公司依然负有支付保险金的责任。因此，B、D项错误。

《保险法》第60条第1款规定，因第三者对保险标的的损害而造成保险事故的，保险人自向被保险人赔偿保险金之日起，在赔偿金额范围内代位行使被保险人对第三者请求赔偿的权利。《保险法》第62条规定，除被保险人的家庭成员或者其组成人员故意造成本法第60条第1款规定的保险事故外，保险人不得对被保险人的家庭成员或者其组成人员行使代位请求赔偿的权利。据此可知，本题中保姆属于潘某家庭的其他组成人员，且保姆对保险事故的发生仅存在过失，而非故意，因此，保险公司不得对保姆行使代位请求赔偿的权利。所以，A项正确。

另外，潘某一家外出，嘱托保姆看家。潘某与保姆之间形成了保管合同关系，标的物是家中的财产。因保姆的过错导致潘某家财产被盗，保姆虽然不用承担保险法上的保险责任，但是应当承担民法中的违约责任。因此，C项错误。

5. **答案**：B。《保险法》第61条第1款规定：“保险事故发生后，保险人未赔偿保险金之前，被保险人放弃对第三者请求赔偿的权利的，保险人不承担赔偿保险金的责任。”本题中，被保险人张三并未明确放弃对第三人李四的索赔权，但根据张三和李四之间达成的书面协议，保险公司对1000元修理费部分已经无法行使代位求偿权，因此保险公司对于无法向李四追偿的1000元不承担保险责任，而仅仅承担4000元保险金的赔付责任。同时，《保险法》第60条第1款规定：“因第三者对保险标的的损害而造成保险事故的，保险人自向被保险人赔偿保险金之日起，在赔偿金额范围内代位行使被保险人对第三者请求赔偿的权利。”据此，保险公司就其承担的4000元保险费有权向李四追偿。故，B项正确，A、C、D三项错误。

二、多项选择题

1. **答案**：ABCD。本题考查的是可以作为保险标的的财产范围。《保险法》第95条第1款规定：“保险公司的业务范围：……（二）财产保险业务，包括财产损失保险、责任保险、信用保险、保证保险等保险业务……”第12条规定，“财产保险的被保险人在保险事故发生时，对保险标的应当具有保险利益……保险利益是指投保人或者被保险人对保险标的具有的法律上承认的利益”。保险标的是指作为保险对象的财产及其有关利益或者人的寿命和身体。据此，本题A、B、C、D项均为财产或财产责任，且投保人都可能对其具有保险利益，故都可作为财产保险标的。

2. **答案**：ABD。本题考查的是有关财产保险合同的规定。《保险法》第55条规定：“投保人和保险人约定保险标的的保险价值并在合同中载明的，保险标的发生损失时，以约定的保险价值为赔偿计算标准。投保人和保险人未约定保险标的的保险价值的，保险标的发生损失时，以保险事故发生时保险标的的实际价值为赔偿计算标准。保险金额不得超过保险价值。超过保险价值的，超过部分无效，保险人应当退还相应的保险费。保险金额低于保险价值的，除合同另有约定外，保险人按照保险金额与保险价值的比例承担赔偿保险金的责任。”据此，本题A、B、D项正确，C项不正确。

3. 答案：BD。本题考查的是有关货物运输保险的特殊规定。《保险法》第50条规定：“货物运输保险合同和运输工具航程保险合同，保险责任开始后，合同当事人不得解除合同。”据此，本题正确答案为B、D。

4. 答案：ACD。见《保险法》第60条、第61条。被保险人已经从第三者取得损害赔偿的，保险人赔偿保险金时，可以相应扣减被保险人从第三者已取得的赔偿金额。保险人对被保险人进行赔偿并取得了代位求偿权后，不影响被保险人就未取得赔偿的部分向第三者请求赔偿的权利。

5. 答案：AD。本题考查的是监护人责任；财产保险合同的解除条件和代位求偿。

《民法典》第1188条第1款规定：“无民事行为能力人、限制民事行为能力人造成他人损害的，由监护人承担侵权责任。监护人尽到监护职责的，可以减轻其侵权责任。”可知A项正确，B项错误。《保险法》第51条第3款规定：“投保人、被保险人未按照约定履行其对保险标的的安全应尽责任的，保险人有权要求增加保险费或者解除合同。”可见财产保险人解除合同的条件必须是投保人、被保险人不履行约定的义务，而非泛泛的“疏于管理保险财产”，C项错误。《保险法》第62条规定：“除被保险人的家庭成员或者其组成人员故意造成本法第六十条第一款规定的保险事故外，保险人不得对被保险人的家庭成员或者其组成人员行使代位请求赔偿的权利。”D项正确。选A、D项。

6. 答案：AB。首先需要明确的是被保险人是否需要承担相应的民事赔偿责任。《道路交通安全法》第76条第1款规定：“机动车发生交通事故造成人身伤亡、财产损失的，由保险公司在机动车第三者责任强制保险责任限额范围内予以赔偿；不足的部分，按照下列规定承担赔偿责任：（一）机动车之间发生交通事故的，由有过错的一方承担赔偿责任；双方都有过错的，按照各自过错的比例分担责任。（二）机动车与非机动车驾驶人、行人之间发生交通事故，非机动车驾驶人、行人没有过错的，由机动车一方承担赔偿责任；有证据证明非机动车驾驶人、行人有过错的，根据过错程度适当减轻机动车一方的赔偿责任；机动车一方没有过错的，承担不超过百分之十的赔偿责任。”本题中，丙客运公司在运送过程中发生交通事故，致甲死亡，丙客运公司负事故全责，可以确认丙客运公司需要对甲承担侵权责任。《民法典》第523条规定：“当事人约定由第三人向债权人履行债务的，第三人不履行债务或者履行债务不符合约定，债务人应当向债权人承担违约责任。”本题中，乙旅行社委托丙客运公司将甲运至沙漠，属于由第三人代为履行的情形，乙旅行社应当对甲的死亡承担无过错的违约责任。所以，无论是丙客运公司还是乙旅行社，都要对甲的死亡承担民事赔偿责任，即有义务赔偿甲的继承人丁所遭受的损害。

《保险法》第65条第2款规定，责任保险的被保险人给第三者造成损害，被保险人对第三者应负的赔偿责任确定的，根据被保险人的请求，保险人应当直接向该第三者赔偿保险金。本题中，被保险人乙旅行社购买了旅行社责任保险，旅客甲在旅行中意外死亡，乙旅行社有权要求红星保险公司直接对丁支付保险金，故A项正确。同样，被保险人丙客运公司购买了承运人责任保险，丙客运公司有权要求白云保险公司直接对丁支付保险金，故B项正确。

《保险法》第65条第2款还规定，被保险人怠于请求的，第三者有权就其应获赔偿部分直接向保险人请求赔偿保险金。可见，丁向保险公司请求支付保险金的前提是被保险人怠于向保险公司提出请求，题目中并未说明乙旅行社或者丙客运公司怠于请求，故C、D两项错误。

7. 答案：BD。《保险法》第55条第4款规定："保险金额低于保险价值的，除合同另有约定外，保险人按照保险金额与保险价值的比例承担赔偿保险金的责任。"本题中，潘某就自己的古玩所投保险为不足额保险，甲保险公司只需按照保险金额与保险价值的比例赔偿潘某的部分损失，而不需要赔偿潘某的全部损失，故A项错误。

《保险法》第60条第2款规定："前款规定的保险事故发生后，被保险人已经从第三者取得损害赔偿的，保险人赔偿保险金时，可以相应扣减被保险人从第三者已取得的赔偿金额。"据此，如果刘某已经对潘某进行了全部赔偿，则保险公司可以拒绝向潘某支付保险金，故B项正确。

《保险法》第60条第1款规定："因第三者对保险标的的损害而造成保险事故的，保险人自向被保险人赔偿保险金之日起，在赔偿金额范围内代位行使被保险人对第三者请求赔偿的权利。"《保险法解释（二）》第16条第1款规定："保险人应以自己的名义行使保险代位求偿权。"据此，C项错误。

《保险法》第60条第3款规定："保险人依照本条第一款规定行使代位请求赔偿的权利，不影响被保险人就未取得赔偿的部分向第三者请求赔偿的权利。"据此，D项正确。

三、不定项选择题

1. 答案：ABCD。

2. 答案：ABCD。

四、名词解释

1. 答案：责任保险是指投保人或被保险人与保险人之间以被保险人依法所应负的民事赔偿责任为保险标的的保险形式，即保险人根据约定代为承担被保险人对第三人的赔偿责任。

2. 答案：信用保险是指保险人对被保险人所从事的商品销售或商业贷款业务活动提供保险，当债务人不履行法定或约定的义务未对被保险人清偿时，由保险人负责赔偿。

五、简答题

1. 答案：雇主责任保险的责任范围包括：（1）被保险人所雇员工于受雇过程中（包括上下班途中）在保险有效期内，在保单列明地点从事与其职业有关的工作时遭受意外事故而致伤、致残、死亡的经济赔偿责任；（2）被保险人所雇员工因患有与其职务有关的职业性疾病而致伤、残、死亡，依法或根据雇佣合同雇主应负的赔偿责任；（3）被保险人在处理保险责任范围内的索赔时支出的诉讼费用（包括律师费用、取证费用等）；（4）在附加医药费保险中，被保险人要求的扩大承保对所雇员工在保险有效期内，因患病（包括传染病、流产、分娩）所需的治疗、医药、手术、住院等费用；在附加第三者责任险中，被保险人要求扩大承保所雇员工在保险有效期内，从事与其职业有关的工作时由于意外或疏忽，造成第三者人身伤亡或财产损失的赔偿费用。

2. 答案：保证保险有着如下特殊性：（1）当事人的特殊性。一般商业保险的法律关系仅发生在投保人与保险人两方之间，而在保证保险中则存在保险人、被保险人和权利人三方当事人。保险人处于保证人的地位，承担给付保险赔偿金的责任，补偿被保险人的行为（作为或不作为）给权利人造成的损失。权利人则是享受保证保险保障。享受与被保险人签订合同利益的一方，当由于被保险人违约或不忠诚遭受经济损失时，有权从保险人处获得补偿。（2）保险标的的特殊性。保证保险承保的风险是一种信用风险，其保险标的是无形的经济利益。保证保险各方主体权利、义务所指向的对象是被保险人的行为（作为或不作为）对权利人造成的经济损失。（3）代位求偿性。代位求偿权保险人为被保证人向其权利人支付的任何赔偿，有要求被保证人返还的权利。即保证保险人在赔偿权利人的损失后，便取得向被保证人追偿的权利。因此，保证保险人一般事先都会对被保证人的资信进行审查，并要求被保证人提供反担保，以保障其对权利人支付的任何赔偿能从被保证人处得到追偿。

3. **答案**：除外责任，是指依照法律规定或者保险合同的约定，保险人对被保险财产所发生的损害，不承担给付保险金的责任。一般而言，被保险财产因下列原因发生的损害，被保险人即使受有不利益损失，保险人亦不承担赔偿责任：第一，被保险人故意造成被保险财产损害的。被保险人故意造成被保险财产的损失，由此发生的风险为道德风险，不应属于保险赔偿的范畴。第二，保险合同特约战争或军事行动或者政府行为造成被保险财产损害的。财产损失保险合同一般约定，战争或军事行动甚至政府行为造成的损害，保险人不承担保险赔偿责任；但是，如果投保人加付保险费而投保战争险等附加险的，保险人应当负赔偿责任。第三，保险合同特约核子辐射或者放射性污染造成被保险财产损害的。因此类损害的后果巨大，其发生的频率也难以事先预测，一般的财产损失保险合同无例外地视其为除外责任。第四，被保险财产自身的性状造成的损失，除非保险合同另有约定。这主要是指被保险财产因本身的缺陷、霉烂、变质、受潮、虫咬、自然耗损、锈蚀等原因而发生的损害，不在保险责任的范围内。第五，财产性质或目的除外。依财产损失保险的性质或目的，被保险人的不应属于可保财产范围内的财产所发生的损失，保险人不承担保险赔偿责任。第六，保险单列明的其他原因。

4. **答案**：责任保险是指以保险客户的法律赔偿风险为承保对象的一类保险。按业务内容，可分为公众责任保险、产品责任保险、雇主责任保险、职业责任保险和第三者责任保险五类业务。

责任保险具有不同于一般财产保险的许多特性，主要表现在：其一，责任保险的标的并非实体的财物，而是被保险人对于第三人依法应负的损害赔偿责任，因此并无保险价额和保险金额可言。其二，在责任保险中，当保险事故发生后，保险人应负对事故承担经济赔偿责任须受两个条件的制约，即被保险人对于第三人负有损害赔偿责任，而且受害第三人向被保险人请求赔偿。倘若被保险人虽然对第三人负有赔偿责任，但该第三人若出于往日的友谊甘愿抛弃其赔偿请求权或因故并未行使赔偿请求权以致时效消灭，则被保险人并未实际损害，自然也就不能由保险人予以赔偿。这与一旦保险财产因保险事故而造成损失，保险人即负有赔偿之责的其他财产保险合同显然有着很大区别。其三，责任保险的目的主要是填补被保险人在法律上履行损害赔偿责任的损失，并非填补保险事故所致被保险人自己财产所遭受的损失。而其他财产保险多是为了补偿因保险事故致使被保险人自己财物所遭受的损失。

六、论述题

答案：财产保险具有如下基本特征：(1) 财产保险的标的是特定财产及其有关利益。作为财产保险合同标的的“特定财产及其有关利益”有广义与狭义两种理解：狭义的财产保险标的，是指各种实体的财产物资，如已建成建筑物及在建工程项目、运输工具、生产机器、货物等各种财产以及依附于这些财产而存在的经营利润等；广义的财产保险标的则是指各种有形或无形财产及其有关利益，除上述狭义标的范围外，还包括损害赔偿责任、信用、保证等内容。一般意义上，财产保险的保险标的应取广义，《保险法》第95条第1款对此规定，“财产保险业务，包括财产损失保险、责任保险、信用保险、保证保险等保险业务”。(2) 财产保险合同生效的附条件性。通说认为保险合同属诺成合同，但仍具有一定的要物合同的性质。只有在特定条件成就时，即投保人交纳了保险费用并于保险合同责任范围和保险期内发生保险事故时，财产保险合同才在投保人与保险人之间产生法律效力，保险人才会依据合同向投保人或被保险人支付保险金，履行经济赔偿的义务。(3) 财产保险合同的补偿性。作为一种商业化的经济补偿制度，财产保险的基本目的在于补偿被保险人因保险事故的发生而遭受的经济损失。被保险人虽然可以通过财产保险合同获得保险补偿，但不能取得额外收益，因此财产保险合同的保险金额应取决于保险标的自身实际具有的价值。如果保险金额超过了保险价值，则被保险人在保险事故发生后便可能获得大于实际损失的赔偿，这有违保险合同的补偿性目的。(4) 财产保险行为主体的法定性。在财产保险中，作为收取保险费并在保险事故发生后向被保险人承担保险金支付责任的保险人，应是经由国家有关主管部门批准，被授予经营保险业务许可证，领取营业执照从事保险业务的保险公司，其他非经许可的单位和个人不得经营商业财产保险业务。

七、案例分析题

答案：保险公司不负赔偿责任。根据我国《保险法》第52条的规定，保险标的如变更用途或增加危险程度，投保方应及时通知保险方，在需要增加保险费用时，必须及时补交保险费，否则由此引起保险事故造成损失由投保方自己承担，保险方不负保险责任。本案中，制革厂发货给甲公司让其代销，使企业的流动财产处于不稳定状态，其存放形式发生了变化，违反了保险合同约定的将货物存放于制革厂厂房、仓库的义务，从而增加了货物的危险程度，由于广州的气温较高，制革厂应当将这一事实通知保险公司，但制革厂并没有履行此义务，因此，当事故发生后，制革厂无权要求保险公司赔偿损失。

第三十五章　保险业

基础知识图解

- 保险业
  - 保险公司
    - 概念及设立
    - 变更、解散、撤销、破产及其清算
    - 经营规则
  - 保险业的监督管理
    - 概念及意义
    - 监管的主要部门及职责
    - 对险种的基本条款、保险费率的监管
    - 对保险公司经营活动的监管
  - 保险代理人与保险经纪人

配套测试

一、单项选择题

1. 有关监督管理机关应当对设立外资保险公司的申请进行初步审查，自收到完整的申请文件（　　）内作出受理或不受理的决定。

A. 2 个星期　　B. 1 个月

C. 6个月　　D. 12 个月

2. 依照《保险法》，投保人故意不履行如实告知义务，保险人对保险合同解除前发生的保险事故（　　）。

A. 不承担赔偿或者给付保险金的责任，并不退还保险费

B. 不承担赔偿或者给付保险金的责任，但可以退还保险费

C. 承担赔偿或者给付保险金的责任

D. 承担赔偿或者给付保险金的责任，但可以请求增加保险费

3. 保险公司因法定或公司章程约定的解散事由出现的，经（　　）解散。

A. 由股东会依法作出决议后

B. 经监督管理机构批准后

C. 由国务院批准后

D. 由中国人民银行批准后

4. 因保险经纪人在办理保险业务中的过错，给投保人、被保险人造成损失的，由（　　）承担赔偿责任。

A. 保险经纪人

B. 保险人

C. 保险经纪人的上级主管部门

D. 保险经纪人与保险人共同

5. 保险公司在被整顿的过程中，其原有的业务（　　）。

A. 暂时停止

B. 继续进行

C. 转让给其他保险公司

D. 由整顿组织决定

6. 我国有资格经营商业保险业务的有（　　）。

A. 商业银行　　B. 信托公司

C. 保险公司　　D. 证券公司

7. 保险公司对每一危险单位，即对一次保险事故可能造成的最大损失范围所承担的责任，不得超过其实有资本金加公积金总和的（　　）。

A. 10%　　B. 20%

C. 40%　　D. 50%

8. 设立保险公司的注册资本最低限额为人民币（　　）元。
A. 2 亿　　B. 1 亿
C. 5000 万　　D. 5 亿

9. 商业保险的主要险种的基本保险条款和保险费率应由下列哪个机关制定？（　　）
A. 由金融监督管理机关制定
B. 由《中华人民共和国保险法》规定
C. 由各保险公司在中国人民银行规定的范围和幅度内制定
D. 由各保险公司自由制定

10. 保险公司成立后应当按照其注册资本的（　　）提取保证金，存入监督管理部门指定的银行，除保险公司清算时用于清偿债务外，不得动用。
A. 20%　　B. 30%
C. 10%　　D. 15%

11. 经营财产保险业务的保险公司当年自留保险费，不得超过（　　）。
A. 其公积金的 4 倍
B. 其注册资金的 4 倍
C. 其实有资本金的 4 倍
D. 其实有资本金加公积金总和的 4 倍

12. 下列关于兼业代理人的表述中正确的有（　　）。
A. 必须有所在单位法人授权书
B. 仍须参加保险代理人资格考试
C. 必须亲自向中国人民银行申请办理《经营保险代理业务许可证》
D. 是指兼职从事保险代理业务的个人

13. 外商投资企业的各项保险，（　　）。
A. 可由当事人选择向中国或外国的保险公司投保
B. 应向中国境内的保险公司投保
C. 可向经中国有关主管部门批准的外国保险公司投保
D. 应优先向中国境内的保险公司投保

14. 根据保险法的规定，下列关于保险代理人的表述，不正确的是哪一项？（　　）
A. 保险代理人既可为单位，也可为个人
B. 保险代理人在代为办理人寿保险业务时，不得同时接受两个以上保险人的委托
C. 保险代理人不得承诺向投保人、被保险人或者受益人给予保险合同规定以外的其他利益
D. 保险代理人为保险人代为办理保险业务

15. 保险监管机构依法对保险公司作出限期改正的决定后，当保险公司未在限期内予以改正的，由保险监管机构决定，对该保险公司进行（　　）。
A. 接管　　B. 整顿
C. 暂停营业的处罚　　D. 责令改正或合并

16. 保险法规定，保险公司违反保险法规定，损害社会公共利益，可能严重危及或者已经危及保险公司的偿付能力的，监督管理机构可以对该保险公司实行（　　）。
A. 接管　　B. 整顿
C. 暂停营业的处罚　　D. 合并

17. 基于投保人的利益为投保人与保险人订立保险合同提供中介服务，并依法收取佣金的人被称为：（　　）。
A. 保险代理人　　B. 投保中介人
C. 保险经纪人　　D. 投保经纪人

二、多项选择题

1. 外资保险公司违反本条例规定，有下列行为的由监管机关责令限期改正，逾期不改正的，处 1 万元以上 10 万元以下的罚款（　　）。
A. 未按照规定提交报送有关文件、资料和书面报告的
B. 未按照规定公告的
C. 拒绝或者阻碍依法监督检查的
D. 提供虚假文件、资料和书面报告的

2. 外国保险公司分公司的总公司有下列情形的，该分公司应当自该情形发生之日起 10 日内，将有关情况向监管机构提交书面报告（　　）。
A. 变更名称、主要负责人
B. 变更注册地
C. 变更资本金
D. 变更持有资本总额 5% 以上的股东

3. 外资保险公司按照监管机构核定的业务范围，可以全部或部分依法经营财产保险业务包括（　　）。

A. 财产损失保险　　B. 财产责任保险
C. 财产信用保险　　D. 财产意外保险

4. 申请设立外资保险公司的外国保险公司，应当具备以下哪些条件？(　　)
A. 所在国家或者地区有关主管当局同意其申请
B. 在中国境内已经设立代表机构 3 年以上
C. 提出设立申请前 1 年年末总资产不少于 80 亿美元
D. 符合所在国家或地区偿付能力标准

5. 外资保险公司是指依照中华人民共和国有关法律，行政法规的规定，经批准在中国境内设立和营业的下列保险公司（　　）。
A. 合资保险公司
B. 合作保险公司
C. 独资保险公司
D. 外国保险公司分公司

6. 下列关于保险代理人和保险经纪人的表述哪些是正确的？(　　)
A. 保险代理人是根据保险人的委托，向保险人收取代理手续费，并在保险人授权范围内代为办理保险业务的单位或个人
B. 保险经纪人是基于保险人的利益，为投保人与保险人订立保险合同提供中介服务，并依法收取佣金的单位
C. 个人保险代理人在代为办理人寿保险业务时，不得同时接受两个以上保险人的委托
D. 因保险经纪人在办理保险业务中的过错，给投保人、被保险人造成损失的，由保险经纪人承担赔偿责任

7. 保险公司的资金运用限于下列哪些形式？(　　)
A. 银行存款　　B. 买卖股票
C. 买卖国债　　D. 买卖企业债券

8. 关于人寿保险公司，下列说法正确的有（　　）。
A. 人寿保险的被保险人或者受益人对人寿保险公司请求给付保险金的诉讼时效期间，为自其知道保险事故发生之日起 5 年
B. 经营有人寿保险业务的保险公司，除分立、合并外，不得解散
C. 保险公司不得将财产保险和人寿保险混业经营
D. 保险公司依法破产后，应先赔偿或给付保险金，再清偿所欠税款

9. 下列关于保险公司的接管的叙述正确的是（　　）。
A. 保险公司的偿付能力受到危及时，监督管理机构可以对保险公司实行接管
B. 被接管的保险公司的债权债务发生相应的变化
C. 接管期限最长不得超过 1 年
D. 被接管的保险公司的财产已不能清偿所负债务的，明显缺乏清偿能力的，可向人民法院申请宣告其破产

10. 凡是具有下列情况之一的，不得担任保险公司的高级管理人员：(　　)。
A. 担任依法被吊销营业执照的公司、企业的法定代表人，并负有个人责任的，自该公司、企业被吊销营业执照之日起未逾 3 年的人员
B. 个人所负数额较大的债务到期未清偿的人员
C. 担任因经营不善破产清算的公司、企业的经理，并对该公司、企业的破产负有个人责任的，自该公司、企业破产清算完结之日起未逾 3 年的人员
D. 担任因经营不善破产清算的公司、企业的厂长，并对该公司、企业的破产负有个人责任的，自该公司、企业破产清算完结之日起未逾 3 年的人员

三、名词解释

1. 保险代理人
2. 保险准备金
3. 保险经纪人

四、简答题

1. 保险专业代理人应具备哪些条件？
2. 简述新形势下我国保险监管制度的调整。

五、论述题

试述我国对保险公司设立及监管的主要规定。

参考答案

一、单项选择题

1. **答案**：C。本题考查的是对外资保险公司的审批程序。《中华人民共和国外资保险公司管理条例》（以下简称《外资保险公司管理条例》）第10条规定："国务院保险监督管理机构应当对设立外资保险公司的申请进行初步审查，自收到完整的申请文件之日起6个月内作出受理或者不受理的决定。决定受理的，发给正式申请表；决定不受理的，应当书面通知申请人并说明理由。"据此，本题正确答案为C。

2. **答案**：A。《保险法》第16条规定，订立保险合同，保险人就保险标的或者被保险人的有关情况提出询问的，投保人应当如实告知。投保人故意或者因重大过失未履行前款规定的如实告知义务，足以影响保险人决定是否同意承保或者提高保险费率的，保险人有权解除合同。前款规定的合同解除权，自保险人知道有解除事由之日起，超过三十日不行使而消灭。自合同成立之日起超过二年的，保险人不得解除合同；发生保险事故的，保险人应当承担赔偿或者给付保险金的责任。投保人故意不履行如实告知义务的，保险人对于合同解除前发生的保险事故，不承担赔偿或者给付保险金的责任，并不退还保险费。投保人因重大过失未履行如实告知义务，对保险事故的发生有严重影响的，保险人对于合同解除前发生的保险事故，不承担赔偿或者给付保险金的责任，但应当退还保险费。保险人在合同订立时已经知道投保人未如实告知的情况的，保险人不得解除合同；发生保险事故的，保险人应当承担赔偿或者给付保险金的责任。保险事故是指保险合同约定的保险责任范围内的事故。

3. **答案**：B。本题考查的是保险公司解散的程序。《保险法》第89条第1款规定，保险公司因分立、合并需要解散，或者股东会、股东大会决议解散，或者公司章程规定的解散事由出现，经国务院保险监督管理机构批准后解散。据此，本题正确答案为B。

4. **答案**：A。本题考查的是对保险经纪人的过失承担责任的主体。《保险法》第128条规定："保险经纪人因过错给投保人、被保险人造成损失的，依法承担赔偿责任。"据此，本题正确答案为A。

5. **答案**：B。本题考查的是保险公司的整顿。《保险法》第142条规定，整顿过程中，被整顿保险公司的原有业务继续进行。但是，监督管理机构可以责令被整顿公司停止部分原有业务、停止接受新业务，调整资金运用。据此，本题正确答案为B。

6. **答案**：C。本题考查的是我国有资格经营商业保险业务的主体。《保险法》第6条规定，保险业务由依照本法设立的保险公司以及法律、行政法规规定的其他保险组织经营，其他单位和个人不得经营保险业务。据此，本题正确答案为C。

7. **答案**：A。本题考查的是对保险公司在一次保险事故中承担的责任的限制。《保险法》第103条第1款规定："保险公司对每一危险单位，即对一次保险事故可能造成的最大损失范围所承担的责任，不得超过其实有资本金加公积金总和的百分之十；超过的部分应当办理再保险。"据此，本题正确答案为A。

8. **答案**：A。本题考查的是设立保险公司的注册资本最低限额。《保险法》第69条第1款规定："设立保险公司，其注册资本的最低限额为人民币二亿元。"据此，本题正确答案为A。

9. **答案**：A。见《保险法》第135条。该条规定："关系社会公众利益的保险险种、依法实行强制保险的险种和新开发的人寿保险险种等的保险条款和保险费率，应当报国务院保险监督管理机构批准。国务院保险监督管理机构审批时，应当遵循保护社会公众利益和防止不正当竞争的原则。其他保险险种的保险条款和保险费率，应当报保险监督管理机构备案。保险条款和保险费率审批、备案的具体办法，由国务院保险监督管理机构依照前款规定制定。"

10. **答案**：A。本题考查的是有关保险公司提取保证金的规定。《保险法》第 97 条规定："保险公司应当按照其注册资本总额的百分之二十提取保证金，存入国务院保险监督管理机构指定的银行，除公司清算时用于清偿债务外，不得动用。"据此，本题正确答案为 A。

11. **答案**：D。本题考查的是对经营财产保险业务的保险公司当年自留保险费的限制。《保险法》第 102 条规定："经营财产保险业务的保险公司当年自留保险费，不得超过其实有资本金加公积金总和的四倍。"据此，本题正确答案为 D。

12. **答案**：A。本题考查的是有关保险的兼业代理人的规定。兼业代理人是指受保险人委托，在从事自身业务的同时，指定专人为保险人代为保险业务的单位。根据有关规定，作为兼业代理人须符合下列条件：具有所在单位法人授权书；有专人从事保险代理业务；有符合规定的营业场所。故本题正确答案为 A。

13. **答案**：B。本题考查的是对中国境内的法人或其他组织投保的规定。《保险法》第 7 条规定："在中华人民共和国境内的法人和其他组织需要办理境内保险的，应当向中华人民共和国境内的保险公司投保。"因外商投资企业是中国境内的企业，应适用该条规定，故本题正确答案为 B。

14. **答案**：B。本题考查的是对保险代理人经营人寿保险代理业务的特殊规定。《保险法》第 125 条规定："个人保险代理人在代为办理人寿保险业务时，不得同时接受两个以上保险人的委托。"据此，B 项说法错误。

15. **答案**：B。本题考查的是有关对保险公司监管的规定。《保险法》第 140 条规定，保险监督管理机构依照本法第 139 条的规定作出限期改正的决定后，保险公司逾期未改正的，国务院保险监督管理机构可以决定选派保险专业人员和指定该保险公司的有关人员组成整顿组，对公司进行整顿。整顿决定应当载明被整顿公司的名称、整顿理由、整顿组成员和整顿期限，并予以公告。据此，本题正确答案为 B。

16. **答案**：A。本题考查的是对保险公司的监管规定。《保险法》第 144 条规定，保险公司有下列情形之一的，国务院保险监督管理机构可以对其实行接管：(1) 公司的偿付能力严重不足的；(2) 违反本法规定，损害社会公共利益，可能严重危及或者已经严重危及公司的偿付能力的。被接管的保险公司的债权债务关系不因接管而变化。据此，本题正确答案为 A。

17. **答案**：C。本题考查的是保险经纪人的概念。《保险法》第 118 条规定："保险经纪人是基于投保人的利益，为投保人与保险人订立保险合同提供中介服务，并依法收取佣金的机构。"据此，本题正确答案为 C。

二、多项选择题

1. **答案**：AB。本题考查的是对外资保险公司的管理规定。《外资保险公司管理条例》第 34 条规定："外资保险公司违反本条例规定，有下列行为之一的，由国务院保险监督管理机构责令限期改正；逾期不改正的，处 1 万元以上 10 万元以下的罚款：(一) 未按照规定提交、报送有关文件、资料和书面报告的；(二) 未按照规定公告的。"据此，本题正确答案为 A、B。

2. **答案**：ABC。本题考查的是外国保险公司的分公司应当就其总公司的特定情形向监管机构提交报告的规定。《外资保险公司管理条例》第 22 条规定："外国保险公司分公司的总公司有下列情形之一的，该分公司应当自各该情形发生之日起 10 日内，将有关情况向国务院保险监督管理机构提交书面报告：(一) 变更名称、主要负责人或者注册地；(二) 变更资本金；(三) 变更持有资本总额或者股份总额 10% 以上的股东；……"据此，本题 A、B、C 项正确，D 项不正确。

3. **答案**：ABC。本题考查的是外资保险公司的业务范围。《外资保险公司管理条例》第 15 条规定："外资保险公司按照国务院保险监督管理机构核定的业务范围，可以全部或者部分依法经营下列种类的保险业务：(一) 财产保险业务，包括财产损失保险、责任保险、信用保险等保险业务；（二）人身保险业务，包括人寿保险、健康保险、意外伤害保险等保险业务。……”据此，本题正确答案为A、B、C。

4. **答案**：AD。本题考查的是申请设立外资保险公司的条件。《外资保险公司管理条例》第8条规定：“申请设立外资保险公司的外国保险公司，应当具备下列条件：（一）提出设立申请前1年年末总资产不少于50亿美元；（二）所在国家或者地区有完善的保险监管制度，并且该外国保险公司已经受到所在国家或者地区有关主管当局的有效监管；（三）符合所在国家或者地区偿付能力标准；（四）所在国家或者地区有关主管当局同意其申请；（五）国务院保险监督管理机构规定的其他审慎性条件。”据此，本题A、D项正确，B、C项不正确。

5. **答案**：ACD。本题考查的是外资保险公司在中国设立的机构的组织形式。《外资保险公司管理条例》第2条规定，本条例所称外资保险公司，是指依照中华人民共和国有关法律、行政法规的规定，经批准在中国境内设立和营业的下列保险公司：(1) 外国保险公司同中国的公司、企业在中国境内合资经营的保险公司；(2) 外国保险公司在中国境内投资经营的外国资本保险公司；(3) 外国保险公司在中国境内的分公司。据此，本题正确答案为A、C、D。

6. **答案**：ACD。本题考查的是有关保险代理人和保险经纪人的规定。《保险法》第117条第1款规定：“保险代理人是根据保险人的委托，向保险人收取佣金，并在保险人授权的范围内代为办理保险业务的机构或者个人。”据此，本题A项正确。第118条规定：“保险经纪人是基于投保人的利益，为投保人与保险人订立保险合同提供中介服务，并依法收取佣金的机构。”据此，本题B项不正确。第125条规定：“个人保险代理人在代为办理人寿保险业务时，不得同时接受两个以上保险人的委托。”据此，本题C项正确。第128条规定：“保险经纪人因过错给投保人、被保险人造成损失的，依法承担赔偿责任。”据此，本题D项正确。

7. **答案**：AC。本题考查的是有关保险公司的资金运用的规定。《保险法》第106条第2款规定，保险公司的资金运用限于下列形式：(1) 银行存款；(2) 买卖债券、股票、证券投资基金份额等有价证券；(3) 投资不动产；(4) 国务院规定的其他资金运用形式。《企业破产法》第2条规定：“企业法人不能清偿到期债务，并且资产不足以清偿全部债务或者明显缺乏清偿能力的，依照本法规定清理债务。企业法人有前款规定情形，或者有明显丧失清偿能力可能的，可以依照本法规定进行重整。”据此，本题正确答案为A、C。

8. **答案**：ABCD。见《保险法》第26条、第85条、第89条、第92条。人寿保险的被保险人或者受益人对保险人请求给付保险金的权利，自其知道保险事故发生之日起5年不行使而消灭。而其他保险的被保险人或者受益人对保险人请求给付保险金权利的诉讼时效，为自其知道保险事故发生之日起2年。经营财产保险业务的保险公司经保险监督管理机构核定，可以经营短期健康保险业务和意外伤害保险业务。但是根据《保险法》的规定，其不得经营人寿保险业务。

9. **答案**：AD。本题考查的是有关保险公司的接管的规定。《保险法》第144条规定，保险公司有下列情形之一的，国务院保险监督管理机构可以对其实行接管：(1) 公司的偿付能力严重不足的；(2) 违反本法规定，损害社会公共利益，可能严重危及或者已经严重危及公司的偿付能力的。被接管的保险公司的债权债务关系不因接管而变化。《保险法》第147条规定，接管期限届满，被接管的保险公司已恢复正常经营能力的，由国务院保险监督管理机构决定终止接管，并予以公告。《保险法》第148条规定，被整顿、被接管的保险公司有《企业破产法》第2条规定情形的，国务院保险监督管理机构可以依法向人民法院申请对该保险公司进行重整或者破产清算。《企业破产法》第2条规定：“企业法人不能清偿到期债务，并且资产不足以清偿全部债务或者明显缺乏清偿能力的，依照本法规定清理债务。企业法人有前款规定情形，或者有明显丧失清偿能力可能的，可以依照本法规定进行重整。”据此，本题A、D项正确。

10. 答案：ABCD。本题考查对保险公司的高级管理人员的任职限制。《保险法》第81条规定，保险公司的董事、监事和高级管理人员，应当品行良好，熟悉与保险相关的法律、行政法规，具有履行职责所需的经营管理能力，并在任职前取得保险监督管理机构核准的任职资格。保险公司高级管理人员的范围由国务院保险监督管理机构规定。《保险法》第82条规定，有《公司法》第146条规定的情形或者下列情形之一的，不得担任保险公司的董事、监事、高级管理人员：(1) 因违法行为或者违纪行为被金融监督管理机构取消任职资格的金融机构的董事、监事、高级管理人员，自被取消任职资格之日起未逾五年的；(2) 因违法行为或者违纪行为被吊销执业资格的律师、注册会计师或者资产评估机构、验证机构等专业人员，自被吊销执业资格之日起未逾五年的。《公司法》第146条规定，有下列情形之一的，不得担任公司的董事、监事、高级管理人员：(1) 无民事行为能力或者限制民事行为能力；(2) 因贪污、贿赂、侵占财产、挪用财产或者破坏社会主义市场经济秩序，被判处刑罚，执行期满未逾五年，或者因犯罪被剥夺政治权利，执行期满未逾五年；(3) 担任破产清算的公司、企业的董事或者厂长、经理，对该公司、企业的破产负有个人责任的，自该公司、企业破产清算完结之日起未逾三年；(4) 担任因违法被吊销营业执照、责令关闭的公司、企业的法定代表人，并负有个人责任的，自该公司、企业被吊销营业执照之日起未逾三年；(5) 个人所负数额较大的债务到期未清偿。公司违反前款规定选举、委派董事、监事或者聘任高级管理人员的，该选举、委派或者聘任无效。董事、监事、高级管理人员在任职期间出现本条第一款所列情形的，公司应当解除其职务。故本题应选A、B、C、D。

三、名词解释

1. 答案：保险代理人是指向保险人收取代理费用，根据保险人的委托在保险人授权的范围内代为办理招揽与接受业务、收取保险费、勘查业务、签发保单、审核赔款等保险业务的单位或个人。

2. 答案：保险准备金是指保险人为保证其如约履行保险赔偿或给付义务，根据政府有关法律规定或业务特定需要，从保费收入或盈余中提取的与其所承担的保险责任相对应的一定数量的基金。为了保证保险公司的正常经营，保护被保险人的利益，各国一般都以保险立法的形式规定保险公司应提存保险准备金，以确保保险公司具备与其保险业务规模相应的偿付能力。

3. 答案：保险经纪人，我国《保险法》第118条规定，保险经纪人是基于投保人的利益，为投保人与保险人订立保险合同提供中介服务，并依法收取佣金的机构。

四、简答题

1. 答案：保险专业代理人应具备以下条件：公司最低实收货币资本金为人民币50万元；有符合规定的章程；有至少30名持有《保险代理人资格证书》的代理人员；有符合任职资格的董事长和总经理；有符合要求的营业场所。专业代理人的业务范围包括：代理销售保单；代理收取保费；保险和风险管理咨询服务；代理保险人进行损失勘查和理赔；中国人民银行批准的其他业务。

2. 答案：对保险业的监管大致有两种方式，即严格监管和松散监管。严格监管是传统的监管方式，发展中国家一般都采取或曾采取这种监管方式。在严格监管下，所有保险活动都受到保险监管机构的全面监管，包括市场准入、保险条款和费率以及保险资金运用等。松散监管是对偿付能力的监管，目前发达国家大多数采用这种监管方式，在松散监管下，监管机构放松对保险产品、保险费率、保险业务甚至市场准入条件的约束，而将主要精力集中在与偿付能力有关的事项上。

(1) 建立适度监管的保险监管体制。我国目前实行的是严格监管，保险监管对保险业本身的发展是有利的，不受任何监控的保险活动潜藏着无序和混乱的危险，但过严的监管措施可能会阻碍保险业的发展。当没有监管时，就不存在监管成本；监管程度低，监管的成本也低；监管程度的增强，监管成本也将增加。同时，当监管程度低，市场的无序和混乱会降低保险市场的收益；随着监管程度的增加，市场运作规范，保险业收益相应提高；而当监管过分严厉时，则会抑制保险需求，制约保险业发展规模，使得收益下降。可见，适度的监管才能使保险市场的收益达到最大而成本最低，监管程度过低或过高都不利于保险资源的最佳配置。

(2) 完善保险监管体制。监管体制是否完善直接关系到对保险业监督管理的完整和有效程度。完善的监管体制并不意味着管理越严，监管就越完善，对某一方面的严厉管制可能会破坏监管体系的完整和有效程度。同时，完善的监管体制也并不意味着能保证保险公司具有足够的偿付能力。因此，完善的监管体制是保险监管机构所追求的目标，但应避免为完善而完善，造成成本增高，收益下降，乃至监管失灵。目前，完善我国保险监管体制应从以下四个方面入手：

①创造一个规范、公平的保险业发展环境，公平竞争，含义是在同等条件下竞争。

②改进保险监管的基本手段和方法应与国际接轨。

③明确保险监管的最终目标是促进我国保险业的发展。

④制定系统而全面规范外资保险机构的法律法规十分必要。

五、论述题

答案：对于保险公司的设立，根据《保险法》的规定，保险公司应当采取以下形式：股份有限公司和国有独资公司。

根据《保险法》的规定，设立保险公司应当具备下列条件：(1) 有符合保险法和公司法规定的章程。(2) 有符合保险法规定的注册资本最低限额。《保险法》规定，保险公司的最低注册资本额为2亿元人民币，而且必须为实缴货币资本。在保险公司设立后，保险监督管理部门可以根据保险公司的业务范围、经营规模调整其注册资本的最低限额，但不得低于2亿元人民币的法定限额。(3) 有具备任职专业知识和业务工作经验的高级管理人员。对此，我国保险监督管理机构规定，保险公司的高级管理人员必须具有符合规定的学历和资历且无经营管理不善而致使公司亏损、破产的记录。此外还规定，保险公司的主要负责人不得由公务员担任，保险公司的法定代表人不得由离、退休人员担任。(4) 有健全的组织机构和管理制度。国有独资保险公司的组织机构包括董事会和监事会，股份有限保险公司的组织机构包括股东会、董事会和监事会。不论是国有独资保险公司还是股份有限保险公司都应建立再保险制度、工作制度、工资分配制度、保险营销制度等完备的规章制度，以保证保险业务的正常营运。(5) 有符合要求的营业场所和与业务有关的其他设施。

《保险法》规定，申请设立保险公司，应当提交下列文件、资料以供初步审查：(1) 设立申请书。设立申请书应当注明拟设立保险公司的名称、注册资本、业务范围等内容。(2) 可行性研究报告。可行性研究报告目的在于论证设立保险公司的可行性，主要内容是对保险市场整体状况、拟设立保险公司的业务开展预计进行全面分析。(3) 保险监督管理部门规定的其他文件、资料，如投资者背景材料、筹建负责人的简历、筹建方案等。

金融监督管理部门对设立保险公司的申请进行初步审查认为合格后，应通知申请人依照《保险法》和《公司法》的规定进行保险公司的筹建。具备设立保险公司条件的，保险人应向保险监督管理部门提交正式申请表和下列有关文件、资料：(1) 保险公司的章程；(2) 股东名册及其股份或者出资人及其出资额；(3) 持有公司股份10%以上的股东的资信证明和有关资料；(4) 法定验资机构出具的验资证明；(5) 拟任职的高级管理人员的简历和资格证明；(6) 经营方针和计划；(7) 营业场所和与业务有关的其他设施的资料；(8) 保险监管机构规定的其他文件、资料。保险监管机构自收到设立保险公司的正式申请文件之日起6个月内，应当作出批准或者不批准的决定。经批准设立的保险公司，由批准部门颁发经营保险业务许可证，并凭经营保险业务许可证向管理机关办理登记，领取营业执照。保险公司自取得经营保险业务许可证之日起6个月内无正当理由未办理公司设立登记的，其经营保险业务许可证自动失效。此外，对于保险公司在我国境内、外设立分支机构，根据《保险法》的专门规定，应经保险监督管理机构批准，取得分支机构经营保险业务许可证；保险公司分支机构不具有法人资格，其民事责任由保险公司承担。保险公司在我国境内、外设立代表机构，须经保险监督管理机构批准。

第三十六章　海商法概述

基础知识图解

海商法概述
- 海商法
  - 概念和调整对象：海上运输关系、船舶关系
  - 特征：国际性、公法性、技术性、责任限制性、特殊风险性
- 海商法的历史发展和作用

配套测试

一、不定项选择题

1. 近代第一部海商法是（　　）。
A.《汉穆拉比法典》
B.《查士丁尼学说汇编》
C.《海商条例》
D.《商船法》

2. 海商法是调整（　　）法律规范的总称。
A. 海上商事关系　　B. 海上运输关系
C. 船舶关系　　D. 货物买卖关系

二、名词解释

1. 海商法
2. 海上运输关系
3. 船舶关系

三、简答题

1. 简述海商法的特征。
2. 简述海商法的作用。
3. 试论述海商法的性质。

参考答案

一、不定选择题

1. 答案：C。本题考查海商法的历史发展。1681年法国国王路易十四颁布的《海商条例》是近代第一部海商法。

2. 答案：BC。本题考查海商法的调整对象。《海商法》第1条明确规定："为了调整海上运输关系、船舶关系，维护当事人各方的合法权益，促进海上运输和经济贸易的发展，制定本法。"故海商法的调整对象是海上运输关系和船舶关系。

二、名词解释

1. 答案：海商法是调整海上运输关系和船舶关系的法律规范的总称。海上运输关系是指基于海上货物运输和旅客运输所发生的各种关系以及与海上运输有关的其他各种关系；船舶关系是指基于船舶发生的各种关系。

2. 答案：海上运输关系是指基于海上货物运输和旅客运输所发生的各种关系以及与海上运输有关的其他各种关系。

3. 答案：船舶关系是指基于船舶而发生的各种关系。包括船舶所有关系、船舶抵押关系、船舶优先权关系、船舶租用关系等，船舶关系可以发生在平等主体之间，也可以发生在不平等主体之间。前者如船舶所有关系、船舶抵押关系、船舶优先权关系、船舶租用关系等；后者如船舶登记关系、船舶检验关系、船舶航行权关系等。

三、简答题

1. 答案：关于海商法的特征，学者间有不同的观点。我们认为，从海商法规定的内容来看，海商法具有如下特征：

(1) 海商法具有国际性。海商法属于国内法，但由于海商法所调整对象的特殊性，因而海商法具有较强的国际性。一方面，海上运输关系往往涉及不同的国家和地区，从而使海商法的国际统一化趋势增强，出现了大量的有关海商法方面的国际公约，各国海商法也逐渐与国际公约、国际惯例接轨，从而使各国海商法的国际性越来越强。

(2) 海商法具有公法性。海商法中所规定的事项，大都涉及平等主体之间的权利义务关系，故海商法属于私法。海商法虽然是私法，但国家为贯彻海事政策，维护海上安全，在海商法中也有关于海商事项管理的规定，体现了海商法的公法性。例如，关于船员待遇、船舶登记和检验、运输管理的规定等，都是公法性质的规定。

(3) 海商法具有技术性。海商法是技术性和专业性很强的法律规范，涉及许多技术性规范。例如，在船舶方面，涉及船舶的结构、性能、设备、安全条件等；在航行方面，涉及船舶驾驶、航线的确定、海上避碰、轮机操作等；在货运方面，涉及货物的配载、装卸规程等。因此，海商法具有技术性的特征。

(4) 海商法具有责任限制性。为促进航海事业的发展，各国政府对从事海运活动的人，在法律上都给予特别的保障。为此，各国立法和国际公约都设置了责任限制制度。例如，承运人责任限制制度、海事赔偿限制制度等。按照责任限制制度，责任人只在法律规定的限额内负赔偿责任，超过规定限额的，责任人不负赔偿责任。

(5) 海商法具有特殊风险性。海上运输及其他海上业务活动，较之其他业务活动具有明显的特殊风险。为防止和避免这些特殊的风险，海商法上逐渐建立起了一系列的特殊制度，如共同海损制度、海难救助制度、船舶碰撞制度、海上拖航制度、海上保险制度等。这些特殊的法律制度是其他法律所不具备的，是专门为海上特殊风险而设计的。

2. 答案：海商法是各国法律体系中重要的法律规范之一，许多国家都制定有成文的海商法，以调整各种海商关系。海商法的作用主要体现在以下几个方面：

(1) 促进海上运输和经济贸易的发展。在当今世界经济贸易中，海上贸易占有十分重要的地位，而海上贸易的发展，离不开海上运输和从事海上运输的船舶。因此，调整海上运输关系和船舶关系的海商法，对于促进经济贸易的发展具有重要的意义。

(2) 维护海上运输关系和船舶关系的当事人的合法权益。《海商法》第1条明确指出，制定海商法的目的之一，就是为了维护当事人各方的合法权益。海商法所调整的海上运输关系和船舶关系，主要体现为当事人之间的权利义务关系。海商法对这些权利义务关系都有明确的规定，这就为当事人设定权利义务关系以及解决当事人之间的权利义务纠纷提供了根据，从而为维护当事人的合法权益提供了法律保障。

(3) 维护国家主权和尊严。海商法具有较强的国际性，海上运输关系和船舶关系往往涉及不同的国家和地区。因此，在海上运输过程中，维护国家的主权和尊严是海商法的一项重要任务。《海商法》规定，具有中国国籍的船舶，有权悬挂中国国旗航行；船舶非法悬挂中国国旗航行的，有关机关有权予以制止；外国籍船舶非经批准，不得经营中国港口之间的海上运输和拖航。这些规定，都体现了海商法在维护国家主权和尊严方面的作用。

3. 答案：关于海商法的性质，即法律属性，主要有以下几种观点：

海商法里属于民法。有些学者认为海商法隶属于民法，持这种观点的人认为，海商法是民法的特别法。它所调整的法律关系，大多属于民事法律关系，海商法调整的法律关系的性质决定了它属于民事法律范畴。

海商法属于商法。国际上实行民商分立的国家，一般把海商法归入商法典，将其理解为海运领域里的特别商法。这样做的理论基础是，把航海贸易行为视为一种商业行为，自然应由商法来调整，海商法便隶属于商法了。

海商法隶属于国际私法。海洋运输中发生的法律关系多是涉外的法律关系，由于各国海商法规定不同，往往发生法律冲突。为了解决各国之间的法律冲突，各国在其海商法中规定了一些冲突规范。从这个意义上讲，海商法存在大量国际私法问题。

事实上，海商法不同于任何其他法律部门。应该说，海商法发展到今天，已成为一个独立的法律部门，同时也形成了自己的法律体系，它有其自己特定的调整对象和内容。

第三十七章　船舶和船员

基础知识图解

船舶：
- 船舶的概念和法律地位
- 船舶登记
- 船舶所有权
- 船舶优先权
- 船舶抵押权

船员：
- 船员的概念
- 船员的资格与配备
- 船员的权利与义务
- 船长的职责

配套测试

一、单项选择题

1. 海商法的船舶优先权不因（　　）而消灭。

A. 船舶所有权的转让

B. 自优先权产生之日起满 1 年不行使

C. 船舶经法院强制出售

D. 船舶灭失

2. 在实现船舶优先权时，不应从船舶拍卖所得价款中先行拨付的是（　　）。

A. 船员应得工资

B. 因行使船舶优先权产生的诉讼费用

C. 为海事请求人的共同利益而支付的其他费用

D. 保存、拍卖船舶和分配船舶价款产生的费用

3. 下列的哪项海事请求不具有船舶优先权？（　　）

A. 在船舶营运中发生的人身伤亡的赔偿请求

B. 造船人和修船人的给付报酬的请求

C. 船舶吨税、引航费、港务费和其他港口规费的缴付请求

D. 海难救助的救助款项的给付请求

4. 依据我国《海商法》和《物权法》的相关规定，关于船舶所有权，下列哪一表述是正确的？（　　）

A. 船舶买卖时，船舶所有权自船舶交付给买受人时移转

B. 船舶建造完成后，须办理船舶所有权的登记才能确定其所有权的归属

C. 船舶不能成为共同共有的客体

D. 船舶所有权不能由自然人继承

5. 依据我国《海商法》和《物权法》的相关规定，关于船舶物权的表述，下列哪一选项是正确的？（　　）（司考 2013. 3. 33）

A. 甲的船舶撞坏乙的船舶，则乙就其损害赔偿对甲的船舶享有留置权

B. 甲以其船舶为乙设定抵押担保，则一经签订抵押合同，乙即享有抵押权

C. 以建造中的船舶设定抵押权的，抵押权仅在办理登记后才能产生效力

D. 同一船舶上设立数个抵押权时，其顺序以抵押合同签订的先后为准

6. 香港船舶德恒号上设有我国甲公司的留置权，美国乙公司的抵押权，我国丙公司的优先权。按照我国《海商法》的规定，上海海事法院在审理德恒号赔偿案件时，甲、乙、丙三方的受偿顺序为（　　）。

A. 甲乙丙　　B. 乙甲丙

C. 丙甲乙　　D. 乙丙甲

7. 某船舶所有人拖欠船员的工资，在进入某港时又拖欠港务费，该船舶所有人在向银行贷款时办理了将该船舶抵押的手续并进行了登

记，在发生了工资和港务费的债项后，该船舶遇难，为救该船舶又发生了一笔救助费。依海商法的有关规定，上述各债权项目的受偿顺序为何？（ ）

A. ①救助费②船员工资③港务费④船舶抵押权

B. ①船员工资②港务费③救助费④船舶抵押权

C. ①港务费②船员工资③救助费④船舶抵押权

D. ①船舶抵押权②船员工资③救助费④港务费

8. 2009年11月甲公司与乙公司达成光船租赁合同，承租乙公司的香山号轮船从事海上货物运输，合同订立了租购条款。甲公司于约定的2011年11月10日付清了租购费用。12月10日办理了登记手续。则关于船舶所有权的移转说法正确的是：（ ）。

A. 由于合同订立时就有船舶所有权转移的意思，因此其转移发生在2009年11月

B. 该船舶所有权应于付清租购费用之时发生转移

C. 该船舶所有权应当于12月10日转移

D. 该船舶所有权不发生转移

9. 依《海商法》的规定，在当事人没有约定的情况下，抵押中的船舶应当由谁负责对船舶进行保险，并负担保险费？（ ）

A. 抵押人　B. 抵押权人

C. 保险人　D. 提供贷款的银行

10. 请指出下列哪项船舶应适用中国海商法的规定？（ ）

A. 检疫船　B. 护卫舰

C. 远洋万吨货轮　D. 18吨位船舶

11. 以下不能够成立有效的船舶抵押权的是：（ ）。

A. 没有向船舶登记机关办理登记的船舶抵押

B. 取得3/5份额的共有人同意的船舶抵押

C. 船舶所有权人或授权的人设立的船舶抵押

D. 对建造中的船舶设立的抵押

12. 某船舶设定了船舶抵押权并办理了登记手续，以下关于抵押人转让抵押船舶说法正确的是（ ）。

A. 抵押人通知抵押权人后该船舶买卖合同才能生效

B. 抵押人必须取得抵押权人的同意该买卖合同才能生效

C. 由于该船舶抵押权已经办理了登记手续，因此抵押人不必通知抵押权人即可转让

D. 由于该船舶抵押权已经办理了登记手续，因此抵押人不必取得抵押权人同意即可转让

13. 某船舶拍卖时由于同时存在船舶抵押权、船舶优先权和船舶留置权，则各权利人受偿时的顺序是（ ）。

A. 船舶留置权、船舶抵押权、船舶优先权

B. 船舶优先权、船舶抵押权、船舶留置权

C. 船舶留置权、船舶优先权、船舶抵押权

D. 船舶优先权、船舶留置权、船舶抵押权

14. 《海商法》第21条指出："船舶优先权，是指海事请求人依照本法第二十二条的规定，向船舶所有人，光船承租人，船舶经营人提出海事请求，对产生该海事请求的船舶具有优先受偿的权利。"据此，下列关于船舶优先权的性质及其法律适用的表述，哪项是正确的？（ ）

A. 担保物权，适用船旗国法律

B. 债权，适用船旗国法律

C. 担保物权，适用受理案件的法院所在地法律

D. 债权，适用受理案件的法院所在地法律

二、多项选择题

1. 根据我国《海商法》的规定，下列各项海事请求具有船舶优先权的是（ ）。

A. 在船舶营运中发生的人身伤亡的赔偿请求

B. 船舶吨税、引航费、港务费和其他港口规费的缴付请求

C. 海难救助的救助款项的给付请求

D. 船舶在营运中因侵权行为产生的财产赔偿请求

2. 关于船长的职责，下列说法中正确的有（ ）。

A. 任何在船人员如有危害船上生命的行为，船长对他有权拘禁
B. 保障在船人员和船舶的安全
C. 证明船上每一出生或死亡事件
D. 如果船长认为船舶的沉没不可避免，可以决定弃船

3. 以下关于留置权表述正确的有：（ ）。
A. 对于获救满90日的船舶，如果被救助方不支付救助款项也不提供满意的担保，救助方有权留置该船舶
B. 被拖方未按照约定支付拖航费和其他合理费用的，承拖方对被拖物有留置权
C. 在海上定期租船合同中，承租人未向出租人支付租金，出租人对船上属于承租人的货物有留置权
D. 应当向承运人支付运费而没有支付且没有提供适当担保的，承运人有权在合理的限度内留置其货物

4. 船舶优先权可因下列哪些情形之一而消灭？（ ）
A. 船舶所有权的转让
B. 船舶灭失
C. 船舶经法院强制出售
D. 具有船舶优先权的海事请求自船舶优先权产生之日起满十年不行使

5. 某轮船所有人拖欠船员的工资，在船舶进入某港口时又拖欠港务费，该船舶所有人向银行贷款时办理了抵押该轮船的手续并进行了登记，在发生了工资和港务费的债项后，该轮船遇难。为救该轮船又发生了一笔救助费。下列选项的说法哪些不符合《海商法》的规定？（ ）
A. 港务费应排在第一位优先受偿
B. 如该轮船所有人将该轮转让，则上述优先权立即消灭
C. 发生在工资债项之后的救助费应在船员工资之前受偿
D. 船舶灭失，则船舶优先权消灭

6. 下面说法，正确的有（ ）。
A. 船舶所有权的转让，应当签订书面合同
B. 船舶由两个以上的法人共有的，应当向船舶登记机关登记，未经登记的，不得对抗第三人
C. 建造中的船舶不可以设定船舶抵押权
D. 被抵押船舶灭失，抵押权随之消灭

7. 船舶所有权通常会因（ ）等原因而消灭。
A. 设定船舶抵押权　　B. 保险委付
C. 法院拍卖　　D. 船舶沉没

8. 关于船舶担保物权及针对船舶的请求权的表述，下列哪些选项是正确的？（ ）（司考2012.3.76）
A. 海难救助的救助款项给付请求，先于在船舶营运中发生的人身伤亡赔偿请求而受偿
B. 船舶在营运中因侵权行为产生的财产赔偿请求，先于船舶吨税、引航费等的缴付请求而受偿
C. 因保存、拍卖船舶和分配船舶价款产生的费用，应从船舶拍卖所得价款中先行拨付
D. 船舶优先权先于船舶留置权与船舶抵押权受偿

9. 南岳公司委托江北造船公司建造船舶一艘。船舶交付使用时南岳公司尚欠江北公司费用200万元。南岳公司以该船舶抵押向银行贷款500万元。后该船舶不慎触礁，需修理费50万元，有多名船员受伤，需医药费等40万元。如以该船舶的价值清偿上述债务，下列哪些表述是正确的？（ ）（司考2011.3.76）
A. 修船厂的留置权优先于银行的抵押权
B. 船员的赔偿请求权优先于修船厂的留置权
C. 造船公司的造船费用请求权优先于银行的抵押权
D. 银行的抵押权优先于修船厂的留置权

三、名词解释

1. 船舶优先权
2. 船舶国籍
3. 船舶抵押权

四、简答题

1. 简述海商法上船舶的特征。
2. 试论述船舶优先权的特征。

参考答案

一、单项选择题

1. **答案**：A。本题考查的是船舶优先权的特点。《海商法》第26条规定："船舶优先权不因船舶所有权的转让而消灭。……"第29条第1款规定："船舶优先权，除本法第二十六条规定的外，因下列原因之一而消灭：(一)具有船舶优先权的海事请求，自优先权产生之日起满一年不行使；(二)船舶经法院强制出售；(三)船舶灭失。"据此，本题正确答案为A。
2. **答案**：A。本题考查的是实现船舶优先权时优先拨付的款项范围。《海商法》第24条规定："因行使船舶优先权产生的诉讼费用，保存、拍卖船舶和分配船舶价款产生的费用，以及为海事请求人的共同利益而支付的其他费用，应当从船舶拍卖所得价款中先行拨付。"据此，本题A项不属于应当优先拨付的款项范围，为本题正确答案。
3. **答案**：B。本题考查的是具有船舶优先权的海事请求的范围。《海商法》第22条第1款规定："下列各项海事请求具有船舶优先权：(一)船长、船员和在船上工作的其他在编人员根据劳动法律、行政法规或者劳动合同所产生的工资、其他劳动报酬、船员遣返费用和社会保险费用的给付请求；(二)在船舶营运中发生的人身伤亡的赔偿请求；(三)船舶吨税、引航费、港务费和其他港口规费的缴付请求；(四)海难救助的救助款项的给付请求；(五)船舶在营运中因侵权行为产生的财产赔偿请求。"据此，本题A、C、D项都属于具有船舶优先权的海事请求，B项不是，为本题正确答案。
4. **答案**：A。《海商法》第9条第1款规定，船舶所有权的取得、转让和消灭，应当向船舶登记机关登记；未经登记的，不得对抗第三人。在此，法律确认船舶所有权的变动采登记对抗主义，其所有权转移仍然按照《物权法》的一般规则，采取交付转移所有权主义。就此，《民法典》第224条规定，动产物权的设立和转让，自交付时发生效力，但法律另有规定的除外。故A项正确。B项，基于建造的事实行为取得船舶所有权，无须登记即可以取得所有权，B项表述缺乏法律依据和法理依据，故B项错误。

   《海商法》第10条规定，船舶由两个以上的法人或者个人共有的，应当向船舶登记机关登记；未经登记的，不得对抗第三人。据此，船舶与其他物一样，都能成为共同共有的客体，故C项错误。船舶作为物，当然也可以按照《民法典》继承编的有关规定进行继承，故D项错误。
5. **答案**：B。留置权是指债权人按照合同的约定占有债务人的动产，债务人不按照合同约定的期限履行债务的，债权人有权依照法律规定留置财产，以该财产折价或者以拍卖、变卖该财产的价款优先受偿。甲撞坏乙的船舶，属于侵权行为，不是不按照合同约定不履行到期债务，所以，乙不享有留置权，A选项错误。《海商法》第12条规定，船舶所有人或者船舶所有人授权的人可以设定船舶抵押权。船舶抵押权的设定，应当签订书面合同。船舶抵押权设定只要求签订书面合同，不要求登记，只不过不登记不得对抗第三人，所以C项错误，B选项正确。《海商法》第19条第1款规定，同一船舶可以设定两个以上抵押权，其顺序以登记的先后为准。D选项错误。
6. **答案**：C。见《海商法》第25条。
7. **答案**：A。本题考查的是受船舶优先权担保的债权的受偿顺序。根据《海商法》第25条的规定，船舶优先权在抵押权之前受偿，因此船舶抵押权应排在第4位，前三位均为船舶优先权的项目。根据第22条的规定，其顺序应为：船员工资、港务费、救助费，又根据第23条但书的规定，有关救助的海事请求，后于第1项至第3项发生的，要先受偿。本题中的救助费是最后发生的，因此要先受偿。故本题正确答案为A。
8. **答案**：B。本题考查的是船舶所有权的转移时间。船舶租购，类似于融资租赁，由承租人向出租人支付租购费用，当付清租购费用时，所有权即转归承租人所有。这也是船舶买卖的一种方式。《海商法》第 9 条第 1 款规定：“船舶所有权的取得、转让和消灭，应当向船舶登记机关登记；未经登记的，不得对抗第三人。”据此，船舶登记不是所有权转移的要件，只是对抗第三人的要件。综上，本题正确答案为 B。

9. 答案：A。本题考查的是对抵押中的船舶负有投保责任的主体。《海商法》第 15 条规定：“除合同另有约定外，抵押人应当对被抵押船舶进行保险；未保险的，抵押权人有权对该船舶进行保险，保险费由抵押人负担。”据此，本题正确答案为 A。

10. 答案：C。本题考查的是中国海商法适用的船舶范围。《海商法》第 3 条第 1 款规定：“本法所称船舶，是指海船和其他海上移动式装置，但是用于军事的、政府公务的船舶和 20 总吨以下的小型船艇除外。”本题中检疫船属于公务船，护卫舰属于军用船，18 吨位的船舶属于 20 吨以下的小船，均不适用海商法的规定，只有 C 项为适用海商法的船舶。

11. 答案：B。本题考查的是有关船舶抵押权的规定。《海商法》第 13 条第 1 款规定：“设定船舶抵押权，由抵押权人和抵押人共同向船舶登记机关办理抵押权登记；未经登记的，不得对抗第三人。”据此，登记不是船舶抵押权的生效要件，只是对抗第三人的要件，故本题 A 项可成立抵押权。第 16 条第 1 款规定：“船舶共有人就共有船舶设定抵押权，应当取得持有三分之二以上份额的共有人的同意，共有人之间另有约定的除外。”故本题 B 项不可成立抵押权。第 12 条第 1 款规定：“船舶所有人或者船舶所有人授权的人可以设定船舶抵押权。”故本题 C 项可成立抵押权。第 14 条第 1 款规定：“建造中的船舶可以设定船舶抵押权。”故本题 D 项可成立抵押权。综上，本题正确答案为 B。

12. 答案：B。本题考查的是设定抵押的船舶转让应满足的条件。《海商法》第 17 条规定：“船舶抵押权设定后，未经抵押权人同意，抵押人不得将被抵押船舶转让给他人。”据此，本题正确答案为 B。

13. 答案：D。本题考查的是船舶抵押权、船舶优先权和船舶留置权的权利人的受偿顺序。《海商法》第 25 条第 1 款规定：“船舶优先权先于船舶留置权受偿，船舶抵押权后于船舶留置权受偿。”据此，本题正确答案为 D。

14. 答案：D。见《海商法》第 21 条和第 272 条。

二、多项选择题

1. 答案：ABCD。本题考查的是具有船舶优先权的海事请求。《海商法》第 22 条第 1 款规定：“下列各项海事请求具有船舶优先权：（一）船长、船员和在船上工作的其他在编人员根据劳动法律、行政法规或者劳动合同所产生的工资、其他劳动报酬、船员遣返费用和社会保险费用的给付请求；（二）在船舶营运中发生的人身伤亡的赔偿请求；（三）船舶吨税、引航费、港务费和其他港口规费的缴付请求；（四）海难救助的救助款项的给付请求；（五）船舶在营运中因侵权行为产生的财产赔偿请求。”据此，本题正确答案为 A、B、C、D。

2. 答案：ABCD。本题考查的是海商法规定的船长的职责。《海商法》第 35 条第 3 款规定：“船长应当采取必要的措施，保护船舶和在船人员、文件、邮件、货物以及其他财产。”第 36 条第 1 款规定：“为保障在船人员和船舶的安全，船长有权对在船上进行违法、犯罪活动的人采取禁闭或者其他必要措施，并防止其隐匿、毁灭、伪造证据。”第 37 条规定：“船长应当将船上发生的出生或者死亡事件记入航海日志，并在两名证人的参加下制作证明书。……”第 38 条第 1 款规定：“……在船舶的沉没、毁灭不可避免的情况下，船长可以作出弃船决定；……”据此，本题正确答案为 A、B、C、D。

3. 答案：BCD。本题考查的是依海商法可以行使留置权的情况。《海商法》第 87 条规定：“应当向承运人支付的运费、共同海损分摊、滞期费和承运人为货物垫付的必要费用以及应当向承运人支付的其他费用没有付清，又没有提供适当担保的，承运人可以在合理的限度内留置其货物。”第161条规定：“被拖方未按照约定支付拖航费和其他合理费用的，承拖方对被拖物有留置权。”第141条规定：“承租人未向出租人支付租金或者合同约定的其他款项的，出租人对船上属于承租人的货物和财产以及转租船舶的收入有留置权。”据此，本题B、C、D项正确。第190条规定：“对于获救满九十日的船舶和其他财产，如果被救助方不支付救助款项也不提供满意的担保，救助方可以申请法院裁定强制拍卖；……”这里并没有规定救助方的留置权，故本题A项不正确。

4. **答案**：BCD。本题考查的是船舶优先权消灭的情形。《海商法》第26条规定：“船舶优先权不因船舶所有权的转让而消灭。但是，船舶转让时，船舶优先权自法院应受让人申请予以公告之日起满六十日不行使的除外。”本题A项并未提到本条但书规定的条件，故不正确。第29条规定：“船舶优先权，除本法第二十六条规定的外，因下列原因之一而消灭：（一）具有船舶优先权的海事请求，自优先权产生之日起满一年不行使；（二）船舶经法院强制出售；（三）船舶灭失。……”据此，本题B、C、D项正确。

5. **答案**：AB。见《海商法》第22条、第23条、第26条、第29条。船舶优先权附着于船舶，与船舶的所有人无关。船舶优先权不因船舶所有权的转让而消灭。但是，船舶转让时，船舶优先权自法院应受让人申请予以公告之日起满60日不行使的除外。

6. **答案**：ABD。本题考查的是有关船舶的规定。《海商法》第9条第2款规定：“船舶所有权的转让，应当签订书面合同。”第10条规定：“船舶由两个以上的法人或者个人共有的，应当向船舶登记机关登记；未经登记的，不得对抗第三人。”第20条规定：“被抵押船舶灭失，抵押权随之消灭。……”据此，本题A、B、D项正确。第14条第1款规定：“建造中的船舶可以设定船舶抵押权。”据此，本题C项不正确。

7. **答案**：BCD。船舶所有权的消灭，是指因某种法律事实，致使船舶所有人的所有权丧失或与所有权人脱离的一种法律现象。实践中，船舶所有权消灭的原因主要有以下几种：(1) 船舶所有权的转让。主要包括船舶买卖、赠与等。(2) 船舶所有权的客体灭失。如船舶被拆解，船舶沉没大海无法打捞，船舶失踪等。(3) 船舶所有权的主体消灭。如法人船东破产、解散或被依法撤销，船东本人死亡等。(4) 船舶所有权被强制消灭。是指国家依法采用强制手段，迫使船舶所有人放弃其所有权。

8. **答案**：ACD。《海商法》第22条第1款规定：“下列各项海事请求具有船舶优先权：(一) 船长、船员和在船上工作的其他在编人员根据劳动法律、行政法规或者劳动合同所产生的工资、其他劳动报酬、船员遣返费用和社会保险费用的给付请求；(二) 在船舶营运中发生的人身伤亡的赔偿请求；(三) 船舶吨税、引航费、港务费和其他港口规费的缴付请求；(四) 海难救助的救助款项的给付请求；(五) 船舶在营运中因侵权行为产生的财产赔偿请求。”该法第23条第1款规定：“本法第二十二条第一款所列各项海事请求，依照顺序受偿。但是，第（四）项海事请求，后于第（一）项至第（三）项发生的，应当先于第（一）项至第（三）项受偿。”据此，海难救助的救助款项给付请求先于在船舶营运中发生的人身伤亡赔偿请求而受偿，故A项正确。B项，船舶在营运中因侵权行为产生的财产赔偿请求不能先于船舶吨税、引航费等的缴付请求而受偿，故B项错误。

《海商法》第24条规定：“因行使船舶优先权产生的诉讼费用，保存、拍卖船舶和分配船舶价款产生的费用，以及为海事请求人的共同利益而支付的其他费用，应当从船舶拍卖所得价款中先行拨付。”据此，C项正确。

《海商法》第25条第1款规定：“船舶优先权先于船舶留置权受偿，船舶抵押权后于船舶留置权受偿。”据此，D 项正确。

9. 答案：AB。《海商法》第 25 条第 1 款规定：“船舶优先权先于船舶留置权受偿，船舶抵押权后于船舶留置权受偿。”据此，修船厂的留置权优先于银行的抵押权，A 项正确，D 项错误。

《海商法》第 22 条第 1 款规定：“下列各项海事请求具有船舶优先权：……（二）在船舶营运中发生的人身伤亡的赔偿请求；……”据此，船员的赔偿请求权享有优先权，优先于修船厂的留置权，故 B 项正确。造船公司的造船费用请求权属于一般的无担保债权，没有优先受偿的效力，故 C 项错误。

三、名词解释

1. 答案：船舶优先权是指海事请求人依照《海商法》第 22 条的规定，向船舶所有人光船承租人、船舶经营人提出海事请求，对产生该海事请求的船舶具有优先受偿的权利。船舶优先权具有如下特征：

（1）船舶优先权具有法定性；

（2）船舶优先权是一种担保物权；

（3）船舶优先权具有从属性；

（4）船舶优先权应通过法院扣押船舶而行使。

2. 答案：船舶国籍是指船舶所有人按照某一国家的船舶登记管理规范在该国指定的港口进行登记，取得了该国的国籍证书，并悬挂该国国旗航行的法律事实。此即表明该艘船舶与登记国有了法律上的身份关系，具有了这一国家的国籍。

3. 答案：船舶抵押权是指抵押权人对于抵押人提供的作为债务担保的船舶，在抵押人不履行债务时，可以依法拍卖，从卖得的价款中优先受偿的权利。船舶所有人或者船舶所有人授权的人可以设定船舶抵押权。船舶抵押权的设定，应当签订书面合同。设定船舶抵押权，由抵押权人和抵押人共同向船舶登记机关办理抵押权登记；未经登记的，不得对抗第三人。

四、简答题

1. 答案：根据《海商法》第 3 条有关船舶概念的规定，仅适用于海上运输关系和船舶关系所涉及的船舶，属于狭义的概念。根据该条的规定，船舶是指海船及其他海上移动式装置，但不包括用于军事的、政府公务的船舶和 20 总吨以下的小型船舰。《海商法》适用的船舶，通常有以下特点：

（1）海船或海上移动式装置

根据《海商法》和《船舶登记条例》的有关规定，可以对海船作以下法理解释：

第一，《海商法》第 3 条适用的海船，通常是指在海上及通海可航水域上用于商业性或生产性航行的 20 总吨以上并依《船舶登记条例》登记的船舶。

第二，根据《海商法》有关船舶碰撞和海难救助的规定，凡处于海上及通海可航水域上的渔船、体育运动船，船舶上的救生艇筏以及长度小于 5 米的艇筏（但不包括用于军事的或政府公务的船舶），只要与海船之间发生了船舶碰撞或海难救助的法律关系，即使其小于 20 总吨，并且不能依《船舶登记条例》登记为海船，仍可比照适用海船的规定。

第三，根据《海商法》第 11 章，有关海事赔偿责任限制的规定，300 总吨以上的并从事远洋作业的船舶方可成为该特定法律制度适用的船舶。

关于海上移动式装置的含义，我国《海商法》和其他单行法规均未作规定，但在实践中，一般认为仅指具有自航能力的海上浮动装置，如移动式钻井平台、浮吊船、挖泥船甚至特定条件下的水上飞机等。根据《海商法》第 3 条的规定，海上移动式装置具有海船的法律地位。

（2）不适用于军事的或政府公务的船舶

这是《海商法》从船舶的使用目的上所加的限制。一般来说，仅仅从广义的船舶形态上并不能正确地认定船舶的使用目的。在确定特定船舶是否适用《海商法》时，只能基于该船舶在成为一定法律关系的客体的当时，是否符合《海商法》第 3 条和其他有关条款对船舶使用目的的规定。《海商法》之所以加上这样的限制条件，乃是因为该法的私法性质，它只适用于调整平等主体之间的横向财产关系和各主体从事的民事或商事的行为，而用于军事的和政府公务的船舶，所引起的法律关系具有公法的性质，不应由《海商法》调整。

2. 答案： 船舶优先权是指海事请求人依照法律规定，向船舶所有人、光船承租人、船舶经营人提出海事请求，对产生该海事请求的船舶具有优先受偿的权利。船舶优先权是海商法所特有的一种制度。主要有以下特征：

(1) 船舶优先权是一种法定的权利，而并非出于当事人的约定。在诸多的海事请求权中居于优先受偿的地位。

(2) 船舶优先权是一种特许的请求权或称为保证权，船舶优先权依附于船舶之上，即使船舶所有权发生转移，船舶优先权仍可针对该船舶执行。

(3) 船舶优先权依附于海上财产，在合理的时间内，不会因所有权发生变化而消失，除非所有权的变化是由于法院行使管辖权将船舶强制出售而引起。

(4) 船舶优先权无条件地随海上财产而转移，不论谁占有该财产，船舶优先权都将随物转移。

(5) 船舶优先权的效力不需要登记，也不以占有为依据，一般是由法院予以执行的，无论船舶所有人或登记是否发生变更，船舶优先权都随船舶所有权的转移而转移。但是船舶优先权有一定的时效，逾期的船舶优先权即成为一般的海事请求权。

第三十八章　海上运输合同

基础知识图解

- 海上运输合同
  - 概述
    - 海上运输的概念和种类
      - 依航行地点不同：国内海上运输和国际海上运输
      - 依运送的对象不同：海上货物运输和海上旅客运输
    - 海上运输合同的概念和特征
  - 海上货物运输合同
    - 概念和种类：件杂货运输合同和航次运输合同
    - 订立和解除
      - 托运人于开航前的任意解除合同
      - 开航前因不可抗力等原因而解除合同
    - 履行
    - 航次租船合同
    - 多式联运合同
  - 海上货物运输单证
    - 提单
    - 海运单
    - 电子提单
  - 海上旅客运输合同
    - 概念和特征
    - 承运人的义务和责任
    - 旅客的义务

配套测试

一、单项选择题

1. 关于海上货物运输承运人的责任基础，我国海商法采用的是（　　）。

A. 完全过失责任制

B. 完全无过失责任制

C. 推定完全过失责任制

D. 不完全过失责任制

2. 承运人对非集装箱装运的货物的责任期间，是指（　　），货物处于承运人掌管之下的全部期间。

A. 从装货港接收货物时起至卸货港交付货物时止

B. 从货物装上船时起至卸下船时止

C. 从装运港仓库时起至目的地收货人指定的仓库时止

D. 从货物越过船舷时起至卸货物离开船舷时止

3. 因不可抗力致使船舶不能在合同约定的目的港卸货的，除合同另有约定外，船长有权将货物在目的港邻近的安全港口或地点卸货，（　　）。

A. 视为已经履行合同

B. 待障碍原因清除后，还应开至目的港

C. 应承担未完全履行合同的违约责任

D. 不需通知托运人或收货人

4. 多式联运经营人多式联运的责任期间是（　　）。

A. 自接收货物时起至交付货物时止

B. 自货物装上运输工具时起至卸离运输工具时止

C. 由承运人的仓库至托运人的仓库

D. 由双方当事人协商，在合同中确立

5. 在承运人责任期间，货物灭失是由（　　）原因造成时，承运人应负赔偿责任。
A. 承运人的受雇人在驾驶船舶中的过失
B. 由于承运人代理人的过失造成的除了在驾驶或管理船舶中的其他原因
C. 火灾，但由于承运人本人过失造成的除外
D. 企图救助人命或财产

6. 依照《海商法》，在船舶的沉没，毁灭不可避免的情况下，下列对于船长能否弃船的表述中，正确的是（　　）。
A. 船长不得弃船
B. 船长可以弃船，且无须征得船舶所有人的同意
C. 船长可以弃船，但均应征得船舶所有人的同意
D. 船长可以弃船，仅在紧急情况下可以不征得船舶所有人的同意

7.《海商法》中，关于海上旅客运输合同的说法不正确的是（　　）。
A. 根据海上货物运输合同，随船护送货物的人不属于旅客
B. 承运人对非按合同约定由其承担保管义务的其他旅客的贵重物品的丢失、损坏，不负赔偿责任
C. 由旅客本人故意造成的旅客本人行李的损坏、丢失，不负赔偿责任
D. 由于旅客本人的健康状况而引起的旅客的人身伤亡，不负赔偿责任

8. 在海上运输货物保险合同中，根据《海商法》的规定，保险标的的保险价值（　　）。
A. 由保险人与被保险人约定
B. 由保险人指定的机构确定
C. 由商品检验机构确定
D. 由国家认可的注册会计师事务所确定

9. 由于船舶的沉没、碰撞、搁浅、爆炸、火灾或者船舶的缺陷引起旅客的人身伤亡，应由（　　）承担举证责任。
A. 旅客
B. 承运人或其受雇人、代理人
C. 船舶所有人
D. 旅客与承运人共同

10. 我国《海商法》中有关多式联运合同的规定适用于下列哪种货物运输方式？（　　）
A. 陆海空　　B. 陆空陆
C. 公路与铁路　　D. 航空与铁路

11. 不经背书即可转让的提单是（　　）。
A. 记名提单　　B. 不记名提单
C. 指示提单　　D. 清洁提单

12. 根据我国《海商法》的有关规定，货物由承运人接收或装船后，应托运人的要求，承运人（　　）。
A. 可以签发提单　　B. 应当签发提单
C. 无须签发提单　　D. 应当签发清洁提单

13. 下列对于海上货物运输合同的承运人在航程中绕航的表述中，错误的是（　　）。
A. 如双方有约定，承运人应按约定的航线航行
B. 如双方没有约定，承运人应依两港之间习惯的航线航行
C. 如双方没有约定也没有习惯的航线，承运人应依地理上的航线航行
D. 只有为了救助或者企图救助人命才允许绕航，否则构成违约

14. 在海上货物运输中，承运人对货物因迟延交付造成经济损失的赔偿限额为（　　）。
A. 货主因交货迟延所遭受的利润损失
B. 迟延交付的货物的运费数额
C. 货物的运费总额
D. 货主的所有损失

15. 根据我国《海商法》，下列免责事项中，不由承运人负举证责任的是（　　）。
A. 经谨慎处理仍未发现的船舶潜在缺陷
B. 非由于承运人本人的过失造成的火灾
C. 战争或武装冲突
D. 货物的固有缺陷

16. 依我国《海商法》的规定，承运人应在下列什么期间，谨慎处理，使船舶处于适航状态，妥善配备船员、装备船舶和配备供应品，并使货舱、冷藏舱、冷气舱和其他载货处所适于并能安全收受、载运和保管货物？（　　）
A. 整个航程中　　B. 开航前和开航时
C. 航行期间　　D. 卸货期间

17. 接受承运人委托，从事货物运输或部分运

输的人，包括接受转委托从事此项运输的其他人属于下列哪一种人？（　　）

A. 承运人　　B. 托运人
C. 收货人　　D. 实际承运人

18. 以下发生在承运人责任期间货物的损失，承运人应当承担责任的是（　　）。

A. 船长驾驶船舶或管理船舶中的过失使货物灭失
B. 由于船员的过失导致发生火灾致使货物灭失
C. 船舶航行至途中发生意外事故使得船舶不适航导致的货物灭失
D. 承运人雇用的人因疏忽没有按照约定给货物通风，造成货物变质

19. 以下关于承运人承担的货物灭失或损坏的赔偿额说法错误的有：（　　）。

A. 货物灭失的赔偿额按照货物的实际价值计算
B. 货物灭失的实际价值应当依据货物装船时的价值计算
C. 货物灭失的实际价值是指货物装船时的价值加保险费加运费的总和
D. 货物损坏的赔偿额按照其受损前后实际价值的差额或货物的修复费用计算

20. 提单由载货的船长签发的，视为代表哪一方签发？（　　）

A. 船舶所有权人　　B. 承运人
C. 实际承运人　　D. 船舶经营人

21. 货物灭失或者损坏的情况非显而易见的，在集装箱货物交付后多少日内，收货人没有提交货物灭失或损坏情况书面通知给承运人即视为承运人已经按照提单的记载交付以及货物状况良好的初步证据？（　　）

A. 货物交付的次日起连续 7 日内
B. 货物交付的次日起连续 10 日内
C. 货物交付的次日起连续 15 日内
D. 货物交付的次日起连续 20 日内

22. 以下关于海上旅客运输客票性质表述正确的是（　　）。

A. 是海上旅客运输合同
B. 是一种运输合同成立的前提条件
C. 是一种可以要求承运人履行义务的债权合同
D. 是海上旅客运输合同成立的凭证

23.《海商法》关于承运人赔偿责任限制有明确的规定，下面几种说法中哪一个是正确的？（　　）

A. 承运人对货物的灭失或损坏的赔偿责任。在任何情况下每件或每单位不得超过 100 英镑
B. 每件或每单位的赔偿责任为 1 万金法郎或按灭失或受损货物毛重计，每公斤为 30 金法郎，以二者中较高者为准
C. 按照货物件数或者其他货运单位数计算，每件或每个货运单位为 666.67 计算单位，或者按照货物毛重计算，每公斤为 2 计算单位，以二者中赔偿数额较高的为准
D. 以上说法均不正确

24. 依据《海商法》的规定，下列关于承运人对集装箱装运的货物的责任期间的表述，哪一个是正确的？（　　）

A. 承运人的责任期间是指从装货港接收货物时起至卸货港交付货物时止，货物处于承运人掌管下的全部期间
B. 承运人的责任期间自接收货物时起至交付货物时止
C. 承运人的责任期间自货物进入装货港的仓库起至货物进入卸货港的仓库时止
D. 承运人的责任期间，是指从货物装上船时起至卸下船时止，货物处于承运人掌管下的全部期间

25. 某托运人的 50 件货物因承运人不能免责的事由在一次事故中灭失，共损失 25 万元特别提款权，该事故没有造成其他人身伤亡和财产损害。假设每件货物重 2000 公斤，运输船舶总吨位为 300 吨。则我国海商法关于承运人单位赔偿责任限额的规定，承运人最后实际应该赔偿（　　）特别提款权。

A. 20 万元　　B. 25 万元
C. 30 万元　　D. 16.7 万元

26. 2001 年 6 月，某国远洋运输公司所属“顺发”号货轮装载中国宁波甲公司、中国香

港乙公司、泰国丙、丁公司四家公司的货物从宁波驶往洛杉矶。航行至夏威夷附近遇到大风浪，船舶随时都有倾覆的可能，不得已船长命令抛弃装在舱面上的宁波甲公司、泰国丙公司的货物，船舶勉强渡过难关。但船舶出现了故障，为了安全，该船驶入夏威夷港口进行维修。维修过程中，支付港口费、维修费若干美元，因修船而卸货，造成数万元损失。船修好后“顺发”号继续驶往洛杉矶。几天后，该船在公海上与一日本船舶相撞，两船都受到损害。“顺发”号上香港乙公司的货物也受损失。后当“顺发”号返回宁波时，各方当事人发生争议并向宁波海事法院提起诉讼。假设该案中的共同海损在德国汉堡进行理算，宁波海事法院在审理中对当事人就共同海损的争议应适用（　　）。

A. 中国法　　B. 德国法

C. 泰国法　　D. 中国香港法律

二、多项选择题

1. 下列各项中可以转让的是（　　）。

A. 记名提单　　B. 指示提单

C. 不记名提单　　D. 清洁提单

2. 提单的性质和作用主要表现在（　　）。

A. 占有提单并不代表有权占有和处分提单项下的货物

B. 提单是承运人对托运人出具的货物收据

C. 提单是代表货物所有权的凭证

D. 提单是托运人和承运人之间订立的运输合同

3. 以下关于承运人运送托运人托运的危险货物说法正确的是（　　）。

A. 托运人未告诉承运人危险货物的相关情况的，承运人有权将该货物在任何时间、地点根据情况将其卸下、销毁后使之不能为害，而不负赔偿责任

B. 承运人知道危险货物的性质并同意装运的，在该货物对船舶构成实际危险时，有权将货物卸下、销毁或使之不能为害，而不负赔偿责任

C. 承运人知道危险货物的性质并同意装运的，在该货物对船舶构成实际危险时，有权将货物卸下、销毁或使之不能为害，但应当承担责任

D. 承运人只有在危险货物对船舶上人员而非其他构成实际危险时才有权处分货物使之不能为害而不必承担责任

4. 以下关于多式联运合同说法正确的有：（　　）。

A. 多式联运经营人对多式联运货物的责任期间，自接收货物时起至货物运抵卸货港为止

B. 多式联运经营人负责履行或组织履行多式联运合同，并对全程运输负责

C. 多式联运经营人与参加多式联运的各区段承运人，可以就各区段的运输责任以合同约定与法律规定不同的责任

D. 货物的灭失发生在多式联运的某一区段，多式联运经营人的赔偿责任，应当适用调整该区段运输方式的有关规定

5. 据我国《海商法》规定，除非提单中明确规定，否则，收货人、提单持有人不承担（　　）。

A. 在装货港发生的滞期费

B. 在卸货港发生的滞期费

C. 在装货港发生的亏舱费

D. 在卸货港发生的亏舱费

6. 以下关于海上旅客运输的运送期间表述正确的有：（　　）。

A. 该期间自旅客登船时起至旅客离船时止

B. 如果客票票价包含接送费用的，该期间还应当包括承运人经水路将旅客从岸上接到船上和从船上送到岸上的时间

C. 如果客票票价包含接送费用的，旅客在港站内、码头上等待接送的时间也应当属于运送期间

D. 以上表述都是正确的

7. 对于以下海事请求中承运人存在过失的举证责任由谁承担？（　　）

A. 由于船舶火灾引起的旅客受伤举证责任应当由承运人承担

B. 由于船舶沉没导致旅客自带行李灭失毁损应当由旅客举证承运人的过失

C. 旅客自带行李以外的行李不论由于何种事故引起的灭失，推定承运人有过失

D. 船舶正常运营过程中旅客因人身伤害提起的赔偿请求，应当由旅客举证承运人的过失

8. 某海上旅客运输合同包含的以下条款中，无效的有：(　　)。

A. 免除承运人对旅客应当承担的法定责任

B. 降低法律规定的承运人责任限制

C. 对海商法规定的举证责任作出相反的约定

D. 限制旅客提出赔偿请求的权利

9. 下列哪几项原因造成的承运人责任期间的货损，承运人须负举证责任才可免责？(　　)

A. 火灾

B. 战争

C. 罢工

D. 在海上救助人命

10. 依《海商法》第49条的规定：承运人应当按照约定的或者习惯的或者地理上的航线将货物运往卸货港。承运人违反此项规定进行的航行通常被认定为不合理的绕航行为，承运人须对因此而造成的货方的损失负赔偿责任。但船舶为了下列情况而进行的绕航属于合理的绕航：(　　)。

A. 救助人命

B. 因未带足燃油而绕航加油

C. 企图救助人命

D. 救助海上财产

11. 某轮在定期检查时曾抽检船身铁板厚度，由于检验的习惯做法只须抽样探测，而有一处腐蚀75%的铁板处未被觉察，检查完毕，检验人员认为厚度合格，验毕启航。途中该处铁板裂开，海水涌入，使货物湿损。货方认为该船在开航时是不适航的，依《海商法》未尽到承运人的基本责任，承运人对因此而引起的损失应当承担赔偿责任，下列哪些选项是正确的？(　　)

A. 承运人不应承担不适航的责任，因为其已做到谨慎处理使船舶适航了

B. 承运人应承担适航的责任，因为适航是《海商法》规定的一项强制义务

C. 承运人可以援引免责事项免除其责任

D. 本案船舶在开航时客观上是不适航的

12. 某德国公司租用中国天津远洋运输公司货轮运输袋装化肥从汉堡运至上海，价格条件是CIF。货物于签订航次租船合同的当天运抵汉堡港码头仓库，准备第二天装船。但是，第二天船未如期到港。当夜该装运港码头仓库失火，全部货物被烧毁。请问依我国《海商法》的规定，下列哪项选择是正确的？(　　)

A. 本案应由天津远洋运输公司负责赔偿，因为货物是由其承运的

B. 本案应由发货人承担货物的风险

C. 本案天津远洋运输公司没有责任，因为货物的风险未转移船方

D. 本案天津远洋运输公司没有责任，因为其责任还未开始

13. 承运人签发提单时未在提单上批注货物的表面状况，在《海商法》上这意味着：(　　)。

A. 货物的表面状况未定

B. 货物的表面状况良好

C. 该提单为清洁提单

D. 该提单为不清洁提单

14. 在海上货物运输合同中，对于责任期间货物发生的灭失，在哪些情况下承运人不负赔偿责任？(　　)

A. 引航员在驾驶船舶中的过失所致

B. 船员管理货物过失所致

C. 承运人过失所致火灾

D. 经谨慎处理仍未发现的船舶潜在缺陷所致

15. 天津甲公司与荷兰乙公司签订了出口肠衣的合同，价格条件是CIF鹿特丹，甲公司依合同的规定将肠衣用木桶装妥后交承运人所属的"美虹"号货轮运输。该批货物投保了水渍险并附加渗漏险。"美虹"号在途中由于突遇台风使船剧烈颠簸，当船抵达目的港时发现大部分木桶破碎，货物损失约20万美元。对于该案，下列选项哪些是正确的？(　　)

A. 本案应由天津甲公司与承运人签订海上货物运输合同

B. 本案应由天津甲公司办理投保

C. 承运人可依《海商法》有关免责的规定免除货物损失的赔偿责任

D. 乙公司应向保险公司提出索赔要求

16. 根据我国《海商法》的规定，下列运输方式中哪些属于多式联运？(　　)

A. 空—海　　B. 陆—空

C. 陆—海　　D. 陆—海—空

三、名词解释

1. 航次租船合同
2. 提单
3. 预借提单和倒签提单

四、简答题

1. 航次租船合同与件杂货运输合同相比，有什么不同？
2. 提单的种类有哪些？

五、论述题

评述《海牙规则》《汉堡规则》，以及我国《海商法》对承运人的责任期间和免责规定。

参考答案

一、单项选择题

1. **答案**：D。本题考查的是我国海商法对海上货物运输承运人的责任采取的原则。根据《海商法》第四章第二节的规定，承运人负有使船舶适航的责任、管货责任、不得不合理绕航的责任、不得迟延交货的责任等，这些责任均以承运人有过失为准。但第51条还规定了承运人的一些免责事项，包括一些有过失的情况。这说明我国《海商法》没有采取完全的过失责任制，过失在特定情况下是可以免责的，这是一种不完全过失责任制。故本题正确答案为D。

2. **答案**：B。本题考查的是承运人对非集装箱装运的货物的责任期间。《海商法》第46条规定：“……承运人对非集装箱装运的货物的责任期间，是指从货物装上船时起至卸下船时止，货物处于承运人掌管之下的全部期间。……前款规定，不影响承运人就非集装箱装运的货物，在装船前和卸船后所承担的责任，达成任何协议。”据此，本题正确答案为B。

3. **答案**：A。本题考查的是遇到不可抗力时履行货物运输合同的特殊规定。《海商法》第91条第1款规定：“因不可抗力或者其他不能归责于承运人和托运人的原因致使船舶不能在合同约定的目的港卸货的，除合同另有约定外，船长有权将货物在目的港邻近的安全港口或者地点卸载，视为已经履行合同。”据此，本题正确答案为A。

4. **答案**：A。本题考查的是多式联运经营人的责任期间。《海商法》第103条规定：“多式联运经营人对多式联运货物的责任期间，自接收货物时起至交付货物时止。”据此，本题正确答案为A。

5. **答案**：B。本题考查的是承运人的责任。《海商法》第46条第1款规定：“……在承运人的责任期间，货物发生灭失或者损坏，除本节另有规定外，承运人应当负赔偿责任。”第51条规定：“在责任期间货物发生的灭失或者损坏是由于下列原因之一造成的，承运人不负赔偿责任：（一）船长、船员、引航员或者承运人的其他受雇人在驾驶船舶或者管理船舶中的过失；（二）火灾，但是由于承运人本人的过失所造成的除外；……（七）在海上救助或者企图救助人命或者财产；……”据此，本题A、C、D项均属承运人免责的事项，只有B项不属于，故为本题正确答案。

6. **答案**：D。《海商法》第38条规定，船舶发生海上事故，危及在船人员和财产的安全时，船长应当组织船员和其他在船人员尽力施救。在船舶的沉没，毁灭不可避免的情况下，船长可以作出弃船决定；但是，除紧急情况外，应当报经船舶所有人同意。弃船时，船长必须采取一切措施，首先组织旅客安全离船，然后安排船员离船，船长应当最后离船。在离船前，船长应当指挥船员尽力抢救航海日志、机舱日志、油类记录簿、无线电台日志、本航次使用过的海图和文件，以及贵重物品、邮件和现金。

7. **答案**：A。本题考查的是有关海上旅客运输合同的规定。《海商法》第108条第3项规定："'旅客'，是指根据海上旅客运输合同运送的人；经承运人同意，根据海上货物运输合同，随船护送货物的人，视为旅客。"据此，本题A项说法不正确。第115条第2款规定："经承运人证明，旅客的人身伤亡或者行李的灭失、损坏，是由于旅客本人的故意造成的，或者旅客的人身伤亡是由于旅客本人健康状况造成的，承运人不负赔偿责任。"据此，本题C、D项说法正确。第116条规定："承运人对旅客的货币、金银、珠宝、有价证券或者其他贵重物品所发生的灭失、损坏，不负赔偿责任。旅客与承运人约定将前款规定的物品交由承运人保管的，承运人应当依照本法第一百一十七条的规定负赔偿责任；……"据此，本题B项说法正确。综上，本题正确答案为A。
8. **答案**：A。本题考查的是海上运输货物保险合同中保险标的的保险价值的确定。《海商法》第219条第1款规定："保险标的的保险价值由保险人与被保险人约定。"据此，本题正确答案为A。
9. **答案**：B。本题考查的是旅客运输合同中由于特定原因造成人身伤亡的举证责任。《海商法》第114条第3款规定："旅客的人身伤亡或者自带行李的灭失、损坏，是由于船舶的沉没、碰撞、搁浅、爆炸、火灾所引起或者是由于船舶的缺陷所引起的，承运人或者承运人的受雇人、代理人除非提出反证，应当视为其有过失。"据此，在这种情况下，承运人或其受雇人、代理人负有证明自己没有过失的责任，故本题正确答案为B。
10. **答案**：A。本题考查的是有关多式联运合同的规定适用的货物运输方式。《海商法》第102条第1款规定："本法所称多式联运合同，是指多式联运经营人以两种以上的不同运输方式，其中一种是海上运输方式，负责将货物从接收地运至目的地交付收货人，并收取全程运费的合同。"据此，本题正确答案为A。
11. **答案**：B。本题考查的是不经背书即可转让的提单。《海商法》第79条规定："提单的转让，依照下列规定执行：（一）记名提单：不得转让；（二）指示提单：经过记名背书或者空白背书转让；（三）不记名提单：无需背书，即可转让。"据此，本题正确答案为B。
12. **答案**：B。本题考查的是承运人签发提单的义务。《海商法》第72条第1款规定："货物由承运人接收或者装船后，应托运人的要求，承运人应当签发提单。"据此，本题正确答案为B。
13. **答案**：D。《海商法》第49条规定，承运人应当按照约定的或者习惯的或者地理上的航线将货物运往卸货港。船舶在海上为救助或者企图救助人命或者财产而发生的绕航或者其他合理绕航，不属于违反前款的规定的行为。
14. **答案**：B。本题考查的是承运人对迟延交货的赔偿限额。《海商法》第57条规定："承运人对货物因迟延交付造成经济损失的赔偿限额，为所迟延交付的货物的运费数额。……"据此，本题正确答案为B。
15. **答案**：B。本题考查的是承运人不负举证责任的情况。《海商法》第51条规定："在责任期间货物发生的灭失或者损坏是由于下列原因之一造成的，承运人不负赔偿责任：……（二）火灾，但是由于承运人本人的过失所造成的除外；……承运人依照前款规定免除赔偿责任的，除第（二）项规定的原因外，应当负举证责任。"据此，本题正确答案为B。
16. **答案**：B。本题考查的是承运人的适航、适货义务的时间。《海商法》第47条规定："承运人在船舶开航前和开航当时，应当谨慎处理，使船舶处于适航状态，妥善配备船员、装备船舶和配备供应品，并使货舱、冷藏舱、冷气舱和其他载货处所适于并能安全收受、载运和保管货物。"据此，本题正确答案为B。
17. **答案**：D。本题考查的是实际承运人的定义。《海商法》第42条规定："本章下列用语的含义：……（二）'实际承运人'，是指接受承运人委托，从事货物运输或者部分运输的人，包括接受转委托从事此项运输的其他人。……”据此，本题正确答案为D。

18. 答案：D。本题考查的是承运人的责任和免责范围。《海商法》第51条规定：“在责任期间货物发生的灭失或者损坏是由于下列原因之一造成的，承运人不负赔偿责任：（一）船长、船员、引航员或者承运人的其他受雇人在驾驶船舶或者管理船舶中的过失；（二）火灾，但是由于承运人本人的过失所造成的除外；（三）天灾，海上或者其他可航水域的危险或者意外事故；……”据此，本题A、B、C项均属承运人可免责的情况。第48条规定：“承运人应当妥善地、谨慎地装载、搬移、积载、运输、保管、照料和卸载所运货物。”又根据第54条的规定，承运人应当为其雇用的人的过失承担责任。故本题D项属于承运人应当承担责任的情况，为本题正确答案。

19. 答案：B。本题考查的是有关承运人承担的货物灭失或损坏的赔偿额的规定。《海商法》第55条规定：“货物灭失的赔偿额，按照货物的实际价值计算；货物损坏的赔偿额，按照货物受损前后实际价值的差额或者货物的修复费用计算。货物的实际价值，按照货物装船时的价值加保险费加运费计算。前款规定的货物实际价值，赔偿时应当减去因货物灭失或者损坏而少付或者免付的有关费用。”据此，本题A、C、D项说法正确。B项说法不正确，为本题正确答案。

20. 答案：B。本题考查的是有关提单签发的规定。《海商法》第72条第2款规定：“提单可以由承运人授权的人签发。提单由载货船舶的船长签发的，视为代表承运人签发。”据此，本题正确答案为B。

21. 答案：C。本题考查的是收货人提交集装箱货物灭失或损坏情况书面通知的期限。《海商法》第81条规定：“承运人向收货人交付货物时，收货人未将货物灭失或者损坏的情况书面通知承运人的，此项交付视为承运人已经按照运输单证的记载交付以货物状况良好的初步证据。货物灭失或者损坏的情况非显而易见的，在货物交付的次日起连续七日内，集装箱货物交付的次日起连续十五日内，收货人未提交书面通知的，适用前款规定。……”据此，本题正确答案为C。

22. 答案：D。本题考查的是海上旅客运输客票的性质。《海商法》第110条规定：“旅客客票是海上旅客运输合同成立的凭证。”据此，本题正确答案为D。

23. 答案：C。见《海商法》第56条第1款。该条款规定，承运人对货物的灭失或者损坏的赔偿限额，按照货物件数或者其他货运单位数计算，每件或者每个其他货运单位为666.67计算单位，以二者中赔偿限额较高的为准，但是，托运人在货物装运前已经申报其性质和价值，并在提单中载明的，或者承运人与托运人已经另行约定高于本条规定的赔偿限额的除外。

24. 答案：A。见《海商法》第46条规定，承运人对集装箱装运的货物的责任期间，是指从装货港接收货物时起至卸货港交付货物时止，货物处于承运人掌管之下的全部期间。承运人对非集装箱装运的货物的责任期间，是指从货物装上船时起至卸下船时止，货物处于承运人掌管之下的全部期间。

25. 答案：D。按我国海商法关于承运人单位赔偿责任限额的规定，承运人对每公斤货物的赔偿限额为特别提款权，因此承运人应赔偿20万元特别提款权，而不是25万元特别提款权。但由于还要根据海事赔偿责任限额进行第二次限制，因此，承运人最后实际只赔偿167000元特别提款权。

26. 答案：B。《海商法》第274条规定，共同海损理算，适用理算地法律。

二、多项选择题

1. 答案：BC。本题考查的是可以转让的提单。《海商法》第79条规定：“提单的转让，依照下列规定执行：（一）记名提单：不得转让；（二）指示提单：经过记名背书或者空白背书转让；（三）不记名提单：无需背书，即可转让。”据此，本题正确答案为B、C。

2. **答案**：BC。本题考查的是提单的性质和作用。《海商法》第71条规定：“提单，是指用以证明海上货物运输合同和货物已经由承运人接收或者装船，以及承运人保证据以交付货物的单证。提单中载明的向记名人交货物，或者按照指示人的指示交付货物，或者向提单持有人交付货物的条款，构成承运人据以交付货物的保证。”据此，本题B、C项正确。因为提单是物权凭证，占有提单就代表有权占有和处分提单项下的货物，故本题A项不正确。因为提单只是托运人和承运人之间运输合同的证明，不是合同本身，故本题D项不正确。

3. **答案**：AB。本题考查的是有关运送危险货物的规定。《海商法》第68条规定：“托运人托运危险货物，应当依照有关海上危险货物运输的规定，妥善包装，作出危险品标志和标签，并将其正式名称和性质以及应当采取的预防危害措施书面通知承运人；托运人未通知或者通知有误的，承运人可以在任何时间、任何地点根据情况需要将货物卸下、销毁或者使之不能为害，而不负赔偿责任。托运人对承运人因运输此类货物所受到的损害，应当负赔偿责任。承运人知道危险货物的性质并已同意装运的，仍然可以在该项货物对于船舶、人员或者其他货物构成实际危险时，将货物卸下、销毁或者使之不能为害，而不负赔偿责任。……”据此，本题A、B项正确，C、D项不正确。

4. **答案**：BCD。本题考查的是有关多式联运的规定。《海商法》第103条规定：“多式联运经营人对多式联运货物的责任期间，自接收货物时起至交付货物时止。”据此，本题A项不正确。第104条规定：“多式联运经营人负责履行或者组织履行多式联运合同，并对全程运输负责。多式联运经营人与参加多式联运的各区段承运人，可以就多式联运合同的各区段运输，另以合同约定相互之间的责任。……”第105条规定：“货物的灭失或者损坏发生于多式联运的某一运输区段的，多式联运经营人的赔偿责任和责任限额，适用调整该区段运输方式的有关法律规定。”据此，本题B、C、D项正确。

5. **答案**：AC。本题考查的是提单运输中有关费用的承担。《海商法》第78条第2款规定：“收货人、提单持有人不承担在装货港发生的滞期费、亏舱费和其他与装货有关的费用，但是提单中明确载明上述费用由收货人、提单持有人承担的除外。”据此，本题正确答案为A、C。

6. **答案**：AB。本题考查的是有关海上旅客运输的运送期间的规定。《海商法》第111条第1款规定：“海上旅客运输的运送期间，自旅客登船时起至旅客离船时止。客票票价含接送费用的，运送期间并包括承运人经水路将旅客从岸上接到船上和从船上送到岸上的时间，但是不包括旅客在港站内、码头上或者在港口其他设施内的时间。”据此，本题A、B项正确，C、D项不正确。

7. **答案**：ACD。本题考查的是海上旅客运输合同中举证责任的承担。《海商法》第114条规定：“在本法第一百一十一条规定的旅客及其行李的运送期间，因承运人或者承运人的受雇人、代理人在受雇或者受委托的范围内的过失引起事故，造成旅客人身伤亡或者行李灭失、损坏的，承运人应当负赔偿责任。请求人对承运人或者承运人的受雇人、代理人的过失，应当负举证责任；但是，本条第三款和第四款规定的情形除外。旅客的人身伤亡或者自带行李的灭失、损坏，是由于船舶的沉没、碰撞、搁浅、爆炸、火灾所引起或者是由于船舶的缺陷所引起的，承运人或者承运人的受雇人、代理人除非提出反证，应当视为其有过失。旅客自带行李以外的其他行李的灭失或者损坏，不论由于何种事故所引起，承运人或者承运人的受雇人、代理人除非提出反证，应当视为其有过失。”据此，本题B项不正确，A、C、D项正确。

8. **答案**：ABCD。本题考查的是海上旅客运输合同中的无效条款。《海商法》第126条规定：“海上旅客运输合同中含有下列内容之一的条款无效：（一）免除承运人对旅客应当承担的法定责任；（二）降低本章规定的承运人责任限额；（三）对本章规定的举证责任作出相反的约定；（四）限制旅客提出赔偿请求的权利。……”据此，本题正确答案为A、B、C、D。

9. **答案**：BCD。本题考查的是承运人的举证责任。《海商法》第51条规定：“在责任期间货物发生的灭失或者损坏是由于下列原因之一造成的，承运人不负赔偿责任：……（二）火灾，但是由于承运人本人的过失所造成的除外；……（四）战争或者武装冲突；……（六）罢工、停工或者劳动受到限制；（七）在海上救助或者企图救助人命或者财产；……承运人依照前款规定免除赔偿责任的，除第（二）项规定的原因外，应当负举证责任。”据此，本题正确答案为B、C、D。

10. **答案**：ACD。本题考查的是属于合理绕航的情况。《海商法》第49条规定：“承运人应当按照约定的或者习惯的或者地理上的航线将货物运往卸货港。船舶在海上为救助或者企图救助人命或者财产而发生的绕航或者其他合理绕航，不属于违反前款规定的行为。”据此，本题正确答案为A、C、D。

11. **答案**：ACD。本题考查的是承运人使船舶适航的责任。《海商法》第47条规定：“承运人在船舶开航前和开航当时，应当谨慎处理，使船舶处于适航状态……”该条规定的适航责任不是绝对的、客观上的，而是相对的、主观上的，本案虽然船舶在开航时客观上是不适航的，但因为根据习惯做法，这种检验只需抽样检查，故承运人已做到了“谨慎处理”使船舶适航，因此可以免责。故本题正确答案为A、C、D。

12. **答案**：BD。本题考查的是承运人的责任期间。《海商法》第46条第1款规定：“……承运人对非集装箱装运的货物的责任期间，是指从货物装上船时起至卸下船时止，货物处于承运人掌管之下的全部期间。在承运人的责任期间，货物发生灭失或者损坏，除本节另有规定外，承运人应当负赔偿责任。”由于本题中货物尚未装运，故承运人的责任还没有开始。故本题B、D项正确，A、C项不正确。

13. **答案**：BC。本题考查的是承运人未在提单上批注的后果。《海商法》第76条规定：“承运人或者代其签发提单的人未在提单上批注货物表面状况的，视为货物的表面状况良好。”据此，本题B项正确。另外，根据对提单的分类，未在其上附加表明货物表面状况有瑕疵的提单称为“清洁提单”。故本题正确答案为B、C。

14. **答案**：AD。见《海商法》第51条。

15. **答案**：ABCD。CIF价格条件下，应由卖方与承运人签订海上货物运输合同并签订海上保险合同。同时，船舶在航行过程中遇到台风而使货物发生毁损的，承运人可以援引《海商法》第51条的规定免除自己的赔偿责任。另外，由于该批货物已经由托运人投保，收货人可以向保险人主张损害赔偿。

16. **答案**：ACD。本题考查的是多式联运的定义。《海商法》第102条规定：“本法所称多式联运合同，是指多式联运经营人以两种以上的不同运输方式，其中一种是海上运输方式，负责将货物从接收地运至目的地交付收货人，并收取全程运费的合同。……”据此，多式联运的多种运输方式中，必须有一种是海运，故本题正确答案为A、C、D。

三、名词解释

1. **答案**：航次租船合同是指船舶出租人向承租人提供船舶或者船舶的部分舱位，装运约定的货物，从一港运至另一港，由承租人支付运费的合同。

2. **答案**：提单是指用以证明海上货物运输合同和货物已经由承运人接收或者装船，以及承运人保证据以交付货物的单证。(1) 提单是海上货物运输合同的书面凭证。(2) 提单是货物收据。(3) 提单是物权凭证。

3. **答案**：预借提单是指在货物尚未全部装船，或者货物虽已由承运人接管但尚未装船的情况下签发的已装船提单。倒签提单是指承运人在货物装船后签发的，但提单中注明的装船日期早于实际装船日期的提单。

四、简答题

1. **答案**：航次租船合同与件杂货运输合同相比，具有自己的特殊性，二者的区别主要表现在：

	件杂货运输合同	航次租船合同
运输方式不同	件杂货运输的船舶定时、定航线、定港口	航次租船运输的船舶随货源而调度，到离港时间、航线和停靠港口分别由各航次租船合同约定
合同形式不同	件杂货运输合同可以采取口头形式，提单是其书面凭证	航次租船合同则必须采取书面形式
舱位使用不同	件杂货运输合同注重的是托运，既可以是大批量货物，也可以是小批量货物，只要舱位有空闲，承运人可以自由使用	航次租船合同包定整船或者一个舱位，即使有空余舱位，非经承租人许可，出租人也不得使用
使用船舶不同	件杂货运输合同的船舶相对固定，货物必须适合于船舶	航次租船合同的货物是特定的，船舶必须适合于货物

2. **答案**：（1）依据提单签发时货物是否已装船，可以分为已装船提单和收货待运提单；（2）依据提单上收货人抬头的记载不同，可将提单分为记名提单、指示提单和不记名提单；（3）依据提单有无批注，可将提单分为清洁提单和不清洁提单；（4）依据运输方式不同，可以将提单分为直达提单、转船提单和多式联运提单。

五、论述题

答案：（1）承运人的责任期间：①《海牙规则》第1条第5项“货物运输”规定，货物运输，包括自货物装上船舶开始至卸离船舶为止的一段时间。据此一般可理解为，承运人的责任期间是从货物装上船到卸下船。在使用船舶吊杆装卸货时则为“钩到钩”期间；当使用岸上吊货索具时，则为“舷到舷”期间，即以货物越过船舷为界。承运人与托运人可约定“装前卸后条款”。②《汉堡规则》第4条规定，承运人对货物的责任期间是货物在装货港、运输途中和卸货港处于承运人掌握之下的全部期间。简言之，承运人对货物的责任期间为“港到港”的期间。③我国《海商法》的规定基本与《海牙规则》相同。

（2）承运人的免责：①《海牙规则》第4条第2款规定承运人的免责共17项，分两类，一类是过失免责，另一类是无过失免责。②《汉堡规则》改变了承运人责任原则。其对承运人实行完全过失责任制。在举证责任方面，实行推定过失责任制。对火灾的举证责任作了妥协。即承运人应对此负责，但索赔人负举证责任。③我国《海商法》第51条规定的12项免责与《海牙规则》的17项免责，并无实质意义上的不同。

第三十九章　船舶租用合同和海上拖航合同

基础知识图解

- 船舶租用合同和海上拖航合同
  - 船舶租用合同
    - 概念和特征：是双务有偿诺成合同、应以书面形式订立、合同约定具有优先适用性
    - 定期租船合同
      - 概念、特征
      - 订立
      - 内容
    - 光船租船合同
  - 海上拖航合同
    - 概述
      - 概念和特征
      - 种类
        - 依拖航海域不同：沿海拖航合同和远洋拖航合同
        - 依拖航计费方式：日租型拖航合同和承包型拖航合同
      - 合同的订立与解除
    - 当事人的权利和义务
      - 承拖方
      - 被拖方
    - 海上拖航中的损害赔偿

配套测试

一、单项选择题

1. 如航次租船合同的承租人为收货人，则收货人对承运人就货物损害要求赔偿的诉讼时效期间为（　　），自（　　）之日起算。

A. 1 年　承运人交货

B. 2 年　承运人交货

C. 1 年　收货人知道或应当知道权利被侵害

D. 2 年　收货人知道或应当知道权利被侵害

2. 关于定期租船合同与航次租船合同的比较，下列说法错误的是？（　　）

A. 航次租船时，营运全部由出租人负责，定期租船合同，承租人在约定期限内享有船舶的经营，指挥权

B. 航次租船的出租人实质上是承运人，对完成该航次的出租人仅负责提供一艘适航船舶

C. 航次租船合同的承租人一般是货主或托运人，而定期租船合同的承租人不一定是货主，可能是班轮公司或船舶经营人

D. 航次租船合同按租用时间，租金率计算租金，而定期租船合同则按包干贯或货物每吨若干金额及船舶载重吨计算运费

3. 按照我国《海商法》规定，在光船租船合同中，承租人应按合同约定支付租金。承租人未按合同约定的时间支付租金连续超过（　　）的，出租人有权解除合同，并有权要求赔偿因此遭受的损失。

A. 7 日　　B. 10 日　　C. 15 日　　D. 20 日

4. 在光船租赁期间，应由谁负责对船舶进行保险并负担保险费？（　　）

A. 船舶出租人　　B. 承租人

C. 船舶所有人　　D. 托运人

5. 对按照航次租船合同运输的货物签发的提单，提单持有人不是承租人的，承运人与

该提单持有人之间的权利、义务关系适用（ ）。

A. 租船合同

B. 提单的约定

C. 租船合同和提单的约定

D. 以上三个选项均不适用

6. 下列哪个合同是指船舶出租人向承租人提供船舶或者船舶的部分舱位，装运约定的货物，从一港运至另一港，由承租人支付约定运费的合同（ ）。

A. 定期租船合同　　B. 航次租船合同

C. 光船租赁合同　　D. 班轮运输合同

7. 在光船租赁期间，依照我国《海商法》，负责船舶保养、维修的应当是（ ）。

A. 出租人

B. 承租人

C. 出租人和承租人共同负责

D. 船长

8. 大华公司承租阳光公司的桑夏号油轮，该定期租船合同约定12月1日为还船日期。承租人大华公司经过合理计算，完成最后一个航次的日期大约为12月1日，很可能会略微超出。则以下说法正确的是（ ）。

A. 大华公司人必须取得阳光公司的同意才能够完成该航次

B. 大华公司有权完成该航次但必须与阳光公司重新订立租金的协议

C. 大华公司有权完成该航次，且在市场的租金低于合同约定的租金时要求以市场租金支付

D. 大华公司有权完成该航次，如果市场租金低于合同约定的租金时按照合同约定的租金支付

9. 在定期租船合同中，出租人迟延交付船舶后将迟延情况和船舶预计抵达交船港的日期通知承租人的，承租人可以依法行使解除权。承租人应当自接到通知时起的多长时间内将解除合同的决定通知出租人？（ ）

A. 12 小时　　B. 48 小时

C. 5 个工作日　　D. 1 个星期

10. 以下关于航次租船合同中出租人及承租人合同解除权说法不正确的有（ ）。

A. 出租人提供的船舶不符合合同的约定，承租人有权解除合同

B. 出租人在约定的受载期限内未能提供船舶时，承租人有权解除合同

C. 承租人未取得出租人的同意而将船舶转租时出租人有权解除合同

D. 承租人更换装运的货物对出租人不利时，出租人可以解除合同

11. 船舶在定期租船期内不合约定的适航状态或者其他状态，（ ）应当采取可能采取的合理措施，使之尽快恢复适航状态。

A. 出租人　　B. 承租人

C. 承运人　　D. 船长

12. 拖轮所有人拖带其驳船，将货物从大连港运至连云港，属于哪一类合同？（ ）

A. 拖航合同

B. 货物买卖合同

C. 海上货物运输合同

D. 涉及运输的买卖合同

二、多项选择题

1. 甲公司与乙公司达成光船租赁合同，乙公司提供大威号油轮，甲公司支付约定的租金。后来甲公司因经营不善决定将船舶以光船租赁的形式转租给丙公司，并在事后通知了乙公司。以下说法错误的是（ ）。

A. 由于甲公司没有取得乙公司的同意，因此该转租无效

B. 由于不知道甲公司是否取得乙公司的同意，因此丙公司是善意的第三人，该转租有效

C. 由于甲公司履行了通知义务，因此该转租有效

D. 以上说法都错误

2. 根据我国《海商法》的规定，下列哪项规定对于航次租船合同来说是强制性的？（ ）

A. 出租人的适航义务

B. 出租人不得绕航的义务

C. 承租人不得解除合同

D. 出租人的装货义务

3. 在定期租船合同中，以下关于船舶适航性的说法正确的有：（ ）。

A. 出租人交付船舶时应当谨慎处理使船舶适航
B. 船舶在租期内出现的不符合约定的适航状态，出租人有义务采取可能的合理措施使之尽快恢复
C. 出租人交付船舶时不适航的，承租人有权解除合同，并有权要求赔偿因此遭受的损失
D. 非由于承租人造成的船舶不符合适航状态使不能正常营运连续满 24 小时的，对此损失的营运期间，承租人有权不支付租金

4. 目前，国际常用的定期租船合同格式有（　）。
A. “波尔的摩”格式
B. “土产格式”
C. “中租 1980”格式
D. 液体货物定期租船合同

三、名词解释

1. 光船租船合同
2. 航次租船合同（武汉大学 2007 年考研真题）

四、简答题

1. 试比较海上拖航合同与海上货物运输合同的差异。
2. 简述定期租船合同与光船租赁合同的区别。
3. 航次租船合同、定期租船合同、光船租船合同的主要特征有哪些？

五、论述题

简述定期租船合同与航次租船合同的不同之处。

参考答案

一、单项选择题

1. 答案：D。本题考查的是航次租船合同收货人（同时是承租人）的损害赔偿诉讼时效和起算时间。《海商法》第 257 条第 2 款规定：“有关航次租船合同的请求权，时效期间为二年，自知道或者应当知道权利被侵害之日起计算。”据此，本题正确答案为 D。

2. 答案：D。见《海商法》第 129 条、第 136 条、第 137 条、第 143 条。

3. 答案：A。本题考查的是有关光船租船中租金支付的规定。《海商法》第 152 条第 1 款规定：“承租人应当按照合同约定支付租金。承租人未按照合同约定的时间支付租金连续超过七日的，出租人有权解除合同，并有权要求赔偿因此遭受的损失。”据此，本题正确答案为 A。

4. 答案：B。本题考查的是光船租船中船舶保险费的承担者。《海商法》第 148 条规定：“在光船租赁期间，承租人应当按照合同约定的船舶价值，以出租人同意的保险方式为船舶进行保险，并负担保险费用。”据此，本题正确答案为 B。

5. 答案：B。本题考查的是航次租船合同项下的提单的效力。《海商法》第 95 条第 1 款规定：“对按照航次租船合同运输的货物签发的提单，提单持有人不是承租人的，承运人与该提单持有人之间的权利、义务关系适用提单的约定。……”据此，本题正确答案为 B。

6. 答案：B。本题考查的是航次租船合同的定义。《海商法》第 92 条规定：“航次租船合同，是指船舶出租人向承租人提供船舶或者船舶的部分舱位，装运约定的货物，从一港运至另一港，由承租人支付约定运费的合同。”据此，本题正确答案为 B。

7. 答案：B。本题考查的是有关光船租赁合同的规定。《海商法》第 147 条规定：“在光船租赁期间，承租人负责船舶的保养、维修。”据此，本题正确答案为 B。

8. 答案：D。本题考查的是有关定期租船合同还船的规定。《海商法》第 143 条规定：“经合理计算，完成最后航次的日期约为合同约定的还船日期，但可能超过合同约定的还船日期的，承租人有权超期用船以完成该航次。超期期间，承租人应当按照合同约定的租金率支付租金；市场的租金率高于合同约定的租金率的，承租人应当按照市场租金率支付租金。”据此，本题正确答案为 D。

9. 答案：B。本题考查的是定期租船合同中承租人的解除权。《海商法》第 131 条规定：

“出租人应当按照合同约定的时间交付船舶。出租人违反前款规定的，承租人有权解除合同。出租人将船舶延误情况和船舶预期抵达交船港的日期通知承租人的，承租人应当自接到通知时起四十八小时内，将解除合同或者继续租用船舶的决定通知出租人。……”据此，本题正确答案为B。

10. **答案**：C。本题考查的是有关航次租船合同解除权的规定。《海商法》第四章第七节“航次租船合同的特别规定”第96条第1款规定：“出租人……提供的船舶或者更换的船舶不符合合同约定的，承租人有权拒绝或者解除合同。”据此，本题A项说法正确。第97条第1款规定：“出租人在约定的受载期限内未能提供船舶的，承租人有权解除合同。……”据此，本题B项说法正确。第99条规定：“承租人可以将其租用的船舶转租；转租后，原合同约定的权利和义务不受影响。”据此，本题C项说法不正确。第100条第1款规定：“承租人……更换的货物对出租人不利的，出租人有权拒绝或者解除合同。”据此，本题D项说法正确。综上，本题正确答案为C。

11. **答案**：A。出租人的主要义务：(1) 出租人交船的义务。(2) 出租人维修船舶的义务。(3) 出租人通知船舶转让的义务。

12. **答案**：C。本题考查的是有关拖航的规定。《海商法》第164条规定：“拖轮所有人拖带其所有的或者经营的驳船载运货物，经海路由一港运至另一港的，视为海上货物运输。”据此，本题正确答案为C。

二、多项选择题

1. **答案**：BCD。本题考查的是有关光船租赁合同承租人的转租权的规定。《海商法》第150条规定：“在光船租赁期间，未经出租人书面同意，承租人不得转让合同的权利和义务或者以光船租赁的方式将船舶进行转租。”据此，本题A项说法正确，C项说法不正确。由于《海商法》没有规定在第三人善意的情况下转租有效，故本题B项说法不正确。由上述可知，本题D项说法也不正确。故本题正确答案为B、C、D。

2. **答案**：AB。本题考查的是有关航次租船合同的强制性规定。《海商法》第94条规定：“本法第四十七条和第四十九条的规定，适用于航次租船合同的出租人。本章其他有关合同当事人之间的权利、义务的规定，仅在航次租船合同没有约定或者没有不同约定时，适用于航次租船合同的出租人和承租人。”《海商法》第47条规定了承运人的适航义务，第49条规定了承运人不得绕航的义务。而航次租船合同的出租人相当于这两条中的承运人，故也负有这两项义务。从第94条的措辞可以看出，这两条义务不属于任意性规范，而是强制性的。C、D项在第47条和第49条中没有规定。综上，本题正确答案为A、B。

3. **答案**：ABCD。本题考查的是有关定期租船合同船舶适航性的规定。《海商法》第132条规定：“出租人交付船舶时，应当做到谨慎处理，使船舶适航。……出租人违反前款规定的，承租人有权解除合同，并有权要求赔偿因此遭受的损失。”第133条规定：“船舶在租期内不符合约定的适航状态或者其他状态，出租人应当采取可能采取的合理措施，使之尽快恢复。船舶不符合约定的适航状态或者其他状态而不能正常营运连续满二十四小时的，对因此而损失的营运时间，承租人不付租金，但是上述状态是由承租人造成的除外。”据此，本题正确答案为A、B、C、D。

4. **答案**：ABCD。目前，通常使用的标准定期租船合同格式有以下几种：

(1)《统一定期租船合同》，代号为“波尔的摩”，由波罗的国际航运公会于1909年制定。该格式在很多条款上对出租人比较有利。

(2)《定期租船合同》，代号为“土产格式”由美国纽约土产交易所于1913年制定，因此，航运界也称此格式为“NYPE”或“纽约格式”。该格式经过1921年、1931年、1946年、1981年和1993年五次修订。该格式的条款对双方比较公正，是目前最为常用的一种格式。

(3) 英国伦敦牌石油公司制定的适用于液体货物的《定期租船合同》，代号为

"SHELL FORM4"，现使用的是1984年版本。

(4) 由中国租船公司制定的《定期租船合同》，代号为"中租1980"。该格式对承租人比较有利。

三、名词解释

1. **答案**：光船租船合同又称船壳租船合同，是指船舶出租人向承租人提供不配备船员的船舶，在约定的期间内由承租人占有、使用和营运，并向出租人支付租金的合同。

2. **答案**：航次租船合同，是指船舶出租人向承租人提供船舶或者船舶的部分舱位，装运约定的货物，从一港运至另一港，由承租人支付约定运费的合同。

四、简答题

1. **答案**：海上拖航合同不同于海上货物运输合同之处在于：海上拖航合同是承拖方利用自己的拖船及动力设备，采用拖带、顶推、拖拉等方式将被拖船舶或其他被拖物经海路从一地拖至另一地；而海上货物运输合同是承运人利用船舶，将他人的货物装载于舱内或舱面上，将货物经海路由一港运至另一港。但是，拖轮所有人拖带其所有的或者经营的驳船载运货物，经海路由一港运至另一港的，视为海上货物运输。

2. **答案**：定期租船合同是指船舶出租人向承租人提供约定的由出租人配备船员的船舶，由承租人在约定的期间内按照约定的用途使用，并支付租金的合同。而光船租船合同是指船舶出租人向承租人提供不配备船员的船舶，在约定的期间内由承租人占有、使用和营运，并向出租人支付租金的合同。

两者的区别主要表现在：

光船租赁	定期租船
光船租赁合同承租人租船的目的主要是经营船舶取得收益	定期租船合同的承租人租船的目的主要是完成一定的货物运输
承租人占有船舶	船舶则由出租人占有
船用燃料、物料、给养等均由承租人提供，承租人除交付租金外，还要承担船舶的全部航行费用	船用燃料、物料、给养等均由出租人装备，承租人只支付租金并负担船舶的营运费用
船长和船员均由承租人雇用	船长和船员均由出租人雇用
光船租赁权的设定、转移和消灭，应当向船舶登记机关登记，未经登记的，不得对抗第三人	定期租船合同则没有登记制度

3. **答案**：(1) 航次租船合同的主要特征有：①航次租船合同一般都有完整的合同格式，比较系统地规定了出租人和承租人的权利和义务；②有关航次租船合同的法律规定仅在合同没有约定的情况下适用，故合同当事人的订约自由度较大；③航次租船合同一般都有装卸时间、滞期费、速遣费的约定；④提单在航次租船合同下的作用与班轮运输不同，航次租船合同下签发的提单，在承租人手里仅仅作货物的收据和物权凭证。承租人和出租人的权利义务依据租船合同约定。

(2) 定期租船合同的主要特征有：①出租人负责配备船员，负责船员的工资、伙食以及船舶的维修保养、物料和供应品等。出租人对船舶拥有占有权和处分权，并负责船舶的驾驶和管理。②承租人在租期内有权使用船舶的舱位，负责船舶营运安排，负责船舶的燃油费、港口使用费、货物装卸费等营运费用。③租金按船舶租用时间的长短来计算。租期的长短由双方当事人商定。

(3) 光船租船合同的主要特征有：①光船租船合同，出租人仅保留船舶的所有权，而把船舶的使用权和占有权都转移给了承租人；②出租人除提供适航船舶和备有船舶文书外，不承担其他义务。承租人有权指派船长、轮机长和其他船员，完全承担船舶在营运中所发生的风险和责任，船舶的一切开支与费用均由承租人负担。

五、论述题

答案：定期租船合同与航次租船合同相比，具有如下特征：(1) 转移船舶的使用权，并由出租人配备船员。定期租船合同以租用船舶为目的，出租人须转移船舶的使用权给承租人，即承租人可以按自己的营运目的调度使用租进的船舶。对于船舶，出租人须配备船员，承租人对船员有指挥命令权，船长、船员必须服从。航次租船合同只是由出租人提供约定的舱位，并不是转移船舶的使用权，承租人无权调度使用船舶。(2) 承租人负责营运费用。定期租船由承租人负责营运，而航次租船则由出租人负责营运。因此，在定期租船合同中，承租人应负责营运费用，出租人只负有关船舶费用；而在航次租船合同中，出租人应负担营运费用，承租人只负担支付运费以及约定的装卸费。(3) 租金按租用船舶的时间计算。定期租船合同和航次租船合同的承租人都支付租金，但二者的计算方法不同。定期租船的租金一般按船舶和所租用的时间计算，而航次租船的租金一般按舱容或者货物的重量计算。(4) 定期租船合同属于财产租赁合同。关于定期租船合同的性质，理论上有不同的看法，有财产租赁合同说、货物运输合同说、财产租赁合同与货物运输合同混合说三种不同的学说。一般来说，定期租船合同属于财产租赁合同。一方面，承租人对租进的船舶有指挥调度权，可以按自己的经营目的在租期内调度使用，而不受出租人的制约。这说明承租人对船舶行使了占有支配权。尽管船员是由出租人配备的，但出租人配备船员的目的并不在于占有支配船舶，而是为承租人提供劳务。另一方面，出租人负有维修、保养和使船舶处于适航状态的义务。可见，定期租船合同完全具备了财产租赁合同的特点，应属于财产租赁合同。

第四十章　船舶碰撞

基础知识图解

- 船舶碰撞
  - 概念与成立条件
  - 碰撞船舶的义务：尽力施救义务、通知义务
  - 船舶碰撞的责任
    - 无过失的船舶碰撞：碰撞各方互不负赔偿责任
    - 有过失的船舶碰撞
      - 单方过失，过失方负赔偿责任；
      - 互有过失，按比例承担赔偿责任
  - 船舶碰撞的损害赔偿
    - 船舶损失的赔偿
    - 船上财产损失的赔偿
    - 人身损害的赔偿
  - 管辖权
  - 国际公约
    - 《碰撞公约》
    - 《避碰规则》

配套测试

一、单项选择题

1. 设一巴拿马籍货轮与另一巴拿马籍货轮在中国的渤海相撞，该案在中国大连海事法院审理，请问依《海商法》有关涉外关系法律适用的规定，有关该案的损害赔偿应适用下列什么法律？（　　）

A. 中国法　　B. 巴拿马法律

C. 法院地法律　　D. 侵权行为地法律

2. 有关船舶碰撞的请求权，时效期间为（　　），自碰撞发生之日起计算。

A. 1 年　　B. 2 年

C. 3 年　　D. 最长 6 年

3. 因双方过失引起船舶碰撞，造成第三人人身伤亡的，追偿请求权的时效期间为（　　）。

A. 2 年　　B. 1 年

C. 3 年　　D. 最长 6 年

4. 在一涉及拖航的碰撞事故中，由于承拖方的过失，造成了第三人的人身伤亡，对此依《海商法》的有关规定，该案的碰撞的赔偿责任应当如何承担（　　）？

A. 三方按过失比例分担

B. 由承拖方承担

C. 由承拖方和被拖方连带承担

D. 由第三方承担

5. 一艘拖带驳船的拖轮与一艘货轮在我国领海相撞，由于事故发生时海上大雾弥漫，事故原因无法查明，对此事故的处理应为（　　）。

A. 拖轮对货轮进行赔偿

B. 货轮对拖轮进行赔偿

C. 双方相互赔偿

D. 双方互不赔偿

二、多项选择题

1. 一俄罗斯货船“玛沙”号停泊于我国渤海海域，等候进入天津港卸货。突然，海面上刮起八级大风。此时，另一俄罗斯货船迎面驶来，与“玛沙”号相撞。两艘货船及其所载货物都受到不同程度的损失，双方就由此而

引起的损害赔偿问题发生争议，协商未果。“玛沙”号所属的轮船公司将此案交由天津海事法院审理，要求判决对方赔偿由于操作不当而给“玛沙”号造成的经济损失。下列哪些选项是正确的？（　　）

A. 此案天津海事法院有管辖权，因为此案发生在我国水域

B. 此案天津海事法院没有管辖权，因为双方当事人均为俄罗斯籍货轮

C. 如天津海事法院有管辖权，依我国《海商法》的规定，本案应适用中国法律

D. 如天津海事法院有管辖权，依我国《海商法》的规定，本案应适用俄罗斯法律

2. 船舶碰撞，是由于（　　）的原因造成的，碰撞各方相互不负赔偿责任。

A. 不可抗力

B. 意外事件（由一方过失导致）

C. 不可归责于任何一方的原因

D. 无法查明的原因

3. 船舶碰撞，是指船舶在海上或者与海相通的可航水域发生接触造成损害的事故。此处的船舶不包括：（　　）。

A. 8000 吨级“风致号”海上运输货轮

B. 15 吨级运沙船

C. 卫生检疫船

D. 某巡洋舰

4. 以下关于船舶碰撞后责任承担的说法正确的有（　　）。

A. 碰撞的船舶互有过失的，各船按照过失程度的比例负赔偿责任

B. 过失程度相当的，各船平均负赔偿责任

C. 过失比例无法判定的，各船按照吨位大小的比例承担赔偿责任

D. 互有过失的船舶，对造成的第三人的人身伤亡，负连带赔偿责任

5. 在审理海上船舶碰撞案件时，某海事法院的下列做法哪些是正确的？（　　）

A. 原告、被告在起诉和答辩时都应如实填写《海事事故调查表》

B. 海事法院向当事人送达起诉状或答辩状时，不附送有关证据材料

C. 当事人应当在开庭审理前完成举证

D. 案件的审理应当在立案后 1 年内结束，有特殊情况需要延长的，由上级法院院长批准

三、名词解释

船舶碰撞

四、简答题

试论述船舶碰撞的民事责任。

参考答案

一、单项选择题

1. 答案：B。本题考查的是船舶碰撞损害赔偿的法律适用。《海商法》第 273 条第 3 款规定：“同一国籍的船舶，不论碰撞发生于何地，碰撞船舶之间的损害赔偿适用船旗国法律。”据此，因本题中相撞的两艘货轮均为巴拿马籍，故应适用巴拿马的法律，故本题正确答案为 B。

2. 答案：B。本题考查的是船舶碰撞的请求权的时效期间。《海商法》第 261 条规定：“有关船舶碰撞的请求权，时效期间为二年，自碰撞事故发生之日起计算……”

3. 答案：B。本题考查的是《海商法》第 261 条规定：“有关船舶碰撞的请求权，时效期间为二年，自碰撞事故发生之日起计算；本法第一百六十九条第三款规定的追偿请求权，时效期间为一年，自当事人连带支付损害赔偿之日起计算。”第 169 条第 3 款规定：“互有过失的船舶，对造成的第三人的人身伤亡，负连带赔偿责任。一船连带支付的赔偿超过本条第一款规定的比例的，有权向其他有过失的船舶追偿。”据此，本题正确答案为 B。

4. 答案：C。本题考查的是船舶拖带中的碰撞责任承担。《海商法》第 163 条规定：“在海上拖航过程中，由于承拖方或者被拖方的过失，造成第三人人身伤亡或者财产损失的，承拖方和被拖方对第三人负连带赔偿责任。除合同另有约定外，一方连带支付的赔偿超过其应当承担的比例的，对另一方有追偿

权。”据此，本题正确答案为C。

5. **答案**：D。见《海商法》第167条。该条规定：“船舶发生碰撞，是由于不可抗力或者其他不能归责于任何一方的原因或者无法查明的原因造成的，碰撞各方互相不负赔偿责任。”

二、多项选择题

1. **答案**：AD。本题考查的是船舶碰撞的管辖权和法律适用。天津海事法院对本案具有管辖权，依据的是国际法中的属地优越权。同时根据《民事诉讼法》的规定，对于侵权行为地在我国的案件，我国法院也有管辖权，该案碰撞的发生地是在我国的渤海，因此天津海事法院有管辖权。我国《海商法》第273条第3款规定：“同一国籍的船舶，不论碰撞发生于何地，碰撞船舶之间的损害赔偿适用船旗国法律。”故本案应适用俄罗斯的法律。综上，本题正确答案为A、D。

2. **答案**：ACD。本题考查的是船舶碰撞的责任承担。《海商法》第167条规定：“船舶发生碰撞，是由于不可抗力或者其他不能归责于任何一方的原因或者无法查明的原因造成的，碰撞各方互相不负赔偿责任。”据此，本题正确答案为A、C、D。

3. **答案**：CD。本题考查的是海商法中船舶碰撞的规定适用的船舶。《海商法》第165条规定：“船舶碰撞，是指船舶在海上或者与海相通的可航水域发生接触造成损害的事故。前款所称船舶，包括与本法第三条所指船舶碰撞的任何其他非用于军事的或者政府公务的船艇。”据此，本题A、B项属于海商法中“船舶碰撞”适用的范围。因C项属于政府公务船，D项属于军舰，故不属于海商法中“船舶碰撞”适用的范围。故本题正确答案为C、D。

4. **答案**：ABD。本题考查的是有关船舶碰撞责任承担的规定。《海商法》第169条规定：“船舶发生碰撞，碰撞的船舶互有过失的，各船按照过失程度的比例负赔偿责任；过失程度相当或者过失程度的比例无法判定的，平均负偿责任。……互有过失的船舶，对造成的第三人的人身伤亡，负连带赔偿责任。一船连带支付的赔偿超过本条第一款规定的比例的，有权向其他有过失的船舶追偿。”据此，本题A、B、D项正确，C项不正确。

5. **答案**：ABC。见《海事诉讼特别程序法》第82条、第83条、第84条、第87条。海事法院审理船舶碰撞案件，有特殊情况需要延长的，由本院院长批准即可，而非由上级法院院长批准。

三、名词解释

答案：船舶碰撞是指船舶在海上或者与海相通的可航水域发生接触造成损害的事故。船舶碰撞须具备下列成立条件：(1) 船舶碰撞须发生在海上或者与海相通的可航水域。(2) 船舶碰撞是船舶与船舶之间的碰撞。(3) 船舶碰撞须发生接触。(4) 碰撞须发生损害。

四、简答题

答案：船舶碰撞是一种常见的海上侵权行为，是特殊的民事侵权行为。但由于海上航行的特殊性和船舶本身的特殊性，致使船舶碰撞侵权行为与陆上特殊侵权行为有重大区别，因此，各国海商法、船舶碰撞法均在吸收民法中一般侵权行为法律规则的基础上，规定了一些专门调整船舶碰撞侵权行为的特殊规则。船舶碰撞责任一般分为单方过失碰撞责任、互有过失碰撞责任和无过失碰撞责任。

单方过失碰撞责任是指船舶碰撞损害是由一船的过失造成的，依法由该过失船舶单独承担一切碰撞损害责任。互有过失碰撞责任是指碰撞事故的发生是因双方或多方的共同过失所致，各过失船舶依法承担损害赔偿责任。关于互有过失碰撞责任的承担，按大多数国家的法律和有关国际公约规定，各船按其过失比例或过失程度分担，如果不能确定各船所犯过失的程度，或者过失程度相当，各船平均分担责任。无过失碰撞中，各船对碰撞损失互不负赔偿责任，由各受害方自行承担。根据我国《海商法》的规定，凡是不可抗力、其他不能归责于任何一方的原因、无法查明的原因导致船舶碰撞的损失均由受害各方自行承担。

第四十一章　海难救助

基础知识图解

- 海难救助
  - 概念和特征
  - 成立条件
  - 救助的种类：纯救助、合同救助、雇佣救助
  - 海难救助合同
    - 概念和特征
    - 订立和效力
  - 海难救助款项
  - 国际公约
    - 《救助公约》
    - 《国际救助公约》

配套测试

一、单项选择题

1. 海难救助中，救助人取得防止或减少环境污染损害效果的，救助人还可以从船舶所有人处取得另增加的特别补偿，该补偿数额可达到救助费用的（　　）。

A. 20%　　B. 30%

C. 40%　　D. 50%

2. 根据我国《海商法》的规定，在救助作业的过程中，救助方对被救助方的义务不包括下列的哪一个？（　　）

A. 以应有谨慎防止或者减少环境污染损害

B. 以应有谨慎进行救助

C. 在合理需要的情况下，寻求其他救助方援助

D. 作出的牺牲和费用必须是特殊的

二、多项选择题

1. 救助合同一经订立，当事人不能任意解除或随意变更。在下列情况下，救助合同才能变更（　　）。

A. 合同在不正当或危险情况的影响下，合同条款显失公平

B. 当事人一方误解合同内容

C. 情势变更

D. 根据合同支付的救助款项明显高于或低于实际提供的救助服务的

2. 下列哪些引起救助行为不能获得救助报酬？（　　）

A. 对遇险的普通货轮进行积极救助，但被施救船舶、货物没有因救助而减少或避免损失的

B. 有义务进行的救助行为

C. 正常履行拖航合同或者其他服务合同的义务进行的救助行为

D. 不顾遇险船舶的船长，船舶所有人或者其他财产所有人明确和合理的拒绝，仍然进行救助的行为

三、名词解释

海难救助和海难救助合同

四、简答题

救助款项是海难救助中的重要问题，根据我国《海商法》的规定，应如何确定救助报酬？

五、论述题

试根据我国《海商法》的有关规定，论述海难救助的成立条件。

参考答案

一、单项选择题

1. **答案**：B。本题考查的是海难救助特别补偿的限额。《海商法》第 182 条规定："对构成环境污染损害危险的船舶或者船上货物进行的救助，救助方依照本法第一百八十条规定获得的救助报酬，少于依照本条规定可以得到的特别补偿的，救助方有权依照本条规定，从船舶所有人处获得相当于救助费用的特别补偿。救助人进行前款规定的救助作业，取得防止或者减少环境污染损害效果的，船舶所有人依照前款规定应当向救助方支付的特别补偿可以另行增加，增加的数额可以达到救助费用的百分之三十……"据此，本题正确答案为 B。

2. **答案**：D。本题考查的是海难救助中救助方对被救助方的义务。《海商法》第 177 条规定："在救助作业过程中，救助方对被救助方负有下列义务：（一）以应有的谨慎进行救助；（二）以应有的谨慎防止或者减少环境污染损害；（三）在合理需要的情况下，寻求其他救助方援助；（四）当被救助方合理地要求其他救助方参与救助作业时，接受此种要求，但是要求不合理的，原救助方的救助报酬金额不受影响。"据此，本题 D 项不属于救助方对被救助方的义务，为本题正确答案。

二、多项选择题

1. **答案**：AD。本题考查的是可以变更救助合同的情形。《海商法》第 176 条规定："有下列情形之一，经一方当事人起诉或者双方当事人协议仲裁的，受理争议的法院或者仲裁机构可以判决或者裁决变更救助合同：（一）合同在不正当的或者危险情况的影响下订立，合同条款显失公平的；（二）根据合同支付的救助款项明显过高或者过低于实际提供的救助服务的。"据此，本题正确答案为 A、D。

2. **答案**：ABCD。见《海商法》第 179 条和第 186 条。第 179 条规定："救助方对遇险的船舶和其他财产的救助，取得效果的，有权获得救助报酬；救助未取得效果的，除本法第一百八十二条或者其他法律另有规定或者合同另有约定外，无权获得救助款项。"此外，第 186 条规定："下列救助行为无权获得救助款项：（一）正常履行拖航合同或者其他服务合同的义务进行救助的，但是提供不属于履行上述义务的特殊劳务除外；（二）不顾遇险的船舶的船长、船舶所有人或者其他财产所有人明确的和合理的拒绝，仍然进行救助的。"

三、名词解释

答案：海难救助又称海上救助，是指在海上或在与海相通的可航水域对遇难的人员、船舶和其他财产进行援助、救助的行为。

海难救助合同是指救助人与被救助人在救助开始前或进行中达成的由救助方对被救助方遇难的船舶或其他财产进行救助，而由被救助方支付报酬或救助费用的协议。

四、简答题

答案：根据《海商法》第 180 条的规定，确定救助报酬，应当体现对救助作业的鼓励，并综合考虑下列各种因素：（1）船舶和其他财产的获救价值；（2）救助方在防止或者减少环境污染损害方面的技能和努力；（3）救助方的救助成效；（4）危险的性质和程度；（5）救助方在救助船舶、其他财产和人命方面的技能和努力；（6）救助方所用的时间、支出的费用和遭受的损失；（7）救助方或者救助设备所冒的责任风险和其他风险；（8）救助方提供救助服务的及时性；（9）用于救助作业的船舶和其他设备的可用性和使用情况；（10）救助设备的使用情况、效能和设备的价值。

五、论述题

答案：根据《海商法》的规定，海难救助的成立条件包括以下几项：

（1）海难救助的对象须是法律所规定的

财产。海难救助的对象是船舶和其他财产。船舶是指《海商法》第3条规定的海船及与其发生救助关系的任何其他非用于军事的、政府公务的船艇；财产是指非永久地和非有意地依附于岸线的任何财产，包括有风险的运费。“有风险的运费”是指到付运费。同一船舶所有人的船舶也可以成为彼此救助的对象。

(2) 海难救助只能发生在海上或与海相通的水域。海难救助行为必须直接及于在海上或与海相通的可航水域的救助对象，如果救助的对象在其他地点，则不能成立海难救助。同时，救助方一般也应位于海上或与海相通的可航水域。

(3) 海难救助的对象须遭遇海难。发生海难是救助的前提，救助是发生海难的后果，无海难则无救助。因此，海难救助的对象必须遭遇海难。

(4) 救助方须没有救助义务。在海难救助中，救助人必须是没有救助义务的第三人。也就是说，救助方的救助行为必须是自愿的。因此，对被救助人负法定义务或合同义务的人不具有救助人资格。

(5) 救助必须获得效果。海难救助的目的是使被救助标的脱离危险，如果救助没有获得任何效果，就失去了救助的意义，救助人就无权请求被救助方支付报酬。

第四十二章　共同海损

基础知识图解

共同海损
- 概念和特征
- 成立条件
- 共同海损的范围
  - 共同海损牺牲
  - 共同海损费用
- 共同海损理算
  - 概述
  - 宣告和担保
  - 牺牲金额和分摊价值的确定

配套测试

一、单项选择题

1. 一条载货船从连云港出发驶往德国汉堡，在航行途中货船起火，大火蔓延到机舱。船长为了船货的共同安全，命令往舱中浇水灭火。火扑灭后，由于主机受损，无法继续航行，船长雇用拖轮将货船拖回大阪修理，检修后重新将货物运往汉堡，损失在汉堡进行理算，应适用（　　）法律。

A. 中国　　B. 日本

C. 德国　　D. 第三国

2. 共同海损分摊的请求权的时效期间，从（　　）之日起计算。

A. 理算结束　　B. 共同海损发生

C. 受损船舶到岸　　D. 理算开始

3. 一国际班轮从中国香港到美国旧金山的航行过程中遇到了雷暴天气，为了船货的安全，船长下令抛弃部分货物，从而保证了航行的安全。后该船到一避难港进行了维修，发生相应费用。抵达目的地后，船货各方均提出自己的损失属于共同海损费用。则下列哪项费用应列入共同海损？（　　）

A. 市价损失

B. 避难港费用

C. 货物被抛前全损

D. 承运人私自装在甲板上的货物，该货物被抛入海中

二、多项选择题

1. 单独海损的特点有（　　）。

A. 是承保风险直接造成的

B. 只能由受损一方单独承担

C. 只涉及船舶或货物一方的利益

D. 是由人的有意识的行为作出的

2. 下列项目中不能作为共同海损项目的是（　　）。

A. 救助中的死亡的船员

B. 因船舶碰撞致损的货物

C. 在避难港停留造成船公司的运费损失

D. 因灭火而损害的船上设备

3. 根据《海商法》的相关规定，以下哪些选项关于共同海损的说法是正确的？（　　）

A. 共同海损应当由受益方按照各自的分摊价值的比例分摊

B. 未申报的货物或者谎报的货物，应当参加共同海损分摊

C. 不正当地以低于货物实际价值作为申报

价值的，按照实际价值分摊共同海损

D. 提出共同海损分摊请求的一方应当负举证责任，证明其损失应当列入共同海损

4. 下列各项中，哪些属于实际全损？（　）

A. 货物随船一起沉没

B. 茶叶被海水全部浸泡

C. 货物在装船时被装运港政府没收

D. 卖方出售的机器设备因船舶碰撞而受损，预估修理费为合同价格的 2 倍

三、名词解释

1. 单独海损

2. 共同海损

3. 共同海损理算

四、简答题

1. 共同海损分摊价值应如何确定？

2. 共同海损牺牲包括哪些内容？

3. 共同海损的构成要件有哪些？

五、论述题

共同海损费用通常包括哪些内容？

六、案例分析题

一条载货船从青岛港出发驶往日本，在航行途中货船起火，大火蔓延到机舱。船长为了船货的共同安全，命令采取紧急措施，往舱中浇水灭火。火扑灭后，由于主机受损，无法继续航行。船长雇用拖轮将货船拖回青岛修理，检修后重新将货物运往日本。事后经调查，此次事件造成损失有如下几项：（1）500 箱货物被火烧毁；（2）1500 箱货物因灌水灭火受到损失；（3）主机和部分甲板被烧坏；（4）雇用拖船费用；（5）额外增加的燃料和船长、船员工资。

问：以上各项损失，哪些属于共同海损，哪些属于单独海损，如在日本进行理算，应适用哪个国家的法律？

参考答案

一、单项选择题

1. 答案： C。本题考查的是共同海损理算适用的法律。该案中所受损失属于共同海损，依《海商法》第 274 条规定："共同海损理算，适用理算地法律。"据此，本题正确答案为 C。

2. 答案： A。本题考查的是共同海损分摊请求权的时效期间起算。《海商法》第 263 条规定："有关共同海损分摊的请求权，时效期间为一年，自理算结束之日起计算。"据此，本题正确答案为 A。

3. 答案： B。见《海商法》第 53 条、第 193 条。共同海损是指在同一海上航程中，船舶、货物和其他财产遭遇共同危险，为了共同安全，有意地、合理地采取措施所直接造成的特殊牺牲、支付的特殊费用。但是，因货物延迟而造成的行市损失属于间接损失，不得列入共同海损。另外，承运人私自装在甲板上的货物被抛入海中而造成的损失，根据《海商法》第 53 条的规定，应由承运人负赔偿责任，而不应列入共同海损。

二、多项选择题

1. 答案： ABC。本题考查的是单独海损的特点。单独海损是由于自然灾害、意外事故或者不可抗力直接造成的船舶或货物的损失，这种损失由各受害方自行承担。造成单独海损的原因一般也是承保风险；单独海损一般只涉及受损失一方的利益。故本题 A、B、C 项正确。D 项也可以造成共同海损，故不正确。

2. 答案： AB。本题考查的是对共同海损的判断。《海商法》第 193 条第 1 款规定："共同海损，是指在同一海上航程中，船舶、货物和其他财产遭遇共同危险，为了共同安全，有意地合理地采取措施所直接造成的特殊牺牲、支付的特殊费用。"据此，本题 C、D 项属于共同海损。A 项因不是有意的合理的牺牲，故不属于共同海损；B 项属于单独海损。故本题正确答案为 A、B。

3. 答案： ABCD。本题考查的是有关共同海损分摊的规定。《海商法》第 199 条第 1 款规定："共同海损应当由受益方按照各自的分摊价值的比例分摊。"第 200 条规定："未申报的货物或者谎报的货物，应当参加共同海

损分摊；……不正当地以低于货物实际价值作为申报价值的，按照实际价值分摊共同海损；……”第196条规定：“提出共同海损分摊请求的一方应当负举证责任，证明其损失应当列入共同海损。”据此，本题正确答案为A、B、C、D。

4. **答案**：ABC。全部损失包括实际全损的推定全损。实际全损，是指货物全部毁灭或因受损而失去原有用途，或被保险人已无挽回地丧失了保险标的。推定全损，是指货物受损后对货物的修理费用国上续运到目的地的费用超过其运到后的价值。

三、名词解释

1. **答案**：单独海损是指由于不可抗力或意外事故所直接造成的船舶或货物的损害。对于单独海损，应由受害各方自行承担责任，或者按照海上货物运输合同的规定处理。
2. **答案**：共同海损是指在同一海上航程中，船舶、货物和其他财产遭遇共同危险，为了共同安全，有意地、合理地采取措施所直接造成的特殊牺牲、支付的特殊费用。
3. **答案**：共同海损理算是指发生共同海损事故后，由被委托的理算人根据共同海损的事实依法进行调查、审核，计算、确定分摊金额和编制理算书的行为。

四、简答题

1. **答案**：共同海损分摊价值，分别依照下列标准确定：(1) 船舶共同海损分摊价值，按照航程终止时的完好价值，减除不属于共同海损的损失金额计算，或者按照船舶在航程终止时的实际价值，加上共同海损牺牲的金额计算。(2) 货物共同海损分摊价值，按照货物在装船时的价值加保险费加运费，减除不属于共同海损的损失金额和承运人承担风险的运费计算。货物在抵达目的港以前售出的，按照出售净得金额加上共同海损牺牲金额计算。旅客的行李和私人物品，不分摊共同海损。(3) 运费分摊价值，按照承运人承担风险并于航程终止时有权收取的运费，减除为取得该项运费而在共同海损事故发生后，为完成本航程所应支付的营运费用，加上属于共同海损牺牲的金额计算。
2. **答案**：共同海损牺牲是指因采取共同海损措施而直接造成的船舶、货物和其他财产的损失。共同海损牺牲包括船舶牺牲、货物牺牲和运费牺牲。船舶牺牲是因采取共同海损措施而造成的船舶损失。货物牺牲是因采取共同海损措施而造成的货物损失。运费牺牲是因采取共同海损措施而未能获得运费的损失。在到付运费的情况下，收取运费以交付货物为条件。如果由于采取共同海损措施而使货物灭失，或者因船舶损坏而不能完成航程交付货物，则承运人就无法获得到付运费。这种运费损失也属于共同海损的范围。
3. **答案**：共同海损的构成必须具备一定的要件：(1) 船舶、货物和其他财产必须遭遇共同危险；(2) 采取的措施必须是有意的、合理的；(3) 牺牲和费用的支出必须是特殊的；(4) 措施必须有效果。

五、论述题

答案：共同海损费用通常包括以下几种：(1) 救助费用。在船舶遭遇海难时，救助方所应得的救助报酬，即船舶中各有关方所支付的救助费用，不论救助是否根据合同进行，都应列入共同海损。(2) 船舶在避难港口发生的费用。根据《海商法》第194条规定，船舶因发生意外、牺牲或者其他特殊情况而损坏时，为了安全完成本航程，驶入避难港口、避难地点或者驶回装货港口、装货地点进行必要的修理，在该港口或者地点额外停留期间所支付的港口费，船员工资、给养，船舶所消耗的燃料、物料，为修理而卸载、贮存、重装或者搬移船上货物、燃料、物料以及其他财产所造成的损失、支付的费用，应当列入共同海损。(3) 代替费用。根据《海商法》第195条规定，为代替可以列为共同海损的特殊费用支付的额外费用，可以作为代替费用列入共同海损；但是，列入共同海损的代替费用的金额，不得超过被代替的共同海损的特殊费用。(4) 共同海损牺牲的利息和垫付手续费。根据《海商法》第201条规定，对共同海损特殊牺牲和垫付的共同海损牺牲费用，应当计算利息。对垫付的共同海损特殊费用，除船员工资、给养和船舶消耗的燃料、物料外，应当计算手续费。(5) 其他杂项费用。杂项费用是指处理共同海损事故时所发生的费用，主要包括：共同海损检验费、共同海损的保险费、在避难港的代理费、电报及信函费、人员往来费、理算费以及其他与处理共同海损有关的费用。

六、案例分析题

答案：属于共同海损的：(1) 因灌水灭火受损的1500箱货物；(2) 雇用的拖船费用；(3) 额外增加的燃料和船长、船员工资。

属于单独海损的：(1) 被火烧的500箱货物；(2) 被火烧毁的主机和部分甲板。

根据《海商法》第274条的规定，共同理算适用理算地法律。如在日本理算，应适用日本法律。

第四十三章　海事赔偿责任限制

基础知识图解

海事赔偿责任限制
- 概述
  - 海事赔偿责任限制的概念和特征：赔偿总额限制、同时责任限制、船舶责任限制
  - 海事赔偿责任限制立法例
- 主要内容
  - 海事赔偿责任限制的主体、船舶
  - 限制性债权和非限制性债权
  - 海事赔偿责任限额
- 海事赔偿责任限制基金
  - 海事赔偿责任限制基金的概念和种类
  - 海事赔偿责任限制基金的使用和效力

配套测试

一、单项选择题

1. 某托运人的50件货物因承运人不能免责的事由在一次事故中灭失，共损失25万元特别提款权，该事故没有造成其他人身伤亡和财产损害。假设每件货物重2000公斤，运输船舶的总吨位为300吨。则按我国海商法关于承运人单位赔偿责任限额的规定，承运人最后实际应该赔偿（　　）特别提款权。

A. 20万元　　B. 25万元

C. 30万元　　D. 167000元

2. 海上货物运输中对承运人提起的涉及货物灭失的诉讼，承运人不可以援用海商法规定的限制赔偿责任的是（　　）。

A. 海事请求人是海上货物运输合同的一方并以违约提起诉讼

B. 海事请求人以侵权向承运人要求损害赔偿

C. 货物的灭失是由于承运人的故意行为造成的

D. 发生在实际承运人承担的运输期间的货物灭失

二、多项选择题

1. 海事赔偿责任限制不适用于（　　）。

A. 对救助款项的请求

B. 对共同海损分摊的请求

C. 中华人民共和国参加的国际油污损害民事责任公约规定的油污损害的赔偿请求

D. 核动力船舶造成的核能损害的赔偿请求

2. 下列哪些海事赔偿请求，责任人可以依《海商法》限制赔偿责任？（　　）

A. 对港池的损坏赔偿请求

B. 对航道的损坏赔偿请求

C. 共同海损的分摊请求

D. 有关船员工资的赔偿请求

3. 上海某公司所属甲轮停靠青岛某油码头西泊位进行装油。装满油后，甲轮前部突然爆炸起火，后沉没。经查明：该次事故的原因并非管船过失，该船处于适航状态，并由青岛某公司承租经营，由华安保险公司承保。下列债权中哪些属于限制性债权？（　　）

A. 港口工程损坏的赔偿请求

B. 打捞沉船的费用请求

C. 油污损害的赔偿请求

D. 甲轮船员受伤损失费用的请求

4. 我国《海商法》规定的非限制性债权有（　　）。
A. 对款项或者共同海损分摊的请求
B. 中华人民共和国参加的国际油污损害民事责任公约规定的油污损害赔偿请求
C. 中华人民共和国参加的国际核能损害责任限制公约规定的核能损害赔偿请求
D. 核动力船舶造成的核能损害的赔偿请求
E. 船舶所有人或者救助人的受雇人提出的赔偿请求

三、不定项选择题

1.《海商法》中的责任限制包括（　　）。
A. 海事赔偿责任限制
B. 运输赔偿责任限制
C. 个体赔偿责任限制
D. 单位责任限制

2. 海事赔偿责任限额，适用于特定场合发生的事故引起的向哪些人提出的请求的总额？（　　）
A. 船舶所有人
B. 船舶经营人
C. 救助人本人
D. 其他对其行为、过失负有责任的人员

3. 根据《海商法》的规定，责任限制所适用的船舶为多少吨以上的船舶？（　　）
A. 100　　B. 200
C. 300　　D. 400

四、名词解释

海事赔偿责任限制

五、简答题

1. 非限制性债权包括哪些内容？
2. 海事赔偿责任限制基金的使用应按什么原则办理？

六、论述题

海事赔偿责任限制具有哪些特征？

七、案例题

12月14日凌晨6时许，佛山外运所属“佛山8号”轮（总吨位940）在深圳赤湾港入口海面处与广西北海海运总公司（下称北海海运）经营的“安顺达”轮船发生碰撞，“安顺达”轮船载850吨豆粕随船一并沉入大海。该事故可能导致佛山外运承担396万元的损害赔偿责任，其中包括约为210万元“安顺达”轮船的损失和850吨豆粕约为186万元的损失。为此，佛山外运向深圳法庭申请设立海事赔偿责任限制基金。最终，深圳法庭裁定准予佛山外运设立海事赔偿责任限制基金，基金数额为240480SDR。这意味着尽管佛山外运造成的损失是396万元，但其赔偿责任限额约折合人民币264万元。

本案的处理是否正确？我国《海商法》对此是怎样规定的？

参考答案

一、单项选择题

1. 答案：D。本题考查的是承运人的赔偿责任限额。《海商法》第210条规定：“除本法第二百一十一条另有规定外，海事赔偿责任限制，依照下列规定计算赔偿限额：……（二）关于非人身伤亡的赔偿请求：1. 总吨位300吨至500吨的船舶，赔偿限额为167000计算单位……”据此，本题正确答案为D。

2. 答案：C。本题考查的是承运人不得援引赔偿责任限制规定的情况。《海商法》第59条第1款规定：“经证明，货物的灭失、损坏或者迟延交付是由于承运人的故意或者明知可能造成损失而轻率地作为或者不作为造成的，承运人不得援用本法第五十六条或者第五十七条限制赔偿责任的规定。”据此，本题正确答案为C。

二、多项选择题

1. 答案：ABCD。本题考查的是不适用海事赔偿责任限制的项目。《海商法》第208条规定：“本章规定不适用于下列各项：（一）对救助款项或者共同海损分摊的请求；（二）中华人民共和国参加的国际油污损害民事责任公约规定的油污损害的赔偿请求；……（四）核动力船舶造成的核能损害的赔偿请求；……”据此，本题正确答案为A、B、C、D。

2. **答案**：AB。本题考查的是有关限制性债权与非限制性债权的规定。《海商法》第207条规定：“下列海事赔偿请求，除本法第二百零八条和第二百零九条另有规定外，无论赔偿责任的基础有何不同，责任人均可以依照本章规定限制赔偿责任：（一）在船上发生的或者与船舶营运、救助作业直接相关的人身伤亡或者财产的灭失、损坏，包括对港口工程、港池、航道和助航设施造成的损坏，以及由此引起的相应损失的赔偿请求；……”第208条规定：“本章规定不适用于下列各项：（一）对救助款项或者共同海损分摊的请求；……（五）船舶所有人或者救助人的受雇人提出的赔偿请求，根据调整劳务合同的法律，船舶所有人或者救助人对该类赔偿请求无权限制赔偿责任，或者该项法律作了高于本章规定的赔偿限额的规定。”据此，本题正确答案为A、B。

3. **答案**：AD。本题考查的是海事赔偿责任限制的范围。《海商法》第207条规定：“下列海事赔偿请求，除本法第二百零八条和第二百零九条另有规定外，无论赔偿责任的基础有何不同，责任人均可以依照本章规定限制赔偿责任：（一）在船上发生的或者与船舶营运、救助作业直接相关的人身伤亡或者财产的灭失、损坏，包括对港口工程、港池、航道和助航设施造成的损坏，以及由此引起的相应损失的赔偿请求；……”据此，本题A、D项正确。根据第208条的规定，油污损害赔偿请求不属于限制性债权，故本题C项不正确。B项于法无据，故不正确。

4. **答案**：ABCDE。

三、不定项选择题

1. **答案**：AD。本题考查的是责任限制的内容。

2. **答案**：ACD。本题考查的是海事赔偿责任限额的赔偿主体。

3. **答案**：C。本题考查的是责任限制适用的船舶规定。参见《海商法》第210条的规定。

四、名词解释

答案：海事赔偿责任限制是指在船舶发生营运事故造成重大人身伤亡或财产损失时，责任人依法将其责任限制在一定范围的赔偿制度。海事赔偿责任限制具有如下特征：

（1）海事赔偿责任限制是赔偿总额的限制；

（2）海事赔偿责任限制是同时责任限制；

（3）海事赔偿责任限制是船舶责任限制。

五、简答题

1. **答案**：非限制性债权包括5种：（1）对救助款项或者共同海损分摊的请求；（2）中国参加的国际油污损害民事责任公约规定的油污损害的赔偿请求；（3）中国参加的国际核能损害责任限制公约规定的核能损害的赔偿请求；（4）核动力船舶造成的核能损害的赔偿请求；（5）船舶所有人或者救助人的受雇人提出的赔偿请求，根据调整劳务合同的法律，船舶所有人或者救助人对该类赔偿请求无权限制赔偿责任，或者该项法律作了高于《海商法》规定的赔偿限额的规定。

2. **答案**：海事赔偿责任限制基金的使用应按下列原则办理：首先，海事赔偿的发生仅涉及人身伤亡或财产损害的，应分别以人身伤亡责任基金和财产损害责任基金赔偿，责任基金不足赔偿的，由各请求人按比例受偿；其次，人身伤亡和财产损害的赔偿请求同时发生的，人身伤亡基金不足以支付全部人身伤亡的赔偿请求的，其差额应当与财产损害的赔偿请求并列，从财产损害赔偿基金中按比例受偿；最后，人身伤亡和财产损害的赔偿请求同时发生，且财产损害中又包括了港口工程、港池、航道和助航设施的损害的，在不影响第二项原则适用的情况下，就港口工程、港池、航道和助航设施的损害提出的赔偿请求，应当较其他财产损害的赔偿请求优先受偿。

六、论述题

答案：海事赔偿责任限制具有如下特征：

（1）海事赔偿责任限制是赔偿总额的限制。在海商法中，责任限制包括海事赔偿责任限制和单位责任限制。单位责任限制就是承运人对每件或每个货运单位的赔偿限制，适用于海上货物运输合同。海事赔偿责任限制则是责任人承担全部赔偿责任的限制，而不是单项赔偿责任的最高限制。如果按照单位责任限制计算的赔偿额高于海事赔偿责任限额的，则适用海事赔偿责任限制。根据《海商法》第212条规定，海事赔偿责任限额，适用于特定场合发生的事故引起的，向船舶所有人、救助人本人和其他对其行为、过失负有责任的人员提出的请求的总额。

（2）海事赔偿责任限制是同时责任限制。海事赔偿责任限制并非确定责任人承担全部责任的限额，而是针对具体的、特定的赔偿责任所为的限制。只有同一航次发生的全部赔偿责任或者同一海难事故造成的全部赔偿责任，才能适用海事赔偿责任限制。这就是海事赔偿责任限制与赔偿责任适用的“同时性”或“同时适用性”。

（3）海事赔偿责任限制是船舶责任限制。海事赔偿责任限制所限制的“责任”是与船舶营运有关的责任，并且责任限制以船舶为计算单位。无论是实行何种海事赔偿责任限制制度，海事赔偿责任限额都是以船舶为标准进行计算。例如，船价制是以船舶的价值与运费的总和作为海事赔偿责任的限额；金额制是以船舶的每吨单位赔偿额与船舶的总吨位的乘积为海事赔偿责任的限额。

七、案例题

答案：正确。在海商法领域内，当加害船舶方不存在故意或者明知可能造成损失而轻率地作为或者不作为的情形时，加害船舶方有权依法将其赔偿责任限定在一定的限额内，并可以向海事法院申请设立海事赔偿责任限制基金，对受害方遭受的损失予以限额赔偿，其余部分予以免赔。根据《海商法》第210条的规定，关于非人身伤亡的赔偿请求的海事赔偿责任限制，依照下列规定计算赔偿限额：（1）总吨位300吨至500吨的船舶，赔偿限额为167000计算单位；（2）总吨位超过500吨的船舶，500吨以下部分适用本项第1目的规定，500吨以上的部分，应当增加下列数额：501吨至30000吨的部分，每吨增加167计算单位。

第四十四章　海事诉讼时效和涉外海事关系的法律适用

基础知识图解

- 海事诉讼时效和涉外海事关系的法律适用
  - 海事诉讼的时效
    - 海上货物运输赔偿时效
    - 海上旅客运输赔偿时效
    - 船舶租用合同赔偿时效
    - 拖航合同赔偿时效
    - 船舶碰撞赔偿时效
    - 海难救助赔偿时效
    - 共同海损分摊时效
    - 海上保险合同赔偿时效
    - 油污损害请求权时效
    - 时效中止
    - 时效中断
  - 涉外海事关系的法律适用
    - 国际条约、惯例的适用
    - 法律适用的约定
    - 所有权的法律适用
    - 抵押权的法律适用
    - 优先权的法律适用
    - 船舶碰撞的法律适用
    - 共同海损理算的法律适用
    - 赔偿责任限制的法律适用
    - 不违反公共利益原则

配套测试

一、单项选择题

1. 依《海商法》有关涉外关系法律适用的规定，船舶优先权应适用下列什么法律？(　　)

A. 受理案件的法院所在地法律

B. 船旗国法律

C. 被告住所地法律

D. 起运地法律

2. 我国《海商法》不适用于（　　）。

A. 秦皇岛港口与广州港口之间的海上货物运输

B. 秦皇岛港口与日本港口之间的海上货运

C. 秦皇岛与美国亚历山大海港之间的旅客运输

D. 香港维多利亚海港与罗马尼亚港口之间的客运

3. 不适用船旗国法律的情况有（　　）。

A. 船舶所有权的取得、转让
B. 船舶抵押权
C. 同一国籍的船舶发生碰撞，但碰撞地位于他国境内的
D. 船舶在公海上发生碰撞的损害赔偿

4. 中国甲公司的A船与日本乙公司光船承租的B船在公海上发生船舶碰撞，B船被A船撞毁并沉没。B船是在巴拿马注册登记的船舶，船舶所有权人为韩国的丙公司。日本乙公司在中国青岛海事法院提起诉讼要求赔偿损失。依照我国《海商法》，本案应当适用哪国法律？(　　)

A. 中国　　B. 日本
C. 巴拿马　　D. 韩国

5. “大兴号”是在巴拿马登记并悬挂巴拿马国旗营运的货轮，该货轮的所有人为美国A公司，船舶的光船承租人为中国B公司，其雇用的船长为日本甲公民。因为B公司拒绝支付甲的工资，甲向我国广州海事法院提起诉讼。依据我国《海商法》，该案应当适用哪国法律？(　　)

A. 巴拿马　　B. 中国
C. 日本　　D. 美国

6. 中国的A航运公司与美国的B船舶公司签订光船租赁合同，A航运公司租用B船舶公司的一艘远洋货船。该船悬挂巴拿马国旗并在巴拿马作了登记，光船租赁合同订立之前，B船舶公司已将该船抵押给C造船公司。A航运公司租入船舶后，改为悬挂中国国旗，在该船舶租赁合同期间，C造船公司向B船舶公司主张债权未果，遂申请中国法院扣押该船并强制拍卖，以实现其抵押权。此案中，对于C造船公司与B船舶公司之间的抵押关系，C造船公司抵押权的行使，应当适用哪国的法律？(　　)

A. 中国法律
B. 美国法律
C. 巴拿马法律
D. 中国、美国或巴拿马法律均可以适用，由法院选择对C造船公司最有利的法律予以适用

二、多项选择题

1. 根据《海商法》的规定，以下事项中适用船旗国法律的是（　　）。

A. 船舶所有权的取得、转让和消灭
B. 同一国籍的船舶在第三国的港口发生碰撞而引起的损害赔偿
C. 共同海损理算
D. 船舶优先权

2. 根据《海商法》的规定，以下事项中适用受理案件的法院所在地法律的是（　　）。

A. 船舶抵押权
B. 海事赔偿责任限制
C. 船舶在公海上发生碰撞的损害赔偿
D. 船舶优先权

3. 下列各项，哪些适用《海商法》的规定？(　　)

A. 上海至广州的海上货物运输
B. 中国至俄罗斯的公路和铁路多式联运
C. 上海至温哥华的海上货物运输
D. 广州至新加坡的海上活动物运输

4. 依照我国《海商法》相关规定，下列哪些诉讼应适用受理案件的法院所在地法律？(　　)（司考2006.1.82）

A. 我国法院受理的关于海事赔偿责任限制的诉讼
B. 我国法院受理的关于船舶优先权的诉讼
C. 同一国籍的船舶在公海上发生碰撞而在我国法院进行的诉讼
D. 不同国籍的外国船舶在公海上发生的碰撞而在我国法院进行的诉讼

三、简答题

1. 简述如何解决海商法的法律冲突。
2. 海事仲裁的特点有哪些？

四、案例分析题

1993年8月10日晨，一俄罗斯货船“列宁格勒号”停泊在我国渤海海域，等候进入天津港卸货。突然，海面上刮起八级大风。此时，另一俄罗斯货船“莫斯科号”迎面驶来，与“列宁格勒号”相撞。两艘货船及其

所载货物都受到不同程度的损失，双方就由此而引起的损害赔偿问题发生争议，协商未果。“列宁格勒号”所属的轮船公司将此案交由天津海事法院审理，要求法院判决“莫斯科号”由于操作不当而给“列宁格勒号”造成的经济损失。现问：

（1）根据国际法的基本原则，天津海事法院对此案有管辖权吗？依据的是什么原则？

（2）根据我国《海商法》的有关规定，受理此案的我国法院应适用何国法律确定由此引起的损害赔偿？依据是什么？

参考答案

一、单项选择题

1. **答案**：A。本题考查的是船舶优先权适用的法律。《海商法》第272条规定：“船舶优先权，适用受理案件的法院所在地法律。”据此，本题正确答案为A。
2. **答案**：A。本题考查的是我国《海商法》的适用范围。《海商法》第2条规定：“本法所称海上运输，是指海上货物运输和海上旅客运输，包括海江之间、江海之间的直达运输。本法第四章海上货物运输合同的规定，不适用于中华人民共和国港口之间的海上货物运输。”因本题只有A项为中国国内港口之间的运输，故本题正确答案为A。
3. **答案**：D。本题考查的是《海商法》有关法律适用的规定。[①]《海商法》第270条规定：“船舶所有权的取得、转让和消灭，适用船旗国法律。”第271条规定：“船舶抵押权适用船旗国法律。”第273条规定：“船舶碰撞的损害赔偿，适用侵权行为地法律。船舶在公海上发生碰撞的损害赔偿，适用受理案件的法院所在地法律。同一国籍的船舶，不论碰撞发生于何地，碰撞船舶之间的损害赔偿适用船旗国法律。”据此，本题只有D项不适用船旗国法律，为本题正确答案。
4. **答案**：A。本题考查的是船舶在公海上发生碰撞适用的法律。《海商法》第273条第2款规定：“船舶在公海上发生碰撞的损害赔偿，适用受理案件的法院所在地法律。”据此，本题正确答案为A。
5. **答案**：B。本题考查的是船舶优先权的范围及其法律适用。《海商法》第22条第1款规定：“下列各项海事请求具有船舶优先权：（一）船长、船员和在船上工作的其他在编人员根据劳动法律、行政法规或者劳动合同所产生的工资、其他劳动报酬、船员遣返费用和社会保险费用的给付请求；……”第272条规定：“船舶优先权，适用受理案件的法院所在地法律。”据此，本题中甲的工资属于船舶优先权的范围，为此提起的诉讼应适用案件受理地法律即中国法律。故本题正确答案为B。
6. **答案**：C。《海商法》第271条规定，船舶抵押权适用船旗国法律，船舶在光船租赁以前或者光船租赁期间，设立船舶抵押权的，适用原船舶登记国的法律。

二、多项选择题

1. **答案**：AB。本题考查的是适用船旗国法律的事项。《海商法》第270条规定：“船舶所有权的取得、转让和消灭，适用船旗国法律。”第273条第3款规定：“同一国籍的船舶，不论碰撞发生于何地，碰撞船舶之间的损害赔偿适用船旗国法律。”第274条规定：“共同海损理算，适用理算地法律。”第272条规定：“船舶优先权，适用受理案件的法院所在地法律。”据此，本题正确答案为A、B。
2. **答案**：BCD。本题考查的是适用受理案件的法院所在地法律的事项。《海商法》第271条第1款规定：“船舶抵押权适用船旗国法律。”第275条规定：“海事赔偿责任限制，适用受理案件的法院所在地法律。”第273条第2款规定：“船舶在公海上发生碰撞的

① 编者注：有关法律适用的具体规定是海商法考查的重要考点，读者要予以准确掌握，本章中的测试题也对此考点多有涉及。

损害赔偿，适用受理案件的法院所在地法律。”第 272 条规定：“船舶优先权，适用受理案件的法院所在地法律。”据此，本题正确答案为 B、C、D。

3. 答案：CD。本题考查的是我国《海商法》的适用范围。《海商法》第 2 条规定：“本法所称海上运输，是指海上货物运输和海上旅客运输，包括海江之间、江海之间的直达运输。本法第四章海上货物运输合同的规定，不适用于中华人民共和国港口之间的海上货物运输。”据此，因本题 A 项是中国港口之间的运输，B 项不是海上运输，故不适用《海商法》的规定，而 C、D 项适用《海商法》的规定。

4. 答案：ABD。本题考查的是几类海事诉讼案件的法律适用。《海商法》第 275 条规定：“海事赔偿责任限制，适用受理案件的法院所在地法律。”故 A 项正确。第 272 条规定：“船舶优先权，适用受理案件的法院所在地法律。”故 B 项正确。第 273 条规定：“船舶碰撞的损害赔偿，适用侵权行为地法律。船舶在公海上发生碰撞的损害赔偿，适用受理案件的法院所在地法律。同一国籍的船舶，不论碰撞发生于何地，碰撞船舶之间的损害赔偿适用船旗国法律。”故 C 项错误，D 项正确。由此可知，本题答案为 A、B、D。

三、简答题

1. 答案：海商法的法律冲突主要通过两个方法加以解决：一种是冲突法的解决方式，即通过制定国内或国际的冲突规范来确定各国不同性质的涉外海商法律关系应适用何国法律，从而解决海商法的法律冲突；另一种是统一实体法的解决方式，即有关国家通过国际公约和国际惯例中的实体规范直接确定涉外海商法律关系的适用，从而避免或消除海商法的法律冲突。

2. 答案：首先，与诉讼相比，海事仲裁机构是一种民间团体，而审理海事诉讼的法院，则是国家司法机关。海事仲裁实行一裁终局制，而海事诉讼实行的是二审终审制。其次，海事仲裁也不同于国际仲裁，国际仲裁是指在两个或两个国家发生争端时，用仲裁的方式加以解决。而海事仲裁是对不同国家或相同国家的自然人、法人或其他经济组织在海商交往中出现的争议予以裁决。最后，与国内仲裁相比，海事仲裁也有自己的特色。海事仲裁和国内仲裁都要遵守我国的仲裁法，但我国海事仲裁一般只受理具有涉外因素的海事案件，而国内仲裁主要负责国内产生的民事争议的裁决。

四、案例分析题

答案：(1) 天津海事法院有管辖权。依据的是国际法上的属地原则或属地优越权。

(2) 应适用俄罗斯的法律。依据是我国《海商法》第 273 条中关于“同一国籍的船舶，不论碰撞发生于何地，碰撞船舶之间的损害赔偿适用船旗国法律”的规定。

期末测试题一

一、单选题

1. 甲、乙、丙、丁、戊五人共同投资设立某股份有限公司，下列关于该公司设立的有关表述中，错误的是（　　）。

A. 甲、乙、丙、丁、戊可以选择发起设立或者募集设立

B. 若甲、乙、丙、丁、戊中有一人退出，他们也能共同投资设立该股份有限公司

C. 若甲已经认购了公司股份总数的5%、乙认购了公司股份总数的10%、丙认购了公司股份总数的7%、丁认购了公司股份总数的3%、戊认购了公司股份总数的9%，则余下的股份可以向社会公开募集

D. 设立时甲、乙、丙、丁、戊中至少要有三个人在中国境内有住所

2. 严某为鑫佳有限责任公司股东。关于公司对严某签发出资证明书，下列哪一选项是正确的？（　　）（司考2014.3.27）

A. 在严某认缴公司章程所规定的出资后，公司即须签发出资证明书

B. 若严某遗失出资证明书，其股东资格并不因此丧失

C. 出资证明书须载明严某以及其他股东的姓名、各自所缴纳的出资额

D. 出资证明书在法律性质上属于有价证券

3. 甲、乙、丙三者均为企业法人，其中甲、乙双方因购买机床与丙签订了协议，该协议约定：由甲提供机床数台并送到乙的仓库，乙支付货款288万元，由于甲要求，乙找到丙为其偿还债务作担保之后，甲履行了合同，将货物送至乙库。乙因经营不善造成严重亏损，不能清偿到期债务而被宣告破产。在被宣告破产前，甲将乙、丙诉至人民法院，要求其偿还货款，则人民法院应当（　　）。

A. 终结甲与乙、丙的诉讼

B. 中止甲与乙、丙的诉讼

C. 应将甲与乙、丙的诉讼交由具体负责破产案件审理的合议庭继续审理

D. 由清算组决定是否继续甲与乙、丙的诉讼，并报人民法院备案

4. 王某于2009年8月与保险公司签订一份人身保险合同，被保险人为其8周岁的儿子王强，未指定受益人。至2012年8月，王某已支付了3年的保险费。当年9月，王强患病住院，由于医院的重大失误致王强终身残疾。依照法律规定，下列有关本案的表述中不正确的是（　　）。

A. 保险公司应向王某支付保险金，并且不得向医院追偿；但王强仍有权向医院请求赔偿

B. 王某可以用诉讼方式要求保险公司支付保险金

C. 王某须先向医院索赔，若医院拒绝赔偿，再要求保险公司支付保险金

D. 若王强不幸身故，则保险金由其继承人受领

5. 甲将一票据背书转让给乙，但未记载乙的名称即将票据交给乙，后乙在背书人栏内记载了自己的名称，那么（　　）。

A. 该背书无效

B. 该票据无效

C. 该记载与背书人记载具有同等法律效力

D. 该记载无效，应由背书人补记

6. 甲、乙、丙是某有限公司的股东，各占52%、22%、26%的股份。乙欲对外转让其所拥有的股份，丙表示同意，甲表示反对，但又不愿意购买该股份。乙便与丁签订了一份股份转让协议，约定丁一次性将股权转让款支付给乙。此时甲表示愿以同等价格购

买，只是要求分期付款。对此各方发生了争议。下列哪一选项是错误的？（　　）（司考 2007.3.30）

A. 甲最初表示不愿意购买即应视为同意转让

B. 甲后来表示愿意购买，则乙只能将股份转让给甲，因为甲享有优先购买权

C. 乙与丁之间的股份转让协议有效

D. 如果甲、丙都行使优先购买权，就购买比例而言，如双方协商不成，则双方应按照 2∶1 的比例行使优先购买权

7. 保险合同成立后，除法律另有规定或者保险合同另有约定外，下列何人不得解除保险合同？（　　）

A. 投保人　　B. 受益人

C. 被保险人　　D. 保险人

二、多选题

1. 张某向陈某借款 50 万元作为出资，与李某、王某成立一家普通合伙企业。二年后借款到期，张某无力还款。对此，下列哪些说法是正确的？（　　）（司考 2010.3.74）

A. 经李某和王某同意，张某可将自己的财产份额作价转让给陈某，以抵销部分债务

B. 张某可不经李某和王某同意，将其在合伙中的份额进行出质，用获得的贷款偿还债务

C. 陈某可直接要求法院强制执行张某在合伙企业中的财产以实现自己的债权

D. 陈某可要求李某和王某对张某的债务承担连带责任

2. 关于商事登记，下列哪些说法是正确的？（　　）

A. 公司的分支机构应办理营业登记

B. 被吊销营业执照的企业即丧失主体资格

C. 企业改变经营范围应办理变更登记

D. 企业未经清算不能办理注销登记

3. 甲、乙、丙设立一有限公司，制定了公司章程。下列哪些约定是合法的？（　　）（司考 2013.3.68）

A. 甲、乙、丙不按照出资比例分配红利

B. 由董事会直接决定公司的对外投资事宜

C. 甲、乙、丙不按照出资比例行使表决权

D. 由董事会直接决定其他人经投资而成为公司股东

4. 甲向乙开具金额为 100 万元的汇票以支付货款。乙取得该汇票后背书转让给丙，丙又背书转让给丁，丁再背书转让给戊。现查明，甲、乙之间并无真实交易关系，丙为未成年人，票据金额被丁变造。下列哪些选项是正确的？（　　）（司考 2008.3.72）

A. 尽管甲、乙之间没有真实交易，但该汇票仍然有效

B. 尽管丙为未成年人，但其在票据上的签章仍然有效

C. 尽管票据金额已被丁变造，但该汇票仍然有效

D. 戊不能向甲、乙行使票据上的追索权

5. 根据《证券法》的规定，证券公司可以经营下列哪些业务？（　　）

A. 向其客户办理以证券作质押的贷款

B. 为自身的利益到证券交易所买卖证券

C. 为发行人代销证券

D. 受客户的委托到证券交易所买卖证券

6. 甲参加乙旅行社组织的沙漠一日游，乙旅行社为此向红星保险公司购买了旅行社责任保险。丙客运公司受乙旅行社之托，将甲运送至沙漠，丙公司为此向白云保险公司购买了承运人责任保险。丙公司在运送过程中发生交通事故，致甲死亡，丙公司负事故全责。甲的继承人为丁。在通常情形下，下列哪些表述是正确的？（　　）（司考 2012.3.75）

A. 乙旅行社有权要求红星保险公司直接对丁支付保险金

B. 丙公司有权要求白云保险公司直接对丁支付保险金

C. 丁有权直接要求红星保险公司支付保险金

D. 丁有权直接要求白云保险公司支付保险金

7. 基于合同关系甲向乙签出一张汇票，乙将其赠与丙，后甲、乙解除合同，则丙（　　）。

A. 合同解除前享有票据权利

B. 合同解除前不享有票据权利

C. 合同解除后仍享有票据权利
D. 合同解除后不享有票据权利

8. 下列关于汇票追索权行使的说法中正确的有（　　）。
A. 持票人应在收到被拒绝承兑或被拒绝付款的有关证明之日起3日内，将被拒绝事由通知其前手。过期没有通知的，则票据权利丧失
B. 持票人应在收到被拒绝承兑或被拒绝付款的有关证明之日起3日内，将被拒绝事由书面通知其前手；以口头或其他非书面形式通知的，其通知行为无效
C. 持票人在被拒绝承兑或被拒绝付款后将被拒绝事由用邮寄方式通知的，在规定期限如果其前手没有收到通知，持票人的追索权丧失
D. 持票人行使追索权时，可以不按顺序的先后，向其前手中的一人或数人行使

9. 潘某请好友刘某观赏自己收藏的一件古玩，不料刘某一时大意致其落地摔毁。后得知，潘某已在甲保险公司就该古玩投保了不足额财产险。关于本案，下列哪些表述是正确的？（　　）（司考2015.3.76）
A. 潘某可请求甲公司赔偿全部损失
B. 若刘某已对潘某进行全部赔偿，则甲公司可拒绝向潘某支付保险赔偿金
C. 甲公司对潘某赔偿保险金后，在向刘某行使保险代位求偿权时，既可以自己的名义，也可以潘某的名义
D. 若甲公司支付的保险金不足以弥补潘某的全部损失，则就未取得赔偿的部分，潘某对刘某仍有赔偿请求权

10. 六木食品股份有限公司欲发行公司债向社会公开筹集资金，下列哪些情形符合我国公司法对其发行公司债的主要条件要求（　　）。
A. 六木公司的净资产额为3000万元人民币
B. 六木公司所筹集的资金投向不符合国家产业政策但符合本公司章程
C. 六木公司累积债券总额已达公司净资产额的30%
D. 六木公司最近3年平均可分配利润足以支付公司债券1年的利息

三、不定项选择题

A公司等5家发起人协议决定通过募集方式设立以高新技术产业为主要经营范围的远大科技股份有限公司。公司拟筹集股本总额2亿元人民币，并决定发起人认购的部分和向社会公开发行的部分依公司法规定的比例办理。A公司作为发起人和第一大股东，准备以厂房、机器设备、专利技术和土地使用权作出资。请回答以下问题：

（1）设立公司时应当先向公司登记机关申请公司名称的预先核准。远大公司的5家发起人应依法从事以下哪些行为？（　　）
A. 将公司全体发起人签署的公司名称预先核准申请书递交给公司登记机关
B. 同时提交发起人的法人资格证明或自然人的身份证明
C. 公司名称不得使用《反不正当竞争法》的禁用标记，而且必须在名称中表明“股份有限公司”的字样
D. 预先核准的公司名称被登记后，有6个月的保留期。在此期间，远大股份有限公司可以将其用于经营活动，或依法转让

（2）为贯彻公平、公开、公正的原则，以募集方式设立的远大股份有限公司之发起人，必须依法制作招股说明书。招股说明书上必须记载的事项有哪些？（　　）
A. 募集资金的用途
B. 发起人认购的股份数
C. 每股的票面金额、发行价格及本次募股的起止期限
D. 认股人的权利、义务

（3）有关创立大会以下说法正确的是（　　）。
A. 发起人应当在发行股份的股款缴足后30日内主持召开创立大会
B. 发起人应当在创立大会召开15日前将会议日期通知各认股人或者予以公告
C. 创立大会应有代表股份总额过半数的发起人、认股人出席方可举行

D. 创立大会行使职权进行决议时，须经出席会议的认股人所持表决权的半数以上通过

四、简答题

1. 简述公司合并的形式。
2. 简述信息公开制度的基本要求。

五、论述题

试述我国应如何完善股东表决权的代理行使。

六、案例分析题

2012 年 4 月，陈某设立一家有限责任公司，从事绿色食品开发，注册资本为 200 万元。公司成立半年后，为增加产品开发力度，陈某拟新增资本 100 万元，并为此分别与张某、李某洽谈，该二人均有意愿认缴全部新增资本，加入陈某的公司。陈某遂先后与张某、李某二人就投资事项分别签订了书面协议。张某在签约后第二天，即将款项转入陈某的个人账户，但陈某一直以各种理由拖延办理公司变更登记等手续。2012 年 11 月 5 日，陈某最终完成公司章程、股东名册以及公司变更登记手续，公司注册资本变更为 300 万元，陈某任公司董事长，而股东仅为陈某与李某，张某的名字则未出现在公司登记的任何文件中。

李某虽名为股东，但实际上是受刘某之托，代其持股，李某向公司缴纳的 100 万元出资，实际上源于刘某。2013 年 3 月，在陈某同意的情况下，李某将其名下股权转让给善意不知情的潘某，并在公司登记中办理了相应的股东变更。

2014 年 6 月，因产品开发屡次失败，公司陷入资不抵债且经营无望的困境，遂向法院申请破产。法院受理后，法院所指定的管理人查明：第一，陈某尚有 50 万元的出资未实际缴付；第二，陈某的妻子葛某某本是家庭妇女，但自 2014 年 1 月起，却一直以公司财务经理的名义，每月自公司领取奖金 4 万元。

问题：

（1）在法院受理公司破产申请前，张某是否可向公司以及陈某主张权利，主张何种权利？为什么？

（2）在法院受理公司破产申请后，张某是否可向管理人主张权利，主张何种权利？为什么？

（3）李某能否以自己并非真正股东为由，主张对潘某的股权转让行为无效？为什么？

（4）刘某可主张哪些法律救济？为什么？

（5）陈某能否以超过诉讼时效为由，拒绝 50 万元出资的缴付？为什么？

（6）就葛某某所领取的奖金，管理人应如何处理？为什么？

参考答案

一、单选题

1. C　2. B　3. B　4. C　5. C　6. B　7. D

二、多选题

1. AC　2. ACD　3. ABC　4. AC　5. BCD
6. AB　7. AC　8. BD　9. BD　10. ACD

三、不定项选择题

（1）A、B、C　（2）A、B、C、D　（3）A、B、C、D

四～六（略）

期末测试题二

一、单项选择题

1. 零盛公司的两个股东是甲公司和乙公司。甲公司持股70%并派员担任董事长，乙公司持股30%。后甲公司将零盛公司的资产全部用于甲公司的一个大型投资项目，待债权人丙公司要求零盛公司偿还货款时，发现零盛公司的资产不足以清偿。关于本案，下列哪一选项是正确的？（　　）（司考2016.3.27）

A. 甲公司对丙公司应承担清偿责任

B. 甲公司和乙公司按出资比例对丙公司承担清偿责任

C. 甲公司和乙公司对丙公司承担连带清偿责任

D. 丙公司只能通过零盛公司的破产程序来受偿

2. 望角公司是一注册资本为100万元的有限责任公司，该公司现有总资产500万元，同时负债250万元。现公司决定解散，在清算公司财产时，清算小组的下列哪一清算方案是正确的？（　　）

A. 以100万元用于偿还债务，其余400万元由各股东按出资比例分配

B. 全部资产由各股东按出资比例分配，然后由各股东按出资比例偿还债务

C. 以250万元偿还债务，其余资产由各股东按出资比例分配

D. 各股东按出资比例凑够250万元偿还债务，然后平均分配公司资产

3. 依照《公司法》的规定，对公司的合并或分立等事项表决时，股份有限公司与有限责任公司采取的决议规则是（　　）。

A. 二者均须出席股东（大）会的股东2/3以上表决同意

B. 二者均须以全体股东的2/3以上表决同意

C. 股份有限公司须全体股东所持表决权的2/3以上表决通过，有限责任公司则须出席股东会的股东所持表决权的2/3以上表决通过

D. 有限责任公司须全体股东所持表决权的2/3以上表决通过，而股份有限公司则须出席股东会的股东所持表决权的2/3以上表决通过

4. 票据的（　　）指在同一票据上有多种票据行为存在时，各种票据行为依据各自在票据上所记载的文义内容，独立发生效力，一种行为的无效，不影响其他行为的效力。

A. 特殊性　　B. 稳定性

C. 独立性　　D. 连续性

5. 依据我国《证券法》的相关规定，关于证券发行的表述，下列哪一选项是正确的？（　　）

A. 所有证券必须公开发行，而不得采用非公开发行的方式

B. 发行人可通过证券承销方式发行，也可由发行人直接向投资者发行

C. 只有依法正式成立的股份公司才可发行股票

D. 国有独资公司均可申请发行公司债券

6. 某企业投保财产险100万元，在一次电路短路火灾事件中，实际遭受损失为95万元，为保护和抢救财产支出必要费用为10万元，为确认保险责任范围内的损失交付的估价合理费用为2万元。保险公司应向某企业赔偿（　　）。

A. 95万元　　B. 100万元

C. 103万元　　D. 107万元

二、多项选择题

1. 张某、李某为甲公司的股东，分别持股65%、35%，张某为公司董事长。为谋求更大的市场空间，张某提出吸收合并乙公司的发展战略。关于甲公司的合并行为，下列哪些表述是正确的？（　　）（司考2015.3.69）

A. 只有取得李某的同意，甲公司内部的合并决议才能有效

B. 在合并决议作出之日起15日内，甲公司须通知其债权人

C. 债权人自接到通知之日起 30 日内，有权对甲公司的合并行为提出异议

D. 合并乙公司后，甲公司须对原乙公司的债权人负责

2. 关于有限责任公司股东名册制度，下列哪些表述是正确的？(　　)（司考 2014. 3. 69）

A. 公司负有置备股东名册的法定义务

B. 股东名册须提交于公司登记机关

C. 股东可依据股东名册的记载，向公司主张行使股东权利

D. 就股东事项，股东名册记载与公司登记之间不一致时，以公司登记为准

3. 甲、乙、丙等拟以募集方式设立厚亿股份公司。经过较长时间的筹备，公司设立的各项事务逐渐完成，现大股东甲准备组织召开公司创立大会。下列哪些表述是正确的？(　　)（司考 2016. 3. 70）

A. 厚亿公司的章程应在创立大会上通过

B. 甲、乙、丙等出资的验资证明应由创立大会审核

C. 厚亿公司的经营方针应在创立大会上决定

D. 设立厚亿公司的各种费用应由创立大会审核

4. 下列有关股份有限公司股份转让行为中，哪些符合公司法的规定？(　　)

A. 公司在股票市场上收购本公司股票一批，作为奖励给公司的中高层管理者

B. 公司在证券市场上购得本公司股票一批，随后卖给非本公司董事的股民乙

C. 公司成立 1 年零 3 个月后，某发起人丙将其持有的本公司股份全部转让

D. 国家授权投资的机构将其持有的某公司股份全部转让给一家非国有企业

5. 2015 年 6 月，刘璋向顾谐借款 50 万元用来炒股，借期为 1 个月，结果恰遇股市动荡，刘璋到期不能还款。经查明，刘璋为某普通合伙企业的合伙人，持有 44% 的合伙份额。对此，下列哪些说法是正确的？(　　)（司考 2015. 3. 71）

A. 顾谐可主张以刘璋自该合伙企业中所分取的收益来清偿债务

B. 顾谐可主张对刘璋合伙份额进行强制执行

C. 对刘璋的合伙份额进行强制执行时，其他合伙人不享有优先购买权

D. 顾谐可直接向合伙企业要求对刘璋进行退伙处理，并以退伙结算所得来清偿债务

6. 依据《公司法》的规定，下列选项中(　　)属于创立大会行使的职权。

A. 选举董事会成员和监事会成员

B. 选举董事长、副董事长

C. 根据情况作出不设立公司的决议

D. 审核发起人用于抵作股款的财产的作价

7. 尚友有限公司因经营管理不善，决定依照《企业破产法》进行重整。关于重整计划草案，下列哪些选项是正确的？(　　)

A. 在尚友公司自行管理财产与营业事务时，由其自己制作重整计划草案

B. 债权人参加讨论重整计划草案的债权人会议时，应按法定的债权分类，分组对该草案进行表决

C. 出席会议的同一表决组的债权人过半数同意重整计划草案，即为该组通过重整计划草案

D. 三分之二以上表决组通过重整计划草案，重整计划即为通过

8. 根据《票据法》的规定，下列所列哪些行为构成票据欺诈，应依法追究刑事责任？(　　)

A. 签发空头支票，或者签发与其预留的本名签名式样或者印鉴不符的支票的

B. 冒用他人的票据，或者故意使用过期或者作废的票据，骗取财物的

C. 付款人与持票人恶意串通，在汇票上作虚假记载，骗取财物的

D. 故意使用伪造、变造的票据的

9. 持票人行使追索权，可以请求支付(　　)。

A. 被拒绝付款的汇票金额

B. 汇票金额自到期日起至清偿日止按中国人民银行规定利率计算的利息

C. 发出通知书的费用

D. 取得有关拒绝证明的费用

10. 下列哪些行为属于内幕交易行为？(　　)

A. 内幕人员利用内幕信息买卖证券

B. 内幕人员根据内幕信息建议他人买卖证券

C. 内幕人员向他人泄露内幕信息，使他人利用该信息进行内幕交易

D. 非内幕人员根据其获得的内幕信息买卖证券或建议他人买卖证券

11. 某船舶在海上航行过程中，突遇暴风雨，下列损失应当列入共同海损的是（　　）。

A. 为减轻船舶吨重，将承运人私自夹带运输的货物抛入海中造成的货物损失

B. 船舶驶入避难港的港口费

C. 船舶在避难港修理的修理费

D. 船舶在避难港期间的船员工资

三、不定项选择题

1. 下列各项中属于人民法院应依法宣告破产程序终结的情形是（　）。

A. 和解协议草案经债权人会议表决未获通过

B. 第三人为债务人提供足额担保或为债务人清偿全部到期债务

C. 债务人不能执行重整计划

D. 债务人已清偿全部到期债务

2. 某股份有限公司为扩大生产规模公开发行新股，在董事会拟订的发行新股的方案中，哪些不符合《公司法》的规定？（　　）

A. 所有新股均为无记名股票

B. 该公司自行决定以超过股票票面金额的价格发行股票

C. 委托某证券公司承销股票，公司自行收取股款

D. 该公司的股东有优先购买权

3. 财产保险依照保险标的的不同可分为（　　）。

A. 财产损失保险　　B. 责任保险

C. 信用保险　　D. 保证保险

4. 甲出资设立一家一人公司，以下对此公司的表述正确的是（　　）。

A. 甲出资至少要达到 3 万元

B. 除此公司外，甲不得再设立其他一人公司

C. 该一人公司要在公司登记部门明确登记为自然人独资，但不必在营业执照中载明

D. 由于该公司只设一名执行董事，而且也由甲兼任，因此公司没有必要制定章程

5. 某有限合伙企业在设立时，各合伙人的以下出资中，违反法律规定的是（　　）。

A. 有限合伙人蒋某将自己苦心研究取得的专利技术作价 200 万元作为出资

B. 有限合伙人刘某将自己的一处住宅作为出资，用作企业的办公场所

C. 有限合伙人熊某把自己拥有的一套进口先进设备折价 50 万元作为出资

D. 有限合伙人丁某是高级技术工人，以劳务作为出资

6. 一俄罗斯货船“玛沙”号停泊于我国渤海海域，等候进入天津港卸货。突然，海面上刮起八级大风。此时，另一俄罗斯货船迎面驶来，与“玛沙”号相撞。两艘货船及其所载货物都受到不同程度的损失，双方就由此而引起的损害赔偿问题发生争议，协商未果。“玛沙”号所属的轮船公司将此案交由天津海事法院审理，要求判决对方赔偿由于操作不当而给“玛沙”号造成的经济损失。下列哪些选项是正确的？（　　）

A. 此案天津海事法院有管辖权，因为此案发生在我国水域

B. 此案天津海事法院没有管辖权，因为双方当事人均为俄罗斯籍货轮

C. 如天津海事法院有管辖权，依我国《海商法》的规定，本案应适用中国法律

D. 如天津海事法院有管辖权，依我国《海商法》的规定，本案应适用俄罗斯法律

四、简答题

1. 简述股东权利和义务的内容。

2. 简述票据行为的独立性。

五、论述题

试述证券交易所的法律特征。

参考答案

一、单项选择题

1. A　2. C　3. D　4. C　5. D　6. B

二、多项选择题

1. AD 2. AC 3. AD 4. ACD 5. AB
6. ACD 7. AB 8. BCD 9. ABCD
10. ABCD 11. BCD

三、不定项选择题

1. BD 2. C 3. ABCD
4. B 5. D 6. AD

四~五（略）

附录一：全国部分法学院校研究生入学考试商法学部分历年真题

中国人民大学

2020 年

一、名词解释

隐名合伙

二、论述题

关联交易的性质和效力

2016 年

材料分析题

《公司法》第 16 条规定：公司向其他企业投资或者为他人提供担保，依照公司章程的规定，由董事会或者股东会、股东大会决议；公司章程对投资或者担保的总额及单项投资或者担保的数额有限额规定的，不得超过规定的限额。公司为公司股东或者实际控制人提供担保的，必须经股东会或者股东大会决议。前款规定的股东或者受前款规定的实际控制人支配的股东，不得参加前款规定事项的表决。该项表决由出席会议的其他股东所持表决权的过半数通过。A 公司与 C 公司为长期合作伙伴。B 公司借 A 公司钱，C 公司提供担保，C 公司的法定代表人甲未经过股东会决议直接提供了担保函，并加盖了 C 公司印章。现 A 公司无力偿还债务，B 公司要求 C 公司承担保证责任，C 公司股东认为公司章程中甲必须经股东会会议通过，才可开具担保函，B 公司未索取会议资料，该保证行为无效。

问题：

1. 该条法律规定是什么性质的法律规范？效力如何？

2. B 公司在接受担保函时是不是必须索要股东会董事会决议并核实？

3. 法院对 B 公司和 C 公司之间的纠纷该如何裁决？并说明理由。

4. 如果股东会没有决议，法定代理人伪造决议，裁断会不会不一样？说明理由。

2015 年

简答题

简述有限合伙和两合公司的异同。

2013 年

名词解释

财团法人

2011 年

名词解释

法人拟制说

2010 年

名词解释

1. 退伙
2. 证券承销协议

2009 年

一、名词解释

1. 短线交易
2. 票据的文义性

二、简答题

证券上市与证券交易的关系。

三、论述题

试论述公司章程的法律效力。

2007 年

一、名词解释

1. 股东代表诉讼
2. 破产管理人

二、简答题

1. 公司交叉持股的危害与立法限制。
2. 保险合同的成立与生效。

清华大学

2022 年

名词解释

1. 绝对商行为和相对商行为
2. 变更登记
3. 证券发行审核中的申报制和核准制

2020 年

论述题

1. 论有限责任公司股东转让股权时其他股东的优先购买权。
2. 论违反信托义务的责任。

2019 年

论述题

1. 民法与商事习惯冲突，你认为何者优先适用，理由何在？
2. 试论公司股东会股东大会董事会决议的不成立。
3. 试论操纵证券市场行为的禁止。
4. 试论人身保险合同的宽限期条款。
5. 试论破产撤销权。
6. 试论票据关系与原因关系二者之间的关系。

2018 年

论述题

1. 对民法总则中法人一章中禁止滥用有限责任，禁止关联交易损害法人利益，股东会决议撤销的规定怎么看？
2. 对股东知情权制度的理解。
3. 上市公司发行人违反信息公开义务的责任分析。
4. 受托人的义务的逐个分析。
5. 破产撤销权制度。

2017 年

一、名词解释

1. 比较股东董事义务
2. 信托财产独立性
3. 破产法也是保护债务人的法
4. 保险人的条款说明义务
5. 商业银行保护存款人权益的原则
6. 民商法关系上的商法相对独立性

二、论述题

上市公司收购与反收购的主要问题。

三、法条分析

公司解散之诉法条分析。

2016 年

简答题

1. 论述我国公司法上的受信义务及其法律责任。
2. 简述股东派生诉讼与股东直接诉讼的区别。
3. 论述证券法上的操纵市场及其法律责任。
4. 简述保险法上投保人的告知义务。
5. 简述票据法上的追索权。

2015 年

简答题

1. 简论我国商事登记的审查原则。
2. 论述股东会决议的瑕疵及其救济。
3. 简论我国证券法上的欺诈客户及其责任。
4. 简论票据关系与资金关系的分离与牵连关系。
5. 简论破产抵销权及其例外。
6. 简论人身保险的保险利益。

2014 年

简答题

1. 简述我国的商法人制度。
2. 论述我国公司法关于注册资本制度的改革及相关的配套措施。
3. 操纵市场及其法律后果。
4. 信托中受托人的权利义务。
5. 票据丧失后的补救措施。
6. 保险合同中的投保人的告知义务。

北京大学

2019 年

论述题

1. 结合公司法的有关规定，谈谈股份回购制度。

2. 结合票据法的有关规定，谈谈伪造票据的风险承担。

2012 年

简答题

1. 民法上的代理制度在商辅助人中的体现。

2. 有限责任公司股权转让的善意取得。

3. 受托人越权行为的效力。

2011 年

法条分析

1. 请仔细阅读以下法律条文并回答相关问题：

《信托法》第 12 条；

《合同法》第 74 条、第 75 条。

问题：

（1）我国《信托法》第 12 条的撤销权与《合同法》第 74 条、第 75 条规定的撤销权在性质上是否相同？

（2）如果信托法中对撤销权不作直接规定，而是规定援用合同法中关于撤销权的规定，是否可行，为什么？

2. 试述股东代表诉讼的基本法理，并从前置程序、管辖、诉讼担保、诉讼费用、撤诉与和解审查、诉讼效力等角度分析我国公司法上相关程序性规范的规定及其不足。

3. 试述破产程序中债权的清偿顺序。

4. 试述票据保证人的权利。

2010 年

论述题

1. 试述企业名称权的法律保护。

2. 试论空白票据的效力。

3. 请谈一谈对我国不可抗辩条款适用范围的理解。

4. 简述破产抵销制度。

2009 年

简答题

1. 简述一人有限责任公司的法律地位。

2. 结合民法和商法的历史发展，谈谈你对民法、商法关系的认识。

3. 谈谈你对信托财产独立性的认识。

4. 试述我国《企业破产法》下破产管理人的选任及其主要职责。

5. 试比较票据代理中的越权代理与空白票据中的越权补记。

2007 年

简答题

简述我国公司公积金法律制度（说明概念、种类、范围、作用等）。

武汉大学

2020 年

论述题

1. 论公司清算组在清算期间的职权。

2. 论发行公司债券的程序。

2019 年

一、简答题

1. 简述商事交易便捷原则在我国商事立法中的体现。

2. 简述破产宣告的效力。

二、论述题

论商号权的性质。

2018 年

名词解释

1. 绝对商行为和相对商行为
2. 本票于汇票

2017 年

一、名词解释

1. 票据追索权
2. 绝对商行为

二、简答题

1. 简述公司资本三原则。
2. 简述要约收购的概念及特征。

三、论述题

试论保险利益原则。

2015 年

一、名词解释

1. 占有改定
2. 嫁资制
3. 虚假陈述（证券法）
4. 共同海损
5. 背书

二、简答题

1. 简述破产债权的特征。
2. 简述保险法中最大诚信原则的内容。
3. 简述票据行为的独立性体现在哪些方面。

2013 年

一、概念辨析

1. 绝对商行为与相对商行为
2. 本票与汇票
3. 保险标的与保险利益
4. 代理商与经理人
5. 船舶抵押权与船舶优先权

二、法条评析

1.《票据法》第 10 条，票据的签发、取得和转让，应当遵循诚实信用的原则，具有真实的交易关系和债权债务关系。

票据的取得，必须给付对价，即应当给付票据双方当事人认可的相对应的代价。

2.《市场主体登记管理条例》第 24 条规定，市场主体变更登记事项，应当自作出变更决议、决定或者法定变更事项发生之日起 30 日内向登记机关申请变更登记。

市场主体变更登记事项属于依法须经批准的，申请人应当在批准文件有效期内向登记机关申请变更登记。

三、简答题

1. 简述商事交易便捷原则在我国商事立法中的体现。
2. 简述破产宣告的效力。

四、论述题

论商号权的性质。

2012 年

一、名词解释

1. 关联公司
2. 附属票据行为
3. 复保险
4. 破产管理人

二、判断说明题

1. 在我国，企业法人的经营行为要受到其设立目的、自身性质和法律、法规规定的限制，这既是对企业法人权利能力的限制，也是对企业法人行为能力的限制。

2. 醉酒驾驶发生交通事故，造成他人人身伤害和财产损失的，肇事车辆投的保险公司应当承担理赔责任。

3. 依照我国《票据法》第 27 条的规定，票据的出票人在汇票上记载“不得转让”字样，汇票持有人背书转让的，该票据无效。背书转让后的受让人不得享有票据权利，票据的出票人、承兑人对受让人不承担票据责任。

4. 国外立法上的停业登记相当于我国企业登记中的注销登记。

5. 破产重整与破产和解均不是我国《企业破产法》规定审理破产纠纷案件的必经程序，因此，破产宣告后，是否重整或和解，完全由法院依职权裁定。

2011 年

一、名词解释题

1. 抑制交付
2. 抵御申请
3. 公司僵局
4. 破产撤销权
5. 背书
6. 内幕交易
7. 保险标的
8. 船舶优先权

二、法条解读题

我国《企业破产法》第 19 条规定：“人民法院受理破产申请后，有关债务人财产的保全措施应当解除，执行程序应当中止。”

问题：依据该条规定应当中止的执行程序包括哪些？

三、简答题

1. 我国公司法关于减资有哪些规定？
2. 票据利益返还请求权的要件。

2010 年

一、名词辨析

1. 资本多数决原则和多数投票制。
2. 有限合伙和有限责任合伙。

二、简述

1. 商事外观主义的表现和意义。
2. 票据抗辩种类和抗辩限制。

中国政法大学

2022 年

一、名词解释

1. 公司简易注销
2. 汇票贴现
3. 破产取回权
4. 证券交易所
5. 重复保险

二、简答题

1. 营业转让及其效果
2. 商法的营业性原则

2020 年

一、名词解释

1. 董事会中心主义
2. 不真正超额保险
3. 票据的变造

二、简答题

1. 学理上“证券”的含义，证券法上“证券”的含义，以及证券法规定的证券类型。

2. 商事登记的豁免制度以及我国法律上的规定。

2019 年

一、名词解释

1. 保荐制度
2. 票据贴现
3. 共益债务
4. 重复保险

二、简答题

1. 简述公司设立失败发起人责任。
2. 弃权制度。
3. 虚假陈述的类型及其民事责任。

三、案例分析

张三、李四各出 8 万元设立合伙企业，后企业经营不善仅剩 6 万元，欠甲 10 万元，张三欠乙 4 万元。张三中彩票 20 万元，东山再起，和李四、某五、赵六设有限公司，《出资协议》约定受行政刑事处罚的股东除去股东资格。公司成立后，某五危险驾驶被拘，以《出资协议》被章程替代为由抗辩，赵六去世，赵小六取得股权，张三主张优先购买权。公司股东决定将公司回购股权事宜授权董事会。

1. 合伙人同时负担个人债务和合伙企业债务该如何还债？

2. 董事会对外担保决议被股东会否决，公司据董事会作出的担保是否有效？

3. 股东出资协议和公司章程之间的关系，(未记载在公司章程中的出资协议中的条款是否依然有效)？

4. 股东会将股权回购权全权交给董事会这一股东会决议的效力如何？

5. 公司把回购公司股份的权力授予董事会是否合法？

2018 年

一、名词解释

1. 保险业

2. 破产管理人

3. 短线交易

4. 出票

5. 破产清算义务人

二、简答题

1. 我国是否应该制定商法典？

2.《最高人民法院关于适用〈中华人民共和国公司法〉若干问题的规定（四）》对股东权益请求权的规定和制度价值。

三、案例分析

小李、小周、小王成立有限公司 A，出资协议和公司章程的规定如下：注册资本 4000 万元，小李等其他人认购 8%、小周 60%，小李享受 20%的分配红利权，章程规定小周是董事长兼法定代表人。公司欠有 B 公司的债务，还款日期届满，公司无力偿还。小周的出资期限到期后召开了股东会议，要求延期履行出资，其他股东均不同意，但是因小周占有大多数股权而通过了该项要求，公司还决定小李不再享有分配红利的特权。债权人 B 公司得知小周的延期履行出资义务，表示不服。

1. 公司出资协议和章程是否有效？

2. 上述两个股东会决议效力如何，利害关系当事人有哪些救济措施？

3. 在 A 公司决议之前 B 公司（债权人）有什么救济措施请求清偿债务，决议之后有什么救济措施？

2017 年

一、名词解释

1. 折中授权资本制

2. 破产管理人

3. 短线交易

4. 保险利益原则

二、简答题

1. 财产保险中保险人代位求偿权的行使。

2. 追索权和追回权的区别。

3. 公司法关于隐名出资的规定。

4. 上市公司要约收购条件及法律后果。

三、论述题

1. 有限责任公司的股东对外转让股权，未通知其他股东，未取得其他股东过半数同意，股权转让合同效力如何，为什么？

2. 公司股东侵害公司利益，其他股东有什么救济措施？

3. 股东对外转让股权，未经变更登记，其他股东知情，并且受让人实际参加股东会行使股东权利取得分红，受让人是公司股东吗，为什么？

4. 公司破产了，公司的控股股东同时作为公司的债权人的债权清偿受影响吗？如果不受影响，为什么？如果受影响，受什么影响？对我国立法有什么启示？

2016 年

一、名词解释

1. 营业转让

2. 种类股

3. 背书

4. 特殊的普通合伙企业

二、简答题

1. 企业破产法上的撤销权与民法上的撤销权的区别。

2. 内幕交易和市场操纵的区别。

3. 公司的债权人对未履行出资义务的股东的权利。

4. 人身保险合同受益人的指定与变更。

三、论述题

1. 定向增发与公开发行的区分标准是什么？

2. 阐述公司法关于公司合并对债权人和股东的保护规则，公司的股东如何维护自己的权利？

3. 公司合并包括哪几类行为？

4. 能否援引外国法合并无效制度？如果可以，请阐述合并无效的构成要件。

5. 能否提出股东会决议无效达到与合并协议无效相同的效果？

2014 年

一、简答题

1. 证券法中证券与票据法中的票据的法律特征比较。

2. 保险法和企业破产法，各举一个制度分析立法对公平价值与效率价值的平衡。

二、论述题

简述新公司法在资本制度方面做了哪些修改，对“股东对债权人的责任”有哪些影响？

华东政法大学

2013 年

一、名词解释

1. 外观主义

2. 有限责任公司股东知情权

3. 信托与行纪

4. 付款请求权与追索权

二、简答

1. 商法的技术性。

2. 破产财产的范围。

3. 上市公司的收购规则。

4. 人身保险对哪些人有保险利益？

三、论述题

民商合一与民商分立存在哪些观点？制定《商事通则》的必要性和可能性？如何评论？

2010 年

一、名词比较

1. 有限合伙企业与特殊的普通合伙企业

2. 票据变更与票据涂销

3. 取回权与别除权

二、简答题

1. 公司的社会责任。

2. 破产债权与一般民事债权的区别。

三、案例题

某纺织厂（法人）与吕某（自然人）共同出资设立一家注册资本 5000 万元的纺织市场有限责任公司。纺织厂以其自有厂房 4400 万元出资，吕某货币出资 600 万元。公司董事长由纺织厂指定的人担任。纺织市场有限责任公司成立后，向许多商户收取了共计 1600 万元的店铺出租保证金。吕某在收取保证金后携款 1500 万元潜逃，不知去向。事发后，客户纷纷要求退还保证金，此时纺织市场有限责任公司无法满足清偿客户的保证金要求，商户要求拍卖纺织厂出资用的厂房，但经查明发现纺织厂并未将厂房所有权转移给纺织市场有限责任公司。

（1）商户是否有权要求拍卖厂房？为什么？

（2）本案应该如何处理？

2009 年

一、简答题

简述企业破产法上的抵销与民法上的抵销的区别。

二、案例分析题

甲、乙、丙三个公司共同出资设立 A 有限责任公司。公司章程规定，公司注册资本为人民币 2000 万元。甲以土地使用权出资，占有公司 51%的股份，乙以专利技术出资，占有公司 30%的股份，丙以货币出资，占有公司 19%的股份。A 公司成立后三年因无力偿还 B 公司债务，而被 B 公司起诉到法院。

经法院审查查明以下事实：（1）甲在 A 公司成立后并没有将其出资的土地使用权转让到 A 公司名下；（2）乙公司出资的专利技术虽然已经过户登记到 A 公司名下，但该专利技术的实际价额显著低于公司章程规定的价额；(3) 丙已经按照公司章程的规定将货币全部注入公司；(4) A公司成立后一年，甲将其股份转让给了丁。

请回答下列问题：

1. 甲、乙、丙三方设立公司时，其出资方式是否符合我国《公司法》的规定？为什么？

2. 甲没有完成出资义务，当B公司起诉A公司时，究竟是甲还是应当由丁承担补交出资责任？

3. 乙由于出资不实，除了应当承担补交出资以外，甲、丙、丁是否对此有相应的责任？为什么？

4. 如果A公司章程规定，首次出资额为注册资本的20%，其余部分在公司成立后两年内交足。那么A公司在经营两年内，发生了亏损，而股东的其余部分出资依然没有缴足，是否有义务缴足？并说明理由。

2008 年

一、简答题

某有限责任公司自然人股东王某因病死亡。(1) 其法定继承人（非公司股东）在何种条件下可承受股权成为股东？

(2) 继承人成为股东如超过公司法规定50人上限可否，为什么？

二、论述题

论商事立法的模式选择。

三、案例题

甲公司为了开发新产品向乙银行贷款100万元，以厂房抵押担保。在开发过程中因意外火灾导致该厂房灭失。后因公司经营失误，不能清偿到期债务。为此，甲被宣告破产。清算结果：保险公司理赔为90万元，其他资产和应收债权合计为50万元。欠丙、丁货款各20万元，应支付工资总额为20万元，为收取债权花费2万元，破产费用为5万元。根据民商法原理和有关规定回答如下问题：

1. 以上哪些款项可纳入破产财产，为什么？

2. 我国《企业破产法》规定的清偿顺序如何排列？

3. 基于现行法律当抵押权行使与职工工资偿还有冲突时应如何处理，为什么？

中南财经政法大学

2015 年

一、名词解释

损失补偿原则（保险法）

二、论述题

2013年年底，我国公司法对注册资本登记体制、登记条件等进行了再次修订，修改后的《公司法》于2014年3月1日起实施，试述公司法本次修订的主要内容。

2014 年

一、名词解释

1. 公司债

2. 有限责任公司

二、简答题

1. 公司税后利润的分配顺序。

2. 股东出资的法定形式有哪些？

2013 年

一、名词解释

公司的募集设立

二、简答题

依照我国《公司法》，股份有限公司在哪些情形下可以回购本公司的股份？

2012 年

一、名词解释

1. 商合伙

2. 资产负债表

二、简答题

简述股份公司股份设立发行的条件。

三、论述题

试论股东出资的合法性对股权取得合法性及公司人格合法性的影响。

中山大学

2011 年

论述题

论述商事关系的特点、类型及商法如何调整。

2010 年

论述题

试述民法、商法、知识产权法的异同点及其理论与实践意义。

2009 年

论述题

1. 试述商事代理的特征及其商法理论和实践意义。

2. 试述现代公司法的发展趋势与我国公司法的改革。

2008 年

简答题

1. 商业秘密权及其法律保护。

2. 论商人与非商人区分的意义。

附录二：商法学习参考书目

1.《商法学》编写组：《商法学》（第二版），高等教育出版社 2022 年版。

2. 国家法官学院、最高人民法院司法案例研究院编：《公司纠纷裁判规则理解与适用》，中国法制出版社 2023 年版。

3. 国家法官学院、最高人民法院司法案例研究院编：《中国法院 2022 年度案例 · 公司纠纷》，中国法制出版社 2023 年版。

4. 施天涛：《商法学》（第六版），法律出版社 2020 年版。

5. 樊涛：《中国商法总论》（第三版），法律出版社 2021 年版。

6. 范健、王建文：《证券法》（第三版），法律出版社 2020 年版。

7. 郭锋等：《中华人民共和国证券法制度精义与条文评注》，中国法制出版社 2020 年版。

8. 朱锦清：《证券法学》（第五版）（21 世纪法学系列教材 · 经济法系列），北京大学出版社 2019 年版。

9. 王翔主编：《中华人民共和国证券法解读》，中国法制出版社 2020 年版。

10. 邢会强编著：《中华人民共和国证券法新旧条文对照与适用精解》，中国法制出版社 2020 年版。

11. 虞政平：《公司法案例教学》（第二版），人民法院出版社 2018 年版。

12. 徐强胜编著：《最高人民法院公司法司法解释精释精解（增订版）》，中国法制出版社 2019 年版。

13. 谢秋荣：《公司法实务精要》，中国法制出版社 2020 年版。

14. 法规应用研究中心编：《公司法一本通》（第十一版），中国法制出版社 2023 年版。

15.《中华人民共和国公司法》（实用版），中国法制出版社 2018 年版。

图书在版编目（CIP）数据

商法配套测试／教学辅导中心组编．—11版．—北京：中国法制出版社，2023.7
高校法学专业核心课程配套测试
ISBN 978-7-5216-3598-0

Ⅰ.①商… Ⅱ.①教… Ⅲ.①商法-中国-高等学校-习题集 Ⅳ.①D923.99-44

中国国家版本馆CIP数据核字（2023）第098275号

责任编辑：孙静　　封面设计：杨泽江　周黎明

商法配套测试
SHANGFA PEITAO CESHI

组编/教学辅导中心
经销/新华书店
印刷/三河市国英印务有限公司
开本/787毫米×1092毫米　16开　　印张/27.5　字数/629千
版次/2023年7月第11版　　2023年7月第1次印刷

中国法制出版社出版
书号 ISBN 978-7-5216-3598-0　　定价：69.00元

北京市西城区西便门西里甲16号西便门办公区
邮政编码：100053　　传真：010-63141600
网址：http://www.zgfzs.com　　**编辑部电话：010-63141787**
市场营销部电话：010-63141612　　**印务部电话：010-63141606**

（如有印装质量问题，请与本社印务部联系。）